交通运输行政执法人员培训教材

Jiaotong Yunshu Xingzheng Zhifa Changyong Fagui Huibian
交通运输行政执法常用法规汇编

交通运输部政策法规司　组织编写

人民交通出版社股份有限公司
China Communications Press Co.,Ltd.

内容提要

本书为交通运输行政执法人员培训教材之一，全书共分六部分，内容包括：综合类、公路路政执法、道路运政行政执法、水路行政执法、海事行政执法、工程质量监督等交通运输行政执法常用法规。

本书为交通运输行政执法人员培训教材，也可供交通运输行政人员、高等院校相关专业师生教学参考。

图书在版编目（CIP）数据

交通运输行政执法常用法规汇编／交通运输部政策法规司组织编写. —北京：人民交通出版社股份有限公司, 2016.9

交通运输行政执法人员培训教材

ISBN 978-7-114-13323-7

Ⅰ.①交… Ⅱ.①交… Ⅲ.①交通运输管理－行政执法－法规－汇编－中国 Ⅳ.①D922.149

中国版本图书馆 CIP 数据核字（2016）第 219356 号

书　　名：	交通运输行政执法人员培训教材 交通运输行政执法常用法规汇编
著　作　者：	交通运输部政策法规司
责任编辑：	张征宇　朱明周
出版发行：	人民交通出版社股份有限公司
地　　址：	（100011）北京市朝阳区安定门外外馆斜街 3 号
网　　址：	http：//www.ccpress.com.cn
销售电话：	（010）59757973
总 经 销：	人民交通出版社股份有限公司发行部
经　　销：	各地新华书店
印　　刷：	北京鑫正大印刷有限公司
开　　本：	720×960　1/16
印　　张：	52
字　　数：	1221 千
版　　次：	2016 年 9 月　第 1 版
印　　次：	2016 年 9 月　第 1 次印刷
书　　号：	ISBN 978-7-114-13323-7
定　　价：	75.00 元

（有印刷、装订质量问题的图书由本公司负责调换）

《交通运输行政执法人员培训教材》
编审委员会

主　任：高宏峰

副主任：何建中

委　员：柯林春　朱伽林　刘　缙　王昌军　吴秉军
　　　　宋晓瑛　戴　飞　严洪波　葛　方　毕忠德
　　　　李　伦　沈晓苏　冯健理　汪祝君　王德宝
　　　　胡　冰　王兆飞　万　明　高洪涛　霍金花
　　　　唐　元　董清云　徐　欣　黄汝生　周文雄
　　　　乔　墩　白理成　陈志刚　张长生　彭思义
　　　　李永民　杨映祥　刘自山　勾红玉　高江淮
　　　　郭洪太　曹德胜　但乃越　姜明宝

《交通运输行政执法人员培训教材》
编写委员会

主　编：何建中
副主编：柯林春　朱伽林
编　委：孙红军　于会清　张立国　齐树平　曹居月
　　　　王志强　杨　清　邵新怀　赵勇刚　李　冰
　　　　王元春　胡继祥　晏少鹤　陈炳贤　张建明
　　　　陈继梦　张　宏　李　敢　王跃明　黄冠城
　　　　黄永忠　林　森　郑　宁　王　波　方延旭
　　　　马德芳　徐龙海　姚　军　赵建峰　杜　军
　　　　甘庆中　王旭武　常　青　马　军　王乔贵
　　　　陈卫中　王海峰　杨素青　熊雅静　陈　松
　　　　杨　剑　范金国

本册编写人员

教材编写组

深入开展执法人员培训
改进交通运输行政执法

由部政策法规司组织编写的交通运输行政执法人员培训教材正式出版了。这是推动广大交通运输行政执法人员深入学习、提高素质、提升水平的一项基础性工作,很有意义。

推进依法行政,队伍素质是基础。在2010年召开的全国依法行政工作会议上,温家宝总理强调:"加强行政执法队伍建设,严格执行执法人员持证上岗和资格管理制度,狠抓执法纪律和职业道德教育,全面提高执法人员素质。"近年来,部制定了一系列规章制度,采取有效措施加强和规范交通运输行政执法,取得了明显成效。交通运输行政执法工作仍存在许多不足,根据调查,全行业现有的40多万行政执法人员中,大部分人员为大专以下学历,大学本科以上学历仅占26%,法律专业人员仅占23%。交通运输行政执法队伍整体素质状况与推进依法行政、建设法治政府的要求相比还有很大差距,执法工作不作为、乱作为的现象仍然存在,很多执法人员未接受过系统的基础法律知识教育,缺乏必要的程序意识、证据意识、时效观念,迫切需要进行有组织的系统化的法制教育培训。

为加强执法队伍的建设和管理,提高整体素质和能力,部制定了《交通运输行政执法证件管理规定》,建立了一套严密的关于执法人员培训、考试、发证、考核的管理制度。组织编写行政执法人员培训教材,为全系统开展执法人员培训考试工作提供统一的内容、标准和依据,是落实执法证件管理制度的基础和前提。据此,部政策法规司组织全国交通运输行业内有关科研院所、高等院校、法制部门的专家和一线执法的实践工作者编写了《交通运输行政执法人员培训教材》。这套教材共七本,包括《交通运输行政执法基础知识》、《交通运输行政执法管理与监督》、《交通运输行政处罚自由裁量权行使实务》、《交通运输行政执法程序与文书实务》、《交通运输行政执法证据收集与运用》、《交通运输行政执法典型案例评析》、《交通运输行政执法常用法规汇编》。

  这套教材着眼于《全面推进依法行政实施纲要》发布以来新出台的法律法规对行政执法工作的新要求和当前交通运输行政执法实践中存在的突出问题,以基层行政执法人员为对象,以交通运输行政执法应知应会为主要内容,结合典型案例分析,对交通运输行政执法的有关基础知识、规范执法的基本要求、行政处罚自由裁量权、行政执法程序与文书、行政执法证据等进行了比较系统的介绍和阐述。教材既总结了多年来交通运输行政执法实践和培训的经验,又借鉴了有关行政执法部门的工作成果,贴近交通运输行政执法的实际,并有简明的理论分析,体现了理论与实践的统一,内容比较丰富,针对性、实用性强,形式新颖,是各级交通运输主管部门和交通运输行政执法机构对交通运输基层行政执法人员培训的实用教材。

  孟子说:"徒善不足以为政,徒法不足以自行。"法律条文只是写在纸面上的东西,它自己无法使之贯彻,法律的实施要靠人。如果执法者无视法律的规定,枉法裁判,漠然置之,则法律只能成为一纸空文。交通运输行政执法人员每天的执法言行直接影响交通运输管理秩序和行政相对人的切身利益，没有一支人民满意的交通运输行政执法队伍，就不可能建设人民满意的交通运输部门；不努力改进交通运输行政执法，就不可能树立交通运输部门良好的社会形象。因此，交通运输部门的各级领导干部和广大执法人员应当秉持对法律的敬畏之心，认真学法，规范执法。要以《交通运输行政执法人员培训教材》出版发行为契机，对交通运输行政执法人员实施全覆盖、多手段、高质量的培训，力争用3年左右的时间，将所有交通运输行政执法人员轮训一遍，努力建设一支政治坚定、素质优良、纪律严明、行为规范、廉洁高效的正规化交通运输行政执法队伍，为进一步做好"三个服务"，推动交通运输科学发展安全发展营造良好的法治环境！

交通运输部副部长

2012年4月

综 合 类

中华人民共和国行政许可法(2003年8月27日中华人民共和国主席令
　　第7号公布) ……………………………………………………………… 3
中华人民共和国行政处罚法(1996年3月17日中华人民共和国主席令
　　第63号公布,2009年8月27日中华人民共和国主席令
　　第18号修订) …………………………………………………………… 14
中华人民共和国行政强制法(2011年6月30日中华人民共和国主席令
　　第49号公布) …………………………………………………………… 21
中华人民共和国行政复议法(1999年4月29日中华人民共和国主席令
　　第16号公布,2009年8月27日中华人民共和国主席令
　　第18号修正) …………………………………………………………… 31
中华人民共和国行政诉讼法(1989年4月4日中华人民共和国主席令
　　第16号公布,2014年11月1日中华人民共和国主席令
　　第15号修正) …………………………………………………………… 38
中华人民共和国国家赔偿法(1994年5月12日中华人民共和国主席令
　　第23号公布,2010年4月29日中华人民共和国主席令第29号
　　第一次修正,2012年10月26日中华人民共和国主席令第68号
　　第二次修正) …………………………………………………………… 50
交通运输行政复议规定(2000年6月27日交通部令第5号公布,
　　2015年9月9日交通运输部令第18号修订) ………………………… 57
交通行政许可实施程序规定(2004年11月22日交通部令

第 10 号公布） ··· 75
交通运输行政执法评议考核规定（2010 年 7 月 27 日交通运输部令
　　第 2 号公布） ··· 92
交通运输行政执法证件管理规定（2011 年 3 月 1 日交通运输部令
　　第 1 号公布） ··· 96

公路路政执法

中华人民共和国公路法（1997 年 7 月 3 日中华人民共和国主席令
　　第 86 号公布,1999 年 10 月 31 日中华人民共和国主席令第 25 号
　　第一次修正,2004 年 8 月 28 日中华人民共和国主席令第 19 号
　　第二次修正,2009 年 8 月 27 日中华人民共和国主席令第 18 号
　　第三次修正） ··· 103
公路安全保护条例（2011 年 3 月 7 日国务院令第 593 号公布） ········· 112
中华人民共和国收费公路管理条例（2004 年 9 月 13 日国务院令
　　第 417 号公布） ··· 121
超限运输车辆行驶公路管理规定（2016 年 8 月 19 日交通运输部令
　　第 62 号公布） ·· 128
路政管理规定（2003 年 1 月 27 日交通部令第 2 号公布） ············· 136
公路超限检测站管理办法（2011 年 6 月 24 日交通运输部令
　　第 7 号公布） ··· 144

道路运政行政执法

中华人民共和国道路运输条例（2004 年 4 月 30 日国务院令第 406 号公布,
　　2012 年 11 月 9 日国务院令第 628 号第一次修正,2016 年 2 月 6 日
　　国务院令第 666 号第二次修正） ······························ 155
危险化学品安全管理条例（2002 年 1 月 26 日国务院令第 344 号公布,
　　2011 年 3 月 2 日国务院令第 591 号第一次修订,2013 年 12 月 7 日
　　国务院令第 645 号第二次修订） ······························ 163

国际道路运输管理规定(2005年4月13日交通部令第3号公布)............ 181

道路货物运输及站场管理规定(2005年6月16日交通部令第6号公布,
    2008年6月23日交通运输部令第9号第一次修正,2009年4月21日
    交通运输部令第3号第二次修正,2012年3月14日交通运输部令
    第1号第三次修正,2016年4月11日交通运输部令第35号
    第四次修正).. 202

机动车维修管理规定(2005年6月24日交通部令第7号公布,
    2015年8月8日交通运输部令第17号第一次修正,
    2016年4月19日交通运输部令第37号第二次修正)............ 220

道路危险货物运输管理规定(2005年7月12日交通部令第9号公布,
    2010年10月27日交通运输部令第5号第一次修订,2013年1月23日
    交通运输部令第2号第二次修订,2016年4月11日交通运输部令
    第36号第三次修订)... 234

道路旅客运输及客运站管理规定(2005年7月12日交通部令第10号公布,
    2008年7月23日交通运输部令第10号第一次修正,2009年4月20日
    交通运输部令第4号第二次修正,2012年3月14日交通运输部令
    第2号第三次修正,2012年12月11日交通运输部令第5号第四次修正,
    2016年4月11日交通运输部令第34号第五次修正)............ 243

机动车驾驶员培训管理规定(2006年1月12日交通部令第2号公布,
    2016年4月21日交通运输部令第51号修正)..................... 277

道路运输从业人员管理规定(2006年11月23日交通部令第9号公布,
    2016年4月21日交通运输部令第52号修正)..................... 289

出租汽车驾驶员从业资格管理规定(2011年12月26日交通运输部令
    第13号公布,2016年8月26日交通运输部令第63号修订)........ 303

道路运输车辆动态监督管理办法(2014年1月28日交通运输部、
    公安部、国家安监总局令第5号公布,2016年4月20日交通
    运输部、公安部、国家安监总局令第55号修正)............... 312

巡游出租汽车经营服务管理规定(2014年9月30日交通运输部令

第16号公布,2016年8月26日交通运输部令第64号修订)……………317
网络预约出租汽车经营服务管理暂行办法(2016年7月27日
　　交通运输部　工业和信息化部　公安部　商务部　工商总局
　　质检总局　国家网信办令第60号)……………………………331

水路行政执法

中华人民共和国航道法(2014年12月28日中华人民共和国主席令
　　第17号公布)……………………………………………………343
国内水路运输管理条例(2012年10月13日国务院令第625号公布,
　　2016年2月6日国务院令第666号修订)………………………349
中华人民共和国航道管理条例(1987年8月22日国务院国发[1987]78号
　　文公布,2008年12月28日国务院令第545号修正)………………355
中华人民共和国国际海运条例(2001年12月11日国务院令第335号公布,
　　2013年7月18日国务院令第638号第一次修订,2016年2月6日
　　国务院令第666号第二次修订)…………………………………359
中华人民共和国港口法(2003年6月28日中华人民共和国主席令
　　第5号公布,2015年4月24日中华人民共和国主席令第23号修正)……367
中华人民共和国航道管理条例实施细则(1991年8月29日(91)
　　交工字609号公布,2009年6月23日交通运输部令第9号修正)………374
水路旅客运输规则(1995年12月12日交水发[1995]1178号公布,
　　2014年1月2日交通运输部令第1号修正)………………………381
港口经营管理规定(2009年11月6日交通部令第13号公布,
　　2014年12月23日交通运输部令第22号第一次修正,
　　2016年4月19日交通运输部令第43号第二次修正)………………395
港口危险货物安全管理规定(2012年12月11日交通运输部令
　　第9号公布)………………………………………………………402
国内水路运输管理规定(2014年1月3日交通运输部令第2号公布,
　　2015年5月12日交通运输部令第5号修正)　　413

海事行政执法

中华人民共和国水污染防治法(1984年5月11日中华人民共和国主席令
　　第12号公布,2008年2月28日中华人民共和国主席令第87号修订) ……
　　………………………………………………………………………… 425
中华人民共和国大气污染防治法(2000年4月29日中华人民共和国
　　主席令第32号公布,2015年8月29日中华人民共和国主席令
　　第31号修订) ……………………………………………………… 437
中华人民共和国海上交通安全法(1983年9月2日中华人民共和国
　　主席令第7号公布) ……………………………………………… 453
中华人民共和国船员条例(2007年4月14日国务院令第494号公布,
　　2013年7月18日国务院令第638号第一次修正,2013年12月7日
　　国务院令第645号第二次修正,2014年7月29日国务院令第653号
　　第三次修正) ……………………………………………………… 458
中华人民共和国船舶登记条例(1994年6月2日国务院令第155号公布,
　　2014年7月29日国务院令第653号修正) ……………………… 467
中华人民共和国航标条例(1995年12月3日国务院令第187号公布,
　　2011年1月8日国务院令第588号修订) ……………………… 475
防治船舶污染海洋环境管理条例(2009年9月9日国务院令第561号公布,
　　2013年7月18日国务院令第638号第一次修订,2013年12月7日
　　国务院令第645号第二次修订,2014年7月29日国务院令第653号
　　第三次修订,2016年2月6日国务院令第666号第四次修订) ………… 478
中华人民共和国内河交通安全管理条例(1986年12月16日
　　国务院国发[1986]109号文公布,2002年6月28日国务院令
　　第335号修订) …………………………………………………… 487
中华人民共和国船舶和海上设施检验条例(1993年2月14日
　　国务院令第109号公布) ………………………………………… 498
防止拆船污染环境管理条例(1988年5月18日国务院国发[1988]31号

文公布,2016 年 2 月 6 日国务院令第 666 号修订) ……………… 502
中华人民共和国海上交通事故调查处理条例(1990 年 1 月 11 日
　　国务院批准,1990 年 3 月 3 日交通部令第 14 号公布) ……… 506
海区航标设置管理办法(1996 年 12 月 25 日交通部令第 12 号公布) … 511
中华人民共和国高速客船安全管理规则(1996 年 12 月 24 日交通部令
　　第 13 号公布,2006 年 2 月 24 日交通部令第 4 号修订) ……… 513
中华人民共和国船舶安全检查规则(1997 年 11 月 5 日交通部令
　　第 15 号公布,2009 年 11 月 30 日交通运输部令第 15 号修订) … 518
船舶引航管理规定(2001 年 11 月 30 日交通部令第 10 号公布) …… 523
海上滚装船舶安全监督管理规定(2002 年 5 月 30 日交通运输部令
　　第 1 号公布) ……………………………………………………… 529
沿海航标管理办法(2003 年 7 月 10 日交通部令第 7 号公布) ……… 537
中华人民共和国海上海事行政处罚规定(2003 年 7 月 10 日交通部令
　　第 8 号公布,2015 年 5 月 29 日交通运输部令第 8 号修订) …… 541
中华人民共和国船舶载运危险货物安全监督管理规定
　　(2003 年 11 月 30 日交通部令第 10 号公布,2012 年 3 月 14 日
　　交通运输部令第 4 号修正) ……………………………………… 561
中华人民共和国船舶最低安全配员规则(2004 年 6 月 30 日交通部令
　　第 7 号公布,2014 年 9 月 5 日交通运输部令第 10 号修正) …… 567
中华人民共和国内河海事行政处罚规定(2004 年 12 月 7 日交通部令
　　第 13 号公布,2015 年 5 月 29 日交通运输部令第 9 号修订) …… 570
中华人民共和国防治船舶污染内河水域环境管理规定
　　(2005 年 8 月 20 日交通部令第 11 号公布,2015 年 12 月 15 日
　　交通运输部令第 25 号修订) ……………………………………… 581
中华人民共和国海事行政许可条件规定(2006 年 1 月 9 日交通部令
　　第 1 号公布,2015 年 5 月 29 日交通运输部令第 7 号修订) …… 589
中华人民共和国引航员管理办法(2008 年 2 月 13 日交通部令
　　第 2 号公布,2013 年 12 月 24 日交通运输部令第 20 号修正) … 600

中华人民共和国船员服务管理规定(2008年7月22日交通运输部令
　　第6号公布,2013年8月31日交通运输部令第10号修正) ……… 608
中华人民共和国船员培训管理规则(2009年6月26日交通运输部令
　　第10号公布,2013年12月24日交通运输部令第15号修正) …… 614
中华人民共和国内河船舶船员适任考试和发证规则(2010年6月29日
　　交通运输部令第1号公布,2015年11月11日交通运输部令
　　第21号修订) ……………………………………………………… 621
中华人民共和国船舶及其有关作业活动污染海洋环境防治管理规定
　　(2010年11月16日交通运输部令第7号公布,2013年8月31日
　　交通运输部令第12号第一次修正,2013年12月24日交通运输部令
　　第17号第二次修正) ……………………………………………… 628
中华人民共和国船舶污染海洋环境应急防备和应急处置管理规定
　　(2011年1月27日交通运输部令第4号公布,2013年12月24日
　　交通运输部令第19号第一次修正,2014年9月5日交通运输部令
　　第11号第二次修正,2015年5月12日交通运输部令
　　第6号第三次修正) ……………………………………………… 637
中华人民共和国水上水下活动通航安全管理规定(2011年1月17日
　　交通运输部令第5号公布) ……………………………………… 648
中华人民共和国海上船舶污染事故调查处理规定(2011年11月14日
　　交通运输部令第10号公布,2013年12月24日交通运输部
　　令第16号修正) …………………………………………………… 653
中华人民共和国海船船员适任考试和发证规则(2011年12月27日
　　交通运输部令第12号公布,2013年12月24日交通运输部令
　　第18号修正) ……………………………………………………… 658
内河渡口渡船安全管理规定(2014年8月1日交通运输部令第9号公布) ……
　　……………………………………………………………………… 674
船舶检验管理规定(2016年1月22日交通运输部令第2号公布) ………… 680
中华人民共和国内河交通事故调查处理规定(2006年12月4日

交通部令第12号公布,2012年3月14日交通运输部令第3号修正) …… 688

工程建设与质量监督

中华人民共和国招标投标法(1999年8月30日中华人民共和国主席令
　　第21号公布) ………………………………………………………… 695
中华人民共和国招标投标法实施条例(2011年11月30日国务院令
　　第613号公布) ………………………………………………………… 702
中华人民共和国安全生产法(2002年6月29日中华人民共和国主席令
　　第70号公布,2014年8月31日中华人民共和国主席令第13号修订) …… 714
建设工程质量管理条例(2000年1月30日国务院令第279号公布) …… 728
建设工程勘查设计管理条例(2000年9月25日国务院令第293号公布,
　　2015年6月12日国务院令第662号修订) ………………………… 737
建设工程安全生产管理条例(2003年11月24日国务院令
　　第393号公布) ………………………………………………………… 742
公路建设市场管理办法(2004年12月21日交通部令第14号公布,
　　2015年6月26日交通运输部令第11号修正) ……………………… 752
公路工程质量监督规定(2005年5月8日交通部令第4号公布) ………… 759
农村公路建设管理办法(2006年1月27日交通部令第3号公布) ……… 763
公路建设监督管理办法(2006年6月8日交通部令第6号公布) ………… 768
公路水运工程安全生产监督管理办法(2007年2月14日交通部令
　　第1号公布,2016年3月7日交通运输部令第9号修正) ………… 775
经营性公路建设项目投资人招标投标管理规定(2007年10月16日
　　交通部令第8号公布,2015年6月24日交通运输部令第13号修正) …… 782
水运工程建设项目招标投标管理办法(2012年12月20日交通运输部令
　　第11号公布) ………………………………………………………… 788
公路工程建设项目招标投标管理办法(2015年12月8日交通运输部令
　　第24号公布) ………………………………………………………… 799

综合类

中华人民共和国行政许可法

(2003年8月27日中华人民共和国主席令第7号公布)

第一章 总 则

第一条 为了规范行政许可的设定和实施,保护公民、法人和其他组织的合法权益,维护公共利益和社会秩序,保障和监督行政机关有效实施行政管理,根据宪法,制定本法。

第二条 本法所称行政许可,是指行政机关根据公民、法人或者其他组织的申请,经依法审查,准予其从事特定活动的行为。

第三条 行政许可的设定和实施,适用本法。

有关行政机关对其他机关或者对其直接管理的事业单位的人事、财务、外事等事项的审批,不适用本法。

第四条 设定和实施行政许可,应当依照法定的权限、范围、条件和程序。

第五条 设定和实施行政许可,应当遵循公开、公平、公正的原则。

有关行政许可的规定应当公布;未经公布的,不得作为实施行政许可的依据。行政许可的实施和结果,除涉及国家秘密、商业秘密或者个人隐私的外,应当公开。

符合法定条件、标准的,申请人有依法取得行政许可的平等权利,行政机关不得歧视。

第六条 实施行政许可,应当遵循便民的原则,提高办事效率,提供优质服务。

第七条 公民、法人或者其他组织对行政机关实施行政许可,享有陈述权、申辩权;有权依法申请行政复议或者提起行政诉讼;其合法权益因行政机关违法实施行政许可受到损害的,有权依法要求赔偿。

第八条 公民、法人或者其他组织依法取得的行政许可受法律保护,行政机关不得擅自改变已经生效的行政许可。

行政许可所依据的法律、法规、规章修改或者废止,或者准予行政许可所依据的客观情况发生重大变化的,为了公共利益的需要,行政机关可以依法变更或者撤回已经生效的行政许可。由此给公民、法人或者其他组织造成财产损失的,行政机关应当依法给予补偿。

第九条 依法取得的行政许可,除法律、法规规定依照法定条件和程序可以转让的外,不得转让。

第十条 县级以上人民政府应当建立健全对行政机关实施行政许可的监督制度,加强对行政机关实施行政许可的监督检查。

行政机关应当对公民、法人或者其他组织从事行政许可事项的活动实施有效监督。

第二章 行政许可的设定

第十一条 设定行政许可,应当遵循经济和社会发展规律,有利于发挥公民、法人或者其他组织的积极性、主动性,维护公共利益和社会秩序,促进经济、社会和生态环境协调发展。

第十二条 下列事项可以设定行政许可:
(一)直接涉及国家安全、公共安全、经济宏观调控、生态环境保护以及直接关系人身健康、生命财产安全等特定活动,需要按照法定条件予以批准的事项;
(二)有限自然资源开发利用、公共资源配置以及直接关系公共利益的特定行业的市场准入等,需要赋予特定权利的事项;
(三)提供公众服务并且直接关系公共利益的职业、行业,需要确定具备特殊信誉、特殊条件或者特殊技能等资格、资质的事项;
(四)直接关系公共安全、人身健康、生命财产安全的重要设备、设施、产品、物品,需要按照技术标准、技术规范,通过检验、检测、检疫等方式进行审定的事项;
(五)企业或者其他组织的设立等,需要确定主体资格的事项;
(六)法律、行政法规规定可以设定行政许可的其他事项。

第十三条 本法第十二条所列事项,通过下列方式能够予以规范的,可以不设行政许可:
(一)公民、法人或者其他组织能够自主决定的;
(二)市场竞争机制能够有效调节的;
(三)行业组织或者中介机构能够自律管理的;
(四)行政机关采用事后监督等其他行政管理方式能够解决的。

第十四条 本法第十二条所列事项,法律可以设定行政许可。尚未制定法律的,行政法规可以设定行政许可。

必要时,国务院可以采用发布决定的方式设定行政许可。实施后,除临时性行政许可事项外,国务院应当及时提请全国人民代表大会及其常务委员会制定法律,或者自行制定行政法规。

第十五条 本法第十二条所列事项,尚未制定法律、行政法规的,地方性法规可以设定行政许可;尚未制定法律、行政法规和地方性法规的,因行政管理的需要,确需立即实施行政许可的,省、自治区、直辖市人民政府规章可以设定临时性的行政许可。临时性的行政许可实施满一年需要继续实施的,应当提请本级人民代表大会及其常务委员会制定地方性法规。

地方性法规和省、自治区、直辖市人民政府规章,不得设定应当由国家统一确定的公民、法人或者其他组织的资格、资质的行政许可;不得设定企业或者其他组织的设立登记及其前置性行政许可。其设定的行政许可,不得限制其他地区的个人或者企业到本地区从事生产经营和提供服务,不得限制其他地区的商品进入本地区市场。

第十六条 行政法规可以在法律设定的行政许可事项范围内,对实施该行政许可作出具体规定。

地方性法规可以在法律、行政法规设定的行政许可事项范围内,对实施该行政许可作出具体规定。

规章可以在上位法设定的行政许可事项范围内,对实施该行政许可作出具体规定。

法规、规章对实施上位法设定的行政许可作出的具体规定,不得增设行政许可;对行政许可条件作出的具体规定,不得增设违反上位法的其他条件。

第十七条 除本法第十四条、第十五条规定的外,其他规范性文件一律不得设定行政许可。

第十八条 设定行政许可,应当规定行政许可的实施机关、条件、程序、期限。

第十九条 起草法律草案、法规草案和省、自治区、直辖市人民政府规章草案,拟设定行政许可的,起草单位应当采取听证会、论证会等形式听取意见,并向制定机关说明设定该行政许可的必要性、对经济和社会可能产生的影响以及听取和采纳意见的情况。

第二十条 行政许可的设定机关应当定期对其设定的行政许可进行评价;对已设定的行政许可,认为通过本法第十三条所列方式能够解决的,应当对设定该行政许可的规定及时予以修改或者废止。

行政许可的实施机关可以对已设定的行政许可的实施情况及存在的必要性适时进行评价,并将意见报告该行政许可的设定机关。

公民、法人或者其他组织可以向行政许可的设定机关和实施机关就行政许可的设定和实施提出意见和建议。

第二十一条 省、自治区、直辖市人民政府对行政法规设定的有关经济事务的行政许可,根据本行政区域经济和社会发展情况,认为通过本法第十三条所列方式能够解决的,报国务院批准后,可以在本行政区域内停止实施该行政许可。

第三章 行政许可的实施机关

第二十二条 行政许可由具有行政许可权的行政机关在其法定职权范围内实施。

第二十三条 法律、法规授权的具有管理公共事务职能的组织,在法定授权范围内,以自己的名义实施行政许可。被授权的组织适用本法有关行政机关的规定。

第二十四条 行政机关在其法定职权范围内,依照法律、法规、规章的规定,可以委托其他行政机关实施行政许可。委托机关应当将受委托行政机关和受委托实施行政许可的内容予以公告。

委托行政机关对受委托行政机关实施行政许可的行为应当负责监督,并对该行为的后果承担法律责任。

受委托行政机关在委托范围内,以委托机关名义实施行政许可;不得再委托其他组织或者个人实施行政许可。

第二十五条 经国务院批准,省、自治区、直辖市人民政府根据精简、统一、效能的原则,可以决定一个行政机关行使有关行政机关的行政许可权。

第二十六条 行政许可需要行政机关内设的多个机构办理的,该行政机关应当确定一个机构统一受理行政许可申请,统一送达行政许可决定。

行政许可依法由地方人民政府两个以上部门分别实施的,本级人民政府可以确定一个部门受理行政许可申请并转告有关部门分别提出意见后统一办理,或者组织有关部门联合办理、集中办理。

第二十七条 行政机关实施行政许可,不得向申请人提出购买指定商品、接受有偿服等不正当要求。

行政机关工作人员办理行政许可,不得索取或者收受申请人的财物,不得谋取其他利益。

第二十八条 对直接关系公共安全、人身健康、生命财产安全的设备、设施、产品、物品的检验、检测、检疫,除法律、行政法规规定由行政机关实施的外,应当逐步由符合法定条件的专业技术组织实施。专业技术组织及其有关人员对所实施的检验、检测、检疫结论承担法律责任。

第四章 行政许可的实施程序

第一节 申请与受理

第二十九条 公民、法人或者其他组织从事特定活动,依法需要取得行政许可的,应当向行政机关提出申请。申请书需要采用格式文本的,行政机关应当向申请人提供行政许可申请书格式文本。申请书格式文本中不得包含与申请行政许可事项没有直接关系的内容。

申请人可以委托代理人提出行政许可申请。但是,依法应当由申请人到行政机关办公场所提出行政许可申请的除外。

行政许可申请可以通过信函、电报、电传、传真、电子数据交换和电子邮件等方式提出。

第三十条 行政机关应当将法律、法规、规章规定的有关行政许可的事项、依据、条件、数量、程序、期限以及需要提交的全部材料的目录和申请书示范文本等在办公场所公示。

申请人要求行政机关对公示内容予以说明、解释的,行政机关应当说明、解释,提供准确、可靠的信息。

第三十一条 申请人申请行政许可,应当如实向行政机关提交有关材料和反映真实情况,并对其申请材料实质内容的真实性负责。行政机关不得要求申请人提交与其申请的行政许可事项无关的技术资料和其他材料。

第三十二条 行政机关对申请人提出的行政许可申请,应当根据下列情况分别作出处理:

(一)申请事项依法不需要取得行政许可的,应当即时告知申请人不受理;

(二)申请事项依法不属于本行政机关职权范围的,应当即时作出不予受理的决定,并告知申请人向有关行政机关申请;

(三)申请材料存在可以当场更正的错误的,应当允许申请人当场更正;

(四)申请材料不齐全或者不符合法定形式的,应当当场或者在5日内一次告知申请人需要补正的全部内容,逾期不告知的,自收到申请材料之日起即为受理;

(五)申请事项属于本行政机关职权范围,申请材料齐全、符合法定形式,或者申请人按照本行政机关的要求提交全部补正申请材料的,应当受理行政许可申请。

行政机关受理或者不予受理行政许可申请,应当出具加盖本行政机关专用印章和注明日期的书面凭证。

第三十三条 行政机关应当建立和完善有关制度,推行电子政务,在行政机关的网站上公布行政许可事项,方便申请人采取数据电文等方式提出行政许可申请;应当与其他行政机关共享有关行政许可信息,提高办事效率。

第二节 审查与决定

第三十四条 行政机关应当对申请人提交的申请材料进行审查。

申请人提交的申请材料齐全、符合法定形式，行政机关能够当场作出决定的，应当当场作出书面的行政许可决定。

根据法定条件和程序，需要对申请材料的实质内容进行核实的，行政机关应当指派两名以上工作人员进行核查。

第三十五条 依法应当先经下级行政机关审查后报上级行政机关决定的行政许可，下级行政机关应当在法定期限内将初步审查意见和全部申请材料直接报送上级行政机关。上级行政机关不得要求申请人重复提供申请材料。

第三十六条 行政机关对行政许可申请进行审查时，发现行政许可事项直接关系他人重大利益的，应当告知该利害关系人。申请人、利害关系人有权进行陈述和申辩。行政机关应当听取申请人、利害关系人的意见。

第三十七条 行政机关对行政许可申请进行审查后，除当场作出行政许可决定的外，应当在法定期限内按照规定程序作出行政许可决定。

第三十八条 申请人的申请符合法定条件、标准的，行政机关应当依法作出准予行政许可的书面决定。

行政机关依法作出不予行政许可的书面决定的，应当说明理由，并告知申请人享有依法申请行政复议或者提起行政诉讼的权利。

第三十九条 行政机关作出准予行政许可的决定，需要颁发行政许可证件的，应当向申请人颁发加盖本行政机关印章的下列行政许可证件：

（一）许可证、执照或者其他许可证书；

（二）资格证、资质证或者其他合格证书；

（三）行政机关的批准文件或者证明文件；

（四）法律、法规规定的其他行政许可证件。

行政机关实施检验、检测、检疫的，可以在检验、检测、检疫合格的设备、设施、产品、物品上加贴标签或者加盖检验、检测、检疫印章。

第四十条 行政机关作出的准予行政许可决定，应当予以公开，公众有权查阅。

第四十一条 法律、行政法规设定的行政许可，其适用范围没有地域限制的，申请人取得的行政许可在全国范围内有效。

第三节 期 限

第四十二条 除可以当场作出行政许可决定的外，行政机关应当自受理行政许可申请之日起20日内作出行政许可决定。20日内不能作出决定的，经本行政机关负责人批准，可以延长10日，并应当将延长期限的理由告知申请人。但是，法律、法规另有规定的，依照其规定。

依照本法第二十六条的规定，行政许可采取统一办理或者联合办理、集中办理的，办理的时间不得超过45日；45日内不能办结的，经本级人民政府负责人批准，可以延长15日，并应当将延长期限的理由告知申请人。

第四十三条 依法应当先经下级行政机关审查后报上级行政机关决定的行政许可,下级行政机关应当自其受理行政许可申请之日起20日内审查完毕。但是,法律、法规另有规定的,依照其规定。

第四十四条 行政机关作出准予行政许可的决定,应当自作出决定之日起10日内向申请人颁发、送达行政许可证件,或者加贴标签、加盖检验、检测、检疫印章。

第四十五条 行政机关作出行政许可决定,依法需要听证、招标、拍卖、检验、检测、检疫、鉴定和专家评审的,所需时间不计算在本节规定的期限内。行政机关应当将所需时间书面告知申请人。

第四节 听 证

第四十六条 法律、法规、规章规定实施行政许可应当听证的事项,或者行政机关认为需要听证的其他涉及公共利益的重大行政许可事项,行政机关应当向社会公告,并举行听证。

第四十七条 行政许可直接涉及申请人与他人之间重大利益关系的,行政机关在作出行政许可决定前,应当告知申请人、利害关系人享有要求听证的权利;申请人、利害关系人在被告知听证权利之日起5日内提出听证申请的,行政机关应当在20日内组织听证。

申请人、利害关系人不承担行政机关组织听证的费用。

第四十八条 听证按照下列程序进行:

(一)行政机关应当于举行听证的7日前将举行听证的时间、地点通知申请人、利害关系人,必要时予以公告;

(二)听证应当公开举行;

(三)行政机关应当指定审查该行政许可申请的工作人员以外的人员为听证主持人,申请人、利害关系人认为主持人与该行政许可事项有直接利害关系的,有权申请回避;

(四)举行听证时,审查该行政许可申请的工作人员应当提供审查意见的证据、理由,申请人、利害关系人可以提出证据,并进行申辩和质证;

(五)听证应当制作笔录,听证笔录应当交听证参加人确认无误后签字或者盖章。

行政机关应当根据听证笔录,作出行政许可决定。

第五节 变更与延续

第四十九条 被许可人要求变更行政许可事项的,应当向作出行政许可决定的行政机关提出申请;符合法定条件、标准的,行政机关应当依法办理变更手续。

第五十条 被许可人需要延续依法取得的行政许可的有效期的,应当在该行政许可有效期届满30日前向作出行政许可决定的行政机关提出申请。但是,法律、法规、规章另有规定的,依照其规定。

行政机关应当根据被许可人的申请,在该行政许可有效期届满前作出是否准予延续的决定;逾期未作决定的,视为准予延续。

第六节 特别规定

第五十一条 实施行政许可的程序,本节有规定的,适用本节规定;本节没有规定的,适用本章其他有关规定。

第五十二条 国务院实施行政许可的程序,适用有关法律、行政法规的规定。

第五十三条　实施本法第十二条第二项所列事项的行政许可的,行政机关应当通过招标、拍卖等公平竞争的方式作出决定。但是,法律、行政法规另有规定的,依照其规定。

行政机关通过招标、拍卖等方式作出行政许可决定的具体程序,依照有关法律、行政法规的规定。

行政机关按照招标、拍卖程序确定中标人、买受人后,应当作出准予行政许可的决定,并依法向中标人、买受人颁发行政许可证件。

行政机关违反本条规定,不采用招标、拍卖方式,或者违反招标、拍卖程序,损害申请人合法权益的,申请人可以依法申请行政复议或者提起行政诉讼。

第五十四条　实施本法第十二条第三项所列事项的行政许可,赋予公民特定资格,依法应当举行国家考试的,行政机关根据考试成绩和其他法定条件作出行政许可决定;赋予法人或者其他组织特定的资格、资质的,行政机关根据申请人的专业人员构成、技术条件、经营业绩和管理水平等的考核结果作出行政许可决定。但是,法律、行政法规另有规定的,依照其规定。

公民特定资格的考试依法由行政机关或者行业组织实施,公开举行。行政机关或者行业组织应当事先公布资格考试的报名条件、报考办法、考试科目以及考试大纲。但是,不得组织强制性的资格考试的考前培训,不得指定教材或者其他助考材料。

第五十五条　实施本法第十二条第四项所列事项的行政许可的,应当按照技术标准、技术规范依法进行检验、检测、检疫,行政机关根据检验、检测、检疫的结果作出行政许可决定。

行政机关实施检验、检测、检疫,应当自受理申请之日起5日内指派两名以上工作人员按照技术标准、技术规范进行检验、检测、检疫。不需要对检验、检测、检疫结果作进一步技术分析即可认定设备、设施、产品、物品是否符合技术标准、技术规范的,行政机关应当当场作出行政许可决定。

行政机关根据检验、检测、检疫结果,作出不予行政许可决定的,应当书面说明不予行政许可所依据的技术标准、技术规范。

第五十六条　实施本法第十二条第五项所列事项的行政许可,申请人提交的申请材料齐全、符合法定形式的,行政机关应当当场予以登记。需要对申请材料的实质内容进行核实的,行政机关依照本法第三十四条第三款的规定办理。

第五十七条　有数量限制的行政许可,两个或者两个以上申请人的申请均符合法定条件、标准的,行政机关应当根据受理行政许可申请的先后顺序作出准予行政许可的决定。但是,法律、行政法规另有规定的,依照其规定。

第五章　行政许可的费用

第五十八条　行政机关实施行政许可和对行政许可事项进行监督检查,不得收取任何费用。但是,法律、行政法规另有规定的,依照其规定。

行政机关提供行政许可申请书格式文本,不得收费。

行政机关实施行政许可所需经费应当列入本行政机关的预算,由本级财政予以保障,按照批准的预算予以核拨。

第五十九条 行政机关实施行政许可,依照法律、行政法规收取费用的,应当按照公布的法定项目和标准收费;所收取的费用必须全部上缴国库,任何机关或者个人不得以任何形式截留、挪用、私分或者变相私分。财政部门不得以任何形式向行政机关返还或者变相返还实施行政许可所收取的费用。

第六章 监督检查

第六十条 上级行政机关应当加强对下级行政机关实施行政许可的监督检查,及时纠正行政许可实施中的违法行为。

第六十一条 行政机关应当建立健全监督制度,通过核查反映被许可人从事行政许可事项活动情况的有关材料,履行监督责任。

行政机关依法对被许可人从事行政许可事项的活动进行监督检查时,应当将监督检查的情况和处理结果予以记录,由监督检查人员签字后归档。公众有权查阅行政机关监督检查记录。

行政机关应当创造条件,实现与被许可人、其他有关行政机关的计算机档案系统互联,核查被许可人从事行政许可事项活动情况。

第六十二条 行政机关可以对被许可人生产经营的产品依法进行抽样检查、检验、检测,对其生产经营场所依法进行实地检查。检查时,行政机关可以依法查阅或者要求被许可人报送有关材料;被许可人应当如实提供有关情况和材料。

行政机关根据法律、行政法规的规定,对直接关系公共安全、人身健康、生命财产安全的重要设备、设施进行定期检验。对检验合格的,行政机关应当发给相应的证明文件。

第六十三条 行政机关实施监督检查,不得妨碍被许可人正常的生产经营活动,不得索取或者收受被许可人的财物,不得谋取其他利益。

第六十四条 被许可人在作出行政许可决定的行政机关管辖区域外违法从事行政许可事项活动的,违法行为发生地的行政机关应当依法将被许可人的违法事实、处理结果抄告作出行政许可决定的行政机关。

第六十五条 个人和组织发现违法从事行政许可事项的活动,有权向行政机关举报,行政机关应当及时核实、处理。

第六十六条 被许可人未依法履行开发利用自然资源义务或者未依法履行利用公共资源义务的,行政机关应当责令限期改正;被许可人在规定期限内不改正的,行政机关应当依照有关法律、行政法规的规定予以处理。

第六十七条 取得直接关系公共利益的特定行业的市场准入行政许可的被许可人,应当按照国家规定的服务标准、资费标准和行政机关依法规定的条件,向用户提供安全、方便、稳定和价格合理的服务,并履行普遍服务的义务;未经作出行政许可决定的行政机关批准,不得擅自停业、歇业。

被许可人不履行前款规定的义务的,行政机关应当责令限期改正,或者依法采取有效措施督促其履行义务。

第六十八条 对直接关系公共安全、人身健康、生命财产安全的重要设备、设施,行政机关应当督促设计、建造、安装和使用单位建立相应的自检制度。

行政机关在监督检查时,发现直接关系公共安全、人身健康、生命财产安全的重要设备、设施存在安全隐患的,应当责令停止建造、安装和使用,并责令设计、建造、安装和使用单位立即改正。

第六十九条 有下列情形之一的,作出行政许可决定的行政机关或者其上级行政机关,根据利害关系人的请求或者依据职权,可以撤销行政许可:
(一)行政机关工作人员滥用职权、玩忽职守作出准予行政许可决定的;
(二)超越法定职权作出准予行政许可决定的;
(三)违反法定程序作出准予行政许可决定的;
(四)对不具备申请资格或者不符合法定条件的申请人准予行政许可的;
(五)依法可以撤销行政许可的其他情形。

被许可人以欺骗、贿赂等不正当手段取得行政许可的,应当予以撤销。

依照前两款的规定撤销行政许可,可能对公共利益造成重大损害的,不予撤销。

依照本条第一款的规定撤销行政许可,被许可人的合法权益受到损害的,行政机关应当依法给予赔偿。依照本条第二款的规定撤销行政许可的,被许可人基于行政许可取得的利益不受保护。

第七十条 有下列情形之一的,行政机关应当依法办理有关行政许可的注销手续:
(一)行政许可有效期届满未延续的;
(二)赋予公民特定资格的行政许可,该公民死亡或者丧失行为能力的;
(三)法人或者其他组织依法终止的;
(四)行政许可依法被撤销、撤回,或者行政许可证件依法被吊销的;
(五)因不可抗力导致行政许可事项无法实施的;
(六)法律、法规规定的应当注销行政许可的其他情形。

第七章 法律责任

第七十一条 违反本法第十七条规定设定的行政许可,有关机关应当责令设定该行政许可的机关改正,或者依法予以撤销。

第七十二条 行政机关及其工作人员违反本法的规定,有下列情形之一的,由其上级行政机关或者监察机关责令改正;情节严重的,对直接负责的主管人员和其他直接责任人员依法给予行政处分:
(一)对符合法定条件的行政许可申请不予受理的;
(二)不在办公场所公示依法应当公示的材料的;
(三)在受理、审查、决定行政许可过程中,未向申请人、利害关系人履行法定告知义务的;
(四)申请人提交的申请材料不齐全、不符合法定形式,不一次告知申请人必须补正的全部内容的;
(五)未依法说明不受理行政许可申请或者不予行政许可的理由的;
(六)依法应当举行听证而不举行听证的。

第七十三条 行政机关工作人员办理行政许可、实施监督检查,索取或者收受他人财物或者谋取其他利益,构成犯罪的,依法追究刑事责任;尚不构成犯罪的,依法给予行政处分。

第七十四条 行政机关实施行政许可,有下列情形之一的,由其上级行政机关或者监察机关责令改正,对直接负责的主管人员和其他直接责任人员依法给予行政处分;构成犯罪的,依法追究刑事责任:

(一)对不符合法定条件的申请人准予行政许可或者超越法定职权作出准予行政许可决定的;

(二)对符合法定条件的申请人不予行政许可或者不在法定期限内作出准予行政许可决定的;

(三)依法应当根据招标、拍卖结果或者考试成绩择优作出准予行政许可决定,未经招标、拍卖或者考试,或者不根据招标、拍卖结果或者考试成绩择优作出准予行政许可决定的。

第七十五条 行政机关实施行政许可,擅自收费或者不按照法定项目和标准收费的,由其上级行政机关或者监察机关责令退还非法收取的费用;对直接负责的主管人员和其他直接责任人员依法给予行政处分。

截留、挪用、私分或者变相私分实施行政许可依法收取的费用的,予以追缴;对直接负责的主管人员和其他直接责任人员依法给予行政处分;构成犯罪的,依法追究刑事责任。

第七十六条 行政机关违法实施行政许可,给当事人的合法权益造成损害的,应当依照国家赔偿法的规定给予赔偿。

第七十七条 行政机关不依法履行监督职责或者监督不力,造成严重后果的,由其上级行政机关或者监察机关责令改正,对直接负责的主管人员和其他直接责任人员依法给予行政处分;构成犯罪的,依法追究刑事责任。

第七十八条 行政许可申请人隐瞒有关情况或者提供虚假材料申请行政许可的,行政机关不予受理或者不予行政许可,并给予警告;行政许可申请属于直接关系公共安全、人身健康、生命财产安全事项的,申请人在一年内不得再次申请该行政许可。

第七十九条 被许可人以欺骗、贿赂等不正当手段取得行政许可的,行政机关应当依法给予行政处罚;取得的行政许可属于直接关系公共安全、人身健康、生命财产安全事项的,申请人在三年内不得再次申请该行政许可;构成犯罪的,依法追究刑事责任。

第八十条 被许可人有下列行为之一的,行政机关应当依法给予行政处罚;构成犯罪的,依法追究刑事责任:

(一)涂改、倒卖、出租、出借行政许可证件,或者以其他形式非法转让行政许可的;

(二)超越行政许可范围进行活动的;

(三)向负责监督检查的行政机关隐瞒有关情况、提供虚假材料或者拒绝提供反映其活动情况的真实材料的;

(四)法律、法规、规章规定的其他违法行为。

第八十一条 公民、法人或者其他组织未经行政许可,擅自从事依法应当取得行政许可的活动的,行政机关应当依法采取措施予以制止,并依法给予行政处罚;构成犯罪的,依法追究刑事责任。

第八章 附 则

第八十二条 本法规定的行政机关实施行政许可的期限以工作日计算,不含法定节假日。

第八十三条 本法自2004年7月1日起施行。

本法施行前有关行政许可的规定,制定机关应当依照本法规定予以清理;不符合本法规定的,自本法施行之日起停止执行。

中华人民共和国行政处罚法

(1996 年 3 月 17 日中华人民共和国主席令第 63 号公布,2009 年 8 月 27 日中华人民共和国主席令第 18 号修订)

第一章 总 则

第一条 为了规范行政处罚的设定和实施,保障和监督行政机关有效实施行政管理,维护公共利益和社会秩序,保护公民、法人或者其他组织的合法权益,根据宪法,制定本法。

第二条 行政处罚的设定和实施,适用本法。

第三条 公民、法人或者其他组织违反行政管理秩序的行为,应当给予行政处罚的,依照本法由法律、法规或者规章规定,并由行政机关依照本法规定的程序实施。

没有法定依据或者不遵守法定程序的,行政处罚无效。

第四条 行政处罚遵循公正、公开的原则。

设定和实施行政处罚必须以事实为依据,与违法行为的事实、性质、情节以及社会危害程度相当。

对违法行为给予行政处罚的规定必须公布;未经公布的,不得作为行政处罚的依据。

第五条 实施行政处罚,纠正违法行为,应当坚持处罚与教育相结合,教育公民、法人或者其他组织自觉守法。

第六条 公民、法人或者其他组织对行政机关所给予的行政处罚,享有陈述权、申辩权;对行政处罚不服的,有权依法申请行政复议或者提起行政诉讼。

公民、法人或者其他组织因行政机关违法给予行政处罚受到损害的,有权依法提出赔偿要求。

第七条 公民、法人或者其他组织因违法受到行政处罚,其违法行为对他人造成损害的,应当依法承担民事责任。

违法行为构成犯罪,应当依法追究刑事责任,不得以行政处罚代替刑事处罚。

第二章 行政处罚的种类和设定

第八条 行政处罚的种类:

(一)警告;

(二)罚款;

(三)没收违法所得、没收非法财物;

(四)责令停产停业;

(五)暂扣或者吊销许可证、暂扣或者吊销执照;

(六)行政拘留;
(七)法律、行政法规规定的其他行政处罚。

第九条 法律可以设定各种行政处罚。
限制人身自由的行政处罚,只能由法律设定。

第十条 行政法规可以设定除限制人身自由以外的行政处罚。
法律对违法行为已经作出行政处罚规定,行政法规需要作出具体规定的,必须在法律规定的给予行政处罚的行为、种类和幅度的范围内规定。

第十一条 地方性法规可以设定除限制人身自由、吊销企业营业执照以外的行政处罚。
法律、行政法规对违法行为已经作出行政处罚规定,地方性法规需要作出具体规定的,必须在法律、行政法规规定的给予行政处罚的行为、种类和幅度的范围内规定。

第十二条 国务院部、委员会制定的规章可以在法律、行政法规规定的给予行政处罚的行为、种类和幅度的范围内作出具体规定。
尚未制定法律、行政法规的,前款规定的国务院部、委员会制定的规章对违反行政管理秩序的行为,可以设定警告或者一定数量罚款的行政处罚。罚款的限额由国务院规定。
国务院可以授权具有行政处罚权的直属机构依照本条第一款、第二款的规定,规定行政处罚。

第十三条 省、自治区、直辖市人民政府和省、自治区人民政府所在地的市人民政府以及经国务院批准的较大的市人民政府制定的规章可以在法律、法规规定的给予行政处罚的行为、种类和幅度的范围内作出具体规定。
尚未制定法律、法规的,前款规定的人民政府制定的规章对违反行政管理秩序的行为,可以设定警告或者一定数量罚款的行政处罚。罚款的限额由省、自治区、直辖市人民代表大会常务委员会规定。

第十四条 除本法第九条、第十条、第十一条、第十二条以及第十三条的规定外,其他规范性文件不得设定行政处罚。

第三章 行政处罚的实施机关

第十五条 行政处罚由具有行政处罚权的行政机关在法定职权范围内实施。

第十六条 国务院或者经国务院授权的省、自治区、直辖市人民政府可以决定一个行政机关行使有关行政机关的行政处罚权,但限制人身自由的行政处罚权只能由公安机关行使。

第十七条 法律、法规授权的具有管理公共事务职能的组织可以在法定授权范围内实施行政处罚。

第十八条 行政机关依照法律、法规或者规章的规定,可以在其法定权限内委托符合本法第十九条规定条件的组织实施行政处罚。行政机关不得委托其他组织或者个人实施行政处罚。
委托行政机关对受委托的组织实施行政处罚的行为应当负责监督,并对该行为的后果承担法律责任。
受委托组织在委托范围内,以委托行政机关名义实施行政处罚;不得再委托其他任何组织或者个人实施行政处罚。

第十九条 受委托组织必须符合以下条件：

（一）依法成立的管理公共事务的事业组织；

（二）具有熟悉有关法律、法规、规章和业务的工作人员；

（三）对违法行为需要进行技术检查或者技术鉴定的,应当有条件组织进行相应的技术检查或者技术鉴定。

第四章 行政处罚的管辖和适用

第二十条 行政处罚由违法行为发生地的县级以上地方人民政府具有行政处罚权的行政机关管辖。法律、行政法规另有规定的除外。

第二十一条 对管辖发生争议的,报请共同的上一级行政机关指定管辖。

第二十二条 违法行为构成犯罪的,行政机关必须将案件移送司法机关,依法追究刑事责任。

第二十三条 行政机关实施行政处罚时,应当责令当事人改正或者限期改正违法行为。

第二十四条 对当事人的同一个违法行为,不得给予两次以上罚款的行政处罚。

第二十五条 不满十四周岁的人有违法行为的,不予行政处罚,责令监护人加以管教；已满十四周岁不满十八周岁的人有违法行为的,从轻或者减轻行政处罚。

第二十六条 精神病人在不能辨认或者不能控制自己行为时有违法行为的,不予行政处罚,但应当责令其监护人严加看管和治疗。间歇性精神病人在精神正常时有违法行为的,应当给予行政处罚。

第二十七条 当事人有下列情形之一的,应当依法从轻或者减轻行政处罚：

（一）主动消除或者减轻违法行为危害后果的；

（二）受他人胁迫有违法行为的；

（三）配合行政机关查处违法行为有立功表现的；

（四）其他依法从轻或者减轻行政处罚的。

违法行为轻微并及时纠正,没有造成危害后果的,不予行政处罚。

第二十八条 违法行为构成犯罪,人民法院判处拘役或者有期徒刑时,行政机关已经给予当事人行政拘留的,应当依法折抵相应刑期。

违法行为构成犯罪,人民法院判处罚金时,行政机关已经给予当事人罚款的,应当折抵相应罚金。

第二十九条 违法行为在二年内未被发现的,不再给予行政处罚。法律另有规定的除外。

前款规定的期限,从违法行为发生之日起计算；违法行为有连续或者继续状态的,从行为终了之日起计算。

第五章 行政处罚的决定

第三十条 公民、法人或者其他组织违反行政管理秩序的行为,依法应当给予行政处罚的,行政机关必须查明事实；违法事实不清的,不得给予行政处罚。

第三十一条 行政机关在作出行政处罚决定之前,应当告知当事人作出行政处罚决定的事实、理由及依据,并告知当事人依法享有的权利。

第三十二条 当事人有权进行陈述和申辩。行政机关必须充分听取当事人的意见,对当事人提出的事实、理由和证据,应当进行复核;当事人提出的事实、理由或者证据成立的,行政机关应当采纳。

行政机关不得因当事人申辩而加重处罚。

第一节 简易程序

第三十三条 违法事实确凿并有法定依据,对公民处以五十元以下、对法人或者其他组织处以一千元以下罚款或者警告的行政处罚的,可以当场作出行政处罚决定。当事人应当依照本法第四十六条、第四十七条、第四十八条的规定履行行政处罚决定。

第三十四条 执法人员当场作出行政处罚决定的,应当向当事人出示执法身份证件,填写预定格式、编有号码的行政处罚决定书。行政处罚决定书应当当场交付当事人。

前款规定的行政处罚决定书应当载明当事人的违法行为、行政处罚依据、罚款数额、时间、地点以及行政机关名称,并由执法人员签名或者盖章。

执法人员当场作出的行政处罚决定,必须报所属行政机关备案。

第三十五条 当事人对当场作出的行政处罚决定不服的,可以依法申请行政复议或者提起行政诉讼。

第二节 一般程序

第三十六条 除本法第三十三条规定的可以当场作出的行政处罚外,行政机关发现公民、法人或者其他组织有依法应当给予行政处罚的行为的,必须全面、客观、公正地调查,收集有关证据;必要时,依照法律、法规的规定,可以进行检查。

第三十七条 行政机关在调查或者进行检查时,执法人员不得少于两人,并应当向当事人或者有关人员出示证件。当事人或者有关人员应当如实回答询问,并协助调查或者检查,不得阻挠。询问或者检查应当制作笔录。

行政机关在收集证据时,可以采取抽样取证的方法;在证据可能灭失或者以后难以取得的情况下,经行政机关负责人批准,可以先行登记保存,并应当在七日内及时作出处理决定,在此期间,当事人或者有关人员不得销毁或者转移证据。

执法人员与当事人有直接利害关系的,应当回避。

第三十八条 调查终结,行政机关负责人应当对调查结果进行审查,根据不同情况,分别作出如下决定:

(一)确有应受行政处罚的违法行为的,根据情节轻重及具体情况,作出行政处罚决定;
(二)违法行为轻微,依法可以不予行政处罚的,不予行政处罚;
(三)违法事实不能成立的,不得给予行政处罚;
(四)违法行为已构成犯罪的,移送司法机关。

对情节复杂或者重大违法行为给予较重的行政处罚,行政机关的负责人应当集体讨论决定。

第三十九条 行政机关依照本法第三十八条的规定给予行政处罚,应当制作行政处罚决定书。行政处罚决定书应当载明下列事项:

（一）当事人的姓名或者名称、地址；
（二）违反法律、法规或者规章的事实和证据；
（三）行政处罚的种类和依据；
（四）行政处罚的履行方式和期限；
（五）不服行政处罚决定，申请行政复议或者提起行政诉讼的途径和期限；
（六）作出行政处罚决定的行政机关名称和作出决定的日期。
行政处罚决定书必须盖有作出行政处罚决定的行政机关的印章。

第四十条 行政处罚决定书应当在宣告后当场交付当事人；当事人不在场的，行政机关应当在七日内依照民事诉讼法的有关规定，将行政处罚决定书送达当事人。

第四十一条 行政机关及其执法人员在作出行政处罚决定之前，不依照本法第三十一条、第三十二条的规定向当事人告知给予行政处罚的事实、理由和依据，或者拒绝听取当事人的陈述、申辩，行政处罚决定不能成立；当事人放弃陈述或者申辩权利的除外。

第三节 听证程序

第四十二条 行政机关作出责令停产停业、吊销许可证或者执照、较大数额罚款等行政处罚决定之前，应当告知当事人有要求举行听证的权利；当事人要求听证的，行政机关应当组织听证。当事人不承担行政机关组织听证的费用。听证依照以下程序组织：
（一）当事人要求听证的，应当在行政机关告知后三日内提出；
（二）行政机关应当在听证的七日前，通知当事人举行听证的时间、地点；
（三）除涉及国家秘密、商业秘密或者个人隐私外，听证公开举行；
（四）听证由行政机关指定的非本案调查人员主持；当事人认为主持人与本案有直接利害关系的，有权申请回避；
（五）当事人可以亲自参加听证，也可以委托一至二人代理；
（六）举行听证时，调查人员提出当事人违法的事实、证据和行政处罚建议；当事人进行申辩和质证；
（七）听证应当制作笔录；笔录应当交当事人审核无误后签字或者盖章。
当事人对限制人身自由的行政处罚有异议的，依照治安管理处罚法有关规定执行。

第四十三条 听证结束后，行政机关依照本法第三十八条的规定，作出决定。

第六章 行政处罚的执行

第四十四条 行政处罚决定依法作出后，当事人应当在行政处罚决定的期限内，予以履行。

第四十五条 当事人对行政处罚决定不服申请行政复议或者提起行政诉讼的，行政处罚不停止执行，法律另有规定的除外。

第四十六条 作出罚款决定的行政机关应当与收缴罚款的机构分离。
除依照本法第四十七条、第四十八条的规定当场收缴的罚款外，作出行政处罚决定的行政机关及其执法人员不得自行收缴罚款。
当事人应当自收到行政处罚决定书之日起十五日内，到指定的银行缴纳罚款。银行应当收受罚款，并将罚款直接上缴国库。

第四十七条 依照本法第三十三条的规定当场作出行政处罚决定,有下列情形之一的,执法人员可以当场收缴罚款:

(一)依法给予二十元以下的罚款的;

(二)不当场收缴事后难以执行的。

第四十八条 在边远、水上、交通不便地区,行政机关及其执法人员依照本法第三十三条、第三十八条的规定作出罚款决定后,当事人向指定的银行缴纳罚款确有困难,经当事人提出,行政机关及其执法人员可以当场收缴罚款。

第四十九条 行政机关及其执法人员当场收缴罚款的,必须向当事人出具省、自治区、直辖市财政部门统一制发的罚款收据;不出具财政部门统一制发的罚款收据的,当事人有权拒绝缴纳罚款。

第五十条 执法人员当场收缴的罚款,应当自收缴罚款之日起二日内,交至行政机关;在水上当场收缴的罚款,应当自抵岸之日起二日内交至行政机关;行政机关应当在二日内将罚款缴付指定的银行。

第五十一条 当事人逾期不履行行政处罚决定的,作出行政处罚决定的行政机关可以采取下列措施:

(一)到期不缴纳罚款的,每日按罚款数额的百分之三加处罚款;

(二)根据法律规定,将查封、扣押的财物拍卖或者将冻结的存款划拨抵缴罚款;

(三)申请人民法院强制执行。

第五十二条 当事人确有经济困难,需要延期或者分期缴纳罚款的,经当事人申请和行政机关批准,可以暂缓或者分期缴纳。

第五十三条 除依法应当予以销毁的物品外,依法没收的非法财物必须按照国家规定公开拍卖或者按照国家有关规定处理。

罚款、没收违法所得或者没收非法财物拍卖的款项,必须全部上缴国库,任何行政机关或者个人不得以任何形式截留、私分或者变相私分;财政部门不得以任何形式向作出行政处罚决定的行政机关返还罚款、没收的违法所得或者返还没收非法财物的拍卖款项。

第五十四条 行政机关应当建立健全对行政处罚的监督制度。县级以上人民政府应当加强对行政处罚的监督检查。

公民、法人或者其他组织对行政机关作出的行政处罚,有权申诉或者检举;行政机关应当认真审查,发现行政处罚有错误的,应当主动改正。

第七章 法律责任

第五十五条 行政机关实施行政处罚,有下列情形之一的,由上级行政机关或者有关部门责令改正,可以对直接负责的主管人员和其他直接责任人员依法给予行政处分:

(一)没有法定的行政处罚依据的;

(二)擅自改变行政处罚种类、幅度的;

(三)违反法定的行政处罚程序的;

(四)违反本法第十八条关于委托处罚的规定的。

第五十六条 行政机关对当事人进行处罚不使用罚款、没收财物单据或者使用非法定部门制发的罚款、没收财物单据的,当事人有权拒绝处罚,并有权予以检举。上级行政机关或者有关部门对使用的非法单据予以收缴销毁,对直接负责的主管人员和其他直接责任人员依法给予行政处分。

第五十七条 行政机关违反本法第四十六条的规定自行收缴罚款的,财政部门违反本法第五十三条的规定向行政机关返还罚款或者拍卖款项的,由上级行政机关或者有关部门责令改正,对直接负责的主管人员和其他直接责任人员依法给予行政处分。

第五十八条 行政机关将罚款、没收的违法所得或者财物截留、私分或者变相私分的,由财政部门或者有关部门予以追缴,对直接负责的主管人员和其他直接责任人员依法给予行政处分;情节严重构成犯罪的,依法追究刑事责任。

执法人员利用职务上的便利,索取或者收受他人财物、收缴罚款据为己有,构成犯罪的,依法追究刑事责任;情节轻微不构成犯罪的,依法给予行政处分。

第五十九条 行政机关使用或者损毁扣押的财物,对当事人造成损失的,应当依法予以赔偿,对直接负责的主管人员和其他直接责任人员依法给予行政处分。

第六十条 行政机关违法实行检查措施或者执行措施,给公民人身或者财产造成损害、给法人或者其他组织造成损失的,应当依法予以赔偿,对直接负责的主管人员和其他直接责任人员依法给予行政处分;情节严重构成犯罪的,依法追究刑事责任。

第六十一条 行政机关为牟取本单位私利,对应当依法移交司法机关追究刑事责任的不移交,以行政处罚代替刑罚,由上级行政机关或者有关部门责令纠正;拒不纠正的,对直接负责的主管人员给予行政处分;徇私舞弊、包庇纵容违法行为的,依照刑法有关规定追究刑事责任。

第六十二条 执法人员玩忽职守,对应当予以制止和处罚的违法行为不予制止、处罚,致使公民、法人或者其他组织的合法权益、公共利益和社会秩序遭受损害,对直接负责的主管人员和其他直接责任人员依法给予行政处分;情节严重构成犯罪的,依法追究刑事责任。

第八章 附 则

第六十三条 本法第四十六条罚款决定与罚款收缴分离的规定,由国务院制定具体实施办法。

第六十四条 本法自1996年10月1日起施行。

本法公布前制定的法规和规章关于行政处罚的规定与本法不符合的,应当自本法公布之日起,依照本法规定予以修订,在1997年12月31日前修订完毕。

中华人民共和国行政强制法

(2011年6月30日中华人民共和国主席令第49号公布)

第一章 总 则

第一条 为了规范行政强制的设定和实施,保障和监督行政机关依法履行职责,维护公共利益和社会秩序,保护公民、法人和其他组织的合法权益,根据宪法,制定本法。

第二条 本法所称行政强制,包括行政强制措施和行政强制执行。

行政强制措施,是指行政机关在行政管理过程中,为制止违法行为、防止证据损毁、避免危害发生、控制危险扩大等情形,依法对公民的人身自由实施暂时性限制,或者对公民、法人或者其他组织的财物实施暂时性控制的行为。

行政强制执行,是指行政机关或者行政机关申请人民法院,对不履行行政决定的公民、法人或者其他组织,依法强制履行义务的行为。

第三条 行政强制的设定和实施,适用本法。

发生或者即将发生自然灾害、事故灾难、公共卫生事件或者社会安全事件等突发事件,行政机关采取应急措施或者临时措施,依照有关法律、行政法规的规定执行。

行政机关采取金融业审慎监管措施、进出境货物强制性技术监控措施,依照有关法律、行政法规的规定执行。

第四条 行政强制的设定和实施,应当依照法定的权限、范围、条件和程序。

第五条 行政强制的设定和实施,应当适当。采用非强制手段可以达到行政管理目的的,不得设定和实施行政强制。

第六条 实施行政强制,应当坚持教育与强制相结合。

第七条 行政机关及其工作人员不得利用行政强制权为单位或者个人谋取利益。

第八条 公民、法人或者其他组织对行政机关实施行政强制,享有陈述权、申辩权;有权依法申请行政复议或者提起行政诉讼;因行政机关违法实施行政强制受到损害的,有权依法要求赔偿。

公民、法人或者其他组织因人民法院在强制执行中有违法行为或者扩大强制执行范围受到损害的,有权依法要求赔偿。

第二章 行政强制的种类和设定

第九条 行政强制措施的种类:
(一)限制公民人身自由;
(二)查封场所、设施或者财物;

（三）扣押财物；
（四）冻结存款、汇款；
（五）其他行政强制措施。

第十条 行政强制措施由法律设定。

尚未制定法律，且属于国务院行政管理职权事项的，行政法规可以设定除本法第九条第一项、第四项和应当由法律规定的行政强制措施以外的其他行政强制措施。

尚未制定法律、行政法规，且属于地方性事务的，地方性法规可以设定本法第九条第二项、第三项的行政强制措施。

法律、法规以外的其他规范性文件不得设定行政强制措施。

第十一条 法律对行政强制措施的对象、条件、种类作了规定的，行政法规、地方性法规不得作出扩大规定。

法律中未设定行政强制措施的，行政法规、地方性法规不得设定行政强制措施。但是，法律规定特定事项由行政法规规定具体管理措施的，行政法规可以设定除本法第九条第一项、第四项和应当由法律规定的行政强制措施以外的其他行政强制措施。

第十二条 行政强制执行的方式：
（一）加处罚款或者滞纳金；
（二）划拨存款、汇款；
（三）拍卖或者依法处理查封、扣押的场所、设施或者财物；
（四）排除妨碍、恢复原状；
（五）代履行；
（六）其他强制执行方式。

第十三条 行政强制执行由法律设定。

法律没有规定行政机关强制执行的，作出行政决定的行政机关应当申请人民法院强制执行。

第十四条 起草法律草案、法规草案，拟设定行政强制的，起草单位应当采取听证会、论证会等形式听取意见，并向制定机关说明设定该行政强制的必要性、可能产生的影响以及听取和采纳意见的情况。

第十五条 行政强制的设定机关应当定期对其设定的行政强制进行评价，并对不适当的行政强制及时予以修改或者废止。

行政强制的实施机关可以对已设定的行政强制的实施情况及存在的必要性适时进行评价，并将意见报告该行政强制的设定机关。

公民、法人或者其他组织可以向行政强制的设定机关和实施机关就行政强制的设定和实施提出意见和建议。有关机关应当认真研究论证，并以适当方式予以反馈。

第三章 行政强制措施实施程序

第一节 一 般 规 定

第十六条 行政机关履行行政管理职责，依照法律、法规的规定，实施行政强制措施。

违法行为情节显著轻微或者没有明显社会危害的，可以不采取行政强制措施。

第十七条 行政强制措施由法律、法规规定的行政机关在法定职权范围内实施。行政强制措施权不得委托。

依据《中华人民共和国行政处罚法》的规定行使相对集中行政处罚权的行政机关,可以实施法律、法规规定的与行政处罚权有关的行政强制措施。

行政强制措施应当由行政机关具备资格的行政执法人员实施,其他人员不得实施。

第十八条 行政机关实施行政强制措施应当遵守下列规定:

(一)实施前须向行政机关负责人报告并经批准;

(二)由两名以上行政执法人员实施;

(三)出示执法身份证件;

(四)通知当事人到场;

(五)当场告知当事人采取行政强制措施的理由、依据以及当事人依法享有的权利、救济途径;

(六)听取当事人的陈述和申辩;

(七)制作现场笔录;

(八)现场笔录由当事人和行政执法人员签名或者盖章,当事人拒绝的,在笔录中予以注明;

(九)当事人不到场的,邀请见证人到场,由见证人和行政执法人员在现场笔录上签名或者盖章;

(十)法律、法规规定的其他程序。

第十九条 情况紧急,需要当场实施行政强制措施的,行政执法人员应当在24小时内向行政机关负责人报告,并补办批准手续。行政机关负责人认为不应当采取行政强制措施的,应当立即解除。

第二十条 依照法律规定实施限制公民人身自由的行政强制措施,除应当履行本法第十八条规定的程序外,还应当遵守下列规定:

(一)当场告知或者实施行政强制措施后立即通知当事人家属实施行政强制措施的行政机关、地点和期限;

(二)在紧急情况下当场实施行政强制措施的,在返回行政机关后,立即向行政机关负责人报告并补办批准手续;

(三)法律规定的其他程序。

实施限制人身自由的行政强制措施不得超过法定期限。实施行政强制措施的目的已经达到或者条件已经消失,应当立即解除。

第二十一条 违法行为涉嫌犯罪应当移送司法机关的,行政机关应当将查封、扣押、冻结的财物一并移送,并书面告知当事人。

第二节 查封、扣押

第二十二条 查封、扣押应当由法律、法规规定的行政机关实施,其他任何行政机关或者组织不得实施。

第二十三条 查封、扣押限于涉案的场所、设施或者财物,不得查封、扣押与违法行为无关的场所、设施或者财物;不得查封、扣押公民个人及其所扶养家属的生活必需品。

当事人的场所、设施或者财物已被其他国家机关依法查封的,不得重复查封。

第二十四条 行政机关决定实施查封、扣押的,应当履行本法第十八条规定的程序,制作并当场交付查封、扣押决定书和清单。

查封、扣押决定书应当载明下列事项:

(一)当事人的姓名或者名称、地址;

(二)查封、扣押的理由、依据和期限;

(三)查封、扣押场所、设施或者财物的名称、数量等;

(四)申请行政复议或者提起行政诉讼的途径和期限;

(五)行政机关的名称、印章和日期。

查封、扣押清单一式二份,由当事人和行政机关分别保存。

第二十五条 查封、扣押的期限不得超过30日;情况复杂的,经行政机关负责人批准,可以延长,但是延长期限不得超过30日。法律、行政法规另有规定的除外。

延长查封、扣押的决定应当及时书面告知当事人,并说明理由。

对物品需要进行检测、检验、检疫或者技术鉴定的,查封、扣押的期间不包括检测、检验、检疫或者技术鉴定的期间。检测、检验、检疫或者技术鉴定的期间应当明确,并书面告知当事人。检测、检验、检疫或者技术鉴定的费用由行政机关承担。

第二十六条 对查封、扣押的场所、设施或者财物,行政机关应当妥善保管,不得使用或者损毁;造成损失的,应当承担赔偿责任。

对查封的场所、设施或者财物,行政机关可以委托第三人保管,第三人不得损毁或者擅自转移、处置。因第三人的原因造成的损失,行政机关先行赔付后,有权向第三人追偿。

因查封、扣押发生的保管费用由行政机关承担。

第二十七条 行政机关采取查封、扣押措施后,应当及时查清事实,在本法第二十五条规定的期限内作出处理决定。对违法事实清楚,依法应当没收的非法财物予以没收;法律、行政法规规定应当销毁的,依法销毁;应当解除查封、扣押的,作出解除查封、扣押的决定。

第二十八条 有下列情形之一的,行政机关应当及时作出解除查封、扣押决定:

(一)当事人没有违法行为;

(二)查封、扣押的场所、设施或者财物与违法行为无关;

(三)行政机关对违法行为已经作出处理决定,不再需要查封、扣押;

(四)查封、扣押期限已届满;

(五)其他不再需要采取查封、扣押措施的情形。

解除查封、扣押应当立即退还财物;已将鲜活物品或者其他不易保管的财物拍卖或者变卖的,退还拍卖或者变卖所得款项。变卖价格明显低于市场价格,给当事人造成损失的,应当给予补偿。

第三节 冻 结

第二十九条 冻结存款、汇款应当由法律规定的行政机关实施,不得委托给其他行政机关或者组织;其他任何行政机关或者组织不得冻结存款、汇款。

冻结存款、汇款的数额应当与违法行为涉及的金额相当;已被其他国家机关依法冻结的,不得重复冻结。

　　第三十条　行政机关依照法律规定决定实施冻结存款、汇款的,应当履行本法第十八条第一项、第二项、第三项、第七项规定的程序,并向金融机构交付冻结通知书。

　　金融机构接到行政机关依法作出的冻结通知书后,应当立即予以冻结,不得拖延,不得在冻结前向当事人泄露信息。

　　法律规定以外的行政机关或者组织要求冻结当事人存款、汇款的,金融机构应当拒绝。

　　第三十一条　依照法律规定冻结存款、汇款的,作出决定的行政机关应当在3日内向当事人交付冻结决定书。冻结决定书应当载明下列事项:

　　(一)当事人的姓名或者名称、地址;

　　(二)冻结的理由、依据和期限;

　　(三)冻结的账号和数额;

　　(四)申请行政复议或者提起行政诉讼的途径和期限;

　　(五)行政机关的名称、印章和日期。

　　第三十二条　自冻结存款、汇款之日起30日内,行政机关应当作出处理决定或者作出解除冻结决定;情况复杂的,经行政机关负责人批准,可以延长,但是延长期限不得超过30日。法律另有规定的除外。

　　延长冻结的决定应当及时书面告知当事人,并说明理由。

　　第三十三条　有下列情形之一的,行政机关应当及时作出解除冻结决定:

　　(一)当事人没有违法行为;

　　(二)冻结的存款、汇款与违法行为无关;

　　(三)行政机关对违法行为已经作出处理决定,不再需要冻结;

　　(四)冻结期限已经届满;

　　(五)其他不再需要采取冻结措施的情形。

　　行政机关作出解除冻结决定的,应当及时通知金融机构和当事人。金融机构接到通知后,应当立即解除冻结。

　　行政机关逾期未作出处理决定或者解除冻结决定的,金融机构应当自冻结期满之日起解除冻结。

第四章　行政机关强制执行程序

第一节　一般规定

　　第三十四条　行政机关依法作出行政决定后,当事人在行政机关决定的期限内不履行义务的,具有行政强制执行权的行政机关依照本章规定强制执行。

　　第三十五条　行政机关作出强制执行决定前,应当事先催告当事人履行义务。催告应当以书面形式作出,并载明下列事项:

　　(一)履行义务的期限;

　　(二)履行义务的方式;

　　(三)涉及金钱给付的,应当有明确的金额和给付方式;

　　(四)当事人依法享有的陈述权和申辩权。

第三十六条　当事人收到催告书后有权进行陈述和申辩。行政机关应当充分听取当事人的意见,对当事人提出的事实、理由和证据,应当进行记录、复核。当事人提出的事实、理由或者证据成立的,行政机关应当采纳。

第三十七条　经催告,当事人逾期仍不履行行政决定,且无正当理由的,行政机关可以作出强制执行决定。

强制执行决定应当以书面形式作出,并载明下列事项:

(一)当事人的姓名或者名称、地址;

(二)强制执行的理由和依据;

(三)强制执行的方式和时间;

(四)申请行政复议或者提起行政诉讼的途径和期限;

(五)行政机关的名称、印章和日期。

在催告期间,对有证据证明有转移或者隐匿财物迹象的,行政机关可以作出立即强制执行决定。

第三十八条　催告书、行政强制执行决定书应当直接送达当事人。当事人拒绝接收或者无法直接送达当事人的,应当依照《中华人民共和国民事诉讼法》的有关规定送达。

第三十九条　有下列情形之一的,中止执行:

(一)当事人履行行政决定确有困难或者暂无履行能力的;

(二)第三人对执行标的主张权利,确有理由的;

(三)执行可能造成难以弥补的损失,且中止执行不损害公共利益的;

(四)行政机关认为需要中止执行的其他情形。

中止执行的情形消失后,行政机关应当恢复执行。对没有明显社会危害,当事人确无能力履行,中止执行满3年未恢复执行的,行政机关不再执行。

第四十条　有下列情形之一的,终结执行:

(一)公民死亡,无遗产可供执行,又无义务承受人的;

(二)法人或者其他组织终止,无财产可供执行,又无义务承受人的;

(三)执行标的灭失的;

(四)据以执行的行政决定被撤销的;

(五)行政机关认为需要终结执行的其他情形。

第四十一条　在执行中或者执行完毕后,据以执行的行政决定被撤销、变更,或者执行错误的,应当恢复原状或者退还财物;不能恢复原状或者退还财物的,依法给予赔偿。

第四十二条　实施行政强制执行,行政机关可以在不损害公共利益和他人合法权益的情况下,与当事人达成执行协议。执行协议可以约定分阶段履行;当事人采取补救措施的,可以减免加处的罚款或者滞纳金。

执行协议应当履行。当事人不履行执行协议的,行政机关应当恢复强制执行。

第四十三条　行政机关不得在夜间或者法定节假日实施行政强制执行。但是,情况紧急的除外。

行政机关不得对居民生活采取停止供水、供电、供热、供燃气等方式迫使当事人履行相关行政决定。

第四十四条 对违法的建筑物、构筑物、设施等需要强制拆除的,应当由行政机关予以公告,限期当事人自行拆除。当事人在法定期限内不申请行政复议或者提起行政诉讼,又不拆除的,行政机关可以依法强制拆除。

第二节 金钱给付义务的执行

第四十五条 行政机关依法作出金钱给付义务的行政决定,当事人逾期不履行的,行政机关可以依法加处罚款或者滞纳金。加处罚款或者滞纳金的标准应当告知当事人。

加处罚款或者滞纳金的数额不得超出金钱给付义务的数额。

第四十六条 行政机关依照本法第四十五条规定实施加处罚款或者滞纳金超过30日,经催告当事人仍不履行的,具有行政强制执行权的行政机关可以强制执行。

行政机关实施强制执行前,需要采取查封、扣押、冻结措施的,依照本法第三章规定办理。

没有行政强制执行权的行政机关应当申请人民法院强制执行。但是,当事人在法定期限内不申请行政复议或者提起行政诉讼,经催告仍不履行的,在实施行政管理过程中已经采取查封、扣押措施的行政机关,可以将查封、扣押的财物依法拍卖抵缴罚款。

第四十七条 划拨存款、汇款应当由法律规定的行政机关决定,并书面通知金融机构。金融机构接到行政机关依法作出划拨存款、汇款的决定后,应当立即划拨。

法律规定以外的行政机关或者组织要求划拨当事人存款、汇款的,金融机构应当拒绝。

第四十八条 依法拍卖财物,由行政机关委托拍卖机构依照《中华人民共和国拍卖法》的规定办理。

第四十九条 划拨的存款、汇款以及拍卖和依法处理所得的款项应当上缴国库或者划入财政专户。任何行政机关或者个人不得以任何形式截留、私分或者变相私分。

第三节 代 履 行

第五十条 行政机关依法作出要求当事人履行排除妨碍、恢复原状等义务的行政决定,当事人逾期不履行,经催告仍不履行,其后果已经或者将危害交通安全、造成环境污染或者破坏自然资源的,行政机关可以代履行,或者委托没有利害关系的第三人代履行。

第五十一条 代履行应当遵守下列规定:

(一)代履行前送达决定书,代履行决定书应当载明当事人的姓名或者名称、地址,代履行的理由和依据、方式和时间、标的、费用预算以及代履行人;

(二)代履行3日前,催告当事人履行,当事人履行的,停止代履行;

(三)代履行时,作出决定的行政机关应当派员到场监督;

(四)代履行完毕,行政机关到场监督的工作人员、代履行人和当事人或者见证人应当在执行文书上签名或者盖章。

代履行的费用按照成本合理确定,由当事人承担。但是,法律另有规定的除外。

代履行不得采用暴力、胁迫以及其他非法方式。

第五十二条 需要立即清除道路、河道、航道或者公共场所的遗洒物、障碍物或者污染物,当事人不能清除的,行政机关可以决定立即实施代履行;当事人不在场的,行政机关应当在事后立即通知当事人,并依法作出处理。

第五章 申请人民法院强制执行

第五十三条 当事人在法定期限内不申请行政复议或者提起行政诉讼,又不履行行政决定的,没有行政强制执行权的行政机关可以自期限届满之日起三个月内,依照本章规定申请人民法院强制执行。

第五十四条 行政机关申请人民法院强制执行前,应当催告当事人履行义务。催告书送达十日后当事人仍未履行义务的,行政机关可以向所在地有管辖权的人民法院申请强制执行;执行对象是不动产的,向不动产所在地有管辖权的人民法院申请强制执行。

第五十五条 行政机关向人民法院申请强制执行,应当提供下列材料:

(一)强制执行申请书;
(二)行政决定书及作出决定的事实、理由和依据;
(三)当事人的意见及行政机关催告情况;
(四)申请强制执行标的情况;
(五)法律、行政法规规定的其他材料。

强制执行申请书应当由行政机关负责人签名,加盖行政机关的印章,并注明日期。

第五十六条 人民法院接到行政机关强制执行的申请,应当在5日内受理。

行政机关对人民法院不予受理的裁定有异议的,可以在15日内向上一级人民法院申请复议,上一级人民法院应当自收到复议申请之日起15日内作出是否受理的裁定。

第五十七条 人民法院对行政机关强制执行的申请进行书面审查,对符合本法第五十五条规定,且行政决定具备法定执行效力的,除本法第五十八条规定的情形外,人民法院应当自受理之日起7日内作出执行裁定。

第五十八条 人民法院发现有下列情形之一的,在作出裁定前可以听取被执行人和行政机关的意见:

(一)明显缺乏事实根据的;
(二)明显缺乏法律、法规依据的;
(三)其他明显违法并损害被执行人合法权益的。

人民法院应当自受理之日起30日内作出是否执行的裁定。裁定不予执行的,应当说明理由,并在5日内将不予执行的裁定送达行政机关。

行政机关对人民法院不予执行的裁定有异议的,可以自收到裁定之日起15日内向上一级人民法院申请复议,上一级人民法院应当自收到复议申请之日起30日内作出是否执行的裁定。

第五十九条 因情况紧急,为保障公共安全,行政机关可以申请人民法院立即执行。经人民法院院长批准,人民法院应当自作出执行裁定之日起5日内执行。

第六十条 行政机关申请人民法院强制执行,不缴纳申请费。强制执行的费用由被执行人承担。

人民法院以划拨、拍卖方式强制执行的,可以在划拨、拍卖后将强制执行的费用扣除。

依法拍卖财物,由人民法院委托拍卖机构依照《中华人民共和国拍卖法》的规定办理。

划拨的存款、汇款以及拍卖和依法处理所得的款项应当上缴国库或者划入财政专户,不得以任何形式截留、私分或者变相私分。

第六章 法 律 责 任

第六十一条 行政机关实施行政强制,有下列情形之一的,由上级行政机关或者有关部门责令改正,对直接负责的主管人员和其他直接责任人员依法给予处分:

(一)没有法律、法规依据的;
(二)改变行政强制对象、条件、方式的;
(三)违反法定程序实施行政强制的;
(四)违反本法规定,在夜间或者法定节假日实施行政强制执行的;
(五)对居民生活采取停止供水、供电、供热、供燃气等方式迫使当事人履行相关行政决定的;
(六)有其他违法实施行政强制情形的。

第六十二条 违反本法规定,行政机关有下列情形之一的,由上级行政机关或者有关部门责令改正,对直接负责的主管人员和其他直接责任人员依法给予处分:

(一)扩大查封、扣押、冻结范围的;
(二)使用或者损毁查封、扣押场所、设施或者财物的;
(三)在查封、扣押法定期间不作出处理决定或者未依法及时解除查封、扣押的;
(四)在冻结存款、汇款法定期间不作出处理决定或者未依法及时解除冻结的。

第六十三条 行政机关将查封、扣押的财物或者划拨的存款、汇款以及拍卖和依法处理所得的款项,截留、私分或者变相私分的,由财政部门或者有关部门予以追缴;对直接负责的主管人员和其他直接责任人员依法给予记大过、降级、撤职或者开除的处分。

行政机关工作人员利用职务上的便利,将查封、扣押的场所、设施或者财物据为己有的,由上级行政机关或者有关部门责令改正,依法给予记大过、降级、撤职或者开除的处分。

第六十四条 行政机关及其工作人员利用行政强制权为单位或者个人谋取利益的,由上级行政机关或者有关部门责令改正,对直接负责的主管人员和其他直接责任人员依法给予处分。

第六十五条 违反本法规定,金融机构有下列行为之一的,由金融业监督管理机构责令改正,对直接负责的主管人员和其他直接责任人员依法给予处分:

(一)在冻结前向当事人泄露信息的;
(二)对应当立即冻结、划拨的存款、汇款不冻结或者不划拨,致使存款、汇款转移的;
(三)将不应当冻结、划拨的存款、汇款予以冻结或者划拨的;
(四)未及时解除冻结存款、汇款的。

第六十六条 违反本法规定,金融机构将款项划入国库或者财政专户以外的其他账户的,由金融业监督管理机构责令改正,并处以违法划拨款项二倍的罚款;对直接负责的主管人员和其他直接责任人员依法给予处分。

违反本法规定,行政机关、人民法院指令金融机构将款项划入国库或者财政专户以外的其他账户的,对直接负责的主管人员和其他直接责任人员依法给予处分。

第六十七条 人民法院及其工作人员在强制执行中有违法行为或者扩大强制执行范围

的,对直接负责的主管人员和其他直接责任人员依法给予处分。

第六十八条 违反本法规定,给公民、法人或者其他组织造成损失的,依法给予赔偿。

违反本法规定,构成犯罪的,依法追究刑事责任。

第七章 附　　则

第六十九条 本法中十日以内期限的规定是指工作日,不含法定节假日。

第七十条 法律、行政法规授权的具有管理公共事务职能的组织在法定授权范围内,以自己的名义实施行政强制,适用本法有关行政机关的规定。

第七十一条 本法自2012年1月1日起施行。

中华人民共和国行政复议法

(1999年4月29日中华人民共和国主席令第16号公布,2009年8月27日中华人民共和国主席令第18号修正)

第一章 总 则

第一条 为了防止和纠正违法的或者不当的具体行政行为,保护公民、法人和其他组织的合法权益,保障和监督行政机关依法行使职权,根据宪法,制定本法。

第二条 公民、法人或者其他组织认为具体行政行为侵犯其合法权益,向行政机关提出行政复议申请,行政机关受理行政复议申请、作出行政复议决定,适用本法。

第三条 依照本法履行行政复议职责的行政机关是行政复议机关。行政复议机关负责法制工作的机构具体办理行政复议事项,履行下列职责:

(一)受理行政复议申请;

(二)向有关组织和人员调查取证,查阅文件和资料;

(三)审查申请行政复议的具体行政行为是否合法与适当,拟订行政复议决定;

(四)处理或者转送对本法第七条所列有关规定的审查申请;

(五)对行政机关违反本法规定的行为依照规定的权限和程序提出处理建议;

(六)办理因不服行政复议决定提起行政诉讼的应诉事项;

(七)法律、法规规定的其他职责。

第四条 行政复议机关履行行政复议职责,应当遵循合法、公正、公开、及时、便民的原则,坚持有错必纠,保障法律、法规的正确实施。

第五条 公民、法人或者其他组织对行政复议决定不服的,可以依照行政诉讼法的规定向人民法院提起行政诉讼,但是法律规定行政复议决定为最终裁决的除外。

第二章 行政复议范围

第六条 有下列情形之一的,公民、法人或者其他组织可以依照本法申请行政复议:

(一)对行政机关作出的警告、罚款、没收违法所得、没收非法财物、责令停产停业、暂扣或者吊销许可证、暂扣或者吊销执照、行政拘留等行政处罚决定不服的;

(二)对行政机关作出的限制人身自由或者查封、扣押、冻结财产等行政强制措施决定不服的;

(三)对行政机关作出的有关许可证、执照、资质证、资格证等证书变更、中止、撤销的决定不服的;

(四)对行政机关作出的关于确认土地、矿藏、水流、森林、山岭、草原、荒地、滩涂、海域等自然资源的所有权或者使用权的决定不服的；

（五）认为行政机关侵犯合法的经营自主权的；

（六）认为行政机关变更或者废止农业承包合同，侵犯其合法权益的；

（七）认为行政机关违法集资、征收财物、摊派费用或者违法要求履行其他义务的；

（八）认为符合法定条件，申请行政机关颁发许可证、执照、资质证、资格证等证书，或者申请行政机关审批、登记有关事项，行政机关没有依法办理的；

（九）申请行政机关履行保护人身权利、财产权利、受教育权利的法定职责，行政机关没有依法履行的；

（十）申请行政机关依法发放抚恤金、社会保险金或者最低生活保障费，行政机关没有依法发放的；

（十一）认为行政机关的其他具体行政行为侵犯其合法权益的。

第七条 公民、法人或者其他组织认为行政机关的具体行政行为所依据的下列规定不合法，在对具体行政行为申请行政复议时，可以一并向行政复议机关提出对该规定的审查申请：

（一）国务院部门的规定；

（二）县级以上地方各级人民政府及其工作部门的规定；

（三）乡、镇人民政府的规定。

前款所列规定不含国务院部、委员会规章和地方人民政府规章。规章的审查依照法律、行政法规办理。

第八条 不服行政机关作出的行政处分或者其他人事处理决定的，依照有关法律、行政法规的规定提出申诉。

不服行政机关对民事纠纷作出的调解或者其他处理，依法申请仲裁或者向人民法院提起诉讼。

第三章 行政复议申请

第九条 公民、法人或者其他组织认为具体行政行为侵犯其合法权益的，可以自知道该具体行政行为之日起六十日内提出行政复议申请；但是法律规定的申请期限超过六十日的除外。

因不可抗力或者其他正当理由耽误法定申请期限的，申请期限自障碍消除之日起继续计算。

第十条 依照本法申请行政复议的公民、法人或者其他组织是申请人。

有权申请行政复议的公民死亡的，其近亲属可以申请行政复议。有权申请行政复议的公民为无民事行为能力人或者限制民事行为能力人的，其法定代理人可以代为申请行政复议。有权申请行政复议的法人或者其他组织终止的，承受其权利的法人或者其他组织可以申请行政复议。

同申请行政复议的具体行政行为有利害关系的其他公民、法人或者其他组织，可以作为第三人参加行政复议。

公民、法人或者其他组织对行政机关的具体行政行为不服申请行政复议的，作出具体行政行为的行政机关是被申请人。

申请人、第三人可以委托代理人代为参加行政复议。

第十一条 申请人申请行政复议,可以书面申请,也可以口头申请;口头申请的,行政复议机关应当当场记录申请人的基本情况、行政复议请求、申请行政复议的主要事实、理由和时间。

第十二条 对县级以上地方各级人民政府工作部门的具体行政行为不服的,由申请人选择,可以向该部门的本级人民政府申请行政复议,也可以向上一级主管部门申请行政复议。

对海关、金融、国税、外汇管理等实行垂直领导的行政机关和国家安全机关的具体行政行为不服的,向上一级主管部门申请行政复议。

第十三条 对地方各级人民政府的具体行政行为不服的,向上一级地方人民政府申请行政复议。

对省、自治区人民政府依法设立的派出机关所属的县级地方人民政府的具体行政行为不服的,向该派出机关申请行政复议。

第十四条 对国务院部门或者省、自治区、直辖市人民政府的具体行政行为不服的,向作出该具体行政行为的国务院部门或者省、自治区、直辖市人民政府申请行政复议。对行政复议决定不服的,可以向人民法院提起行政诉讼;也可以向国务院申请裁决,国务院依照本法的规定作出最终裁决。

第十五条 对本法第十二条、第十三条、第十四条规定以外的其他行政机关、组织的具体行政行为不服的,按照下列规定申请行政复议:

(一)对县级以上地方人民政府依法设立的派出机关的具体行政行为不服的,向设立该派出机关的人民政府申请行政复议;

(二)对政府工作部门依法设立的派出机构依照法律、法规或者规章规定,以自己的名义作出的具体行政行为不服的,向设立该派出机构的部门或者该部门的本级地方人民政府申请行政复议;

(三)对法律、法规授权的组织的具体行政行为不服的,分别向直接管理该组织的地方人民政府、地方人民政府工作部门或者国务院部门申请行政复议;

(四)对两个或者两个以上行政机关以共同的名义作出的具体行政行为不服的,向其共同上一级行政机关申请行政复议;

(五)对被撤销的行政机关在撤销前所作出的具体行政行为不服的,向继续行使其职权的行政机关的上一级行政机关申请行政复议。

有前款所列情形之一的,申请人也可以向具体行政行为发生地的县级地方人民政府提出行政复议申请,由接受申请的县级地方人民政府依照本法第十八条的规定办理。

第十六条 公民、法人或者其他组织申请行政复议,行政复议机关已经依法受理的,或者法律、法规规定应当先向行政复议机关申请行政复议、对行政复议决定不服再向人民法院提起行政诉讼的,在法定行政复议期限内不得向人民法院提起行政诉讼。

公民、法人或者其他组织向人民法院提起行政诉讼,人民法院已经依法受理的,不得申请行政复议。

第四章 行政复议受理

第十七条 行政复议机关收到行政复议申请后,应当在五日内进行审查,对不符合本法规定的行政复议申请,决定不予受理,并书面告知申请人;对符合本法规定,但是不属于本机关受理的行政复议申请,应当告知申请人向有关行政复议机关提出。

除前款规定外,行政复议申请自行政复议机关负责法制工作的机构收到之日起即为受理。

第十八条 依照本法第十五条第二款的规定接受行政复议申请的县级地方人民政府,对依照本法第十五条第一款的规定属于其他行政复议机关受理的行政复议申请,应当自接到该行政复议申请之日起七日内,转送有关行政复议机关,并告知申请人。接受转送的行政复议机关应当依照本法第十七条的规定办理。

第十九条 法律、法规规定应当先向行政复议机关申请行政复议、对行政复议决定不服再向人民法院提起行政诉讼的,行政复议机关决定不予受理或者受理后超过行政复议期限不作答复的,公民、法人或者其他组织可以自收到不予受理决定书之日起或者行政复议期满之日起十五日内,依法向人民法院提起行政诉讼。

第二十条 公民、法人或者其他组织依法提出行政复议申请,行政复议机关无正当理由不予受理的,上级行政机关应当责令其受理;必要时,上级行政机关也可以直接受理。

第二十一条 行政复议期间具体行政行为不停止执行;但是,有下列情形之一的,可以停止执行:

(一)被申请人认为需要停止执行的;

(二)行政复议机关认为需要停止执行的;

(三)申请人申请停止执行,行政复议机关认为其要求合理,决定停止执行的;

(四)法律规定停止执行的。

第五章 行政复议决定

第二十二条 行政复议原则上采取书面审查的办法,但是申请人提出要求或者行政复议机关负责法制工作的机构认为有必要时,可以向有关组织和人员调查情况,听取申请人、被申请人和第三人的意见。

第二十三条 行政复议机关负责法制工作的机构应当自行政复议申请受理之日起七日内,将行政复议申请书副本或者行政复议申请笔录复印件发送被申请人。被申请人应当自收到申请书副本或者申请笔录复印件之日起十日内,提出书面答复,并提交当初作出具体行政行为的证据、依据和其他有关材料。

申请人、第三人可以查阅被申请人提出的书面答复、作出具体行政行为的证据、依据和其他有关材料,除涉及国家秘密、商业秘密或者个人隐私外,行政复议机关不得拒绝。

第二十四条 在行政复议过程中,被申请人不得自行向申请人和其他有关组织或者个人收集证据。

第二十五条 行政复议决定作出前,申请人要求撤回行政复议申请的,经说明理由,可以撤回;撤回行政复议申请的,行政复议终止。

第二十六条 申请人在申请行政复议时,一并提出对本法第七条所列有关规定的审查申请的,行政复议机关对该规定有权处理的,应当在三十日内依法处理;无权处理的,应当在七日内按照法定程序转送有权处理的行政机关依法处理,有权处理的行政机关应当在六十日内依法处理。处理期间,中止对具体行政行为的审查。

第二十七条 行政复议机关在对被申请人作出的具体行政行为进行审查时,认为其依据不合法,本机关有权处理的,应当在三十日内依法处理;无权处理的,应当在七日内按照法定程序转送有权处理的国家机关依法处理。处理期间,中止对具体行政行为的审查。

第二十八条 行政复议机关负责法制工作的机构应当对被申请人作出的具体行政行为进行审查,提出意见,经行政复议机关的负责人同意或者集体讨论通过后,按照下列规定作出行政复议决定:

(一)具体行政行为认定事实清楚,证据确凿,适用依据正确,程序合法,内容适当的,决定维持;

(二)被申请人不履行法定职责的,决定其在一定期限内履行;

(三)具体行政行为有下列情形之一的,决定撤销、变更或者确认该具体行政行为违法;决定撤销或者确认该具体行政行为违法的,可以责令被申请人在一定期限内重新作出具体行政行为:

1. 主要事实不清、证据不足的;
2. 适用依据错误的;
3. 违反法定程序的;
4. 超越或者滥用职权的;
5. 具体行政行为明显不当的。

(四)被申请人不按照本法第二十三条的规定提出书面答复、提交当初作出具体行政行为的证据、依据和其他有关材料的,视为该具体行政行为没有证据、依据,决定撤销该具体行政行为。

行政复议机关责令被申请人重新作出具体行政行为的,被申请人不得以同一的事实和理由作出与原具体行政行为相同或者基本相同的具体行政行为。

第二十九条 申请人在申请行政复议时可以一并提出行政赔偿请求,行政复议机关对符合国家赔偿法的有关规定应当给予赔偿的,在决定撤销、变更具体行政行为或者确认具体行政行为违法时,应当同时决定被申请人依法给予赔偿。

申请人在申请行政复议时没有提出行政赔偿请求的,行政复议机关在依法决定撤销或者变更罚款,撤销违法集资、没收财物、征收财物、摊派费用以及对财产的查封、扣押、冻结等具体行政行为时,应当同时责令被申请人返还财产,解除对财产的查封、扣押、冻结措施,或者赔偿相应的价款。

第三十条 公民、法人或者其他组织认为行政机关的具体行政行为侵犯其已经依法取得的土地、矿藏、水流、森林、山岭、草原、荒地、滩涂、海域等自然资源的所有权或者使用权的,应当先申请行政复议;对行政复议决定不服的,可以依法向人民法院提起行政诉讼。

根据国务院或者省、自治区、直辖市人民政府对行政区划的勘定、调整或者征收土地的决定,省、自治区、直辖市人民政府确认土地、矿藏、水流、森林、山岭、草原、荒地、滩涂、海域等自然资源的所有权或者使用权的行政复议决定为最终裁决。

第三十一条 行政复议机关应当自受理申请之日起六十日内作出行政复议决定;但是法律规定的行政复议期限少于六十日的除外。情况复杂,不能在规定期限内作出行政复议决定的,经行政复议机关的负责人批准,可以适当延长,并告知申请人和被申请人;但是延长期限最多不超过三十日。

行政复议机关作出行政复议决定,应当制作行政复议决定书,并加盖印章。

行政复议决定书一经送达,即发生法律效力。

第三十二条 被申请人应当履行行政复议决定。

被申请人不履行或者无正当理由拖延履行行政复议决定的,行政复议机关或者有关上级行政机关应当责令其限期履行。

第三十三条 申请人逾期不起诉又不履行行政复议决定的,或者不履行最终裁决的行政复议决定的,按下列规定分别处理:

(一)维持具体行政行为的行政复议决定,由作出具体行政行为的行政机关依法强制执行,或者申请人民法院强制执行;

(二)变更具体行政行为的行政复议决定,由行政复议机关依法强制执行,或者申请人民法院强制执行。

第六章 法律责任

第三十四条 行政复议机关违反本法规定,无正当理由不予受理依法提出的行政复议申请或者不按照规定转送行政复议申请的,或者在法定期限内不作出行政复议决定的,对直接负责的主管人员和其他直接责任人员依法给予警告、记过、记大过的行政处分;经责令受理仍不受理或者不按照规定转送行政复议申请,造成严重后果的,依法给予降级、撤职、开除的行政处分。

第三十五条 行政复议机关工作人员在行政复议活动中,徇私舞弊或者有其他渎职、失职行为的,依法给予警告、记过、记大过的行政处分;情节严重的,依法给予降级、撤职、开除的行政处分;构成犯罪的,依法追究刑事责任。

第三十六条 被申请人违反本法规定,不提出书面答复或者不提交作出具体行政行为的证据、依据和其他有关材料,或者阻挠、变相阻挠公民、法人或者其他组织依法申请行政复议的,对直接负责的主管人员和其他直接责任人员依法给予警告、记过、记大过的行政处分;进行报复陷害的,依法给予降级、撤职、开除的行政处分;构成犯罪的,依法追究刑事责任。

第三十七条 被申请人不履行或者无正当理由拖延履行行政复议决定的,对直接负责的主管人员和其他直接责任人员依法给予警告、记过、记大过的行政处分;经责令履行仍拒不履行的,依法给予降级、撤职、开除的行政处分。

第三十八条 行政复议机关负责法制工作的机构发现有无正当理由不予受理行政复议申请、不按照规定期限作出行政复议决定、徇私舞弊、对申请人打击报复或者不履行行政复议决定等情形的,应当向有关行政机关提出建议,有关行政机关应当依照本法和有关法律、行政法规的规定作出处理。

第七章 附 则

第三十九条 行政复议机关受理行政复议申请,不得向申请人收取任何费用。行政复议活动所需经费,应当列入本机关的行政经费,由本级财政予以保障。

第四十条 行政复议期间的计算和行政复议文书的送达,依照民事诉讼法关于期间、送达的规定执行。

本法关于行政复议期间有关"五日"、"七日"的规定是指工作日,不含节假日。

第四十一条 外国人、无国籍人、外国组织在中华人民共和国境内申请行政复议,适用本法。

第四十二条 本法施行前公布的法律有关行政复议的规定与本法的规定不一致的,以本法的规定为准。

第四十三条 本法自1999年10月1日起施行。1990年12月24日国务院发布、1994年10月9日国务院修订发布的《行政复议条例》同时废止。

中华人民共和国行政诉讼法

(1989年4月4日中华人民共和国主席令第16号公布,2014年11月1日中华人民共和国主席令第15号修正)

第一章 总　则

第一条　为保证人民法院公正、及时审理行政案件,解决行政争议,保护公民、法人和其他组织的合法权益,监督行政机关依法行使职权,根据宪法,制定本法。

第二条　公民、法人或者其他组织认为行政机关和行政机关工作人员的行政行为侵犯其合法权益,有权依照本法向人民法院提起诉讼。

前款所称行政行为,包括法律、法规、规章授权的组织作出的行政行为。

第三条　人民法院应当保障公民、法人和其他组织的起诉权利,对应当受理的行政案件依法受理。

行政机关及其工作人员不得干预、阻碍人民法院受理行政案件。

被诉行政机关负责人应当出庭应诉。不能出庭的,应当委托行政机关相应的工作人员出庭。

第四条　人民法院依法对行政案件独立行使审判权,不受行政机关、社会团体和个人的干涉。

人民法院设行政审判庭,审理行政案件。

第五条　人民法院审理行政案件,以事实为根据,以法律为准绳。

第六条　人民法院审理行政案件,对行政行为是否合法进行审查。

第七条　人民法院审理行政案件,依法实行合议、回避、公开审判和两审终审制度。

第八条　当事人在行政诉讼中的法律地位平等。

第九条　各民族公民都有用本民族语言、文字进行行政诉讼的权利。

在少数民族聚居或者多民族共同居住的地区,人民法院应当用当地民族通用的语言、文字进行审理和发布法律文书。

人民法院应当对不通晓当地民族通用的语言、文字的诉讼参与人提供翻译。

第十条　当事人在行政诉讼中有权进行辩论。

第十一条　人民检察院有权对行政诉讼实行法律监督。

第二章　受案范围

第十二条　人民法院受理公民、法人或者其他组织提起的下列诉讼:

(一)对行政拘留、暂扣或者吊销许可证和执照、责令停产停业、没收违法所得、没收非法财物、罚款、警告等行政处罚不服的；

（二）对限制人身自由或者对财产的查封、扣押、冻结等行政强制措施和行政强制执行不服的；

（三）申请行政许可，行政机关拒绝或者在法定期限内不予答复，或者对行政机关作出的有关行政许可的其他决定不服的；

（四）对行政机关作出的关于确认土地、矿藏、水流、森林、山岭、草原、荒地、滩涂、海域等自然资源的所有权或者使用权的决定不服的；

（五）对征收、征用决定及其补偿决定不服的；

（六）申请行政机关履行保护人身权、财产权等合法权益的法定职责，行政机关拒绝履行或者不予答复的；

（七）认为行政机关侵犯其经营自主权或者农村土地承包经营权、农村土地经营权的；

（八）认为行政机关滥用行政权力排除或者限制竞争的；

（九）认为行政机关违法集资、摊派费用或者违法要求履行其他义务的；

（十）认为行政机关没有依法支付抚恤金、最低生活保障待遇或者社会保险待遇的；

（十一）认为行政机关不依法履行、未按照约定履行或者违法变更、解除政府特许经营协议、土地房屋征收补偿协议等协议的；

（十二）认为行政机关侵犯其他人身权、财产权等合法权益的。

除前款规定外，人民法院受理法律、法规规定可以提起诉讼的其他行政案件。

第十三条 人民法院不受理公民、法人或者其他组织对下列事项提起的诉讼：

（一）国防、外交等国家行为；

（二）行政法规、规章或者行政机关制定、发布的具有普遍约束力的决定、命令；

（三）行政机关对行政机关工作人员的奖惩、任免等决定；

（四）法律规定由行政机关最终裁决的行政行为。

第三章 管 辖

第十四条 基层人民法院管辖第一审行政案件。

第十五条 中级人民法院管辖下列第一审行政案件：

（一）对国务院部门或者县级以上地方人民政府所作的行政行为提起诉讼的案件；

（二）海关处理的案件；

（三）本辖区内重大、复杂的案件；

（四）其他法律规定由中级人民法院管辖的案件。

第十六条 高级人民法院管辖本辖区内重大、复杂的第一审行政案件。

第十七条 最高人民法院管辖全国范围内重大、复杂的第一审行政案件。

第十八条 行政案件由最初作出行政行为的行政机关所在地人民法院管辖。经复议的案件，也可以由复议机关所在地人民法院管辖。

经最高人民法院批准，高级人民法院可以根据审判工作的实际情况，确定若干人民法院跨行政区域管辖行政案件。

第十九条 对限制人身自由的行政强制措施不服提起的诉讼，由被告所在地或者原告所在地人民法院管辖。

第二十条 因不动产提起的行政诉讼,由不动产所在地人民法院管辖。

第二十一条 两个以上人民法院都有管辖权的案件,原告可以选择其中一个人民法院提起诉讼。原告向两个以上有管辖权的人民法院提起诉讼的,由最先立案的人民法院管辖。

第二十二条 人民法院发现受理的案件不属于本院管辖的,应当移送有管辖权的人民法院,受移送的人民法院应当受理。受移送的人民法院认为受移送的案件按照规定不属于本院管辖的,应当报请上级人民法院指定管辖,不得再自行移送。

第二十三条 有管辖权的人民法院由于特殊原因不能行使管辖权的,由上级人民法院指定管辖。

人民法院对管辖权发生争议,由争议双方协商解决。协商不成的,报它们的共同上级人民法院指定管辖。

第二十四条 上级人民法院有权审理下级人民法院管辖的第一审行政案件。

下级人民法院对其管辖的第一审行政案件,认为需要由上级人民法院审理或者指定管辖的,可以报请上级人民法院决定。

第四章 诉讼参加人

第二十五条 行政行为的相对人以及其他与行政行为有利害关系的公民、法人或者其他组织,有权提起诉讼。

有权提起诉讼的公民死亡,其近亲属可以提起诉讼。

有权提起诉讼的法人或者其他组织终止,承受其权利的法人或者其他组织可以提起诉讼。

第二十六条 公民、法人或者其他组织直接向人民法院提起诉讼的,作出行政行为的行政机关是被告。

经复议的案件,复议机关决定维持原行政行为的,作出原行政行为的行政机关和复议机关是共同被告;复议机关改变原行政行为的,复议机关是被告。

复议机关在法定期限内未作出复议决定,公民、法人或者其他组织起诉原行政行为的,作出原行政行为的行政机关是被告;起诉复议机关不作为的,复议机关是被告。

两个以上行政机关作出同一行政行为的,共同作出行政行为的行政机关是共同被告。

行政机关委托的组织所作的行政行为,委托的行政机关是被告。

行政机关被撤销或者职权变更的,继续行使其职权的行政机关是被告。

第二十七条 当事人一方或者双方为二人以上,因同一行政行为发生的行政案件,或者因同类行政行为发生的行政案件、人民法院认为可以合并审理并经当事人同意的,为共同诉讼。

第二十八条 当事人一方人数众多的共同诉讼,可以由当事人推选代表人进行诉讼。代表人的诉讼行为对其所代表的当事人发生效力,但代表人变更、放弃诉讼请求或者承认对方当事人的诉讼请求,应当经被代表的当事人同意。

第二十九条 公民、法人或者其他组织同被诉行政行为有利害关系但没有提起诉讼,或者同案件处理结果有利害关系的,可以作为第三人申请参加诉讼,或者由人民法院通知参加诉讼。

人民法院判决第三人承担义务或者减损第三人权益的,第三人有权依法提起上诉。

第三十条 没有诉讼行为能力的公民,由其法定代理人代为诉讼。法定代理人互相推诿代理责任的,由人民法院指定其中一人代为诉讼。

第三十一条 当事人、法定代理人,可以委托一至二人作为诉讼代理人。

下列人员可以被委托为诉讼代理人:

(一)律师、基层法律服务工作者;

(二)当事人的近亲属或者工作人员;

(三)当事人所在社区、单位以及有关社会团体推荐的公民。

第三十二条 代理诉讼的律师,有权按照规定查阅、复制本案有关材料,有权向有关组织和公民调查,收集与本案有关的证据。对涉及国家秘密、商业秘密和个人隐私的材料,应当依照法律规定保密。

当事人和其他诉讼代理人有权按照规定查阅、复制本案庭审材料,但涉及国家秘密、商业秘密和个人隐私的内容除外。

第五章 证 据

第三十三条 证据包括:

(一)书证;

(二)物证;

(三)视听资料;

(四)电子数据;

(五)证人证言;

(六)当事人的陈述;

(七)鉴定意见;

(八)勘验笔录、现场笔录。

以上证据经法庭审查属实,才能作为认定案件事实的根据。

第三十四条 被告对作出的行政行为负有举证责任,应当提供作出该行政行为的证据和所依据的规范性文件。

被告不提供或者无正当理由逾期提供证据,视为没有相应证据。但是,被诉行政行为涉及第三人合法权益,第三人提供证据的除外。

第三十五条 在诉讼过程中,被告及其诉讼代理人不得自行向原告、第三人和证人收集证据。

第三十六条 被告在作出行政行为时已经收集了证据,但因不可抗力等正当事由不能提供的,经人民法院准许,可以延期提供。

原告或者第三人提出了其在行政处理程序中没有提出的理由或者证据的,经人民法院准许,被告可以补充证据。

第三十七条 原告可以提供证明行政行为违法的证据。原告提供的证据不成立的,不免除被告的举证责任。

第三十八条　在起诉被告不履行法定职责的案件中,原告应当提供其向被告提出申请的证据。但有下列情形之一的除外:

(一)被告应当依职权主动履行法定职责的;

(二)原告因正当理由不能提供证据的。

在行政赔偿、补偿的案件中,原告应当对行政行为造成的损害提供证据。因被告的原因导致原告无法举证的,由被告承担举证责任。

第三十九条　人民法院有权要求当事人提供或者补充证据。

第四十条　人民法院有权向有关行政机关以及其他组织、公民调取证据。但是,不得为证明行政行为的合法性调取被告作出行政行为时未收集的证据。

第四十一条　与本案有关的下列证据,原告或者第三人不能自行收集的,可以申请人民法院调取:

(一)由国家机关保存而须由人民法院调取的证据;

(二)涉及国家秘密、商业秘密和个人隐私的证据;

(三)确因客观原因不能自行收集的其他证据。

第四十二条　在证据可能灭失或者以后难以取得的情况下,诉讼参加人可以向人民法院申请保全证据,人民法院也可以主动采取保全措施。

第四十三条　证据应当在法庭上出示,并由当事人互相质证。对涉及国家秘密、商业秘密和个人隐私的证据,不得在公开开庭时出示。

人民法院应当按照法定程序,全面、客观地审查核实证据。对未采纳的证据应当在裁判文书中说明理由。

以非法手段取得的证据,不得作为认定案件事实的根据。

第六章　起诉和受理

第四十四条　对属于人民法院受案范围的行政案件,公民、法人或者其他组织可以先向行政机关申请复议,对复议决定不服的,再向人民法院提起诉讼;也可以直接向人民法院提起诉讼。

法律、法规规定应当先向行政机关申请复议,对复议决定不服再向人民法院提起诉讼的,依照法律、法规的规定。

第四十五条　公民、法人或者其他组织不服复议决定的,可以在收到复议决定书之日起十五日内向人民法院提起诉讼。复议机关逾期不作决定的,申请人可以在复议期满之日起十五日内向人民法院提起诉讼。法律另有规定的除外。

第四十六条　公民、法人或者其他组织直接向人民法院提起诉讼的,应当知道或者应当知道作出行政行为之日起六个月内提出。法律另有规定的除外。

因不动产提起诉讼的案件自行政行为作出之日起超过二十年,其他案件自行政行为作出之日起超过五年提起诉讼的,人民法院不予受理。

第四十七条　公民、法人或者其他组织申请行政机关履行保护其人身权、财产权等合法权益的法定职责,行政机关在接到申请之日起两个月内不履行的,公民、法人或者其他组织可以向人民法院提起诉讼。法律、法规对行政机关履行职责的期限另有规定的,从其规定。

公民、法人或者其他组织在紧急情况下请求行政机关履行保护其人身权、财产权等合法权益的法定职责，行政机关不履行的，提起诉讼不受前款规定期限的限制。

第四十八条 公民、法人或者其他组织因不可抗力或者其他不属于其自身的原因耽误起诉期限的，被耽误的时间不计算在起诉期限内。

公民、法人或者其他组织因前款规定以外的其他特殊情况耽误起诉期限的，在障碍消除后十日内，可以申请延长期限，是否准许由人民法院决定。

第四十九条 提起诉讼应当符合下列条件：

（一）原告是符合本法第二十五条规定的公民、法人或者其他组织；

（二）有明确的被告；

（三）有具体的诉讼请求和事实根据；

（四）属于人民法院受案范围和受诉人民法院管辖。

第五十条 起诉应当向人民法院递交起诉状，并按照被告人数提出副本。

书写起诉状确有困难的，可以口头起诉，由人民法院记入笔录，出具注明日期的书面凭证，并告知对方当事人。

第五十一条 人民法院在接到起诉状时对符合本法规定的起诉条件的，应当登记立案。

对当场不能判定是否符合本法规定的起诉条件的，应当接收起诉状，出具注明收到日期的书面凭证，并在七日内决定是否立案。不符合起诉条件的，作出不予立案的裁定。裁定书应当载明不予立案的理由。原告对裁定不服的，可以提起上诉。

起诉状内容欠缺或者有其他错误的，应当给予指导和释明，并一次性告知当事人需要补正的内容。不得未经指导和释明即以起诉不符合条件为由不接收起诉状。

对于不接收起诉状、接收起诉状后不出具书面凭证，以及不一次性告知当事人需要补正的起诉状内容的，当事人可以向上级人民法院投诉，上级人民法院应当责令改正，并对直接负责的主管人员和其他直接责任人员依法给予处分。

第五十二条 人民法院既不立案，又不作出不予立案裁定的，当事人可以向上一级人民法院起诉。上一级人民法院认为符合起诉条件的，应当立案、审理，也可以指定其他下级人民法院立案、审理。

第五十三条 公民、法人或者其他组织认为行政行为所依据的国务院部门和地方人民政府及其部门制定的规范性文件不合法，在对行政行为提起诉讼时，可以一并请求对该规范性文件进行审查。

前款规定的规范性文件不含规章。

第七章　审理和判决

第一节　一般规定

第五十四条 人民法院公开审理行政案件，但涉及国家秘密、个人隐私和法律另有规定的除外。

涉及商业秘密的案件，当事人申请不公开审理的，可以不公开审理。

第五十五条 当事人认为审判人员与本案有利害关系或者有其他关系可能影响公正审判，有权申请审判人员回避。

审判人员认为自己与本案有利害关系或者有其他关系,应当申请回避。

前两款规定,适用于书记员、翻译人员、鉴定人、勘验人。

院长担任审判长时的回避,由审判委员会决定;审判人员的回避,由院长决定;其他人员的回避,由审判长决定。当事人对决定不服的,可以申请复议一次。

第五十六条 诉讼期间,不停止行政行为的执行。但有下列情形之一的,裁定停止执行:

(一)被告认为需要停止执行的;

(二)原告或者利害关系人申请停止执行,人民法院认为该行政行为的执行会造成难以弥补的损失,并且停止执行不损害国家利益、社会公共利益的;

(三)人民法院认为该行政行为的执行会给国家利益、社会公共利益造成重大损害的;

(四)法律、法规规定停止执行的。

当事人对停止执行或者不停止执行的裁定不服的,可以申请复议一次。

第五十七条 人民法院对起诉行政机关没有依法支付抚恤金、最低生活保障金和工伤、医疗社会保险金的案件,权利义务关系明确、不先予执行将严重影响原告生活的,可以根据原告的申请,裁定先予执行。

当事人对先予执行裁定不服的,可以申请复议一次。复议期间不停止裁定的执行。

第五十八条 经人民法院传票传唤,原告无正当理由拒不到庭,或者未经法庭许可中途退庭的,可以按照撤诉处理;被告无正当理由拒不到庭,或者未经法庭许可中途退庭的,可以缺席判决。

第五十九条 诉讼参与人或者其他人有下列行为之一的,人民法院可以根据情节轻重,予以训诫、责令具结悔过或者处一万元以下的罚款、十五日以下的拘留;构成犯罪的,依法追究刑事责任:

(一)有义务协助调查、执行的人,对人民法院的协助调查决定、协助执行通知书,无故推拖、拒绝或者妨碍调查、执行的;

(二)伪造、隐藏、毁灭证据或者提供虚假证明材料,妨碍人民法院审理案件的;

(三)指使、贿买、胁迫他人作伪证或者威胁、阻止证人作证的;

(四)隐藏、转移、变卖、毁损已被查封、扣押、冻结的财产的;

(五)以欺骗、胁迫等非法手段使原告撤诉的;

(六)以暴力、威胁或者其他方法阻碍人民法院工作人员执行职务,或者以哄闹、冲击法庭等方法扰乱人民法院工作秩序的;

(七)对人民法院审判人员或者其他工作人员、诉讼参与人、协助调查和执行的人员恐吓、侮辱、诽谤、诬陷、殴打、围攻或者打击报复的。

人民法院对有前款规定的行为之一的单位,可以对其主要负责人或者直接责任人员依照前款规定予以罚款、拘留;构成犯罪的,依法追究刑事责任。

罚款、拘留须经人民法院院长批准。当事人不服的,可以向上一级人民法院申请复议一次。复议期间不停止执行。

第六十条 人民法院审理行政案件,不适用调解。但是,行政赔偿、补偿以及行政机关行使法律、法规规定的自由裁量权的案件可以调解。

调解应当遵循自愿、合法原则,不得损害国家利益、社会公共利益和他人合法权益。

第六十一条 在涉及行政许可、登记、征收、征用和行政机关对民事争议所作的裁决的行政诉讼中，当事人申请一并解决相关民事争议的，人民法院可以一并审理。

在行政诉讼中，人民法院认为行政案件的审理需以民事诉讼的裁判为依据的，可以裁定中止行政诉讼。

第六十二条 人民法院对行政案件宣告判决或者裁定前，原告申请撤诉的，或者被告改变其所作的行政行为，原告同意并申请撤诉的，是否准许，由人民法院裁定。

第六十三条 人民法院审理行政案件，以法律和行政法规、地方性法规为依据。地方性法规适用于本行政区域内发生的行政案件。

人民法院审理民族自治地方的行政案件，并以该民族自治地方的自治条例和单行条例为依据。

人民法院审理行政案件，参照规章。

第六十四条 人民法院在审理行政案件中，经审查认为本法第五十三条规定的规范性文件不合法的，不作为认定行政行为合法的依据，并向制定机关提出处理建议。

第六十五条 人民法院应当公开发生法律效力的判决书、裁定书，供公众查阅，但涉及国家秘密、商业秘密和个人隐私的内容除外。

第六十六条 人民法院在审理行政案件中，认为行政机关的主管人员、直接责任人员违法违纪的，应当将有关材料移送监察机关、该行政机关或者其上一级行政机关；认为有犯罪行为的，应当将有关材料移送公安、检察机关。

人民法院对被告经传票传唤无正当理由拒不到庭，或者未经法庭许可中途退庭的，可以将被告拒不到庭或者中途退庭的情况予以公告，并可以向监察机关或者被告的上一级行政机关提出依法给予其主要负责人或者直接责任人员处分的司法建议。

第二节 第一审普通程序

第六十七条 人民法院应当在立案之日起五日内，将起诉状副本发送被告。被告应当在收到起诉状副本之日起十五日内向人民法院提交作出行政行为的证据和所依据的规范性文件，并提出答辩状。人民法院应当在收到答辩状之日起五日内，将答辩状副本发送原告。

被告不提出答辩状的，不影响人民法院审理。

第六十八条 人民法院审理行政案件，由审判员组成合议庭，或者由审判员、陪审员组成合议庭。合议庭的成员，应当是三人以上的单数。

第六十九条 行政行为证据确凿，适用法律、法规正确，符合法定程序的，或者原告申请被告履行法定职责或者给付义务理由不成立的，人民法院判决驳回原告的诉讼请求。

第七十条 行政行为有下列情形之一的，人民法院判决撤销或者部分撤销，并可以判决被告重新作出行政行为：

（一）主要证据不足的；

（二）适用法律、法规错误的；

（三）违反法定程序的；

（四）超越职权的；

（五）滥用职权的；

（六）明显不当的。

第七十一条　人民法院判决被告重新作出行政行为的,被告不得以同一的事实和理由作出与原行政行为基本相同的行政行为。

第七十二条　人民法院经过审理,查明被告不履行法定职责的,判决被告在一定期限内履行。

第七十三条　人民法院经过审理,查明被告依法负有给付义务的,判决被告履行给付义务。

第七十四条　行政行为有下列情形之一的,人民法院判决确认违法,但不撤销行政行为:
(一)行政行为依法应当撤销,但撤销会给国家利益、社会公共利益造成重大损害的;
(二)行政行为程序轻微违法,但对原告权利不产生实际影响的。
行政行为有下列情形之一,不需要撤销或者判决履行的,人民法院判决确认违法:
(一)行政行为违法,但不具有可撤销内容的;
(二)被告改变原违法行政行为,原告仍要求确认原行政行为违法的;
(三)被告不履行或者拖延履行法定职责,判决履行没有意义的。

第七十五条　行政行为有实施主体不具有行政主体资格或者没有依据等重大且明显违法情形,原告申请确认行政行为无效的,人民法院判决确认无效。

第七十六条　人民法院判决确认违法或者无效的,可以同时判决责令被告采取补救措施;给原告造成损失的,依法判决被告承担赔偿责任。

第七十七条　行政处罚明显不当,或者其他行政行为涉及对款额的确定、认定确有错误的,人民法院可以判决变更。
人民法院判决变更,不得加重原告的义务或者减损原告的权益。但利害关系人同为原告,且诉讼请求相反的除外。

第七十八条　被告不依法履行、未按照约定履行或者违法变更、解除本法第十二条第一款第十一项规定的协议的,人民法院判决被告承担继续履行、采取补救措施或者赔偿损失等责任。
被告变更、解除本法第十二条第一款第十一项规定的协议合法,但未依法给予补偿的,人民法院判决给予补偿。

第七十九条　复议机关与作出原行政行为的行政机关为共同被告的案件,人民法院应当对复议决定和原行政行为一并作出裁判。

第八十条　人民法院对公开审理和不公开审理的案件,一律公开宣告判决。
当庭宣判的,应当在十日内发送判决书;定期宣判的,宣判后立即发给判决书。
宣告判决时,必须告知当事人上诉权利、上诉期限和上诉的人民法院。

第八十一条　人民法院应当在立案之日起六个月内作出第一审判决。有特殊情况需要延长的,由高级人民法院批准,高级人民法院审理第一审案件需要延长的,由最高人民法院批准。

第三节　简易程序

第八十二条　人民法院审理下列第一审行政案件,认为事实清楚、权利义务关系明确、争议不大的,可以适用简易程序:
(一)被诉行政行为是依法当场作出的;

(二)案件涉及款额二千元以下的；
(三)属于政府信息公开案件的。
除前款规定以外的第一审行政案件，当事人各方同意适用简易程序的，可以适用简易程序。
发回重审、按照审判监督程序再审的案件不适用简易程序。
第八十三条 适用简易程序审理的行政案件，由审判员一人独任审理，并应当在立案之日起四十五日内审结。
第八十四条 人民法院在审理过程中，发现案件不宜适用简易程序的，裁定转为普通程序。

第四节 第二审程序

第八十五条 当事人不服人民法院第一审判决的，有权在判决书送达之日起十五日内向上一级人民法院提起上诉。当事人不服人民法院第一审裁定的，有权在裁定书送达之日起十日内向上一级人民法院提起上诉。逾期不提起上诉的，人民法院的第一审判决或者裁定发生法律效力。

第八十六条 人民法院对上诉案件，应当组成合议庭，开庭审理。经过阅卷、调查和询问当事人，对没有提出新的事实、证据或者理由，合议庭认为不需要开庭审理的，也可以不开庭审理。

第八十七条 人民法院审理上诉案件，应当对原审人民法院的判决、裁定和被诉行政行为进行全面审查。

第八十八条 人民法院审理上诉案件，应当在收到上诉状之日起三个月内作出终审判决。有特殊情况需要延长的，由高级人民法院批准，高级人民法院审理上诉案件需要延长的，由最高人民法院批准。

第八十九条 人民法院审理上诉案件，按照下列情形，分别处理：
(一)原判决、裁定认定事实清楚，适用法律、法规正确的，判决或者裁定驳回上诉，维持原判决、裁定；
(二)原判决、裁定认定事实错误或者适用法律、法规错误的，依法改判、撤销或者变更；
(三)原判决认定基本事实不清、证据不足的，发回原审人民法院重审，或者查清事实后改判；
(四)原判决遗漏当事人或者违法缺席判决等严重违反法定程序的，裁定撤销原判决，发回原审人民法院重审。

原审人民法院对发回重审的案件作出判决后，当事人提起上诉的，第二审人民法院不得再次发回重审。

人民法院审理上诉案件，需要改变原审判决的，应当同时对被诉行政行为作出判决。

第五节 审判监督程序

第九十条 当事人对已经发生法律效力的判决、裁定，认为确有错误的，可以向上一级人民法院申请再审，但判决、裁定不停止执行。

第九十一条 当事人的申请符合下列情形之一的，人民法院应当再审：

（一）不予立案或者驳回起诉确有错误的；
（二）有新的证据，足以推翻原判决、裁定的；
（三）原判决、裁定认定事实的主要证据不足、未经质证或者系伪造的；
（四）原判决、裁定适用法律、法规确有错误的；
（五）违反法律规定的诉讼程序，可能影响公正审判的；
（六）原判决、裁定遗漏诉讼请求的；
（七）据以作出原判决、裁定的法律文书被撤销或者变更的；
（八）审判人员在审理该案件时有贪污受贿、徇私舞弊、枉法裁判行为的。

第九十二条 各级人民法院院长对本院已经发生法律效力的判决、裁定，发现有本法第九十一条规定情形之一，或者发现调解违反自愿原则或者调解书内容违法，认为需要再审的，应当提交审判委员会讨论决定。

最高人民法院对地方各级人民法院已经发生法律效力的判决、裁定，上级人民法院对下级人民法院已经发生法律效力的判决、裁定，发现有本法第九十一条规定情形之一，或者发现调解违反自愿原则或者调解书内容违法的，有权提审或者指令下级人民法院再审。

第九十三条 最高人民检察院对各级人民法院已经发生法律效力的判决、裁定，上级人民检察院对下级人民法院已经发生法律效力的判决、裁定，发现有本法第九十一条规定情形之一，或者发现调解书损害国家利益、社会公共利益的，应当提出抗诉。

地方各级人民检察院对同级人民法院已经发生法律效力的判决、裁定，发现有本法第九十一条规定情形之一，或者发现调解书损害国家利益、社会公共利益的，可以向同级人民法院提出检察建议，并报上级人民检察院备案；也可以提请上级人民检察院向同级人民法院提出抗诉。

各级人民检察院对审判监督程序以外的其他审判程序中审判人员的违法行为，有权向同级人民法院提出检察建议。

第八章 执 行

第九十四条 当事人必须履行人民法院发生法律效力的判决、裁定、调解书。

第九十五条 公民、法人或者其他组织拒绝履行判决、裁定、调解书的，行政机关或者第三人可以向第一审人民法院申请强制执行，或者由行政机关依法强制执行。

第九十六条 行政机关拒绝履行判决、裁定、调解书的，第一审人民法院可以采取下列措施：

（一）对应当归还的罚款或者应当给付的款额，通知银行从该行政机关的账户内划拨；
（二）在规定期限内不履行的，从期满之日起，对该行政机关负责人按日处五十元至一百元的罚款；
（三）将行政机关拒绝履行的情况予以公告；
（四）向监察机关或者该行政机关的上一级行政机关提出司法建议。接受司法建议的机关，根据有关规定进行处理，并将处理情况告知人民法院；
（五）拒不履行判决、裁定、调解书，社会影响恶劣的，可以对该行政机关直接负责的主管人员和其他直接责任人员予以拘留；情节严重，构成犯罪的，依法追究刑事责任。

第九十七条 公民、法人或者其他组织对行政行为在法定期限内不提起诉讼又不履行的,行政机关可以申请人民法院强制执行,或者依法强制执行。

第九章 涉外行政诉讼

第九十八条 外国人、无国籍人、外国组织在中华人民共和国进行行政诉讼,适用本法。法律另有规定的除外。

第九十九条 外国人、无国籍人、外国组织在中华人民共和国进行行政诉讼,同中华人民共和国公民、组织有同等的诉讼权利和义务。

外国法院对中华人民共和国公民、组织的行政诉讼权利加以限制的,人民法院对该国公民、组织的行政诉讼权利,实行对等原则。

第一百条 外国人、无国籍人、外国组织在中华人民共和国进行行政诉讼,委托律师代理诉讼的,应当委托中华人民共和国律师机构的律师。

第十章 附 则

第一百零一条 人民法院审理行政案件,关于期间、送达、财产保全、开庭审理、调解、中止诉讼、终结诉讼、简易程序、执行等,以及人民检察院对行政案件受理、审理、裁判、执行的监督,本法没有规定的,适用《中华人民共和国民事诉讼法》的相关规定。

第一百零二条 人民法院审理行政案件,应当收取诉讼费用。诉讼费用由败诉方承担,双方都有责任的由双方分担。收取诉讼费用的具体办法另行规定。

第一百零三条 本法自1990年10月1日起施行。

中华人民共和国国家赔偿法

(1994年5月12日中华人民共和国主席令第23号公布,2010年4月29日中华人民共和国主席令第29号第一次修正,2012年10月26日中华人民共和国主席令第68号第二次修正)

第一章 总 则

第一条 为保障公民、法人和其他组织享有依法取得国家赔偿的权利,促进国家机关依法行使职权,根据宪法,制定本法。

第二条 国家机关和国家机关工作人员行使职权,有本法规定的侵犯公民、法人和其他组织合法权益的情形,造成损害的,受害人有依照本法取得国家赔偿的权利。

本法规定的赔偿义务机关,应当依照本法及时履行赔偿义务。

第二章 行政赔偿

第一节 赔偿范围

第三条 行政机关及其工作人员在行使行政职权时有下列侵犯人身权情形之一的,受害人有取得赔偿的权利:

(一)违法拘留或者违法采取限制公民人身自由的行政强制措施的;

(二)非法拘禁或者以其他方法非法剥夺公民人身自由的;

(三)以殴打、虐待等行为或者唆使、放纵他人以殴打、虐待等行为造成公民身体伤害或者死亡的;

(四)违法使用武器、警械造成公民身体伤害或者死亡的;

(五)造成公民身体伤害或者死亡的其他违法行为。

第四条 行政机关及其工作人员在行使行政职权时有下列侵犯财产权情形之一的,受害人有取得赔偿的权利:

(一)违法实施罚款、吊销许可证和执照、责令停产停业、没收财物等行政处罚的;

(二)违法对财产采取查封、扣押、冻结等行政强制措施的;

(三)违法征收、征用财产的;

(四)造成财产损害的其他违法行为。

第五条 属于下列情形之一的,国家不承担赔偿责任:

(一)行政机关工作人员与行使职权无关的个人行为;

(二)因公民、法人和其他组织自己的行为致使损害发生的;

(三)法律规定的其他情形。

第二节 赔偿请求人和赔偿义务机关

第六条 受害的公民、法人和其他组织有权要求赔偿。

受害的公民死亡,其继承人和其他有扶养关系的亲属有权要求赔偿。

受害的法人或者其他组织终止的,其权利承受人有权要求赔偿。

第七条 行政机关及其工作人员行使行政职权侵犯公民、法人和其他组织的合法权益造成损害的,该行政机关为赔偿义务机关。

两个以上行政机关共同行使行政职权时侵犯公民、法人和其他组织的合法权益造成损害的,共同行使行政职权的行政机关为共同赔偿义务机关。

法律、法规授权的组织在行使授予的行政权力时侵犯公民、法人和其他组织的合法权益造成损害的,被授权的组织为赔偿义务机关。

受行政机关委托的组织或者个人在行使受委托的行政权力时侵犯公民、法人和其他组织的合法权益造成损害的,委托的行政机关为赔偿义务机关。

赔偿义务机关被撤销的,继续行使其职权的行政机关为赔偿义务机关;没有继续行使其职权的行政机关的,撤销该赔偿义务机关的行政机关为赔偿义务机关。

第八条 经复议机关复议的,最初造成侵权行为的行政机关为赔偿义务机关,但复议机关的复议决定加重损害的,复议机关对加重的部分履行赔偿义务。

第三节 赔偿程序

第九条 赔偿义务机关有本法第三条、第四条规定情形之一的,应当给予赔偿。

赔偿请求人要求赔偿,应当先向赔偿义务机关提出,也可以在申请行政复议或者提起行政诉讼时一并提出。

第十条 赔偿请求人可以向共同赔偿义务机关中的任何一个赔偿义务机关要求赔偿,该赔偿义务机关应当先予赔偿。

第十一条 赔偿请求人根据受到的不同损害,可以同时提出数项赔偿要求。

第十二条 要求赔偿应当递交申请书,申请书应当载明下列事项:

(一)受害人的姓名、性别、年龄、工作单位和住所,法人或者其他组织的名称、住所和法定代表人或者主要负责人的姓名、职务;

(二)具体的要求、事实根据和理由;

(三)申请的年、月、日。

赔偿请求人书写申请书确有困难的,可以委托他人代书;也可以口头申请,由赔偿义务机关记入笔录。

赔偿请求人不是受害人本人的,应当说明与受害人的关系,并提供相应证明。

赔偿请求人当面递交申请书的,赔偿义务机关应当当场出具加盖本行政机关专用印章并注明收讫日期的书面凭证。申请材料不齐全的,赔偿义务机关应当当场或者在五日内一次性告知赔偿请求人需要补正的全部内容。

第十三条 赔偿义务机关应当自收到申请之日起两个月内,作出是否赔偿的决定。赔偿义务机关作出赔偿决定,应当充分听取赔偿请求人的意见,并可以与赔偿请求人就赔偿方式、赔偿项目和赔偿数额依照本法第四章的规定进行协商。

赔偿义务机关决定赔偿的,应当制作赔偿决定书,并自作出决定之日起十日内送达赔偿请求人。

赔偿义务机关决定不予赔偿的,应当自作出决定之日起十日内书面通知赔偿请求人,并说明不予赔偿的理由。

第十四条 赔偿义务机关在规定期限内未作出是否赔偿的决定,赔偿请求人可以自期限届满之日起三个月内,向人民法院提起诉讼。

赔偿请求人对赔偿的方式、项目、数额有异议的,或者赔偿义务机关作出不予赔偿决定的,赔偿请求人可以自赔偿义务机关作出赔偿或者不予赔偿决定之日起三个月内,向人民法院提起诉讼。

第十五条 人民法院审理行政赔偿案件,赔偿请求人和赔偿义务机关对自己提出的主张,应当提供证据。

赔偿义务机关采取行政拘留或者限制人身自由的强制措施期间,被限制人身自由的人死亡或者丧失行为能力的,赔偿义务机关的行为与被限制人身自由的人的死亡或者丧失行为能力是否存在因果关系,赔偿义务机关应当提供证据。

第十六条 赔偿义务机关赔偿损失后,应当责令有故意或者重大过失的工作人员或者受委托的组织或者个人承担部分或者全部赔偿费用。

对有故意或者重大过失的责任人员,有关机关应当依法给予处分;构成犯罪的,应当依法追究刑事责任。

第三章 刑事赔偿

第一节 赔偿范围

第十七条 行使侦查、检察、审判职权的机关以及看守所、监狱管理机关及其工作人员在行使职权时有下列侵犯人身权情形之一的,受害人有取得赔偿的权利:

(一)违反刑事诉讼法的规定对公民采取拘留措施的,或者依照刑事诉讼法规定的条件和程序对公民采取拘留措施,但是拘留时间超过刑事诉讼法规定的时限,其后决定撤销案件、不起诉或者判决宣告无罪终止追究刑事责任的;

(二)对公民采取逮捕措施后,决定撤销案件、不起诉或者判决宣告无罪终止追究刑事责任的;

(三)依照审判监督程序再审改判无罪,原判刑罚已经执行的;

(四)刑讯逼供或者以殴打、虐待等行为或者唆使、放纵他人以殴打、虐待等行为造成公民身体伤害或者死亡的;

(五)违法使用武器、警械造成公民身体伤害或者死亡的。

第十八条 行使侦查、检察、审判职权的机关以及看守所、监狱管理机关及其工作人员在行使职权时有下列侵犯财产权情形之一的,受害人有取得赔偿的权利:

(一)违法对财产采取查封、扣押、冻结、追缴等措施的;

(二)依照审判监督程序再审改判无罪,原判罚金、没收财产已经执行的。

第十九条 属于下列情形之一的,国家不承担赔偿责任:

(一)因公民自己故意作虚伪供述,或者伪造其他有罪证据被羁押或者被判处刑罚的;

（二）依照刑法第十七条、第十八条规定不负刑事责任的人被羁押的；

（三）依照刑事诉讼法第十五条、第一百七十三条第二款、第二百七十三条第二款、第二百七十九条规定不追究刑事责任的人被羁押的；

（四）行使侦查、检察、审判职权的机关以及看守所、监狱管理机关的工作人员与行使职权无关的个人行为；

（五）因公民自伤、自残等故意行为致使损害发生的；

（六）法律规定的其他情形。

第二节 赔偿请求人和赔偿义务机关

第二十条 赔偿请求人的确定依照本法第六条的规定。

第二十一条 行使侦查、检察、审判职权的机关以及看守所、监狱管理机关及其工作人员在行使职权时侵犯公民、法人和其他组织的合法权益造成损害的，该机关为赔偿义务机关。

对公民采取拘留措施，依照本法的规定应当给予国家赔偿的，作出拘留决定的机关为赔偿义务机关。

对公民采取逮捕措施后决定撤销案件、不起诉或者判决宣告无罪的，作出逮捕决定的机关为赔偿义务机关。

再审改判无罪的，作出原生效判决的人民法院为赔偿义务机关。二审改判无罪，以及二审发回重审后作无罪处理的，作出一审有罪判决的人民法院为赔偿义务机关。

第三节 赔偿程序

第二十二条 赔偿义务机关有本法第十七条、第十八条规定情形之一的，应当给予赔偿。

赔偿请求人要求赔偿，应当先向赔偿义务机关提出。

赔偿请求人提出赔偿请求，适用本法第十一条、第十二条的规定。

第二十三条 赔偿义务机关应当自收到申请之日起两个月内，作出是否赔偿的决定。赔偿义务机关作出赔偿决定，应当充分听取赔偿请求人的意见，并可以与赔偿请求人就赔偿方式、赔偿项目和赔偿数额依照本法第四章的规定进行协商。

赔偿义务机关决定赔偿的，应当制作赔偿决定书，并自作出决定之日起十日内送达赔偿请求人。

赔偿义务机关决定不予赔偿的，应当自作出决定之日起十日内书面通知赔偿请求人，并说明不予赔偿的理由。

第二十四条 赔偿义务机关在规定期限内未作出是否赔偿的决定，赔偿请求人可以自期限届满之日起三十日内向赔偿义务机关的上一级机关申请复议。

赔偿请求人对赔偿的方式、项目、数额有异议的，或者赔偿义务机关作出不予赔偿决定的，赔偿请求人可以自赔偿义务机关作出赔偿或者不予赔偿决定之日起三十日内，向赔偿义务机关的上一级机关申请复议。

赔偿义务机关是人民法院的，赔偿请求人可以依照本条规定向其上一级人民法院赔偿委员会申请作出赔偿决定。

第二十五条 复议机关应当自收到申请之日起两个月内作出决定。

赔偿请求人不服复议决定的，可以在收到复议决定之日起三十日内向复议机关所在地的同级人民法院赔偿委员会申请作出赔偿决定;复议机关逾期不作决定的,赔偿请求人可以自期限届满之日起三十日内向复议机关所在地的同级人民法院赔偿委员会申请作出赔偿决定。

第二十六条　人民法院赔偿委员会处理赔偿请求,赔偿请求人和赔偿义务机关对自己提出的主张,应当提供证据。

被羁押人在羁押期间死亡或者丧失行为能力的,赔偿义务机关的行为与被羁押人的死亡或者丧失行为能力是否存在因果关系,赔偿义务机关应当提供证据。

第二十七条　人民法院赔偿委员会处理赔偿请求,采取书面审查的办法。必要时,可以向有关单位和人员调查情况、收集证据。赔偿请求人与赔偿义务机关对损害事实及因果关系有争议的,赔偿委员会可以听取赔偿请求人和赔偿义务机关的陈述和申辩,并可以进行质证。

第二十八条　人民法院赔偿委员会应当自收到赔偿申请之日起三个月内作出决定;属于疑难、复杂、重大案件的,经本院院长批准,可以延长三个月。

第二十九条　中级以上的人民法院设立赔偿委员会,由人民法院三名以上审判员组成,组成人员的人数应当为单数。

赔偿委员会作赔偿决定,实行少数服从多数的原则。

赔偿委员会作出的赔偿决定,是发生法律效力的决定,必须执行。

第三十条　赔偿请求人或者赔偿义务机关对赔偿委员会作出的决定,认为确有错误的,可以向上一级人民法院赔偿委员会提出申诉。

赔偿委员会作出的赔偿决定生效后,如发现赔偿决定违反本法规定的,经本院院长决定或者上级人民法院指令,赔偿委员会应当在两个月内重新审查并依法作出决定,上一级人民法院赔偿委员会也可以直接审查并作出决定。

最高人民检察院对各级人民法院赔偿委员会作出的决定,上级人民检察院对下级人民法院赔偿委员会作出的决定,发现违反本法规定的,应当向同级人民法院赔偿委员会提出意见,同级人民法院赔偿委员会应当在两个月内重新审查并依法作出决定。

第三十一条　赔偿义务机关赔偿后,应当向有下列情形之一的工作人员追偿部分或者全部赔偿费用:

(一)有本法第十七条第四项、第五项规定情形的;

(二)在处理案件中有贪污受贿,徇私舞弊,枉法裁判行为的。

对有前款规定情形的责任人员,有关机关应当依法给予处分;构成犯罪的,应当依法追究刑事责任。

第四章　赔偿方式和计算标准

第三十二条　国家赔偿以支付赔偿金为主要方式。

能够返还财产或者恢复原状的,予以返还财产或者恢复原状。

第三十三条　侵犯公民人身自由的,每日赔偿金按照国家上年度职工日平均工资计算。

第三十四条　侵犯公民生命健康权的,赔偿金按照下列规定计算:

(一)造成身体伤害的,应当支付医疗费、护理费,以及赔偿因误工减少的收入。减少的收入每日的赔偿金按照国家上年度职工日平均工资计算,最高额为国家上年度职工年平均工资的五倍;

（二）造成部分或者全部丧失劳动能力的,应当支付医疗费、护理费、残疾生活辅助具费、康复费等因残疾而增加的必要支出和继续治疗所必需的费用,以及残疾赔偿金。残疾赔偿金根据丧失劳动能力的程度,按照国家规定的伤残等级确定,最高不超过国家上年度职工年平均工资的二十倍。造成全部丧失劳动能力的,对其扶养的无劳动能力的人,还应当支付生活费；

（三）造成死亡的,应当支付死亡赔偿金、丧葬费,总额为国家上年度职工年平均工资的二十倍。对死者生前扶养的无劳动能力的人,还应当支付生活费。

前款第二项、第三项规定的生活费的发放标准,参照当地最低生活保障标准执行。被扶养的人是未成年人的,生活费给付至十八周岁止；其他无劳动能力的人,生活费给付至死亡时止。

第三十五条 有本法第三条或者第十七条规定情形之一,致人精神损害的,应当在侵权行为影响的范围内,为受害人消除影响,恢复名誉,赔礼道歉；造成严重后果的,应当支付相应的精神损害抚慰金。

第三十六条 侵犯公民、法人和其他组织的财产权造成损害的,按照下列规定处理：

（一）处罚款、罚金、追缴、没收财产或者违法征收、征用财产的,返还财产；

（二）查封、扣押、冻结财产的,解除对财产的查封、扣押、冻结,造成财产损坏或者灭失的,依照本条第三项、第四项的规定赔偿；

（三）应当返还的财产损坏的,能够恢复原状的恢复原状,不能恢复原状的,按照损害程度给付相应的赔偿金；

（四）应当返还的财产灭失的,给付相应的赔偿金；

（五）财产已经拍卖或者变卖的,给付拍卖或者变卖所得的价款；变卖的价款明显低于财产价值的,应当支付相应的赔偿金；

（六）吊销许可证和执照、责令停产停业的,赔偿停产停业期间必要的经常性费用开支；

（七）返还执行的罚款或者罚金、追缴或者没收的金钱,解除冻结的存款或者汇款的,应当支付银行同期存款利息；

（八）对财产权造成其他损害的,按照直接损失给予赔偿。

第三十七条 赔偿费用列入各级财政预算。

赔偿请求人凭生效的判决书、复议决定书、赔偿决定书或者调解书,向赔偿义务机关申请支付赔偿金。

赔偿义务机关应当自收到支付赔偿金申请之日起七日内,依照预算管理权限向有关的财政部门提出支付申请。财政部门应当自收到支付申请之日起十五日内支付赔偿金。

赔偿费用预算与支付管理的具体办法由国务院规定。

第五章 其他规定

第三十八条 人民法院在民事诉讼、行政诉讼过程中,违法采取对妨害诉讼的强制措施、保全措施或者对判决、裁定及其他生效法律文书执行错误,造成损害的,赔偿请求人要求赔偿的程序,适用本法刑事赔偿程序的规定。

第三十九条 赔偿请求人请求国家赔偿的时效为两年,自其知道或者应当知道国家机关及其工作人员行使职权时的行为侵犯其人身权、财产权之日起计算,但被羁押等限制人身自由期间不计算在内。在申请行政复议或者提起行政诉讼时一并提出赔偿请求的,适用行政复议法、行政诉讼法有关时效的规定。

赔偿请求人在赔偿请求时效的最后六个月内,因不可抗力或者其他障碍不能行使请求权的,时效中止。从中止时效的原因消除之日起,赔偿请求时效期间继续计算。

第四十条　外国人、外国企业和组织在中华人民共和国领域内要求中华人民共和国国家赔偿的,适用本法。

外国人、外国企业和组织的所属国对中华人民共和国公民、法人和其他组织要求该国国家赔偿的权利不予保护或者限制的,中华人民共和国与该外国人、外国企业和组织的所属国实行对等原则。

第六章　附　则

第四十一条　赔偿请求人要求国家赔偿的,赔偿义务机关、复议机关和人民法院不得向赔偿请求人收取任何费用。

对赔偿请求人取得的赔偿金不予征税。

第四十二条　本法自1995年1月1日起施行。

交通运输行政复议规定

(2000年6月27日交通部令第5号公布,2015年9月9日交通运输部令第18号修订)

第一条 为防止和纠正违法或者不当的具体行政行为,保护公民、法人和其他组织的合法权益,保障和监督交通运输行政机关依法行使职权,根据《中华人民共和国行政复议法》(以下简称《行政复议法》),制定本规定。

第二条 公民、法人或者其他组织认为具体行政行为侵犯其合法权益,向交通运输行政机关申请交通运输行政复议,交通运输行政机关受理交通运输行政复议申请、作出交通运输行政复议决定,适用《行政复议法》和本规定。

第三条 依照《行政复议法》和本规定履行交通运输行政复议职责的交通运输行政机关是交通运输行政复议机关,交通运输行政复议机关设置的法制工作机构,具体办理交通运输行政复议事项,履行《行政复议法》第三条规定的职责。

第四条 对县级以上地方人民政府交通运输主管部门的具体行政行为不服的,可以向本级人民政府申请行政复议,也可以向其上一级人民政府交通运输主管部门申请行政复议。

第五条 对县级以上地方人民政府交通运输主管部门依法设立的交通运输管理派出机构依照法律、法规或者规章规定,以自己的名义作出的具体行政行为不服的,向设立该派出机构的交通运输主管部门或者该交通运输主管部门的本级地方人民政府申请行政复议。

第六条 对县级以上地方人民政府交通运输主管部门依法设立的交通运输管理机构,依照法律、法规授权,以自己的名义作出的具体行政行为不服的,向设立该管理机构的交通运输主管部门申请行政复议。

第七条 对下列具体行政行为不服的,可以向交通运输部申请行政复议:
(一)省级人民政府交通运输主管部门的具体行政行为;
(二)交通运输部海事局的具体行政行为;
(三)长江航务管理局、珠江航务管理局的具体行政行为;
(四)交通运输部的具体行政行为。

对交通运输部直属海事管理机构的具体行政行为不服的,应当向交通运输部海事局申请行政复议。

第八条 公民、法人或者其他组织向交通运输行政复议机关申请交通运输行政复议,应当自知道该具体行政行为之日起六十日内提出行政复议申请;但是法律规定的申请期限超过六十日的除外。

因不可抗力或者其他正当理由耽误法定申请期限的,申请人应当在交通运输行政复议申请书中注明,或者向交通运输行政复议机关说明,并由交通运输行政复议机关记录在《交通运输行政复议申请笔录》(见附件1)中,经交通运输行政复议机关依法确认的,申请期限自障碍消除之日起继续计算。

第九条 申请人申请交通运输行政复议,可以书面申请,也可以口头申请。

申请人口头申请的,交通运输行政复议机关应当当场记录申请人、被申请人的基本情况、行政复议请求、主要事实、理由和时间;申请人应当在行政复议申请笔录上签名或者署印。

第十条 公民、法人或者其他组织向人民法院提起行政诉讼或者向本级人民政府申请行政复议,人民法院或者人民政府已经受理的,不得再向交通运输行政复议机关申请行政复议。

第十一条 交通运输行政复议机关收到交通运输行政复议申请后,应当在五日内进行审查。对符合《行政复议法》规定的行政复议申请,应当决定予以受理,并制作《交通运输行政复议申请受理通知书》(见附件2)送达申请人、被申请人;对不符合《行政复议法》规定的行政复议申请,决定不予受理,并制作《交通运输行政复议申请不予受理决定书》(见附件3)送达申请人;对符合《行政复议法》规定,但是不属于本机关受理的行政复议申请,应当告知申请人向有关行政复议机关提出。

除前款规定外,交通运输行政复议申请自交通运输行政复议机关设置的法制工作机构收到之日起即为受理。

第十二条 公民、法人或者其他组织依法提出交通运输行政复议申请,交通运输行政复议机关无正当理由不予受理的,上级交通运输行政机关应当制作《责令受理通知书》(见附件4)责令其受理;必要时,上级交通运输行政机关可以直接受理。

第十三条 交通运输行政复议原则上采取书面审查的办法,但是申请人提出要求或者交通运输行政复议机关设置的法制工作机构认为有必要时,可以向有关组织和个人调查情况,听取申请人、被申请人和第三人的意见。

复议人员调查情况、听取意见,应当制作《交通运输行政复议调查笔录》(见附件5)。

第十四条 交通运输行政复议机关设置的法制工作机构应当自行政复议申请受理之日起七日内,将交通运输行政复议申请书副本或者《交通运输行政复议申请笔录》复印件及《交通运输行政复议申请受理通知书》送达被申请人。

被申请人应当自收到前款通知之日起十日内向交通运输行政复议机关提交《交通运输行政复议答复意见书》(见附件6),并提交作出具体行政行为的证据、依据和其他有关材料。

第十五条 交通运输行政复议决定作出前,申请人要求撤回行政复议申请的,经说明理由并由复议机关记录在案,可以撤回。申请人撤回行政复议申请,应当提交撤回交通运输行政复议的书面申请书或者在《撤回交通运输行政复议申请笔录》(见附件7)上签名或者署印。

撤回行政复议申请的,交通运输行政复议终止,交通运输行政复议机关应当制作《交通运输行政复议终止通知书》(见附件8)送达申请人、被申请人、第三人。

第十六条 申请人在申请交通运输行政复议时,对《行政复议法》第七条所列有关规定提出审查申请的,交通运输行政复议机关对该规定有权处理的,应当在三十日内依法处理;无权处理的,应当在七日内制作《规范性文件转送处理函》(见附件9),按照法定程序转送有权处理的行政机关依法处理。

交通运输行政复议机关对有关规定进行处理或者转送处理期间,中止对具体行政行为的审查。中止对具体行政行为审查的,应当制作《交通运输行政复议中止审查通知书》(见附件

10)及时送达申请人、被申请人、第三人。

第十七条　交通运输行政复议机关在对被申请人作出的具体行政行为审查时,认为其依据不合法,本机关有权处理的,应当在三十日内依法处理;无权处理的,应当在七日内按照法定程序转送有权处理的国家机关依法处理。处理期间,中止对具体行政行为的审查。

交通运输行政复议机关中止对具体行政行为审查的,应当制作《交通运输行政复议中止审查通知书》送达申请人、被申请人、第三人。

第十八条　交通运输行政复议机关设置的法制工作机构应当对被申请人作出的具体行政行为进行审查,提出意见,经交通运输行政复议机关的负责人同意或者集体讨论通过后,按照下列规定作出交通运输行政复议决定:

(一)具体行政行为认定事实清楚,证据确凿,适用依据正确,程序合法,内容适当的,决定维持;

(二)被申请人不履行法定职责的,责令其在一定期限内履行;

(三)具体行政行为有下列情形之一的,决定撤销、变更或者确认该具体行政行为违法;决定撤销或者确认该具体行政行为违法的,可以责令被申请人在一定期限内重新作出具体行政行为:

1.主要事实不清、证据不足的;

2.适用依据错误的;

3.违反法定程序的;

4.超越或者滥用职权的;

5.具体行政行为明显不当的。

(四)被申请人不按照《行政复议法》第二十三条的规定提出书面答复、提交当初作出具体行政行为的证据、依据和其他有关材料的,视为该具体行政行为没有证据、依据,决定撤销该具体行政行为。

交通运输行政复议机关责令被申请人重新作出具体行政行为的,被申请人不得以同一的事实和理由作出与原具体行政行为相同或者基本相同的具体行政行为。

第十九条　交通运输行政复议机关作出交通运输行政复议决定,应当制作《交通运输行政复议决定书》(见附件11),加盖交通运输行政复议机关印章,分别送达申请人、被申请人和第三人;交通运输行政复议决定书一经送达即发生法律效力。

交通运输行政复议机关向当事人送达《交通运输行政复议决定书》及其他交通运输行政复议文书(除邮寄、公告送达外)应当使用《送达回证》(见附件12),受送达人应当在送达回证上注明收到日期,并签名或者署印。

第二十条　交通运输行政复议机关应当自受理交通运输行政复议申请之日起六十日内作出交通运输行政复议决定;但是法律规定的行政复议期限少于六十日的除外。情况复杂,不能在规定期限内作出交通运输行政复议决定的,经交通运输行政复议机关的负责人批准,可以适当延长,并告知申请人、被申请人、第三人,但是延长期限最多不超过三十日。

交通运输行政复议机关延长复议期限的,应当制作《延长交通运输行政复议期限通知书》(见附件13)送达申请人、被申请人、第三人。

第二十一条　被申请人不履行或者无正当理由拖延履行交通运输行政复议决定的,交通运输行政复议机关或者有关上级交通运输行政机关应当责令其限期履行。

第二十二条 交通运输行政复议机关设置的法制工作机构发现有《行政复议法》第三十八条规定的违法行为的,应当制作《交通运输行政复议违法行为处理建议书》(见附件14)向有关行政机关提出建议,有关行政机关应当依照《行政复议法》和有关法律、行政法规的规定作出处理。

第二十三条 交通运输行政复议机关受理交通运输行政复议申请,不得向申请人收取任何费用。

交通运输行政复议活动所需经费应当在本机关的行政经费中单独列支,不得挪作他用。

第二十四条 本规定由交通运输部负责解释。

第二十五条 本规定自发布之日起施行,1992年交通部第39号令发布的《交通行政复议管理规定》同时废止。

附件1

交通运输行政复议申请笔录

申 请 人：_____
被申请人：_____
复议请求：_____
_____
事实和理由：_____
_____
_____
_____
_____
_____
_____

申请人：_____
记录人：_____
_____年___月___日

附：证据

注：1. 申请人为公民的,应当写明姓名、年龄、性别、住址、电话号码、邮政编码;申请人为法人或者其他组织的,应当写明名称(全称)、地址、电话号码、邮政编码、法定代表人姓名、职务。
　　2. 有法定代表人或委托代理人的,应当写明基本情况。

附件2

交通运输行政复议申请受理通知书

（　　）字第　　号

申请 人：_____：
被申请人：_____：
　申请人_____
不服被申请人作出的_____
_____
_____
提起复议申请，符合受理条件，决定予以受理。

复议机关_____（盖章）
_____年___月___日

注：被申请人应当自收到本通知之日起十日内向交通运输行政复议机关提出书面答复，并提交当初作出具体行政行为的证据、依据和其他有关材料。
附：1. 复议申请书副本（复议申请笔录复印件）_____份；
　　2. 其他材料_____份。

附件3

交通运输行政复议申请不予受理决定书

（　　）字第　　号

申 请 人：_____：

你(单位)关于_____
_____
_____
一案申请复议,经审查,因_____
_____
_____
_____

不符合《中华人民共和国行政复议法》规定的受理条件,决定不予受理。

如不服本决定,可以在收到本决定书之日起六十日内向人民法院提起诉讼。

复议机关_____（盖章）
_____年___月___日

附件4

责令受理通知书

_____：
　申请人_____对
被申请人_____的
_____
_____
_____具体行政行为不服,
依法向你机关申请交通运输行政复议,你机关无正当理由未受理。经审查,本机关认为,该行政复议申请符合《中华人民共和国行政复议法》规定的受理条件,现责令你机关依法受理。经责令受理,你仍不受理的,本机关将根据《中华人民共和国行政复议法》第二十条的规定直接受理。

　　　　　　　　　　_____(交通运输主管部门盖章)
　　　　　　　　　　　_____年____月____日

附件5

交通运输行政复议调查笔录

案　　由：_____
调查时间：_____
调查地点：_____
调　查　人：_____ 记录人：_____
被调查人：_____年龄____性别____电话号码：_____
工作单位：_____
住　　址：_____
问：_____
_____
_____
_____
_____
_____
_____
_____
_____
_____
_____

附件6

交通运输行政复议答复意见书

答复人：_____
 住所：_____
 法定代表人：_____ 职务：_____ 电话：_____
委托代理人：_____ 职务：_____ 电话：_____
 单位：_____
 地址：_____
 现就：_____一案
提出以下答复意见：_____
_____
_____

事实与理由：_____
_____
_____
_____
_____
_____
_____
_____
_____
_____
_____
_____
_____

  此致

  _____

            答复人_____（盖章）
              _____年___月___日

附：作出具体行政行为的证据、证据材料_____份。
注：答复的事实与理由应当写明作出具体行政行为的事实及有关的证据材料，作出具体行政行为所依据的法律、法规、规章和其他具有普遍约束力的命令、决定。

附件7

撤回交通运输行政复议申请笔录

申请人：_____
被申请人：_____
请求事项及理由：_____
_____
_____
_____
_____
_____

申请人：_____
记录人：_____
_____年___月___日

注：1. 申请人为公民的，应当写明姓名、年龄、性别、住址、电话号码、邮政编码；申请人为法人或者其他组织的，应当写明名称（全称）、地址、电话号码、邮政编码、法定代表人姓名、职务。
  2. 有法定代理人和委托代理人的，应当写明基本情况。

附件8

交通运输行政复议终止通知书

（　　）字第　　号

申 请 人：_____
被申请人：_____
第 三 人：_____
  申请人因对被申请人的具体行政行为不服向本机关申请行政复议。复议审查过程中,申请人以_____
_____
_____
_____
为由要求撤回复议申请。
  根据《中华人民共和国行政复议法》第二十五条的规定,本机关决定终止对本案的审查。

            复议机关_____（盖章）
            _____年____月____日

附件9

规范性文件转送处理函

（　　）字第　　号

_____：

　　申请人_____因对被申请人_____作出的_____具体行政行为不服向本机关申请行政复议。本案具体行政行为所依据的_____需要审查处理。

　　根据《中华人民共和国行政复议法》第七条、第二十六条、第二十七条的规定，现将_____转送你单位审查处理，请将处理结果及时函告我单位。

复议机关_____（盖章）
_____年___月___日

附：相关材料_____份。

附件 10

交通运输行政复议中止审查通知书

（　　）字第　　号

申 请 人：_____

被申请人：_____

第 三 人：_____

  申请人_____因对被申请人_____的_____具体行政行为不服向本机关申请行政复议。具体行政行为所依据的_____需要审查处理，本机关现已对该规定依法进行处理。

  根据《中华人民共和国行政复议法》第二十六条的规定，本机关决定从_____年___月___日，对申请人不服被申请人具体行政行为的行政复议案件中止审查。

            复议机关_____（盖章）
            _____年___月___日

附件 11

交通运输行政复议决定书

（　　）字第　　号

申 请 人：_____

被申请人：_____

　　申请人_____对被申请人_____年___月___日的_____具体行政行为不服，依法向本机关申请行政复议，现已复议完毕。

　　主要请求事项和理由：_____
_____
_____

　　主要答复意见：_____
_____
_____

　　经审查查明：_____
_____
_____

　　本机关认为：_____
_____
_____

　　根据《中华人民共和国行政复议法》第二十八条的规定，本机关决定：_____
_____
_____
_____

　　申请人对本复议决定不服的，可在收到本复议决定书之日起___日内向人民法院起诉。逾期不起诉，又不履行本复议决定的，_____可以申请人民法院强制执行。

复议机关_____（盖章）
_____年___月___日

注：1. 申请人为公民的，应当写明姓名、年龄、性别、住址、电话号码、邮政编码；申请人为法人或者其他组织的，应当写明名称（全称）、地址、电话号码、邮政编码、法定代表人姓名、职务。
　　2. 有法定代理人和委托代理人的，应当写明基本情况。

附件 12

送 达 回 证

（　　）字第　　号

送达文书	
送达人	
受送达人	
受送时间	送达方式
送达地点	
受送达人签收	_____年___月___日
代收人签收	_____年___月___日
备 注	（印章）

附件 13

交通运输行政复议案件复议期限延长通知书

（　　）字第　　号

申 请 人：＿＿＿＿＿＿＿＿＿＿＿＿＿＿＿＿＿＿＿＿＿＿＿＿＿＿＿＿
被申请人：＿＿＿＿＿＿＿＿＿＿＿＿＿＿＿＿＿＿＿＿＿＿＿＿＿＿＿＿
第 三 人：＿＿＿＿＿＿＿＿＿＿＿＿＿＿＿＿＿＿＿＿＿＿＿＿＿＿＿＿
　　申请人因对被申请人作出的＿＿＿＿＿＿＿＿＿＿＿＿＿＿＿＿＿＿＿
＿＿＿＿＿＿＿＿＿＿＿＿＿＿＿＿＿＿＿＿＿＿＿＿＿＿＿＿＿＿＿＿＿＿
具体行政行为不服向本机关申请行政复议。因本案情况复杂，根据《中华人民共和国行政复议法》第三十一条的规定，本机关决定延长复议期限至＿＿＿＿年＿＿月＿＿日。

　　　　　　　　　　　　　　复议机关＿＿＿＿＿＿＿＿（盖章）
　　　　　　　　　　　　　　＿＿＿＿＿年＿＿月＿＿日

注：申请人为公民的，应当写明姓名、年龄、性别、住址、电话号码、邮政编码；申请人为法人或者其他组织的，应当写明名称（全称）、地址、电话号码、邮政编码、法定代表人姓名、职务。

附件14

交通运输行政复议违法行为处理建议书

（　　）字第　　号

_____：

你单位在_____

_____

一案中,违反《中华人民共和国行政复议法》第_____条规定,具有_____

_____

行为。根据《中华人民共和国行政复议法》第三十八条的规定,建议你单位对_____依法给予处分,并将处理结果报本机关。

复议机关_____(盖章)

_____年____月____日

交通行政许可实施程序规定

(2004年11月22日交通部令第10号公布)

第一条 为保证交通行政许可依法实施,维护交通行政许可各方当事人的合法权益,保障和规范交通行政机关依法实施行政管理,根据《中华人民共和国行政许可法》(以下简称《行政许可法》),制定本规定。

第二条 实施交通行政许可,应当遵守《行政许可法》和有关法律、法规及本规定规定的程序。

本规定所称交通行政许可,是指依据法律、法规、国务院决定、省级地方人民政府规章的设定,由本规定第三条规定的实施机关实施的行政许可。

第三条 交通行政许可由下列机关实施:

(一)交通部、地方人民政府交通主管部门、地方人民政府港口行政管理部门依据法定职权实施交通行政许可;

(二)海事管理机构、航标管理机关、县级以上道路运输管理机构在法律、法规授权范围内实施交通行政许可;

(三)交通部、地方人民政府交通主管部门、地方人民政府港口行政管理部门在其法定职权范围内,可以依据本规定,委托其他行政机关实施行政许可。

第四条 实施交通行政许可,应当遵循公开、公平、公正、便民、高效的原则。

第五条 实施交通行政许可,实施机关应当按照《行政许可法》的有关规定,将下列内容予以公示:

(一)交通行政许可的事项;

(二)交通行政许可的依据;

(三)交通行政许可的实施主体;

(四)受委托行政机关和受委托实施行政许可的内容;

(五)交通行政许可统一受理的机构;

(六)交通行政许可的条件;

(七)交通行政许可的数量;

(八)交通行政许可的程序和实施期限;

(九)依法需要举行听证的交通行政许可事项;

(十)需要申请人提交材料的目录;

(十一)申请书文本式样;

(十二)作出的准予交通行政许可的决定;

(十三)实施交通行政许可依法应当收费的法定项目和收费标准;

（十四）交通行政许可的监督部门和投诉渠道；
（十五）依法需要公示的其他事项。
已实行电子政务的实施机关应当公布网站地址。

第六条 交通行政许可的公示，可以采取下列方式：
（一）在实施机关的办公场所设置公示栏、电子显示屏或者将公示信息资料集中在实施机关的专门场所供公众查阅；
（二）在联合办理、集中办理行政许可的场所公示；
（三）在实施机关的网站上公示；
（四）法律、法规和规章规定的其他方式。

第七条 公民、法人或者其他组织，依法申请交通行政许可的，应当依法向交通行政许可实施机关提出。
申请人申请交通行政许可，应当如实向实施机关提交有关材料和反映真实情况，并对其申请材料实质内容的真实性负责。

第八条 申请人以书面方式提出交通行政许可申请的，应当填写本规定所规定的《交通行政许可申请书》（见附件1）。但是，法律、法规、规章对申请书格式文本已有规定的，从其规定。
依法使用申请书格式文本的，交通行政机关应当免费提供。
申请人可以通过信函、电报、电传、传真、电子数据交换和电子邮件等方式提交交通行政许可申请。
申请人以书面方式提出交通行政许可申请确有困难的，可以口头方式提出申请，交通行政机关应当记录申请人申请事项，并经申请人确认。

第九条 申请人可以委托代理人代为提出交通行政许可申请，但依法应当由申请人到实施机关办公场所提出行政许可申请的除外。
代理人代为提出申请的，应当出具载明委托事项和代理人权限的授权委托书，并出示能证明其身份的证件。

第十条 实施机关收到交通行政许可申请材料后，应当根据下列情况分别作出处理：
（一）申请事项依法不需要取得交通行政许可的，应当即时告知申请人不受理；
（二）申请事项依法不属于本实施机关职权范围的，应当即时作出不予受理的决定，并向申请人出具《交通行政许可申请不予受理决定书》（见附件2），同时告知申请人应当向有关行政机关提出申请；
（三）申请材料可以当场补全或者更正错误的，应当允许申请人当场补全或者更正错误；
（四）申请材料不齐全或者不符合法定形式，申请人当场不能补全或者更正的，应当当场或者在5日内向申请人出具《交通行政许可申请补正通知书》（见附件3），一次性告知申请人需要补正的全部内容；逾期不告知的，自收到申请材料之日起即为受理；
（五）申请事项属于本实施机关职权范围，申请材料齐全，符合法定形式，或者申请人已提交全部补正申请材料的，应当在收到完备的申请材料后受理交通行政许可申请，除当场作出交通行政许可决定的外，应当出具《交通行政许可申请受理通知书》（见附件4）。
《交通行政许可申请不予受理决定书》、《交通行政许可申请补正通知书》、《交通行政许可申请受理通知书》,应当加盖实施机关行政许可专用印章,注明日期。

第十一条 交通行政许可需要实施机关内设的多个机构办理的,该实施机关应当确定一个机构统一受理行政许可申请,并统一送达交通行政许可决定。

实施机关未确定统一受理内设机构的,由最先受理的内设机构作为统一受理内设机构。

第十二条 实施交通行政许可,应当实行责任制度。实施机关应当明确每一项交通行政许可申请的直接负责主管人员和其他直接责任人员。

第十三条 实施机关受理交通行政许可申请后,应当对申请人提交的申请材料进行审查。

申请人提交的申请材料齐全、符合法定形式,实施机关能够当场作出决定的,应当当场作出交通行政许可决定,并向申请人出具《交通行政许可(当场)决定书》(见附件5)。

依照法律、法规和规章的规定,需要对申请材料的实质内容进行核实的,应当审查申请材料反映的情况是否与法定的行政许可条件相一致。

实施实质审查,应当指派两名以上工作人员进行。可以采用以下方式:

(一)当面询问申请人及申请材料内容有关的相关人员;

(二)根据申请人提交的材料之间的内容相互进行印证;

(三)根据行政机关掌握的有关信息与申请材料进行印证;

(四)请求其他行政机关协助审查申请材料的真实性;

(五)调取查阅有关材料,核实申请材料的真实性;

(六)对有关设备、设施、工具、场地进行实地核查;

(七)依法进行检验、勘验、监测;

(八)听取利害关系人意见;

(九)举行听证;

(十)召开专家评审会议审查申请材料的真实性。

依照法律、行政法规规定,实施交通行政许可应当通过招标、拍卖等公平竞争的方式作出决定的,从其规定。

第十四条 实施机关对交通行政许可申请进行审查时,发现行政许可事项直接关系他人重大利益的,应当告知利害关系人,向该利害关系人送达《交通行政许可征求意见通知书》(见附件6)及相关材料(不包括涉及申请人商业秘密的材料)。

利害关系人有权在接到上述通知之日起5日内提出意见,逾期未提出意见的视为放弃上述权利。

实施机关应当将利害关系人的意见及时反馈给申请人,申请人有权进行陈述和申辩。

实施机关作出行政许可决定应当听取申请人、利害关系人的意见。

第十五条 除当场作出交通行政许可决定外,实施机关应当自受理申请之日起20日内作出交通行政许可决定。20日内不能作出决定的,经实施机关负责人批准,可以延长10日,并应当向申请人送达《延长交通行政许可期限通知书》(见附件7),将延长期限的理由告知申请人。但是,法律、法规另有规定的,从其规定。

实施机关作出行政许可决定,依照法律、法规和规章的规定需要听证、招标、拍卖、检验、检测、检疫、鉴定和专家评审的,所需时间不计算在本条规定的期限内。实施机关应当向申请人送达《交通行政许可法定除外时间通知书》(见附件8),将所需时间书面告知申请人。

第十六条 申请人的申请符合法定条件、标准的,实施机关应当依法作出准予行政许可的决定,并出具《交通行政许可决定书》(见附件9)。

依照法律、法规规定实施交通行政许可,应当根据考试成绩、考核结果、检验、检测、检疫结果作出行政许可决定的,从其规定。

第十七条 实施机关依法做出不予行政许可的决定的,应当出具《不予交通行政许可决定书》(见附件10),说明理由,并告知申请人享有依法申请行政复议或者提起行政诉讼的权利。

第十八条 实施机关在作出准予或者不予许可决定后,应当在10日内向申请人送达《交通行政许可决定书》或者《不予交通行政许可决定书》。

《交通行政许可(当场)决定书》、《交通行政许可决定书》、《不予交通行政许可决定书》,应当加盖实施机关印章,注明日期。

第十九条 实施机关作出准予交通行政许可决定的,应当在作出决定之日起10日内,向申请人颁发加盖实施机关印章的下列行政许可证件:

(一)交通行政许可批准文件或者证明文件;

(二)许可证、执照或者其他许可证书;

(三)资格证、资质证或者其他合格证书;

(四)法律、法规、规章规定的其他行政许可证件。

第二十条 法律、法规、规章规定实施交通行政许可应当听证的事项,或者交通行政许可实施机关认为需要听证的其他涉及公共利益的行政许可事项,实施机关应当在作出交通行政许可决定之前,向社会发布《交通行政许可听证公告》(见附件11),公告期限不少于10日。

第二十一条 交通行政许可直接涉及申请人与他人之间重大利益冲突的,实施机关在作出交通行政许可决定前,应当告知申请人、利害关系人享有要求听证的权利,并出具《交通行政许可告知听证权利书》(见附件12)。

申请人、利害关系人在被告知听证权利之日起5日内提出听证申请的,实施机关应当在20日内组织听证。

第二十二条 听证按照《行政许可法》第四十八条规定的程序进行。

听证应当制作听证笔录。听证笔录应当包括下列事项:

(一)事由;

(二)举行听证的时间、地点和方式;

(三)听证主持人、记录人等;

(四)申请人姓名或者名称、法定代理人及其委托代理人;

(五)利害关系人姓名或者名称、法定代理人及其委托代理人;

(六)审查该行政许可申请的工作人员;

(七)审查该行政许可申请的工作人员的审查意见及证据、依据、理由;

(八)申请人、利害关系人的陈述、申辩、质证的内容及提出的证据;

(九)其他需要载明的事项。

听证笔录应当由听证参加人确认无误后签字或者盖章。

第二十三条　交通行政许可实施机关及其工作人员违反本规定的，按照《行政许可法》和《交通行政许可监督检查及责任追究规定》查处。

第二十四条　实施机关应当建立健全交通行政许可档案制度，及时归档，妥善保管交通行政许可档案材料。

第二十五条　实施交通行政许可对交通行政许可文书格式有特殊要求的，其文书格式由交通部另行规定。

第二十六条　本规定自 2005 年 1 月 1 日起施行。

附件1：

交通行政许可申请书

申请人(及法定代表人)名称		申请人住址及邮政编码	
申请人联系方式			
委托代理人的姓名及联系方式			
申请的交通行政许可事项及内容			
申请材料目录			
申请日期	年　月　日	申请人签字或盖章	

注：1. 本申请书由交通行政许可的实施机关负责免费提供；
　　2. 申请人应当如实向实施机关提交有关材料和反映情况，并对申请材料实质内容的真实性负责。

附件2：

交通行政许可申请不予受理决定书

编号：

_____：

你于_____年___月___日提出_____申请。

经审查，该申请事项不属于本行政机关职权范围，建议向_____提出申请。

根据《行政许可法》第三十二条规定，决定对你提出的申请不予受理。

申请人如对本决定不服，可以在收到本决定书之日起60日内向_____申请复议，也可以在收到本决定书之日起3个月内直接向人民法院提起行政诉讼。

特此通知。

（印章）

年　月　日

附件3：

交通行政许可申请补正通知书

编号：

_____：

你于_____年___月___日提出_____申请。

根据《行政许可法》第三十二条第一款第四项的规定，请你对申请材料作如下补正：_____

_____

_____。

特此通知。

（印章）

年　月　日

附件4：

交通行政许可申请受理通知书

编号：

_____：

你于_____年___月___日提出_____申请。

经审查，该申请事项属于本机构职责范围，申请材料符合法定的要求和形式，根据《行政许可法》第三十二条的规定，决定予以受理。

（印章）

年　　月　　日

附件5：

交通行政许可(当场)决定书

编号：

_____：
  你于_____年___月___日提出_____申请。
  经审查,你提交的申请材料齐全,符合_____
_____规定的形式,根据《行政许可法》第三十四条第二款的规定,决定准予交通行政许可,准予你依法从事下列活动：_____
_____
_____。
  本机关将在作出本决定之日起10日内向你颁发、送达_____
_____证件。

(印章)

年 月 日

附件6:

交通行政许可征求意见通知书

编号:_____

_____:

 申请人_____于____年__月__日提出_____的申请。

经审查,该申请事项可能与你(单位)有直接重大利益关系。根据《中华人民共和国行政许可法》第三十六条的规定,现将该申请事项告知你(单位)。请于接到该通知书之日起3日内提出意见。逾期未提出意见的,视为无意见。

 本机关地址:_____。
 联系人及联系方式:_____。
 特此告知。
 附:申请书及必要的相关申请材料(复印件)

(印章)
年 月 日

附件7：

延长交通行政许可期限通知书

编号：

_____：

你于_____年___月___日提出_____申请,已于_____年___月___日受理。由于_____原因,20日内不能作出行政许可的决定。根据《中华人民共和国行政许可法》第四十二条的规定,经本行政机关负责人批准,审查期限延长10日,将于_____年___月___日前作出决定。

特此通知。

（印章）

年　　月　　日

附件8：

交通行政许可期限法定除外时间通知书

编号：

_____：

你于_____年___月___日提出_____

_____申请,已于_____年___月___日受理。根据

_____的规定,需要：

（   ）1.听证,所需时间为_____。
（   ）2.招标,所需时间为_____。
（   ）3.拍卖,所需时间为_____。
（   ）4.检验,所需时间为_____。
（   ）5.检测,所需时间为_____。
（   ）6.检疫,所需时间为_____。
（   ）7.鉴定,所需时间为_____。
（   ）8.专家评审,所需时间为_____。

根据《中华人民共和国行政许可法》第四十五条的规定,上述所需时间不计算在规定的期限内。

特此通知。

（印章）

年   月   日

注：根据上述8种不同情况,在符合的情形前的括号内划"√"。

附件9：

交通行政许可决定书

编号：

_____：

  你于_____年___月___日提出_____申请。

  经审查，你提交的申请材料齐全，符合_____规定的条件、标准，根据《行政许可法》第三十四条第一款、第三十八条第一款的规定，决定准予交通行政许可，准予你依法从事下列活动：_____。

  本机关将在作出本决定之日起10日内向你颁发、送达_____证件。

（印章）

年 月 日

附件10：

不予交通行政许可决定书

编号：

_____：

  你于_____年___月___日提出_____申请。

  经审查，你的申请存在_____
_____问题，不符合_____
_____的规定；
根据《行政许可法》第三十八条第二款的规定，决定不予交通行政许可。

  申请人如对本决定不服，可以在收到本决定书之日起60日内向_____
_____
申请复议，也可以在收到本决定书之日起3个月内直接向人民法院提起行政诉讼。

（印章）

年 月 日

附件11：

交通行政许可听证公告

编号：

_____于_____年___月___日提出_____的申请。经审查，该申请事项属于：

（　）1. 根据法律、法规、规章规定应当听证的事项；
（　）2. 本机关认为该申请事项涉及公共利益，需要听证。

根据《中华人民共和国行政许可法》第四十六条的规定，拟举行听证，请要求听证的单位或者个人于_____年___月___日前向本机关登记，并提供联系电话、通讯地址、邮政编码。逾期无人提出听证申请的，本机关将依法作出交通行政许可决定。

本机关地址：_____。
联系人及联系方式：_____。
特此公告。

（印章）
年　　月　　日

注：根据上述两种不同情况，在符合的情形前的括号内划"√"。

附件12：

交通行政许可告知听证权利书

编号：

_____：

　　申请人_____于_____年___月___日提出_____的申请。经审查，该申请事项可能与你(单位)有重大利益关系。根据《中华人民共和国行政许可法》第四十七条的规定，现将该申请事项告知你(单位)，你(单位)可以要求对此申请举行听证。接到该通知书之日起5日内如未提出听证申请的，视为放弃此权利。

　　本机关地址：_____。
　　联系人：_____。
　　联系方式：_____。
　　特此告知。
　　附：申请书及必要的相关申请材料(复印件)

（印章）

年　　月　　日

交通运输行政执法评议考核规定

(2010年7月27日交通运输部令第2号公布)

第一章 总 则

第一条 为了加强交通运输行政执法监督,落实执法责任,提高执法水平,规范交通运输行政执法评议考核工作,根据国务院《全面推进依法行政实施纲要》和国务院办公厅《关于推行交通行政执法责任制的若干意见》,制定本规定。

第二条 交通运输行政执法评议考核是指上级交通运输主管部门对下级交通运输主管部门、部直属系统上级管理机构对下级管理机构、各级交通运输主管部门对所属行政执法机构和行政执法人员行使行政执法职权、履行法定义务的情况进行评议考核。

第三条 交通运输部主管和指导全国执法评议考核工作。

地方各级交通运输主管部门在各自的职责范围内负责管理和组织本辖区的执法评议考核工作。

各级交通运输主管部门的法制工作机构负责具体组织实施本辖区的执法评议考核工作。

第四条 执法评议考核应当遵守严格依法、公开公正、有错必纠、奖罚分明的原则。

第二章 执法评议考核的内容与标准

第五条 执法评议考核的主要内容包括:

(一)在行政处罚过程中的执法情况;

(二)在行政强制过程中的执法情况;

(三)办理行政许可的情况;

(四)办理行政复议、行政诉讼、国家赔偿以及控告申诉案件的情况;

(五)开展执法监督和执法责任追究工作的情况。

第六条 执法评议考核的基本标准:

(一)行政执法主体合法;

(二)行政执法内容符合执法权限,适用执法依据适当;

(三)行政执法行为公正、文明、规范;

(四)行政执法决定的内容合法、适当;

(五)行政执法程序合法、规范;

(六)法律文书规范、完备;

(七)依法制定有关行政执法工作的规范性文件,文件内容不与国家法律、行政法规、规章及上级规范性文件相抵触;

（八）在登记、统计、上报各类执法情况的工作中，实事求是，严格遵守有关规定，无弄虚作假、隐瞒不报的情形。

第七条 行政处罚和行政强制工作应当达到以下标准：

（一）行政执法主体合法，符合管辖规定；

（二）行政执法符合执法权限，无越权处罚情形；

（三）案件事实清楚，证据确实充分；

（四）调查取证合法、及时、客观、全面，无篡改、伪造、隐瞒、毁灭证据以及因故意或者严重过失导致证据无法取得等情形；

（五）定性及适用法规准确，处理适当；

（六）行政执法程序合法；

（七）对依法暂扣、罚没的财务妥善保管、依法处置，无截留、坐支、私分、挪用或者以其他方式侵吞等情形；

（八）依法履行告知的义务，保障行政管理相对人的陈述、申辩和要求听证的权利；

（九）法律文书规范、完备。

第八条 行政许可工作应当达到以下标准：

（一）行政许可的实施主体合法，具有相应的行政许可权；

（二）行政许可的实施主体已经按照有关规定，将行政许可事项、依据、条件以及受理要求等相关内容予以公示；

（三）依法履行告知的义务，保障行政许可申请人和利害关系人要求听证的权利；

（四）行政许可的受理、审查、决定和听证程序合法；

（五）法律文书规范、完备。

第九条 办理行政复议、行政诉讼、国家赔偿以及控告申诉案件应当达到以下标准：

（一）依法办理行政复议案件，无符合法定受理条件不依法受理、不依法作出复议决定或者复议决定被人民法院依法撤销等情形；

（二）对行政诉讼案件依法应诉，无拒不出庭、不提出诉讼证据和答辩意见等情形；

（三）依法进行国家赔偿，对违法行为无拖延确认、不予确认或不依法理赔等情形；

（四）依法、及时处理控告申诉，无推诿、拖延、敷衍等情形。

第十条 开展执法监督和执法责任追究工作应当达到以下标准：

（一）严格执行上级交通运输行政主管部门的监督决定和命令，无拒不执行、拖延执行等情形；

（二）对已经发现的错误案件及时纠正，无故意隐瞒、拒不纠正的情形；

（三）依法及时追究有关责任人的过错责任，无应当追究而不追究或者降格追究的情形。

第三章　执法评议考核的组织与实施

第十一条 交通运输部负责组织开展全国交通运输系统的执法评议考核工作。

部海事局、长江航务管理局应当组织开展对本系统的执法评议考核工作。

地方各级交通运输主管部门应当对下级交通运输主管部门及其所属执法机构的执法情况按照本规定开展日常执法评议考核和年度执法评议考核工作，并将年度执法评议考核结果报送上一级交通运输主管部门。

第十二条 交通运输部对省级交通运输主管部门执法评议考核结果予以通报。

部海事局、长江航务管理局对本系统执法评议考核结果予以通报。

省级交通运输主管部门应当将年度执法评议考核结果在本辖区内予以通报。

第十三条 开展年度执法评议考核工作可以成立以本级交通运输主管部门相关负责人任组长,交通运输有关部门或者机构参加的考核领导小组。考核小组的日常工作可以由各级交通运输主管部门法制工作机构负责具体实施。

第十四条 执法评议考核实行百分制,根据考核的内容范围确定各项考核内容所占分数。省级交通运输主管部门、部直属系统应结合本地、本系统实际情况确定统一的考核项目和评分标准。

执法评议考核结果以年度计分为准,分为优秀、达标、不达标三档。

第十五条 行政执法机构具有下列情形之一的,该年度执法评议考核结果应当确定为不达标:

（一）违法执法导致行政相对人伤亡或者引发群体性事件,造成恶劣社会影响的;

（二）违法执法拒不纠正导致行政相对人长期赴京、到省上访的;

（三）违法执法导致媒体集中报道引起社会公众广泛关注、造成较为严重负面影响的;

（四）对上级指出的严重违法问题未予改正的;

（五）弄虚作假、对已生效的执法文书等执法卷宗材料进行事后加工、修改、完善的;

（六）拒绝接受或者不积极配合执法评议考核的。

第十六条 执法评议考核应当将内部评议与外部评议相结合。

内部执法评议考核的主要方法包括:

（一）审阅有关报告材料、听取情况汇报;

（二）组织现场检查或者暗访活动;

（三）评查执法案卷,调阅相关文件、资料;

（四）进行专项工作检查或者专案调查;

（五）对行政执法人员进行法律水平测试。

外部执法评议考核的主要方法包括:

（一）召开座谈会;

（二）发放执法评议卡;

（三）设立公众意见箱;

（四）开通执法评议专线电话;

（五）聘请监督评议员;

（六）发放问卷调查表;

（七）举行民意测验。

第十七条 有下列情形之一的,应当在执法评议考核结果中适当加分:

（一）在重大社会事件中行使行政执法职权或者履行法定义务及时、适当,在本地区或者本系统反响良好的;

（二）落实行政执法责任制工作扎实,总结典型经验,被上级主管部门推广的。

第十八条　对违法执法自查自纠，并依法追究执法过错责任的，可以减少扣分。

第十九条　上级交通运输主管部门可以对下级交通运输主管部门的执法评议考核结果进行复核。

第二十条　对执法评议考核结果有异议的，相关单位可以自结果通报之日起 15 日内向负责执法评议考核的交通运输主管部门提出书面申诉。负责执法评议考核的交通运输主管部门根据情况可以重新组织人员复查，并将复查结果书面通知申诉单位。

第二十一条　各级交通运输主管部门应当建立行政执法评议考核档案，如实记录日常执法评议考核情况，作为年度执法评议考核的重要依据。

第二十二条　各级地方交通运输主管部门要建立执法反馈制度，适时邀请执法相对人开展执法反馈工作，改进执法工作，提高行政执法水平。

第四章　奖　　惩

第二十三条　执法评议考核结果是衡量交通运输主管部门及其所属执法机构工作实绩的重要指标。对考核结果为优秀的单位要予以通报表彰；连续三年被评为优秀的，对单位及主要领导给予嘉奖。

凡申报交通运输系统全国性荣誉的，执法评议考核结果应当是优秀。

第二十四条　对执法评议考核结果不达标的单位，应当予以通报批评，责令限期整改，并取消其当年评优受奖资格。

第二十五条　在执法评议考核过程中，发现已办结的案件或者执法活动确有错误或不适当的，应当依法及时纠正。需要追究有关领导或者直接责任人员执法责任的，依照相关规定予以追究。

第二十六条　上级交通运输主管部门应当根据执法评议考核结果及执法工作需要，向执法考核中未达标的执法机构派出执法督导组进行有针对性的执法指导，与基层执法机构共同执法，发现问题，及时纠正。

第五章　附　　则

第二十七条　本办法自 2010 年 10 月 1 日施行。

交通运输行政执法证件管理规定

(2011年3月1日交通运输部令第1号公布)

第一章 总 则

第一条 为加强交通运输行政执法证件管理,规范交通运输行政执法人员的执法资格,提高交通运输行政执法人员的整体素质和执法水平,根据《中华人民共和国行政处罚法》等法律、行政法规,制定本规定。

第二条 交通运输行政执法证件是取得交通运输行政执法资格的合法凭证,是依法从事公路路政、道路运政、水路运政、航道行政、港口行政、交通建设工程质量安全监督、海事行政、交通综合行政执法等交通运输行政执法工作的身份证明。

交通运输行政执法证件包括《交通运输行政执法证》和《海事行政执法证》。从事海事执法工作的人员应当持有《海事行政执法证》,从事其他交通运输执法工作的人员应当持有《交通运输行政执法证》。

第三条 交通运输部负责全国交通运输行政执法证件管理工作。

县级以上地方交通运输主管部门负责本地区交通运输行政执法证件管理工作。

交通运输部海事局负责《海事行政执法证》管理工作。长江航务管理局、长江口航道管理局在职责范围内负责《交通运输行政执法证》管理工作。

县级以上交通运输主管部门、交通运输部海事局、长江航务管理局、长江口航道管理局的法制机构负责实施交通运输行政执法证件管理工作。

第四条 交通运输行政执法证件的格式、内容、编号和制作要求由交通运输部规定。

第五条 交通运输行政执法人员在执行公务时,应当出示交通运输行政执法证件。

未取得交通运输行政执法证件的,一律不得从事交通运输行政执法工作。

第二章 证件申领

第六条 申领交通运输行政执法证件应当参加交通运输行政执法人员资格培训,经交通运输行政执法人员资格考试合格。

第七条 参加交通运输行政执法人员资格培训与考试,应当具备以下条件:

(一)18周岁以上,身体健康;

(二)具有国民教育序列大专以上学历;

(三)具有交通运输行政执法机构正式编制并拟从事交通运输行政执法工作;

(四)品行良好,遵纪守法;

(五)法律、行政法规和规章规定的其他条件。

已经持有《交通行政执法证》但不符合前款规定的第(二)项、第(三)项条件的人员,可以通过申请参加交通运输行政执法人员资格培训和考试,取得《交通运输行政执法证》。

第八条 下列人员不得申请参加交通运输行政执法人员资格培训和考试:

(一)曾因犯罪受过刑事处罚的;

(二)曾被开除公职的。

第九条 符合下列条件之一的人员申请交通运输行政执法资格,经省级交通运输行政执法主管部门、交通运输部海事局、长江航务管理局、长江口航道管理局审核合格,可免予参加交通运输行政执法人员资格培训和考试:

(一)在法制管理或交通运输行政执法岗位工作15年以上,且具有大学本科以上学历;

(二)在法制管理或基层执法岗位工作10年以上,且具有法学专业本科以上学历。

第十条 申请参加交通运输行政执法人员资格培训和考试的,应当向其所属主管部门提交下列申请材料:

(一)交通运输行政执法人员资格培训和考试申请表,注明申请人基本情况及拟申请参加资格培训和考试的相应执法门类等主要内容;

(二)居民身份证原件及复印件;

(三)学历证书原件及复印件;

(四)人员编制证明材料;

(五)所在单位的推荐函。

第十一条 主管部门收到申请材料后,应当按照本规定第七条、第八条规定的条件进行审查。

县级以上交通运输主管部门设立业务管理机构的,由业务管理机构对所提交的相应执法门类的申请材料提出初步审查意见。

主管部门审查合格的,由其主要负责人签署审查意见并加盖本机关公章后,通过执法人员与执法证件管理系统逐级报送至省级交通运输主管部门或者交通运输部海事局、长江航务管理局、长江口航道管理局。

第十二条 交通运输部负责组织编制全国交通运输行政执法人员培训规划、各执法门类的培训大纲和教材。

第十三条 交通运输部和省级交通运输主管部门、交通运输部海事局、长江航务管理局、长江口航道管理局根据教学设备设施、教学人员力量等情况组织选择交通运输行政执法人员资格培训机构。

第十四条 交通运输行政执法人员资格培训教学人员应当是参加交通运输部组织的培训并经考试合格的人员,或者经省级以上交通运输主管部门、交通运输部海事局、长江航务管理局、长江口航道管理局认可的法学专家、具有丰富执法经验和较高法制理论水平的专业人员。

第十五条 交通运输行政执法人员培训由交通运输部和省级交通运输主管部门、交通运输部海事局、长江航务管理局、长江口航道管理局在各自的职责范围内负责实施。

第十六条 交通运输行政执法人员资格培训的内容,应当包括基本法律知识、相关交通运输法规、职业道德规范、现场执法实务和军训,其中面授课时数不少于60个学时。

第十七条　交通运输部负责组织制定交通运输行政执法人员资格考试各门类的大纲和考试题库,并逐步推行全国交通运输行政执法人员资格计算机联网考试。

第十八条　省级交通运输主管部门、交通运输部海事局、长江航务管理局、长江口航道管理局负责组织本地区、本系统交通运输行政执法人员资格考试,按照执法门类分别实行统一命题、统一制卷、统一阅卷。

培训和考试应当按照申领执法证件的门类分科目进行。

第十九条　交通运输行政执法人员资格考试包括以下内容:

(一)法律基础知识,包括宪法、立法法、行政许可法、行政处罚法、行政复议法、行政诉讼法、国家赔偿法等;

(二)专业法律知识,包括有关交通运输的法律、行政法规和交通运输部规章,以及与交通运输密切相关的法律、行政法规;

(三)行政执法基础理论和专业知识,包括交通运输行政执法人员道德规范、执法程序规范、执法风纪、执法禁令、执法忌语、执法文书等;

(四)交通运输部规定的其他相关知识。

第二十条　省级交通运输主管部门、交通运输部海事局、长江航务管理局、长江口航道管理局应当将资格培训和考试的相关信息及时录入执法人员与执法证件管理系统,并在本地区、本系统范围内进行公示,公示时间为一周。公示期间无异议的,报交通运输部备案审查。

第三章　证件发放与管理

第二十一条　省级交通运输主管部门是本地区交通运输行政执法证件的发证机关。交通运输部海事局、长江航务管理局、长江口航道管理局是本系统交通运输行政执法证件的发证机关。

发证机关通过执法人员与执法证件管理系统制作并发放交通运输行政执法证件。

第二十二条　持证人应当按照其所持交通运输行政执法证件中注明的执法门类在法定职责和辖区范围内从事交通运输行政执法工作。

第二十三条　持证人应当妥善保管交通运输行政执法证件,不得损毁、涂改或者转借他人。

第二十四条　持证人遗失交通运输行政执法证件的,应当立即向其所属主管部门报告,由其所属主管部门逐级报告至发证机关。发证机关审核属实的,于3日内通过媒体发表遗失声明。声明后通过执法人员与执法证件管理系统补发新证。

第二十五条　交通运输行政执法人员有下列情形之一的,所在单位逐级上报至发证机关,由发证机关注销其交通运输行政执法资格及交通运输行政执法证件:

(一)持证人调离执法单位或者岗位的;

(二)持证人退休的;

(三)其他应当注销交通运输行政执法证件的情况。

第四章　监督检查与责任追究

第二十六条　各级交通运输主管部门及交通运输部海事局、长江航务管理局、长江口航道管理局应当加强交通运输行政执法人员的监督管理,并结合新出台的法律法规及时组织在岗培训,提高交通运输行政执法人员的法律意识、业务素质和执法水平。

第二十七条 发证机关应当结合实际每年组织对本地区、本系统交通运输行政执法人员进行执法工作考核。

第二十八条 交通运输行政执法人员执法工作考核分为以下四个等次:

(一)优秀:工作实绩突出,精通法律与业务,执法行为文明规范,职业道德良好,风纪严明,执法无差错;

(二)合格:能够完成工作任务,熟悉或者比较熟悉法律、业务知识,执法行为规范,职业道德良好,遵章守纪,无故意或者过失引起的执法错案;

(三)基本合格:基本能够完成工作任务,了解一般法律、业务知识,执法行为基本规范,具有一定职业操守,无故意或者重大过失引起的执法错案;

(四)不合格:法律、业务素质差,难以胜任执法工作;因故意或者重大过失引起执法错案。

第二十九条 发证机关应当将交通运输行政执法人员的在岗培训情况、年度考核结果及时输入执法人员与执法证件管理系统,并在本地区、本系统范围内进行通报。

第三十条 发证机关每年应当根据年度考核结果对交通运输行政执法证件进行年审。交通运输行政执法人员考核等次为优秀、合格、基本合格的,保留其交通运输行政执法人员资格,由省级交通运输主管部门、交通运输部海事局、长江航务管理局、长江口航道管理局对其交通运输行政执法证件予以年度审验通过。

未经发证机关年度审验的交通运输行政执法证件自行失效。

第三十一条 交通运输行政执法人员有下列情形之一的,由发证机关作出暂扣其交通运输行政执法证件的决定,并由其所在单位收缴其证件:

(一)年度考核等次为不合格的;

(二)无故不参加岗位培训或考核的;

(三)涂改交通运输行政执法证件或者将交通运输行政执法证件转借他人的;

(四)其他应当暂扣交通运输行政执法证件的情形。

因前款被暂扣交通运输行政执法证件的,在暂扣期间不得从事交通运输行政执法活动。

第三十二条 对暂扣交通运输行政执法证件的人员,发证机关应当对其进行离岗培训。经培训考试合格的,返还其交通运输行政执法证件。

第三十三条 交通运输行政执法人员有下列情形之一的,由发证机关作出吊销其交通运输行政执法证件的决定,并由其所在县级以上交通运输主管部门或者海事管理机构收缴其证件:

(一)受到刑事处罚、劳动教养、行政拘留或者开除处分的;

(二)利用交通运输行政执法权牟取私利、从事违法活动的;

(三)利用职务收受贿赂、以权谋私等行为受到行政记大过以上处分的;

(四)以欺诈、贿赂等不正当手段取得交通运输行政执法证件的;

(五)因违法执法导致行政执法行为经行政诉讼败诉、行政复议被撤销、变更,并引起国家赔偿,造成严重后果的;

(六)违反执法人员工作纪律,造成严重不良社会影响的;

(七)连续两年考核等次为不合格的;

(八)违反交通运输行政执法禁令,情节严重的;

(九)其他应当吊销交通运输行政执法证件的情形。

第三十四条　被吊销交通运输行政执法证件的,不得重新申领交通运输行政执法证件。

第三十五条　交通运输行政执法人员对吊销交通运输行政执法证件不服的,可以在接到吊销通知之日起30日内向作出该决定的机关申请复核。收到复核申请的机关应当组成调查组自收到复核申请之日起30日内作出复核决定并书面通知申请人。

第三十六条　暂扣、吊销交通运输行政执法证件的,省级交通运输主管部门、交通运输部海事局、长江航务管理局、长江口航道管理局应当登记,并将有关信息及时通过执法人员与执法证件管理系统报交通运输部备案。

第五章　附　　则

第三十七条　本规定自2011年3月1日起实施。《交通行政执法证件管理规定》(交通部1997年第16号令)同时废止。

公路路政执法

中华人民共和国公路法

(1997年7月3日中华人民共和国主席令第86号公布,1999年10月31日中华人民共和国主席令第25号第一次修正,2004年8月28日中华人民共和国主席令第19号第二次修正,2009年8月27日中华人民共和国主席令第18号第三次修正)

第一章 总 则

第一条 为了加强公路的建设和管理,促进公路事业的发展,适应社会主义现代化建设和人民生活的需要,制定本法。

第二条 在中华人民共和国境内从事公路的规划、建设、养护、经营、使用和管理,适用本法。

本法所称公路,包括公路桥梁、公路隧道和公路渡口。

第三条 公路的发展应当遵循全面规划、合理布局、确保质量、保障畅通、保护环境、建设改造与养护并重的原则。

第四条 各级人民政府应当采取有力措施,扶持、促进公路建设。公路建设应当纳入国民经济和社会发展计划。

国家鼓励、引导国内外经济组织依法投资建设、经营公路。

第五条 国家帮助和扶持少数民族地区、边远地区和贫困地区发展公路建设。

第六条 公路按其在公路路网中的地位分为国道、省道、县道和乡道,并按技术等级分为高速公路、一级公路、二级公路、三级公路和四级公路。具体划分标准由国务院交通主管部门规定。

新建公路应当符合技术等级的要求。原有不符合最低技术等级要求的等外公路,应当采取措施,逐步改造为符合技术等级要求的公路。

第七条 公路受国家保护,任何单位和个人不得破坏、损坏或者非法占用公路、公路用地及公路附属设施。

任何单位和个人都有爱护公路、公路用地及公路附属设施的义务,有权检举和控告破坏、损坏公路、公路用地、公路附属设施和影响公路安全的行为。

第八条 国务院交通主管部门主管全国公路工作。

县级以上地方人民政府交通主管部门主管本行政区域内的公路工作;但是,县级以上地方人民政府交通主管部门对国道、省道的管理、监督职责,由省、自治区、直辖市人民政府确定。

乡、民族乡、镇人民政府负责本行政区域内的乡道的建设和养护工作。

县级以上地方人民政府交通主管部门可以决定由公路管理机构依照本法规定行使公路行政管理职责。

第九条 禁止任何单位和个人在公路上非法设卡、收费、罚款和拦截车辆。

第十条 国家鼓励公路工作方面的科学技术研究，对在公路科学技术研究和应用方面作出显著成绩的单位和个人给予奖励。

第十一条 本法对专用公路有规定的，适用于专用公路。

专用公路是指由企业或者其他单位建设、养护、管理，专为或者主要为本企业或者本单位提供运输服务的道路。

第二章 公 路 规 划

第十二条 公路规划应当根据国民经济和社会发展以及国防建设的需要编制，与城市建设发展规划和其他方式的交通运输发展规划相协调。

第十三条 公路建设用地规划应当符合土地利用总体规划，当年建设用地应当纳入年度建设用地计划。

第十四条 国道规划由国务院交通主管部门会同国务院有关部门并商国道沿线省、自治区、直辖市人民政府编制，报国务院批准。

省道规划由省、自治区、直辖市人民政府交通主管部门会同同级有关部门并商省道沿线下一级人民政府编制，报省、自治区、直辖市人民政府批准，并报国务院交通主管部门备案。

县道规划由县级人民政府交通主管部门会同同级有关部门编制，经本级人民政府审定后，报上一级人民政府批准。

乡道规划由县级人民政府交通主管部门协助乡、民族乡、镇人民政府编制，报县级人民政府批准。

依照第三款、第四款规定批准的县道、乡道规划，应当报批准机关的上一级人民政府交通主管部门备案。

省道规划应当与国道规划相协调。县道规划应当与省道规划相协调。乡道规划应当与县道规划相协调。

第十五条 专用公路规划由专用公路的主管单位编制，经其上级主管部门审定后，报县级以上人民政府交通主管部门审核。

专用公路规划应当与公路规划相协调。县级以上人民政府交通主管部门发现专用公路规划与国道、省道、县道、乡道规划有不协调的地方，应当提出修改意见，专用公路主管部门和单位应当作出相应的修改。

第十六条 国道规划的局部调整由原编制机关决定。国道规划需要作重大修改的，由原编制机关提出修改方案，报国务院批准。

经批准的省道、县道、乡道公路规划需要修改的，由原编制机关提出修改方案，报原批准机关批准。

第十七条 国道的命名和编号，由国务院交通主管部门确定；省道、县道、乡道的命名和编号，由省、自治区、直辖市人民政府交通主管部门按照国务院交通主管部门的有关规定确定。

第十八条 规划和新建村镇、开发区,应当与公路保持规定的距离并避免在公路两侧对应进行,防止造成公路街道化,影响公路的运行安全与畅通。

第十九条 国家鼓励专用公路用于社会公共运输。专用公路主要用于社会公共运输时,由专用公路的主管单位申请,或者由有关方面申请,专用公路的主管单位同意,并经省、自治区、直辖市人民政府交通主管部门批准,可以改划为省道、县道或者乡道。

第三章 公路建设

第二十条 县级以上人民政府交通主管部门应当依据职责维护公路建设秩序,加强对公路建设的监督管理。

第二十一条 筹集公路建设资金,除各级人民政府的财政拨款,包括依法征税筹集的公路建设专项资金转为的财政拨款外,可以依法向国内外金融机构或者外国政府贷款。

国家鼓励国内外经济组织对公路建设进行投资。开发、经营公路的公司可以依照法律、行政法规的规定发行股票、公司债券筹集资金。

依照本法规定出让公路收费权的收入必须用于公路建设。

向企业和个人集资建设公路,必须根据需要与可能,坚持自愿原则,不得强行摊派,并符合国务院的有关规定。

公路建设资金还可以采取符合法律或者国务院规定的其他方式筹集。

第二十二条 公路建设应当按照国家规定的基本建设程序和有关规定进行。

第二十三条 公路建设项目应当按照国家有关规定实行法人负责制度、招标投标制度和工程监理制度。

第二十四条 公路建设单位应当根据公路建设工程的特点和技术要求,选择具有相应资格的勘察设计单位、施工单位和工程监理单位,并依照有关法律、法规、规章的规定和公路工程技术标准的要求,分别签订合同,明确双方的权利义务。

承担公路建设项目的可行性研究单位、勘察设计单位、施工单位和工程监理单位,必须持有国家规定的资质证书。

第二十五条 公路建设项目的施工,须按国务院交通主管部门的规定报请县级以上地方人民政府交通主管部门批准。

第二十六条 公路建设必须符合公路工程技术标准。

承担公路建设项目的设计单位、施工单位和工程监理单位,应当按照国家有关规定建立健全质量保证体系,落实岗位责任制,并依照有关法律、法规、规章以及公路工程技术标准的要求和合同约定进行设计、施工和监理,保证公路工程质量。

第二十七条 公路建设使用土地依照有关法律、行政法规的规定办理。

公路建设应当贯彻切实保护耕地、节约用地的原则。

第二十八条 公路建设需要使用国有荒山、荒地或者需要在国有荒山、荒地、河滩、滩涂上挖砂、采石、取土的,依照有关法律、行政法规的规定办理后,任何单位和个人不得阻挠或者非法收取费用。

第二十九条 地方各级人民政府对公路建设依法使用土地和搬迁居民,应当给予支持和协助。

第三十条 公路建设项目的设计和施工,应当符合依法保护环境、保护文物古迹和防止水土流失的要求。

公路规划中贯彻国防要求的公路建设项目,应当严格按照规划进行建设,以保证国防交通的需要。

第三十一条 因建设公路影响铁路、水利、电力、邮电设施和其他设施正常使用时,公路建设单位应当事先征得有关部门的同意;因公路建设对有关设施造成损坏的,公路建设单位应当按照不低于该设施原有的技术标准予以修复,或者给予相应的经济补偿。

第三十二条 改建公路时,施工单位应当在施工路段两端设置明显的施工标志、安全标志。需要车辆绕行的,应当在绕行路口设置标志;不能绕行的,必须修建临时道路,保证车辆和行人通行。

第三十三条 公路建设项目和公路修复项目竣工后,应当按照国家有关规定进行验收;未经验收或者验收不合格的,不得交付使用。

建成的公路,应当按照国务院交通主管部门的规定设置明显的标志、标线。

第三十四条 县级以上地方人民政府应当确定公路两侧边沟(截水沟、坡脚护坡道,下同)外缘起不少于一米的公路用地。

第四章 公 路 养 护

第三十五条 公路管理机构应当按照国务院交通主管部门规定的技术规范和操作规程对公路进行养护,保证公路经常处于良好的技术状态。

第三十六条 国家采用依法征税的办法筹集公路养护资金,具体实施办法和步骤由国务院规定。

依法征税筹集的公路养护资金,必须专项用于公路的养护和改建。

第三十七条 县、乡级人民政府对公路养护需要的挖砂、采石、取土以及取水,应当给予支持和协助。

第三十八条 县、乡级人民政府应当在农村义务工的范围内,按照国家有关规定组织公路两侧的农村居民履行为公路建设和养护提供劳务的义务。

第三十九条 为保障公路养护人员的人身安全,公路养护人员进行养护作业时,应当穿着统一的安全标志服;利用车辆进行养护作业时,应当在公路作业车辆上设置明显的作业标志。

公路养护车辆进行作业时,在不影响过往车辆通行的前提下,其行驶路线和方向不受公路标志、标线限制;过往车辆对公路养护车辆和人员应当注意避让。

公路养护工程施工影响车辆、行人通行时,施工单位应当依照本法第三十二条的规定办理。

第四十条 因严重自然灾害致使国道、省道交通中断,公路管理机构应当及时修复;公路管理机构难以及时修复时,县级以上地方人民政府应当及时组织当地机关、团体、企业事业单位、城乡居民进行抢修,并可以请求当地驻军支援,尽快恢复交通。

第四十一条 公路用地范围内的山坡、荒地,由公路管理机构负责水土保持。

第四十二条 公路绿化工作,由公路管理机构按照公路工程技术标准组织实施。

公路用地上的树木,不得任意砍伐;需要更新砍伐的,应当经县级以上地方人民政府交通主管部门同意后,依照《中华人民共和国森林法》的规定办理审批手续,并完成更新补种任务。

第五章 路 政 管 理

第四十三条 各级地方人民政府应当采取措施,加强对公路的保护。

县级以上地方人民政府交通主管部门应当认真履行职责,依法做好公路保护工作,并努力采用科学的管理方法和先进的技术手段,提高公路管理水平,逐步完善公路服务设施,保障公路的完好、安全和畅通。

第四十四条 任何单位和个人不得擅自占用、挖掘公路。

因修建铁路、机场、电站、通信设施、水利工程和进行其他建设工程需要占用、挖掘公路或者使公路改线的,建设单位应当事先征得有关交通主管部门的同意;影响交通安全的,还须征得有关公安机关的同意。占用、挖掘公路或者使公路改线的,建设单位应当按照不低于该段公路原有的技术标准予以修复、改建或者给予相应的经济补偿。

第四十五条 跨越、穿越公路修建桥梁、渡槽或者架设、埋设管线等设施的,以及在公路用地范围内架设、埋设管线、电缆等设施的,应当事先经有关交通主管部门同意,影响交通安全的,还须征得有关公安机关的同意;所修建、架设或者埋设的设施应当符合公路工程技术标准的要求。对公路造成损坏的,应当按照损坏程度给予补偿。

第四十六条 任何单位和个人不得在公路上及公路用地范围内摆摊设点、堆放物品、倾倒垃圾、设置障碍、挖沟引水、利用公路边沟排放污物或者进行其他损坏、污染公路和影响公路畅通的活动。

第四十七条 在大中型公路桥梁和渡口周围二百米、公路隧道上方和洞口外一百米范围内,以及在公路两侧一定距离内,不得挖砂、采石、取土、倾倒废弃物,不得进行爆破作业及其他危及公路、公路桥梁、公路隧道、公路渡口安全的活动。

在前款范围内因抢险、防汛需要修筑堤坝、压缩或者拓宽河床的,应当事先报经省、自治区、直辖市人民政府交通主管部门会同水行政主管部门批准,并采取有效的保护有关的公路、公路桥梁、公路隧道、公路渡口安全的措施。

第四十八条 除农业机械因当地田间作业需要在公路上短距离行驶外,铁轮车、履带车和其他可能损害公路路面的机具,不得在公路上行驶。确需行驶的,必须经县级以上地方人民政府交通主管部门同意,采取有效的防护措施,并按照公安机关指定的时间、路线行驶。对公路造成损坏的,应当按照损坏程度给予补偿。

第四十九条 在公路上行驶的车辆的轴载质量应当符合公路工程技术标准要求。

第五十条 超过公路、公路桥梁、公路隧道或者汽车渡船的限载、限高、限宽、限长标准的车辆,不得在有限定标准的公路、公路桥梁上或者公路隧道内行驶,不得使用汽车渡船。超过公路或者公路桥梁限载标准确需行驶的,必须经县级以上地方人民政府交通主管部门批准,并按要求采取有效的防护措施;运载不可解体的超限物品的,应当按照指定的时间、路线、时速行驶,并悬挂明显标志。

运输单位不能按照前款规定采取防护措施的,由交通主管部门帮助其采取防护措施,所需费用由运输单位承担。

第五十一条 机动车制造厂和其他单位不得将公路作为检验机动车制动性能的试车场地。

第五十二条 任何单位和个人不得损坏、擅自移动、涂改公路附属设施。

前款公路附属设施,是指为保护、养护公路和保障公路安全畅通所设置的公路防护、排水、养护、管理、服务、交通安全、渡运、监控、通信、收费等设施、设备以及专用建筑物、构筑物等。

第五十三条 造成公路损坏的,责任者应当及时报告公路管理机构,并接受公路管理机构的现场调查。

第五十四条 任何单位和个人未经县级以上地方人民政府交通主管部门批准,不得在公路用地范围内设置公路标志以外的其他标志。

第五十五条 在公路上增设平面交叉道口,必须按照国家有关规定经过批准,并按照国家规定的技术标准建设。

第五十六条 除公路防护、养护需要的以外,禁止在公路两侧的建筑控制区内修建建筑物和地面构筑物;需要在建筑控制区内埋设管线、电缆等设施的,应当事先经县级以上地方人民政府交通主管部门批准。

前款规定的建筑控制区的范围,由县级以上地方人民政府按照保障公路运行安全和节约用地的原则,依照国务院的规定划定。

建筑控制区范围经县级以上地方人民政府依照前款规定划定后,由县级以上地方人民政府交通主管部门设置标桩、界桩。任何单位和个人不得损坏、擅自挪动该标桩、界桩。

第五十七条 除本法第四十七条第二款的规定外,本章规定由交通主管部门行使的路政管理职责,可以依照本法第八条第四款的规定,由公路管理机构行使。

第六章 收费公路

第五十八条 国家允许依法设立收费公路,同时对收费公路的数量进行控制。

除本法第五十九条规定可以收取车辆通行费的公路外,禁止任何公路收取车辆通行费。

第五十九条 符合国务院交通主管部门规定的技术等级和规模的下列公路,可以依法收取车辆通行费:

(一)由县级以上地方人民政府交通主管部门利用贷款或者向企业、个人集资建成的公路;

(二)由国内外经济组织依法受让前项收费公路收费权的公路;

(三)由国内外经济组织依法投资建成的公路。

第六十条 县级以上地方人民政府交通主管部门利用贷款或者集资建成的收费公路的收费期限,按照收费偿还贷款、集资款的原则,由省、自治区、直辖市人民政府依照国务院交通主管部门的规定确定。

有偿转让公路收费权的公路,收费权转让后,由受让方收费经营。收费权的转让期限由出让、受让双方约定并报转让收费权的审批机关审查批准,但最长不得超过国务院规定的年限。

国内外经济组织投资建设公路，必须按照国家有关规定办理审批手续；公路建成后，由投资者收费经营。收费经营期限按照收回投资并有合理回报的原则，由有关交通主管部门与投资者约定并按照国家有关规定办理审批手续，但最长不得超过国务院规定的年限。

第六十一条　本法第五十九条第一款第一项规定的公路中的国道收费权的转让，必须经国务院交通主管部门批准；国道以外的其他公路收费权的转让，必须经省、自治区、直辖市人民政府批准，并报国务院交通主管部门备案。

前款规定的公路收费权出让的最低成交价，以国有资产评估机构评估的价值为依据确定。

第六十二条　受让公路收费权和投资建设公路的国内外经济组织应当依法成立开发、经营公路的企业（以下简称公路经营企业）。

第六十三条　收费公路车辆通行费的收费标准，由公路收费单位提出方案，报省、自治区、直辖市人民政府交通主管部门会同同级物价行政主管部门审查批准。

第六十四条　收费公路设置车辆通行费的收费站，应当报经省、自治区、直辖市人民政府审查批准。跨省、自治区、直辖市的收费公路设置车辆通行费的收费站，由有关省、自治区、直辖市人民政府协商确定；协商不成的，由国务院交通主管部门决定。同一收费公路由不同的交通主管部门组织建设或者由不同的公路经营企业经营的，应当按照"统一收费、按比例分成"的原则，统筹规划，合理设置收费站。

两个收费站之间的距离，不得小于国务院交通主管部门规定的标准。

第六十五条　有偿转让公路收费权的公路，转让收费权合同约定的期限届满，收费权由出让方收回。

由国内外经济组织依照本法规定投资建成并经营的收费公路，约定的经营期限届满，该公路由国家无偿收回，由有关交通主管部门管理。

第六十六条　依照本法第五十九条规定受让收费权或者由国内外经济组织投资建成经营的公路的养护工作，由各该公路经营企业负责。各该公路经营企业在经营期间应当按照国务院交通主管部门规定的技术规范和操作规程做好公路的养护工作。在受让收费权的期限届满，或者经营期限届满时，公路应当处于良好的技术状态。

前款规定的公路的绿化和公路用地范围内的水土保持工作，由各该公路经营企业负责。

第一款规定的公路的路政管理，适用本法第五章的规定。该公路路政管理的职责由县级以上地方人民政府交通主管部门或者公路管理机构的派出机构、人员行使。

第六十七条　在收费公路上从事本法第四十四条第二款、第四十五条、第四十八条、第五十条所列活动的，除依照各该条的规定办理外，给公路经营企业造成损失的，应当给予相应的补偿。

第六十八条　收费公路的具体管理办法，由国务院依照本法制定。

第七章　监督检查

第六十九条　交通主管部门、公路管理机构依法对有关公路的法律、法规执行情况进行监督检查。

第七十条　交通主管部门、公路管理机构负有管理和保护公路的责任,有权检查、制止各种侵占、损坏公路、公路用地、公路附属设施及其他违反本法规定的行为。

第七十一条　公路监督检查人员依法在公路、建筑控制区、车辆停放场所、车辆所属单位等进行监督检查时,任何单位和个人不得阻挠。

公路经营者、使用者和其他有关单位、个人,应当接受公路监督检查人员依法实施的监督检查,并为其提供方便。

公路监督检查人员执行公务,应当佩戴标志,持证上岗。

第七十二条　交通主管部门、公路管理机构应当加强对所属公路监督检查人员的管理和教育,要求公路监督检查人员熟悉国家有关法律和规定,公正廉洁,热情服务,秉公执法,对公路监督检查人员的执法行为应当加强监督检查,对其违法行为应当及时纠正,依法处理。

第七十三条　用于公路监督检查的专用车辆,应当设置统一的标志和示警灯。

第八章　法律责任

第七十四条　违反法律或者国务院有关规定,擅自在公路上设卡、收费的,由交通主管部门责令停止违法行为,没收违法所得,可以处违法所得三倍以下的罚款,没有违法所得的,可以处二万元以下的罚款;对负有直接责任的主管人员和其他直接责任人员,依法给予行政处分。

第七十五条　违反本法第二十五条规定,未经有关交通主管部门批准擅自施工的,交通主管部门可以责令停止施工,并可以处五万元以下的罚款。

第七十六条　有下列违法行为之一的,由交通主管部门责令停止违法行为,可以处三万元以下的罚款:

(一)违反本法第四十四条第一款规定,擅自占用、挖掘公路的;

(二)违反本法第四十五条规定,未经同意或者未按照公路工程技术标准的要求修建桥梁、渡槽或者架设、埋设管线、电缆等设施的;

(三)违反本法第四十七条规定,从事危及公路安全的作业的;

(四)违反本法第四十八条规定,铁轮车、履带车和其他可能损害路面的机具擅自在公路上行驶的;

(五)违反本法第五十条规定,车辆超限使用汽车渡船或者在公路上擅自超限行驶的;

(六)违反本法第五十二条、第五十六条规定,损坏、移动、涂改公路附属设施或者损坏、挪动建筑控制区的标桩、界桩,可能危及公路安全的。

第七十七条　违反本法第四十六条的规定,造成公路路面损坏、污染或者影响公路畅通的,或者违反本法第五十一条规定,将公路作为试车场地的,由交通主管部门责令停止违法行为,可以处五千元以下的罚款。

第七十八条　违反本法第五十三条规定,造成公路损坏,未报告的,由交通主管部门处一千元以下的罚款。

第七十九条　违反本法第五十四条规定,在公路用地范围内设置公路标志以外的其他标志的,由交通主管部门责令限期拆除,可以处二万元以下的罚款;逾期不拆除的,由交通主管部门拆除,有关费用由设置者负担。

第八十条 违反本法第五十五条规定,未经批准在公路上增设平面交叉道口的,由交通主管部门责令恢复原状,处五万元以下的罚款。

第八十一条 违反本法第五十六条规定,在公路建筑控制区内修建建筑物、地面构筑物或者擅自埋设管线、电缆等设施的,由交通主管部门责令限期拆除,并可以处五万元以下的罚款。逾期不拆除的,由交通主管部门拆除,有关费用由建筑者、构筑者承担。

第八十二条 除本法第七十四条、第七十五条的规定外,本章规定由交通主管部门行使的行政处罚权和行政措施,可以依照本法第八条第四款的规定由公路管理机构行使。

第八十三条 阻碍公路建设或者公路抢修,致使公路建设或者抢修不能正常进行,尚未造成严重损失的,依照《中华人民共和国治安管理处罚法》的规定处罚。

损毁公路或者擅自移动公路标志,可能影响交通安全,尚不够刑事处罚的,适用《中华人民共和国道路交通安全法》第九十九条的处罚规定。

拒绝、阻碍公路监督检查人员依法执行职务未使用暴力、威胁方法的,依照《中华人民共和国治安管理处罚法》的规定处罚。

第八十四条 违反本法有关规定,构成犯罪的,依法追究刑事责任。

第八十五条 违反本法有关规定,对公路造成损害的,应当依法承担民事责任。

对公路造成较大损害的车辆,必须立即停车,保护现场,报告公路管理机构,接受公路管理机构的调查、处理后方得驶离。

第八十六条 交通主管部门、公路管理机构的工作人员玩忽职守、徇私舞弊、滥用职权,构成犯罪的,依法追究刑事责任;尚不构成犯罪的,依法给予行政处分。

第九章 附 则

第八十七条 本法自1998年1月1日起施行。

公路安全保护条例

（2011年3月7日国务院令第593号公布）

第一章 总 则

第一条 为了加强公路保护，保障公路完好、安全和畅通，根据《中华人民共和国公路法》，制定本条例。

第二条 各级人民政府应当加强对公路保护工作的领导，依法履行公路保护职责。

第三条 国务院交通运输主管部门主管全国公路保护工作。

县级以上地方人民政府交通运输主管部门主管本行政区域的公路保护工作；但是，县级以上地方人民政府交通运输主管部门对国道、省道的保护职责，由省、自治区、直辖市人民政府确定。

公路管理机构依照本条例的规定具体负责公路保护的监督管理工作。

第四条 县级以上各级人民政府发展改革、工业和信息化、公安、工商、质检等部门按照职责分工，依法开展公路保护的相关工作。

第五条 县级以上各级人民政府应当将政府及其有关部门从事公路管理、养护所需经费以及公路管理机构行使公路行政管理职能所需经费纳入本级人民政府财政预算。但是，专用公路的公路保护经费除外。

第六条 县级以上各级人民政府交通运输主管部门应当综合考虑国家有关车辆技术标准、公路使用状况等因素，逐步提高公路建设、管理和养护水平，努力满足国民经济和社会发展以及人民群众生产、生活需要。

第七条 县级以上各级人民政府交通运输主管部门应当依照《中华人民共和国突发事件应对法》的规定，制定地震、泥石流、雨雪冰冻灾害等损毁公路的突发事件（以下简称公路突发事件）应急预案，报本级人民政府批准后实施。

公路管理机构、公路经营企业应当根据交通运输主管部门制定的公路突发事件应急预案，组建应急队伍，并定期组织应急演练。

第八条 国家建立健全公路突发事件应急物资储备保障制度，完善应急物资储备、调配体系，确保发生公路突发事件时能够满足应急处置工作的需要。

第九条 任何单位和个人不得破坏、损坏、非法占用或者非法利用公路、公路用地和公路附属设施。

第二章 公 路 线 路

第十条 公路管理机构应当建立健全公路管理档案，对公路、公路用地和公路附属设施调查核实、登记造册。

第十一条 县级以上地方人民政府应当根据保障公路运行安全和节约用地的原则以及公路发展的需要,组织交通运输、国土资源等部门划定公路建筑控制区的范围。

公路建筑控制区的范围,从公路用地外缘起向外的距离标准为:

(一)国道不少于 20 米;

(二)省道不少于 15 米;

(三)县道不少于 10 米;

(四)乡道不少于 5 米。

属于高速公路的,公路建筑控制区的范围从公路用地外缘起向外的距离标准不少于 30 米。

公路弯道内侧、互通立交以及平面交叉道口的建筑控制区范围根据安全视距等要求确定。

第十二条 新建、改建公路的建筑控制区的范围,应当自公路初步设计批准之日起 30 日内,由公路沿线县级以上地方人民政府依照本条例划定并公告。

公路建筑控制区与铁路线路安全保护区、航道保护范围、河道管理范围或者水工程管理和保护范围重叠的,经公路管理机构和铁路管理机构、航道管理机构、水行政主管部门或者流域管理机构协商后划定。

第十三条 在公路建筑控制区内,除公路保护需要外,禁止修建建筑物和地面构筑物;公路建筑控制区划定前已经合法修建的不得扩建,因公路建设或者保障公路运行安全等原因需要拆除的应当依法给予补偿。

在公路建筑控制区外修建的建筑物、地面构筑物以及其他设施不得遮挡公路标志,不得妨碍安全视距。

第十四条 新建村镇、开发区、学校和货物集散地、大型商业网点、农贸市场等公共场所,与公路建筑控制区边界外缘的距离应当符合下列标准,并尽可能在公路一侧建设:

(一)国道、省道不少于 50 米;

(二)县道、乡道不少于 20 米。

第十五条 新建、改建公路与既有城市道路、铁路、通信等线路交叉或者新建、改建城市道路、铁路、通信等线路与既有公路交叉的,建设费用由新建、改建单位承担;城市道路、铁路、通信等线路的管理部门、单位或者公路管理机构要求提高既有建设标准而增加的费用,由提出要求的部门或者单位承担。

需要改变既有公路与城市道路、铁路、通信等线路交叉方式的,按照公平合理的原则分担建设费用。

第十六条 禁止将公路作为检验车辆制动性能的试车场地。

禁止在公路、公路用地范围内摆摊设点、堆放物品、倾倒垃圾、设置障碍、挖沟引水、打场晒粮、种植作物、放养牲畜、采石、取土、采空作业、焚烧物品、利用公路边沟排放污物或者进行其他损坏、污染公路和影响公路畅通的行为。

第十七条 禁止在下列范围内从事采矿、采石、取土、爆破作业等危及公路、公路桥梁、公路隧道、公路渡口安全的活动:

（一）国道、省道、县道的公路用地外缘起向外100米，乡道的公路用地外缘起向外50米；

（二）公路渡口和中型以上公路桥梁周围200米；

（三）公路隧道上方和洞口外100米。

在前款规定的范围内，因抢险、防汛需要修筑堤坝、压缩或者拓宽河床的，应当经省、自治区、直辖市人民政府交通运输主管部门会同水行政主管部门或者流域管理机构批准，并采取安全防护措施方可进行。

第十八条　除按照国家有关规定设立的为车辆补充燃料的场所、设施外，禁止在下列范围内设立生产、储存、销售易燃、易爆、剧毒、放射性等危险物品的场所、设施：

（一）公路用地外缘起向外100米；

（二）公路渡口和中型以上公路桥梁周围200米；

（三）公路隧道上方和洞口外100米。

第十九条　禁止擅自在中型以上公路桥梁跨越的河道上下游各1000米范围内抽取地下水、架设浮桥以及修建其他危及公路桥梁安全的设施。

在前款规定的范围内，确需进行抽取地下水、架设浮桥等活动的，应当经水行政主管部门、流域管理机构等有关单位会同公路管理机构批准，并采取安全防护措施方可进行。

第二十条　禁止在公路桥梁跨越的河道上下游的下列范围内采砂：

（一）特大型公路桥梁跨越的河道上游500米，下游3000米；

（二）大型公路桥梁跨越的河道上游500米，下游2000米；

（三）中小型公路桥梁跨越的河道上游500米，下游1000米。

第二十一条　在公路桥梁跨越的河道上下游各500米范围内依法进行疏浚作业的，应当符合公路桥梁安全要求，经公路管理机构确认安全方可作业。

第二十二条　禁止利用公路桥梁进行牵拉、吊装等危及公路桥梁安全的施工作业。

禁止利用公路桥梁（含桥下空间）、公路隧道、涵洞堆放物品，搭建设施以及铺设高压电线和输送易燃、易爆或者其他有毒有害气体、液体的管道。

第二十三条　公路桥梁跨越航道的，建设单位应当按照国家有关规定设置桥梁航标、桥柱标、桥梁水尺标，并按照国家标准、行业标准设置桥区水上航标和桥墩防撞装置。桥区水上航标由航标管理机构负责维护。

通过公路桥梁的船舶应当符合公路桥梁通航净空要求，严格遵守航行规则，不得在公路桥梁下停泊或者系缆。

第二十四条　重要的公路桥梁和公路隧道按照《中华人民共和国人民武装警察法》和国务院、中央军委的有关规定由中国人民武装警察部队守护。

第二十五条　禁止损坏、擅自移动、涂改、遮挡公路附属设施或者利用公路附属设施架设管道、悬挂物品。

第二十六条　禁止破坏公路、公路用地范围内的绿化物。需要更新采伐护路林的，应当向公路管理机构提出申请，经批准方可更新采伐，并及时补种；不能及时补种的，应当交纳补种所需费用，由公路管理机构代为补种。

第二十七条　进行下列涉路施工活动，建设单位应当向公路管理机构提出申请：

（一）因修建铁路、机场、供电、水利、通信等建设工程需要占用、挖掘公路、公路用地或者使公路改线；

（二）跨越、穿越公路修建桥梁、渡槽或者架设、埋设管道、电缆等设施；

（三）在公路用地范围内架设、埋设管道、电缆等设施；

（四）利用公路桥梁、公路隧道、涵洞铺设电缆等设施；

（五）利用跨越公路的设施悬挂非公路标志；

（六）在公路上增设或者改造平面交叉道口；

（七）在公路建筑控制区内埋设管道、电缆等设施。

第二十八条 申请进行涉路施工活动的建设单位应当向公路管理机构提交下列材料：

（一）符合有关技术标准、规范要求的设计和施工方案；

（二）保障公路、公路附属设施质量和安全的技术评价报告；

（三）处置施工险情和意外事故的应急方案。

公路管理机构应当自受理申请之日起 20 日内作出许可或者不予许可的决定；影响交通安全的，应当征得公安机关交通管理部门的同意；涉及经营性公路的，应当征求公路经营企业的意见；不予许可的，公路管理机构应当书面通知申请人并说明理由。

第二十九条 建设单位应当按照许可的设计和施工方案进行施工作业，并落实保障公路、公路附属设施质量和安全的防护措施。

涉路施工完毕，公路管理机构应当对公路、公路附属设施是否达到规定的技术标准以及施工是否符合保障公路、公路附属设施质量和安全的要求进行验收；影响交通安全的，还应当经公安机关交通管理部门验收。

涉路工程设施的所有人、管理人应当加强维护和管理，确保工程设施不影响公路的完好、安全和畅通。

第三章 公 路 通 行

第三十条 车辆的外廓尺寸、轴荷和总质量应当符合国家有关车辆外廓尺寸、轴荷、质量限值等机动车安全技术标准，不符合标准的不得生产、销售。

第三十一条 公安机关交通管理部门办理车辆登记，应当当场查验，对不符合机动车国家安全技术标准的车辆不予登记。

第三十二条 运输不可解体物品需要改装车辆的，应当由具有相应资质的车辆生产企业按照规定的车型和技术参数进行改装。

第三十三条 超过公路、公路桥梁、公路隧道限载、限高、限宽、限长标准的车辆，不得在公路、公路桥梁或者公路隧道行驶；超过汽车渡船限载、限高、限宽、限长标准的车辆，不得使用汽车渡船。

公路、公路桥梁、公路隧道限载、限高、限宽、限长标准调整的，公路管理机构、公路经营企业应当及时变更限载、限高、限宽、限长标志；需要绕行的，还应当标明绕行路线。

第三十四条 县级人民政府交通运输主管部门或者乡级人民政府可以根据保护乡道、村道的需要，在乡道、村道的出入口设置必要的限高、限宽设施，但是不得影响消防和卫生急救等应急通行需要，不得向通行车辆收费。

第三十五条 车辆载运不可解体物品，车货总体的外廓尺寸或者总质量超过公路、公路桥梁、公路隧道的限载、限高、限宽、限长标准，确需在公路、公路桥梁、公路隧道行驶的，从事运输的单位和个人应当向公路管理机构申请公路超限运输许可。

第三十六条　申请公路超限运输许可按照下列规定办理：

（一）跨省、自治区、直辖市进行超限运输的，向公路沿线各省、自治区、直辖市公路管理机构提出申请，由起运地省、自治区、直辖市公路管理机构统一受理，并协调公路沿线各省、自治区、直辖市公路管理机构对超限运输申请进行审批，必要时可以由国务院交通运输主管部门统一协调处理；

（二）在省、自治区范围内跨设区的市进行超限运输，或者在直辖市范围内跨区、县进行超限运输的，向省、自治区、直辖市公路管理机构提出申请，由省、自治区、直辖市公路管理机构受理并审批；

（三）在设区的市范围内跨区、县进行超限运输的，向设区的市公路管理机构提出申请，由设区的市公路管理机构受理并审批；

（四）在区、县范围内进行超限运输的，向区、县公路管理机构提出申请，由区、县公路管理机构受理并审批。

公路超限运输影响交通安全的，公路管理机构在审批超限运输申请时，应当征求公安机关交通管理部门意见。

第三十七条　公路管理机构审批超限运输申请，应当根据实际情况勘测通行路线，需要采取加固、改造措施的，可以与申请人签订有关协议，制定相应的加固、改造方案。

公路管理机构应当根据其制定的加固、改造方案，对通行的公路桥梁、涵洞等设施进行加固、改造；必要时应当对超限运输车辆进行监管。

第三十八条　公路管理机构批准超限运输申请的，应当为超限运输车辆配发国务院交通运输主管部门规定式样的超限运输车辆通行证。

经批准进行超限运输的车辆，应当随车携带超限运输车辆通行证，按照指定的时间、路线和速度行驶，并悬挂明显标志。

禁止租借、转让超限运输车辆通行证。禁止使用伪造、变造的超限运输车辆通行证。

第三十九条　经省、自治区、直辖市人民政府批准，有关交通运输主管部门可以设立固定超限检测站点，配备必要的设备和人员。

固定超限检测站点应当规范执法，并公布监督电话。公路管理机构应当加强对固定超限检测站点的管理。

第四十条　公路管理机构在监督检查中发现车辆超过公路、公路桥梁、公路隧道或者汽车渡船的限载、限高、限宽、限长标准的，应当就近引导至固定超限检测站点进行处理。

车辆应当按照超限检测指示标志或者公路管理机构监督检查人员的指挥接受超限检测，不得故意堵塞固定超限检测站点通行车道、强行通过固定超限检测站点或者以其他方式扰乱超限检测秩序，不得采取短途驳载等方式逃避超限检测。

禁止通过引路绕行等方式为不符合国家有关载运标准的车辆逃避超限检测提供便利。

第四十一条　煤炭、水泥等货物集散地以及货运站等场所的经营人、管理人应当采取有效措施，防止不符合国家有关载运标准的车辆出场（站）。

道路运输管理机构应当加强对煤炭、水泥等货物集散地以及货运站等场所的监督检查，制止不符合国家有关载运标准的车辆出场(站)。

任何单位和个人不得指使、强令车辆驾驶人超限运输货物，不得阻碍道路运输管理机构依法进行监督检查。

第四十二条 载运易燃、易爆、剧毒、放射性等危险物品的车辆，应当符合国家有关安全管理规定，并避免通过特大型公路桥梁或者特长公路隧道；确需通过特大型公路桥梁或者特长公路隧道的，负责审批易燃、易爆、剧毒、放射性等危险物品运输许可的机关应当提前将行驶时间、路线通知特大型公路桥梁或者特长公路隧道的管理单位，并对在特大型公路桥梁或者特长公路隧道行驶的车辆进行现场监管。

第四十三条 车辆应当规范装载，装载物不得触地拖行。车辆装载物易掉落、遗洒或者飘散的，应当采取厢式密闭等有效防护措施方可在公路上行驶。

公路上行驶车辆的装载物掉落、遗洒或者飘散的，车辆驾驶人、押运人员应当及时采取措施处理；无法处理的，应当在掉落、遗洒或者飘散物来车方向适当距离外设置警示标志，并迅速报告公路管理机构或者公安机关交通管理部门。其他人员发现公路上有影响交通安全的障碍物的，也应当及时报告公路管理机构或者公安机关交通管理部门。公安机关交通管理部门应当责令改正车辆装载物掉落、遗洒、飘散等违法行为；公路管理机构、公路经营企业应当及时清除掉落、遗洒、飘散在公路上的障碍物。

车辆装载物掉落、遗洒、飘散后，车辆驾驶人、押运人员未及时采取措施处理，造成他人人身、财产损害的，道路运输企业、车辆驾驶人应当依法承担赔偿责任。

第四章 公路养护

第四十四条 公路管理机构、公路经营企业应当加强公路养护，保证公路经常处于良好技术状态。

前款所称良好技术状态，是指公路自身的物理状态符合有关技术标准的要求，包括路面平整，路肩、边坡平顺，有关设施完好。

第四十五条 公路养护应当按照国务院交通运输主管部门规定的技术规范和操作规程实施作业。

第四十六条 从事公路养护作业的单位应当具备下列资质条件：

(一)有一定数量的符合要求的技术人员；
(二)有与公路养护作业相适应的技术设备；
(三)有与公路养护作业相适应的作业经历；
(四)国务院交通运输主管部门规定的其他条件。

公路养护作业单位资质管理办法由国务院交通运输主管部门另行制定。

第四十七条 公路管理机构、公路经营企业应当按照国务院交通运输主管部门的规定对公路进行巡查，并制作巡查记录；发现公路坍塌、坑槽、隆起等损毁的，应当及时设置警示标志，并采取措施修复。

公安机关交通管理部门发现公路坍塌、坑槽、隆起等损毁，危及交通安全的，应当及时采取措施，疏导交通，并通知公路管理机构或者公路经营企业。

其他人员发现公路坍塌、坑槽、隆起等损毁的，应当及时向公路管理机构、公安机关交通管理部门报告。

第四十八条 公路管理机构、公路经营企业应当定期对公路、公路桥梁、公路隧道进行检测和评定，保证其技术状态符合有关技术标准；对经检测发现不符合车辆通行安全要求的，应当进行维修，及时向社会公告，并通知公安机关交通管理部门。

第四十九条 公路管理机构、公路经营企业应当定期检查公路隧道的排水、通风、照明、监控、报警、消防、救助等设施，保持设施处于完好状态。

第五十条 公路管理机构应当统筹安排公路养护作业计划，避免集中进行公路养护作业造成交通堵塞。

在省、自治区、直辖市交界区域进行公路养护作业，可能造成交通堵塞的，有关公路管理机构、公安机关交通管理部门应当事先书面通报相邻的省、自治区、直辖市公路管理机构、公安机关交通管理部门，共同制定疏导预案，确定分流路线。

第五十一条 公路养护作业需要封闭公路的，或者占用半幅公路进行作业，作业路段长度在2公里以上，并且作业期限超过30日的，除紧急情况外，公路养护作业单位应当在作业开始之日前5日向社会公告，明确绕行路线，并在绕行处设置标志；不能绕行的，应当修建临时道路。

第五十二条 公路养护作业人员作业时，应当穿着统一的安全标志服。公路养护车辆、机械设备作业时，应当设置明显的作业标志，开启危险报警闪光灯。

第五十三条 发生公路突发事件影响通行的，公路管理机构、公路经营企业应当及时修复公路、恢复通行。设区的市级以上人民政府交通运输主管部门应当根据修复公路、恢复通行的需要，及时调集抢修力量，统筹安排有关作业计划，下达路网调度指令，配合有关部门组织绕行、分流。

设区的市级以上公路管理机构应当按照国务院交通运输主管部门的规定收集、汇总公路损毁、公路交通流量等信息，开展公路突发事件的监测、预报和预警工作，并利用多种方式及时向社会发布有关公路运行信息。

第五十四条 中国人民武装警察交通部队按照国家有关规定承担公路、公路桥梁、公路隧道等设施的抢修任务。

第五十五条 公路永久性停止使用的，应当按照国务院交通运输主管部门规定的程序核准后作报废处理，并向社会公告。

公路报废后的土地使用管理依照有关土地管理的法律、行政法规执行。

第五章 法律责任

第五十六条 违反本条例的规定，有下列情形之一的，由公路管理机构责令限期拆除，可以处5万元以下的罚款。逾期不拆除的，由公路管理机构拆除，有关费用由违法行为人承担：

（一）在公路建筑控制区内修建、扩建建筑物、地面构筑物或者未经许可埋设管道、电缆等设施的；

（二）在公路建筑控制区外修建的建筑物、地面构筑物以及其他设施遮挡公路标志或者妨碍安全视距的。

第五十七条 违反本条例第十八条、第十九条、第二十三条规定的，由安全生产监督管理部门、水行政主管部门、流域管理机构、海事管理机构等有关单位依法处理。

第五十八条 违反本条例第二十条规定的,由水行政主管部门或者流域管理机构责令改正,可以处3万元以下的罚款。

第五十九条 违反本条例第二十二条规定的,由公路管理机构责令改正,处2万元以上10万元以下的罚款。

第六十条 违反本条例的规定,有下列行为之一的,由公路管理机构责令改正,可以处3万元以下的罚款：

（一）损坏、擅自移动、涂改、遮挡公路附属设施或者利用公路附属设施架设管道、悬挂物品,可能危及公路安全的;

（二）涉路工程设施影响公路完好、安全和畅通的。

第六十一条 违反本条例的规定,未经批准更新采伐护路林的,由公路管理机构责令补种,没收违法所得,并处采伐林木价值3倍以上5倍以下的罚款。

第六十二条 违反本条例的规定,未经许可进行本条例第二十七条第一项至第五项规定的涉路施工活动的,由公路管理机构责令改正,可以处3万元以下的罚款;未经许可进行本条例第二十七条第六项规定的涉路施工活动的,由公路管理机构责令改正,处5万元以下的罚款。

第六十三条 违反本条例的规定,非法生产、销售外廓尺寸、轴荷、总质量不符合国家有关车辆外廓尺寸、轴荷、质量限值等机动车安全技术标准的车辆的,依照《中华人民共和国道路交通安全法》的有关规定处罚。

具有国家规定资质的车辆生产企业未按照规定车型和技术参数改装车辆的,由原发证机关责令改正,处4万元以上20万元以下的罚款;拒不改正的,吊销其资质证书。

第六十四条 违反本条例的规定,在公路上行驶的车辆,车货总体的外廓尺寸、轴荷或者总质量超过公路、公路桥梁、公路隧道、汽车渡船限定标准的,由公路管理机构责令改正,可以处3万元以下的罚款。

第六十五条 违反本条例的规定,经批准进行超限运输的车辆,未按照指定时间、路线和速度行驶的,由公路管理机构或者公安机关交通管理部门责令改正;拒不改正的,公路管理机构或者公安机关交通管理部门可以扣留车辆。

未随车携带超限运输车辆通行证的,由公路管理机构扣留车辆,责令车辆驾驶人提供超限运输车辆通行证或者相应的证明。

租借、转让超限运输车辆通行证的,由公路管理机构没收超限运输车辆通行证,处1000元以上5000元以下的罚款。使用伪造、变造的超限运输车辆通行证的,由公路管理机构没收伪造、变造的超限运输车辆通行证,处3万元以下的罚款。

第六十六条 对1年内违法超限运输超过3次的货运车辆,由道路运输管理机构吊销其车辆营运证;对1年内违法超限运输超过3次的货运车辆驾驶人,由道路运输管理机构责令其停止从事营业性运输;道路运输企业1年内违法超限运输的货运车辆超过本单位货运车辆总数10%的,由道路运输管理机构责令道路运输企业停业整顿;情节严重的,吊销其道路运输经营许可证,并向社会公告。

第六十七条 违反本条例的规定,有下列行为之一的,由公路管理机构强制拖离或者扣留车辆,处3万元以下的罚款：

（一）采取故意堵塞固定超限检测站点通行车道、强行通过固定超限检测站点等方式扰乱超限检测秩序的；

（二）采取短途驳载等方式逃避超限检测的。

第六十八条 违反本条例的规定，指使、强令车辆驾驶人超限运输货物的，由道路运输管理机构责令改正，处3万元以下的罚款。

第六十九条 车辆装载物触地拖行、掉落、遗洒或者飘散，造成公路路面损坏、污染的，由公路管理机构责令改正，处5000元以下的罚款。

第七十条 违反本条例的规定，公路养护作业单位未按照国务院交通运输主管部门规定的技术规范和操作规程进行公路养护作业的，由公路管理机构责令改正，处1万元以上5万元以下的罚款；拒不改正的，吊销其资质证书。

第七十一条 造成公路、公路附属设施损坏的单位和个人应当立即报告公路管理机构，接受公路管理机构的现场调查处理；危及交通安全的，还应当设置警示标志或者采取其他安全防护措施，并迅速报告公安机关交通管理部门。

发生交通事故造成公路、公路附属设施损坏的，公安机关交通管理部门在处理交通事故时应当及时通知有关公路管理机构到场调查处理。

第七十二条 造成公路、公路附属设施损坏，拒不接受公路管理机构现场调查处理的，公路管理机构可以扣留车辆、工具。

公路管理机构扣留车辆、工具的，应当当场出具凭证，并告知当事人在规定期限内到公路管理机构接受处理。逾期不接受处理，并且经公告3个月仍不来接受处理的，对扣留的车辆、工具，由公路管理机构依法处理。

公路管理机构对被扣留的车辆、工具应当妥善保管，不得使用。

第七十三条 违反本条例的规定，公路管理机构工作人员有下列行为之一的，依法给予处分：

（一）违法实施行政许可的；

（二）违反规定拦截、检查正常行驶的车辆的；

（三）未及时采取措施处理公路坍塌、坑槽、隆起等损毁的；

（四）违法扣留车辆、工具或者使用依法扣留的车辆、工具的；

（五）有其他玩忽职守、徇私舞弊、滥用职权行为的。

公路管理机构有前款所列行为之一的，对负有直接责任的主管人员和其他直接责任人员依法给予处分。

第七十四条 违反本条例的规定，构成违反治安管理行为的，由公安机关依法给予治安管理处罚；构成犯罪的，依法追究刑事责任。

第六章 附 则

第七十五条 村道的管理和养护工作，由乡级人民政府参照本条例的规定执行。

专用公路的保护不适用本条例。

第七十六条 军事运输使用公路按照国务院、中央军事委员会的有关规定执行。

第七十七条 本条例自2011年7月1日起施行。1987年10月13日国务院发布的《中华人民共和国公路管理条例》同时废止。

中华人民共和国收费公路管理条例

(2004年9月13日国务院令第417号公布)

第一章 总 则

第一条 为了加强对收费公路的管理,规范公路收费行为,维护收费公路的经营管理者和使用者的合法权益,促进公路事业的发展,根据《中华人民共和国公路法》(以下简称公路法),制定本条例。

第二条 本条例所称收费公路,是指符合公路法和本条例规定,经批准依法收取车辆通行费的公路(含桥梁和隧道)。

第三条 各级人民政府应当采取积极措施,支持、促进公路事业的发展。公路发展应当坚持非收费公路为主,适当发展收费公路。

第四条 全部由政府投资或者社会组织、个人捐资建设的公路,不得收取车辆通行费。

第五条 任何单位或者个人不得违反公路法和本条例的规定,在公路上设站(卡)收取车辆通行费。

第六条 对在公路上非法设立收费站(卡)收取车辆通行费的,任何单位和个人都有权拒绝交纳。

任何单位或者个人对在公路上非法设立收费站(卡)、非法收取或者使用车辆通行费、非法转让收费公路权益或者非法延长收费期限等行为,都有权向交通、价格、财政等部门举报。收到举报的部门应当按照职责分工依法及时查处;无权查处的,应当及时移送有权查处的部门。受理的部门必须自收到举报或者移送材料之日起10日内进行查处。

第七条 收费公路的经营管理者,经依法批准有权向通行收费公路的车辆收取车辆通行费。

军队车辆、武警部队车辆,公安机关在辖区内收费公路上处理交通事故、执行正常巡逻任务和处置突发事件的统一标志的制式警车,以及经国务院交通主管部门或者省、自治区、直辖市人民政府批准执行抢险救灾任务的车辆,免交车辆通行费。

进行跨区作业的联合收割机、运输联合收割机(包括插秧机)的车辆,免交车辆通行费。联合收割机不得在高速公路上通行。

第八条 任何单位或者个人不得以任何形式非法干预收费公路的经营管理,挤占、挪用收费公路经营管理者依法收取的车辆通行费。

第二章 收费公路建设和收费站的设置

第九条 建设收费公路,应当符合国家和省、自治区、直辖市公路发展规划,符合本条例规定的收费公路的技术等级和规模。

第十条 县级以上地方人民政府交通主管部门利用贷款或者向企业、个人有偿集资建设的公路(以下简称政府还贷公路)、国内外经济组织投资建设或者依照公路法的规定受让政府还贷公路收费的公路(以下简称经营性公路),经依法批准后,方可收取车辆通行费。

第十一条 建设和管理政府还贷公路,应当按照政事分开的原则,依法设立专门的不以营利为目的的法人组织。

省、自治区、直辖市人民政府交通主管部门对本行政区域内的政府还贷公路,可以实行统一管理、统一贷款、统一还款。

经营性公路建设项目应当向社会公布,采用招标投标方式选择投资者。

经营性公路由依法成立的公路企业法人建设、经营和管理。

第十二条 收费公路收费站的设置,由省、自治区、直辖市人民政府按照下列规定审查批准:

(一)高速公路以及其他封闭式的收费公路,除两端出入口外,不得在主线上设置收费站。但是,省、自治区、直辖市之间确需设置收费站的除外。

(二)非封闭式的收费公路的同一主线上,相邻收费站的间距不得少于50公里。

第十三条 高速公路以及其他封闭式的收费公路,应当实行计算机联网收费,减少收费站点,提高通行效率。联网收费的具体办法由国务院交通主管部门会同国务院有关部门制定。

第十四条 收费公路的收费期限,由省、自治区、直辖市人民政府按照下列标准审查批准:

(一)政府还贷公路的收费期限,按照用收费偿还贷款、偿还有偿集资款的原则确定,最长不得超过15年。国家确定的中西部省、自治区、直辖市的政府还贷公路收费期限,最长不得超过20年。

(二)经营性公路的收费期限,按照收回投资并有合理回报的原则确定,最长不得超过25年。国家确定的中西部省、自治区、直辖市的经营性公路收费期限,最长不得超过30年。

第十五条 车辆通行费的收费标准,应当依照价格法律、行政法规的规定进行听证,并按照下列程序审查批准:

(一)政府还贷公路的收费标准,由省、自治区、直辖市人民政府交通主管部门会同同级价格主管部门、财政部门审核后,报本级人民政府审查批准。

(二)经营性公路的收费标准,由省、自治区、直辖市人民政府交通主管部门会同同级价格主管部门审核后,报本级人民政府审查批准。

第十六条 车辆通行费的收费标准,应当根据公路的技术等级、投资总额、当地物价指数、偿还贷款或者有偿集资款的期限和收回投资的期限以及交通量等因素计算确定。对在国家规定的绿色通道上运输鲜活农产品的车辆,可以适当降低车辆通行费的收费标准或者免交车辆通行费。

修建与收费公路经营管理无关的设施、超标准修建的收费公路经营管理设施和服务设施,其费用不得作为确定收费标准的因素。

车辆通行费的收费标准需要调整的,应当依照本条例第十五条规定的程序办理。

第十七条 依照本条例规定的程序审查批准的收费公路收费站、收费期限、车辆通行费收费标准或者收费标准的调整方案,审批机关应当自审查批准之日起 10 日内将有关文件向国务院交通主管部门和国务院价格主管部门备案;其中属于政府还贷公路的,还应当自审查批准之日起 10 日内向国务院财政部门备案。

第十八条 建设收费公路,应当符合下列技术等级和规模:

(一)高速公路连续里程 30 公里以上。但是,城市市区至本地机场的高速公路除外。

(二)一级公路连续里程 50 公里以上。

(三)二车道的独立桥梁、隧道,长度 800 米以上;四车道的独立桥梁、隧道,长度 500 米以上。

技术等级为二级以下(含二级)的公路不得收费。但是,在国家确定的中西部省、自治区、直辖市建设的二级公路,其连续里程 60 公里以上的,经依法批准,可以收取车辆通行费。

第三章 收费公路权益的转让

第十九条 依照本条例的规定转让收费公路权益的,应当向社会公布,采用招标投标的方式,公平、公正、公开地选择经营管理者,并依法订立转让协议。

第二十条 收费公路的权益,包括收费权、广告经营权、服务设施经营权。

转让收费公路权益的,应当依法保护投资者的合法利益。

第二十一条 转让政府还贷公路权益中的收费权,可以申请延长收费期限,但延长的期限不得超过 5 年。

转让经营性公路权益中的收费权,不得延长收费期限。

第二十二条 有下列情形之一的,收费公路权益中的收费权不得转让:

(一)长度小于 1000 米的二车道独立桥梁和隧道;

(二)二级公路;

(三)收费时间已超过批准收费期限 2/3 的。

第二十三条 转让政府还贷公路权益的收入,必须缴入国库,除用于偿还贷款和有偿集资款外,必须用于公路建设。

第二十四条 收费公路权益转让的具体办法,由国务院交通主管部门会同国务院发展改革部门和财政部门制定。

第四章 收费公路的经营管理

第二十五条 收费公路建成后,应当按照国家有关规定进行验收;验收合格的,方可收取车辆通行费。

收费公路不得边建设边收费。

第二十六条 收费公路经营管理者应当按照国家规定的标准和规范,对收费公路及沿线设施进行日常检查、维护,保证收费公路处于良好的技术状态,为通行车辆及人员提供优质服务。

收费公路的养护应当严格按照工期施工、竣工,不得拖延工期,不得影响车辆安全通行。

第二十七条 收费公路经营管理者应当在收费站的显著位置,设置载有收费站名称、审批机关、收费单位、收费标准、收费起止年限和监督电话等内容的公告牌,接受社会监督。

第二十八条 收费公路经营管理者应当按照国家规定的标准,结合公路交通状况、沿线设施等情况,设置交通标志、标线。

交通标志、标线必须清晰、准确、易于识别。重要的通行信息应当重复提示。

第二十九条 收费道口的设置,应当符合车辆行驶安全的要求;收费道口的数量,应当符合车辆快速通过的需要,不得造成车辆堵塞。

第三十条 收费站工作人员的配备,应当与收费道口的数量、车流量相适应,不得随意增加人员。

收费公路经营管理者应当加强对收费站工作人员的业务培训和职业道德教育,收费人员应当做到文明礼貌,规范服务。

第三十一条 遇有公路损坏、施工或者发生交通事故等影响车辆正常安全行驶的情形时,收费公路经营管理者应当在现场设置安全防护设施,并在收费公路出入口进行限速、警示提示,或者利用收费公路沿线可变信息板等设施予以公告;造成交通堵塞时,应当及时报告有关部门并协助疏导交通。

遇有公路严重损毁、恶劣气象条件或者重大交通事故等严重影响车辆安全通行的情形时,公安机关应当根据情况,依法采取限速通行、关闭公路等交通管制措施。收费公路经营管理者应当积极配合公安机关,及时将有关交通管制的信息向通行车辆进行提示。

第三十二条 收费公路经营管理者收取车辆通行费,必须向收费公路使用者开具收费票据。政府还贷公路的收费票据,由省、自治区、直辖市人民政府财政部门统一印(监)制。经营性公路的收费票据,由省、自治区、直辖市人民政府税务部门统一印(监)制。

第三十三条 收费公路经营管理者对依法应当交纳而拒交、逃交、少交车辆通行费的车辆,有权拒绝其通行,并要求其补交应交纳的车辆通行费。

任何人不得为拒交、逃交、少交车辆通行费而故意堵塞收费道口、强行冲卡、殴打收费公路管理人员、破坏收费设施或者从事其他扰乱收费公路经营管理秩序的活动。

发生前款规定的扰乱收费公路经营管理秩序行为时,收费公路经营管理者应当及时报告公安机关,由公安机关依法予以处理。

第三十四条 在收费公路上行驶的车辆不得超载。

发现车辆超载时,收费公路经营管理者应当及时报告公安机关,由公安机关依法予以处理。

第三十五条 收费公路经营管理者不得有下列行为:

(一)擅自提高车辆通行费收费标准;

(二)在车辆通行费收费标准之外加收或者代收任何其他费用;

(三)强行收取或者以其他不正当手段按车辆收取某一期间的车辆通行费;

(四)不开具收费票据,开具未经省、自治区、直辖市人民政府财政、税务部门统一印(监)制的收费票据或者开具已经过期失效的收费票据。

有前款所列行为之一的,通行车辆有权拒绝交纳车辆通行费。

第三十六条 政府还贷公路的管理者收取的车辆通行费收入,应当全部存入财政专户,严格实行收支两条线管理。

政府还贷公路的车辆通行费,除必要的管理、养护费用从财政部门批准的车辆通行费预算中列支外,必须全部用于偿还贷款和有偿集资款,不得挪作他用。

第三十七条 收费公路的收费期限届满,必须终止收费。

政府还贷公路在批准的收费期限届满前已经还清贷款、还清有偿集资款的,必须终止收费。

依照本条前两款的规定,收费公路终止收费的,有关省、自治区、直辖市人民政府应当向社会公告,明确规定终止收费的日期,接受社会监督。

第三十八条 收费公路终止收费前6个月,省、自治区、直辖市人民政府交通主管部门应当对收费公路进行鉴定和验收。经鉴定和验收,公路符合取得收费公路权益时核定的技术等级和标准的,收费公路经营管理者方可按照国家有关规定向交通主管部门办理公路移交手续;不符合取得收费公路权益时核定的技术等级和标准的,收费公路经营管理者应当在交通主管部门确定的期限内进行养护,达到要求后,方可按照规定办理公路移交手续。

第三十九条 收费公路终止收费后,收费公路经营管理者应当自终止收费之日起15日内拆除收费设施。

第四十条 任何单位或者个人不得通过封堵非收费公路或者在非收费公路上设卡收费等方式,强迫车辆通行收费公路。

第四十一条 收费公路经营管理者应当按照国务院交通主管部门和省、自治区、直辖市人民政府交通主管部门的要求,及时提供统计资料和有关情况。

第四十二条 收费公路的养护、绿化和公路用地范围内的水土保持及路政管理,依照公路法的有关规定执行。

第四十三条 国务院交通主管部门和省、自治区、直辖市人民政府交通主管部门应当对收费公路实施监督检查,督促收费公路经营管理者依法履行公路养护、绿化和公路用地范围内的水土保持义务。

第四十四条 审计机关应当依法加强收费公路的审计监督,对违法行为依法进行查处。

第四十五条 行政执法机关依法对收费公路实施监督检查时,不得向收费公路经营管理者收取任何费用。

第四十六条 省、自治区、直辖市人民政府应当将本行政区域内收费公路及收费站名称、收费单位、收费标准、收费期限等信息向社会公布,接受社会监督。

第五章 法律责任

第四十七条 违反本条例的规定,擅自批准收费公路建设、收费站、收费期限、车辆通行费收费标准或者收费公路权益转让的,由省、自治区、直辖市人民政府责令改正;对负有责任的主管人员和其他直接责任人员依法给予记大过直至开除的行政处分;构成犯罪的,依法追究刑事责任。

第四十八条 违反本条例的规定,地方人民政府或者有关部门及其工作人员非法干预收费公路经营管理,或者挤占、挪用收费公路经营管理者收取的车辆通行费的,由上级人民政府或者有关部门责令停止非法干预,退回挤占、挪用的车辆通行费;对负有责任的主管人员和其他直接责任人员依法给予记大过直至开除的行政处分;构成犯罪的,依法追究刑事责任。

第四十九条　违反本条例的规定,擅自在公路上设立收费站(卡)收取车辆通行费或者应当终止收费而不终止的,由国务院交通主管部门或者省、自治区、直辖市人民政府交通主管部门依据职权,责令改正,强制拆除收费设施;有违法所得的,没收违法所得,并处违法所得2倍以上5倍以下的罚款;没有违法所得的,处1万元以上5万元以下的罚款;负有责任的主管人员和其他直接责任人员属于国家工作人员的,依法给予记大过直至开除的行政处分。

第五十条　违反本条例的规定,有下列情形之一的,由国务院交通主管部门或者省、自治区、直辖市人民政府交通主管部门依据职权,责令改正,并根据情节轻重,处5万元以上20万元以下的罚款:

(一)收费站的设置不符合标准或者擅自变更收费站位置的;

(二)未按照国家规定的标准和规范对收费公路及沿线设施进行日常检查、维护的;

(三)未按照国家有关规定合理设置交通标志、标线的;

(四)道口设置不符合车辆行驶安全要求或者道口数量不符合车辆快速通过需要的;

(五)遇有公路损坏、施工或者发生交通事故等影响车辆正常安全行驶的情形,未按照规定设置安全防护设施或者未进行提示、公告,或者遇有交通堵塞不及时疏导交通的;

(六)应当公布有关限速通行或者关闭收费公路的信息而未及时公布的。

第五十一条　违反本条例的规定,收费公路经营管理者收费时不开具票据,开具未经省、自治区、直辖市人民政府财政、税务部门统一印(监)制的票据,或者开具已经过期失效的票据的,由财政部门或者税务部门责令改正,并根据情节轻重,处10万元以上50万元以下的罚款;负有责任的主管人员和其他直接责任人员属于国家工作人员的,依法给予记大过直至开除的行政处分;构成犯罪的,依法追究刑事责任。

第五十二条　违反本条例的规定,政府还贷公路的管理者未将车辆通行费足额存入财政专户或未将转让政府还贷公路权益的收入全额缴入国库的,由财政部门予以追缴、补齐;对负有责任的主管人员和其他直接责任人员,依法给予记过直至开除的行政处分。

违反本条例的规定,财政部门未将政府还贷公路的车辆通行费或者转让政府还贷公路权益的收入用于偿还贷款、偿还有偿集资款,或者将车辆通行费、转让政府还贷公路权益的收入挪作他用的,由本级人民政府责令偿还贷款、偿还有偿集资款,或者责令退还挪用的车辆通行费和转让政府还贷公路权益的收入;对负有责任的主管人员和其他直接责任人员,依法给予记过直至开除的行政处分;构成犯罪的,依法追究刑事责任。

第五十三条　违反本条例的规定,收费公路终止收费后,收费公路经营管理者不及时拆除收费设施的,由省、自治区、直辖市人民政府交通主管部门责令限期拆除;逾期不拆除的,强制拆除,拆除费用由原收费公路经营管理者承担。

第五十四条　违反本条例的规定,收费公路经营管理者未按照国务院交通主管部门规定的技术规范和操作规程进行收费公路养护的,由省、自治区、直辖市人民政府交通主管部门责令改正;拒不改正的,责令停止收费。责令停止收费后30日内仍未履行公路养护义务的,由省、自治区、直辖市人民政府交通主管部门指定其他单位进行养护,养护费用由原收费公路经营管理者承担。拒不承担的,由省、自治区、直辖市人民政府交通主管部门申请人民法院强制执行。

第五十五条　违反本条例的规定,收费公路经营管理者未履行公路绿化和水土保持义务的,由省、自治区、直辖市人民政府交通主管部门责令改正,并可以对原收费公路经营管理者处履行绿化、水土保持义务所需费用1倍至2倍的罚款。

第五十六条　国务院价格主管部门或者县级以上地方人民政府价格主管部门对违反本条例的价格违法行为,应当依据价格管理的法律、法规和规章的规定予以处罚。

第五十七条　违反本条例的规定,为拒交、逃交、少交车辆通行费而故意堵塞收费道口、强行冲卡、殴打收费公路管理人员、破坏收费设施或者从事其他扰乱收费公路经营管理秩序活动,构成违反治安管理行为的,由公安机关依法予以处罚;构成犯罪的,依法追究刑事责任;给收费公路经营管理者造成损失或者造成人身损害的,依法承担民事赔偿责任。

第五十八条　违反本条例的规定,假冒军队车辆、武警部队车辆、公安机关统一标志的制式警车和抢险救灾车辆逃交车辆通行费的,由有关机关依法予以处理。

第六章　附　　则

第五十九条　本条例施行前在建的和已投入运行的收费公路,由国务院交通主管部门会同国务院发展改革部门和财政部门依照本条例规定的原则进行规范。具体办法由国务院交通主管部门制定。

第六十条　本条例自2004年11月1日起施行。

超限运输车辆行驶公路管理规定

(2016年8月19日交通运输部令第62号公布)

第一章 总 则

第一条 为加强超限运输车辆行驶公路管理,保障公路设施和人民生命财产安全,根据《公路法》《公路安全保护条例》等法律、行政法规,制定本规定。

第二条 超限运输车辆通过公路进行货物运输,应当遵守本规定。

第三条 本规定所称超限运输车辆,是指有下列情形之一的货物运输车辆:

(一)车货总高度从地面算起超过4米;

(二)车货总宽度超过2.55米;

(三)车货总长度超过18.1米;

(四)二轴货车,其车货总质量超过18000千克;

(五)三轴货车,其车货总质量超过25000千克;三轴汽车列车,其车货总质量超过27000千克;

(六)四轴货车,其车货总质量超过31000千克;四轴汽车列车,其车货总质量超过36000千克;

(七)五轴汽车列车,其车货总质量超过43000千克;

(八)六轴及六轴以上汽车列车,其车货总质量超过49000千克,其中牵引车驱动轴为单轴的,其车货总质量超过46000千克。

前款规定的限定标准的认定,还应当遵守下列要求:

(一)二轴组按照二个轴计算,三轴组按照三个轴计算;

(二)除驱动轴外,二轴组、三轴组以及半挂车和全挂车的车轴每侧轮胎按照双轮胎计算,若每轴每侧轮胎为单轮胎,限定标准减少3000千克,但安装符合国家有关标准的加宽轮胎的除外;

(三)车辆最大允许总质量不应超过各车轴最大允许轴荷之和;

(四)拖拉机、农用车、低速货车,以行驶证核定的总质量为限定标准;

(五)符合《汽车、挂车及汽车列车外廓尺寸、轴荷及质量限值》(GB1589)规定的冷藏车、汽车列车、安装空气悬架的车辆,以及专用作业车,不认定为超限运输车辆。

第四条 交通运输部负责全国超限运输车辆行驶公路的管理工作。

县级以上地方人民政府交通运输主管部门负责本行政区域内超限运输车辆行驶公路的管理工作。

公路管理机构具体承担超限运输车辆行驶公路的监督管理。

县级以上人民政府相关主管部门按照职责分工，依法负责或者参与、配合超限运输车辆行驶公路的监督管理。交通运输主管部门应当在本级人民政府统一领导下，与相关主管部门建立治理超限运输联动工作机制。

第五条 各级交通运输主管部门应当组织公路管理机构、道路运输管理机构建立相关管理信息系统，推行车辆超限管理信息系统、道路运政管理信息系统联网，实现数据交换与共享。

第二章 大件运输许可管理

第六条 载运不可解体物品的超限运输（以下称大件运输）车辆，应当依法办理有关许可手续，采取有效措施后，按照指定的时间、路线、速度行驶公路。未经许可，不得擅自行驶公路。

第七条 大件运输的托运人应当委托具有大型物件运输经营资质的道路运输经营者承运，并在运单上如实填写托运货物的名称、规格、重量等相关信息。

第八条 大件运输车辆行驶公路前，承运人应当按下列规定向公路管理机构申请公路超限运输许可：

（一）跨省、自治区、直辖市进行运输的，向起运地省级公路管理机构递交申请书，申请机关需要列明超限运输途经公路沿线各省级公路管理机构，由起运地省级公路管理机构统一受理并组织协调沿线各省级公路管理机构联合审批，必要时可由交通运输部统一组织协调处理；

（二）在省、自治区范围内跨设区的市进行运输，或者在直辖市范围内跨区、县进行运输的，向该省级公路管理机构提出申请，由其受理并审批；

（三）在设区的市范围内跨区、县进行运输的，向该市级公路管理机构提出申请，由其受理并审批；

（四）在区、县范围内进行运输的，向该县级公路管理机构提出申请，由其受理并审批。

第九条 各级交通运输主管部门、公路管理机构应当利用信息化手段，建立公路超限运输许可管理平台，实行网上办理许可手续，并及时公开相关信息。

第十条 申请公路超限运输许可的，承运人应当提交下列材料：

（一）公路超限运输申请表，主要内容包括货物的名称、外廓尺寸和质量，车辆的厂牌型号、整备质量、轴数、轴距和轮胎数，载货时车货总体的外廓尺寸、总质量、各车轴轴荷，拟运输的起讫点、通行路线和行驶时间；

（二）承运人的道路运输经营许可证，经办人的身份证件和授权委托书；

（三）车辆行驶证或者临时行驶车号牌。

车货总高度从地面算起超过4.5米，或者总宽度超过3.75米，或者总长度超过28米，或者总质量超过100000千克，以及其他可能严重影响公路完好、安全、畅通情形的，还应当提交记录载货时车货总体外廓尺寸信息的轮廓图和护送方案。

护送方案应当包含护送车辆配置方案、护送人员配备方案、护送路线情况说明、护送操作细则、异常情况处理等相关内容。

第十一条 承运人提出的公路超限运输许可申请有下列情形之一的，公路管理机构不予受理：

（一）货物属于可分载物品的；

（二）承运人所持有的道路运输经营许可证记载的经营资质不包括大件运输的；

（三）承运人被依法限制申请公路超限运输许可未满限制期限的；

（四）法律、行政法规规定的其他情形。

载运单个不可解体物品的大件运输车辆，在不改变原超限情形的前提下，加装多个品种相同的不可解体物品的，视为载运不可解体物品。

第十二条 公路管理机构受理公路超限运输许可申请后，应当对承运人提交的申请材料进行审查。属于第十条第二款规定情形的，公路管理机构应当对车货总体外廓尺寸、总质量、轴荷等数据和护送方案进行核查，并征求同级公安机关交通管理部门意见。

属于统一受理、集中办理跨省、自治区、直辖市进行运输的，由起运地省级公路管理机构负责审查。

第十三条 公路管理机构审批公路超限运输申请，应当根据实际情况组织人员勘测通行路线。需要采取加固、改造措施的，承运人应当按照规定要求采取有效的加固、改造措施。公路管理机构应当对承运人提出的加固、改造措施方案进行审查，并组织验收。

承运人不具备加固、改造措施的条件和能力的，可以通过签订协议的方式，委托公路管理机构制定相应的加固、改造方案，由公路管理机构进行加固、改造，或者由公路管理机构通过市场化方式选择具有相应资质的单位进行加固、改造。

采取加固、改造措施所需的费用由承运人承担。相关收费标准应当公开、透明。

第十四条 采取加固、改造措施应当满足公路设施安全需要，并遵循下列原则：

（一）优先采取临时措施，便于实施、拆除和可回收利用；

（二）采取永久性或者半永久性措施的，可以考虑与公路设施的技术改造同步实施；

（三）对公路设施采取加固、改造措施仍无法满足大件运输车辆通行的，可以考虑采取修建临时便桥或者便道的改造措施；

（四）有多条路线可供选择的，优先选取桥梁技术状况评定等级高和采取加固、改造措施所需费用低的路线通行；

（五）同一时期，不同的超限运输申请，涉及对同一公路设施采取加固、改造措施的，由各承运人按照公平、自愿的原则分担有关费用。

第十五条 公路管理机构应当在下列期限内作出行政许可决定：

（一）车货总高度从地面算起未超过4.2米、总宽度未超过3米、总长度未超过20米且车货总质量、轴荷未超过本规定第三条、第十七条规定标准的，自受理申请之日起2个工作日内作出，属于统一受理、集中办理跨省、自治区、直辖市大件运输的，办理的时间最长不得超过5个工作日；

（二）车货总高度从地面算起未超过4.5米、总宽度未超过3.75米、总长度未超过28米且总质量未超过100000千克的，属于本辖区内大件运输的，自受理申请之日起5个工作日内作出，属于统一受理、集中办理跨省、自治区、直辖市大件运输的，办理的时间最长不得超过10个工作日；

（三）车货总高度从地面算起超过4.5米，或者总宽度超过3.75米，或者总长度超过28

米,或者总质量超过100000千克的,属于本辖区内大件运输的,自受理申请之日起15个工作日内作出,属于统一受理、集中办理跨省、自治区、直辖市大件运输的,办理的时间最长不得超过20个工作日。

采取加固、改造措施所需时间不计算在前款规定的期限内。

第十六条 受理跨省、自治区、直辖市公路超限运输申请后,起运地省级公路管理机构应当在2个工作日内向途经公路沿线各省级公路管理机构转送其受理的申请资料。

属于第十五条第一款第二项规定的情形的,途经公路沿线各省级公路管理机构应当在收到转送的申请材料起5个工作日内作出行政许可决定;属于第十五条第一款第三项规定的情形的,应当在收到转送的申请材料起15个工作日内作出行政许可决定,并向起运地省级公路管理机构反馈。需要采取加固、改造措施的,由相关省级公路管理机构按照本规定第十三条执行;上下游省、自治区、直辖市范围内路线或者行驶时间调整的,应当及时告知承运人和起运地省级公路管理机构,由起运地省级公路管理机构组织协调处理。

第十七条 有下列情形之一的,公路管理机构应当依法作出不予行政许可的决定:

(一)采用普通平板车运输,车辆单轴的平均轴荷超过10000千克或者最大轴荷超过13000千克的;

(二)采用多轴多轮液压平板车运输,车辆每轴线(一线两轴8轮胎)的平均轴荷超过18000千克或者最大轴荷超过20000千克的;

(三)承运人不履行加固、改造义务的;

(四)法律、行政法规规定的其他情形。

第十八条 公路管理机构批准公路超限运输申请的,根据大件运输的具体情况,指定行驶公路的时间、路线和速度,并颁发《超限运输车辆通行证》。其中,批准跨省、自治区、直辖市运输的,由起运地省级公路管理机构颁发。

《超限运输车辆通行证》的式样由交通运输部统一制定,各省级公路管理机构负责印制和管理。申请人可到许可窗口领取或者通过网上自助方式打印。

第十九条 同一大件运输车辆短期内多次通行固定路线,装载方式、装载物品相同,且不需要采取加固、改造措施的,承运人可以根据运输计划向公路管理机构申请办理行驶期限不超过6个月的《超限运输车辆通行证》。运输计划发生变化,需按原许可机关的有关规定办理变更手续。

第二十条 经批准进行大件运输的车辆,行驶公路时应当遵守下列规定:

(一)采取有效措施固定货物,按照有关要求在车辆上悬挂明显标志,保证运输安全;

(二)按照指定的时间、路线和速度行驶;

(三)车货总质量超限的车辆通行公路桥梁,应当匀速居中行驶,避免在桥上制动、变速或者停驶;

(四)需要在公路上临时停车的,除遵守有关道路交通安全规定外,还应当在车辆周边设置警告标志,并采取相应的安全防范措施;需要较长时间停车或者遇有恶劣天气的,应当驶离公路,就近选择安全区域停靠;

(五)通行采取加固、改造措施的公路设施,承运人应当提前通知该公路设施的养护管理单位,由其加强现场管理和指导;

（六）因自然灾害或者其他不可预见因素而出现公路通行状况异常致使大件运输车辆无法继续行驶的，承运人应当服从现场管理并及时告知作出行政许可决定的公路管理机构，由其协调当地公路管理机构采取相关措施后继续行驶。

第二十一条　大件运输车辆应当随车携带有效的《超限运输车辆通行证》，主动接受公路管理机构的监督检查。

大件运输车辆及装载物品的有关情况应当与《超限运输车辆通行证》记载的内容一致。

任何单位和个人不得租借、转让《超限运输车辆通行证》，不得使用伪造、变造的《超限运输车辆通行证》。

第二十二条　对于本规定第十条第二款规定的大件运输车辆，承运人应当按照护送方案组织护送。

承运人无法采取护送措施的，可以委托作出行政许可决定的公路管理机构协调公路沿线的公路管理机构进行护送，并承担所需费用。护送收费标准由省级交通运输主管部门会同同级财政、价格主管部门按规定制定，并予以公示。

第二十三条　行驶过程中，护送车辆应当与大件运输车辆形成整体车队，并保持实时、畅通的通讯联系。

第二十四条　经批准的大件运输车辆途经实行计重收费的收费公路时，对其按照基本费率标准收取车辆通行费，但车辆及装载物品的有关情况与《超限运输车辆通行证》记载的内容不一致的除外。

第二十五条　公路管理机构应当加强与辖区内重大装备制造、运输企业的联系，了解其制造、运输计划，加强服务，为重大装备运输提供便利条件。

大件运输需求量大的地区，可以统筹考虑建设成本、运输需求等因素，适当提高通行路段的技术条件。

第二十六条　公路管理机构、公路经营企业应当按照有关规定，定期对公路、公路桥梁、公路隧道等设施进行检测和评定，并为社会公众查询其技术状况信息提供便利。

公路收费站应当按照有关要求设置超宽车道。

第三章　违法超限运输管理

第二十七条　载运可分载物品的超限运输（以下称违法超限运输）车辆，禁止行驶公路。

在公路上行驶的车辆，其车货总体的外廓尺寸或者总质量未超过本规定第三条规定的限定标准，但超过相关公路、公路桥梁、公路隧道限载、限高、限宽、限长标准的，不得在该公路、公路桥梁或者公路隧道行驶。

第二十八条　煤炭、钢材、水泥、砂石、商品车等货物集散地以及货运站等场所的经营人、管理人（以下统称货运源头单位），应当在货物装运场（站）安装合格的检测设备，对出场（站）货运车辆进行检测，确保出场（站）货运车辆合法装载。

第二十九条　货运源头单位、道路运输企业应当加强对货运车辆驾驶人的教育和管理，督促其合法运输。

道路运输企业是防止违法超限运输的责任主体，应当按照有关规定加强对车辆装载及运行全过程监控，防止驾驶人违法超限运输。

任何单位和个人不得指使、强令货运车辆驾驶人违法超限运输。

第三十条 货运车辆驾驶人不得驾驶违法超限运输车辆。

第三十一条 道路运输管理机构应当加强对政府公布的重点货运源头单位的监督检查。通过巡查、技术监控等方式督促其落实监督车辆合法装载的责任，制止违法超限运输车辆出场（站）。

第三十二条 公路管理机构、道路运输管理机构应当建立执法联动工作机制，将违法超限运输行为纳入道路运输企业质量信誉考核和驾驶人诚信考核，实行违法超限运输"黑名单"管理制度，依法追究违法超限运输的货运车辆、车辆驾驶人、道路运输企业、货运源头单位的责任。

第三十三条 公路管理机构应当对货运车辆进行超限检测。超限检测可以采取固定站点检测、流动检测、技术监控等方式。

第三十四条 采取固定站点检测的，应当在经省级人民政府批准设置的公路超限检测站进行。

第三十五条 公路管理机构可以利用移动检测设备，开展流动检测。经流动检测认定的违法超限运输车辆，应当就近引导至公路超限检测站进行处理。

流动检测点远离公路超限检测站的，应当就近引导至县级以上地方交通运输主管部门指定并公布的执法站所、停车场、卸载场等具有停放车辆及卸载条件的地点或者场所进行处理。

第三十六条 经检测认定违法超限运输的，公路管理机构应当责令当事人自行采取卸载等措施，消除违法状态；当事人自行消除违法状态确有困难的，可以委托第三人或者公路管理机构协助消除违法状态。

属于载运不可解体物品，在接受调查处理完毕后，需要继续行驶公路的，应当依法申请公路超限运输许可。

第三十七条 公路管理机构对车辆进行超限检测，不得收取检测费用。对依法扣留或者停放接受调查处理的超限运输车辆，不得收取停车保管费用。由公路管理机构协助卸载、分装或者保管卸载货物的，超过保管期限经通知当事人仍不领取的，可以按照有关规定予以处理。

第三十八条 公路管理机构应当使用经国家有关部门检定合格的检测设备对车辆进行超限检测；未定期检定或者检定不合格的，其检测数据不得作为执法依据。

第三十九条 收费高速公路入口应当按照规定设置检测设备，对货运车辆进行检测，不得放行违法超限运输车辆驶入高速公路。其他收费公路实行计重收费的，利用检测设备发现违法超限运输车辆时，有权拒绝其通行。收费公路经营管理者应当将违法超限运输车辆及时报告公路管理机构或者公安机关交通管理部门依法处理。

公路管理机构有权查阅和调取公路收费站车辆称重数据、照片、视频监控等有关资料，经确认后可以作为行政处罚的证据。

第四十条 公路管理机构应当根据保护公路的需要，在货物运输主通道、重要桥梁入口处等普通公路以及开放式高速公路的重要路段和节点，设置车辆检测等技术监控设备，依法查处违法超限运输行为。

第四十一条 新建、改建公路时，应当按照规划，将超限检测站点、车辆检测等技术监控设备作为公路附属设施一并列入工程预算,与公路主体工程同步设计、同步建设、同步验收运行。

第四章 法律责任

第四十二条 违反本规定,依照《公路法》《公路安全保护条例》《道路运输条例》和本规定予以处理。

第四十三条 车辆违法超限运输的,由公路管理机构根据违法行为的性质、情节和危害程度,按下列规定给予处罚:

(一)车货总高度从地面算起未超过4.2米、总宽度未超过3米且总长度未超过20米的,可以处200元以下罚款;车货总高度从地面算起未超过4.5米、总宽度未超过3.75米且总长度未超过28米的,处200元以上1000元以下罚款;车货总高度从地面算起超过4.5米、总宽度超过3.75米或者总长度超过28米的,处1000元以上3000元以下的罚款;

(二)车货总质量超过本规定第三条第一款第四项至第八项规定的限定标准,但未超过1000千克的,予以警告;超过1000千克的,每超1000千克罚款500元,最高不得超过30000元。

有前款所列多项违法行为的,相应违法行为的罚款数额应当累计,但累计罚款数额最高不得超过30000元。

第四十四条 公路管理机构在违法超限运输案件处理完毕后7个工作日内,应当将与案件相关的下列信息通过车辆超限管理信息系统抄告车籍所在地道路运输管理机构:

(一)车辆的号牌号码、车型、车辆所属企业、道路运输证号信息;

(二)驾驶人的姓名、驾驶人从业资格证编号、驾驶人所属企业信息;

(三)货运源头单位、货物装载单信息;

(四)行政处罚决定书信息;

(五)与案件相关的其他资料信息。

第四十五条 公路管理机构在监督检查中发现违法超限运输车辆不符合《汽车、挂车及汽车列车外廓尺寸、轴荷及质量限值》(GB1589),或者与行驶证记载的登记内容不符的,应当予以记录,定期抄告车籍所在地的公安机关交通管理部门等单位。

第四十六条 对1年内违法超限运输超过3次的货运车辆和驾驶人,以及违法超限运输的货运车辆超过本单位货运车辆总数10%的道路运输企业,由道路运输管理机构依照《公路安全保护条例》第六十六条予以处理。

前款规定的违法超限运输记录累计计算周期,从初次领取《道路运输证》、道路运输从业人员从业资格证、道路运输经营许可证之日算起,可跨自然年度。

第四十七条 大件运输车辆有下列情形之一的,视为违法超限运输:

(一)未经许可擅自行驶公路的;

(二)车辆及装载物品的有关情况与《超限运输车辆通行证》记载的内容不一致的;

(三)未按许可的时间、路线、速度行驶公路的;

(四)未按许可的护送方案采取护送措施的。

第四十八条 承运人隐瞒有关情况或者提供虚假材料申请公路超限运输许可的,除依法给予处理外,并在 1 年内不准申请公路超限运输许可。

第四十九条 违反本规定,指使、强令车辆驾驶人超限运输货物的,由道路运输管理机构责令改正,处 30000 元以下罚款。

第五十条 违法行为地或者车籍所在地公路管理机构可以根据技术监控设备记录资料,对违法超限运输车辆依法给予处罚,并提供适当方式,供社会公众查询违法超限运输记录。

第五十一条 公路管理机构、道路运输管理机构工作人员有玩忽职守、徇私舞弊、滥用职权的,依法给予行政处分;涉嫌犯罪的,移送司法机关依法查处。

第五十二条 对违法超限运输车辆行驶公路现象严重,造成公路桥梁垮塌等重大安全事故,或者公路受损严重、通行能力明显下降的,交通运输部、省级交通运输主管部门可以按照职责权限,在 1 年内停止审批该地区申报的地方性公路工程建设项目。

第五十三条 相关单位和个人拒绝、阻碍公路管理机构、道路运输管理机构工作人员依法执行职务,构成违反治安管理行为的,由公安机关依法给予治安管理处罚;构成犯罪的,依法追究刑事责任。

第五章 附 则

第五十四条 因军事和国防科研需要,载运保密物品的大件运输车辆确需行驶公路的,参照本规定执行;国家另有规定的,从其规定。

第五十五条 本规定自 2016 年 9 月 21 日起施行。原交通部发布的《超限运输车辆行驶公路管理规定》(交通部令 2000 年第 2 号)同时废止。

路政管理规定

(2003年1月27日交通部令第2号公布)

第一章 总 则

第一条 为加强公路管理,提高路政管理水平,保障公路的完好、安全和畅通,根据《中华人民共和国公路法》(以下简称《公路法》)及其他有关法律、行政法规,制定本规定。

第二条 本规定适用于中华人民共和国境内的国道、省道、县道、乡道的路政管理。

本规定所称路政管理,是指县级以上人民政府交通主管部门或者其设置的公路管理机构,为维护公路管理者、经营者、使用者的合法权益,根据《公路法》及其他有关法律、法规和规章的规定,实施保护公路、公路用地及公路附属设施(以下统称"路产")的行政管理。

第三条 路政管理工作应当遵循"统一管理、分级负责、依法行政"的原则。

第四条 交通部根据《公路法》及其他有关法律、行政法规的规定主管全国路政管理工作。

县级以上地方人民政府交通主管部门根据《公路法》及其他有关法律、法规、规章的规定主管本行政区域内路政管理工作。

县级以上地方人民政府交通主管部门设置的公路管理机构根据《公路法》的规定或者根据县级以上地方人民政府交通主管部门的委托负责路政管理的具体工作。

第五条 县级以上地方人民政府交通主管部门或者其设置的公路管理机构的路政管理职责如下:

(一)宣传、贯彻执行公路管理的法律、法规和规章;
(二)保护路产;
(三)实施路政巡查;
(四)管理公路两侧建筑控制区;
(五)维持公路养护作业现场秩序;
(六)参与公路工程交工、竣工验收;
(七)依法查处各种违反路政管理法律、法规、规章的案件;
(八)法律、法规规定的其他职责。

第六条 依照《公路法》的有关规定,受让公路收费权或者由国内外经济组织投资建成的收费公路的路政管理工作,由县级以上地方人民政府交通主管部门或者其设置的公路管理机构的派出机构、人员负责。

第七条 任何单位和个人不得破坏、损坏或者非法占用路产。

任何单位和个人都有爱护路产的义务,有检举破坏、损坏路产和影响公路安全行为的权利。

第二章 路政管理许可

第八条 除公路防护、养护外,占用、利用或者挖掘公路、公路用地、公路两侧建筑控制区,以及更新、砍伐公路用地上的树木,应当根据《公路法》和本规定,事先报经交通主管部门或者其设置的公路管理机构批准、同意。

第九条 因修建铁路、机场、电站、通信设施、水利工程和进行其他建设工程需要占用、挖掘公路或者使公路改线的,建设单位应当按照《公路法》第四十四条第二款的规定,事先向交通主管部门或者其设置的公路管理机构提交申请书和设计图。

本条前款规定的申请书包括以下主要内容:

(一)主要理由;

(二)地点(公路名称、桩号及与公路边坡外缘或者公路界桩的距离);

(三)安全保障措施;

(四)施工期限;

(五)修复、改建公路的措施或者补偿数额。

第十条 跨越、穿越公路,修建桥梁、渡槽或者架设、埋设管线等设施,以及在公路用地范围内架设、埋设管(杆)线、电缆等设施,应当按照《公路法》第四十五条的规定,事先向交通主管部门或者其设置的公路管理机构提交申请书和设计图。

本条前款规定的申请书包括以下主要内容:

(一)主要理由;

(二)地点(公路名称、桩号及与公路边坡外缘或者公路界桩的距离);

(三)安全保障措施;

(四)施工期限;

(五)修复、改建公路的措施或者补偿数额。

第十一条 因抢险、防汛需要在大中型公路桥梁和渡口周围 200 米范围内修筑堤坝、压缩或者拓宽河床,应当按照《公路法》第四十七条第二款的规定,事先向交通主管部门提交申请书和设计图。

本条前款规定的申请书包括以下主要内容:

(一)主要理由;

(二)地点(公路名称、桩号及与公路边坡外缘或者公路界桩的距离);

(三)安全保障措施;

(四)施工期限。

第十二条 铁轮车、履带车和其他可能损害公路路面的机具需要在公路上行驶的,应当按照《公路法》第四十八条的规定,事先向交通主管部门或者其设置的公路管理机构提交申请书和车辆或者机具的行驶证件。

本条前款规定的申请书包括以下主要内容:

(一)主要理由;

(二)行驶路线及时间;

(三)行驶采取的防护措施;
(四)补偿数额。

第十三条 超过公路、公路桥梁、公路隧道或者汽车渡船的限载、限高、限宽、限长标准的车辆,确需在公路上行驶的,按照《公路法》第五十条和交通部制定的《超限运输车辆行驶公路管理规定》的规定办理。

第十四条 在公路用地范围内设置公路标志以外的其他标志,应当按照《公路法》第五十四条的规定,事先向交通主管部门或者其设置的公路管理机构提交申请书和设计图。

本条前款规定的申请书包括以下主要内容:
(一)主要理由;
(二)标志的内容;
(三)标志的颜色、外廓尺寸及结构;
(四)标志设置地点(公路名称、桩号);
(五)标志设置时间及保持期限。

第十五条 在公路上增设平面交叉道口,应当按照《公路法》第五十五条的规定,事先向交通主管部门或者其设置的公路管理机构提交申请书和设计图或者平面布置图。

本条前款规定的申请书包括以下主要内容:
(一)主要理由;
(二)地点(公路名称、桩号);
(三)施工期限;
(四)安全保障措施。

第十六条 在公路两侧的建筑控制区内埋设管(杆)线、电缆等设施,应当按照《公路法》第五十六条第一款的规定,事先向交通主管部门或者其设置的公路管理机构提交申请书和设计图。

本条前款规定的申请书包括以下主要内容:
(一)主要理由;
(二)地点(公路名称、桩号及与公路边坡外缘或公路界桩的距离);
(三)安全保障措施;
(四)施工期限。

第十七条 更新砍伐公路用地上的树木,应当依照《公路法》第四十二条第二款的规定,事先向交通主管部门或者其设置的公路管理机构提交申请书。

本条前款规定的申请书包括以下主要内容:
(一)主要理由;
(二)地点(公路名称、桩号);
(三)树木的种类和数量;
(四)安全保障措施;
(五)时间;
(六)补种措施。

第十八条 除省级人民政府根据《公路法》第八条第二款就国道、省道管理、监督职责作

出决定外,路政管理许可的权限如下:

（一）属于国道、省道的,由省级人民政府交通主管部门或者其设置的公路管理机构办理;

（二）属于县道的,由市(设区的市)级人民政府交通主管部门或者其设置的公路管理机构办理;

（三）属于乡道的,由县级人民政府交通主管部门或者其设置的公路管理机构办理。

路政管理许可事项涉及有关部门职责的,应当经交通主管部门或者其设置的公路管理机构批准或者同意后,依照有关法律、法规的规定,办理相关手续。其中,本规定第十一条规定的事项,由省级人民政府交通主管部门会同省级水行政主管部门办理。

第十九条　交通主管部门或者其设置的公路管理机构自接到申请书之日起15日内应当作出决定。作出批准或者同意的决定的,应当签发相应的许可证;作出不批准或者不同意的决定的,应当书面告知,并说明理由。

第三章　路政案件管辖

第二十条　路政案件由案件发生地的县级人民政府交通主管部门或者其设置的公路管理机构管辖。

第二十一条　对管辖发生争议的,报请共同的上一级人民政府交通主管部门或者其设置的公路管理机构指定管辖。

下级人民政府交通主管部门或者其设置的公路管理机构对属于其管辖的案件,认为需要由上级人民政府交通主管部门或者其设置的公路管理机构处理的,可以报请上一级人民政府交通主管部门或者其设置的公路管理机构决定。

上一级人民政府交通主管部门或者其设置的公路管理机构认为必要的,可以直接处理属于下级人民政府交通主管部门或者其设置的公路管理机构管辖的案件。

第二十二条　报请上级人民政府交通主管部门或者其设置的公路管理机构处理的案件以及上级人民政府交通主管部门或者其设置的公路管理机构决定直接处理的案件,案件发生地的县级人民政府交通主管部门或者其设置的公路管理机构应当首先制止违法行为,并做好保护现场等工作,上级人民政府交通主管部门或者其设置的公路管理机构应当及时确定管辖权。

第四章　行　政　处　罚

第二十三条　有下列违法行为之一的,依照《公路法》第七十六条的规定,责令停止违法行为,可处3万元以下的罚款:

（一）违反《公路法》第四十四条第一款规定,擅自占用、挖掘公路的;

（二）违反《公路法》第四十五条规定,未经同意或者未按照公路工程技术标准的要求修建跨越、穿越公路的桥梁、渡槽或者架设、埋设管线、电缆等设施的;

（三）违反《公路法》第四十七条规定,未经批准从事危及公路安全作业的;

（四）违反《公路法》第四十八条规定,铁轮车、履带车和其他可能损害路面的机具擅自在公路上超限行驶的;

(五)违反《公路法》第五十条规定,车辆超限使用汽车渡船或者在公路上擅自超限行驶的;

(六)违反《公路法》第五十二条、第五十六规定,损坏、移动、涂改公路附属设施或者损坏、挪动建筑控制区的标桩、界桩,可能危及公路安全的。

第二十四条 有下列违法行为之一的,依照《公路法》第七十七条的规定,责令停止违法行为,可处5000元以下罚款:

(一)违反《公路法》第四十六条规定,造成公路路面损坏、污染或者影响公路畅通的;

(二)违反《公路法》第五十一条规定,将公路作为检验机动车辆制动性能的试车场地的。

第二十五条 违反《公路法》第五十三条规定,造成公路损坏,未报告的,依照《公路法》第七十八条的规定,处以1000元以下罚款。

第二十六条 违反《公路法》第五十四条规定,在公路用地范围内设置公路标志以外的其他标志的,依照《公路法》第七十九条的规定,责令限期拆除,可处2万元以下罚款。

第二十七条 违反《公路法》第五十五条规定,未经批准在公路上设置平面交叉道口的,依照《公路法》第八十条的规定,责令恢复原状,处5万元以下罚款。

第二十八条 违反《公路法》第五十六条规定,在公路建筑控制区内修建建筑物、地面构筑物或者擅自埋设管线、电缆等设施的,依照《公路法》第八十一条的规定,责令限期拆除,并可处5万元以下罚款。

第二十九条 《公路法》第八章及本规定的行政处罚,由县级以上地方人民政府交通主管部门或者其设置的公路管理机构依照《公路法》有关规定实施。

第三十条 实施路政处罚的程序,按照《交通行政处罚程序规定》办理。

第五章 公路赔偿和补偿

第三十一条 公民、法人或者其他组织造成路产损坏的,应向公路管理机构缴纳路产损坏赔(补)偿费。

第三十二条 根据《公路法》第四十四条第二款,经批准占用、利用、挖掘公路或者使公路改线的,建设单位应当按照不低于该段公路原有技术标准予以修复、改建或者给予相应的补偿。

第三十三条 路产损坏事实清楚,证据确凿充分,赔偿数额较小,且当事人无争议的,可以当场处理。

当场处理公路赔(补)偿案件,应当制作、送达《公路赔(补)偿通知书》收取公路赔(补)偿费,出具收费凭证。

第三十四条 除本规定第三十三条规定可以当场处理的公路赔(补)偿案件外,处理公路赔(补)偿案件应当按照下列程序进行:

(一)立案;

(二)调查取证;

(三)听取当事人陈述和申辩或听证;

(四)制作并送达《公路赔(补)偿通知书》;

(五)收取公路赔(补)偿费;

(六)出具收费凭证;

(七)结案。

调查取证应当询问当事人及证人,制作调查笔录;需要进行现场勘验或者鉴定的,还应当制作现场勘验报告或者鉴定报告。

第三十五条 本规定对公路赔(补)偿案件处理程序的具体事项未作规定的,参照《交通行政处罚程序规定》办理。

办理公路赔(补)偿案件涉及路政处罚的,可以一并进行调查取证,分别进行处理。

第三十六条 当事人对《公路赔(补)偿通知书》认定的事实和赔(补)偿费数额有疑义的,可以向公路管理机构申请复核。

公路管理机构应当自收到公路赔(补)偿复核申请之日起15日内完成复核,并将复核结果书面通知当事人。

本条规定不影响当事人依法向人民法院提起民事诉讼的法定权利。

第三十七条 公路赔(补)偿费应当用于受损公路的修复,不得挪作他用。

第六章 行政强制措施

第三十八条 对公路造成较大损害、当场不能处理完毕的车辆,公路管理机构应当依照《公路法》第八十五条第二款的规定,签发《责令车辆停驶通知书》,责令该车辆停驶并停放于指定场所。调查、处理完毕后,应当立即放行车辆,有关费用由车辆所有人或者使用人承担。

第三十九条 违反《公路法》第五十四条规定,在公路用地范围内设置公路标志以外的其他标志,依法责令限期拆除,而设置者逾期不拆除的,依照《公路法》第七十九条的规定强行拆除。

第四十条 违反《公路法》第五十六条规定,在公路建筑控制区内修建建筑物、地面构筑物或者擅自埋设管(杆)线、电缆等设施,依法责令限期拆除,而建筑者、构筑者逾期不拆除的,依照《公路法》第八十一条的规定强行拆除。

第四十一条 依法实施强行拆除所发生的有关费用,由设置者、建筑者、构筑者负担。

第四十二条 依法实施路政强行措施,应当遵守下列程序:

(一)制作并送达路政强制措施告诫书,告知当事人作出拆除非法标志或者设施决定的事实、理由及依据,拆除非法标志或者设施的期限,不拆除非法标志或者设施的法律后果,并告知当事人依法享有的权利;

(二)听取当事人陈述和申辩;

(三)复核当事人提出的事实、理由和依据;

(四)经督促告诫,当事人逾期不拆除非法标志或者设施的,制作并送达路政强制措施决定书;

(五)实施路政强制措施;

(六)制作路政强制措施笔录。

实施强行拆除涉及路政处罚的,可以一并进行调查取证,分别进行处理。

第四十三条 有下列情形之一的,可依法申请人民法院强制执行:

(一)当事人拒不履行公路行政处罚决定;

(二)依法强行拆除受到阻挠。

第四十四条 《公路法》第八章及本规定的行政强制措施,由县级以上地方人民政府交通主管部门或者其设置的公路管理机构依照《公路法》有关规定实施。

第七章 监督检查

第四十五条 交通主管部门、公路管理机构应当依法对有关公路管理的法律、法规、规章执行情况进行监督检查。

第四十六条 交通主管部门、公路管理机构应当加强路政巡查,认真查处各种侵占、损坏路产及其他违反公路管理法律、法规和本规定的行为。

第四十七条 路政管理人员依法在公路、建筑控制区、车辆停放场所、车辆所属单位等进行监督检查时,任何单位和个人不得阻挠。

第四十八条 公路养护人员发现破坏、损坏或者非法占用路产和影响公路安全的行为应当予以制止,并及时向公路管理机构报告,协助路政管理人员实施日常路政管理。

第四十九条 公路经营者、使用者和其他有关单位、个人,应当接受路政管理人员依法实施的监督检查,并为其提供方便。

第五十条 对公路造成较大损害的车辆,必须立即停车,保护现场,并向公路管理机构报告。

第五十一条 交通主管部门、公路管理机构应当对路政管理人员的执法行为加强监督检查,对其违法行为应当及时纠正,依法处理。

第八章 人员与装备

第五十二条 公路管理机构应当配备相应的专职路政管理人员,具体负责路政管理工作。

第五十三条 路政管理人员的配备标准由省级人民政府交通主管部门会同有关部门按照"精干高效"的原则,根据本辖区公路的行政等级、技术等级和当地经济发展水平等实际情况综合确定。

第五十四条 路政管理人员录用应具备以下条件:
(一)年龄在20周岁以上,但一线路政执法人员的年龄不得超过45岁;
(二)身体健康;
(三)大专毕业以上文化程度;
(四)持有符合交通部规定的岗位培训考试合格证书。

第五十五条 路政管理人员实行公开录用、竞争上岗,由市(设区的市)级公路管理机构组织实施,省级公路管理机构批准。

第五十六条 路政管理人员执行公务时,必须按规定统一着装,佩戴标志,持证上岗。

第五十七条 路政管理人员必须爱岗敬业,恪尽职守,熟悉业务,清正廉洁,文明服务、秉公执法。

第五十八条 交通主管部门、公路管理机构应当加强路政管理队伍建设,提高路政管理执法水平。

第五十九条　路政管理人员玩忽职守、徇私舞弊、滥用职权,依法给予行政处分;构成犯罪的,依法追究刑事责任。

第六十条　公路管理机构应当配备专门用于路政管理的交通、通信及其他必要的装备。用于路政管理的交通、通讯及其他装备不得用于非路政管理活动。

第六十一条　用于路政管理的专用车辆,应当按照《公路法》第七十三条和交通部制定的《公路监督检查专用车辆管理办法》的规定,设置统一的标志和示警灯。

第九章　内务管理

第六十二条　公路管理机构应当建立健全路政内务管理制度,加强各项内务管理工作。

第六十三条　路政内务管理制度如下:

(一)路政管理人员岗位职责;

(二)路政管理人员行为规范;

(三)路政管理人员执法考核、评议制度;

(四)路政执法与办案程序;

(五)路政巡查制度;

(六)路政管理统计制度;

(七)路政档案管理制度;

(八)其他路政内务管理制度。

第六十四条　公路管理机构应当公开办事制度,自觉接受社会监督。

第十章　附　　则

第六十五条　公路赔(补)偿费标准,由省、自治区、直辖市人民政府交通主管部门会同同级财政、价格主管部门制定。

第六十六条　路政管理文书的格式,由交通部统一制定。

第六十七条　本规定由交通部负责解释。

第六十八条　本规定自 2003 年 4 月 1 日起施行。1990 年 9 月 24 日交通部发布的《公路路政管理规定(试行)》同时废止。

公路超限检测站管理办法

(2011年6月24日交通运输部令第7号公布)

第一章 总 则

第一条 为加强和规范公路超限检测站管理,保障车辆超限治理工作依法有效进行,根据《中华人民共和国公路法》和《公路安全保护条例》,制定本办法。

第二条 本办法所称公路超限检测站,是指为保障公路完好、安全和畅通,在公路上设立的,对车辆实施超限检测、认定、查处和纠正违法行为的执法场所和设施。

第三条 公路超限检测站的管理,应当遵循统一领导、分级负责、规范运行、依法监管的原则。

交通运输部主管全国公路超限检测站的监督管理工作。

省、自治区、直辖市人民政府交通运输主管部门主管本行政区域内公路超限检测站的监督管理工作,并负责公路超限检测站的规划、验收等工作。

市、县级人民政府交通运输主管部门根据《中华人民共和国公路法》、《公路安全保护条例》等法律、法规、规章的规定主管本行政区域内公路超限检测站的监督管理工作。

公路超限检测站的建设、运行等具体监督管理工作,由公路管理机构负责。

第四条 公路超限检测站作为公路管理机构的派出机构,其主要职责是:

(一)宣传、贯彻、执行国家有关车辆超限治理的法律、法规、规章和政策;

(二)制定公路超限检测站的各项管理制度;

(三)依法对在公路上行驶的车辆进行超限检测、认定、查处和纠正违法行为;

(四)监督当事人对超限运输车辆采取卸载、分装等消除违法状态的改正措施;

(五)收集、整理、上报有关检测、执法等数据和动态信息;

(六)管理、维护公路超限检测站的设施、设备和信息系统;

(七)法律、法规规定的其他职责。

第五条 县级以上各级人民政府交通运输主管部门应当在经批准的公路管理经费预算中统筹安排公路超限检测站的建设和运行经费,并实行专款专用。任何单位和个人不得截留、挤占或者挪用。

第六条 县级以上地方人民政府交通运输主管部门可以结合本地区实际,在本级人民政府的统一领导下,会同有关部门组织路政管理、交通警察等执法人员依照各自职责,在公路超限检测站内对超限运输车辆实施联合执法。

第二章 规划建设

第七条 公路超限检测站按照布局和作用,分为Ⅰ类检测站和Ⅱ类检测站:

（一）Ⅰ类检测站主要用于监控国道或者省道的省界入口、多条国道或者省道的交汇点、跨省货物运输的主通道等全国性公路网的重要路段和节点；

（二）Ⅱ类检测站主要用于监控港口码头、厂矿等货物集散地、货运站的主要出入路段以及省内货物运输的主通道等区域性公路网的重要路段和节点。

第八条 公路超限检测站的设置，应当按照统一规划、合理布局、总量控制、适时调整的原则，由省、自治区、直辖市人民政府交通运输主管部门提出方案，报请本级人民政府批准；其中，Ⅰ类检测站的设置还应当符合交通运输部有关超限检测站的规划。

经批准设置的公路超限检测站，未经原批准机关同意，不得擅自撤销或者变更用途。

第九条 公路超限检测站的全称按照"公路管理机构名称＋超限检测站所在地名称＋超限检测站"的形式统一命名，其颜色、标识等外观要求应当符合附件1、附件2的规定。

第十条 公路超限检测站的建设，除符合有关技术规范的要求外，还应当遵循下列原则：

（一）选址优先考虑公路网的关键节点；

（二）尽量选择视线开阔，用水、用电方便，生活便利的地点；

（三）以港湾式的建设方式为主，因客观条件限制，确需远离公路主线建设的，应当修建连接公路主线与检测站区的辅道；

（四）统筹考虑公路网运行监测、公路突发事件应急物资储备等因素，充分利用公路沿线现有设施、设备、人力、信息等资源，增强检测站的综合功能，降低运行成本。

第十一条 建设公路超限检测站，应当根据车辆超限检测的需要，合理设置下列功能区域及设施：

（一）检测、执法处理、卸载、停车等车辆超限检测基本功能区；

（二）站区交通安全、交通导流、视频监控、网络通信、照明和其他车辆超限检测辅助设施；

（三）必要的日常办公和生活设施。

对于交通流量较大、治理工作任务较重的公路超限检测站，可以在公路主线上设置不停车预检设施，对超限运输车辆进行预先识别。

第十二条 公路超限检测站应当在入口前方一定距离内按照附件3的规定设置检测站专用标志，对行驶车辆进行提示。

第十三条 公路超限检测站应当加强信息化建设，其信息系统应当符合交通运输部颁发的数据交换标准，并满足远程查询证照和违法记录信息、站内执法信息化以及部、省、站三级联网管理的需要。

第十四条 公路超限检测站建成后，省、自治区、直辖市人民政府交通运输主管部门应当按照国家有关规定和标准组织验收。验收合格后方可投入使用。

第十五条 新建、改建公路时，有经批准设置的公路超限检测站的，应当将其作为公路附属设施的组成部分，一并列入工程预算，与公路同步设计、同步建设、同步运行。

第十六条 省、自治区、直辖市人民政府交通运输主管部门应当组织有关部门定期对辖区内公路超限检测站的整体布局进行后评估，并可以根据交通流量、车辆超限变化情况等因素，适时对超限检测站进行合理调整。

第三章 运行管理

第十七条 公路超限检测站应当建立健全工作制度,参照附件4的规定规范检测、处罚、卸载等工作流程,并在显著位置设置公告栏,公示有关批准文书、工作流程、收费项目与标准、计量检测设备合格证等信息。

第十八条 公路超限检测站实行24小时工作制。因特殊情况确需暂停工作的,应当报经省、自治区、直辖市公路管理机构批准。

省、自治区、直辖市公路管理机构应当制定公路超限检测站运行管理办法,加强对公路超限检测站的组织管理和监督考核。

第十九条 公路超限检测站实行站长负责制。公路管理机构应当加强对站长、副站长的选拔和考核管理工作,实行站长定期轮岗交流制度。

第二十条 公路超限检测站应当根据检测执法工作流程,明确车辆引导、超限检测、行政处罚、卸载分装、流动检测、设备维护等不同岗位的工作职责,并结合当地实际,按照部颁Ⅰ类和Ⅱ类检测站的标准配备相应的路政执法人员。

第二十一条 公路超限检测站应当根据检测路段交通流量、车辆出行结构等因素合理配置下列超限检测执法设备:

(一)经依法定期检定合格的有关车辆计量检测设备;

(二)卸载、分装货物或者清除障碍的相关机械设备;

(三)执行公路监督检查任务的专用车辆;

(四)用于调查取证、执法文书处理、通信对讲、安全防护等与超限检测执法有关的其他设备。

第二十二条 公路超限检测站应当在站区内设置监督意见箱、开水桶、急救箱、卫生间等便民服务设施,并保持站内外环境整洁。

第二十三条 公路超限检测站应当加强对站内设施、设备的保管和维护,确保设施、设备处于良好运行状态。

第二十四条 公路超限检测站应当加强站区交通疏导,引导车辆有序检测,避免造成公路主线车辆拥堵。要结合实际情况制定突发事件应急预案,及时做好应急处置与安全防范等工作。

第四章 执法管理

第二十五条 公路超限检测应当采取固定检测为主的工作方式。

对于检测站附近路网密度较大、故意绕行逃避检测或者短途超限运输情形严重的地区,公路超限检测站可以按照省、自治区、直辖市人民政府交通运输主管部门的有关规定,利用移动检测设备等流动检测方式进行监督检查。经流动检测认定的违法超限运输车辆,应当就近引导至公路超限检测站进行处理。

禁止在高速公路主线上开展流动检测。

第二十六条 车辆违法超限运输的认定,应当经过依法检定合格的有关计量检测设备检测。

禁止通过目测的方式认定车辆违法超限运输。

第二十七条　经检测认定车辆存在违法超限运输情形的,公路超限检测站执法人员应当按照以下要求进行处理：

（一）对运载可分载货物的,应当责令当事人采取卸载、分装等改正措施,消除违法状态；对整车运输鲜活农产品以及易燃、易爆危险品的,按照有关规定处理；

（二）对运载不可解体大件物品且未办理超限运输许可手续的,应当责令当事人停止违法行为,接受调查处理,并告知当事人到有关部门申请办理超限运输许可手续。

第二十八条　对经检测发现不存在违法超限运输情形的车辆,或者经复检确认消除违法状态并依法处理完毕的车辆,应当立即放行。

第二十九条　公路超限检测站执法人员对车辆进行超限检测时,不得收取检测费用；对停放在公路超限检测站内接受调查处理的超限运输车辆,不得收取停车费用。

需要协助卸载、分装超限货物或者保管卸载货物的,相关收费标准应当按照省、自治区、直辖市人民政府物价部门核定的标准执行。卸载货物超过保管期限经通知当事人仍不领取的,可以按照有关规定予以处理。

第三十条　公路超限检测站执法人员依法实施罚款处罚,应当依照有关法律、行政法规的规定,实行罚款决定与罚款收缴分离；收缴的罚款应当全部上缴国库。

公路超限检测站执法人员依法当场收缴罚款的,应当向当事人出具省、自治区、直辖市财政部门统一制发的罚款收据；未出具的,当事人有权拒绝缴纳罚款。

禁止任何单位和个人向公路超限检测站执法人员下达或者变相下达罚款指标。

第三十一条　公路超限检测站执法人员应当按照规定利用车辆超限管理信息系统开展检测、执法工作,并及时将有关数据上报公路管理机构。

省、自治区、直辖市公路管理机构应当定期对超限运输违法信息进行整理和汇总,并抄送相关部门,由其对道路运输企业、货运车辆及其驾驶人依法处理。

第三十二条　公路超限检测站执法人员进行超限检测和执法时应当严格遵守法定程序,实施行政处罚时应当由2名以上执法人员参加,并向当事人出示有效执法证件。

在公路超限检测站从事后勤保障等工作,不具有执法证件的人员不得参与拦截车辆、检查证件、实施行政处罚等执法活动。

第三十三条　路政管理、交通警察等执法人员在公路超限检测站对超限运输车辆实施联合执法时,应当各司其职,密切合作,信息共享,严格执法。

第三十四条　公路超限检测站执法人员应当按照国家有关规定佩戴标志、持证上岗,坚持依法行政、文明执法、行为规范,做到着装规范、风纪严整、举止端庄、热情服务。

第三十五条　公路超限检测站执法人员在工作中,严禁下列行为：

（一）未按照规定佩戴标志或者未持证上岗；

（二）辱骂、殴打当事人；

（三）当场收缴罚款不开具罚款收据或者不如实填写罚款数额；

（四）擅自使用扣留车辆、私自处理卸载货物；

（五）对未消除违法状态的超限运输车辆予以放行；

（六）接受与执法有关的吃请、馈赠；

（七）包庇、袒护和纵容违法行为；
（八）指使或者协助外部人员带车绕行、闯卡；
（九）从事与职权相关的经营活动；
（十）贪污、挪用经费、罚没款。

第三十六条　省、自治区、直辖市公路管理机构应当设立公开电话，及时受理群众的投诉举报。同时通过政府网站、公路超限检测站公告栏等方式公示有关信息，接受社会监督。

第五章　法律责任

第三十七条　公路超限检测站违反本办法有关规定的，由县级以上人民政府交通运输主管部门责令改正，对负有直接责任的主管人员和其他直接责任人员依法给予处分，并由省、自治区、直辖市人民政府交通运输主管部门予以通报；情节严重的，由交通运输部予以通报。

第三十八条　公路超限检测站执法人员违反本办法第三十五条规定的，取消其行政执法资格，调离执法岗位；情节严重的，予以辞退或者开除公职；构成犯罪的，依法追究刑事责任。涉及驻站其他部门执法人员的，由交通运输主管部门向其主管部门予以通报。

第三十九条　公路超限检测站执法人员违法行使职权侵犯当事人的合法权益造成损害的，应当依照《中华人民共和国国家赔偿法》的有关规定给予赔偿。

第四十条　车辆所有人、驾驶人及其他人员采取故意堵塞公路超限检测站通行车道、强行通过公路超限检测站等方式扰乱超限检测秩序，或者采取短途驳载等方式逃避超限检测的，由公路管理机构强制拖离或者扣留车辆，处3万元以下的罚款；构成违反治安管理行为的，依法给予治安管理处罚；构成犯罪的，依法追究刑事责任。

第六章　附　　则

第四十一条　本办法自2011年8月1日起施行。

附件1

公路超限检测站外观形象

图 1

图 2

说明：

公路超限检测站应当在站区雨棚顶部等显著位置标注站名简称。站名简称分两部分，前部分是"公路超限检测"（字体相对大），后部分是"超限检测站所在地名称＋站"，如"大同站"（字体相对小），字符统一使用白色黑体字型。站名简称前端设置超限检测专用标志。

附件2

超限检测专用标志

图 1

图 2

说明：

超限检测专用标志是一种专业性形象标志,可以附设于各种与超限检测执法有关的设施、设备、标志上。当背景底色为浅色时,使用深色标识(图1);当背景底色为深色时,使用浅色标志(图2)。

附件3

公路超限检测站专用标志

图 1

图 2

说明：

高速公路超限检测站专用标志采用绿底白字，设置2km、1km、500m预告标志和进口指示标志(图1)；其他等级公路超限检测站专用标志采用蓝底白字，设置1km、500m预告标志和进口指示标志(图2)。专用标志的字符、图形、尺寸、反光性能以及设置要求，应当符合《道路交通标志和标线》和交通运输部有关规定。

附件4

公路超限检测站检测执法工作流程参考示意图(图1)

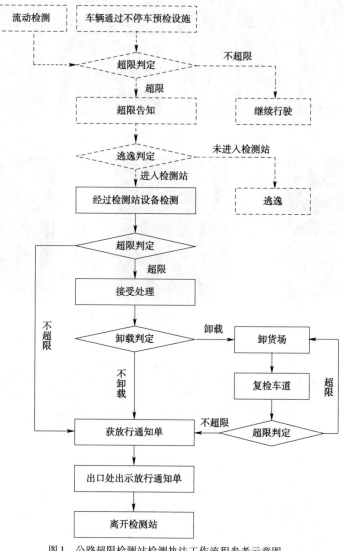

图1 公路超限检测站检测执法工作流程参考示意图

道路运政行政执法

中华人民共和国道路运输条例

(2004年4月30日国务院令第406号公布,2012年11月9日国务院令第628号第一次修正,2016年2月6日国务院令第666号第二次修正)

第一章 总　　则

第一条 为了维护道路运输市场秩序,保障道路运输安全,保护道路运输有关各方当事人的合法权益,促进道路运输业的健康发展,制定本条例。

第二条 从事道路运输经营以及道路运输相关业务的,应当遵守本条例。

前款所称道路运输经营包括道路旅客运输经营(以下简称客运经营)和道路货物运输经营(以下简称货运经营);道路运输相关业务包括站(场)经营、机动车维修经营、机动车驾驶员培训。

第三条 从事道路运输经营以及道路运输相关业务,应当依法经营,诚实信用,公平竞争。

第四条 道路运输管理,应当公平、公正、公开和便民。

第五条 国家鼓励发展乡村道路运输,并采取必要的措施提高乡镇和行政村的通班车率,满足广大农民的生活和生产需要。

第六条 国家鼓励道路运输企业实行规模化、集约化经营。任何单位和个人不得封锁或者垄断道路运输市场。

第七条 国务院交通主管部门主管全国道路运输管理工作。

县级以上地方人民政府交通主管部门负责组织领导本行政区域的道路运输管理工作。

县级以上道路运输管理机构负责具体实施道路运输管理工作。

第二章　道路运输经营

第一节　客　　运

第八条 申请从事客运经营的,应当具备下列条件:

(一)有与其经营业务相适应并经检测合格的车辆;

(二)有符合本条例第九条规定条件的驾驶人员;

(三)有健全的安全生产管理制度。

申请从事班线客运经营的,还应当有明确的线路和站点方案。

第九条 从事客运经营的驾驶人员,应当符合下列条件:

(一)取得相应的机动车驾驶证;

(二)年龄不超过60周岁;

(三)3年内无重大以上交通责任事故记录;

（四）经设区的市级道路运输管理机构对有关客运法律法规、机动车维修和旅客急救基本知识考试合格。

第十条　申请从事客运经营的，应当依法向工商行政管理机关办理有关登记手续后，按照下列规定提出申请并提交符合本条例第八条规定条件的相关材料：

（一）从事县级行政区域内客运经营的，向县级道路运输管理机构提出申请；

（二）从事省、自治区、直辖市行政区域内跨2个县级以上行政区域客运经营的，向其共同的上一级道路运输管理机构提出申请；

（三）从事跨省、自治区、直辖市行政区域客运经营的，向所在地的省、自治区、直辖市道路运输管理机构提出申请。

依照前款规定收到申请的道路运输管理机构，应当自受理申请之日起20日内审查完毕，作出许可或者不予许可的决定。予以许可的，向申请人颁发道路运输经营许可证，并向申请人投入运输的车辆配发车辆营运证；不予许可的，应当书面通知申请人并说明理由。

对从事跨省、自治区、直辖市行政区域客运经营的申请，有关省、自治区、直辖市道路运输管理机构依照本条第二款规定颁发道路运输经营许可证前，应当与运输线路目的地的省、自治区、直辖市道路运输管理机构协商；协商不成的，应当报国务院交通主管部门决定。

第十一条　取得道路运输经营许可证的客运经营者，需要增加客运班线的，应当依照本条例第十条的规定办理有关手续。

第十二条　县级以上道路运输管理机构在审查客运申请时，应当考虑客运市场的供求状况、普遍服务和方便群众等因素。

同一线路有3个以上申请人时，可以通过招标的形式作出许可决定。

第十三条　县级以上道路运输管理机构应当定期公布客运市场供求状况。

第十四条　客运班线的经营期限为4年到8年。经营期限届满需要延续客运班线经营许可的，应当重新提出申请。

第十五条　客运经营者需要终止客运经营的，应当在终止前30日内告知原许可机关。

第十六条　客运经营者应当为旅客提供良好的乘车环境，保持车辆清洁、卫生，并采取必要的措施防止在运输过程中发生侵害旅客人身、财产安全的违法行为。

第十七条　旅客应当持有效客票乘车，遵守乘车秩序，讲究文明卫生，不得携带国家规定的危险物品及其他禁止携带的物品乘车。

第十八条　班线客运经营者取得道路运输经营许可证后，应当向公众连续提供运输服务，不得擅自暂停、终止或者转让班线运输。

第十九条　从事包车客运的，应当按照约定的起始地、目的地和线路运输。

从事旅游客运的，应当在旅游区域按照旅游线路运输。

第二十条　客运经营者不得强迫旅客乘车，不得甩客、敲诈旅客；不得擅自更换运输车辆。

第二节　货　运

第二十一条　申请从事货运经营的，应当具备下列条件：

（一）有与其经营业务相适应并经检测合格的车辆；

（二）有符合本条例第二十三条规定条件的驾驶人员；

（三）有健全的安全生产管理制度。

第二十二条 从事货运经营的驾驶人员,应当符合下列条件:

(一)取得相应的机动车驾驶证;

(二)年龄不超过60周岁;

(三)经设区的市级道路运输管理机构对有关货运法律法规、机动车维修和货物装载保管基本知识考试合格。

第二十三条 申请从事危险货物运输经营的,还应当具备下列条件:

(一)有5辆以上经检测合格的危险货物运输专用车辆、设备;

(二)有经所在地设区的市级人民政府交通主管部门考试合格,取得上岗资格证的驾驶人员、装卸管理人员、押运人员;

(三)危险货物运输专用车辆配有必要的通信工具;

(四)有健全的安全生产管理制度。

第二十四条 申请从事货运经营的,应当依法向工商行政管理机关办理有关登记手续后,按照下列规定提出申请并分别提交符合本条例第二十二条、第二十四条规定条件的相关材料:

(一)从事危险货物运输经营以外的货运经营的,向县级道路运输管理机构提出申请;

(二)从事危险货物运输经营的,向设区的市级道路运输管理机构提出申请。

依照前款规定收到申请的道路运输管理机构,应当自受理申请之日起20日内审查完毕,作出许可或者不予许可的决定。予以许可的,向申请人颁发道路运输经营许可证,并向申请人投入运输的车辆配发车辆营运证;不予许可的,应当书面通知申请人并说明理由。

第二十五条 货运经营者不得运输法律、行政法规禁止运输的货物。

法律、行政法规规定必须办理有关手续后方可运输的货物,货运经营者应当查验有关手续。

第二十六条 国家鼓励货运经营者实行封闭式运输,保证环境卫生和货物运输安全。

货运经营者应当采取必要措施,防止货物脱落、扬撒等。

运输危险货物应当采取必要措施,防止危险货物燃烧、爆炸、辐射、泄漏等。

第二十七条 运输危险货物应当配备必要的押运人员,保证危险货物处于押运人员的监管之下,并悬挂明显的危险货物运输标志。

托运危险货物的,应当向货运经营者说明危险货物的品名、性质、应急处置方法等情况,并严格按照国家有关规定包装,设置明显标志。

第三节 客运和货运的共同规定

第二十八条 客运经营者、货运经营者应当加强对从业人员的安全教育、职业道德教育,确保道路运输安全。

道路运输从业人员应当遵守道路运输操作规程,不得违章作业。驾驶人员连续驾驶时间不得超过4个小时。

第二十九条 生产(改装)客运车辆、货运车辆的企业应当按照国家规定标定车辆的核定人数或者载重量,严禁多标或者少标车辆的核定人数或者载重量。

客运经营者、货运经营者应当使用符合国家规定标准的车辆从事道路运输经营。

第三十条 客运经营者、货运经营者应当加强对车辆的维护和检测,确保车辆符合国家规定的技术标准;不得使用报废的、擅自改装的和其他不符合国家规定的车辆从事道路运输经营。

第三十一条 客运经营者、货运经营者应当制定有关交通事故、自然灾害以及其他突发事件的道路运输应急预案。应急预案应当包括报告程序、应急指挥、应急车辆和设备的储备以及处置措施等内容。

第三十二条 发生交通事故、自然灾害以及其他突发事件,客运经营者和货运经营者应当服从县级以上人民政府或者有关部门的统一调度、指挥。

第三十三条 道路运输车辆应当随车携带车辆营运证,不得转让、出租。

第三十四条 道路运输车辆运输旅客的,不得超过核定的人数,不得违反规定载货;运输货物的,不得运输旅客,运输的货物应当符合核定的载重量,严禁超载;载物的长、宽、高不得违反装载要求。

违反前款规定的,由公安机关交通管理部门依照《中华人民共和国道路交通安全法》的有关规定进行处罚。

第三十五条 客运经营者、危险货物运输经营者应当分别为旅客或者危险货物投保承运人责任险。

第三章　道路运输相关业务

第三十六条 申请从事道路运输站(场)经营的,应当具备下列条件:
(一)有经验收合格的运输站(场);
(二)有相应的专业人员和管理人员;
(三)有相应的设备、设施;
(四)有健全的业务操作规程和安全管理制度。

第三十七条 申请从事机动车维修经营的,应当具备下列条件:
(一)有相应的机动车维修场地;
(二)有必要的设备、设施和技术人员;
(三)有健全的机动车维修管理制度;
(四)有必要的环境保护措施。

第三十八条 申请从事机动车驾驶员培训的,应当具备下列条件:
(一)取得企业法人资格;
(二)有健全的培训机构和管理制度;
(三)有与培训业务相适应的教学人员、管理人员;
(四)有必要的教学车辆和其他教学设施、设备、场地。

第三十九条 申请从事道路运输站(场)经营、机动车维修经营和机动车驾驶员培训业务的,应当在依法向工商行政管理机关办理有关登记手续后,向所在地县级道路运输管理机构提出申请,并分别附送符合本条例第三十七条、第三十八条、第三十九条规定条件的相关材料。县级道路运输管理机构应当自受理申请之日起15日内审查完毕,作出许可或者不予许可的决定,并书面通知申请人。

道路运输站(场)经营者、机动车维修经营者和机动车驾驶员培训机构,应当持许可证明依法向工商行政管理机关办理有关登记手续。

第四十条 道路运输站(场)经营者应当对出站的车辆进行安全检查,禁止无证经营的车辆进站从事经营活动,防止超载车辆或者未经安全检查的车辆出站。

道路运输站(场)经营者应当公平对待使用站(场)的客运经营者和货运经营者,无正当理由不得拒绝道路运输车辆进站从事经营活动。

道路运输站(场)经营者应当向旅客和货主提供安全、便捷、优质的服务;保持站(场)卫生、清洁;不得随意改变站(场)用途和服务功能。

第四十一条 道路旅客运输站(场)经营者应当为客运经营者合理安排班次,公布其运输线路、起止经停站点、运输班次、始发时间、票价,调度车辆进站、发车,疏导旅客,维持上下车秩序。

道路旅客运输站(场)经营者应当设置旅客购票、候车、行李寄存和托运等服务设施,按照车辆核定载客限额售票,并采取措施防止携带危险品的人员进站乘车。

第四十二条 道路货物运输站(场)经营者应当按照国务院交通主管部门规定的业务操作规程装卸、储存、保管货物。

第四十三条 机动车维修经营者应当按照国家有关技术规范对机动车进行维修,保证维修质量,不得使用假冒伪劣配件维修机动车。

机动车维修经营者应当公布机动车维修工时定额和收费标准,合理收取费用。

第四十四条 机动车维修经营者对机动车进行二级维护、总成修理或者整车修理的,应当进行维修质量检验。检验合格的,维修质量检验人员应当签发机动车维修合格证。

机动车维修实行质量保证期制度。质量保证期内因维修质量原因造成机动车无法正常使用的,机动车维修经营者应当无偿返修。

机动车维修质量保证期制度的具体办法,由国务院交通主管部门制定。

第四十五条 机动车维修经营者不得承修已报废的机动车,不得擅自改装机动车。

第四十六条 机动车驾驶员培训机构应当按照国务院交通主管部门规定的教学大纲进行培训,确保培训质量。培训结业的,应当向参加培训的人员颁发培训结业证书。

第四章 国际道路运输

第四十七条 国务院交通主管部门应当及时向社会公布中国政府与有关国家政府签署的双边或者多边道路运输协定确定的国际道路运输线路。

第四十八条 申请从事国际道路运输经营的,应当具备下列条件:

(一)依照本条例第十条、第二十五条规定取得道路运输经营许可证的企业法人;

(二)在国内从事道路运输经营满3年,且未发生重大以上道路交通责任事故。

第四十九条 申请从事国际道路运输的,应当向省、自治区、直辖市道路运输管理机构提出申请并提交符合本条例第四十九条规定条件的相关材料。省、自治区、直辖市道路运输管理机构应当自受理申请之日起20日内审查完毕,作出批准或者不予批准的决定。予以批准的,应当向国务院交通主管部门备案;不予批准的,应当向当事人说明理由。国际道路运输经营者应当持批准文件依法向有关部门办理相关手续。

第五十条 中国国际道路运输经营者应当在其投入运输车辆的显著位置,标明中国国籍识别标志。

外国国际道路运输经营者的车辆在中国境内运输,应当标明本国国籍识别标志,并按照规定的运输线路行驶;不得擅自改变运输线路,不得从事起止地都在中国境内的道路运输经营。

第五十一条　在口岸设立的国际道路运输管理机构应当加强对出入口岸的国际道路运输的监督管理。

第五十二条　外国国际道路运输经营者经国务院交通主管部门批准，可以依法在中国境内设立的常驻代表机构不得从事经营活动。

第五章　执法监督

第五十三条　县级以上人民政府交通主管部门应当加强对道路运输管理机构实施道路运输管理工作的指导监督。

第五十四条　道路运输管理机构应当加强执法队伍建设，提高其工作人员的法制、业务素质。

道路运输管理机构的工作人员应当接受法制和道路运输管理业务培训、考核，考核不合格的，不得上岗执行职务。

第五十五条　上级道路运输管理机构应当对下级道路运输管理机构的执法活动进行监督。

道路运输管理机构应当建立健全内部监督制度，对其工作人员执法情况进行监督检查。

第五十六条　道路运输管理机构及其工作人员执行职务时，应当自觉接受社会和公民的监督。

第五十七条　道路运输管理机构应当建立道路运输举报制度，公开举报电话号码、通信地址或者电子邮件信箱。

任何单位和个人都有权对道路运输管理机构的工作人员滥用职权、徇私舞弊的行为进行举报。交通主管部门、道路运输管理机构及其他有关部门收到举报后，应当依法及时查处。

第五十八条　道路运输管理机构的工作人员应当严格按照职责权限和程序进行监督检查，不得乱设卡、乱收费、乱罚款。

道路运输管理机构的工作人员应当重点在道路运输及相关业务经营场所、客货集散地进行监督检查。

道路运输管理机构的工作人员在公路路口进行监督检查时，不得随意拦截正常行驶的道路运输车辆。

第五十九条　道路运输管理机构的工作人员实施监督检查时，应当有2名以上人员参加，并向当事人出示执法证件。

第六十条　道路运输管理机构的工作人员实施监督检查时，可以向有关单位和个人了解情况，查阅、复制有关资料。但是，应当保守被调查单位和个人的商业秘密。

被监督检查的单位和个人应当接受依法实施的监督检查，如实提供有关资料或者情况。

第六十一条　道路运输管理机构的工作人员在实施道路运输监督检查过程中，发现车辆超载行为的，应当立即予以制止，并采取相应措施安排旅客改乘或者强制卸货。

第六十二条　道路运输管理机构的工作人员在实施道路运输监督检查过程中，对没有车辆营运证又无法当场提供其他有效证明的车辆予以暂扣的，应当妥善保管，不得使用，不得收取或者变相收取保管费用。

第六章 法律责任

第六十三条 违反本条例的规定,未取得道路运输经营许可,擅自从事道路运输经营的,由县级以上道路运输管理机构责令停止经营;有违法所得的,没收违法所得,处违法所得2倍以上10倍以下的罚款;没有违法所得或者违法所得不足2万元的,处3万元以上10万元以下的罚款;构成犯罪的,依法追究刑事责任。

第六十四条 不符合本条例第九条、第二十三条规定条件的人员驾驶道路运输经营车辆的,由县级以上道路运输管理机构责令改正,处200元以上2000元以下的罚款;构成犯罪的,依法追究刑事责任。

第六十五条 违反本条例的规定,未经许可擅自从事道路运输站(场)经营、机动车维修经营、机动车驾驶员培训的,由县级以上道路运输管理机构责令停止经营;有违法所得的,没收违法所得,处违法所得2倍以上10倍以下的罚款;没有违法所得或者违法所得不足1万元的,处2万元以上5万元以下的罚款;构成犯罪的,依法追究刑事责任。

第六十六条 违反本条例的规定,客运经营者、货运经营者、道路运输相关业务经营者非法转让、出租道路运输许可证件的,由县级以上道路运输管理机构责令停止违法行为,收缴有关证件,处2000元以上1万元以下的罚款;有违法所得的,没收违法所得。

第六十七条 违反本条例的规定,客运经营者、危险货物运输经营者未按规定投保承运人责任险的,由县级以上道路运输管理机构责令限期投保;拒不投保的,由原许可机关吊销道路运输经营许可证。

第六十八条 违反本条例的规定,客运经营者、货运经营者不按照规定携带车辆营运证的,由县级以上道路运输管理机构责令改正,处警告或者20元以上200元以下的罚款。

第六十九条 违反本条例的规定,客运经营者、货运经营者有下列情形之一的,由县级以上道路运输管理机构责令改正,处1000元以上3000元以下的罚款;情节严重的,由原许可机关吊销道路运输经营许可证:

(一)不按批准的客运站点停靠或者不按规定的线路、公布的班次行驶的;

(二)强行招揽旅客、货物的;

(三)在旅客运输途中擅自变更运输车辆或者将旅客移交他人运输的;

(四)未报告原许可机关,擅自终止客运经营的;

(五)没有采取必要措施防止货物脱落、扬撒等的。

第七十条 违反本条例的规定,客运经营者、货运经营者不按规定维护和检测运输车辆的,由县级以上道路运输管理机构责令改正,处1000元以上5000元以下的罚款。

违反本条例的规定,客运经营者、货运经营者擅自改装已取得车辆营运证的车辆的,由县级以上道路运输管理机构责令改正,处5000元以上2万元以下的罚款。

第七十一条 违反本条例的规定,道路运输站(场)经营者允许无证经营的车辆进站从事经营活动以及超载车辆、未经安全检查的车辆出站或者无正当理由拒绝道路运输车辆进站从事经营活动的,由县级以上道路运输管理机构责令改正,处1万元以上3万元以下的罚款。

违反本条例的规定,道路运输站(场)经营者擅自改变道路运输站(场)的用途和服务功能,或者不公布运输线路、起止经停站点、运输班次、始发时间、票价的,由县级以上道路运输管理机构责令改正;拒不改正的,处3000元的罚款;有违法所得的,没收违法所得。

第七十二条 违反本条例的规定,机动车维修经营者使用假冒伪劣配件维修机动车,承修已报废的机动车或者擅自改装机动车的,由县级以上道路运输管理机构责令改正;有违法所得的,没收违法所得,处违法所得2倍以上10倍以下的罚款;没有违法所得或者违法所得不足1万元的,处2万元以上5万元以下的罚款,没收假冒伪劣配件及报废车辆;情节严重的,由原许可机关吊销其经营许可;构成犯罪的,依法追究刑事责任。

第七十三条 违反本条例的规定,机动车维修经营者签发虚假的机动车维修合格证,由县级以上道路运输管理机构责令改正;有违法所得的,没收违法所得,处违法所得2倍以上10倍以下的罚款;没有违法所得或者违法所得不足3000元的,处5000元以上2万元以下的罚款;情节严重的,由原许可机关吊销其经营许可;构成犯罪的,依法追究刑事责任。

第七十四条 违反本条例的规定,机动车驾驶员培训机构不严格按照规定进行培训或者在培训结业证书发放时弄虚作假的,由县级以上道路运输管理机构责令改正;拒不改正的,由原许可机关吊销其经营许可。

第七十五条 违反本条例的规定,外国国际道路运输经营者未按照规定的线路运输,擅自从事中国境内道路运输或者未标明国籍识别标志的,由省、自治区、直辖市道路运输管理机构责令停止运输;有违法所得的,没收违法所得,处违法所得2倍以上10倍以下的罚款;没有违法所得或者违法所得不足1万元的,处3万元以上6万元以下的罚款。

第七十六条 违反本条例的规定,道路运输管理机构的工作人员有下列情形之一的,依法给予行政处分;构成犯罪的,依法追究刑事责任:

(一)不依照本条例规定的条件、程序和期限实施行政许可的;
(二)参与或者变相参与道路运输经营以及道路运输相关业务的;
(三)发现违法行为不及时查处的;
(四)违反规定拦截、检查正常行驶的道路运输车辆的;
(五)违法扣留运输车辆、车辆营运证的;
(六)索取、收受他人财物,或者谋取其他利益的;
(七)其他违法行为。

第七章 附 则

第七十七条 内地与香港特别行政区、澳门特别行政区之间的道路运输,参照本条例的有关规定执行。

第七十八条 外商可以依照有关法律、行政法规和国家有关规定,在中华人民共和国境内采用中外合资、中外合作、独资形式投资有关的道路运输经营以及道路运输相关业务。

第七十九条 从事非经营性危险货物运输的,应当遵守本条例有关规定。

第八十条 道路运输管理机构依照本条例发放经营许可证件和车辆营运证,可以收取工本费。工本费的具体收费标准由省、自治区、直辖市人民政府财政部门、价格主管部门会同同级交通主管部门核定。

第八十一条 出租车客运和城市公共汽车客运的管理办法由国务院另行规定。

第八十二条 本条例自2004年7月1日起施行。

危险化学品安全管理条例

(2002年1月26日国务院令第344号公布,2011年3月2日国务院令第591号第一次修订,2013年12月7日国务院令第645号第二次修订)

第一章 总 则

第一条 为了加强危险化学品的安全管理,预防和减少危险化学品事故,保障人民群众生命财产安全,保护环境,制定本条例。

第二条 危险化学品生产、储存、使用、经营和运输的安全管理,适用本条例。

废弃危险化学品的处置,依照有关环境保护的法律、行政法规和国家有关规定执行。

第三条 本条例所称危险化学品,是指具有毒害、腐蚀、爆炸、燃烧、助燃等性质,对人体、设施、环境具有危害的剧毒化学品和其他化学品。

危险化学品目录,由国务院安全生产监督管理部门会同国务院工业和信息化、公安、环境保护、卫生、质量监督检验检疫、交通运输、铁路、民用航空、农业主管部门,根据化学品危险特性的鉴别和分类标准确定、公布,并适时调整。

第四条 危险化学品安全管理,应当坚持安全第一、预防为主、综合治理的方针,强化和落实企业的主体责任。

生产、储存、使用、经营、运输危险化学品的单位(以下统称危险化学品单位)的主要负责人对本单位的危险化学品安全管理工作全面负责。

危险化学品单位应当具备法律、行政法规规定和国家标准、行业标准要求的安全条件,建立、健全安全管理规章制度和岗位安全责任制度,对从业人员进行安全教育、法制教育和岗位技术培训。从业人员应当接受教育和培训,考核合格后上岗作业;对有资格要求的岗位,应当配备依法取得相应资格的人员。

第五条 任何单位和个人不得生产、经营、使用国家禁止生产、经营、使用的危险化学品。

国家对危险化学品的使用有限制性规定的,任何单位和个人不得违反限制性规定使用危险化学品。

第六条 对危险化学品的生产、储存、使用、经营、运输实施安全监督管理的有关部门(以下统称负有危险化学品安全监督管理职责的部门),依照下列规定履行职责:

(一)安全生产监督管理部门负责危险化学品安全监督管理综合工作,组织确定、公布、调整危险化学品目录,对新建、改建、扩建生产、储存危险化学品(包括使用长输管道输送危险化学品,下同)的建设项目进行安全条件审查,核发危险化学品安全生产许可证、危险化学品安全使用许可证和危险化学品经营许可证,并负责危险化学品登记工作。

(二)公安机关负责危险化学品的公共安全管理,核发剧毒化学品购买许可证、剧毒化学品道路运输通行证,并负责危险化学品运输车辆的道路交通安全管理。

(三)质量监督检验检疫部门负责核发危险化学品及其包装物、容器(不包括储存危险化学品的固定式大型储罐,下同)生产企业的工业产品生产许可证,并依法对其产品质量实施监督,负责对进出口危险化学品及其包装实施检验。

(四)环境保护主管部门负责废弃危险化学品处置的监督管理,组织危险化学品的环境危害性鉴定和环境风险程度评估,确定实施重点环境管理的危险化学品,负责危险化学品环境管理登记和新化学物质环境管理登记;依照职责分工调查相关危险化学品环境污染事故和生态破坏事件,负责危险化学品事故现场的应急环境监测。

(五)交通运输主管部门负责危险化学品道路运输、水路运输的许可以及运输工具的安全管理,对危险化学品水路运输安全实施监督,负责危险化学品道路运输企业、水路运输企业驾驶人员、船员、装卸管理人员、押运人员、申报人员、集装箱装箱现场检查员的资格认定。铁路监管部门负责危险化学品铁路运输及其运输工具的安全管理。民用航空主管部门负责危险化学品航空运输以及航空运输企业及其运输工具的安全管理。

(六)卫生主管部门负责危险化学品毒性鉴定的管理,负责组织、协调危险化学品事故受伤人员的医疗卫生救援工作。

(七)工商行政管理部门依据有关部门的许可证件,核发危险化学品生产、储存、经营、运输企业营业执照,查处危险化学品经营企业违法采购危险化学品的行为。

(八)邮政管理部门负责依法查处寄递危险化学品的行为。

第七条　负有危险化学品安全监督管理职责的部门依法进行监督检查,可以采取下列措施:

(一)进入危险化学品作业场所实施现场检查,向有关单位和人员了解情况,查阅、复制有关文件、资料;

(二)发现危险化学品事故隐患,责令立即消除或者限期消除;

(三)对不符合法律、行政法规、规章规定或者国家标准、行业标准要求的设施、设备、装置、器材、运输工具,责令立即停止使用;

(四)经本部门主要负责人批准,查封违法生产、储存、使用、经营危险化学品的场所,扣押违法生产、储存、使用、经营、运输的危险化学品以及用于违法生产、使用、运输危险化学品的原材料、设备、运输工具;

(五)发现影响危险化学品安全的违法行为,当场予以纠正或者责令限期改正。

负有危险化学品安全监督管理职责的部门依法进行监督检查,监督检查人员不得少于2人,并应当出示执法证件;有关单位和个人对依法进行的监督检查应当予以配合,不得拒绝、阻碍。

第八条　县级以上人民政府应当建立危险化学品安全监督管理工作协调机制,支持、督促负有危险化学品安全监督管理职责的部门依法履行职责,协调、解决危险化学品安全监督管理工作中的重大问题。

负有危险化学品安全监督管理职责的部门应当相互配合、密切协作,依法加强对危险化学品的安全监督管理。

第九条　任何单位和个人对违反本条例规定的行为,有权向负有危险化学品安全监督管理职责的部门举报。负有危险化学品安全监督管理职责的部门接到举报,应当及时依法处理;对不属于本部门职责的,应当及时移送有关部门处理。

第十条 国家鼓励危险化学品生产企业和使用危险化学品从事生产的企业采用有利于提高安全保障水平的先进技术、工艺、设备以及自动控制系统,鼓励对危险化学品实行专门储存、统一配送、集中销售。

第二章 生产、储存安全

第十一条 国家对危险化学品的生产、储存实行统筹规划、合理布局。

国务院工业和信息化主管部门以及国务院其他有关部门依据各自职责,负责危险化学品生产、储存的行业规划和布局。

地方人民政府组织编制城乡规划,应当根据本地区的实际情况,按照确保安全的原则,规划适当区域专门用于危险化学品的生产、储存。

第十二条 新建、改建、扩建生产、储存危险化学品的建设项目(以下简称建设项目),应当由安全生产监督管理部门进行安全条件审查。

建设单位应当对建设项目进行安全条件论证,委托具备国家规定的资质条件的机构对建设项目进行安全评价,并将安全条件论证和安全评价的情况报告报建设项目所在地区的市级以上人民政府安全生产监督管理部门;安全生产监督管理部门应当自收到报告之日起45日内作出审查决定,并书面通知建设单位。具体办法由国务院安全生产监督管理部门制定。

新建、改建、扩建储存、装卸危险化学品的港口建设项目,由港口行政管理部门按照国务院交通运输主管部门的规定进行安全条件审查。

第十三条 生产、储存危险化学品的单位,应当对其铺设的危险化学品管道设置明显标志,并对危险化学品管道定期检查、检测。

进行可能危及危险化学品管道安全的施工作业,施工单位应当在开工的7日前书面通知管道所属单位,并与管道所属单位共同制定应急预案,采取相应的安全防护措施。管道所属单位应当指派专门人员到现场进行管道安全保护指导。

第十四条 危险化学品生产企业进行生产前,应当依照《安全生产许可证条例》的规定,取得危险化学品安全生产许可证。

生产列入国家实行生产许可证制度的工业产品目录的危险化学品的企业,应当依照《中华人民共和国工业产品生产许可证管理条例》的规定,取得工业产品生产许可证。

负责颁发危险化学品安全生产许可证、工业产品生产许可证的部门,应当将其颁发许可证的情况及时向同级工业和信息化主管部门、环境保护主管部门和公安机关通报。

第十五条 危险化学品生产企业应当提供与其生产的危险化学品相符的化学品安全技术说明书,并在危险化学品包装(包括外包装件)上粘贴或者挂挂与包装内危险化学品相符的化学品安全标签。化学品安全技术说明书和化学品安全标签所载明的内容应当符合国家标准的要求。

危险化学品生产企业发现其生产的危险化学品有新的危险特性的,应当立即公告,并及时修订其化学品安全技术说明书和化学品安全标签。

第十六条 生产实施重点环境管理的危险化学品的企业,应当按照国务院环境保护主管部门的规定,将该危险化学品向环境中释放等相关信息向环境保护主管部门报告。环境保护主管部门可以根据情况采取相应的环境风险控制措施。

第十七条 危险化学品的包装应当符合法律、行政法规、规章的规定以及国家标准、行业标准的要求。

危险化学品包装物、容器的材质以及危险化学品包装的型式、规格、方法和单件质量(重量),应当与所包装的危险化学品的性质和用途相适应。

第十八条 生产列入国家实行生产许可证制度的工业产品目录的危险化学品包装物、容器的企业,应当依照《中华人民共和国工业产品生产许可证管理条例》的规定,取得工业产品生产许可证;其生产的危险化学品包装物、容器经国务院质量监督检验检疫部门认定的检验机构检验合格,方可出厂销售。

运输危险化学品的船舶及其配载的容器,应当按照国家船舶检验规范进行生产,并经海事管理机构认定的船舶检验机构检验合格,方可投入使用。

对重复使用的危险化学品包装物、容器,使用单位在重复使用前应当进行检查;发现存在安全隐患的,应当维修或者更换。使用单位应当对检查情况作出记录,记录的保存期限不得少于2年。

第十九条 危险化学品生产装置或者储存数量构成重大危险源的危险化学品储存设施(运输工具加油站、加气站除外),与下列场所、设施、区域的距离应当符合国家有关规定:

(一)居住区以及商业中心、公园等人员密集场所;

(二)学校、医院、影剧院、体育场(馆)等公共设施;

(三)饮用水源、水厂以及水源保护区;

(四)车站、码头(依法经许可从事危险化学品装卸作业的除外)、机场以及通信干线、通信枢纽、铁路线路、道路交通干线、水路交通干线、地铁风亭以及地铁站出入口;

(五)基本农田保护区、基本草原、畜禽遗传资源保护区、畜禽规模化养殖场(养殖小区)、渔业水域以及种子、种畜禽、水产苗种生产基地;

(六)河流、湖泊、风景名胜区、自然保护区;

(七)军事禁区、军事管理区;

(八)法律、行政法规规定的其他场所、设施、区域。

已建的危险化学品生产装置或者储存数量构成重大危险源的危险化学品储存设施不符合前款规定的,由所在地设区的市级人民政府安全生产监督管理部门会同有关部门监督其所属单位在规定期限内进行整改;需要转产、停产、搬迁、关闭的,由本级人民政府决定并组织实施。

储存数量构成重大危险源的危险化学品储存设施的选址,应当避开地震活动断层和容易发生洪灾、地质灾害的区域。

本条例所称重大危险源,是指生产、储存、使用或者搬运危险化学品,且危险化学品的数量等于或者超过临界量的单元(包括场所和设施)。

第二十条 生产、储存危险化学品的单位,应当根据其生产、储存的危险化学品的种类和危险特性,在作业场所设置相应的监测、监控、通风、防晒、调温、防火、灭火、防爆、泄压、防毒、中和、防潮、防雷、防静电、防腐、防泄漏以及防护围堤或者隔离操作等安全设施、设备,并按照国家标准、行业标准或者国家有关规定对安全设施、设备进行经常性维护、保养，保证安全设施、设备的正常使用。

生产、储存危险化学品的单位，应当在其作业场所和安全设施、设备上设置明显的安全警示标志。

第二十一条 生产、储存危险化学品的单位，应当在其作业场所设置通信、报警装置，并保证处于适用状态。

第二十二条 生产、储存危险化学品的企业，应当委托具备国家规定的资质条件的机构，对本企业的安全生产条件每3年进行一次安全评价，提出安全评价报告。安全评价报告的内容应当包括对安全生产条件存在的问题进行整改的方案。

生产、储存危险化学品的企业，应当将安全评价报告以及整改方案的落实情况报所在地县级人民政府安全生产监督管理部门备案。在港区内储存危险化学品的企业，应当将安全评价报告以及整改方案的落实情况报港口行政管理部门备案。

第二十三条 生产、储存剧毒化学品或者国务院公安部门规定的可用于制造爆炸物品的危险化学品（以下简称易制爆危险化学品）的单位，应当如实记录其生产、储存的剧毒化学品、易制爆危险化学品的数量、流向，并采取必要的安全防范措施，防止剧毒化学品、易制爆危险化学品丢失或者被盗；发现剧毒化学品、易制爆危险化学品丢失或者被盗的，应当立即向当地公安机关报告。

生产、储存剧毒化学品、易制爆危险化学品的单位，应当设置治安保卫机构，配备专职治安保卫人员。

第二十四条 危险化学品应当储存在专用仓库、专用场地或者专用储存室（以下统称专用仓库）内，并由专人负责管理；剧毒化学品以及储存数量构成重大危险源的其他危险化学品，应当在专用仓库内单独存放，并实行双人收发、双人保管制度。

危险化学品的储存方式、方法以及储存数量应当符合国家标准或者国家有关规定。

第二十五条 储存危险化学品的单位应当建立危险化学品出入库核查、登记制度。

对剧毒化学品以及储存数量构成重大危险源的其他危险化学品，储存单位应当将其储存数量、储存地点以及管理人员的情况，报所在地县级人民政府安全生产监督管理部门（在港区内储存的，报港口行政管理部门）和公安机关备案。

第二十六条 危险化学品专用仓库应当符合国家标准、行业标准的要求，并设置明显的标志。储存剧毒化学品、易制爆危险化学品的专用仓库，应当按照国家有关规定设置相应的技术防范设施。

储存危险化学品的单位应当对其危险化学品专用仓库的安全设施、设备定期进行检测、检验。

第二十七条 生产、储存危险化学品的单位转产、停产、停业或者解散的，应当采取有效措施，及时、妥善处置其危险化学品生产装置、储存设施以及库存的危险化学品，不得丢弃危险化学品；处置方案应当报所在地县级人民政府安全生产监督管理部门、工业和信息化主管部门、环境保护主管部门和公安机关备案。安全生产监督管理部门应当会同环境保护主管部门和公安机关对处置情况进行监督检查，发现未依照规定处置的，应当责令其立即处置。

第三章 使用安全

第二十八条 使用危险化学品的单位,其使用条件(包括工艺)应当符合法律、行政法规的规定和国家标准、行业标准的要求,并根据所使用的危险化学品的种类、危险特性以及使用量和使用方式,建立、健全使用危险化学品的安全管理规章制度和安全操作规程,保证危险化学品的安全使用。

第二十九条 使用危险化学品从事生产并且使用量达到规定数量的化工企业(属于危险化学品生产企业的除外,下同),应当依照本条例的规定取得危险化学品安全使用许可证。

前款规定的危险化学品使用量的数量标准,由国务院安全生产监督管理部门会同国务院公安部门、农业主管部门确定并公布。

第三十条 申请危险化学品安全使用许可证的化工企业,除应当符合本条例第二十八条的规定外,还应当具备下列条件:

(一)有与所使用的危险化学品相适应的专业技术人员;
(二)有安全管理机构和专职安全管理人员;
(三)有符合国家规定的危险化学品事故应急预案和必要的应急救援器材、设备;
(四)依法进行了安全评价。

第三十一条 申请危险化学品安全使用许可证的化工企业,应当向所在地设区的市级人民政府安全生产监督管理部门提出申请,并提交其符合本条例第三十条规定条件的证明材料。设区的市级人民政府安全生产监督管理部门应当依法进行审查,自收到证明材料之日起45日内作出批准或者不予批准的决定。予以批准的,颁发危险化学品安全使用许可证;不予批准的,书面通知申请人并说明理由。

安全生产监督管理部门应当将其颁发危险化学品安全使用许可证的情况及时向同级环境保护主管部门和公安机关通报。

第三十二条 本条例第十六条关于生产实施重点环境管理的危险化学品的企业的规定,适用于使用实施重点环境管理的危险化学品从事生产的企业;第二十条、第二十一条、第二十三条第一款、第二十七条关于生产、储存危险化学品的单位的规定,适用于使用危险化学品的单位;第二十二条关于生产、储存危险化学品的企业的规定,适用于使用危险化学品从事生产的企业。

第四章 经营安全

第三十三条 国家对危险化学品经营(包括仓储经营,下同)实行许可制度。未经许可,任何单位和个人不得经营危险化学品。

依法设立的危险化学品生产企业在其厂区范围内销售本企业生产的危险化学品,不需要取得危险化学品经营许可。

依照《中华人民共和国港口法》的规定取得港口经营许可证的港口经营人,在港区内从事危险化学品仓储经营,不需要取得危险化学品经营许可。

第三十四条 从事危险化学品经营的企业应当具备下列条件:
(一)有符合国家标准、行业标准的经营场所,储存危险化学品的,还应当有符合国家标准、行业标准的储存设施；

（二）从业人员经过专业技术培训并经考核合格；

（三）有健全的安全管理规章制度；

（四）有专职安全管理人员；

（五）有符合国家规定的危险化学品事故应急预案和必要的应急救援器材、设备；

（六）法律、法规规定的其他条件。

第三十五条　从事剧毒化学品、易制爆危险化学品经营的企业，应当向所在地设区的市级人民政府安全生产监督管理部门提出申请，从事其他危险化学品经营的企业，应当向所在地县级人民政府安全生产监督管理部门提出申请（有储存设施的，应当向所在地设区的市级人民政府安全生产监督管理部门提出申请）。申请人应当提交其符合本条例第三十四条规定条件的证明材料。设区的市级人民政府安全生产监督管理部门或者县级人民政府安全生产监督管理部门应当依法进行审查，并对申请人的经营场所、储存设施进行现场核查，自收到证明材料之日起 30 日内作出批准或者不予批准的决定。予以批准的，颁发危险化学品经营许可证；不予批准的，书面通知申请人并说明理由。

设区的市级人民政府安全生产监督管理部门和县级人民政府安全生产监督管理部门应当将其颁发危险化学品经营许可证的情况及时向同级环境保护主管部门和公安机关通报。

申请人持危险化学品经营许可证向工商行政管理部门办理登记手续后，方可从事危险化学品经营活动。法律、行政法规或者国务院规定经营危险化学品还需要经其他有关部门许可的，申请人向工商行政管理部门办理登记手续时还应当持相应的许可证件。

第三十六条　危险化学品经营企业储存危险化学品的，应当遵守本条例第二章关于储存危险化学品的规定。危险化学品商店内只能存放民用小包装的危险化学品。

第三十七条　危险化学品经营企业不得向未经许可从事危险化学品生产、经营活动的企业采购危险化学品，不得经营没有化学品安全技术说明书或者化学品安全标签的危险化学品。

第三十八条　依法取得危险化学品安全生产许可证、危险化学品安全使用许可证、危险化学品经营许可证的企业，凭相应的许可证件购买剧毒化学品、易制爆危险化学品。民用爆炸物品生产企业凭民用爆炸物品生产许可证购买易制爆危险化学品。

前款规定以外的单位购买剧毒化学品的，应当向所在地县级人民政府公安机关申请取得剧毒化学品购买许可证；购买易制爆危险化学品的，应当持本单位出具的合法用途说明。

个人不得购买剧毒化学品（属于剧毒化学品的农药除外）和易制爆危险化学品。

第三十九条　申请取得剧毒化学品购买许可证，申请人应当向所在地县级人民政府公安机关提交下列材料：

（一）营业执照或者法人证书（登记证书）的复印件；

（二）拟购买的剧毒化学品品种、数量的说明；

（三）购买剧毒化学品用途的说明；

（四）经办人的身份证明。

县级人民政府公安机关应当自收到前款规定的材料之日起 3 日内，作出批准或者不予批准的决定。予以批准的，颁发剧毒化学品购买许可证；不予批准的，书面通知申请人并说明理由。

剧毒化学品购买许可证管理办法由国务院公安部门制定。

第四十条 危险化学品生产企业、经营企业销售剧毒化学品、易制爆危险化学品,应当查验本条例第三十八条第一款、第二款规定的相关许可证件或者证明文件,不得向不具有相关许可证件或者证明文件的单位销售剧毒化学品、易制爆危险化学品。对持剧毒化学品购买许可证购买剧毒化学品的,应当按照许可证载明的品种、数量销售。

禁止向个人销售剧毒化学品(属于剧毒化学品的农药除外)和易制爆危险化学品。

第四十一条 危险化学品生产企业、经营企业销售剧毒化学品、易制爆危险化学品,应当如实记录购买单位的名称、地址、经办人的姓名、身份证号码以及所购买的剧毒化学品、易制爆危险化学品的品种、数量、用途。销售记录以及经办人的身份证明复印件、相关许可证件复印件或者证明文件的保存期限不得少于 1 年。

剧毒化学品、易制爆危险化学品的销售企业、购买单位应当在销售、购买后 5 日内,将所销售、购买的剧毒化学品、易制爆危险化学品的品种、数量以及流向信息报所在地县级人民政府公安机关备案,并输入计算机系统。

第四十二条 使用剧毒化学品、易制爆危险化学品的单位不得出借、转让其购买的剧毒化学品、易制爆危险化学品;因转产、停产、搬迁、关闭等确需转让的,应当向具有本条例第三十八条第一款、第二款规定的相关许可证件或者证明文件的单位转让,并在转让后将有关情况及时向所在地县级人民政府公安机关报告。

第五章 运 输 安 全

第四十三条 从事危险化学品道路运输、水路运输的,应当分别依照有关道路运输、水路运输的法律、行政法规的规定,取得危险货物道路运输许可、危险货物水路运输许可,并向工商行政管理部门办理登记手续。

危险化学品道路运输企业、水路运输企业应当配备专职安全管理人员。

第四十四条 危险化学品道路运输企业、水路运输企业的驾驶人员、船员、装卸管理人员、押运人员、申报人员、集装箱装箱现场检查员应当经交通运输主管部门考核合格,取得从业资格。具体办法由国务院交通运输主管部门制定。

危险化学品的装卸作业应当遵守安全作业标准、规程和制度,并在装卸管理人员的现场指挥或者监控下进行。水路运输危险化学品的集装箱装箱作业应当在集装箱装箱现场检查员的指挥或者监控下进行,并符合积载、隔离的规范和要求;装箱作业完毕后,集装箱装箱现场检查员应当签署装箱证明书。

第四十五条 运输危险化学品,应当根据危险化学品的危险特性采取相应的安全防护措施,并配备必要的防护用品和应急救援器材。

用于运输危险化学品的槽罐以及其他容器应当封口严密,能够防止危险化学品在运输过程中因温度、湿度或者压力的变化发生渗漏、洒漏;槽罐以及其他容器的溢流和泄压装置应当设置准确、启闭灵活。

运输危险化学品的驾驶人员、船员、装卸管理人员、押运人员、申报人员、集装箱装箱现场检查员,应当了解所运输的危险化学品的危险特性及其包装物、容器的使用要求和出现危情况时的应急处置方法。

第四十六条 通过道路运输危险化学品的,托运人应当委托依法取得危险货物道路运输许可的企业承运。

第四十七条 通过道路运输危险化学品的,应当按照运输车辆的核定载质量装载危险化学品,不得超载。

危险化学品运输车辆应当符合国家标准要求的安全技术条件,并按照国家有关规定定期进行安全技术检验。

危险化学品运输车辆应当悬挂或者喷涂符合国家标准要求的警示标志。

第四十八条 通过道路运输危险化学品的,应当配备押运人员,并保证所运输的危险化学品处于押运人员的监控之下。

运输危险化学品途中因住宿或者发生影响正常运输的情况,需要较长时间停车的,驾驶人员、押运人员应当采取相应的安全防范措施;运输剧毒化学品或者易制爆危险化学品的,还应当向当地公安机关报告。

第四十九条 未经公安机关批准,运输危险化学品的车辆不得进入危险化学品运输车辆限制通行的区域。危险化学品运输车辆限制通行的区域由县级人民政府公安机关划定,并设置明显的标志。

第五十条 通过道路运输剧毒化学品的,托运人应当向运输始发地或者目的地县级人民政府公安机关申请剧毒化学品道路运输通行证。

申请剧毒化学品道路运输通行证,托运人应当向县级人民政府公安机关提交下列材料:

(一)拟运输的剧毒化学品品种、数量的说明;

(二)运输始发地、目的地、运输时间和运输路线的说明;

(三)承运人取得危险货物道路运输许可、运输车辆取得营运证以及驾驶人员、押运人员取得上岗资格的证明文件;

(四)本条例第三十八条第一款、第二款规定的购买剧毒化学品的相关许可证件,或者海关出具的进出口证明文件。

县级人民政府公安机关应当自收到前款规定的材料之日起7日内,作出批准或者不予批准的决定。予以批准的,颁发剧毒化学品道路运输通行证;不予批准的,书面通知申请人并说明理由。

剧毒化学品道路运输通行证管理办法由国务院公安部门制定。

第五十一条 剧毒化学品、易制爆危险化学品在道路运输途中丢失、被盗、被抢或者出现流散、泄漏等情况的,驾驶人员、押运人员应当立即采取相应的警示措施和安全措施,并向当地公安机关报告。公安机关接到报告后,应当根据实际情况立即向安全生产监督管理部门、环境保护主管部门、卫生主管部门通报。有关部门应当采取必要的应急处置措施。

第五十二条 通过水路运输危险化学品的,应当遵守法律、行政法规以及国务院交通运输主管部门关于危险货物水路运输安全的规定。

第五十三条 海事管理机构应当根据危险化学品的种类和危险特性,确定船舶运输危险化学品的相关安全运输条件。

拟交付船舶运输的化学品的相关安全运输条件不明确的,货物所有人或者代理人应当委托相关技术机构进行评估,明确相关安全运输条件并经海事管理机构确认后,方可交付船舶运输。

第五十四条 禁止通过内河封闭水域运输剧毒化学品以及国家规定禁止通过内河运输的其他危险化学品。

前款规定以外的内河水域,禁止运输国家规定禁止通过内河运输的剧毒化学品以及其他危险化学品。

禁止通过内河运输的剧毒化学品以及其他危险化学品的范围,由国务院交通运输主管部门会同国务院环境保护主管部门、工业和信息化主管部门、安全生产监督管理部门,根据危险化学品的危险特性、危险化学品对人体和水环境的危害程度以及消除危害后果的难易程度等因素规定并公布。

第五十五条 国务院交通运输主管部门应当根据危险化学品的危险特性,对通过内河运输本条例第五十四条规定以外的危险化学品(以下简称通过内河运输危险化学品)实行分类管理,对各类危险化学品的运输方式、包装规范和安全防护措施等分别作出规定并监督实施。

第五十六条 通过内河运输危险化学品,应当由依法取得危险货物水路运输许可的水路运输企业承运,其他单位和个人不得承运。托运人应当委托依法取得危险货物水路运输许可的水路运输企业承运,不得委托其他单位和个人承运。

第五十七条 通过内河运输危险化学品,应当使用依法取得危险货物适装证书的运输船舶。水路运输企业应当针对所运输的危险化学品的危险特性,制定运输船舶危险化学品事故应急救援预案,并为运输船舶配备充足、有效的应急救援器材和设备。

通过内河运输危险化学品的船舶,其所有人或者经营人应当取得船舶污染损害责任保险证书或者财务担保证明。船舶污染损害责任保险证书或者财务担保证明的副本应当随船携带。

第五十八条 通过内河运输危险化学品,危险化学品包装物的材质、型式、强度以及包装方法应当符合水路运输危险化学品包装规范的要求。国务院交通运输主管部门对单船运输的危险化学品数量有限制性规定的,承运人应当按照规定安排运输数量。

第五十九条 用于危险化学品运输作业的内河码头、泊位应当符合国家有关安全规范,与饮用水取水口保持国家规定的距离。有关管理单位应当制定码头、泊位危险化学品事故应急预案,并为码头、泊位配备充足、有效的应急救援器材和设备。

用于危险化学品运输作业的内河码头、泊位,经交通运输主管部门按照国家有关规定验收合格后方可投入使用。

第六十条 船舶载运危险化学品进出内河港口,应当将危险化学品的名称、危险特性、包装以及进出港时间等事项,事先报告海事管理机构。海事管理机构接到报告后,应当在国务院交通运输主管部门规定的时间内作出是否同意的决定,通知报告人,同时通报港口行政管理部门。定船舶、定航线、定货种的船舶可以定期报告。

在内河港口内进行危险化学品的装卸、过驳作业,应当将危险化学品的名称、危险特性、包装和作业的时间、地点等事项报告港口行政管理部门。港口行政管理部门接到报告后,应当在国务院交通运输主管部门规定的时间内作出是否同意的决定,通知报告人,同时通报海事管理机构。

载运危险化学品的船舶在内河航行,通过过船建筑物的,应当提前向交通运输主管部门申报,并接受交通运输主管部门的管理。

第六十一条 载运危险化学品的船舶在内河航行、装卸或者停泊,应当悬挂专用的警示标志,按照规定显示专用信号。

载运危险化学品的船舶在内河航行,按照国务院交通运输主管部门的规定需要引航的,应当申请引航。

第六十二条 载运危险化学品的船舶在内河航行,应当遵守法律、行政法规和国家其他有关饮用水水源保护的规定。内河航道发展规划应当与依法经批准的饮用水水源保护区划定方案相协调。

第六十三条 托运危险化学品的,托运人应当向承运人说明所托运的危险化学品的种类、数量、危险特性以及发生危险情况的应急处置措施,并按照国家有关规定对所托运的危险化学品妥善包装,在外包装上设置相应的标志。

运输危险化学品需要添加抑制剂或者稳定剂的,托运人应当添加,并将有关情况告知承运人。

第六十四条 托运人不得在托运的普通货物中夹带危险化学品,不得将危险化学品匿报或者谎报为普通货物托运。

任何单位和个人不得交寄危险化学品或者在邮件、快件内夹带危险化学品,不得将危险化学品匿报或者谎报为普通物品交寄。邮政企业、快递企业不得收寄危险化学品。

对涉嫌违反本条第一款、第二款规定的,交通运输主管部门、邮政管理部门可以依法开拆查验。

第六十五条 通过铁路、航空运输危险化学品的安全管理,依照有关铁路、航空运输的法律、行政法规、规章的规定执行。

第六章 危险化学品登记与事故应急救援

第六十六条 国家实行危险化学品登记制度,为危险化学品安全管理以及危险化学品事故预防和应急救援提供技术、信息支持。

第六十七条 危险化学品生产企业、进口企业,应当向国务院安全生产监督管理部门负责危险化学品登记的机构(以下简称危险化学品登记机构)办理危险化学品登记。

危险化学品登记包括下列内容:

(一)分类和标签信息;

(二)物理、化学性质;

(三)主要用途;

(四)危险特性;

(五)储存、使用、运输的安全要求;

(六)出现危险情况的应急处置措施。

对同一企业生产、进口的同一品种的危险化学品,不进行重复登记。危险化学品生产企业、进口企业发现其生产、进口的危险化学品有新的危险特性的,应当及时向危险化学品登记机构办理登记内容变更手续。

危险化学品登记的具体办法由国务院安全生产监督管理部门制定。

第六十八条 危险化学品登记机构应当定期向工业和信息化、环境保护、公安、卫生、交通运输、铁路、质量监督检验检疫等部门提供危险化学品登记的有关信息和资料。

第六十九条 县级以上地方人民政府安全生产监督管理部门应当会同工业和信息化、环境保护、公安、卫生、交通运输、铁路、质量监督检验检疫等部门,根据本地区实际情况,制定危险化学品事故应急预案,报本级人民政府批准。

第七十条 危险化学品单位应当制定本单位危险化学品事故应急预案,配备应急救援人员和必要的应急救援器材、设备,并定期组织应急救援演练。

危险化学品单位应当将其危险化学品事故应急预案报所在地设区的市级人民政府安全生产监督管理部门备案。

第七十一条 发生危险化学品事故,事故单位主要负责人应当立即按照本单位危险化学品应急预案组织救援,并向当地安全生产监督管理部门和环境保护、公安、卫生主管部门报告;道路运输、水路运输过程中发生危险化学品事故的,驾驶人员、船员或者押运人员还应当向事故发生地交通运输主管部门报告。

第七十二条 发生危险化学品事故,有关地方人民政府应当立即组织安全生产监督管理、环境保护、公安、卫生、交通运输等有关部门,按照本地区危险化学品事故应急预案组织实施救援,不得拖延、推诿。

有关地方人民政府及其有关部门应当按照下列规定,采取必要的应急处置措施,减少事故损失,防止事故蔓延、扩大:

(一)立即组织营救和救治受害人员,疏散、撤离或者采取其他措施保护危害区域内的其他人员;

(二)迅速控制危害源,测定危险化学品的性质、事故的危害区域及危害程度;

(三)针对事故对人体、动植物、土壤、水源、大气造成的现实危害和可能产生的危害,迅速采取封闭、隔离、洗消等措施;

(四)对危险化学品事故造成的环境污染和生态破坏状况进行监测、评估,并采取相应的环境污染治理和生态修复措施。

第七十三条 有关危险化学品单位应当为危险化学品事故应急救援提供技术指导和必要的协助。

第七十四条 危险化学品事故造成环境污染的,由设区的市级以上人民政府环境保护主管部门统一发布有关信息。

第七章 法 律 责 任

第七十五条 生产、经营、使用国家禁止生产、经营、使用的危险化学品的,由安全生产监督管理部门责令停止生产、经营、使用活动,处20万元以上50万元以下的罚款,有违法所得的,没收违法所得;构成犯罪的,依法追究刑事责任。

有前款规定行为的,安全生产监督管理部门还应当责令其对所生产、经营、使用的危险化学品进行无害化处理。

违反国家关于危险化学品使用的限制性规定使用危险化学品的,依照本条第一款的规定处理。

第七十六条 未经安全条件审查,新建、改建、扩建生产、储存危险化学品的建设项目的,由安全生产监督管理部门责令停止建设,限期改正;逾期不改正的,处50万元以上100万元以下的罚款;构成犯罪的,依法追究刑事责任。

未经安全条件审查,新建、改建、扩建储存、装卸危险化学品的港口建设项目的,由港口行政管理部门依照前款规定予以处罚。

第七十七条 未依法取得危险化学品安全生产许可证从事危险化学品生产,或者未依法取得工业产品生产许可证从事危险化学品及其包装物、容器生产的,分别依照《安全生产许可证条例》、《中华人民共和国工业产品生产许可证管理条例》的规定处罚。

违反本条例规定,化工企业未取得危险化学品安全使用许可证,使用危险化学品从事生产的,由安全生产监督管理部门责令限期改正,处10万元以上20万元以下的罚款;逾期不改正的,责令停产整顿。

违反本条例规定,未取得危险化学品经营许可证从事危险化学品经营的,由安全生产监督管理部门责令停止经营活动,没收违法经营的危险化学品以及违法所得,并处10万元以上20万元以下的罚款;构成犯罪的,依法追究刑事责任。

第七十八条 有下列情形之一的,由安全生产监督管理部门责令改正,可以处5万元以下的罚款;拒不改正的,处5万元以上10万元以下的罚款;情节严重的,责令停产停业整顿:

(一)生产、储存危险化学品的单位未对其铺设的危险化学品管道设置明显的标志,或者未对危险化学品管道定期检查、检测的;

(二)进行可能危及危险化学品管道安全的施工作业,施工单位未按照规定书面通知管道所属单位,或者未与管道所属单位共同制定应急预案、采取相应的安全防护措施,或者管道所属单位未指派专门人员到现场进行管道安全保护指导的;

(三)危险化学品生产企业未提供化学品安全技术说明书,或者未在包装(包括外包装件)上粘贴、拴挂化学品安全标签的;

(四)危险化学品生产企业提供的化学品安全技术说明书与其生产的危险化学品不相符,或者在包装(包括外包装件)粘贴、拴挂的化学品安全标签与包装内危险化学品不相符,或者化学品安全技术说明书、化学品安全标签所载明的内容不符合国家标准要求的;

(五)危险化学品生产企业发现其生产的危险化学品有新的危险特性不立即公告,或者不及时修订其化学品安全技术说明书和化学品安全标签的;

(六)危险化学品经营企业经营没有化学品安全技术说明书和化学品安全标签的危险化学品的;

(七)危险化学品包装物、容器的材质以及包装的型式、规格、方法和单件质量(重量)与所包装的危险化学品的性质和用途不相适应的;

(八)生产、储存危险化学品的单位未在作业场所和安全设施、设备上设置明显的安全警示标志,或者未在作业场所设置通信、报警装置的;

(九)危险化学品专用仓库未设专人负责管理,或者对储存的剧毒化学品以及储存数量构成重大危险源的其他危险化学品未实行双人收发、双人保管制度的;

(十)储存危险化学品的单位未建立危险化学品出入库核查、登记制度的;

（十一）危险化学品专用仓库未设置明显标志的；

（十二）危险化学品生产企业、进口企业不办理危险化学品登记，或者发现其生产、进口的危险化学品有新的危险特性不办理危险化学品登记内容变更手续的。

从事危险化学品仓储经营的港口经营人有前款规定情形的，由港口行政管理部门依照前款规定予以处罚。储存剧毒化学品、易制爆危险化学品的专用仓库未按国家有关规定设置相应的技术防范设施的，由公安机关依照前款规定予以处罚。

生产、储存剧毒化学品、易制爆危险化学品的单位未设置治安保卫机构、配备专职治安保卫人员的，依照《企业事业单位内部治安保卫条例》的规定处罚。

第七十九条 危险化学品包装物、容器生产企业销售未经检验或者经检验不合格的危险化学品包装物、容器的，由质量监督检验检疫部门责令改正，处10万元以上20万元以下的罚款，有违法所得的，没收违法所得；拒不改正的，责令停产停业整顿；构成犯罪的，依法追究刑事责任。

将未经检验合格的运输危险化学品的船舶及其配载的容器投入使用的，由海事管理机构依照前款规定予以处罚。

第八十条 生产、储存、使用危险化学品的单位有下列情形之一的，由安全生产监督管理部门责令改正，处5万元以上10万元以下的罚款；拒不改正的，责令停产停业整顿直至由原发证机关吊销其相关许可证件，并由工商行政管理部门责令其办理经营范围变更登记或者吊销其营业执照；有关责任人员构成犯罪的，依法追究刑事责任：

（一）对重复使用的危险化学品包装物、容器，在重复使用前不进行检查的；

（二）未根据其生产、储存的危险化学品的种类和危险特性，在作业场所设置相关安全设施、设备，或者未按照国家标准、行业标准或者国家有关规定对安全设施、设备进行经常性维护、保养的；

（三）未依照本条例规定对其安全生产条件定期进行安全评价的；

（四）未将危险化学品储存在专用仓库内，或者未将剧毒化学品以及储存数量构成重大危险源的其他危险化学品在专用仓库内单独存放的；

（五）危险化学品的储存方式、方法或者储存数量不符合国家标准或者国家有关规定的；

（六）危险化学品专用仓库不符合国家标准、行业标准的要求的；

（七）未对危险化学品专用仓库的安全设施、设备定期进行检测、检验的。

从事危险化学品仓储经营的港口经营人有前款规定情形的，由港口行政管理部门依照前款规定予以处罚。

第八十一条 有下列情形之一的，由公安机关责令改正，可以处1万元以下的罚款；拒不改正的，处1万元以上5万元以下的罚款：

（一）生产、储存、使用剧毒化学品、易制爆危险化学品的单位不如实记录生产、储存、使用的剧毒化学品、易制爆危险化学品的数量、流向的；

（二）生产、储存、使用剧毒化学品、易制爆危险化学品的单位发现剧毒化学品、易制爆危险化学品丢失或者被盗，不立即向公安机关报告的；

（三）储存剧毒化学品的单位未将剧毒化学品的储存数量、储存地点以及管理人员的情况报所在地县级人民政府公安机关备案的；

（四）危险化学品生产企业、经营企业不如实记录剧毒化学品、易制爆危险化学品购买单位的名称、地址、经办人的姓名、身份证号码以及所购买的剧毒化学品、易制爆危险化学品的品种、数量、用途，或者保存销售记录和相关材料的时间少于1年的；

（五）剧毒化学品、易制爆危险化学品的销售企业、购买单位未在规定的时限内将所销售、购买的剧毒化学品、易制爆危险化学品的品种、数量以及流向信息报所在地县级人民政府公安机关备案的；

（六）使用剧毒化学品、易制爆危险化学品的单位依照本条例规定转让其购买的剧毒化学品、易制爆危险化学品，未将有关情况向所在地县级人民政府公安机关报告的。

生产、储存危险化学品的企业或者使用危险化学品从事生产的企业未按照本条例规定将安全评价报告以及整改方案的落实情况报安全生产监督管理部门或者港口行政管理部门备案，或者储存危险化学品的单位未将其剧毒化学品以及储存数量构成重大危险源的其他危险化学品的储存数量、储存地点以及管理人员的情况报安全生产监督管理部门或者港口行政管理部门备案的，分别由安全生产监督管理部门或者港口行政管理部门依照前款规定予以处罚。

生产实施重点环境管理的危险化学品的企业或者使用实施重点环境管理的危险化学品从事生产的企业未按照规定将相关信息向环境保护主管部门报告的，由环境保护主管部门依照本条第一款的规定予以处罚。

第八十二条 生产、储存、使用危险化学品的单位转产、停产、停业或者解散，未采取有效措施及时、妥善处置其危险化学品生产装置、储存设施以及库存的危险化学品，或者丢弃危险化学品的，由安全生产监督管理部门责令改正，处5万元以上10万元以下的罚款；构成犯罪的，依法追究刑事责任。

生产、储存、使用危险化学品的单位转产、停产、停业或者解散，未依照本条例规定将其危险化学品生产装置、储存设施以及库存危险化学品的处置方案报有关部门备案的，分别由有关部门责令改正，可以处1万元以下的罚款；拒不改正的，处1万元以上5万元以下的罚款。

第八十三条 危险化学品经营企业向未经许可违法从事危险化学品生产、经营活动的企业采购危险化学品的，由工商行政管理部门责令改正，处10万元以上20万元以下的罚款；拒不改正的，责令停业整顿直至由原发证机关吊销其危险化学品经营许可证，并由工商行政管理部门责令其办理经营范围变更登记或者吊销其营业执照。

第八十四条 危险化学品生产企业、经营企业有下列情形之一的，由安全生产监督管理部门责令改正，没收违法所得，并处10万元以上20万元以下的罚款；拒不改正的，责令停产停业整顿直至吊销其危险化学品安全生产许可证、危险化学品经营许可证，并由工商行政管理部门责令其办理经营范围变更登记或者吊销其营业执照：

（一）向不具有本条例第三十八条第一款、第二款规定的相关许可证件或者证明文件的单位销售剧毒化学品、易制爆危险化学品的；

（二）不按照剧毒化学品购买许可证载明的品种、数量销售剧毒化学品的；

（三）向个人销售剧毒化学品（属于剧毒化学品的农药除外）、易制爆危险化学品的。

不具有本条例第三十八条第一款、第二款规定的相关许可证件或者证明文件的单位购买剧毒化学品、易制爆危险化学品，或者个人购买剧毒化学品（属于剧毒化学品的农药除外）、易制爆危险化学品的，由公安机关没收所购买的剧毒化学品、易制爆危险化学品，可以并处

5000元以下的罚款。

使用剧毒化学品、易制爆危险化学品的单位出借或者向不具有本条例第三十八条第一款、第二款规定的相关许可证件的单位转让其购买的剧毒化学品、易制爆危险化学品，或者向个人转让其购买的剧毒化学品（属于剧毒化学品的农药除外）、易制爆危险化学品的，由公安机关责令改正，处10万元以上20万元以下的罚款；拒不改正的，责令停产停业整顿。

第八十五条　未依法取得危险货物道路运输许可、危险货物水路运输许可，从事危险化学品道路运输、水路运输的，分别依照有关道路运输、水路运输的法律、行政法规的规定处罚。

第八十六条　有下列情形之一的，由交通运输主管部门责令改正，处5万元以上10万元以下的罚款；拒不改正的，责令停产停业整顿；构成犯罪的，依法追究刑事责任：

（一）危险化学品道路运输企业、水路运输企业的驾驶人员、船员、装卸管理人员、押运人员、申报人员、集装箱装箱现场检查员未取得从业资格上岗作业的；

（二）运输危险化学品，未根据危险化学品的危险特性采取相应的安全防护措施，或者未配备必要的防护用品和应急救援器材的；

（三）使用未依法取得危险货物适装证书的船舶，通过内河运输危险化学品的；

（四）通过内河运输危险化学品的承运人违反国务院交通运输主管部门对单船运输的危险化学品数量的限制性规定运输危险化学品的；

（五）用于危险化学品运输作业的内河码头、泊位不符合国家有关安全规范，或者未与饮用水取水口保持国家规定的安全距离，或者未经交通运输主管部门验收合格投入使用的；

（六）托运人不向承运人说明所托运的危险化学品的种类、数量、危险特性以及发生危险情况的应急处置措施，或者未按照国家有关规定对所托运的危险化学品妥善包装并在外包装上设置相应标志的；

（七）运输危险化学品需要添加抑制剂或者稳定剂，托运人未添加或者未将有关情况告知承运人的。

第八十七条　有下列情形之一的，由交通运输主管部门责令改正，处10万元以上20万元以下的罚款，有违法所得的，没收违法所得；拒不改正的，责令停产停业整顿；构成犯罪的，依法追究刑事责任：

（一）委托未依法取得危险货物道路运输许可、危险货物水路运输许可的企业承运危险化学品的；

（二）通过内河封闭水域运输剧毒化学品以及国家规定禁止通过内河运输的其他危险化学品的；

（三）通过内河运输国家规定禁止通过内河运输的剧毒化学品以及其他危险化学品的；

（四）在托运的普通货物中夹带危险化学品，或者将危险化学品谎报或者匿报为普通货物托运的。

在邮件、快件内夹带危险化学品，或者将危险化学品谎报为普通物品交寄的，依法给予治安管理处罚；构成犯罪的，依法追究刑事责任。

邮政企业、快递企业收寄危险化学品的，依照《中华人民共和国邮政法》的规定处罚。

第八十八条　有下列情形之一的，由公安机关责令改正，处5万元以上10万元以下的罚款；构成违反治安管理行为的，依法给予治安管理处罚；构成犯罪的，依法追究刑事责任：

（一）超过运输车辆的核定载质量装载危险化学品的；
（二）使用安全技术条件不符合国家标准要求的车辆运输危险化学品的；
（三）运输危险化学品的车辆未经公安机关批准进入危险化学品运输车辆限制通行的区域的；
（四）未取得剧毒化学品道路运输通行证，通过道路运输剧毒化学品的。

第八十九条　有下列情形之一的，由公安机关责令改正，处1万元以上5万元以下的罚款；构成违反治安管理行为的，依法给予治安管理处罚：
（一）危险化学品运输车辆未悬挂或者喷涂警示标志，或者悬挂或者喷涂的警示标志不符合国家标准要求的；
（二）通过道路运输危险化学品，不配备押运人员的；
（三）运输剧毒化学品或者易制爆危险化学品途中需要较长时间停车，驾驶人员、押运人员不向当地公安机关报告的；
（四）剧毒化学品、易制爆危险化学品在道路运输途中丢失、被盗、被抢或者发生流散、泄露等情况，驾驶人员、押运人员不采取必要的警示措施和安全措施，或者不向当地公安机关报告的。

第九十条　对发生交通事故负有全部责任或者主要责任的危险化学品道路运输企业，由公安机关责令消除安全隐患，未消除安全隐患的危险化学品运输车辆，禁止上道路行驶。

第九十一条　有下列情形之一的，由交通运输主管部门责令改正，可以处1万元以下的罚款；拒不改正的，处1万元以上5万元以下的罚款：
（一）危险化学品道路运输企业、水路运输企业未配备专职安全管理人员的；
（二）用于危险化学品运输作业的内河码头、泊位的管理单位未制定码头、泊位危险化学品事故应急救援预案，或者未为码头、泊位配备充足、有效的应急救援器材和设备的。

第九十二条　有下列情形之一的，依照《中华人民共和国内河交通安全管理条例》的规定处罚：
（一）通过内河运输危险化学品的水路运输企业未制定运输船舶危险化学品事故应急救援预案，或者未为运输船舶配备充足、有效的应急救援器材和设备的；
（二）通过内河运输危险化学品的船舶的所有人或者经营人未取得船舶污染损害责任保险证书或者财务担保证明的；
（三）船舶载运危险化学品进出内河港口，未将有关事项事先报告海事管理机构并经其同意的；
（四）载运危险化学品的船舶在内河航行、装卸或者停泊，未悬挂专用的警示标志，或者未按照规定显示专用信号，或者未按照规定申请引航的。

未向港口行政管理部门报告并经其同意，在港口内进行危险化学品的装卸、过驳作业的，依照《中华人民共和国港口法》的规定处罚。

第九十三条　伪造、变造或者出租、出借、转让危险化学品安全生产许可证、工业产品生产许可证，或者使用伪造、变造的危险化学品安全生产许可证、工业产品生产许可证的，分别依照《安全生产许可证条例》、《中华人民共和国工业产品生产许可证管理条例》的规定处罚。

伪造、变造或者出租、出借、转让本条例规定的其他许可证，或者使用伪造、变造的本条例规定的其他许可证，分别由相关许可证的颁发管理机关处10万元以上20万元以下的罚款,有违法所得的,没收违法所得;构成违反治安管理行为的,依法给予治安管理处罚;构成犯罪的,依法追究刑事责任。

第九十四条 危险化学品单位发生危险化学品事故,其主要负责人不立即组织救援或者不立即向有关部门报告的,依照《生产安全事故报告和调查处理条例》的规定处罚。

危险化学品单位发生危险化学品事故,造成他人人身伤害或者财产损失的,依法承担赔偿责任。

第九十五条 发生危险化学品事故,有关地方人民政府及其有关部门不立即组织实施救援,或者不采取必要的应急处置措施减少事故损失、防止事故蔓延、扩大的,对直接负责的主管人员和其他直接责任人员依法给予处分;构成犯罪的,依法追究刑事责任。

第九十六条 负有危险化学品安全监督管理职责的部门的工作人员,在危险化学品安全监督管理工作中滥用职权、玩忽职守、徇私舞弊,构成犯罪的,依法追究刑事责任;尚不构成犯罪的,依法给予处分。

第八章 附 则

第九十七条 监控化学品、属于危险化学品的药品和农药的安全管理,依照本条例的规定执行;法律、行政法规另有规定的,依照其规定。

民用爆炸物品、烟花爆竹、放射性物品、核能物质以及用于国防科研生产的危险化学品的安全管理,不适用本条例。

法律、行政法规对燃气的安全管理另有规定的,依照其规定。

危险化学品容器属于特种设备的,其安全管理依照有关特种设备安全的法律、行政法规的规定执行。

第九十八条 危险化学品的进出口管理,依照有关对外贸易的法律、行政法规、规章的规定执行;进口的危险化学品的储存、使用、经营、运输的安全管理,依照本条例的规定执行。

危险化学品环境管理登记和新化学物质环境管理登记,依照有关环境保护的法律、行政法规、规章的规定执行。危险化学品环境管理登记,按照国家有关规定收取费用。

第九十九条 公众发现、捡拾的无主危险化学品,由公安机关接收。公安机关接收或者有关部门依法没收的危险化学品,需要进行无害化处理的,交由环境保护主管部门组织其认定的专业单位进行处理,或者交由有关危险化学品生产企业进行处理。处理所需费用由国家财政负担。

第一百条 化学品的危险特性尚未确定的,由国务院安全生产监督管理部门、国务院环境保护主管部门、国务院卫生主管部门分别负责组织对该化学品的物理危险性、环境危害性、毒理特性进行鉴定。根据鉴定结果,需要调整危险化学品目录的,依照本条例第三条第二款的规定办理。

第一百零一条 本条例施行前已经使用危险化学品从事生产的化工企业,依照本条例规定需要取得危险化学品安全使用许可证的,应当在国务院安全生产监督管理部门规定的期限内,申请取得危险化学品安全使用许可证。

第一百零二条 本条例自2011年12月1日起施行。

国际道路运输管理规定

(2005年4月13日交通部令第3号公布)

第一章 总 则

第一条 为规范国际道路运输经营活动,维护国际道路运输市场秩序,保护国际道路运输各方当事人的合法权益,促进国际道路运输业的发展,根据《道路运输条例》和我国政府与有关国家政府签署的汽车运输协定,制定本规定。

第二条 从事中华人民共和国与相关国家间的国际道路运输经营活动的,应当遵守本规定。

本规定所称国际道路运输,包括国际道路旅客运输、国际道路货物运输。

第三条 国际道路运输应当坚持平等互利、公平竞争、共同发展的原则。

国际道路运输管理应当公平、公正、公开和便民。

第四条 交通部主管全国国际道路运输管理工作。

省级人民政府交通主管部门负责组织领导本行政区域内的国际道路运输管理工作。

省级道路运输管理机构负责具体实施本行政区域内的国际道路运输管理工作。

第二章 经营许可

第五条 申请从事国际道路运输经营活动的,应当具备下列条件:

(一)已经取得国内道路运输经营许可证的企业法人;

(二)从事国内道路运输经营满3年,且近3年内未发生重大以上道路交通责任事故。道路交通责任事故是指驾驶人员负同等或者以上责任的交通事故。

(三)驾驶人员符合第六条的条件。从事危险货物运输的驾驶员、装卸管理员、押运员,应当符合危险货物运输管理的有关规定;

(四)拟投入国际道路运输经营的运输车辆技术等级达到一级;

(五)有健全的安全生产管理制度。

第六条 从事国际道路运输的驾驶人员,应当符合下列条件:

(一)取得相应的机动车驾驶证;

(二)年龄不超过60周岁;

(三)经设区的市级道路运输管理机构分别对有关国际道路运输法规、外事规定、机动车维修、货物装载、保管和旅客急救基本知识考试合格,并取得《营运驾驶员从业资格证》;

(四)从事旅客运输的驾驶人员3年内无重大以上交通责任事故记录。

第七条 拟从事国际道路运输经营的,应当向所在地省级道路运输管理机构提出申请,并提交以下材料：

（一）国际道路运输经营申请表；

（二）《道路运输经营许可证》及复印件；

（三）法人营业执照及复印件；

（四）企业近3年内无重大以上道路交通责任事故证明；

（五）拟投入国际道路运输经营的车辆的道路运输证和拟购置车辆承诺书，承诺书包括车辆数量、类型、技术性能、购车时间等内容；

（六）拟聘用驾驶员的机动车驾驶证、从业资格证，近3年内无重大以上道路交通责任事故证明；

（七）国际道路运输的安全管理制度：包括安全生产责任制度、安全生产业务操作规程、安全生产监督检查制度、驾驶员和车辆安全生产管理制度等。

从事定期国际道路旅客运输的，还应当提交定期国际道路旅客班线运输的线路、站点、班次方案。

从事危险货物运输的，还应当提交驾驶员、装卸管理员、押运员的上岗资格证等。

第八条 已取得国际道路运输经营许可，申请新增定期国际旅客运输班线的，应当向所在地省级道路运输管理机构提出申请，提交下列材料：

（一）《道路运输经营许可证》及复印件；

（二）拟新增定期国际道路旅客班线运输的线路、站点、班次方案；

（三）拟投入国际道路旅客运输营运的车辆的道路运输证和拟购置车辆承诺书；

（四）拟聘用驾驶员的机动车驾驶证、从业资格证，驾驶员近3年内无重大以上道路交通责任事故证明。

第九条 省级道路运输管理机构收到申请后，应当按照《交通行政许可实施程序规定》要求的程序、期限，对申请材料进行审查，作出许可或者不予许可的决定。

决定予以许可的，应当向被许可人颁发《道路运输经营许可证》或者《道路旅客运输班线经营许可证明》。不能直接颁发经营证件的，应当向被许可人出具《国际道路运输经营许可决定书》或者《国际道路旅客运输班线经营许可决定书》。在出具许可决定之日起10日内，向被许可人颁发《道路运输经营许可证》或者《道路旅客运输班线经营许可证明》。

《道路运输经营许可证》应当注明经营范围；《道路旅客运输班线经营许可证明》应当注明班线起讫地、线路、停靠站点以及班次。

省级道路运输管理机构予以许可的，应当由省级交通主管部门向交通部备案。

对国际道路运输经营申请决定不予许可的，应当在受理之日起20日内向申请人送达《不予交通行政许可决定书》，并说明理由，告知申请人享有依法申请行政复议或者提起行政诉讼的权利。

第十条 非边境省、自治区、直辖市的申请人拟从事国际道路运输经营的，应当向所在地省级道路运输管理机构提出申请。受理该申请的省级道路运输管理机构在作出许可决定前，应当与运输线路拟通过口岸所在地的省级道路运输管理机构协商；协商不成的，由省级交通主管部门报交通部决定。交通部按照第九条第一款规定的程序作出许可或者不予许可的决定，通知所在地省级交通主管部门，并由所在地省级道路运输管理机构按照第九条第二款、第五款的规定颁发许可证件或者《不予交通行政许可决定书》。

第十一条 被许可人应当按照承诺书的要求购置运输车辆。购置的车辆和已有的车辆经道路运输管理机构核实符合条件的,道路运输管理机构向拟投入运输的车辆配发《道路运输证》。

第十二条 从事国际道路运输经营的申请人凭《道路运输经营许可证》及许可文件到外事、海关、检验检疫、边防检查等部门办理有关运输车辆、人员的出入境手续。

第十三条 国际道路运输经营者变更许可事项、扩大经营范围的,应当按照本规定办理许可申请。

国际道路运输经营者变更名称、地址等,应当向省级道路运输管理机构备案。

第十四条 国际道路旅客运输经营者在取得经营许可后,应当在180日内履行被许可的事项。有正当理由在180日内未经营或者停业时间超过180日的,应当告知省级道路运输管理机构。

国际道路运输经营者需要终止经营的,应当在终止经营之日30日前告知省级道路运输管理机构,办理有关注销手续。

第十五条 外国道路运输企业在我国境内设立国际道路运输常驻代表机构,应当向交通部提出申请,并提供以下材料:

(一)企业的董事长或总经理签署的申请书。内容包括常驻代表机构的名称、负责人、业务范围、驻在期限、驻在地点等;

(二)企业所在国家或地区有关商业登记当局出具的开业合法证明或营业注册副本;

(三)由所在国金融机构出具的资本信用证明书;

(四)企业委任常驻代表机构人员的授权书和常驻人员的简历及照片。

提交的外文资料需同时附中文翻译件。

第十六条 交通部应当按照《交通行政许可实施程序规定》要求的程序、期限,对申请材料进行审查,作出许可或者不予许可的决定。予以许可的,向外国道路运输企业出具并送达《外国(境外)运输企业在中国设立常驻代表机构许可决定书》,同时通知外国(境外)运输企业在中国常驻代表机构所在地的省级交通主管部门;不予许可的,应当出具并送达《不予交通行政许可决定书》,并说明理由。

第三章 运营管理

第十七条 国际道路运输线路由起讫地、途经地国家交通主管部门协商确定。

交通部及时向社会公布中国政府与有关国家政府确定的国际道路运输线路。

第十八条 从事国际道路运输的车辆应当按照规定的口岸通过,进入对方国家境内后,应当按照规定的线路运行。

从事定期国际道路旅客运输的车辆,应当按照规定的行车路线、班次及停靠站点运行。

第十九条 外国国际道路运输经营者的车辆在中国境内运输,应当具有本国的车辆登记牌照、登记证件。驾驶人员应当持有与其驾驶的车辆类别相符的本国或国际驾驶证件。

第二十条 从事国际道路运输的车辆应当标明本国的国际道路运输国籍识别标志。

省级道路运输管理机构按照交通部规定的《国际道路运输国籍识别标志》式样,负责《国际道路运输国籍识别标志》的印制、发放、管理和监督使用。

第二十一条 进入我国境内从事国际道路运输的外国运输车辆,应当符合我国有关运输车辆外廓尺寸、轴荷以及载质量的规定。

我国与外国签署有关运输车辆外廓尺寸、轴荷以及载质量具体协议的,按协议执行。

第二十二条 我国从事国际道路旅客运输的经营者,应当使用《国际道路旅客运输行车路单》。

我国从事国际道路货物运输的经营者,应当使用《国际道路货物运单》。

第二十三条 进入我国境内运载不可解体大型物件的外国国际道路运输经营者,车辆超限的,应当遵守我国超限运输车辆行驶公路的相关规定,办理相关手续后,方可运输。

第二十四条 进入我国境内运输危险货物的外国国际道路运输经营者,应当遵守我国危险货物运输有关法律、法规和规章的规定。

第二十五条 禁止外国国际道路运输经营者从事我国国内道路旅客和货物运输经营。

外国国际道路运输经营者在我国境内应当在批准的站点上下旅客或者按照运输合同商定的地点装卸货物。运输车辆,要按照我国道路运输管理机构指定的停靠站(场)停放。

禁止外国国际道路运输经营者在我国境内自行承揽货物或者招揽旅客。

第二十六条 国际道路运输经营者应当使用符合国家规定标准的车辆从事国际道路运输经营,并定期进行运输车辆维护和检测。

第二十七条 国际道路运输经营者应当制定境外突发事件的道路运输应急预案。应急预案应当包括报告程序、应急指挥、应急车辆和设备的储备以及处置措施等内容。

第二十八条 国际道路旅客运输的价格,按边境口岸地省级交通主管部门与相关国家政府交通主管部门签订的协议执行。没有协议的,按边境口岸所在地省级物价部门核定的运价执行。

国际道路货物运输的价格,由国际道路货物运输的经营者自行确定。

第二十九条 对进出我国境内从事国际道路运输的外国运输车辆的费收,应当按照我国与相关国家政府签署的有关协定执行。

第四章 行车许可证管理

第三十条 国际道路运输实行行车许可证制度。

行车许可证是国际道路运输经营者在相关国家境内从事国际道路运输经营时行驶的通行凭证。

我国从事国际道路运输的车辆进出相关国家,应当持有相关国家的国际汽车运输行车许可证。

外国从事国际道路运输的车辆进出我国,应当持有我国国际汽车运输行车许可证。

第三十一条 我国国际汽车运输行车许可证分为《国际汽车运输行车许可证》和《国际汽车运输特别行车许可证》。

在我国境内从事国际道路旅客运输经营和一般货物运输经营的外国经营者,使用《国际汽车运输行车许可证》。

在我国境内从事国际道路危险货物运输经营的外国经营者,应当向拟通过口岸所在地的省级道路运输管理机构提出申请,由省级道路运输管理机构商有关部门批准后,向外国经营者的运输车辆发放《国际汽车运输特别行车许可证》。

第三十二条 《国际汽车运输行车许可证》、《国际汽车运输特别行车许可证》的式样,由交通部与相关国家政府交通主管部门商定。边境省级道路运输管理机构按照商定的式样,负责行车许可证的统一印制,并负责与相关国家交换。

交换过来的相关国家《国际汽车运输行车许可证》,由边境省级道路运输管理机构负责发放和管理。

我国从事国际道路运输的经营者,向拟通过边境口岸所在地的省级道路运输管理机构申领《国际汽车运输行车许可证》。

第三十三条 《国际汽车运输行车许可证》、《国际汽车运输特别行车许可证》实行一车一证,应当在有效期内使用。

运输车辆为半挂汽车列车、全挂汽车列车时,仅向牵引车发放行车许可证。

第三十四条 禁止伪造、变造、倒卖、转让、出租《国际汽车运输行车许可证》、《国际汽车运输特别行车许可证》。

第五章 监督检查

第三十五条 县级以上道路运输管理机构在本行政区域内依法实施国际道路运输监督检查工作。

口岸国际道路运输管理机构负责口岸地包括口岸查验现场的国际道路运输管理及监督检查工作。

口岸国际道路运输管理机构应当悬挂"中华人民共和国××口岸国际道路运输管理站"标识牌;在口岸查验现场悬挂"中国运输管理"的标识,并实行统一的国际道路运输查验签章。

道路运输管理机构和口岸国际道路运输管理机构工作人员在实施国际道路运输监督检查时,应当出示交通部统一制式的交通行政执法证件。

第三十六条 口岸国际道路运输管理机构在口岸具体负责如下工作:

(一)查验《国际汽车运输行车许可证》、《国际道路运输国籍识别标志》、国际道路运输有关牌证等;

(二)记录、统计出入口岸的车辆、旅客、货物运输量以及《国际汽车运输行车许可证》;定期向省级道路运输管理机构报送有关统计资料。

(三)监督检查国际道路运输的经营活动;

(四)协调出入口岸运输车辆的通关事宜。

第三十七条 国际道路运输经营者应当接受当地县级以上道路运输管理机构和口岸国际道路运输管理机构的检查。

第六章 法律责任

第三十八条 违反本规定,有下列行为之一的,由县级以上道路运输管理机构以及口岸国际道路运输管理机构责令停止经营;有违法所得的,没收违法所得,处违法所得2倍以上10

倍以下的罚款;没有违法所得或者违法所得不足2万元的,处3万元以上10万元以下的罚款;构成犯罪的,依法追究刑事责任:

(一)未取得道路运输经营许可,擅自从事国际道路运输经营的;

(二)使用失效、伪造、变造、被注销等无效道路运输经营许可证件从事国际道路运输经营的;

(三)超越许可的事项,非法从事国际道路运输经营的。

第三十九条 违反本规定,非法转让、出租、伪造《道路运输经营许可证》《道路旅客运输班线经营许可证明》《国际汽车运输行车许可证》《国际汽车运输特别行车许可证》《国际道路运输国籍识别标志》的,由县级以上道路运输管理机构以及口岸国际道路运输管理机构责令停止违法行为,收缴有关证件,处2000元以上1万元以下的罚款;构成犯罪的,依法追究刑事责任。

第四十条 违反本规定,国际道路运输经营者的运输车辆不按照规定标明《国际道路运输国籍识别标志》、携带《国际汽车运输行车许可证》或者《国际汽车运输特别行车许可证》的,由县级以上道路运输管理机构以及口岸国际道路运输管理机构责令改正,处20元以上200元以下的罚款。

第四十一条 违反本规定,国际道路运输经营者有下列情形之一的,由县级以上道路运输管理机构以及口岸国际道路运输管理机构责令改正,处1000元以上3000元以下的罚款;情节严重的,由原许可机关吊销道路运输经营许可证:

(一)不按批准的国际道路运输线路、站点、班次运输的;

(二)在运输途中擅自变更运输车辆或者将旅客移交他人运输的;

(三)未报告原许可机关,擅自终止国际道路旅客运输经营的。

第四十二条 国际道路运输经营者违反道路旅客、货物运输有关规定的,按照相关规定予以处罚。

第四十三条 外国国际道路运输经营者有下列行为之一的,由县级以上道路运输管理机构以及口岸国际道路运输管理机构责令停止运输或责令改正,有违法所得的,没收违法所得,处违法所得2倍以上10倍以下的罚款,没有违法所得或者违法所得不足1万元的,处3万元以上6万元以下的罚款:

(一)未取得我国有效的《国际汽车运输行车许可证》或者《国际汽车运输特别行车许可证》,擅自进入我国境内从事国际道路运输经营或者运输危险货物的;

(二)从事我国国内道路旅客或货物运输的;

(三)在我国境内自行承揽货源或招揽旅客的;

(四)未按规定的运输线路、站点、班次、停靠站(场)运行的;

(五)未标明本国《国际道路运输国籍识别标志》的。

第四十四条 违反本规定,外国道路运输经营者,未经批准在我国境内设立国际道路运输常驻代表机构的,由省级道路运输管理机构予以警告,并责令改正。

第四十五条 县级以上道路运输管理机构以及口岸国际道路运输管理机构有下列行为之一的,对负有责任的主管人员和责任人员,视情节轻重,依法给予行政处分;造成严重后果、构成犯罪的,依法追究其刑事责任:

(一)不按照本规定规定的条件、程序和期限实施国际道路运输行政许可的;

(二)参与或者变相参与国际道路运输经营的;

(三)发现未经批准的单位和个人擅自从事国际道路运输经营活动,或者发现国际道路运输经营者有违法行为不及时查处的;

(四)违反规定拦截、检查正常行驶的道路运输车辆的;

(五)违法扣留运输车辆、车辆营运证的;

(六)索取、收受他人财物,或者谋取其他利益的;

(七)违法实施行政处罚的;

(八)其他违法行为。

第七章 附 则

第四十六条 依照《道路运输条例》的规定,收取《道路运输经营许可证》、《道路运输证》、《道路旅客运输班线经营许可证明》、从业资格证、《国际汽车运输行车许可证》、《国际汽车运输特别行车许可证》、《国际道路运输国籍识别标志》等许可证件的工本费,具体收费标准由省、自治区、直辖市人民政府财政部门、价格主管部门会同同级交通主管部门核定。

第四十七条 本规定自 2005 年 6 月 1 日起施行。交通部 1995 年 9 月 12 日公布的《中华人民共和国出入境汽车运输管理规定》(交公路发[1995]860号)同时废止。

附件1：

国际道路运输经营许可申请表

受理申请机关专用

说明

1. 本表根据《国际道路运输管理规定》制作，申请从事国际道路运输经营应当向所在地省级道路运输管理机构提出申请，填写本表，并同时提交其他相关材料。
2. 本表可向各级道路运输管理机构免费索取，也可自行从交通部网站（www.moc.gov.cn）下载打印。
3. 有关常见问题可查询交通部网站。
4. 本表必须用钢笔填写或计算机打印，要求用正楷，字迹工整。

申请人基本信息

申请人名称 _____
　　　　　　要求填写企业（公司）全称

负责人姓名 _____　经办人姓名 _____
　　　　　　如系个人申请，不必填写"负责人姓名"及"经办人姓名"项

通信地址 _____

邮　　编 _____　电　　话 _____

手　　机 _____　电子邮箱 _____

申请许可内容

申请国际道路运输许可事项　　　　请在 ☐ 内划√

国际道路旅客运输　　　☐

国际道路货物运输　　　☐

国际道路危险货物运输　☐

1. _____年_____月取得道路运输经营许可证从事国内道路运输。

2. 近3年是否发生重大以上道路交通责任事故：☐

3. 是否有健全的安全生产管理制度：☐

国际道路旅客运输申请内容

现有营运各车情况

序号	道路运输证号	厂牌型号	车辆数量	座位（座）	车辆技术等级	备注
1						
2						
3						
4						
5						
6						
7						
8						

拟购置客运车辆情况

序号	厂牌型号	数量	座位（座）	车辆技术等级	备注
1					
2					
3					
4					
5					
6					
7					
8					

申请从事国际道路旅客运输班线经营的线路和站点方案

始发地客运站：　　　　　　　　　终到地客运站：
途经停靠站点：　　　　　　　　　途经边境口岸：
班次：　　　班/周
表格不够，可另附表填写。

国际道路货物运输申请内容
现有营运货车情况

序号	道路运输证号	厂牌型号	车辆数量	载重质量（吨）	车辆技术等级	备注
1						
2						
3						
4						
5						
6						
7						
8						
9						
10						

拟购置货物运输车辆情况

序号	厂牌型号	数量	载重质量（吨）	车辆技术等级	备注
1					
2					
3					
4					
5					
6					
7					
8					
9					
10					

表格不够,可另附表填写。

营运车辆驾驶员情况

现有车辆驾驶员情况

序号	姓名	性别	年龄	取得驾驶证时间	从业资格证号	从业人员资格类型
1						
2						
3						
4						
5						
6						
7						
8						
9						
10						
11						
12						
13						
14						
15						
16						

拟聘用车辆驾驶员情况

序号	姓名	性别	年龄	取得驾驶证时间	从业资格证号	从业人员资格类型
1						
2						
3						
4						
5						
6						
7						
8						

表格不够,可另附表填写。

申请材料核对表　　　请在 ☐ 内划 √

　　1. 国际道路运输经营申请表（本表）　　　　　　　　　　　　　☐

　　2. 运管机构发放的道路运输经营许可证　　　　　　　　　　　☐

　　3. 公安交通管理部门出具的近 3 年内无重大以上交通责任事故证明　☐

　　4. 企业法人代码证　　　　　　　　　　　　　　　　　　　　☐

　　5. 现有营运车辆运输证、车辆技术等级证书或车辆技术检测合格证复印件，拟购置运输车辆的承诺书　　　　　　　　　　　　　　　　　　　　　　　　　　　☐

　　6. 原有及拟聘用驾驶员的机动车驾驶证、营运驾驶员从业资格证及其复印件　☐

　　7. 国际道路运输的安全管理制度文本（安全生产责任制度、安全生产业务操作规程、安全生产监督检查制度、驾驶员和车辆安全生产管理制度、道路运输应急预案）。☐

　　8. 申请定期国际班线客运许可还须提供班线客运的线路、站点和班次方案　☐

　　只有上述材料齐全有效后，你的申请才能受理

声明

我声明本表及其他相关材料中提供的信息均真实可靠。

我知悉如此表中有故意填写的虚假信息，我取得的道路运输经营许可将被吊销。

我承诺我将遵守《中华人民共和国道路运输条例》及其他有关道路运输法规的规定。

　　负责人签名_____　　　日期_____
　　负责人职位_____
　　如系个人申请不必填写"负责人职位"项

附件2：

中华人民共和国
国际道路运输经营许可决定书

　　　国际运输　　　年度　　　号

_____：

　　你单位_____年___月___日已经取得_____（省、自治区、直辖市）道路运输管理局行政许可，从事国际道路运输经营。

　　道路运输经营许可证编号：

　　经营范围：国际道路（货物、旅客、危险货物）运输

　　批准投入车辆情况

　　车辆数：_____辆　　　　车　　型：_____

　　吨（座）位：_____　　　　车辆技术等级：_____

　　请你单位持此通知书到外事、海关、检验检疫、边防检查以及口岸运管部门，按照规定办理相关手续。

　　　　　　　　　　　　　　　　　　_____（省、自治区、直辖市）
　　　　　　　　　　　　　　　　　　　　道路运输管理局
　　　　　　　　　　　　　　　　　　　　　　（印章）
　　　　　　　　　　　　　　　　　　　××××年××月××日

抄送：××外事、海关、检验检疫、边防检查、口岸运管部门。

附件3：

中华人民共和国
国际道路旅客运输班线经营许可决定书

　　　　　　　　　　　　　　　　　　____国际运输____年度____号

_____：
　　你单位_____年____月____日已经取得_____（省、自治区、直辖市）道路运输管理局行政许可，从事国际道路客运班线经营。
　　道路运输经营许可证编号：
　　起点及站点：_____　讫点及站名：_____
　　主要途径地：_____
　　停靠站名：_____
　　日发班次：_____　车牌号码：_____
　　班车客运标志版编号：_____
　　有效期：_____年____月____日至_____年____月____日
　　请你单位持此通知书到外事、海关、检验检疫、边防检查以及口岸运管部门，按照规定办理相关手续。

　　　　　　　　　　　　　　　　　　　　　_____（省、自治区、直辖市）
　　　　　　　　　　　　　　　　　　　　　　　　道路运输管理局
　　　　　　　　　　　　　　　　　　　　　　　　　　（印章）
　　　　　　　　　　　　　　　　　　　　　　　××××年××月××日

抄送：××外事、海关、检验检疫、边防检查、口岸运管部门。

附件4：

中华人民共和国外国（境外）运输企业在中国设立常驻代表机构许可决定书

编号：〔　　〕交公路批字　　号

根据2004年7月1日施行的《中华人民共和国道路运输条件》，兹同意_____（外国运输公司）在中国_____（省、自治区、直辖市）设立常驻代表机构。

常驻代表机构名称：

代表姓名：

业务范围：

驻在有效期：
此证：

（印章）
××××年××月××日

抄送：××省(自治区、直辖市)交通厅(局、委)。

附件5:

中华人民共和国国际道路运输
国籍识别标志(比例1:1)

(一次性标志背面)

中华人民共和国国际道路运输国籍识别标志

编号						
车籍单位						
车号			车型		吨(座)位	
运输线路	自			至		
有效期限	从　年　月　日起至　　　年　月　止					
主管机关	(章) 年　月　日			签发机关		(章) 年　月　日

说明：

1. 中华人民共和国国际道路运输国籍识别标志分为长期性和一次性两种：长期性标志为正面带编号的冲压式铝制标牌，固定在车辆保险杠右侧；一次性标志为纸质不干胶片，背面有填写内容，贴在车辆风挡玻璃右上角。
2. 国籍识别标志也可同时用漆喷制在车厢两侧或后侧。
3. 国籍识别标志为椭圆形，长、短轴分别为24cm和14.5cm。
4. 国籍识别标志缩写为大写英文"CHN"，采用"Arial-Black"字体，字号为80。
5. 一次性标志按长期性标志式样的1/2比例制作。

附件6：

**中华人民共和国
国际道路旅客运输行车路单**

（　）运管（　）字 No:000000

运输单位:				车号:		座位:		驾驶员姓名:			
运输线路:从			经			到					
起运地		通过口岸		到达地		旅客人数	行包数量	行包重量	行驶里程
国家	地点	出境	入境	国家	地点	（人）	（件）	（吨）	（公里）
出境签章				入境签章		备注			
路单有效期				从 年 月 日 起至 年 月 日					
主管机关(章)				签发机关(章)		签发人:		回收人:			

备注：1. 本路单一次性使用有效
2. 此联随车携带，使用后按期交签发机关。

**中华人民共和国国际道路
旅客运输行车路单存根**

（　）运管（　）字 No:00000

领用单位	
道路运输证号码	
驾驶员姓名	
车辆牌照号	
车型	
运输线路	
旅客人数	
运距	
有效期	
签发人	
领用人	

· 198 ·

旅客清单

序号	姓名	国籍	性别	护照(通行证)号码	备注
1					
2					
3					
4					
5					
6					
7					
8					
9					
10					
11					
12					
13					
14					
15					
16					
17					
18					

附件7：

(CHN) 国际道路货物运单　　No.000000

1. 发货人 　名称_____ 　国籍_____	2. 收货人 　名称_____ 　国籍_____
3. 装货地点 　国家_____　市_____ 　街道_____	4. 卸货地点 　国家_____　市_____ 　街道_____

5. 货物标记和号码	6. 件数	7. 包装种类	8. 货物名称	9. 体积(m³)	10. 毛重(kg)

11. 发货人指示	
a. 进/出口许可证号码：　　从　　　　　　在　　　　　　海关	
b. 货物声明价值	
c. 发货人随附单证	
d. 订单或合同号	包括运费交货点
e. 其他指示	不包括运费交货点

12. 运送特殊条件	13. 应付运费			
	发货人	运费	币别	收货人
14. 承运人意见				
15. 承运人	共计			

16. 编制日期 　到达装货_____时_____分 　离去_____时_____分 　发货人签字盖章_____ 　承运人签字盖章_____	17. 收到本运单货物日期_____ 18. 到达卸货 　到达装货_____时_____分 　离去_____时_____分 　收货人签字盖章_____
19. 汽车牌号_____车辆吨位_____ 　司机姓名_____拖挂车号_____ 　行车许可证号_____路单号_____	20. 运输里程_____过境里程_____ 　收货人境内里程_____ 　共计_____
21. 海关机构记载：	22. 收货人可能提出的意见：

说明：1. 本运单使用中文和相应国家文字印制。
　　　2. 本运单一般使用一式四联单。第一联：存根；第二联：始发地海关；第三联：口岸地海关；第四联：随车携带。（如是过境运输可印制6~8联的运单，供过境海关留存）

附件8：

国际道路运输查验签章

说明：

1. 出境印章为椭圆形，长、短轴分别为4.5cm和3cm；入境印章为矩形，长、宽分别为4cm和3cm。
2. 该印章为可拨调年月日的铜制印章。

道路货物运输及站场管理规定

(2005年6月16日交通部令第6号公布,2008年6月23日交通运输部令第9号第一次修正,2009年4月21日交通运输部令第3号第二次修正,2012年3月14日交通运输部令第1号第三次修正,2016年4月11日交通运输部令第35号第四次修正)

第一章 总 则

第一条 为规范道路货物运输和道路货物运输站(场)经营活动,维护道路货物运输市场秩序,保障道路货物运输安全,保护道路货物运输和道路货物运输站(场)有关各方当事人的合法权益,根据《中华人民共和国道路运输条例》及有关法律、行政法规的规定,制定本规定。

第二条 从事道路货物运输经营和道路货物运输站(场)经营的,应当遵守本规定。

本规定所称道路货物运输经营,是指为社会提供公共服务、具有商业性质的道路货物运输活动。道路货物运输包括道路普通货运、道路货物专用运输、道路大型物件运输和道路危险货物运输。

本规定所称道路货物专用运输,是指使用集装箱、冷藏保鲜设备、罐式容器等专用车辆进行的货物运输。

本规定所称道路货物运输站(场)(以下简称"货运站"),是指以场地设施为依托,为社会提供有偿服务的具有仓储、保管、配载、信息服务、装卸、理货等功能的综合货运站(场)、零担货运站、集装箱中转站、物流中心等经营场所。

第三条 道路货物运输和货运站经营者应当依法经营,诚实信用,公平竞争。

道路货物运输管理应当公平、公正、公开和便民。

第四条 鼓励道路货物运输实行集约化、网络化经营。鼓励采用集装箱、封闭厢式车和多轴重型车运输。

第五条 交通运输部主管全国道路货物运输和货运站管理工作。

县级以上地方人民政府交通运输主管部门负责组织领导本行政区域的道路货物运输和货运站管理工作。

县级以上道路运输管理机构具体实施本行政区域的道路货物运输和货运站管理工作。

第二章 经营许可

第六条 申请从事道路货物运输经营的,应当具备下列条件:

（一）有与其经营业务相适应并经检测合格的运输车辆：
1. 车辆技术要求应当符合《道路运输车辆技术管理规定》有关规定。
2. 车辆其他要求：
（1）从事大型物件运输经营的，应当具有与所运输大型物件相适应的超重型车组；
（2）从事冷藏保鲜、罐式容器等专用运输的，应当具有与运输货物相适应的专用容器、设备、设施，并固定在专用车辆上；
（3）从事集装箱运输的，车辆还应当有固定集装箱的转锁装置。
（二）有符合规定条件的驾驶人员：
1. 取得与驾驶车辆相应的机动车驾驶证；
2. 年龄不超过60周岁；
3. 经设区的市级道路运输管理机构对有关道路货物运输法规、机动车维修和货物及装载保管基本知识考试合格，并取得从业资格证。
（三）有健全的安全生产管理制度，包括安全生产责任制度、安全生产业务操作规程、安全生产监督检查制度、驾驶员和车辆安全生产管理制度等。

第七条 申请从事货运站经营的，应当具备下列条件：
（一）有与其经营规模相适应的货运站房、生产调度办公室、信息管理中心、仓库、仓储库棚、场地和道路等设施，并经有关部门组织的工程竣工验收合格；
（二）有与其经营规模相适应的安全、消防、装卸、通讯、计量等设备；
（三）有与其经营规模、经营类别相适应的管理人员和专业技术人员；
（四）有健全的业务操作规程和安全生产管理制度。

第八条 申请从事道路货物运输经营的，应当依法向工商行政管理机关办理有关登记手续后，向县级道路运输管理机构提出申请，并提供以下材料：
（一）《道路货物运输经营申请表》（见附件1）；
（二）负责人身份证明，经办人的身份证明和委托书；
（三）机动车辆行驶证、车辆技术等级评定结论复印件；拟投入运输车辆的承诺书，承诺书应当包括车辆数量、类型、技术性能、投入时间等内容；
（四）聘用或者拟聘用驾驶员的机动车驾驶证、从业资格证及其复印件；
（五）安全生产管理制度文本；
（六）法律、法规规定的其他材料。

第九条 申请从事货运站经营的，应当依法向工商行政管理机关办理有关登记手续后，向县级道路运输管理机构提出申请，并提供以下材料：
（一）《道路货物运输站（场）经营申请表》（见附件2）；
（二）负责人身份证明，经办人的身份证明和委托书；
（三）经营道路货运站的土地、房屋的合法证明；
（四）货运站竣工验收证明；
（五）与业务相适应的专业人员和管理人员的身份证明、专业证书；
（六）业务操作规程和安全生产管理制度文本。

第十条 道路运输管理机构应当按照《中华人民共和国道路运输条例》《交通行政许可

实施程序规定》和本规定规范的程序实施道路货物运输经营和货运站经营的行政许可。

第十一条 道路运输管理机构对道路货运经营申请予以受理的,应当自受理之日起20日内作出许可或者不予许可的决定;道路运输管理机构对货运站经营申请予以受理的,应当自受理之日起15日内作出许可或者不予许可的决定。

第十二条 道路运输管理机构对符合法定条件的道路货物运输经营申请作出准予行政许可决定的,应当出具《道路货物运输经营行政许可决定书》(见附件3),明确许可事项。在10日内向被许可人颁发《道路运输经营许可证》,在《道路运输经营许可证》上注明经营范围。

道路运输管理机构对符合法定条件的货运站经营申请作出准予行政许可决定的,应当出具《道路货物运输站(场)经营行政许可决定书》(见附件4),明确许可事项。在10日内向被许可人颁发《道路运输经营许可证》,在《道路运输经营许可证》上注明经营范围。

对道路货物运输和货运站经营不予许可的,应当向申请人出具《不予交通行政许可决定书》。

第十三条 被许可人应当按照承诺书的要求投入运输车辆。购置车辆或者已有车辆经道路运输管理机构核实并符合条件的,道路运输管理机构向投入运输的车辆配发《道路运输证》。

第十四条 道路货物运输经营者设立子公司的,应当向设立地的道路运输管理机构申请经营许可;设立分公司的,应当向设立地的道路运输管理机构报备。

第十五条 从事货运代理(代办)等货运相关服务的经营者,应当依法到工商行政管理机关办理有关登记手续,并持有关登记证件到设立地的道路运输管理机构备案。

第十六条 道路货物运输和货运站经营者需要终止经营的,应当在终止经营之日30日前告知原许可的道路运输管理机构,并办理有关注销手续。

第十七条 道路货物运输经营者变更许可事项、扩大经营范围的,按本章有关许可规定办理。

道路货物运输和货运站经营者变更名称、地址等,应当向作出原许可决定的道路运输管理机构备案。

第三章 货运经营管理

第十八条 道路货物运输经营者应当按照《道路运输经营许可证》核定的经营范围从事货物运输经营,不得转让、出租道路运输经营许可证件。

第十九条 道路货物运输经营者应当对从业人员进行经常性的安全、职业道德教育和业务知识、操作规程培训。

第二十条 道路货物运输经营者应当按照国家有关规定在其重型货运车辆、牵引车上安装、使用行驶记录仪,并采取有效措施,防止驾驶人员连续驾驶时间超过4个小时。

第二十一条 道路货物运输经营者应当要求其聘用的车辆驾驶员随车携带《道路运输证》。

《道路运输证》不得转让、出租、涂改、伪造。

第二十二条 道路货物运输经营者应当聘用持有从业资格证的驾驶人员。

第二十三条 营运驾驶员应当驾驶与其从业资格类别相符的车辆。驾驶营运车辆时,应当随身携带从业资格证。

第二十四条 运输的货物应当符合货运车辆核定的载质量,载物的长、宽、高不得违反装载要求。禁止货运车辆违反国家有关规定超限、超载运输。

禁止使用货运车辆运输旅客。

第二十五条 道路货物运输经营者运输大型物件,应当制定道路运输组织方案。涉及超限运输的应当按照交通部颁布的《超限运输车辆行驶公路管理规定》办理相应的审批手续。

第二十六条 从事大型物件运输的车辆,应当按照规定装置统一的标志和悬挂标志旗;夜间行驶和停车休息时应当设置标志灯。

第二十七条 道路货物运输经营者不得运输法律、行政法规禁止运输的货物。

道路货物运输经营者在受理法律、行政法规规定限运、凭证运输的货物时,应当查验并确认有关手续齐全有效后方可运输。

货物托运人应当按照有关法律、行政法规的规定办理限运、凭证运输手续。

第二十八条 道路货物运输经营者不得采取不正当手段招揽货物、垄断货源。不得阻碍其他货运经营者开展正常的运输经营活动。

道路货物运输经营者应当采取有效措施,防止货物变质、腐烂、短少或者损失。

第二十九条 道路货物运输经营者和货物托运人应当按照《合同法》的要求,订立道路货物运输合同。

道路货物运输可以采用交通部颁布的《汽车货物运输规则》所推荐的道路货物运单签订运输合同。

第三十条 国家鼓励实行封闭式运输。道路货物运输经营者应当采取有效的措施,防止货物脱落、扬撒等情况发生。

第三十一条 道路货物运输经营者应当制定有关交通事故、自然灾害、公共卫生以及其他突发公共事件的道路运输应急预案。应急预案应当包括报告程序、应急指挥、应急车辆和设备的储备以及处置措施等内容。

第三十二条 发生交通事故、自然灾害、公共卫生以及其他突发公共事件,道路货物运输经营者应当服从县级以上人民政府或者有关部门的统一调度、指挥。

第三十三条 道路货物运输经营者应当严格遵守国家有关价格法律、法规和规章的规定,不得恶意压价竞争。

第四章 货运站经营管理

第三十四条 货运站经营者应当按照经营许可证核定的许可事项经营,不得随意改变货运站用途和服务功能。

第三十五条 货运站经营者应当依法加强安全管理,完善安全生产条件,健全和落实安全生产责任制。

货运站经营者应当对出站车辆进行安全检查,防止超载车辆或者未经安全检查的车辆出站,保证安全生产。

第三十六条 货运站经营者应当按照货物的性质、保管要求进行分类存放,危险货物应当单独存放,保证货物完好无损。

第三十七条 货物运输包装应当按照国家规定的货物运输包装标准作业,包装物和包装技术、质量要符合运输要求。

第三十八条 货运站经营者应当按照规定的业务操作规程进行货物的搬运装卸。搬运装卸作业应当轻装、轻卸,堆放整齐,防止混杂、撒漏、破损,严禁有毒、易污染物品与食品混装。

第三十九条 货运站经营者应当严格执行价格规定,在经营场所公布收费项目和收费标准。严禁乱收费。

第四十条 进入货运站经营的经营业户及车辆,经营手续必须齐全。

货运站经营者应当公平对待使用货运站的道路货物运输经营者,禁止无证经营的车辆进站从事经营活动,无正当理由不得拒绝道路货物运输经营者进站从事经营活动。

第四十一条 货运站经营者不得垄断货源、抢装货物、扣押货物。

第四十二条 货运站要保持清洁卫生,各项服务标志醒目。

第四十三条 货运站经营者经营配载服务应当坚持自愿原则,提供的货源信息和运力信息应当真实、准确。

第四十四条 货运站经营者不得超限、超载配货,不得为无道路运输经营许可证或证照不全者提供服务;不得违反国家有关规定,为运输车辆装卸国家禁运、限运的物品。

第四十五条 货运站经营者应当制定有关突发公共事件的应急预案。应急预案应当包括报告程序、应急指挥、应急车辆和设备的储备以及处置措施等内容。

第四十六条 货运站经营者应当建立和完善各类台账和档案,并按要求报送有关信息。

第五章 监督检查

第四十七条 道路运输管理机构应当加强对道路货物运输经营和货运站经营活动的监督检查。

道路运输管理机构工作人员应当严格按照职责权限和法定程序进行监督检查。

第四十八条 县级以上道路运输管理机构应当定期对货运车辆进行审验,每年审验一次。审验内容包括车辆技术等级评定情况、车辆结构及尺寸变动情况和违章记录等。

审验符合要求的,道路运输管理机构在《道路运输证》审验记录中或者IC卡注明;不符合要求的,应当责令限期改正或者办理变更手续。

第四十九条 道路运输管理机构及其工作人员应当重点在货运站、货物集散地对道路货物运输、货运站经营活动实施监督检查。此外,根据管理需要,可以在公路路口实施监督检查,但不得随意拦截正常行驶的道路运输车辆,不得双向拦截车辆进行检查。

第五十条 道路运输管理机构的工作人员实施监督检查时,应当有2名以上人员参加,并向当事人出示交通运输部统一制式的交通行政执法证件。

第五十一条 道路运输管理机构的工作人员可以向被检查单位和个人了解情况,查阅和复制有关材料。但是,应当保守被调查单位和个人的商业秘密。

被监督检查的单位和个人应当接受道路运输管理机构及其工作人员依法实施的监督检查,如实提供有关情况或者资料。

第五十二条 道路运输管理人员在货运站、货物集散地实施监督检查过程中,发现货运车辆有超载行为的,应当立即予以制止,装载符合标准后方可放行。

第五十三条 道路货物运输经营者在许可的道路运输管理机构管辖区域外违法从事经营活动的,违法行为发生地的道路运输管理机构应当依法将当事人的违法事实、处罚结果记录到《道路运输证》上,并抄告作出道路运输经营许可的道路运输管理机构。

第五十四条 道路货物运输经营者违反本规定的,县级以上道路运输管理机构在作出行政处罚决定的过程中,可以按照行政处罚法的规定将其违法证据先行登记保存。作出行政处罚决定后,道路货物运输经营者拒不履行的,作出行政处罚决定的道路运输管理机构可以将其拒不履行行政处罚决定的事实通知违法车辆车籍所在地道路运输管理机构,作为能否通过车辆年度审验和决定质量信誉考核结果的重要依据。

第五十五条 道路运输管理机构的工作人员在实施道路运输监督检查过程中,对没有《道路运输证》又无法当场提供其他有效证明的货运车辆可以予以暂扣,并出具《道路运输车辆暂扣凭证》(见附件5)。对暂扣车辆应当妥善保管,不得使用,不得收取或者变相收取保管费用。

违法当事人应当在暂扣凭证规定时间内到指定地点接受处理。逾期不接受处理的,道路运输管理机构可依法作出处罚决定,并将处罚决定书送达当事人。当事人无正当理由逾期不履行处罚决定的,道路运输管理机构可申请人民法院强制执行。

第六章 法 律 责 任

第五十六条 违反本规定,有下列行为之一的,由县级以上道路运输管理机构责令停止经营;有违法所得的,没收违法所得,处违法所得2倍以上10倍以下的罚款;没有违法所得或者违法所得不足2万元的,处3万元以上10万元以下的罚款;构成犯罪的,依法追究刑事责任:

(一)未取得道路货物运输经营许可,擅自从事道路货物运输经营的;

(二)使用失效、伪造、变造、被注销等无效的道路运输经营许可证件从事道路货物运输经营的;

(三)超越许可的事项,从事道路货物运输经营的。

第五十七条 违反本规定,道路货物运输和货运站经营者非法转让、出租道路运输经营许可证件的,由县级以上道路运输管理机构责令停止违法行为,收缴有关证件,处2000元以上1万元以下的罚款;有违法所得的,没收违法所得。

第五十八条 违反本规定,取得道路货物运输经营许可的道路货物运输经营者使用无道路运输证的车辆参加货物运输的,由县级以上道路运输管理机构责令改正,处3000元以上1万元以下的罚款。

违反本规定,道路货物运输经营者不按照规定携带《道路运输证》的,由县级以上道路运输管理机构责令改正,处警告或者20元以上200元以下的罚款。

第五十九条 违反本规定,道路货物运输经营者、货运站经营者已不具备开业要求的有关安全条件、存在重大运输安全隐患的,由县级以上道路运输管理机构限期责令改正;在规定时间内不能按要求改正且情节严重的,由原许可机关吊销《道路运输经营许可证》或者吊销其相应的经营范围。

第六十条 违反本规定,道路货物运输经营者有下列情形之一的,由县级以上道路运输管理机构责令改正,处1000元以上3000元以下的罚款;情节严重的,由原许可机关吊销道路运输经营许可证或者吊销其相应的经营范围:
(一)强行招揽货物的;
(二)没有采取必要措施防止货物脱落、扬撒的。
第六十一条 违反本规定,有下列行为之一的,由县级以上道路运输管理机构责令停止经营;有违法所得的,没收违法所得,处违法所得2倍以上10倍以下的罚款;没有违法所得或者违法所得不足1万元的,处2万元以上5万元以下的罚款;构成犯罪的,依法追究刑事责任:
(一)未取得货运站经营许可,擅自从事货运站经营的;
(二)使用失效、伪造、变造、被注销等无效的道路运输经营许可证件从事货运站经营的;
(三)超越许可的事项,从事货运站经营的。
第六十二条 违反本规定,货运站经营者对超限、超载车辆配载,放行出站的,由县级以上道路运输管理机构责令改正,处1万元以上3万元以下的罚款。
第六十三条 违反本规定,货运站经营者擅自改变道路运输站(场)的用途和服务功能,由县级以上道路运输管理机构责令改正;拒不改正的,处3000元的罚款;有违法所得的,没收违法所得。
第六十四条 违反本规定,有下列行为之一的,由县级以上道路运输管理机构责令限期整改,整改不合格的,予以通报:
(一)没有按照国家有关规定在货运车辆上安装符合标准的具有行驶记录功能的卫星定位装置的;
(二)大型物件运输车辆不按规定悬挂、标明运输标志的;
(三)发生公共突发性事件,不接受当地政府统一调度安排的;
(四)因配载造成超限、超载的;
(五)运输没有限运证明物资的;
(六)未查验禁运、限运物资证明,配载禁运、限运物资的。
第六十五条 道路运输管理机构的工作人员违反本规定,有下列情形之一的,依法给予相应的行政处分;构成犯罪的,依法追究刑事责任:
(一)不依照本规定规定的条件、程序和期限实施行政许可的;
(二)参与或者变相参与道路货物运输和货运站经营的;
(三)发现违法行为不及时查处的;
(四)违反规定拦截、检查正常行驶的道路运输车辆的;
(五)违法扣留运输车辆、《道路运输证》的;
(六)索取、收受他人财物,或者谋取其他利益的;
(七)其他违法行为。

第七章 附　　则

第六十六条 道路货物运输经营者从事国际道路货物运输经营、危险货物运输活动,除一般行为规范适用本规定外,有关从业条件等特殊要求应当适用交通部制定的国际道路运输管理规定、道路危险货物运输管理规定。

第六十七条 中外合资、中外合作、独资形式投资道路货物运输和货运站经营业务的,按照《外商投资道路运输业管理规定》办理。

第六十八条 道路运输管理机构依照规定发放道路货物运输经营许可证件和《道路运输证》,可以收取工本费。工本费的具体收费标准由省级人民政府财政、价格主管部门会同同级交通运输主管部门核定。

第六十九条 本规定自 2005 年 8 月 1 日起施行。交通部 1993 年 5 月 19 日发布的《道路货物运输业户开业技术经济条件(试行)》(交运发〔1993〕531 号)、1996 年 12 月 2 日发布的《道路零担货物运输管理办法》(交公路发〔1996〕1039 号)、1997 年 5 月 22 日发布的《道路货物运单使用和管理办法》(交通部令 1997 年第 4 号)、2001 年 4 月 5 日发布的《道路货物运输企业经营资质管理规定(试行)》(交公路发〔2001〕154 号)同时废止。

附件1

货运1表第1页 共4页

道路货物运输经营申请表	受理申请机关专用

说明

1. 本表根据《道路货物运输及站场管理规定》制作，申请从事道路货物运输经营应当向县级道路运输管理机构提出申请，填写本表，并同时提交其他相关材料。
2. 本表可向各级道路运输管理机构免费索取，也可自行从交通运输部网站（www.moc.gov.cn）下载打印。
3. 有关常见问题可查询交通运输部网站。
4. 本表必须用钢笔填写或者计算机打印，要求用正楷，字迹工整。

申请人基本信息

申请人名称 _____
要求填写企业（公司）全称、企业预先核准全称或个体经营者姓名

负责人姓名 _____ 经办人姓名 _____
如系个人申请，不必填写"负责人姓名"及"经办人姓名"项

通信地址 _____
邮　　编 _____ 电　　话 _____
手　　机 _____ 电子邮箱 _____

申请许可内容　　　　请在 ☐ 内划√

拟申请的道路货物运输经营范围或拟申请扩大的道路货物运输经营范围：

普通货运 ☐　　专用运输 ☐　　大型物件运输 ☐

如拟申请扩大道路货物运输经营范围，请选择现有的经营范围：

普通货运 ☐　　专用运输 ☐　　大型物件运输 ☐

货运1表第2页 共4页

货物运输车辆信息

已购置货物运输车辆情况

序号	厂牌型号	数量	载重质量（吨）	车辆技术等级	外廓尺寸（毫米）
1					
2					
3					
4					
5					
6					

表格不够，可另附表填写。外廓尺寸指车辆长×宽×高

拟购置货物运输车辆情况

序号	厂牌型号	数量	载重质量（吨）	车辆技术等级	外廓尺寸（毫米）
1					
2					
3					
4					
5					
6					

表格不够，可另附表填写。外廓尺寸指车辆长×宽×高

如申请扩大经营范围，请填写"现有运输车辆情况"表

现有运输车辆情况

序号	道路运输证号	厂牌型号	车辆数量	载重质量（吨）	车辆技术等级	外廓尺寸（毫米）
1						
2						
3						
4						
5						
6						

表格不够，可另附表填写。外廓尺寸指车辆长×宽×高

货运1表第3页 共4页

拟聘用营运货车驾驶员情况

序号	姓名	性别	年龄	取得驾驶证时间	从业资格证号	从业人员资格类型
1						
2						
3						
4						
5						
6						
7						
8						
9						
10						
11						
12						
13						
14						
15						
16						
17						
18						
19						
20						
21						
22						
23						
24						
25						
26						
27						
28						
29						
30						

表格不够,可另附表填写

货运1表第4页　共4页

申请材料核对表　　　　请在□内划√

1. 道路货物运输经营申请表(本表)。　　　　　　　　　　　　　□

2. 负责人、办理人身份证明和委托书。　　　　　　　　　　　　□

3. 现有机动车辆行驶证、车辆技术等级证书或车辆技术检测合格证复印件,拟投入运输车辆的承诺书。　　　　　　　　　　　　　　　　　　　　　　□

4. 已聘用或拟聘用驾驶员的机动车驾驶证、从业资格证及其复印件。　□

5. 安全生产管理制度文本。　　　　　　　　　　　　　　　　　□

只有上述5份材料齐全有效后,您的申请才能受理

声明

我声明本表及其他相关材料中提供的信息均真实可靠。

我知悉如此表中有故意填写的虚假信息,我取得的道路运输经营许可将被吊销。

我承诺我将遵守《中华人民共和国道路运输条例》及其他有关道路运输法规的规定。

负责人签名_____　　　日期_____

负责人职位_____

如系个人申请不必填写"负责人职位"项

附件2

货运2表第1页 共3页

道路货物运输站（场）
经营申请表

受理申请机关专用

说明

1. 本表根据《道路货物运输及站场管理规定》制作，申请从事道路货物运输站（场）经营应当向县级道路运输管理机构提出申请，填写本表，并同时提交其他相关材料。
2. 本表可向各级道路运输管理机构免费索取，也可自行从交通运输部网站（www.mot.gov.cn）下载打印。
3. 有关常见问题可查询交通运输部网站。
4. 本表必须用钢笔填写或者计算机打印，要求用正楷，字迹工整。

申请人基本信息

申请人名称_____

要求填写企业（公司）全称、企业预先核准全称或个体经营者姓名

负责人姓名_____　　经办人姓名_____

如系个人申请，不必填写"负责人姓名"及"经办人姓名"项

通信地址_____

电　　话_____　　传　　真_____

手　　机_____　　电子邮箱_____

货运2表第2页 共3页

设备、设施情况

设备			设施	
装卸设备	型号	数量(台)	设施种类	面积(平方米)
集装箱叉车			通用仓库	
正面吊运机			专用仓库	
集装箱轨道吊机			简易仓库	
小型叉车			集装箱堆场	
直举升叉车			通用堆场	
搬运手推车			停车场	
货物传送带			货物托运场所	
监控系统			有否高台	
计算机管理系统			检查口	

与表内名称不一的,可在空白栏中填写。表格不够,可另附表。

货运2表第3页 共3页

申请材料核对表 　　请在□内划√

1. 道路货物运输站（场）经营申请表（本表）　　　　　　□
2. 负责人身份证明,办理人身份证明和委托书　　　　　　□
3. 经营道路货运站（场）的土地、房屋的合法证明　　　　□
4. 道路货物运输站（场）竣工验收证明　　　　　　　　　□
5. 专业人员和管理人员身份证明、专业证书　　　　　　　□
6. 业务操作规程和安全生产管理等制度文本　　　　　　　□

只有上述6份材料齐全有效后,您的申请才能受理

声明

我声明本表及其他相关材料中提供的信息均真实可靠。

我知悉如此表中有故意填写的虚假信息,我取得的道路运输经营许可将被吊销。

我承诺我将遵守《中华人民共和国道路运输条例》及其他有关道路运输法规的规定。

负责人签名＿＿＿＿＿＿＿＿＿　　　　日期＿＿＿＿＿＿＿＿＿

负责人职位＿＿＿＿＿＿＿＿＿

如系个人申请不必填写"负责人职位"项

附件3

道路货物运输经营行政许可决定书

编号：

_____：

你于　年　月　日提出_____申请。

经审查,你的申请符合_____

_____的规定,决定予以道路货物运输经营行政许可。

经营范围：_____

_____

车辆数量：_____辆

请于　年　月　日去　　　　领取或换发《道路运输经营许可证》,并于　年　月　日前落实拟投入车辆,然后办理相关手续。

（印章）

年　月　日

附件4

道路货物运输站(场)经营行政许可决定书

编号：

_____：

  你于 年 月 日提出_____申请。

  经审查，你的申请符合_____的规定，决定予以道路货物运输站(场)经营行政许可。

  请于 年 月 日去 领取或换发《道路运输经营许可证》，然后办理相关手续。

（印章）

年 月 日

附件5

道路运输车辆暂扣凭证

编号： 字第 号
第 联

当事人姓名：_____ 联系电话：_____
业户名称：_____
通信地址：_____ 邮政编码：_____

  我单位在依法实施道路运输检查时，发现你驾驶的车辆在从事道路运输活动，且无法当场提供《道路运输证》和其他有效证明，依据《中华人民共和国道路运输条例》第六十三条的规定，决定暂扣你的车辆。请在7日内持本凭证到_____接受处理，在暂扣期间，对车辆予以免费保管；逾期不接受处理的，将依法作出行政处罚决定；拒不履行的，将申请人民法院强制执行。

  当事人对暂扣车辆的决定不服的，可根据《中华人民共和国行政复议法》或《中华人民共和国行政诉讼法》，在接到本凭证之日起60日内向_____申请行政复议，或在6个月内向人民法院提起诉讼。

车 辆 简 况

车号：_____ 车型：_____ 轮胎：_____ 门锁：_____
车灯：_____ 玻璃：_____ 后视镜：_____
车上其他设备及物品：_____
_____
备注：_____
执法人员签名：_____ 执法证号：_____
当事人签名：_____

执法机关（印章）
年 月 日

机动车维修管理规定

（2005年6月24日交通部令第7号公布，2015年8月8日交通运输部令第17号第一次修正，2016年4月19日交通运输部令第37号第二次修正）

第一章 总 则

第一条 为规范机动车维修经营活动，维护机动车维修市场秩序，保护机动车维修各方当事人的合法权益，保障机动车运行安全，保护环境，节约能源，促进机动车维修业的健康发展，根据《中华人民共和国道路运输条例》及有关法律、行政法规的规定，制定本规定。

第二条 从事机动车维修经营的，应当遵守本规定。

本规定所称机动车维修经营，是指以维持或者恢复机动车技术状况和正常功能，延长机动车使用寿命为作业任务所进行的维护、修理以及维修救援等相关经营活动。

第三条 机动车维修经营者应当依法经营，诚实信用，公平竞争，优质服务，落实安全生产主体责任和维修质量主体责任。

第四条 机动车维修管理，应当公平、公正、公开和便民。

第五条 任何单位和个人不得封锁或者垄断机动车维修市场。

托修方有权自主选择维修经营者进行维修。除汽车生产厂家履行缺陷汽车产品召回、汽车质量"三包"责任外，任何单位和个人不得强制或者变相强制指定维修经营者。

鼓励机动车维修企业实行集约化、专业化、连锁经营，促进机动车维修业的合理分工和协调发展。

鼓励推广应用机动车维修环保、节能、不解体检测和故障诊断技术，推进行业信息化建设和救援、维修服务网络化建设，提高机动车维修行业整体素质，满足社会需要。

鼓励机动车维修企业优先选用具备机动车检测维修国家职业资格的人员，并加强技术培训，提升从业人员素质。

第六条 交通运输部主管全国机动车维修管理工作。

县级以上地方人民政府交通运输主管部门负责组织领导本行政区域的机动车维修管理工作。

县级以上道路运输管理机构负责具体实施本行政区域内的机动车维修管理工作。

第二章 经营许可

第七条 机动车维修经营依据维修车型种类、服务能力和经营项目实行分类许可。

机动车维修经营业务根据维修对象分为汽车维修经营业务、危险货物运输车辆维修经营业务、摩托车维修经营业务和其他机动车维修经营业务四类。

汽车维修经营业务、其他机动车维修经营业务根据经营项目和服务能力分为一类维修经营业务、二类维修经营业务和三类维修经营业务。

摩托车维修经营业务根据经营项目和服务能力分为一类维修经营业务和二类维修经营业务。

第八条 获得一类、二类汽车维修经营业务或者其他机动车维修经营业务许可的，可以从事相应车型的整车修理、总成修理、整车维护、小修、维修救援、专项修理和维修竣工检验工作；获得三类汽车维修经营业务（含汽车综合小修）、三类其他机动车维修经营业务许可的，可以分别从事汽车综合小修或者发动机维修、车身维修、电气系统维修、自动变速器维修、轮胎动平衡及修补、四轮定位检测调整、汽车润滑与养护、喷油泵和喷油器维修、曲轴修磨、气缸镗磨、散热器维修、空调维修、汽车美容装潢、汽车玻璃安装及修复等汽车专项维修工作。具体有关经营项目按照《汽车维修业开业条件》（GB/T 16739）相关条款的规定执行。

第九条 获得一类摩托车维修经营业务许可的，可以从事摩托车整车修理、总成修理、整车维护、小修、专项修理和竣工检验工作；获得二类摩托车维修经营业务许可的，可以从事摩托车维护、小修和专项修理工作。

第十条 获得危险货物运输车辆维修经营业务许可的，除可以从事危险货物运输车辆维修经营业务外，还可以从事一类汽车维修经营业务。

第十一条 申请从事汽车维修经营业务或者其他机动车维修经营业务的，应当符合下列条件：

（一）有与其经营业务相适应的维修车辆停车场和生产厂房。租用的场地应当有书面的租赁合同，且租赁期限不得少于1年。停车场和生产厂房面积按照国家标准《汽车维修业开业条件》（GB/T 16739）相关条款的规定执行。

（二）有与其经营业务相适应的设备、设施。所配备的计量设备应当符合国家有关技术标准要求，并经法定检定机构检定合格。从事汽车维修经营业务的设备、设施的具体要求按照国家标准《汽车维修业开业条件》（GB/T 16739）相关条款的规定执行；从事其他机动车维修经营业务的设备、设施的具体要求，参照国家标准《汽车维修业开业条件》（GB/T 16739）执行，但所配备设施、设备应与其维修车型相适应。

（三）有必要的技术人员：

1. 从事一类和二类维修业务的应当各配备至少1名技术负责人员、质量检验人员、业务接待人员以及从事机修、电器、钣金、涂漆的维修技术人员。技术负责人员应当熟悉汽车或者其他机动车维修业务，并掌握汽车或者其他机动车维修及相关政策法规和技术规范；质量检验人员应当熟悉各类汽车或者其他机动车维修检测作业规范，掌握汽车或者其他机动车维修故障诊断和质量检验的相关技术，熟悉汽车或者其他机动车维修服务收费标准及相关政策法规和技术规范，并持有与承修车型种类相适应的机动车驾驶证；从事机修、电器、钣金、涂漆的维修技术人员应当熟悉所从事工种的维修技术和操作规范，并了解汽车或者其他机动车维修及相关政策法规。各类技术人员的配备要求按照《汽车维修业开业条件》（GB/T 16739）相关条款的规定执行。

2. 从事三类维修业务的，按照其经营项目分别配备相应的机修、电器、钣金、涂漆的维修技术人员；从事汽车综合小修、发动机维修、车身维修、电气系统维修、自动变速器维修的，还应当配备技术负责人员和质量检验人员。各类技术人员的配备要求按照国家标准《汽车维修业开业条件》(GB/T 16739)相关条款的规定执行。

（四）有健全的维修管理制度。包括质量管理制度、安全生产管理制度、车辆维修档案管理制度、人员培训制度、设备管理制度及配件管理制度。具体要求按照国家标准《汽车维修业开业条件》(GB/T 16739)相关条款的规定执行。

（五）有必要的环境保护措施。具体要求按照国家标准《汽车维修业开业条件》(GB/T 16739)相关条款的规定执行。

第十二条 从事危险货物运输车辆维修的汽车维修经营者，除具备汽车维修经营一类维修经营业务的开业条件外，还应当具备下列条件：

（一）有与其作业内容相适应的专用维修车间和设备、设施，并设置明显的指示性标志；

（二）有完善的突发事件应急预案，应急预案包括报告程序、应急指挥以及处置措施等内容；

（三）有相应的安全管理人员；

（四）有齐全的安全操作规程。

本规定所称危险货物运输车辆维修，是指对运输易燃、易爆、腐蚀、放射性、剧毒等性质货物的机动车维修，不包含对危险货物运输车辆罐体的维修。

第十三条 申请从事摩托车维修经营的，应当符合下列条件：

（一）有与其经营业务相适应的摩托车维修停车场和生产厂房。租用的场地应有书面的租赁合同，且租赁期限不得少于1年。停车场和生产厂房的面积按照国家标准《摩托车维修业开业条件》(GB/T 18189)相关条款的规定执行。

（二）有与其经营业务相适应的设备、设施。所配备的计量设备应符合国家有关技术标准要求，并经法定检定机构检定合格。具体要求按照国家标准《摩托车维修业开业条件》(GB/T 18189)相关条款的规定执行。

（三）有必要的技术人员：

1. 从事一类维修业务的，应当至少有1名质量检验人员。质量检验人员应当熟悉各类摩托车维修检测作业规范，掌握摩托车维修故障诊断和质量检验的相关技术，熟悉摩托车维修服务收费标准及相关政策法规和技术规范。

2. 按照其经营业务分别配备相应的机修、电器、钣金、涂漆的维修技术人员。机修、电器、钣金、涂漆的维修技术人员应当熟悉所从事工种的维修技术和操作规范，并了解摩托车维修及相关政策法规。

（四）有健全的维修管理制度。包括质量管理制度、安全生产管理制度、摩托车维修档案管理制度、人员培训制度、设备管理制度及配件管理制度。具体要求按照国家标准《摩托车维修业开业条件》(GB/T 18189)相关条款的规定执行。

（五）有必要的环境保护措施。具体要求按照国家标准《摩托车维修业开业条件》(GB/T18189)相关条款的规定执行。

第十四条 申请从事机动车维修经营的，应当向所在地的县级道路运输管理机构提出申请，并提交下列材料：

（一）《交通行政许可申请书》、有关维修经营申请者的营业执照原件和复印件；

（二）经营场地（含生产厂房和业务接待室）、停车场面积材料、土地使用权及产权证明原件和复印件；

（三）技术人员汇总表，以及各相关人员的学历、技术职称或职业资格证明等文件原件和复印件；

（四）维修检测设备及计量设备检定合格证明原件和复印件；

（五）按照汽车、其他机动车、危险货物运输车辆、摩托车维修经营，分别提供本规定第十一条、第十二条、第十三条规定条件的其他相关材料。

第十五条 道路运输管理机构应当按照《中华人民共和国道路运输条例》和《交通行政许可实施程序规定》规范的程序实施机动车维修经营的行政许可。

第十六条 道路运输管理机构对机动车维修经营申请予以受理的，应当自受理申请之日起15日内作出许可或者不予许可的决定。符合法定条件的，道路运输管理机构作出准予行政许可的决定，向申请人出具《交通行政许可决定书》，在10日内向被许可人颁发机动车维修经营许可证件，明确许可事项；不符合法定条件的，道路运输管理机构作出不予许可的决定，向申请人出具《不予交通行政许可决定书》，说明理由，并告知申请人享有依法申请行政复议或者提起行政诉讼的权利。

机动车维修经营者应当在取得相应工商登记执照后，向道路运输管理机构申请办理机动车维修经营许可手续。

第十七条 申请机动车维修连锁经营服务网点的，可由机动车维修连锁经营企业总部向连锁经营服务网点所在地县级道路运输管理机构提出申请，提交下列材料，并对材料真实性承担相应的法律责任：

（一）机动车维修连锁经营企业总部机动车维修经营许可证件复印件；

（二）连锁经营协议书副本；

（三）连锁经营的作业标准和管理手册；

（四）连锁经营服务网点符合机动车维修经营相应开业条件的承诺书。

道路运输管理机构在查验申请资料齐全有效后，应当场或在5日内予以许可，并发给相应许可证件。连锁经营服务网点的经营许可项目应当在机动车维修连锁经营企业总部许可项目的范围内。

第十八条 机动车维修经营许可证件实行有效期制。从事一、二类汽车维修业务和一类摩托车维修业务的证件有效期为6年；从事三类汽车维修业务、二类摩托车维修业务及其他机动车维修业务的证件有效期为3年。

机动车维修经营许可证件由各省、自治区、直辖市道路运输管理机构统一印制并编号，县级道路运输管理机构按照规定发放和管理。

第十九条 机动车维修经营者应当在许可证件有效期届满前30日到作出原许可决定的道路运输管理机构办理换证手续。

第二十条 机动车维修经营者变更经营资质、经营范围、经营地址、有效期限等许可事项的，应当向作出原许可决定的道路运输管理机构提出申请；符合本章规定许可条件、标准的，道路运输管理机构依法办理变更手续。

机动车维修经营者变更名称、法定代表人等事项的，应当向作出原许可决定的道路运输管理机构备案。

机动车维修经营者需要终止经营的,应当在终止经营前30日告知作出原许可决定的道路运输管理机构办理注销手续。

第三章 维修经营

第二十一条 机动车维修经营者应当按照经批准的行政许可事项开展维修服务。

第二十二条 机动车维修经营者应当将机动车维修经营许可证件和《机动车维修标志牌》(见附件1)悬挂在经营场所的醒目位置。

《机动车维修标志牌》由机动车维修经营者按照统一式样和要求自行制作。

第二十三条 机动车维修经营者不得擅自改装机动车,不得承修已报废的机动车,不得利用配件拼装机动车。

托修方要改变机动车车身颜色,更换发动机、车身和车架的,应当按照有关法律、法规的规定办理相关手续,机动车维修经营者在查看相关手续后方可承修。

第二十四条 机动车维修经营者应当加强对从业人员的安全教育和职业道德教育,确保安全生产。

机动车维修从业人员应当执行机动车维修安全生产操作规程,不得违章作业。

第二十五条 机动车维修产生的废弃物,应当按照国家的有关规定进行处理。

第二十六条 机动车维修经营者应当公布机动车维修工时定额和收费标准,合理收取费用。

机动车维修工时定额可按各省机动车维修协会等行业中介组织统一制定的标准执行,也可按机动车维修经营者报所在地道路运输管理机构备案后的标准执行,也可按机动车生产厂家公布的标准执行。当上述标准不一致时,优先适用机动车维修经营者备案的标准。

机动车维修经营者应当将其执行的机动车维修工时单价标准报所在地道路运输管理机构备案。

机动车生产厂家在新车型投放市场后六个月内,有义务向社会公布其维修技术信息和工时定额。具体要求按照国家有关部门关于汽车维修技术信息公开的规定执行。

第二十七条 机动车维修经营者应当使用规定的结算票据,并向托修方交付维修结算清单。维修结算清单中,工时费与材料费应当分项计算。维修结算清单标准规范格式由交通运输部制定。

机动车维修经营者不出具规定的结算票据和结算清单的,托修方有权拒绝支付费用。

第二十八条 机动车维修经营者应当按照规定,向道路运输管理机构报送统计资料。

道路运输管理机构应当为机动车维修经营者保守商业秘密。

第二十九条 机动车维修连锁经营企业总部应当按照统一采购、统一配送、统一标识、统一经营方针、统一服务规范和价格的要求,建立连锁经营的作业标准和管理手册,加强对连锁经营服务网点经营行为的监管和约束,杜绝不规范的商业行为。

第四章 质量管理

第三十条 机动车维修经营者应当按照国家、行业或者地方的维修标准和规范进行维修。尚无标准或规范的,可参照机动车生产企业提供的维修手册、使用说明书和有关技术资料进行维修。

第三十一条 机动车维修经营者不得使用假冒伪劣配件维修机动车。

机动车维修配件实行追溯制度。机动车维修经营者应当记录配件采购、使用信息,查验产品合格证等相关证明,并按规定留存配件来源凭证。

托修方、维修经营者可以使用同质配件维修机动车。同质配件是指,产品质量等同或者高于装车零部件标准要求,且具有良好装车性能的配件。

机动车维修经营者对于换下的配件、总成,应当交托修方自行处理。

机动车维修经营者应当将原厂配件、同质配件和修复配件分别标识,明码标价,供用户选择。

第三十二条 机动车维修经营者对机动车进行二级维护、总成修理、整车修理的,应当实行维修前诊断检验、维修过程检验和竣工质量检验制度。

承担机动车维修竣工质量检验的机动车维修企业或机动车综合性能检测机构应当使用符合有关标准并在检定有效期内的设备,按照有关标准进行检测,如实提供检测结果证明,并对检测结果承担法律责任。

第三十三条 机动车维修竣工质量检验合格的,维修质量检验人员应当签发《机动车维修竣工出厂合格证》(见附件2);未签发机动车维修竣工出厂合格证的机动车,不得交付使用,车主可以拒绝交费或接车。

第三十四条 机动车维修经营者应当建立机动车维修档案,并实行档案电子化管理。维修档案应当包括:维修合同(托修单)、维修项目、维修人员及维修结算清单等。对机动车进行二级维护、总成修理、整车修理的,维修档案还应当包括:质量检验单、质量检验人员、竣工出厂合格证(副本)等。

机动车维修经营者应当按照规定如实填报、及时上传承修机动车的维修电子数据记录至国家有关汽车电子健康档案系统。机动车生产厂家或者第三方开发、提供机动车维修服务管理系统的,应当向汽车电子健康档案系统开放相应数据接口。

机动车托修方有权查阅机动车维修档案。

第三十五条 道路运输管理机构应当加强机动车维修从业人员管理,建立健全从业人员信用档案,加强从业人员诚信监管。

机动车维修经营者应当加强从业人员从业行为管理,促进从业人员诚信、规范从业维修。

第三十六条 道路运输管理机构应当加强对机动车维修经营的质量监督和管理,采用定期检查、随机抽样检测检验的方法,对机动车维修经营者维修质量进行监督。

道路运输管理机构可以委托具有法定资格的机动车维修质量监督检验单位,对机动车维修质量进行监督检验。

第三十七条 机动车维修实行竣工出厂质量保证期制度。

汽车和危险货物运输车辆整车修理或总成修理质量保证期为车辆行驶20000公里或者100日;二级维护质量保证期为车辆行驶5000公里或者30日;一级维护、小修及专项修理质量保证期为车辆行驶2000公里或者10日。

摩托车整车修理或者总成修理质量保证期为摩托车行驶7000公里或者80日;维护、小修及专项修理质量保证期为摩托车行驶 800 公里或者 10 日。

其他机动车整车修理或者总成修理质量保证期为机动车行驶 6000 公里或者 60 日；维护、小修及专项修理质量保证期为机动车行驶 700 公里或者 7 日。

质量保证期中行驶里程和日期指标，以先达到者为准。

机动车维修质量保证期，从维修竣工出厂之日起计算。

第三十八条 在质量保证期和承诺的质量保证期内，因维修质量原因造成机动车无法正常使用，且承修方在 3 日内不能或者无法提供因非维修原因而造成机动车无法使用的相关证据的，机动车维修经营者应当及时无偿返修，不得故意拖延或者无理拒绝。

在质量保证期内，机动车因同一故障或维修项目经两次修理仍不能正常使用的，机动车维修经营者应当负责联系其他机动车维修经营者，并承担相应修理费用。

第三十九条 机动车维修经营者应当公示承诺的机动车维修质量保证期。所承诺的质量保证期不得低于第三十七条的规定。

第四十条 道路运输管理机构应当受理机动车维修质量投诉，积极按照维修合同约定和相关规定调解维修质量纠纷。

第四十一条 机动车维修质量纠纷双方当事人均有保护当事车辆原始状态的义务。必要时可拆检车辆有关部位，但双方当事人应同时在场，共同认可拆检情况。

第四十二条 对机动车维修质量的责任认定需要进行技术分析和鉴定，且承修方和托修方共同要求道路运输管理机构出面协调的，道路运输管理机构应当组织专家组或委托具有法定检测资格的检测机构作出技术分析和鉴定。鉴定费用由责任方承担。

第四十三条 对机动车维修经营者实行质量信誉考核制度。机动车维修质量信誉考核办法另行制定。

机动车维修质量信誉考核内容应当包括经营者基本情况、经营业绩（含奖励情况）、不良记录等。

第四十四条 道路运输管理机构应当建立机动车维修企业诚信档案。机动车维修质量信誉考核结果是机动车维修诚信档案的重要组成部分。

道路运输管理机构建立的机动车维修企业诚信信息，除涉及国家秘密、商业秘密外，应当依法公开，供公众查阅。

第五章 监 督 检 查

第四十五条 道路运输管理机构应当加强对机动车维修经营活动的监督检查。

道路运输管理机构应当依法履行对维修经营者所取得维修经营许可的监管职责，定期核对许可登记事项和许可条件。对许可登记内容发生变化的，应当依法及时变更；对不符合法定条件的，应当责令限期改正。

道路运输管理机构的工作人员应当严格按照职责权限和程序进行监督检查，不得滥用职权、徇私舞弊，不得乱收费、乱罚款。

第四十六条 道路运输管理机构应当积极运用信息化技术手段，科学、高效地开展机动车维修管理工作。

第四十七条 道路运输管理机构的执法人员在机动车维修经营场所实施监督检查时，应当有2名以上人员参加,并向当事人出示交通运输部监制的交通行政执法证件。

道路运输管理机构实施监督检查时,可以采取下列措施:

(一)询问当事人或者有关人员,并要求其提供有关资料;

(二)查询、复制与违法行为有关的维修台账、票据、凭证、文件及其他资料,核对与违法行为有关的技术资料;

(三)在违法行为发现场所进行摄影、摄像取证;

(四)检查与违法行为有关的维修设备及相关机具的有关情况。

检查的情况和处理结果应当记录,并按照规定归档。当事人有权查阅监督检查记录。

第四十八条 从事机动车维修经营活动的单位和个人,应当自觉接受道路运输管理机构及其工作人员的检查,如实反映情况,提供有关资料。

第六章 法 律 责 任

第四十九条 违反本规定,有下列行为之一,擅自从事机动车维修相关经营活动的,由县级以上道路运输管理机构责令其停止经营;有违法所得的,没收违法所得,处违法所得2倍以上10倍以下的罚款;没有违法所得或者违法所得不足1万元的,处2万元以上5万元以下的罚款;构成犯罪的,依法追究刑事责任:

(一)未取得机动车维修经营许可,非法从事机动车维修经营的;

(二)使用无效、伪造、变造机动车维修经营许可证件,非法从事机动车维修经营的;

(三)超越许可事项,非法从事机动车维修经营的。

第五十条 违反本规定,机动车维修经营者非法转让、出租机动车维修经营许可证件的,由县级以上道路运输管理机构责令停止违法行为,收缴转让、出租的有关证件,处以2000元以上1万元以下的罚款;有违法所得的,没收违法所得。

对于接受非法转让、出租的受让方,应当按照第四十九条的规定处罚。

第五十一条 违反本规定,机动车维修经营者使用假冒伪劣配件维修机动车,承修已报废的机动车或者擅自改装机动车的,由县级以上道路运输管理机构责令改正,并没收假冒伪劣配件及报废车辆;有违法所得的,没收违法所得,处违法所得2倍以上10倍以下的罚款;没有违法所得或者违法所得不足1万元的,处2万元以上5万元以下的罚款,没收假冒伪劣配件及报废车辆;情节严重的,由原许可机关吊销其经营许可;构成犯罪的,依法追究刑事责任。

第五十二条 违反本规定,机动车维修经营者签发虚假或者不签发机动车维修竣工出厂合格证的,由县级以上道路运输管理机构责令改正;有违法所得的,没收违法所得,处以违法所得2倍以上10倍以下的罚款;没有违法所得或者违法所得不足3000元的,处以5000元以上2万元以下的罚款;情节严重的,由许可机关吊销其经营许可;构成犯罪的,依法追究刑事责任。

第五十三条 违反本规定,有下列行为之一的,由县级以上道路运输管理机构责令其限期整改;限期整改不合格的,予以通报:

(一)机动车维修经营者未按照规定执行机动车维修质量保证期制度的;

(二)机动车维修经营者未按照有关技术规范进行维修作业的;

(三)伪造、转借、倒卖机动车维修竣工出厂合格证的;

（四）机动车维修经营者只收费不维修或者虚列维修作业项目的；

（五）机动车维修经营者未在经营场所醒目位置悬挂机动车维修经营许可证件和机动车维修标志牌的；

（六）机动车维修经营者未在经营场所公布收费项目、工时定额和工时单价的；

（七）机动车维修经营者超出公布的结算工时定额、结算工时单价向托修方收费的；

（八）机动车维修经营者未按规定建立电子维修档案，或者未及时上传维修电子数据记录至国家有关汽车电子健康档案系统的；

（九）违反本规定其他有关规定的。

第五十四条　违反本规定，道路运输管理机构的工作人员有下列情形之一的，由同级地方人民政府交通运输主管部门依法给予行政处分；构成犯罪的，依法追究刑事责任：

（一）不按照规定的条件、程序和期限实施行政许可的；

（二）参与或者变相参与机动车维修经营业务的；

（三）发现违法行为不及时查处的；

（四）索取、收受他人财物或谋取其他利益的；

（五）其他违法违纪行为。

第七章　附　　则

第五十五条　外商在中华人民共和国境内申请中外合资、中外合作、独资形式投资机动车维修经营的，应同时遵守《外商投资道路运输业管理规定》及相关法律、法规的规定。

第五十六条　机动车维修经营许可证件等相关证件工本费收费标准由省级人民政府财政部门、价格主管部门会同同级交通运输主管部门核定。

第五十七条　本规定自2005年8月1日起施行。经商国家发展和改革委员会、国家工商行政管理总局同意，1986年12月12日交通部、原国家经委、原国家工商行政管理局发布的《汽车维修行业管理暂行办法》同时废止，1991年4月10日交通部颁布的《汽车维修质量管理办法》同时废止。

附件1

机动车维修标志牌

1. "一、二类汽车及其他机动车维修企业标志牌"式样

（A）汽车 维修企业

NO.××××××

经营项目　　　（B）

许可部门　××××××

监督电话　××××××××

××××××　监制

注：1. 外轮廓尺寸为750mm×500mm×25mm；"汽车维修企业"用55mm×40mm长黑体；蓝色徽标直径为85mm；No.××××××用高20mm黑体；"经营项目、许可部门、监督电话"用32mm×27mm长黑体；材质：铜牌材。
2. A处根据许可项目，分别填写一类或二类。
3. B处根据许可项目，分别填写小型车、大中型客车、大型货车维修。危险品运输车辆维修企业，还应增加危险货物运输车辆维修。用23mm×30mm扁体。

2. "专项(三类)汽车及其他机动车维修企业标志牌"式样

专项(三类)汽车 ⊕ 维修企业(业户)

NO. ××××××

经营项目　　（A）

许可部门　　××××××

监督电话　　×××××××

×××××× 监制

注:1. 外轮廓尺寸为750mm×500mm×25mm;"专项(三类)汽车维修企业(业户)"用55mm×40mm长黑体;蓝色徽标直径为85mm;No.××××××用高20mm黑体;"经营项目、许可部门、监督电话"用32mm×27mm长黑体;材质:铜牌材。

2. A处根据许可项目,分别填写:汽车综合小修、发动机维修、车身维修、电气系统维修、自动变速器维修、轮胎动平衡及修补、四轮定位检测调整、汽车润滑与养护、喷油泵喷油器维修、曲轴修磨、气缸镗磨、散热器维修、空调维修、汽车美容装潢、汽车玻璃安装及修复等,用高23mm×28mm的扁黑体。

3. "摩托车维修企业标志牌"式样

（A）摩托车 维修企业

NO.××××××

经营项目　　　（B）

许可部门　××××××

监督电话　××××××××

××××××　监制

注:1. 外轮廓尺寸为750mm×500mm×25mm;"摩托车维修企业标志牌"用55mm×40mm 长黑体;蓝色徽标直径为85mm;No.××××××用高20mm 黑体;"经营项目、许可部门、监督电话"用32mm×27mm 长黑体;材质:铜牌材。

2. A 处根据许可项目,分别填写一类或二类,并与 B 相协调。

3. B 处根据许可项目,分别填写摩托车整车修理、总成修理、整车维护、小修、竣工检验和专项修理。用23mm×28mm 扁体。

附件2

机动车维修竣工出厂合格证

1."机动车维修竣工出厂合格证"式样(正面)

剪开线　　　　　空白　　　　　中折线

2. "机动车维修竣工出厂合格证"内容

No. 00000000
存根

托　修　方　　_____
车　牌　号　码　_____
车　　　　型　_____
发动机型号/编号　_____
底盘（车身）号　_____
维　修　类　别　_____
维修合同编号　_____
出厂里程表示值　_____

该车按维修合同维修，经检验合格，准予出厂。

质量检验员：（盖章）
承修单位：（盖章）
出厂日期：　　　　（签字）
进厂日期：
托修方接车人：
接车日期：

（对应正面合格证面）

No. 00000000
车属单位保管

托　修　方　　_____
车　牌　号　码　_____
车　　　　型　_____
发动机型号/编号　_____
底盘（车身）号　_____
维　修　类　别　_____
维修合同编号　_____
出厂里程表示值　_____

该车按维修合同维修，经检验合格，准予出厂。

质量检验员：（盖章）
承修单位：（盖章）
出厂日期：　　　　（签字）
进厂日期：
托修方接车人：
接车日期：

（对应正面合格证面）

No. 00000000
质量保证卡

该车按维修合同进行维修，本厂对维修竣工的车辆实行质量保证。质量保证期为车辆行驶_____万公里或者_____日。在托修单位严格执行合理规定、合理使用、正常维护的情况下，出现的维修质量问题，凭此卡随竣工出厂合格证，由本厂负责包修、免返修工料费和工时费，在原维修类别期限内修竣交托修方。

返修情况记录：

次数	返修项目	返修日期	修竣日期	送修人	质检员

维修发票号：
维修竣工出厂日期：

（对应正面白底）

注：1. 外廓尺寸 260mm×184mm。
2. 材质：157 克铜版纸。

"存根"、"车属单位保管"字体为小四号仿末；"质量保证卡"字体为五号仿末。

道路危险货物运输管理规定

(2005年7月12日交通部令第9号公布,2010年10月27日交通运输部令第5号第一次修订,2013年1月23日交通运输部令第2号第二次修订,2016年4月11日交通运输部令第36号第三次修订)

第一章 总 则

第一条 为规范道路危险货物运输市场秩序,保障人民生命财产安全,保护环境,维护道路危险货物运输各方当事人的合法权益,根据《中华人民共和国道路运输条例》和《危险化学品安全管理条例》等有关法律、行政法规,制定本规定。

第二条 从事道路危险货物运输活动,应当遵守本规定。军事危险货物运输除外。

法律、行政法规对民用爆炸物品、烟花爆竹、放射性物品等特定种类危险货物的道路运输另有规定的,从其规定。

第三条 本规定所称危险货物,是指具有爆炸、易燃、毒害、感染、腐蚀等危险特性,在生产、经营、运输、储存、使用和处置中,容易造成人身伤亡、财产损毁或者环境污染而需要特别防护的物质和物品。危险货物以列入国家标准《危险货物品名表》(GB 12268)的为准,未列入《危险货物品名表》的,以有关法律、行政法规的规定或者国务院有关部门公布的结果为准。

本规定所称道路危险货物运输,是指使用载货汽车通过道路运输危险货物的作业全过程。

本规定所称道路危险货物运输车辆,是指满足特定技术条件和要求,从事道路危险货物运输的载货汽车(以下简称专用车辆)。

第四条 危险货物的分类、分项、品名和品名编号应当按照国家标准《危险货物分类和品名编号》(GB 6944)、《危险货物品名表》(GB 12268)执行。危险货物的危险程度依据国家标准《危险货物运输包装通用技术条件》(GB 12463),分为Ⅰ、Ⅱ、Ⅲ等级。

第五条 从事道路危险货物运输应当保障安全,依法运输,诚实信用。

第六条 国家鼓励技术力量雄厚、设备和运输条件好的大型专业危险化学品生产企业从事道路危险货物运输,鼓励道路危险货物运输企业实行集约化、专业化经营,鼓励使用厢式、罐式和集装箱等专用车辆运输危险货物。

第七条 交通运输部主管全国道路危险货物运输管理工作。

县级以上地方人民政府交通运输主管部门负责组织领导本行政区域的道路危险货物运输管理工作。

县级以上道路运输管理机构负责具体实施道路危险货物运输管理工作。

第二章 道路危险货物运输许可

第八条 申请从事道路危险货物运输经营,应当具备下列条件:

(一)有符合下列要求的专用车辆及设备:

1. 自有专用车辆(挂车除外)5 辆以上;运输剧毒化学品、爆炸品的,自有专用车辆(挂车除外)10 辆以上。

2. 专用车辆的技术要求应当符合《道路运输车辆技术管理规定》有关规定。

3. 配备有效的通信工具。

4. 专用车辆应当安装具有行驶记录功能的卫星定位装置。

5. 运输剧毒化学品、爆炸品、易制爆危险化学品的,应当配备罐式、厢式专用车辆或者压力容器等专用容器。

6. 罐式专用车辆的罐体应当经质量检验部门检验合格,且罐体载货后总质量与专用车辆核定载质量相匹配。运输爆炸品、强腐蚀性危险货物的罐式专用车辆的罐体容积不得超过 20 立方米,运输剧毒化学品的罐式专用车辆的罐体容积不得超过 10 立方米,但符合国家有关标准的罐式集装箱除外。

7. 运输剧毒化学品、爆炸品、强腐蚀性危险货物的非罐式专用车辆,核定载质量不得超过 10 吨,但符合国家有关标准的集装箱运输专用车辆除外。

8. 配备与运输的危险货物性质相适应的安全防护、环境保护和消防设施设备。

(二)有符合下列要求的停车场地:

1. 自有或者租借期限为 3 年以上,且与经营范围、规模相适应的停车场地,停车场地应当位于企业注册地市级行政区域内。

2. 运输剧毒化学品、爆炸品专用车辆以及罐式专用车辆,数量为 20 辆(含)以下的,停车场地面积不低于车辆正投影面积的 1.5 倍,数量为 20 辆以上的,超过部分,每辆车的停车场地面积不低于车辆正投影面积;运输其他危险货物的,专用车辆数量为 10 辆(含)以下的,停车场地面积不低于车辆正投影面积的 1.5 倍;数量为 10 辆以上的,超过部分,每辆车的停车场地面积不低于车辆正投影面积。

3. 停车场地应当封闭并设立明显标志,不得妨碍居民生活和威胁公共安全。

(三)有符合下列要求的从业人员和安全管理人员:

1. 专用车辆的驾驶人员取得相应机动车驾驶证,年龄不超过 60 周岁。

2. 从事道路危险货物运输的驾驶人员、装卸管理人员、押运人员应当经所在地设区的市级人民政府交通运输主管部门考试合格,并取得相应的从业资格证;从事剧毒化学品、爆炸品道路运输的驾驶人员、装卸管理人员、押运人员,应当经考试合格,取得注明为"剧毒化学品运输"或者"爆炸品运输"类别的从业资格证。

3. 企业应当配备专职安全管理人员。

(四)有健全的安全生产管理制度:

1. 企业主要负责人、安全管理部门负责人、专职安全管理人员安全生产责任制度。

2. 从业人员安全生产责任制度。

3. 安全生产监督检查制度。

4. 安全生产教育培训制度。

5. 从业人员、专用车辆、设备及停车场地安全管理制度。

6. 应急救援预案制度。

7. 安全生产作业规程。

8. 安全生产考核与奖惩制度。

9. 安全事故报告、统计与处理制度。

第九条 符合下列条件的企事业单位，可以使用自备专用车辆从事为本单位服务的非经营性道路危险货物运输：

（一）属于下列企事业单位之一：

1. 省级以上安全生产监督管理部门批准设立的生产、使用、储存危险化学品的企业。

2. 有特殊需求的科研、军工等企事业单位。

（二）具备第八条规定的条件，但自有专用车辆（挂车除外）的数量可以少于5辆。

第十条 申请从事道路危险货物运输经营的企业，应当依法向工商行政管理机关办理有关登记手续后，向所在地设区的市级道路运输管理机构提出申请，并提交以下材料：

（一）《道路危险货物运输经营申请表》，包括申请人基本信息、申请运输的危险货物范围（类别、项别或品名，如果为剧毒化学品应当标注"剧毒"）等内容。

（二）拟担任企业法定代表人的投资人或者负责人的身份证明及其复印件，经办人身份证明及其复印件和书面委托书。

（三）企业章程文本。

（四）证明专用车辆、设备情况的材料，包括：

1. 未购置专用车辆、设备的，应当提交拟投入专用车辆、设备承诺书。承诺书内容应当包括车辆数量、类型、技术等级、总质量、核定载质量、车轴数以及车辆外廓尺寸；通信工具和卫星定位装置配备情况；罐式专用车辆的罐体容积；罐式专用车辆罐体载货后的总质量与车辆核定载质量相匹配情况；运输剧毒化学品、爆炸品、易制爆危险化学品的专用车辆核定载质量等有关情况。承诺期限不得超过1年。

2. 已购置专用车辆、设备的，应当提供车辆行驶证、车辆技术等级评定结论；通信工具和卫星定位装置配备；罐式专用车辆的罐体检测合格证或者检测报告及复印件等有关材料。

（五）拟聘用专职安全管理人员、驾驶人员、装卸管理人员、押运人员的，应当提交拟聘用承诺书，承诺期限不得超过1年；已聘用的应当提交从业资格证及其复印件以及驾驶证及其复印件。

（六）停车场地的土地使用证、租借合同、场地平面图等材料。

（七）相关安全防护、环境保护、消防设施设备的配备情况清单。

（八）有关安全生产管理制度文本。

第十一条 申请从事非经营性道路危险货物运输的单位，向所在地设区的市级道路运输管理机构提出申请时，除提交第十条第（四）项至第（八）项规定的材料外，还应当提交以下材料：

（一）《道路危险货物运输申请表》，包括申请人基本信息、申请运输的物品范围（类别、项别或品名，如果为剧毒化学品应当标注"剧毒"）等内容。

(二)下列形式之一的单位基本情况证明：
1. 省级以上安全生产监督管理部门颁发的危险化学品生产、使用等证明。
2. 能证明科研、军工等企事业单位性质或者业务范围的有关材料。
(三)特殊运输需求的说明材料。
(四)经办人的身份证明及其复印件以及书面委托书。

第十二条　设区的市级道路运输管理机构应当按照《中华人民共和国道路运输条例》和《交通行政许可实施程序规定》，以及本规定所明确的程序和时限实施道路危险货物运输行政许可，并进行实地核查。

决定准予许可的，应当向被许可人出具《道路危险货物运输行政许可决定书》，注明许可事项，具体内容应当包括运输危险货物的范围(类别、项别或品名，如果为剧毒化学品应当标注"剧毒")、专用车辆数量、要求以及运输性质，并在10日内向道路危险货物运输经营申请人发放《道路运输经营许可证》，向非经营性道路危险货物运输申请人发放《道路危险货物运输许可证》。

市级道路运输管理机构应当将准予许可的企业或单位的许可事项等，及时以书面形式告知县级道路运输管理机构。

决定不予许可的，应当向申请人出具《不予交通行政许可决定书》。

第十三条　被许可人已获得其他道路运输经营许可的，设区的市级道路运输管理机构应当为其换发《道路运输经营许可证》，并在经营范围中加注新许可的事项。如果原《道路运输经营许可证》是由省级道路运输管理机构发放的，由原许可机关按照上述要求予以换发。

第十四条　被许可人应当按照承诺期限落实拟投入的专用车辆、设备。

原许可机关应当对被许可人落实的专用车辆、设备予以核实，对符合许可条件的专用车辆配发《道路运输证》，并在《道路运输证》经营范围栏内注明允许运输的危险货物类别、项别或者品名，如果为剧毒化学品应标注"剧毒"；对从事非经营性道路危险货物运输的车辆，还应当加盖"非经营性危险货物运输专用章"。

被许可人未在承诺期限内落实专用车辆、设备的，原许可机关应当撤销许可决定，并收回已核发的许可证明文件。

第十五条　被许可人应当按照承诺期限落实拟聘用的专职安全管理人员、驾驶人员、装卸管理人员和押运人员。

被许可人未在承诺期限内按照承诺聘用专职安全管理人员、驾驶人员、装卸管理人员和押运人员的，原许可机关应当撤销许可决定，并收回已核发的许可证明文件。

第十六条　道路运输管理机构不得许可一次性、临时性的道路危险货物运输。

第十七条　中外合资、中外合作、外商独资形式投资道路危险货物运输，应当同时遵守《外商投资道路运输业管理规定》。

第十八条　道路危险货物运输企业设立子公司从事道路危险货物运输的，应当向子公司注册地设区的市级道路运输管理机构申请运输许可。设立分公司的，应当向分公司注册地设区的市级道路运输管理机构备案。

第十九条　道路危险货物运输企业或者单位需要变更许可事项的，应当向原许可机关提出申请，按照本章有关许可的规定办理。

道路危险货物运输企业或者单位变更法定代表人、名称、地址等工商登记事项的，应当在30日内向原许可机关备案。

第二十条 道路危险货物运输企业或者单位终止危险货物运输业务的，应当在终止之日的30日前告知原许可机关，并在停业后10日内将《道路运输经营许可证》或者《道路危险货物运输许可证》以及《道路运输证》交回原许可机关。

第三章 专用车辆、设备管理

第二十一条 道路危险货物运输企业或者单位应当按照《道路运输车辆技术管理规定》中有关车辆管理的规定，维护、检测、使用和管理专用车辆，确保专用车辆技术状况良好。

第二十二条 设区的市级道路运输管理机构应当定期对专用车辆进行审验，每年审验一次。审验按照《道路运输车辆技术管理规定》进行，并增加以下审验项目：

（一）专用车辆投保危险货物承运人责任险情况；

（二）必需的应急处理器材、安全防护设施设备和专用车辆标志的配备情况；

（三）具有行驶记录功能的卫星定位装置的配备情况。

第二十三条 禁止使用报废的、擅自改装的、检测不合格的、车辆技术等级达不到一级的和其他不符合国家规定的车辆从事道路危险货物运输。

除铰接列车、具有特殊装置的大型物件运输专用车辆外，严禁使用货车列车从事危险货物运输；倾卸式车辆只能运输散装硫黄、萘饼、粗蒽、煤焦沥青等危险货物。

禁止使用移动罐体（罐式集装箱除外）从事危险货物运输。

第二十四条 用于装卸危险货物的机械及工具的技术状况应当符合行业标准《汽车运输危险货物规则》（JT 617）规定的技术要求。

第二十五条 罐式专用车辆的常压罐体应当符合国家标准《道路运输液体危险货物罐式车辆第1部分：金属常压罐体技术要求》（GB 18564.1）、《道路运输液体危险货物罐式车辆第2部分：非金属常压罐体技术要求》（GB 18564.2）等有关技术要求。

使用压力容器运输危险货物的，应当符合国家特种设备安全监督管理部门制订并公布的《移动式压力容器安全技术监察规程》（TSG R0005）等有关技术要求。

压力容器和罐式专用车辆应当在质量检验部门出具的压力容器或者罐体检验合格的有效期内承运危险货物。

第二十六条 道路危险货物运输企业或者单位对重复使用的危险货物包装物、容器，在重复使用前应当进行检查；发现存在安全隐患的，应当维修或者更换。

道路危险货物运输企业或者单位应当对检查情况作出记录，记录的保存期限不得少于2年。

第二十七条 道路危险货物运输企业或者单位应当到具有污染物处理能力的机构对常压罐体进行清洗（置换）作业，将废气、污水等污染物集中收集，消除污染，不得随意排放，污染环境。

第四章 道路危险货物运输

第二十八条 道路危险货物运输企业或者单位应当严格按照道路运输管理机构决定的

许可事项从事道路危险货物运输活动,不得转让、出租道路危险货物运输许可证件。

严禁非经营性道路危险货物运输单位从事道路危险货物运输经营活动。

第二十九条 危险货物托运人应当委托具有道路危险货物运输资质的企业承运。

危险货物托运人应当对托运的危险货物种类、数量和承运人等相关信息予以记录,记录的保存期限不得少于1年。

第三十条 危险货物托运人应当严格按照国家有关规定妥善包装并在外包装设置标志,并向承运人说明危险货物的品名、数量、危害、应急措施等情况。需要添加抑制剂或者稳定剂的,托运人应当按照规定添加,并告知承运人相关注意事项。

危险货物托运人托运危险化学品的,还应当提交与托运的危险化学品完全一致的安全技术说明书和安全标签。

第三十一条 不得使用罐式专用车辆或者运输有毒、感染性、腐蚀性危险货物的专用车辆运输普通货物。

其他专用车辆可以从事食品、生活用品、药品、医疗器具以外的普通货物运输,但应当由运输企业对专用车辆进行消除危害处理,确保不对普通货物造成污染、损害。

不得将危险货物与普通货物混装运输。

第三十二条 专用车辆应当按照国家标准《道路运输危险货物车辆标志》(GB 13392)的要求悬挂标志。

第三十三条 运输剧毒化学品、爆炸品的企业或者单位,应当配备专用停车区域,并设立明显的警示标牌。

第三十四条 专用车辆应当配备符合有关国家标准以及与所载运的危险货物相适应的应急处理器材和安全防护设备。

第三十五条 道路危险货物运输企业或者单位不得运输法律、行政法规禁止运输的货物。

法律、行政法规规定的限运、凭证运输货物,道路危险货物运输企业或者单位应当按照有关规定办理相关运输手续。

法律、行政法规规定托运人必须办理有关手续后方可运输的危险货物,道路危险货物运输企业应当查验有关手续齐全有效后方可承运。

第三十六条 道路危险货物运输企业或者单位应当采取必要措施,防止危险货物脱落、扬散、丢失以及燃烧、爆炸、泄漏等。

第三十七条 驾驶人员应当随车携带《道路运输证》。驾驶人员或者押运人员应当按照《汽车运输危险货物规则》(JT 617)的要求,随车携带《道路运输危险货物安全卡》。

第三十八条 在道路危险货物运输过程中,除驾驶人员外,还应当在专用车辆上配备押运人员,确保危险货物处于押运人员监管之下。

第三十九条 道路危险货物运输途中,驾驶人员不得随意停车。

因住宿或者发生影响正常运输的情况需要较长时间停车的,驾驶人员、押运人员应当设置警戒带,并采取相应的安全防范措施。

运输剧毒化学品或者易制爆危险化学品需要较长时间停车的,驾驶人员或者押运人员应当向当地公安机关报告。

第四十条 危险货物的装卸作业应当遵守安全作业标准、规程和制度,并在装卸管理人员的现场指挥或者监控下进行。

危险货物运输托运人和承运人应当按照合同约定指派装卸管理人员;若合同未予约定,则由负责装卸作业的一方指派装卸管理人员。

第四十一条 驾驶人员、装卸管理人员和押运人员上岗时应当随身携带从业资格证。

第四十二条 严禁专用车辆违反国家有关规定超载、超限运输。

道路危险货物运输企业或者单位使用罐式专用车辆运输货物时,罐体载货后的总质量应当和专用车辆核定载质量相匹配;使用牵引车运输货物时,挂车载货后的总质量应当与牵引车的准牵引总质量相匹配。

第四十三条 道路危险货物运输企业或者单位应当要求驾驶人员和押运人员在运输危险货物时,严格遵守有关部门关于危险货物运输线路、时间、速度方面的有关规定,并遵守有关部门关于剧毒、爆炸危险品道路运输车辆在重大节假日通行高速公路的相关规定。

第四十四条 道路危险货物运输企业或者单位应当通过卫星定位监控平台或者监控终端及时纠正和处理超速行驶、疲劳驾驶、不按规定线路行驶等违法违规驾驶行为。

监控数据应当至少保存3个月,违法驾驶信息及处理情况应当至少保存3年。

第四十五条 道路危险货物运输从业人员必须熟悉有关安全生产的法规、技术标准和安全生产规章制度、安全操作规程,了解所装运危险货物的性质、危害特性、包装物或者容器的使用要求和发生意外事故时的处置措施,并严格执行《汽车运输危险货物规则》(JT 617)、《汽车运输、装卸危险货物作业规程》(JT 618)等标准,不得违章作业。

第四十六条 道路危险货物运输企业或者单位应当通过岗前培训、例会、定期学习等方式,对从业人员进行经常性安全生产、职业道德、业务知识和操作规程的教育培训。

第四十七条 道路危险货物运输企业或者单位应当加强安全生产管理,制定突发事件应急预案,配备应急救援人员和必要的应急救援器材、设备,并定期组织应急救援演练,严格落实各项安全制度。

第四十八条 道路危险货物运输企业或者单位应当委托具备资质条件的机构,对本企业或单位的安全管理情况每3年至少进行一次安全评估,出具安全评估报告。

第四十九条 在危险货物运输过程中发生燃烧、爆炸、污染、中毒或者被盗、丢失、流散、泄漏等事故,驾驶人员、押运人员应当立即根据应急预案和《道路运输危险货物安全卡》的要求采取应急处置措施,并向事故发生地公安部门、交通运输主管部门和本运输企业或者单位报告。运输企业或者单位接到事故报告后,应当按照本单位危险货物应急预案组织救援,并向事故发生地安全生产监督管理部门和环境保护、卫生主管部门报告。

道路危险货物运输管理机构应当公布事故报告电话。

第五十条 在危险货物装卸过程中,应当根据危险货物的性质,轻装轻卸,堆码整齐,防止混杂、撒漏、破损,不得与普通货物混合堆放。

第五十一条 道路危险货物运输企业或者单位应当为其承运的危险货物投保承运人责任险。

第五十二条 道路危险货物运输企业异地经营(运输线路起讫点均不在企业注册地市域内)累计3个月以上的,应当向经营地设区的市级道路运输管理机构备案并接受其监管。

第五章 监 督 检 查

第五十三条 道路危险货物运输监督检查按照《道路货物运输及站场管理规定》执行。

道路运输管理机构工作人员应当定期或者不定期对道路危险货物运输企业或者单位进行现场检查。

第五十四条 道路运输管理机构工作人员对在异地取得从业资格的人员监督检查时,可以向原发证机关申请提供相应的从业资格档案资料,原发证机关应当予以配合。

第五十五条 道路运输管理机构在实施监督检查过程中,经本部门主要负责人批准,可以对没有随车携带《道路运输证》又无法当场提供其他有效证明文件的危险货物运输专用车辆予以扣押。

第五十六条 任何单位和个人对违反本规定的行为,有权向道路危险货物运输管理机构举报。

道路危险货物运输管理机构应当公布举报电话,并在接到举报后及时依法处理;对不属于本部门职责的,应当及时移送有关部门处理。

第六章 法 律 责 任

第五十七条 违反本规定,有下列情形之一的,由县级以上道路运输管理机构责令停止运输经营,有违法所得的,没收违法所得,处违法所得2倍以上10倍以下的罚款;没有违法所得或者违法所得不足2万元的,处3万元以上10万元以下的罚款;构成犯罪的,依法追究刑事责任:

(一)未取得道路危险货物运输许可,擅自从事道路危险货物运输的;

(二)使用失效、伪造、变造、被注销等无效道路危险货物运输许可证件从事道路危险货物运输的;

(三)超越许可事项,从事道路危险货物运输的;

(四)非经营性道路危险货物运输单位从事道路危险货物运输经营的。

第五十八条 违反本规定,道路危险货物运输企业或者单位非法转让、出租道路危险货物运输许可证件的,由县级以上道路运输管理机构责令停止违法行为,收缴有关证件,处2000元以上1万元以下的罚款;有违法所得的,没收违法所得。

第五十九条 违反本规定,道路危险货物运输企业或者单位有下列行为之一,由县级以上道路运输管理机构责令限期投保;拒不投保的,由原许可机关吊销《道路运输经营许可证》或者《道路危险货物运输许可证》,或者吊销相应的经营范围:

(一)未投保危险货物承运人责任险的;

(二)投保的危险货物承运人责任险已过期,未继续投保的。

第六十条 违反本规定,道路危险货物运输企业或者单位不按照规定随车携带《道路运输证》的,由县级以上道路运输管理机构责令改正,处警告或者20元以上200元以下的罚款。

第六十一条 违反本规定,道路危险货物运输企业或者单位以及托运人有下列情形之一的,由县级以上道路运输管理机构责令改正,并处5万元以上10万元以下的罚款,拒不改正的,责令停产停业整顿;构成犯罪的,依法追究刑事责任:

（一）驾驶人员、装卸管理人员、押运人员未取得从业资格上岗作业的；

（二）托运人不向承运人说明所托运的危险化学品的种类、数量、危险特性以及发生危险情况的应急处置措施，或者未按照国家有关规定对所托运的危险化学品妥善包装并在外包装上设置相应标志的；

（三）未根据危险化学品的危险特性采取相应的安全防护措施，或者未配备必要的防护用品和应急救援器材的；

（四）运输危险化学品需要添加抑制剂或者稳定剂，托运人未添加或者未将有关情况告知承运人的。

第六十二条　违反本规定，道路危险货物运输企业或者单位未配备专职安全管理人员的，由县级以上道路运输管理机构责令改正，可以处1万元以下的罚款；拒不改正的，对危险化学品运输企业或单位处1万元以上5万元以下的罚款，对运输危险化学品以外其他危险货物的企业或单位处1万元以上2万元以下的罚款。

第六十三条　违反本规定，道路危险化学品运输托运人有下列行为之一的，由县级以上道路运输管理机构责令改正，处10万元以上20万元以下的罚款，有违法所得的，没收违法所得；拒不改正的，责令停产停业整顿；构成犯罪的，依法追究刑事责任：

（一）委托未依法取得危险货物道路运输许可的企业承运危险化学品的；

（二）在托运的普通货物中夹带危险化学品，或者将危险化学品谎报或者匿报为普通货物托运的。

第六十四条　违反本规定，道路危险货物运输企业擅自改装已取得《道路运输证》的专用车辆及罐式专用车辆罐体的，由县级以上道路运输管理机构责令改正，并处5000元以上2万元以下的罚款。

第七章　附　　则

第六十五条　本规定对道路危险货物运输经营未作规定的，按照《道路货物运输及站场管理规定》执行；对非经营性道路危险货物运输未作规定的，参照《道路货物运输及站场管理规定》执行。

第六十六条　道路危险货物运输许可证件和《道路运输证》工本费的具体收费标准由省、自治区、直辖市人民政府财政、价格主管部门会同同级交通运输主管部门核定。

第六十七条　交通运输部可以根据相关行业协会的申请，经组织专家论证后，统一公布可以按照普通货物实施道路运输管理的危险货物。

第六十八条　本规定自2013年7月1日起施行。交通部2005年发布的《道路危险货物运输管理规定》（交通部令2005年第9号）及交通运输部2010年发布的《关于修改〈道路危险货物运输管理规定〉的决定》（交通运输部令2010年第5号）同时废止。

道路旅客运输及客运站管理规定

(2005年7月12日交通部令第10号公布,2008年7月23日交通运输部令第10号第一次修正,2009年4月20日交通运输部令第4号第二次修正,2012年3月14日交通运输部令第2号第三次修正,2012年12月11日交通运输部令第5号第四次修正,2016年4月11日交通运输部令第34号第五次修正)

第一章 总 则

第一条 为规范道路旅客运输及道路旅客运输站经营活动,维护道路旅客运输市场秩序,保障道路旅客运输安全,保护旅客和经营者的合法权益,依据《中华人民共和国道路运输条例》及有关法律、行政法规的规定,制定本规定。

第二条 从事道路旅客运输(以下简称道路客运)经营以及道路旅客运输站(以下简称客运站)经营的,应当遵守本规定。

第三条 本规定所称道路客运经营,是指用客车运送旅客、为社会公众提供服务、具有商业性质的道路客运活动,包括班车(加班车)客运、包车客运、旅游客运。

(一)班车客运是指营运客车在城乡道路上按照固定的线路、时间、站点、班次运行的一种客运方式,包括直达班车客运和普通班车客运。加班车客运是班车客运的一种补充形式,是在客运班车不能满足需要或者无法正常运营时,临时增加或者调配客车按客运班车的线路、站点运行的方式。

(二)包车客运是指以运送团体旅客为目的,将客车包租给用户安排使用,提供驾驶劳务,按照约定的起始地、目的地和路线行驶,按行驶里程或者包用时间计费并统一支付费用的一种客运方式。

(三)旅游客运是指以运送旅游观光的旅客为目的,在旅游景区内运营或者其线路至少有一端在旅游景区(点)的一种客运方式。

本规定所称客运站经营,是指以站场设施为依托,为道路客运经营者和旅客提供有关运输服务的经营活动。

第四条 道路客运和客运站管理应当坚持以人为本、安全第一的宗旨,遵循公平、公正、公开、便民的原则,打破地区封锁和垄断,促进道路运输市场的统一、开放、竞争、有序,满足广大人民群众的出行需求。

道路客运及客运站经营者应当依法经营,诚实信用,公平竞争,优质服务。

第五条 国家实行道路客运企业等级评定制度和质量信誉考核制度,鼓励道路客运经营者实行规模化、集约化、公司化经营,禁止挂靠经营。

第六条 交通运输部主管全国道路客运及客运站管理工作。

县级以上地方人民政府交通运输主管部门负责组织领导本行政区域的道路客运及客运站管理工作。

县级以上道路运输管理机构负责具体实施道路客运及客运站管理工作。

第二章 经营许可

第七条 班车客运的线路根据经营区域和营运线路长度分为以下四种类型:

一类客运班线:地区所在地与地区所在地之间的客运班线或者营运线路长度在800公里以上的客运班线。

二类客运班线:地区所在地与县之间的客运班线。

三类客运班线:非毗邻县之间的客运班线。

四类客运班线:毗邻县之间的客运班线或者县境内的客运班线。

本规定所称地区所在地,是指设区的市、州、盟人民政府所在城市市区;本规定所称县,包括县、旗、县级市和设区的市、州、盟下辖乡镇的区。

县城城区与地区所在地城市市区相连或者重叠的,按起讫客运站所在地确定班线起讫点所属的行政区域。

第八条 包车客运按照其经营区域分为省际包车客运和省内包车客运,省内包车客运分为市际包车客运、县际包车客运和县内包车客运。

第九条 旅游客运按照营运方式分为定线旅游客运和非定线旅游客运。

定线旅游客运按照班车客运管理,非定线旅游客运按照包车客运管理。

第十条 申请从事道路客运经营的,应当具备下列条件:

(一)有与其经营业务相适应并经检测合格的客车:

1.客车技术要求应当符合《道路运输车辆技术管理规定》有关规定。

2.客车类型等级要求:

从事高速公路客运、旅游客运和营运线路长度在800公里以上的客运车辆,其车辆类型等级应当达到行业标准《营运客车类型划分及等级评定》(JT/T 325)规定的中级以上。

3.客车数量要求:

(1)经营一类客运班线的班车客运经营者应当自有营运客车100辆以上、客位3000个以上,其中高级客车在30辆以上、客位900个以上;或者自有高级营运客车40辆以上、客位1200个以上;

(2)经营二类客运班线的班车客运经营者应当自有营运客车50辆以上、客位1500个以上,其中高级客车在15辆以上、客位450个以上;或者自有高级营运客车20辆以上、客位600个以上;

(3)经营三类客运班线的班车客运经营者应当自有营运客车10辆以上、客位200个以上;

(4)经营四类客运班线的班车客运经营者应当自有营运客车1辆以上;

(5)经营省际包车客运的经营者,应当自有中高级营运客车20辆以上、客位600个以上;

（6）经营省内包车客运的经营者，应当自有营运客车 5 辆以上、客位 100 个以上。
（二）从事客运经营的驾驶人员，应当符合下列条件：
1. 取得相应的机动车驾驶证；
2. 年龄不超过 60 周岁；
3. 3 年内无重大以上交通责任事故记录；
4. 经设区的市级道路运输管理机构对有关客运法规、机动车维修和旅客急救基本知识考试合格而取得相应从业资格证。

本规定所称交通责任事故，是指驾驶人员负同等或者以上责任的交通事故。
（三）有健全的安全生产管理制度，包括安全生产操作规程、安全生产责任制、安全生产监督检查、驾驶人员和车辆安全生产管理的制度。
（四）申请从事道路客运班线经营，还应当有明确的线路和站点方案。

第十一条 申请从事客运站经营的，应当具备下列条件：
（一）客运站经有关部门组织的工程竣工验收合格，并且经道路运输管理机构组织的站级验收合格；
（二）有与业务量相适应的专业人员和管理人员；
（三）有相应的设备、设施，具体要求按照行业标准《汽车客运站级别划分及建设要求》（JT/T 200）的规定执行；
（四）有健全的业务操作规程和安全管理制度，包括服务规范、安全生产操作规程、车辆发车前例检、安全生产责任制、危险品查堵、安全生产监督检查的制度。

第十二条 申请从事道路客运经营的，应当依法向工商行政管理机关办理有关登记手续后，按照下列规定提出申请：
（一）从事县级行政区域内客运经营的，向县级道路运输管理机构提出申请；
（二）从事省、自治区、直辖市行政区域内跨 2 个县级以上行政区域客运经营的，向其共同的上一级道路运输管理机构提出申请；
（三）从事跨省、自治区、直辖市行政区域客运经营的，向所在地的省、自治区、直辖市道路运输管理机构提出申请。

第十三条 申请从事客运站经营的，应当依法向工商行政管理机关办理有关登记手续后，向所在地县级道路运输管理机构提出申请。

第十四条 申请从事道路客运经营的，应当提供下列材料：
（一）申请开业的相关材料：
1.《道路旅客运输经营申请表》（见附件 1）；
2. 企业章程文本；
3. 投资人、负责人身份证明及其复印件，经办人的身份证明及其复印件和委托书；
4. 安全生产管理制度文本；
5. 拟投入车辆承诺书，包括客车数量、类型及等级、技术等级、座位数以及客车外廓长、宽、高等。如果拟投入客车属于已购置或者现有的，应当提供行驶证、车辆技术等级评定结论、客车类型等级评定证明及其复印件；
6. 已聘用或者拟聘用驾驶人员的驾驶证和从业资格证及其复印件，公安部门出具的 3 年内无重大以上交通责任事故的证明。

（二）同时申请道路客运班线经营的，还应当提供下列材料：

1.《道路旅客运输班线经营申请表》（见附件2）；

2.可行性报告，包括申请客运班线客流状况调查、运营方案、效益分析以及可能对其他相关经营者产生的影响等；

3.进站方案。已与起讫点客运站和停靠站签订进站意向书的，应当提供进站意向书；

4.运输服务质量承诺书。

第十五条　已获得相应道路班车客运经营许可的经营者，申请新增客运班线时，除提供第十四条第（二）项规定的材料外，还应当提供下列材料：

（一）《道路运输经营许可证》复印件；

（二）与所申请客运班线类型相适应的企业自有营运客车的行驶证、《道路运输证》复印件；

（三）拟投入车辆承诺书，包括客车数量、类型及等级、技术等级、座位数以及客车外廓长、宽、高等。如果拟投入客车属于已购置或者现有的，应当提供行驶证、车辆技术等级评定结论、客车类型等级评定证明及其复印件；

（四）拟聘用驾驶人员的驾驶证和从业资格证及其复印件，公安部门出具的3年内无重大以上交通责任事故的证明；

（五）经办人的身份证明及其复印件，所在单位的工作证明或者委托书。

第十六条　申请从事客运站经营的，应当提供下列材料：

（一）《道路旅客运输站经营申请表》（见附件3）；

（二）客运站竣工验收证明和站级验收证明；

（三）拟招聘的专业人员、管理人员的身份证明和专业证书及其复印件；

（四）负责人身份证明及其复印件，经办人的身份证明及其复印件和委托书；

（五）业务操作规程和安全管理制度文本。

第十七条　县级以上道路运输管理机构应当定期向社会公布本行政区域内的客运运力投放、客运线路布局、主要客流流向和流量等情况。

道路运输管理机构在审查客运申请时，应当考虑客运市场的供求状况、普遍服务和方便群众等因素。

第十八条　道路运输管理机构应当按照《中华人民共和国道路运输条例》和《交通行政许可实施程序规定》以及本规定规范的程序实施道路客运经营、道路客运班线经营和客运站经营的行政许可。

第十九条　道路运输管理机构对道路客运经营申请、道路客运班线经营申请予以受理的，应当自受理之日起20日内作出许可或者不予许可的决定；道路运输管理机构对客运站经营申请予以受理的，应当自受理之日起15日内作出许可或者不予许可的决定。

道路运输管理机构对符合法定条件的道路客运经营申请作出准予行政许可决定的，应当出具《道路客运经营行政许可决定书》（见附件4），明确许可事项，许可事项为经营范围、车辆数量及要求、客运班线类型；并在10日内向被许可人发放《道路运输经营许可证》，并告知被许可人所在地道路运输管理机构。

道路运输管理机构对符合法定条件的道路客运班线经营申请作出准予行政许可决定的,应当出具《道路客运班线经营行政许可决定书》(见附件5),明确许可事项,许可事项为经营主体、班车类别、起讫地及起讫站点、途经路线及停靠站点、日发班次、车辆数量及要求、经营期限;并在10日内向被许可人发放《道路客运班线经营许可证明》(见附件8),告知班线起讫地道路运输管理机构;属于跨省客运班线的,应当将《道路客运班线经营行政许可决定书》抄告途经上下旅客的和终到的省级道路运输管理机构。

道路运输管理机构对符合法定条件的客运站经营申请作出准予行政许可决定的,应当出具《道路旅客运输站经营行政许可决定书》(见附件6),并明确许可事项,许可事项为经营者名称、站场地址、站场级别和经营范围;并在10日内向被许可人发放《道路运输经营许可证》。

道路运输管理机构对不符合法定条件的申请作出不予行政许可决定的,应当向申请人出具《不予交通行政许可决定书》。

第二十条 受理跨省客运班线经营申请的省级道路运输管理机构,应当在受理申请后7日内发征求意见函并附《道路旅客运输班线经营申请表》传真给途经上下旅客的和目的地省级道路运输管理机构征求意见;相关省级道路运输管理机构应当在10日内将意见传真给受理申请的省级道路运输管理机构,不予同意的,应当依法注明理由,逾期不予答复的,视为同意。

相关省级道路运输管理机构对跨省客运班线经营申请持不同意见且协商不成的,由受理申请的省级道路运输管理机构通过其隶属的省级交通运输主管部门将各方书面意见和相关材料报交通运输部决定,并书面通知申请人。交通运输部应当自受理之日起20日内作出决定,并书面通知相关省级交通运输主管部门,由受理申请的省级道路运输管理机构按本规定第十九条、第二十二条的规定为申请人办理有关手续。

第二十一条 被许可人应当按确定的时间落实拟投入车辆承诺书。道路运输管理机构已核实被许可人落实了拟投入车辆承诺书且车辆符合许可要求后,应当为投入运输的客车配发《道路运输证》;属于客运班车的,应当同时配发班车客运标志牌(见附件7)。正式班车客运标志牌尚未制作完毕的,应当先配发临时客运标志牌。

第二十二条 已取得相应道路班车客运经营许可的经营者需要增加客运班线的,应当按本规定第十二条的规定进行申请。

第二十三条 向不同级别的道路运输管理机构申请道路运输经营的,应当由最高一级道路运输管理机构核发《道路运输经营许可证》,并注明各级道路运输管理机构许可的经营范围,下级道路运输管理机构不再核发《道路运输经营许可证》。下级道路运输管理机构已向被许可人发放《道路运输经营许可证》的,上级道路运输管理机构应当按上述要求予以换发。

第二十四条 中外合资、中外合作、外商独资形式投资道路客运和客运站经营的,应当同时遵守《外商投资道路运输业管理规定》。

第二十五条 道路客运经营者设立子公司的,应当按规定向设立地道路运输管理机构申请经营许可;设立分公司的,应当向设立地道路运输管理机构报备。

第二十六条 对同一客运班线有3个以上申请人的,或者根据实际情况需要,道路运输管理机构可采取服务质量招投标的方式实施道路客运班线经营许可。

相关省级道路运输管理机构协商确定通过服务质量招投标方式,实施跨省客运班线经营许可的,可采取联合招标、各自分别招标等方式进行。一省不实行招投标的,不影响另外一省进行招投标。

道路旅客运输班线经营权服务质量招投标管理办法另行制定。

第二十七条 在道路客运班线经营许可过程中,任何单位和个人不得以对等投放运力等不正当理由拒绝、阻挠实施客运班线经营许可。

第二十八条 客运经营者、客运站经营者需要变更许可事项或者终止经营的,应当向原许可机关提出申请,按本章有关规定办理。

客运班线的经营主体、起讫地和日发班次变更和客运站经营主体、站址变更按照重新许可办理。

客运经营者和客运站经营者在取得全部经营许可证件后无正当理由超过180天不投入运营或者运营后连续180天以上停运的,视为自动终止经营。

第二十九条 客运班线的经营期限由省级道路运输管理机构按《中华人民共和国道路运输条例》的有关规定确定。

第三十条 客运班线经营者在经营期限内暂停、终止班线经营,应当提前30日向原许可机关申请。经营期限届满,需要延续客运班线经营的,应当在届满前60日提出申请。原许可机关应当依据本章有关规定作出许可或者不予许可的决定。予以许可的,重新办理有关手续。

客运经营者终止经营,应当在终止经营后10日内,将相关的《道路运输经营许可证》和《道路运输证》、客运标志牌交回原发放机关。

第三十一条 客运站经营者终止经营的,应当提前30日告知原许可机关和进站经营者。原许可机关发现关闭客运站可能对社会公众利益造成重大影响的,应当采取措施对进站车辆进行分流,并向社会公告。客运站经营者应当在终止经营后10日内将《道路运输经营许可证》交回原发放机关。

第三十二条 客运经营者在客运班线经营期限届满后申请延续经营,符合下列条件的,应当予以优先许可:

(一)经营者符合本规定第十条规定;

(二)经营者在经营该客运班线过程中,无特大运输安全责任事故;

(三)经营者在经营该客运班线过程中,无情节恶劣的服务质量事件;

(四)经营者在经营该客运班线过程中,无严重违法经营行为;

(五)按规定履行了普遍服务的义务。

第三章 客运经营管理

第三十三条 客运经营者应当按照道路运输管理机构决定的许可事项从事客运经营活动,不得转让、出租道路运输经营许可证件。

第三十四条 道路客运企业的全资或者绝对控股的经营道路客运的子公司,其自有营运客车在10辆以上或者自有中高级营运客车5辆以上时,可按照其母公司取得的经营许可从事客运经营活动。

本条所称绝对控股是指母公司控制子公司实际资产51%以上。

第三十五条 道路客运班线属于国家所有的公共资源。班线客运经营者取得经营许可后,应当向公众提供连续运输服务,不得擅自暂停、终止或者转让班线运输。

第三十六条 客运班车应当按照许可的线路、班次、站点运行,在规定的途经站点进站上下旅客,无正当理由不得改变行驶线路,不得站外上客或者沿途揽客。

经许可机关同意,在农村客运班线上运营的班车可采取区域经营、循环运行、设置临时发车点等灵活的方式运营。

本规定所称农村客运班线,是指县内或者毗邻县间至少有一端在乡村的客运班线。

第三十七条 客运经营者不得强迫旅客乘车,不得中途将旅客交给他人运输或者甩客,不得敲诈旅客,不得擅自更换客运车辆,不得阻碍其他经营者的正常经营活动。

第三十八条 严禁客运车辆超载运行,在载客人数已满的情况下,允许再搭乘不超过核定载客人数10%的免票儿童。

客运车辆不得违反规定载货。

第三十九条 客运经营者应当遵守有关运价规定,使用规定的票证,不得乱涨价、恶意压价、乱收费。

第四十条 客运经营者应当在客运车辆外部的适当位置喷印企业名称或者标识,在车厢内显著位置公示道路运输管理机构监督电话、票价和里程表。

第四十一条 客运经营者应当为旅客提供良好的乘车环境,确保车辆设备、设施齐全有效,保持车辆清洁、卫生,并采取必要的措施防止在运输过程中发生侵害旅客人身、财产安全的违法行为。

当运输过程中发生侵害旅客人身、财产安全的治安违法行为时,客运经营者在自身能力许可的情况下,应当及时向公安机关报告并配合公安机关及时终止治安违法行为。

客运经营者不得在客运车辆上从事播放淫秽录像等不健康的活动。

第四十二条 鼓励客运经营者使用配置下置行李舱的客车从事道路客运。没有下置行李舱或者行李舱容积不能满足需要的客车车辆,可在客车车厢内设立专门的行李堆放区,但行李堆放区和乘客区必须隔离,并采取相应的安全措施。严禁行李堆放区载客。

第四十三条 客运经营者应当为旅客投保承运人责任险。

第四十四条 客运经营者应当加强对从业人员的安全、职业道德教育和业务知识、操作规程培训。并采取有效措施,防止驾驶人员连续驾驶时间超过4个小时。

客运车辆驾驶人员应当遵守道路运输法规和道路运输驾驶员操作规程,安全驾驶,文明服务。

第四十五条 客运经营者应当制定突发公共事件的道路运输应急预案。应急预案应当包括报告程序、应急指挥、应急车辆和设备的储备以及处置措施等内容。

发生突发公共事件时,客运经营者应当服从县级以上人民政府或者有关部门的统一调度、指挥。

第四十六条 客运经营者应当建立和完善各类台账和档案,并按要求及时报送有关资料和信息。

第四十七条 旅客应当持有效客票乘车,遵守乘车秩序,文明礼貌,携带免票儿童的乘客应当在购票时声明。不得携带国家规定的危险物品及其他禁止携带的物品乘车。

第四十八条　客运车辆驾驶人员应当随车携带《道路运输证》、从业资格证等有关证件，在规定位置放置客运标志牌。客运班车驾驶人员还应当随车携带《道路客运班线经营许可证明》。

第四十九条　遇有下列情况之一，客运车辆可凭临时客运标志牌运行：

（一）原有正班车已经满载，需要开行加班车的；

（二）因车辆抛锚、维护等原因，需要接驳或者顶班的；

（三）正式班车客运标志牌正在制作或者不慎灭失，等待领取的。

第五十条　凭临时客运标志牌运营的客车应当按正班车的线路和站点运行。属于加班或者顶班的，还应当持有始发站签章并注明事由的当班行车路单；班车客运标志牌正在制作或者灭失的，还应当持有该条班线的《道路客运班线经营许可证明》或者《道路客运班线经营行政许可决定书》的复印件。

第五十一条　客运包车应当凭车籍所在地道路运输管理机构核发的包车客运标志牌，按照约定的时间、起始地、目的地和线路运行，并持有包车票或者包车合同，不得按班车模式定点定线运营，不得招揽包车合同外的旅客乘车。

客运包车除执行道路运输管理机构下达的紧急包车任务外，其线路一端应当在车籍所在地。省际、市际客运包车的车籍所在地为车籍所在的地区，县际客运包车的车籍所在地为车籍所在的县。

非定线旅游客车可持注明客运事项的旅游客票或者旅游合同取代包车票或者包车合同。

第五十二条　省际临时客运标志牌（见附件9）、省际包车客运标志牌（见附件10）由省级道路运输管理机构按照交通运输部的统一式样印制，交由当地县以上道路运输管理机构向客运经营者核发。省际包车客运标志牌和加班车、顶班车、接驳车使用的省际临时客运标志牌在一个运次所需的时间内有效，因班车客运标志牌正在制作或者灭失而使用的省际临时客运标志牌有效期不得超过30天。

从事省际包车客运的企业应按照交通运输部的统一要求，通过运政管理信息系统向车籍地道路运输管理机构备案后方可使用包车标志牌。

省内临时客运标志牌、省内包车客运标志牌样式及管理要求由各省级交通运输主管部门自行规定。

第五十三条　在春运、旅游"黄金周"或者发生突发事件等客流高峰期运力不足时，道路运输管理机构可临时调用车辆技术等级不低于二级的营运客车和社会非营运客车开行包车或者加班车。非营运客车凭县级以上道路运输管理机构开具的证明运行。

第四章　客运站经营

第五十四条　客运站经营者应当按照道路运输管理机构决定的许可事项从事客运站经营活动，不得转让、出租客运站经营许可证件，不得改变客运站用途和服务功能。

客运站经营者应当维护好各种设施、设备，保持其正常使用。

第五十五条　客运站经营者和进站发车的客运经营者应当依法自愿签订服务合同，双方按合同的规定履行各自的权利和义务。

客运站经营者应当按月和客运经营者结算运费。

第五十六条　客运站经营者应当依法加强安全管理,完善安全生产条件,健全和落实安全生产责任制。

客运站经营者应当对出站客车进行安全检查,采取措施防止危险品进站上车,按照车辆核定载客限额售票,严禁超载车辆或者未经安全检查的车辆出站,保证安全生产。

第五十七条　客运站经营者应当禁止无证经营的车辆进站从事经营活动,无正当理由不得拒绝合法客运车辆进站经营。

客运站经营者应当坚持公平、公正原则,合理安排发车时间,公平售票。

客运经营者在发车时间安排上发生纠纷,客运站经营者协调无效时,由当地县级以上道路运输管理机构裁定。

第五十八条　客运站经营者应当公布进站客车的班车类别、客车类型等级、运输线路、起讫停靠站点、班次、发车时间、票价等信息,调度车辆进站发车,疏导旅客,维持秩序。

第五十九条　进站客运经营者应当在发车30分钟前备齐相关证件进站等待发车,不得误班、脱班、停班。进站客运经营者不按时派车辆应班,1小时以内视为误班,1小时以上视为脱班。但因车辆维修、肇事、丢失或者交通堵塞等特殊原因不能按时应班,并且已提前告知客运站经营者的除外。

进站客运经营者因故不能发班的,应当提前1日告知客运站经营者,双方要协商调度车辆顶班。

对无故停班达3日以上的进站班车,客运站经营者应当报告当地道路运输管理机构。

第六十条　客运站经营者应当设置旅客购票、候车、乘车指示、行李寄存和托运、公共卫生等服务设施,向旅客提供安全、便捷、优质的服务,加强宣传,保持站场卫生、清洁。

在客运站从事客运经营以外的其他经营活动时,应当遵守相应的法律、行政法规的规定。

第六十一条　客运站经营者应当严格执行价格管理规定,在经营场所公示收费项目和标准,严禁乱收费。

第六十二条　客运站经营者应当按规定的业务操作规程装卸、储存、保管行包。

第六十三条　客运站经营者应当制定公共突发事件应急预案。应急预案应当包括报告程序、应急指挥、应急设备的储备以及处置措施等内容。

第六十四条　客运站经营者应当建立和完善各类台账和档案,并按要求报送有关信息。

第五章　监督检查

第六十五条　道路运输管理机构应当加强对道路客运和客运站经营活动的监督检查。

道路运输管理机构工作人员应当严格按照法定职责权限和程序进行监督检查。

第六十六条　县级以上道路运输管理机构应当定期对客运车辆进行审验,每年审验一次。审验内容包括:

(一)车辆违章记录;

(二)车辆技术等级评定情况;

(三)客车类型等级评定情况;

(四)按规定安装、使用符合标准的具有行驶记录功能的卫星定位装置情况;

(五)客运经营者为客运车辆投保承运人责任险情况。

审验符合要求的,道路运输管理机构在《道路运输证》审验记录栏中或者IC卡注明;不符合要求的,应当责令限期改正或者办理变更手续。

第六十七条 道路运输管理机构及其工作人员应当重点在客运站、旅客集散地对道路客运、客运站经营活动实施监督检查。此外,根据管理需要,可以在公路路口实施监督检查,但不得随意拦截正常行驶的道路运输车辆,不得双向拦截车辆进行检查。

第六十八条 道路运输管理机构的工作人员实施监督检查时,应当有2名以上人员参加,并向当事人出示交通运输部统一制式的交通行政执法证件。

第六十九条 道路运输管理机构的工作人员可以向被检查单位和个人了解情况,查阅和复制有关材料。但应当保守被调查单位和个人的商业秘密。

被监督检查的单位和个人应当接受道路运输管理机构及其工作人员依法实施的监督检查,如实提供有关资料或者说明情况。

第七十条 道路运输管理机构的工作人员在实施道路运输监督检查过程中,发现客运车辆有超载行为的,应当立即予以制止,并采取相应措施安排旅客改乘。

第七十一条 客运经营者在许可的道路运输管理机构管辖区域外违法从事经营活动的,违法行为发生地的道路运输管理机构应当依法将当事人的违法事实、处罚结果记录到《道路运输证》上,并抄告作出道路客运经营许可的道路运输管理机构。

第七十二条 客运经营者违反本规定的,县级以上道路运输管理机构在作出行政处罚决定的过程中,可以按照行政处罚法的规定将其违法证据先行登记保存。作出行政处罚决定后,客运经营者拒不履行的,作出行政处罚决定的道路运输管理机构可以将其拒不履行行政处罚决定的事实通知违法车辆车籍所在地道路运输管理机构,作为能否通过车辆年度审验和决定质量信誉考核结果的重要依据。

第七十三条 道路运输管理机构的工作人员在实施道路运输监督检查过程中,对没有《道路运输证》又无法当场提供其他有效证明的客运车辆可以予以暂扣,并出具《道路运输车辆暂扣凭证》(见附件12)。对暂扣车辆应当妥善保管,不得使用,不得收取或者变相收取保管费用。

违法当事人应当在暂扣凭证规定的时间内到指定地点接受处理。逾期不接受处理的,道路运输管理机构可依法作出处罚决定,并将处罚决定书送达当事人。当事人无正当理由逾期不履行处罚决定的,道路运输管理机构可申请人民法院强制执行。

第六章 法 律 责 任

第七十四条 违反本规定,有下列行为之一的,由县级以上道路运输管理机构责令停止经营;有违法所得的,没收违法所得,处违法所得2倍以上10倍以下的罚款;没有违法所得或者违法所得不足2万元的,处3万元以上10万元以下的罚款;构成犯罪的,依法追究刑事责任:

(一)未取得道路客运经营许可,擅自从事道路客运经营的;

(二)未取得道路客运班线经营许可,擅自从事班车客运经营的;

(三)使用失效、伪造、变造、被注销等无效的道路客运许可证件从事道路客运经营的;

（四）超越许可事项，从事道路客运经营的。

第七十五条　违反本规定，有下列行为之一的，由县级以上道路运输管理机构责令停止经营；有违法所得的，没收违法所得，处违法所得2倍以上10倍以下的罚款；没有违法所得或者违法所得不足1万元的，处2万元以上5万元以下的罚款；构成犯罪的，依法追究刑事责任：

（一）未取得客运站经营许可，擅自从事客运站经营的；

（二）使用失效、伪造、变造、被注销等无效的客运站许可证件从事客运站经营的；

（三）超越许可事项，从事客运站经营的。

第七十六条　违反本规定，客运经营者、客运站经营者非法转让、出租道路运输经营许可证件的，由县级以上道路运输管理机构责令停止违法行为，收缴有关证件，处2000元以上1万元以下的罚款；有违法所得的，没收违法所得。

第七十七条　违反本规定，客运经营者有下列行为之一，由县级以上道路运输管理机构责令限期投保；拒不投保的，由原许可机关吊销《道路运输经营许可证》或者吊销相应的经营范围：

（一）未为旅客投保承运人责任险的；

（二）未按最低投保限额投保的；

（三）投保的承运人责任险已过期，未继续投保的。

第七十八条　违反本规定，取得客运经营许可的客运经营者使用无《道路运输证》的车辆参加客运经营的，由县级以上道路运输管理机构责令改正，处3000元以上1万元以下的罚款。

违反本规定，客运经营者不按照规定携带《道路运输证》的，由县级以上道路运输管理机构责令改正，处警告或者20元以上200元以下的罚款。

第七十九条　违反本规定，客运经营者（含国际道路客运经营者）、客运站经营者及客运相关服务经营者不按规定使用道路运输业专用票证或者转让、倒卖、伪造道路运输业专用票证的，由县级以上道路运输管理机构责令改正，处1000元以上3000元以下的罚款。

第八十条　违反本规定，客运经营者有下列情形之一的，由县级以上道路运输管理机构责令改正，处1000元以上3000元以下的罚款；情节严重的，由原许可机关吊销《道路运输经营许可证》或者吊销相应的经营范围：

（一）客运班车不按批准的客运站点停靠或者不按规定的线路、班次行驶的；

（二）加班车、顶班车、接驳车无正当理由不按原正班车的线路、站点、班次行驶的；

（三）客运包车未持有效的包车客运标志牌进行经营的，不按照包车客运标志牌载明的事项运行的，线路两端均不在车籍所在地的，按班车模式定点定线运营的，招揽包车合同以外的旅客乘车的；

（四）以欺骗、暴力等手段招揽旅客的；

（五）在旅客运输途中擅自变更运输车辆或者将旅客移交他人运输的；

（六）未报告原许可机关，擅自终止道路客运经营的。

第八十一条　违反本规定，客运经营者、客运站经营者已不具备开业要求的有关安全条件，存在重大运输安全隐患的，由县级以上道路运输管理机构责令限期改正；在规定时间内不能按要求改正且情节严重的,由原许可机关吊销《道路运输经营许可证》或者吊销相应的经营范围。

第八十二条 违反本规定,客运站经营者有下列情形之一的,由县级以上道路运输管理机构责令改正,处 1 万元以上 3 万元以下的罚款:

(一)允许无经营许可证件的车辆进站从事经营活动的;

(二)允许超载车辆出站的;

(三)允许未经安全检查或者安全检查不合格的车辆发车的;

(四)无正当理由拒绝客运车辆进站从事经营活动的。

第八十三条 违反本规定,客运站经营者有下列情形之一的,由县级以上道路运输管理机构责令改正;拒不改正的,处 3000 元的罚款;有违法所得的,没收违法所得:

(一)擅自改变客运站的用途和服务功能的;

(二)不公布运输线路、起讫停靠站点、班次、发车时间、票价的。

第八十四条 道路运输管理机构工作人员违反本规定,有下列情形之一的,依法给予行政处分;构成犯罪的,依法追究刑事责任:

(一)不依照规定的条件、程序和期限实施行政许可的;

(二)参与或者变相参与道路客运经营以及客运站经营的;

(三)发现违法行为不及时查处的;

(四)违反规定拦截、检查正常行驶的运输车辆的;

(五)违法扣留运输车辆、《道路运输证》的;

(六)索取、收受他人财物,或者谋取其他利益的;

(七)其他违法行为。

第七章 附 则

第八十五条 出租汽车客运、城市公共汽车客运管理根据国务院的有关规定执行。

第八十六条 客运经营者从事国际道路旅客运输经营活动,除一般行为规范适用本规定外,有关从业条件等特殊要求应当适用交通运输部制定的国际道路运输管理规定。

第八十七条 道路运输管理机构依照本规定发放的道路运输经营许可证件和《道路运输证》,可以收取工本费。工本费的具体收费标准由省、自治区、直辖市人民政府财政、价格主管部门会同同级交通运输主管部门核定。

第八十八条 本规定自 2005 年 8 月 1 日起施行。交通部 1995 年 9 月 6 日发布的《省际道路旅客运输管理办法》(交公路发〔1995〕828 号)、1998 年 11 月 26 日发布的《高速公路旅客运输管理规定》(交通部令 1998 年第 8 号)、1995 年 5 月 9 日发布的《汽车客运站管理规定》(交通部令 1995 年第 2 号)、2000 年 4 月 27 日发布的《道路旅客运输企业经营资质管理规定(试行)》(交公路发〔2000〕225 号)、1993 年 5 月 19 日发布的《道路旅客运输业户开业技术经济条件(试行)》(交运发〔1993〕531 号)同时废止。

附件1

客运1表第1页 共4页

道路旅客运输经营申请表	受理申请机关专用

说明

1. 本表根据《道路旅客运输及客运站管理规定》制作,申请从事道路旅客运输经营应当按照《道路旅客运输及客运站管理规定》第二章的有关规定向相应道路运输管理机构提出申请,填写本表,并同时提交其他相关材料(材料要求见第4页)。
2. 本表可向各级道路运输管理机构免费索取,也可自行从交通部网站(www.moc.gov.cn)下载打印。
3. 本表用钢笔填写或者计算机打印,请用正楷,要求字迹工整。

申请人基本信息

申请人名称	要求填写企业(公司)全称或企业预先核准全称、个体经营者姓名		
负责人姓名		经办人姓名	
	如系个人申请,不必填写"负责人姓名"及"经办人姓名"项		
通信地址			
邮 编		电 话	
手 机		电子邮箱	

申请许可内容　　　　请在□内划√

首次申请道路运输旅客经营许可或申请扩大道路旅客运输经营范围,请选择拟申请的道路旅客运输经营范围

	县内	县际	市际	省际
班车客运	□	□	□	□
包车客运	□	□	□	□

如申请扩大道路旅客运输经营范围,请选择现有的道路旅客运输经营范围

	县内	县际	市际	省际
班车客运	□	□	□	□
包车客运	□	□	□	□

营运客车信息

已购置营运客车情况

序号	厂牌型号	数量	座位数（个）	车辆类型及等级	车辆技术等级	车辆外廓长宽高	购置时间	备注
1								
2								
3								
4								
5								
合计								

表格不够,可另附表填写。

拟购置营运客车情况

序号	厂牌型号	数量	座位数（个）	车辆类型及等级	车辆技术等级	车辆外廓长宽高	备注
1							
2							
3							
4							
5							
合计							

表格不够,可另附表填写。

如申请扩大经营范围,请填写"现有营运客车情况"表

现有营运客车情况

序号	道路运输证号	厂牌型号	车辆号码	座位数（个）	车辆类型及等级	车辆技术等级	车辆外廓长宽高	购置时间
1								
2								
3								
4								
5								
合计								

表格不够,可另附表填写。

客运1表第3页 共4页

拟聘用营运客车驾驶员情况

序号	姓名	性别	年龄	取得相应驾驶证时间	从业资格证号	从业资格证类型	三年内是否发生重大以上交通责任事故
1							
2							
3							
4							
5							
6							
7							
8							
9							
10							
11							
12							
13							
14							
15							
16							
17							
18							
19							
20							
21							
22							
23							
24							
25							
26							
27							
28							
29							
30							

表格不够，可另附表填写。

客运1表第4页 共4页

申请材料核对表　　　请在☐内划√	
1.《道路旅客运输经营申请表》(本表)	☐
2. 企业章程文本	☐
3. 投资人、负责人身份证明及其复印件,经办人的身份证明及其复印件和委托书	☐
4. 安全生产管理制度文本	☐
5. 拟投入车辆承诺书,包括车辆数量、类型及等级、技术等级、座位数 以及客车外廓长、宽、高等。若拟投入客车属于已购置或者现有的,应提供行驶证、车辆技术等级证书(车辆技术检测合格证)、客车等级评定证 明及其复印件	☐
6. 已聘用或者拟聘用驾驶人员的驾驶证、从业资格证及其复印件,公安部门出具的连续3年内无重大以上交通责任事故的证明	☐

只有上述 5 份材料齐全有效后,您的申请才能受理

同时申请道路客运班线经营的,还应填写《道路旅客运输班线经营申请表》并提供要求的材料

　　声明

我声明本表及其他相关材料中提供的信息均真实可靠。

我知悉如此表中有故意填写的虚假信息,我取得的道路运输经营许可将被吊销。

我承诺将遵守《中华人民共和国道路运输条例》及其他有关道路运输法规、规章的规定。

　　负责人签名_____　　　日期_____
　　负责人职位_____
　　如系个人申请不必填写"负责人职位"项

附件2

客运2表第1页 共4页

道路旅客运输班线经营申请表

受理申请机关专用

说明

1. 本表根据《道路旅客运输及客运站管理规定》制作,申请从事道路旅客运输班线经营应当按照《道路旅客运输及客运站管理规定》第二章的有关规定向相应道路运输管理机构提出申请,填写本表,并同时提交其他相关材料(材料要求见第4页)。
2. 本表可向各级道路运输管理机构免费索取,也可自行从交通部网站(www.moc.gov.cn)下载打印。
3. 本表用钢笔填写或者计算机打印,请用正楷,要求字迹工整。

申请人基本信息

申请人名称 _____

要求填写企业(公司)全称或企业预先核准全称、个体经营者姓名

负责人姓名 _____ 经办人姓名 _____

如系个人申请,不必填写"负责人姓名"及"经办人姓名"项

通信地址 _____

邮　　编 _____ 电　　话 _____

手　　机 _____ 电子邮箱 _____

经营许可证编号 _____

已获得道路班车客运经营许可的经营者,申请新增客运班线的,需填写下列内容

已获许可经营范围　　　　　　　请在 ☐ 内划 √

县内班车客运 ☐　县际班车客运 ☐　市际班车客运 ☐　省际班车客运 ☐

已获许可客运班线类型

一类班线 ☐　　二类班线 ☐　　三类班线 ☐　　四类班线 ☐

现有营运客车情况

	总数	高级客车	中级客车
客车数(辆)			
座位数(个)			

申请许可客运班线情况

请在 ☐ 内划 √

始发地 _____

终到地 _____

拟始发地客运站 _____ 是否已签意向书 ☐

拟终到地客运站 _____ 是否已签意向书 ☐

途径主要地点 _____

途中停靠站点 _____

营 运 里 程 _____ 公里

　　其中：高速公路里程 _____ 公里　占总营运里程 _____%

日 发 班 次 _____ 个　申请经营期限 _____ 个

客运班线类型　一类班线 ☐　　二类班线 ☐　　三类班线 ☐　　四类班线 ☐

班 车 类 别　普通 ☐　　　直达 ☐

拟投入营运客车情况

序号	厂牌型号	数量	座位数（个）	车辆类型及等级	车辆技术等级	车辆外廓长宽高	拟购还是现有
1							
2							
3							
4							
5							
合计							

表格不够，可另附表填写。

经营方式

　　　　公车公营 ☐　　　承包 ☐　　　挂靠 ☐

对开客运经营者名称 _____

（如果有）

客运2表第3页 共4页

拟聘用营运客车驾驶员情况

序号	姓名	性别	年龄	取得相应驾驶证时间	从业资格证号	从业资格证类型	三年内是否发生重大以上交通责任事故
1							
2							
3							
4							
5							
6							
7							
8							
9							
10							
11							
12							
13							
14							
15							
16							
17							
18							
19							
20							
21							
22							
23							
24							
25							
26							
27							
28							
29							
30							

表格不够，可另附表填写。

客运2表第4页　共4页

申请材料核对表	请在□内划√

一、在申请开业同时申请道路客运班线经营的，除提供申请开业的相关材料外，还需提供下列材料：

1.《道路旅客运输班线经营申请表》（本表）　□

2.可行性报告，包括申请客运班线客流状况调查、运营方案、效益分析以及可能对其他相关经营者产生的影响等　□

3.进展方案。已与起讫点客运站和停靠站签订进站意向书的，应提供进站意向书

4.运输服务质量承诺书　□

二、已获得道路班车客运经营许可的经营者，申请新增客运班线时，除提供上述4项材料外，还应提供下列材料：

1.《道路运输经营许可证》复印件　□

2.与所申请客运班线类型相适应的企业自有营运客车的行驶证、《道路运输证》复印件　□

3.拟投入车辆承诺书，包括客车数量、类型及等级、技术等级、座位数以及客车外廓长、宽、高等。若拟投入客车属于已购置或者现有的，应提供行驶证、车辆技术等级证书（车辆技术检测合格证）、客车等级评定证明及其复印件　□

4.拟聘用驾驶人员的机动车驾驶证、从业资格证及其复印件，公安部门出具的3年内无重大以上交通责任事故的证明　□

5.经办人的身份证明及其复印件，所在单位的工作证明或者委托书　□

只有上述材料齐全有效后，你的申请才能受理

声明

我声明本表及其他相关材料中提供的信息均真实可靠

我知悉如此表中有故意填写的虚假信息，我取得的客运站经营许可将被撤销

我承诺将遵守《中华人民共和国道路运输条例》及其他有关道路运输法规、规章的规定

负责人签名_____　　日期_____

负责人职位_____

如系个人申请不必填写"负责人职位"项

附件3

客运站表第1页 共4页

| 受理申请机关专用 |

道路旅客运输站经营申请

说明

1. 本表根据《道路旅客运输及客运站管理规定》制作，申请从事道路客运站经营应当按照《道路旅客运输及客运站管理规定》第二章的有关规定向县级道路运输管理机构提出申请，填写本表，并同时提交其他相关材料（材料要求见第4页）。
2. 本表可向各级道路运输管理机构免费索取，也可自行从交通部网站（www.moc.gov.cn）下载打印。
3. 本表需用钢笔填写或计算机打印，请用正楷，要求字迹工整。

申请人基本信息

申请人名称 _____
要求填写企业（公司）全称或者企业预先核准全称、个体经营者姓名

负责人姓名 _____ 经办人姓名 _____
如系个人申请，不必填写"负责人姓名"及"经办人姓名"项

通信地址 _____
邮　　编 _____ 电　　话 _____
手　　机 _____ 电子邮箱 _____

申请事项

客运站名称 _____
所在地址 _____
占地面积 _____ 客运站建筑面积 _____
设计年度日旅客发送量 _____ 竣工时间 _____
经验收符合的站场级别 _____ 验收时间 _____
拟投入营运时间 _____ 申请经营范围 _____

客运站表第2页　共4页

客运站设施设备情况

场 地 设 施

站前广场_____平方米　　停车场_____平方米　　发车位_____个

建 筑 设 施

一、站房
1. 站务用房

候车厅(室)	_____平方米	重点旅客候车室(区)	_____平方米
售票厅	_____平方米	行包托运厅(处)	_____平方米
综合服务处	_____平方米	站务员室	_____平方米
驾乘人员休息室	_____平方米	调度室	_____平方米
治安室	_____平方米	广播室	_____平方米
无障碍通道	_____米	残疾人服务设施	_____件
智能化系统用房	_____平方米	盥洗室和旅客厕所	_____平方米

2. 办公用房　　面积_____平方米

二、生产辅助用房

汽车安全检验台_____个　　车辆清洁、清洗台_____个

配电室_____平方米

基 本 设 备

请在 ☐ 内划 √

旅客购票设备	☐	候车休息设备	☐	行包安全检查设备	☐
安全消防设备	☐	清洁清洗设备	☐	广播通信设备	☐
行包搬运与便民设备	☐	采暖或制冷设备	☐	宣传告示设备	☐

智能系统设备

请在 ☐ 内划 √

计算机售票系统设备	☐	监控设备	☐
生产管理系统设备	☐	电子显示设备	☐

客运站表第3页 共4页

拟聘用专业人员、管理人员情况

序号	姓名	性别	年龄	工作岗位	身份证号码	职称	专业证书号码
1							
2							
3							
4							
5							
6							
7							
8							
9							
10							
11							
12							
13							
14							
15							
16							
17							
18							
19							
20							
21							
22							
23							
24							
25							
26							

表格不够,可另附表填写。

客运站表第 4 页　共 4 页

申请材料核对表　　　　请在 □ 内划 √

1.《道路旅客运输站经营申请表》(本表)　　　□
2. 客运站竣工验收证明和站级验收证明　　　□
3. 拟招聘的专业人员、管理人员的身份证明和专业证书及其复印件　　　□
4. 负责人身份证明及其复印件,经办人的身份证明及其复印件和委托书　　　□
5. 业务操作规程和安全管理制度文本　　　□

只有上述材料齐全有效后,你的申请才能受理

声明

我声明本表及其他相关材料中提供的信息均真实可靠

我知悉如此表中有故意填写的虚假信息,我取得的客运站经营许可将被撤销

我承诺将遵守《中华人民共和国道路运输条例》及其他有关道路运输法规、规章的规定

负责人签名_____　　　日期_____

负责人职位_____

如系个人申请不必填写"负责人职位"项

附件4

道路客运经营行政许可决定书

编号：

_____：

你于 年 月 日提出_____申请。

经审查,你的申请符合_____

_____的规定,决定准予道路客运经营行政许可。请按下列要求从事道路客运经营活动：

经营范围：_____

车辆数量及要求：_____

客运班线类型：_____

请于 年 月 日去 领取(换发)《道路运输经营许可证》,并于 年 月 日前按上述要求落实拟投入车辆承诺书,然后办理相关手续。在确定的时间内未按许可要求落实拟投入车辆承诺书的,将撤销本经营许可。

（印章）

年 月 日

附件5

道路客运班线经营行政许可决定书

编号：

_____：

  你于　年　月　日提出_____申请。

  经审查，你的 _____ 申请符合 _____ 的规定，决定准予道路客运班线经营行政许可。请按下列要求从事道路客运班线经营活动：

  经营主体：_____
  起讫地及起讫站点：_____
途经路线及停靠站点：_____
  日发班次：_____
  班车类别：_____
  车辆数量及要求：_____
  经营期限：自　　年　　月　　日起至　　年　　月　　日止。

  请于　　年　　月　　日前按上述要求落实拟投入车辆承诺书，然后办理相关手续。在确定的时间内未按许可要求落实拟投入车辆承诺书的，将撤销本经营许可。

（印章）

年　月　日

附件6

道路旅客运输站经营行政许可决定书

编号：

_____：

你于 年 月 日提出_____申请。

经审查，你的申请符合_____的规定，决定准予道路客运站经营行政许可。并请按下列要求从事道路客运站经营活动：

经营者名称：_____

站场地址：_____

经营范围：_____

站场级别：_____

请于 年 月 日前去 领取（换发）《道路运输经营许可证》，然后办理相关手续。

（印章）

年 月 日

附件7

班车客运标志牌

×　际（县内）班　车

套印许可道路运输
管理机构专用章

（起点）——（讫点）

（地域简称）运班字××××号　　经营期限：×年×月×日至×年×月×日

班车客运标志牌背面

粘贴道路客运班线经营许可证明

遵章守法

安全优质

附件8

道路客运班线经营许可证明

×客运班许字　　号

经营者名称				
经营许可证号				
起点及站名		讫点及站名		许可机关(盖章) 年　月　日
主要途经地				
停靠站点				
客运班线类型		班车类别		
日发班次		车牌号码		
车辆类型等级				
班车客运标志牌编号				
有效期	自　年　月　日 至　年　月　日			
说　明	1. 本证明贴在班车客运标志牌背面,缺一无效。 2. 本证明不得转让、涂改或者伪造,过期作废。			

附件9

省际临时客运标志牌

省 际 临 时 班 车

套印省级道路运输
管理机构专用章

（起点）——（讫点）

（省简称）运班临字××××××号

省际临时客运标志牌背面

经营者名称			
经营许可证号		车牌号码	
起点及站名		讫点及站名	
主要途经地		停靠站点	
班车类别		使用原因	
有效期	自 年 月 日起至 年 月 日止		
说　　明 　一、此牌适用范围：1.原有正班车已经满载，需要开行加班车的；2.因车辆抛锚、维护等原因，需要接驳或者顶班的；3.正式班车客运标志牌正在制作或者不慎灭失，等待领取的。 　二、属于上述第1、2种原因使用此牌的，有效期为一个运次所需时间；属于上述第3种原因使用此牌的，有效期不得超过30天。		经办人签字： 具体发证道路运输管理机构（盖章） 　　　　　　　年　月　日	

附件 10

省际包车客运标志牌

省 际 包 车　　（二维码）
（起点）——（讫点）
（省简称）运包字　　　号　　车牌号：　　　运输企业（章）： 　　　　　　　　　　　　驾驶员：　　　　企业签发人： 　　　　　　　　　　　　主要途经地：　　有效期：

附件11

道路客运标志牌制式规范

一、班车客运标志牌制式规范

（一）尺寸：1.600mm×300mm，用于大型客车；2.480mm×220mm，用于中小型客车。

（二）材质和工艺：底版为银白色铝质材料，正面底贴白色环保反光膜，背面底色为磨砂铝本色。

（三）"×际（县内）"视情确定为"省际"、"市际"、"县际"、"县内"。

（四）其他规范：

1. 大型客车使用的班车客运标志牌。

第一行字为黑色宋体，字高35mm×字宽35mm。

第二行字为红色黑体，字高130mm×字宽100mm～110mm，随字数多少而改变。横线为黑色，宽度20mm，长度随字数多少而改变。横线中间上方套印红色的许可道路运输管理机构专用章。

第三行字为黑色宋体，字高25mm×字宽18mm，号码为红色阿拉伯数字。

2. 中小型客车使用的班车客运标志牌。

第一行字为黑色宋体，字高28mm×字宽28mm。

第二行字为红色黑体，字高110mm×字宽80mm，随字数多少而改变。横线为黑色，宽度15mm，长度随字数多少而改变。横线中间上方套印红色的许可道路运输管理机构专用章。

第三行字为黑色宋体，字高20mm×字宽15mm，号码为红色阿拉伯数字。

3. 班车客运标志牌背面。

左侧粘贴《道路客运班线经营许可证明》。

右侧在磨砂铝底板上直接印制"遵章守法"和"安全优质"，分两行排列，黑色宋体，在大型客车使用的班车客运标志牌上字高25mm×字宽25mm，在中小型客车使用的班车客运标志牌上字高20mm×字宽20mm。

二、道路客运班线经营许可证明制式规范

（一）尺寸：215mm×160mm。

（二）材质：白纸质，背后贴不干胶，正面填写后覆盖透明不干胶薄膜。

（三）底色：白色。

（四）字体："道路客运班线经营许可证明"为黑色二号黑体字；"×客运班许字 号"为黑色四号宋体字，其中编号为红色阿拉伯数字；框内其他字均为四号宋体字。

三、省际临时客运标志牌制式规范

（一）尺寸：480mm×220mm。

（二）底色：白色。

（三）材质：不少于250克铜版纸。

(四)其他规范:

第一行字为红色宋体,字高35mm×字宽35mm。

第二行横线为黑色,宽度为12mm,长度为60mm,横线中间上方套印红色的省级道路运输管理机构专用章。起讫点为人工填写,应当字体粗大,便于辨认。

第三行字为黑色宋体,字高20mm×字宽20mm,号码为红色阿拉伯数字。

背面为黑色小初号黑体字,签章栏和省际临时客运标志牌背面说明栏内文字为黑色二号宋体字。

四、省际包车客运标志牌制式规范

(一)尺寸:480mm×220mm。

(二)底色:淡蓝色暗花纹,花纹内容为省份名称首字母。

(三)材质:不少于150克白卡纸。

(四)其他规范:

第一行字为红色宋体,字高35mm×字宽35mm。右边的二维码为黑色,计算机打印。

第二行横线为黑色,宽度为12mm,长度为60mm。起讫点字为黑色黑体,字高90mm×字宽90mm~110mm,随字数多少而改变,为计算机打印。

左边第三行字为黑色宋体,字高20mm×字宽20mm。号码为红色阿拉伯数字,字高20mm×字宽20mm。

右边第三、四、五行字为黑色宋体,字高7mm×字宽7mm。冒号后面的字为计算机打印。

附件 12

道路运输车辆暂扣凭证

编号：　　　字第　　号
　　　　　　　第　　联

当事人姓名：_____　联系电话：_____
业户名称：_____
通信地址：_____　邮政编码：_____

　　我单位在依法实施道路运输检查时，发现你驾驶的车辆在从事道路运输活动，且无法当场提供《道路运输证》和其他有效证明，依据《中华人民共和国道路运输条例》第六十三条的规定，决定暂扣你的车辆。请在七日内持本凭证到_____接受处理。暂扣期间，对车辆予以免费保管；逾期不接受处理的，将依法作出行政处罚决定；拒不履行的，将申请人民法院强制执行。

　　当事人对暂扣车辆的决定不服的，可根据《中华人民共和国行政复议法》或《中华人民共和国行政诉讼法》，在接到本凭证之日起六十日内向_____申请行政复议，或在六个月内向人民法院提起诉讼。

车 辆 简 况

车号：_____　车型：_____　轮胎：_____　门锁：_____
车灯：_____　玻璃：_____　后视镜：_____
车上其他设备及物品：_____
_____
备注：_____
执法人员签名：_____执法证号：_____
当事人签名：_____

　　　　　　　　　　　　　　　　　　　　执法机关（印章）
　　　　　　　　　　　　　　　　　　　　　年　　月　　日

机动车驾驶员培训管理规定

(2006年1月12日交通部令第2号公布,2016年4月21日交通运输部令第51号修正)

第一章 总 则

第一条 为规范机动车驾驶员培训经营活动,维护机动车驾驶员培训市场秩序,保护各方当事人的合法权益,根据《中华人民共和国道路交通安全法》《中华人民共和国道路运输条例》等有关法律、行政法规,制定本规定。

第二条 从事机动车驾驶员培训业务的,应当遵守本规定。

机动车驾驶员培训业务是指以培训学员的机动车驾驶能力或者以培训道路运输驾驶人员的从业能力为教学任务,为社会公众有偿提供驾驶培训服务的活动。包括对初学机动车驾驶人员、增加准驾车型的驾驶人员和道路运输驾驶人员所进行的驾驶培训、继续教育以及机动车驾驶员培训教练场经营等业务。

第三条 机动车驾驶员培训实行社会化,从事机动车驾驶员培训业务应当依法经营,诚实信用,公平竞争。

第四条 机动车驾驶员培训管理应当公平、公正、公开和便民。

第五条 交通运输部主管全国机动车驾驶员培训管理工作。

县级以上地方人民政府交通运输主管部门负责组织领导本行政区域内的机动车驾驶员培训管理工作。

县级以上道路运输管理机构负责具体实施本行政区域内的机动车驾驶员培训管理工作。

第二章 经营许可

第六条 机动车驾驶员培训依据经营项目、培训能力和培训内容实行分类许可。

机动车驾驶员培训业务根据经营项目分为普通机动车驾驶员培训、道路运输驾驶员从业资格培训、机动车驾驶员培训教练场经营三类。

普通机动车驾驶员培训根据培训能力分为一级普通机动车驾驶员培训、二级普通机动车驾驶员培训和三级普通机动车驾驶员培训三类。

道路运输驾驶员从业资格培训根据培训内容分为道路客货运输驾驶员从业资格培训和危险货物运输驾驶员从业资格培训两类。

第七条 获得一级普通机动车驾驶员培训许可的,可以从事三种(含三种)以上相应车型的普通机动车驾驶员培训业务;获得二级普通机动车驾驶员培训许可的,可以从事两种相应车型的普通机动车驾驶员培训业务;获得三级普通机动车驾驶员培训许可的,只能从事一种相应车型的普通机动车驾驶员培训业务。

第八条 获得道路客货运输驾驶员从业资格培训许可的,可以从事经营性道路旅客运输驾驶员、经营性道路货物运输驾驶员的从业资格培训业务;获得危险货物运输驾驶员从业资格培训许可的,可以从事道路危险货物运输驾驶员的从业资格培训业务。

获得道路运输驾驶员从业资格培训许可的,还可以从事相应车型的普通机动车驾驶员培训业务。

第九条 获得机动车驾驶员培训教练场经营许可的,可以从事机动车驾驶员培训教练场经营业务。

第十条 申请从事普通机动车驾驶员培训业务的,应当符合下列条件:

(一)取得企业法人资格。

(二)有健全的培训机构。

包括教学、教练员、学员、质量、安全、结业考试和设施设备管理等组织机构,并明确负责人、管理人员、教练员和其他人员的岗位职责。具体要求按照《机动车驾驶员培训机构资格条件》(GB/T 30340)相关条款的规定执行。

(三)有健全的管理制度。

包括安全管理制度、教练员管理制度、学员管理制度、培训质量管理制度、结业考试制度、教学车辆管理制度、教学设施设备管理制度、教练场地管理制度、档案管理制度等。具体要求按照《机动车驾驶员培训机构资格条件》(GB/T 30340)相关条款的规定执行。

(四)有与培训业务相适应的教学人员。

1.有与培训业务相适应的理论教练员。机动车驾驶员培训机构聘用的理论教练员应当具备以下条件:

持有机动车驾驶证,具有汽车及相关专业中专以上学历或者汽车及相关专业中级以上技术职称,具有两年以上安全驾驶经历,熟练掌握道路交通安全法规、驾驶理论、机动车构造、交通安全心理学、常用伤员急救等安全驾驶知识,了解车辆环保和节约能源的有关知识,了解教育学、教育心理学的基本教学知识,具备编写教案、规范讲解的授课能力。

2.有与培训业务相适应的驾驶操作教练员。机动车驾驶员培训机构聘用的驾驶操作教练员应当具备以下条件:

持有相应的机动车驾驶证,年龄不超过60周岁,符合一定的安全驾驶经历和相应车型驾驶经历,熟练掌握道路交通安全法规、驾驶理论、机动车构造、交通安全心理学和应急驾驶的基本知识,熟悉车辆维护和常见故障诊断、车辆环保和节约能源的有关知识,具备驾驶要领讲解、驾驶动作示范、指导驾驶的教学能力。

3.所配备的理论教练员数量要求及每种车型所配备的驾驶操作教练员数量要求应当按照《机动车驾驶员培训机构资格条件》(GB/T 30340)相关条款的规定执行。

(五)有与培训业务相适应的管理人员。

管理人员包括理论教学负责人、驾驶操作训练负责人、教学车辆管理人员、结业考核人员和计算机管理人员。具体要求按照《机动车驾驶员培训机构资格条件》(GB/T 30340)相关条款的规定执行。

(六)有必要的教学车辆。

1. 所配备的教学车辆应当符合国家有关技术标准要求，并装有副后视镜、副制动踏板、灭火器及其他安全防护装置。具体要求按照《机动车驾驶员培训机构资格条件》(GB/T 30340)相关条款的规定执行。

2. 从事一级普通机动车驾驶员培训的，所配备的教学车辆不少于 80 辆；从事二级普通机动车驾驶员培训的，所配备的教学车辆不少于 40 辆；从事三级普通机动车驾驶员培训的，所配备的教学车辆不少于 20 辆。具体要求按照《机动车驾驶员培训机构资格条件》(GB/T 30340)相关条款的规定执行。

（七）有必要的教学设施、设备和场地。

具体要求按照《机动车驾驶员培训机构资格条件》(GB/T 30340)相关条款的规定执行。租用教练场地的，还应当持有书面租赁合同和出租方土地使用证明，租赁期限不得少于 3 年。

第十一条 申请从事道路运输驾驶员从业资格培训业务的，应当具备下列条件：

（一）取得企业法人资格。

（二）具备相应车型的普通机动车驾驶员培训资格。

1. 从事道路客货运输驾驶员从业资格培训业务的，应当同时具备大型客车、城市公交车、中型客车、小型汽车（含小型自动挡汽车）等四种车型中至少一种车型的普通机动车驾驶员培训资格和通用货车半挂车（牵引车）、大型货车等两种车型中至少一种车型的普通机动车驾驶员培训资格。

2. 从事危险货物运输驾驶员从业资格培训业务的，应当具备通用货车半挂车（牵引车）、大型货车等两种车型中至少一种车型的普通机动车驾驶员培训资格。

（三）有与培训业务相适应的教学人员。

1. 从事道路客货运输驾驶员从业资格培训业务的，应当配备 2 名以上教练员。教练员应当具有汽车及相关专业大专以上学历或者汽车及相关专业高级以上技术职称，熟悉道路旅客运输法规、货物运输法规以及机动车维修、货物装卸保管和旅客急救等相关知识，具备相应的授课能力，具有 2 年以上从事普通机动车驾驶员培训的教学经历，且近 2 年无不良的教学记录。

2. 从事危险货物运输驾驶员从业资格培训业务的，应当配备 2 名以上教练员。教练员应当具有化工及相关专业大专以上学历或者化工及相关专业高级以上技术职称，熟悉危险货物运输法规、危险化学品特性、包装容器使用方法、职业安全防护和应急救援等知识，具备相应的授课能力，具有 2 年以上化工及相关专业的教学经历，且近 2 年无不良的教学记录。

（四）有必要的教学设施、设备和场地。

1. 从事道路客货运输驾驶员从业资格培训业务的，应当配备相应的机动车构造、机动车维护、常见故障诊断和排除、货物装卸保管、医学救护、消防器材等教学设施、设备和专用场地。

2. 从事危险货物运输驾驶员从业资格培训业务的，还应当同时配备常见危险化学品样本、包装容器、教学挂图、危险化学品实验室等设施、设备和专用场地。

第十二条 申请从事机动车驾驶员培训教练场经营业务的，应当具备下列条件：

（一）取得企业法人资格。

（二）有与经营业务相适应的教练场地。具体要求按照《机动车驾驶员培训教练场技术要求》(GB/T 30341)相关条款的规定执行。

（三）有与经营业务相适应的场地设施、设备，办公、教学、生活设施以及维护服务设施。具体要求按照《机动车驾驶员培训教练场技术要求》(GB/T 30341)相关条款的规定执行。

(四)具备相应的安全条件。包括场地封闭设施、训练区隔离设施、安全通道以及消防设施、设备等。具体要求按照《机动车驾驶员培训教练场技术要求》(GB/T 30341)相关条款的规定执行。

(五)有相应的管理人员。包括教练场安全负责人、档案管理人员以及场地设施、设备管理人员。

(六)有健全的安全管理制度。包括安全检查制度、安全责任制度、教学车辆安全管理制度以及突发事件应急预案等。

第十三条 申请从事机动车驾驶员培训经营的,应当依法向工商行政管理机关办理有关登记手续后,向所在地县级道路运输管理机构提出申请,并提交以下材料:

(一)《交通行政许可申请书》;

(二)申请人身份证明及复印件;

(三)经营场所使用权证明或产权证明及复印件;

(四)教练场地使用权证明或产权证明及复印件;

(五)教练场地技术条件说明;

(六)教学车辆技术条件、车型及数量证明(申请从事机动车驾驶员培训教练场经营的无须提交);

(七)教学车辆购置证明(申请从事机动车驾驶员培训教练场经营的无须提交);

(八)各类设施、设备清单;

(九)拟聘用人员名册、职称证明;

(十)申请人办理的工商营业执照正、副本及复印件;

(十一)根据本规定需要提供的其他相关材料。

申请从事普通机动车驾驶员培训业务的,在递交申请材料时,应当同时提供由公安交警部门出具的相关人员安全驾驶经历证明,安全驾驶经历的起算时间自申请材料递交之日起倒计。

第十四条 道路运输管理机构应当按照《中华人民共和国道路运输条例》和《交通行政许可实施程序规定》规范的程序实施机动车驾驶员培训业务的行政许可。

第十五条 道路运输管理机构应当对申请材料中关于教练场地、教学车辆以及各种设施、设备的实质内容进行核实。

第十六条 道路运输管理机构对机动车驾驶员培训业务申请予以受理的,应当自受理申请之日起15日内审查完毕,作出许可或者不予许可的决定。对符合法定条件的,道路运输管理机构作出准予行政许可的决定,向申请人出具《交通行政许可决定书》,并在10日内向被许可人颁发机动车驾驶员培训许可证件,明确许可事项;对不符合法定条件的,道路运输管理机构作出不予许可的决定,向申请人出具《不予交通行政许可决定书》,说明理由,并告知申请人享有依法申请行政复议或者提起行政诉讼的权利。

第十七条 机动车驾驶员培训许可证件实行有效期制。从事普通机动车驾驶员培训业务和机动车驾驶员培训教练场经营业务的证件有效期为6年;从事道路运输驾驶员从业资格培训业务的证件有效期为4年。

机动车驾驶员培训许可证件由省级道路运输管理机构统一印制并编号,县级道路运输管理机构按照规定发放和管理。

机动车驾驶员培训机构应当在许可证件有效期届满前30日到作出原许可决定的道路运输管理机构办理换证手续。

第十八条 机动车驾驶员培训机构变更许可事项的,应当向原作出许可决定的道路运输管理机构提出申请;符合法定条件、标准的,实施机关应当依法办理变更手续。

机动车驾驶员培训机构变更名称、法定代表人等事项的,应当向原作出许可决定的道路运输管理机构备案。

第十九条 机动车驾驶员培训机构需要终止经营的,应当在终止经营前30日到原作出许可决定的道路运输管理机构办理行政许可注销手续。

第三章 教练员管理

第二十条 鼓励教练员同时具备理论教练员和驾驶操作教练员的教学水平。

第二十一条 机动车驾驶培训教练员应当按照统一的教学大纲规范施教,并如实填写《教学日志》和《中华人民共和国机动车驾驶员培训记录》(简称《培训记录》,式样见附件1)。

第二十二条 机动车驾驶员培训机构应当加强对教练员的职业道德教育和驾驶新知识、新技术的再教育,对教练员每年进行至少一周的脱岗培训,提高教练员的职业素质。

第二十三条 机动车驾驶员培训机构应当加强对教练员教学情况的监督检查,定期对教练员的教学水平和职业道德进行评议,公布教练员的教学质量排行情况,督促教练员提高教学质量。

第二十四条 省级道路运输管理机构应当制定机动车驾驶培训教练员教学质量信誉考核办法,对机动车驾驶培训教练员实行教学质量信誉考核制度。

机动车驾驶培训教练员教学质量信誉考核内容应当包括教练员的基本情况、教学业绩、教学质量排行情况、参加再教育情况、不良记录等。

第二十五条 省级道路运输管理机构应当建立教练员档案,使用统一的数据库和管理软件,实行计算机联网管理,并依法向社会公开教练员信息。机动车驾驶培训教练员教学质量信誉考核结果是教练员档案的重要组成部分。

第四章 经 营 管 理

第二十六条 在未取得机动车驾驶员培训许可证件前,任何单位或者个人不得开展机动车驾驶员培训经营活动。机动车驾驶员培训机构应当按照经批准的行政许可事项开展培训业务。

第二十七条 机动车驾驶员培训机构应当将机动车驾驶员培训许可证件悬挂在经营场所的醒目位置,公示其经营类别、培训范围、收费项目、收费标准、教练员、教学场地等情况。

第二十八条 机动车驾驶员培训机构应当在注册地开展培训业务,不得采取异地培训、恶意压价、欺骗学员等不正当手段开展经营活动,不得允许社会车辆以其名义开展机动车驾驶员培训经营活动。

第二十九条 机动车驾驶员培训实行学时制,按照学时合理收取费用。机动车驾驶员培训机构应当将学时收费标准报所在地道路运输管理机构备案。

对每个学员理论培训时间每天不得超过6个学时,实际操作培训时间每天不得超过4个学时。

第三十条 机动车驾驶员培训机构应当建立学时预约制度,并向社会公布联系电话和预约方式。

第三十一条 参加机动车驾驶员培训的人员,在报名时应当填写《机动车驾驶员培训学员登记表》(以下简称《学员登记表》,式样见附件2),并提供身份证明及复印件。参加道路运输驾驶员从业资格培训的人员,还应当同时提供驾驶证及复印件。报名人员应当对所提供材料的真实性负责。

第三十二条 机动车驾驶员培训机构应当按照全国统一的教学大纲进行培训。培训结束时,应当向结业人员颁发《机动车驾驶员培训结业证书》(以下简称《结业证书》,式样见附件3)。

《结业证书》由省级道路运输管理机构按照全国统一式样印制并编号。

第三十三条 机动车驾驶员培训机构应当建立学员档案。学员档案主要包括:《学员登记表》、《教学日志》、《培训记录》、《结业证书》复印件等。

学员档案保存期不少于4年。

第三十四条 机动车驾驶员培训机构应当使用符合标准并取得牌证、具有统一标识的教学车辆。

教学车辆的统一标识由省级道路运输管理机构负责制定,并组织实施。

第三十五条 机动车驾驶员培训机构应当按照国家的有关规定对教学车辆进行定期维护和检测,保持教学车辆性能完好,满足教学和安全行车的要求,并按照国家有关规定及时更新。

禁止使用报废的、检测不合格的和其他不符合国家规定的车辆从事机动车驾驶员培训业务。不得随意改变教学车辆的用途。

第三十六条 机动车驾驶员培训机构应当建立教学车辆档案。教学车辆档案主要内容包括:车辆基本情况、维护和检测情况、技术等级记录、行驶里程记录等。

教学车辆档案应当保存至车辆报废后1年。

第三十七条 机动车驾驶员培训机构在道路上进行培训活动,应当遵守公安交通管理部门指定的路线和时间,并在教练员随车指导下进行,与教学无关的人员不得乘坐教学车辆。

第三十八条 机动车驾驶员培训机构应当保持教学设施、设备的完好,充分利用先进的科技手段,提高培训质量。

第三十九条 机动车驾驶员培训机构应当按照有关规定向县级以上道路运输管理机构报送《培训记录》以及有关统计资料。

《培训记录》应当经教练员审核签字。

第四十条 道路运输管理机构应当根据机动车驾驶员培训机构执行教学大纲、颁发《结业证书》等情况,对《培训记录》及统计资料进行严格审查。

第四十一条 省级道路运输管理机构应当建立机动车驾驶员培训机构质量信誉考评体系,制定机动车驾驶员培训监督管理的量化考核标准,并定期向社会公布对机动车驾驶员培训机构的考核结果。

机动车驾驶员培训机构质量信誉考评应当包括培训机构的基本情况、教学大纲执行情况、《结业证书》发放情况、《培训记录》填写情况、教练员的质量信誉考核结果、培训业绩、考试情况、不良记录等内容。

第五章 监督检查

第四十二条 各级道路运输管理机构应当加强对机动车驾驶员培训经营活动的监督检查,积极运用信息化技术手段,科学、高效地开展工作。

第四十三条 道路运输管理机构的工作人员应当严格按照职责权限和程序进行监督检查,不得滥用职权、徇私舞弊,不得乱收费、乱罚款,不得妨碍培训机构的正常工作秩序。

第四十四条 道路运输管理机构实施现场监督检查,应当指派2名以上执法人员参加。执法人员应当向当事人出示交通运输部监制的交通行政执法证件。

执法人员实施现场监督检查,可以行使下列职权:

(一)询问教练员、学员以及其他相关人员,并可以要求被询问人提供与违法行为有关的证明材料;

(二)查阅、复制与违法行为有关的《教学日志》《培训记录》及其他资料;核对与违法行为有关的技术资料;

(三)在违法行为发现场所进行摄影、摄像取证;

(四)检查与违法行为有关的教学车辆和教学设施、设备。

执法人员应当如实记录检查情况和处理结果,并按照规定归档。当事人有权查阅监督检查记录。

第四十五条 机动车驾驶员培训机构在许可机关管辖区域外违法从事培训活动的,违法行为发生地的道路运输管理机构应当依法对其予以处罚,同时将违法事实、处罚结果抄送许可机关。

第四十六条 机动车驾驶员培训机构、管理人员、教练员、学员以及其他相关人员应当积极配合执法人员的监督检查工作,如实反映情况,提供有关资料。

第六章 法律责任

第四十七条 违反本规定,未经许可擅自从事机动车驾驶员培训业务,有下列情形之一的,由县级以上道路运输管理机构责令停止经营;有违法所得的,没收违法所得,并处违法所得2倍以上10倍以下的罚款;没有违法所得或者违法所得不足1万元的,处2万元以上5万元以下的罚款;构成犯罪的,依法追究刑事责任:

(一)未取得机动车驾驶员培训许可证件,非法从事机动车驾驶员培训业务的;

(二)使用无效、伪造、变造、被注销的机动车驾驶员培训许可证件,非法从事机动车驾驶员培训业务的;

(三)超越许可事项,非法从事机动车驾驶员培训业务的。

第四十八条 违反本规定,机动车驾驶员培训机构非法转让、出租机动车驾驶员培训许可证件的,由县级以上道路运输管理机构责令停止违法行为,收缴有关证件,处2000元以上1万元以下的罚款;有违法所得的,没收违法所得。

对于接受非法转让、出租的受让方,应当按照第四十七条的规定处罚。

第四十九条 违反本规定,机动车驾驶员培训机构不严格按照规定进行培训或者在培训

结业证书发放时弄虚作假,有下列情形之一的,由县级以上道路运输管理机构责令改正;拒不改正的,由原许可机关吊销其经营许可:

(一)未按照全国统一的教学大纲进行培训的;
(二)未向培训结业的人员颁发《结业证书》的;
(三)向培训未结业的人员颁发《结业证书》的;
(四)向未参加培训的人员颁发《结业证书》的;
(五)使用无效、伪造、变造《结业证书》的;
(六)租用其他机动车驾驶员培训机构《结业证书》的。

第五十条　违反本规定,机动车驾驶员培训机构有下列情形之一的,由县级以上道路运输管理机构责令限期整改;逾期整改不合格的,予以通报:

(一)未在经营场所醒目位置悬挂机动车驾驶员培训经营许可证件的;
(二)未在经营场所公示其经营类别、培训范围、收费项目、收费标准、教练员、教学场地等情况的;
(三)未按照要求聘用教学人员的;
(四)未按规定建立学员档案、教学车辆档案的;
(五)未按规定报送《培训记录》和有关统计资料的;
(六)使用不符合规定的车辆及设施、设备从事教学活动的;
(七)存在索取、收受学员财物,或者谋取其他利益等不良行为的;
(八)未定期公布教练员教学质量排行情况的;
(九)违反本规定其他有关规定的。

第五十一条　违反本规定,机动车驾驶培训教练员有下列情形之一的,由县级以上道路运输管理机构责令限期整改;逾期整改不合格的,予以通报:

(一)未按照全国统一的教学大纲进行教学的;
(二)填写《教学日志》、《培训记录》弄虚作假的;
(三)教学过程中有道路交通安全违法行为或者造成交通事故的;
(四)存在索取、收受学员财物,或者谋取其他利益等不良行为的;
(五)未按照规定参加驾驶新知识、新技能再教育的;
(六)违反本规定其他有关规定的。

第五十二条　违反本规定,道路运输管理机构的工作人员,有下列情形之一的,依法给予行政处分;构成犯罪的,依法追究刑事责任:

(一)不按规定的条件、程序和期限实施行政许可的;
(二)参与或者变相参与机动车驾驶员培训业务的;
(三)发现违法行为不及时查处的;
(四)索取、收受他人财物,或者谋取其他利益的;
(五)有其他违法违纪行为的。

第七章　附　　则

第五十三条　外商在中华人民共和国境内申请以中外合资、中外合作、独资等形式经营机动车驾驶员培训业务的,应同时遵守《外商投资道路运输业管理规定》等相关法律、行政法规的规定。

第五十四条 机动车驾驶员培训许可证件等相关证件工本费收费标准由省级人民政府财政部门、价格主管部门会同同级交通运输主管部门核定。

第五十五条 本规定自2006年4月1日施行。1996年12月23日发布的《中华人民共和国机动车驾驶员培训管理规定》(交通部令第11号)和1995年7月3日发布的《汽车驾驶员培训行业管理办法》(交公路发〔1995〕246号)同时废止。

附件1

机动车驾驶员培训记录式样

中华人民共和国机动车驾驶员培训记录

NO.

姓名		性别		身份证件号码		入学时间		(照片)
家庭住址					联系方式			
申请车型	A1□ A2□ A3□ B1□ B2□ C1□ C2□ C3□ C4□ D□ E□ F□ M□ N□ P□							
科目名称	培训学时	学员签名		教练员签名	培训单位意见		道路运输管理机构审核	
科目一					签名：（盖章） 年　月　日		签名：（盖章） 年　月　日	
		年　月　日		年　月　日				
科目二					签名：（盖章） 年　月　日		签名：（盖章） 年　月　日	
		年　月　日		年　月　日				
科目三					签名：（盖章） 年　月　日		签名：（盖章） 年　月　日	
		年　月　日		年　月　日				

注：1. 培训记录一式三份，在完成培训和考试所有程序后，培训单位、道路运输管理机构、公安交通管理部门车辆管理所各存一份；

2. 在预约科目一、二考试时，公安交通管理部门车辆管理所查验培训记录后，应将培训记录退还驾校，在预约科目三考试时，公安交通管理部门车辆管理所查验培训记录后，应收存归档；

3. 纸张规格为A4(210×297mm)，表格尺寸为180×267mm。

附件2

机动车驾驶员培训学员登记表式样

机动车驾驶员培训学员登记表

培训机构名称：　　　　　　　　　　　　　　　　NO.

姓名		性别		出生年月	年　月	
身份证号						（照片）
住址						
联系电话			原准驾车型			
培训车型或类别	普通机动车驾驶员培训□		A1□　A2□　A3□　B1□　B2□ C1□　C2□　C3□　C4□　D□ E□　F□　M□　N□　P□			
	道路运输驾驶员从业资格培训□		道路旅客运输□ 道路货物运输□ 道路危险货物运输□			
	其他培训□					
入学时间	年　月　日			结业时间	年　月　日	
结业考核	结业证编号			发证日期		
	审核意见： 　　　　　　　　　　　　　　　　培训机构：（盖章） 　　　　　　　　　　　　　　　　　　　　年　月　日					

注：1. 标注有"□"的为选择项，选择后在"□"中划"√"

　　2. 纸张规格为A4（210×297mm），表格尺寸为225×156mm。

附件3

机动车驾驶员培训结业证书式样

机动车驾驶员培训结业证书(正面)

机动车驾驶员培训结业证书

证件编号：_____　　　　　　　　　一寸免冠照片

　　　　　　　　　　　　（盖章）

　（姓名）_____（性别）_____，于_____年____月____日至_____年____月____日参加_____的培训，已经完成教学大纲规定的培训内容,经考核合格,准予结业。

　　　　　　　培训机构：

　　　　　　　　　　　　_____年____月____日

_____省(自治区、直辖市)交通厅(局、委)道路运输管理局(处)监制

机动车驾驶员培训结业证书(背面)

说　　明

1. 本证为机动车驾驶员培训合格的证明。

2. 本证只供本人使用，不得转借、涂改。

注：1. 尺寸为125×95mm；
　　2. 外封皮为白色透明塑封，版心为粉红色；
　　3. "机动车驾驶员培训结业证书"字号为三号楷体，加黑，"省(自治区、直辖市)交通厅(局、委)道路运输管理局(处)监制"为小四楷体，其他字体为四号楷体。

道路运输从业人员管理规定

(2006年11月23日交通部令第9号公布,2016年4月21日交通运输部令第52号修正)

第一章 总 则

第一条 为加强道路运输从业人员管理,提高道路运输从业人员综合素质,根据《中华人民共和国道路运输条例》、《危险化学品安全管理条例》以及有关法律、行政法规,制定本规定。

第二条 本规定所称道路运输从业人员是指经营性道路客货运输驾驶员、道路危险货物运输从业人员、机动车维修技术人员、机动车驾驶培训教练员、道路运输经理人和其他道路运输从业人员。

经营性道路客货运输驾驶员包括经营性道路旅客运输驾驶员和经营性道路货物运输驾驶员。

道路危险货物运输从业人员包括道路危险货物运输驾驶员、装卸管理人员和押运人员。

机动车维修技术人员包括机动车维修技术负责人员、质量检验人员以及从事机修、电器、钣金、涂漆、车辆技术评估(含检测)作业的技术人员。

机动车驾驶培训教练员包括理论教练员、驾驶操作教练员、道路客货运输驾驶员从业资格培训教练员和危险货物运输驾驶员从业资格培训教练员。

道路运输经理人包括道路客货运输企业、道路客货运输站(场)、机动车驾驶员培训机构、机动车维修企业的管理人员。

其他道路运输从业人员是指除上述人员以外的道路运输从业人员,包括道路客运乘务员、机动车驾驶员培训机构教学负责人及结业考核人员、机动车维修企业价格结算员及业务接待员。

第三条 道路运输从业人员应当依法经营,诚实信用,规范操作,文明从业。

第四条 道路运输从业人员管理工作应当公平、公正、公开和便民。

第五条 交通运输部负责全国道路运输从业人员管理工作。

县级以上地方人民政府交通运输主管部门负责组织领导本行政区域内的道路运输从业人员管理工作,并具体负责本行政区域内道路危险货物运输从业人员的管理工作。

县级以上道路运输管理机构具体负责本行政区域内经营性道路客货运输驾驶员、机动车维修技术人员、机动车驾驶培训教练员、道路运输经理人和其他道路运输从业人员的管理工作。

第二章 从业资格管理

第六条 国家对经营性道路客货运输驾驶员、道路危险货物运输从业人员实行从业资格考试制度。其他已实施国家职业资格制度的道路运输从业人员,按照国家职业资格的有关规定执行。

从业资格是对道路运输从业人员所从事的特定岗位职业素质的基本评价。

经营性道路客货运输驾驶员和道路危险货物运输从业人员必须取得相应从业资格,方可从事相应的道路运输活动。

鼓励机动车维修企业、机动车驾驶培训员机构优先聘用取得国家职业资格的从业人员从事机动车维修和机动车驾驶员培训工作。

第七条 道路运输从业人员从业资格考试应当按照交通运输部编制的考试大纲、考试题库、考核标准、考试工作规范和程序组织实施。

第八条 经营性道路客货运输驾驶员从业资格考试由设区的市级道路运输管理机构组织实施,每月组织一次考试。

道路危险货物运输从业人员从业资格考试由设区的市级人民政府交通运输主管部门组织实施,每季度组织一次考试。

第九条 经营性道路旅客运输驾驶员应当符合下列条件:

(一)取得相应的机动车驾驶证1年以上;

(二)年龄不超过60周岁;

(三)3年内无重大以上交通责任事故;

(四)掌握相关道路旅客运输法规、机动车维修和旅客急救基本知识;

(五)经考试合格,取得相应的从业资格证件。

第十条 经营性道路货物运输驾驶员应当符合下列条件:

(一)取得相应的机动车驾驶证;

(二)年龄不超过60周岁;

(三)掌握相关道路货物运输法规、机动车维修和货物装载保管基本知识;

(四)经考试合格,取得相应的从业资格证件。

第十一条 道路危险货物运输驾驶员应当符合下列条件:

(一)取得相应的机动车驾驶证;

(二)年龄不超过60周岁;

(三)3年内无重大以上交通责任事故;

(四)取得经营性道路旅客运输或者货物运输驾驶员从业资格2年以上或者接受全日制驾驶职业教育的;

(五)接受相关法规、安全知识、专业技术、职业卫生防护和应急救援知识的培训,了解危险货物性质、危害特征、包装容器的使用特性和发生意外时的应急措施;

(六)经考试合格,取得相应的从业资格证件。

第十二条 道路危险货物运输装卸管理人员和押运人员应当符合下列条件:

(一)年龄不超过60周岁;

(二)初中以上学历;

(三)接受相关法规、安全知识、专业技术、职业卫生防护和应急救援知识的培训,了解危险货物性质、危害特征、包装容器的使用特性和发生意外时的应急措施;

（四）经考试合格,取得相应的从业资格证件。

第十三条 机动车维修技术人员应当符合下列条件：

（一）技术负责人员

1.具有机动车维修或者相关专业大专以上学历,或者具有机动车维修或相关专业中级以上专业技术职称；

2.熟悉机动车维修业务,掌握机动车维修及相关政策法规和技术规范。

（二）质量检验人员

1.具有高中以上学历；

2.熟悉机动车维修检测作业规范,掌握机动车维修故障诊断和质量检验的相关技术,熟悉机动车维修服务收费标准及相关政策法规和技术规范。

（三）从事机修、电器、钣金、涂漆、车辆技术评估(含检测)作业的技术人员

1.具有初中以上学历；

2.熟悉所从事工种的维修技术和操作规范,并了解机动车维修及相关政策法规。

第十四条 机动车驾驶培训教练员应当符合下列条件：

（一）理论教练员

1.取得相应的机动车驾驶证,具有2年以上安全驾驶经历；

2.具有汽车及相关专业中专以上学历或者汽车及相关专业中级以上技术职称；

3.掌握道路交通安全法规、驾驶理论、机动车构造、交通安全心理学、常用伤员急救等安全驾驶知识,了解车辆环保和节约能源的有关知识,了解教育学、教育心理学的基本教学知识,具备编写教案、规范讲解的授课能力。

（二）驾驶操作教练员

1.取得相应的机动车驾驶证,符合安全驾驶经历和相应车型驾驶经历的要求；

2.年龄不超过60周岁；

3.掌握道路交通安全法规、驾驶理论、机动车构造、交通安全心理学和应急驾驶的基本知识,熟悉车辆维护和常见故障诊断、车辆环保和节约能源的有关知识,具备驾驶要领讲解、驾驶动作示范、指导驾驶的教学能力。

（三）道路客货运输驾驶员从业资格培训教练员

1.具有汽车及相关专业大专以上学历或者汽车及相关专业高级以上技术职称；

2.掌握道路旅客运输法规、货物运输法规以及机动车维修、货物装卸保管和旅客急救等相关知识,具备相应的授课能力；

3.具有2年以上从事普通机动车驾驶员培训的教学经历,且近2年无不良的教学记录。

（四）危险货物运输驾驶员从业资格培训教练员

1.具有化工及相关专业大专以上学历或者化工及相关专业高级以上技术职称；

2.掌握危险货物运输法规、危险化学品特性、包装容器使用方法、职业安全防护和应急救援等知识,具备相应的授课能力；

3.具有2年以上化工及相关专业的教学经历,且近2年无不良的教学记录。

第十五条 申请参加经营性道路客货运输驾驶员从业资格考试的人员,应当向其户籍地或者暂住地设区的市级道路运输管理机构提出申请,填写《经营性道路客货运输驾驶员从业

资格考试申请表》(式样见附件1),并提供下列材料:

(一)身份证明及复印件;

(二)机动车驾驶证及复印件;

(三)申请参加道路旅客运输驾驶员从业资格考试的,还应当提供道路交通安全主管部门出具的3年内无重大以上交通责任事故记录证明。

第十六条　申请参加道路危险货物运输驾驶员从业资格考试的,应当向其户籍地或者暂住地设区的市级交通运输主管部门提出申请,填写《道路危险货物运输从业人员从业资格考试申请表》(式样见附件2),并提供下列材料:

(一)身份证明及复印件;

(二)机动车驾驶证及复印件;

(三)道路旅客运输驾驶员从业资格证件或者道路货物运输驾驶员从业资格证件及复印件或者全日制驾驶职业教育学籍证明;

(四)相关培训证明及复印件;

(五)道路交通安全主管部门出具的3年内无重大以上交通责任事故记录证明。

第十七条　申请参加道路危险货物运输装卸管理人员和押运人员从业资格考试的,应当向其户籍地或者暂住地设区的市级交通运输主管部门提出申请,填写《道路危险货物运输从业人员从业资格考试申请表》,并提供下列材料:

(一)身份证明及复印件;

(二)学历证明及复印件;

(三)相关培训证明及复印件。

第十八条　交通运输主管部门和道路运输管理机构对符合申请条件的申请人应当安排考试。

第十九条　交通运输主管部门和道路运输管理机构应当在考试结束10日内公布考试成绩。对考试合格人员,应当自公布考试成绩之日起10日内颁发相应的道路运输从业人员从业资格证件。

第二十条　道路运输从业人员从业资格考试成绩有效期为1年,考试成绩逾期作废。

第二十一条　申请人在从业资格考试中有舞弊行为的,取消当次考试资格,考试成绩无效。

第二十二条　交通运输主管部门或者道路运输管理机构应当建立道路运输从业人员从业资格管理档案。

道路运输从业人员从业资格管理档案包括:从业资格考试申请材料,从业资格考试及从业资格证件记录,从业资格证件换发、补发、变更记录,违章、事故及诚信考核、继续教育记录等。

第二十三条　交通运输主管部门和道路运输管理机构应当向社会提供道路运输从业人员相关从业信息的查询服务。

第三章　从业资格证件管理

第二十四条　经营性道路客货运输驾驶员、道路危险货物运输从业人员经考试合格后,取得《中华人民共和国道路运输从业人员从业资格证》(式样见附件3)。

第二十五条 道路运输从业人员从业资格证件全国通用。

第二十六条 已获得从业资格证件的人员需要增加相应从业资格类别的,应当向原发证机关提出申请,并按照规定参加相应培训和考试。

第二十七条 道路运输从业人员从业资格证件由交通运输部统一印制并编号。

道路危险货物运输从业人员从业资格证件由设区的市级交通运输主管部门发放和管理。

经营性道路客货运输驾驶员从业资格证件由设区的市级道路运输管理机构发放和管理。

第二十八条 交通运输主管部门和道路运输管理机构应当建立道路运输从业人员从业资格证件管理数据库,使用全国统一的管理软件核发从业资格证件,并逐步采用电子存取和防伪技术,确保有关信息实时输入、输出和存储。

交通运输主管部门和道路运输管理机构应当结合道路运输从业人员从业资格证件的管理工作,建立道路运输从业人员管理信息系统,并逐步实现异地稽查信息共享和动态资格管理。

第二十九条 道路运输从业人员从业资格证件有效期为6年。道路运输从业人员应当在从业资格证件有效期届满30日前到原发证机关办理换证手续。

道路运输从业人员从业资格证件遗失、毁损的,应当到原发证机关办理证件补发手续。

道路运输从业人员服务单位变更的,应当到交通运输主管部门或者道路运输管理机构办理从业资格证件变更手续。

道路运输从业人员从业资格档案应当由原发证机关在变更手续办结后30日内移交户籍迁入地或者现居住地的交通运输主管部门或者道路运输管理机构。

第三十条 道路运输从业人员办理换证、补证和变更手续,应当填写《道路运输从业人员从业资格证件换发、补发、变更登记表》(式样见附件4)。

第三十一条 交通运输主管部门和道路运输管理机构应当对符合要求的从业资格证件换发、补发、变更申请予以办理。

申请人违反相关从业资格管理规定且尚未接受处罚的,受理机关应当在其接受处罚后换发、补发、变更相应的从业资格证件。

第三十二条 道路运输从业人员有下列情形之一的,由发证机关注销其从业资格证件:

(一)持证人死亡的;

(二)持证人申请注销的;

(三)经营性道路客货运输驾驶员、道路危险货物运输从业人员年龄超过60周岁的;

(四)经营性道路客货运输驾驶员、道路危险货物运输驾驶员的机动车驾驶证被注销或者被吊销的;

(五)超过从业资格证件有效期180日未申请换证的。

凡被注销的从业资格证件,应当由发证机关予以收回,公告作废并登记归档;无法收回的,从业资格证件自行作废。

第三十三条 交通运输主管部门和道路运输管理机构应当将经营性道路客货运输驾驶员、道路危险货物运输从业人员的违章行为记录在《中华人民共和国道路运输从业人员从业资格证》的违章记录栏内,并通报发证机关。发证机关应当将该记录作为道路运输从业人员诚信考核和计分考核的依据，并存入管理档案。机动车维修技术人员、机动车驾驶培训教练员违章记录直接记入诚信管理档案，并作为诚信考核的重要内容。

第三十四条　道路运输从业人员诚信考核和计分考核周期为12个月，从初次领取从业资格证件之日起计算。诚信考核等级分为优良、合格、基本合格和不合格，分别用AAA级、AA级、A级和B级表示。在考核周期内，累计计分超过规定的，诚信考核等级为B级。

省级交通运输主管部门和道路运输管理机构应当将道路运输从业人员每年的诚信考核和计分考核结果向社会公布，供公众查阅。

道路运输从业人员诚信考核和计分考核具体办法另行制定。

第四章　从业行为规定

第三十五条　经营性道路客货运输驾驶员以及道路危险货物运输从业人员应当在从业资格证件许可的范围内从事道路运输活动。道路危险货物运输驾驶员除可以驾驶道路危险货物运输车辆外，还可以驾驶原从业资格证件许可的道路旅客运输车辆或者道路货物运输车辆。

第三十六条　道路运输从业人员在从事道路运输活动时，应当携带相应的从业资格证件，并应当遵守国家相关法规和道路运输安全操作规程，不得违法经营、违章作业。

第三十七条　道路运输从业人员应当按照规定参加国家相关法规、职业道德及业务知识培训。

经营性道路客货运输驾驶员和道路危险货物运输驾驶员在岗从业期间，应当按照规定参加继续教育。

第三十八条　经营性道路客货运输驾驶员和道路危险货物运输驾驶员不得超限、超载运输，连续驾驶时间不得超过4个小时。

第三十九条　经营性道路旅客运输驾驶员和道路危险货物运输驾驶员应当按照规定填写行车日志。行车日志式样由省级道路运输管理机构统一制定。

第四十条　经营性道路旅客运输驾驶员应当采取必要措施保证旅客的人身和财产安全，发生紧急情况时，应当积极进行救护。

经营性道路货物运输驾驶员应当采取必要措施防止货物脱落、扬撒等。

严禁驾驶道路货物运输车辆从事经营性道路旅客运输活动。

第四十一条　道路危险货物运输驾驶员应当按照道路交通安全主管部门指定的行车时间和路线运输危险货物。

道路危险货物运输装卸管理人员应当按照安全作业规程对道路危险货物装卸作业进行现场监督，确保装卸安全。

道路危险货物运输押运人员应当对道路危险货物运输进行全程监管。

道路危险货物运输从业人员应当严格按照《汽车运输危险货物规则》(JT 617)、《汽车运输、装卸危险货物作业规程》(JT 618)操作，不得违章作业。

第四十二条　在道路危险货物运输过程中发生燃烧、爆炸、污染、中毒或者被盗、丢失、流散、泄漏等事故，道路危险货物运输驾驶员、押运人员应当立即向当地公安部门和所在运输企业或者单位报告，说明事故情况、危险货物品名和特性，并采取一切可能的警示措施和应急措施,积极配合有关部门进行处置。

第四十三条 机动车维修技术人员应当按照维修规范和程序作业,不得擅自扩大维修项目,不得使用假冒伪劣配件,不得擅自改装机动车,不得承修已报废的机动车,不得利用配件拼装机动车。

第四十四条 机动车驾驶培训教练员应当按照全国统一的教学大纲实施教学,规范填写教学日志和培训记录,不得擅自减少学时和培训内容。

第五章 法 律 责 任

第四十五条 违反本规定,有下列行为之一的人员,由县级以上道路运输管理机构责令改正,处200元以上2000元以下的罚款;构成犯罪的,依法追究刑事责任:

（一）未取得相应从业资格证件,驾驶道路客货运输车辆的;

（二）使用失效、伪造、变造的从业资格证件,驾驶道路客货运输车辆的;

（三）超越从业资格证件核定范围,驾驶道路客货运输车辆的。

第四十六条 违反本规定,有下列行为之一的人员,由设区的市级人民政府交通运输主管部门处2万元以上10万元以下的罚款;构成犯罪的,依法追究刑事责任:

（一）未取得相应从业资格证件,从事道路危险货物运输活动的;

（二）使用失效、伪造、变造的从业资格证件,从事道路危险货物运输活动的;

（三）超越从业资格证件核定范围,从事道路危险货物运输活动的。

第四十七条 道路运输从业人员有下列不具备安全条件情形之一的,由发证机关吊销其从业资格证件:

（一）经营性道路客货运输驾驶员、道路危险货物运输从业人员身体健康状况不符合有关机动车驾驶和相关从业要求且没有主动申请注销从业资格的;

（二）经营性道路客货运输驾驶员、道路危险货物运输驾驶员发生重大以上交通事故,且负主要责任的;

（三）发现重大事故隐患,不立即采取消除措施,继续作业的。

被吊销的从业资格证件应当由发证机关公告作废并登记归档。

第四十八条 违反本规定,交通运输主管部门及道路运输管理机构工作人员有下列情形之一的,依法给予行政处分;构成犯罪的,依法追究刑事责任:

（一）不按规定的条件、程序和期限组织从业资格考试的;

（二）发现违法行为未及时查处的;

（三）索取、收受他人财物及谋取其他不正当利益的;

（四）其他违法行为。

第六章 附 则

第四十九条 从业资格考试收费标准和从业资格证件工本费由省级以上交通运输主管部门会同同级财政部门、物价部门核定。

第五十条 本规定自2007年3月1日起施行。2001年9月6日公布的《营业性道路运输驾驶员职业培训管理规定》（交通部令2001年第7号）同时废止。

附件1

经营性道路客货运输驾驶员从业资格考试申请表

姓名		性别		学历		
住址		（电话）				照片
工作单位		（电话）				
身份证号						
培训单位						
驾驶证准驾车型			初领驾驶证日期		年　月　日	
申请种类		初领□		增加□		
原从业资格证件号						
申请类别		道路旅客运输□		道路货物运输□		
材料清单		身份证明原件□　身份证明复印件□　驾驶证原件□ 驾驶证复印件□　无重大以上责任事故记录证明□				
承诺		本人承诺上述所有内容真实、有效，并承担由此产生的法律责任。 　　　　　　　　　　　本人签字：　　　　日期：				
考试记录		成绩	考核员		考核员	
道路运输管理机构意见		（盖章） 　　　　　　　　　　　年　　月　　日				
从业资格证件发放		发放人（签字）		日期		
		领取人（签字）		日期		

附件2

道路危险货物运输从业人员从业资格考试申请表

姓名		性别		学历		照片
住址		（电话）				
工作单位		（电话）				
身份证号						
培训单位						
原从业资格证件号						
驾驶证准驾车型			初领驾驶证日期		年　月　日	
申请类别	道路危险货物运输驾驶员□		道路危险货物运输装卸管理人员□		道路危险货物运输押运人员□	
材料清单	身份证明原件□　身份证明复印件□　学历证明原件□　学历证明复印件□　危险货物运输培训证明□　驾驶证原件□　驾驶证复印件□　道路旅客运输从业资格证原件□　道路旅客运输从业资格证复印件□　道路货物运输从业资格证原件□　道路货物运输从业资格证复印件□　无重大以上责任事故记录证明□　全日制驾驶职业教育学籍证明□					
承诺	本人承诺上述所有内容真实、有效，并承担由此产生的法律责任。 　　　　　　　　　　　本人签字：　　　　日期：					
考试记录	成绩		考核员		考核员	
交通运输主管部门意见	（盖章） 　　　　　　　　　　　　　　年　　月　　日					
从业资格证件发放	发放人（签字）				日期	
	领取人（签字）				日期	

附件3

中华人民共和国道路运输从业人员从业资格证式样

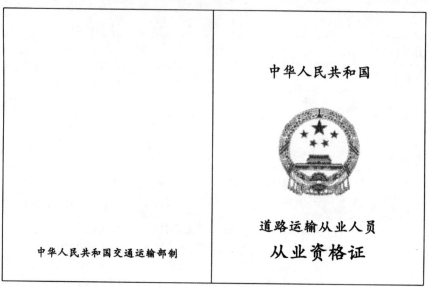

中华人民共和国交通运输部制

中华人民共和国

道路运输从业人员
从业资格证

（封底） （封面）

照 片
（二寸）

发证机关（钢印）

编号：No.

（封二） （第1页）

姓 名		性别	
出生日期		国籍	
住 址			
证 号			
准驾车型			
二维码区			

（第2页）

发证机关	从业资格 　类别：
	初次领证日期　　　年　月　日
	有效起始日期　　　年　月　日
	有效期限　　　　　　　（盖章）
发证机关	从业资格 　类别：
	初次领证日期　　　年　月　日
	有效起始日期　　　年　月　日
	有效期限　　　　　　　（盖章）
发证机关	从业资格 　类别：
	初次领证日期　　　年　月　日
	有效起始日期　　　年　月　日
	有效期限　　　　　　　（盖章）

（第3页）

注册（登记）记录

从业资格 类别	记 录 内 容

（第4页）

继续教育记录

从业资格 类别	记 录 内 容

（第5页）

诚信(信誉)考核记录		
从业资格类别	年度	考核结果

(第6页)

违章和计分记录	
从业资格类别	记录内容

(第7页)

违章和计分记录	
从业资格类别	记录内容

(第8页)

证件使用说明

1. 本证为道路运输从业资格的有效证件,在全国范围内通用,必须随身携带。

2. 本证有效期届满30日前需到原发证机关办理换证手续。本证遗失、毁损或变更的,需到原发证机关办理证件补发或变更手续。

3. 持证人员需按从业资格管理规定进行注册(登记),并按期进行继续教育、诚信(信誉)考核。

(第9页)

说明:

1. 封面

字体字号分别为:

"中华人民共和国道路运输从业人员"——17磅汉仪楷体简体,烫金压凹。

"从业资格证"——24磅汉仪楷体简体,烫金压凹。

"国徽"——宽33mm,高35mm烫金压凹。

2. 封底

"中华人民共和国交通运输部制"——10磅汉仪楷体简体,压凹。

3. 成品尺寸:宽80mm,高115mm。

4. 第2、3页内容只能打印,禁止手写或者涂改。采用电子证件的,应当包含本式样所确定的相关信息。

5. 第3页发证机关栏中,每栏的从业资格类别打印1类从业资格类别汉字全称,示例:经营性道路旅客运输驾驶员。每证不超过3类从业资格类别,按取得从业资格的先后顺序由上到下依次打印。

6. 第4—8页注册(登记)、继续教育、诚信(信誉)考核、违章和计分等记录对应的从业资格类别栏打印从业资格类别汉字简称,示例:客运驾驶员。

附件4

道路运输从业人员从业资格证件换发、补发、变更登记表

姓名		性别		学历		照片
住址			（电话）			
工作单位			（电话）			
身份证号						
驾驶证准驾车型			初领驾驶证日期			
原从业资格证件号			初领从业资格证件日期		年　月　日	
申请种类	换发□		补发□		变更□	
申请理由						
承诺	本人承诺上述所有内容真实、有效，并承担由此产生的法律责任。 　　　　　　　　本人签字：　　　　　日期：					
管理部门意见	 （盖章） 年　　月　　日					
从业资格证件发放	发放人（签字）			日期		
	领取人（签字）			日期		

出租汽车驾驶员从业资格管理规定

(2011年12月26日交通运输部令第13号公布,2016年8月26日交通运输部令第63号修订)

第一章 总 则

第一条 为了规范出租汽车驾驶员从业行为,提升出租汽车客运服务水平,根据国家有关规定,制定本规定。

第二条 出租汽车驾驶员的从业资格管理适用本规定。

第三条 国家对从事出租汽车客运服务的驾驶员实行从业资格制度。

出租汽车驾驶员从业资格包括巡游出租汽车驾驶员从业资格和网络预约出租汽车驾驶员从业资格等。

第四条 出租汽车驾驶员从业资格管理工作应当公平、公正、公开和便民。

第五条 出租汽车驾驶员应当依法经营、诚实守信、文明服务、保障安全。

第六条 交通运输部负责指导全国出租汽车驾驶员从业资格管理工作。

各省、自治区人民政府交通运输主管部门在本级人民政府领导下,负责指导本行政区域内出租汽车驾驶员从业资格管理工作。

直辖市、设区的市级或者县级交通运输主管部门或者人民政府指定的其他出租汽车行政主管部门(以下称出租汽车行政主管部门)在本级人民政府领导下,负责具体实施出租汽车驾驶员从业资格管理。

第二章 考 试

第七条 出租汽车驾驶员从业资格考试包括全国公共科目和区域科目考试。

全国公共科目考试是对国家出租汽车法律法规、职业道德、服务规范、安全运营等具有普遍规范要求的知识测试。

巡游出租汽车驾驶员从业资格区域科目考试是对地方出租汽车政策法规、经营区域人文地理和交通路线等具有区域服务特征的知识测试。

网络预约出租汽车驾驶员从业资格区域科目考试是对地方出租汽车政策法规等具有区域规范要求的知识测试。设区的市级以上地方人民政府出租汽车行政主管部门可以根据区域服务特征自行确定其他考试内容。

第八条 全国公共科目考试实行全国统一考试大纲。全国公共科目考试大纲、考试题库由交通运输部负责编制。

区域科目考试大纲和考试题库由设区的市级以上地方人民政府出租汽车行政主管部门

负责编制。

出租汽车驾驶员从业资格考试由设区的市级以上地方人民政府出租汽车行政主管部门按照交通运输部编制的考试工作规范和程序组织实施。鼓励推广使用信息化方式和手段组织实施出租汽车驾驶员从业资格考试。

第九条 拟从事出租汽车客运服务的,应当填写《出租汽车驾驶员从业资格证申请表》(式样见附件1),向所在地设区的市级出租汽车行政主管部门申请参加出租汽车驾驶员从业资格考试。

第十条 申请参加出租汽车驾驶员从业资格考试的,应当符合下列条件:
(一)取得相应准驾车型机动车驾驶证并具有3年以上驾驶经历;
(二)无交通肇事犯罪、危险驾驶犯罪记录,无吸毒记录,无饮酒后驾驶记录,最近连续3个记分周期内没有记满12分记录;
(三)无暴力犯罪记录;
(四)城市人民政府规定的其他条件。

第十一条 申请参加出租汽车驾驶员从业资格考试的,应当提供符合第十条规定的证明或者承诺材料:
(一)机动车驾驶证及复印件;
(二)无交通肇事犯罪、危险驾驶犯罪记录,无吸毒记录,无饮酒后驾驶记录,最近连续3个记分周期内没有记满12分记录的材料;
(三)无暴力犯罪记录的材料;
(四)身份证明及复印件;
(五)城市人民政府规定的其他材料。

第十二条 设区的市级出租汽车行政主管部门对符合申请条件的申请人,应当按照出租汽车驾驶员从业资格考试工作规范及时安排考试。

首次参加出租汽车驾驶员从业资格考试的申请人,全国公共科目和区域科目考试应当在首次申请考试的区域完成。

第十三条 设区的市级出租汽车行政主管部门应当在考试结束10日内公布考试成绩。考试合格成绩有效期为3年。

全国公共科目考试成绩在全国范围内有效,区域科目考试成绩在所在地行政区域内有效。

第十四条 出租汽车驾驶员从业资格考试全国公共科目和区域科目考试均合格的,设区的市级出租汽车行政主管部门应当自公布考试成绩之日起10日内向巡游出租汽车驾驶员核发《巡游出租汽车驾驶员证》、向网络预约出租汽车驾驶员核发《网络预约出租汽车驾驶员证》(《巡游出租汽车驾驶员证》和《网络预约出租汽车驾驶员证》以下统称从业资格证)。

从业资格证式样参照《中华人民共和国道路运输从业人员从业资格证》式样。

鼓励推广使用从业资格电子证件。采用电子证件的,应当包含证件式样所确定的相关信息。

第十五条 出租汽车驾驶员到从业资格证发证机关核定的范围外从事出租汽车客运服务的,应当参加当地的区域科目考试。区域科目考试合格的,由当地设区的市级出租汽车行政主管部门核发从业资格证。

第三章 注 册

第十六条 取得从业资格证的出租汽车驾驶员,应当经出租汽车行政主管部门从业资格注册后,方可从事出租汽车客运服务。

出租汽车驾驶员从业资格注册有效期为 3 年。

第十七条 出租汽车经营者应当聘用取得从业资格证的出租汽车驾驶员,并在出租汽车驾驶员办理从业资格注册后再安排上岗。

第十八条 巡游出租汽车驾驶员申请从业资格注册或者延续注册的,应当填写《巡游出租汽车驾驶员从业资格注册登记表》(式样见附件2),持其从业资格证及与出租汽车经营者签订的劳动合同或者经营合同,到发证机关所在地出租汽车行政主管部门申请注册。

个体巡游出租汽车经营者自己驾驶出租汽车从事经营活动的,持其从业资格证及车辆运营证申请注册。

第十九条 受理注册申请的出租汽车行政主管部门应当在 5 日内办理完结注册手续,并在从业资格证中加盖注册章。

第二十条 巡游出租汽车驾驶员注册有效期届满需继续从事出租汽车客运服务的,应当在有效期届满 30 日前,向所在地出租汽车行政主管部门申请延续注册。

第二十一条 出租汽车驾驶员不具有完全民事行为能力,或者受到刑事处罚且刑事处罚尚未执行完毕的,不予延续注册。

第二十二条 巡游出租汽车驾驶员在从业资格注册有效期内,与出租汽车经营者解除劳动合同或者经营合同的,应当在 20 日内向原注册机构报告,并申请注销注册。

巡游出租汽车驾驶员变更服务单位的,应当重新申请注册。

第二十三条 网络预约出租汽车驾驶员的注册,通过出租汽车经营者向发证机关所在地出租汽车行政主管部门报备完成,报备信息包括驾驶员从业资格证信息、与出租汽车经营者签订的劳动合同或者协议等。

网络预约出租汽车驾驶员与出租汽车经营者解除劳动合同或者协议的,通过出租汽车经营者向发证机关所在地出租汽车行政主管部门报备完成注销。

第四章 继续教育

第二十四条 出租汽车驾驶员在注册期内应当按规定完成继续教育。

取得从业资格证超过 3 年未申请注册的,注册后上岗前应当完成不少于 27 学时的继续教育。

第二十五条 交通运输部统一制定出租汽车驾驶员继续教育大纲并向社会公布。继续教育大纲内容包括出租汽车相关政策法规、社会责任和职业道德、服务规范、安全运营和节能减排知识等。

第二十六条 出租汽车驾驶员继续教育由出租汽车经营者组织实施。

第二十七条 出租汽车驾驶员完成继续教育后,应当由出租汽车经营者向所在地出租汽车行政主管部门报备,出租汽车行政主管部门在出租汽车驾驶员从业资格证中予以记录。

第二十八条 出租汽车行政主管部门应当加强对出租汽车经营者组织继续教育情况的

监督检查。

第二十九条 出租汽车经营者应当建立学员培训档案，将继续教育计划、继续教育师资情况、参培学员登记表等纳入档案管理，并接受出租汽车行政主管部门的监督检查。

第五章 从业资格证件管理

第三十条 出租汽车驾驶员从业资格证由交通运输部统一制发并制定编号规则。设区的市级出租汽车行政主管部门负责从业资格证的发放和管理工作。

第三十一条 出租汽车驾驶员从业资格证遗失、毁损的，应当到原发证机关办理证件补（换）发手续。

第三十二条 出租汽车驾驶员办理从业资格证补（换）发手续，应当填写《出租汽车驾驶员从业资格证补（换）发登记表》（式样见附件3）。出租汽车行政主管部门应当对符合要求的从业资格证补（换）发申请予以办理。

第三十三条 出租汽车驾驶员在从事出租汽车客运服务时，应当携带从业资格证。

第三十四条 出租汽车驾驶员从业资格证不得转借、出租、涂改、伪造或者变造。

第三十五条 出租汽车经营者应当维护出租汽车驾驶员的合法权益，为出租汽车驾驶员从业资格注册、继续教育等提供便利。

第三十六条 出租汽车行政主管部门应当加强对出租汽车驾驶员的从业管理，将其违法行为记录作为服务质量信誉考核的依据。

第三十七条 出租汽车行政主管部门应当建立出租汽车驾驶员从业资格管理档案。

出租汽车驾驶员从业资格管理档案包括：从业资格考试申请材料、从业资格证申请、注册及补（换）发记录、违法行为记录、交通责任事故情况、继续教育记录和服务质量信誉考核结果等。

第三十八条 出租汽车驾驶员有下列情形之一的，由发证机关注销其从业资格证。从业资格证被注销的，应当及时收回；无法收回的，由发证机关公告作废。

（一）持证人死亡的；

（二）持证人申请注销的；

（三）持证人达到法定退休年龄的；

（四）持证人机动车驾驶证被注销或者被吊销的；

（五）因身体健康等其他原因不宜继续从事出租汽车客运服务的。

第三十九条 出租汽车驾驶员有下列不具备安全运营条件情形之一的，由发证机关撤销其从业资格证，并公告作废：

（一）持证人身体健康状况不再符合从业要求且没有主动申请注销从业资格证的；

（二）有交通肇事犯罪、危险驾驶犯罪记录，有吸毒记录，有饮酒后驾驶记录，有暴力犯罪记录，最近连续3个记分周期内记满12分记录。

第四十条 出租汽车驾驶员在运营过程中，应当遵守国家对驾驶员在法律法规、职业道德、服务规范、安全运营等方面的资格规定，文明行车、优质服务。出租汽车驾驶员不得有下列行为：

（一）途中甩客或者故意绕道行驶；

（二）不按照规定携带道路运输证、从业资格证；

（三）不按照规定使用出租汽车相关设备；

（四）不按照规定使用文明用语，车容车貌不符合要求；

（五）未经乘客同意搭载其他乘客；

（六）不按照规定出具相应车费票据；

（七）网络预约出租汽车驾驶员违反规定巡游揽客、站点候客；

（八）巡游出租汽车驾驶员拒载，或者未经约车人或乘客同意、网络预约出租汽车驾驶员无正当理由未按承诺到达约定地点提供预约服务；

（九）巡游出租汽车驾驶员不按照规定使用计程计价设备、违规收费或者网络预约出租汽车驾驶员违规收费；

（十）对举报、投诉其服务质量或者对其服务作出不满意评价的乘客实施报复。

出租汽车驾驶员有本条前款违法行为的，应当加强继续教育；情节严重的，出租汽车行政主管部门应当对其延期注册。

第六章 法律责任

第四十一条 违反本规定，有下列行为之一的人员，由县级以上出租汽车行政主管部门责令改正，并处 1 万元以上 3 万元以下的罚款；构成犯罪的，依法追究刑事责任：

（一）未取得从业资格证或者超越从业资格证核定范围，驾驶出租汽车从事经营活动的；

（二）使用失效、伪造、变造的从业资格证，驾驶出租汽车从事经营活动的；

（三）转借、出租、涂改从业资格证的。

第四十二条 出租汽车驾驶员违反第十六条、第四十条规定的，由县级以上出租汽车行政主管部门责令改正，并处 200 元以上 2000 元以下的罚款。

第四十三条 违反本规定，聘用未取得从业资格证的人员，驾驶出租汽车从事经营活动的，由县级以上出租汽车行政主管部门责令改正，并处 5000 元以上 1 万元以下的罚款；情节严重的，处 1 万元以上 3 万元以下的罚款。

第四十四条 违反本规定，有下列行为之一的出租汽车经营者，由县级以上出租汽车行政主管部门责令改正，并处 1000 元以上 3000 元以下的罚款：

（一）聘用未按规定办理注册手续的人员，驾驶出租汽车从事经营活动的；

（二）不按照规定组织实施继续教育的。

第四十五条 违反本规定，出租汽车行政主管部门及工作人员有下列情形之一的，对直接负责的主管人员和其他直接责任人员，依法给予行政处分；构成犯罪的，依法追究刑事责任：

（一）未按规定的条件、程序和期限组织从业资格考试及核发从业资格证的；

（二）发现违法行为未及时查处的；

（三）索取、收受他人财物及谋取其他不正当利益的；

（四）其他违法行为。

第四十六条 地方性法规、政府规章对出租汽车驾驶员违法行为需要承担的法律责任与本规定有不同规定的，从其规定。

第七章 附 则

第四十七条 本规定施行前依法取得的从业资格证继续有效。可在原证件有效期届满前申请延续注册时申请换发新的从业资格证,并按规定进行注册。

其他预约出租汽车驾驶员的从业资格参照巡游出租汽车驾驶员执行。

第四十八条 本规定自2012年4月1日起施行。

附件1

出租汽车驾驶员从业资格证申请表

姓名		性别		照片
住址		（电话）		
身份证号				
培训单位				
机动车驾驶证准驾车型		初领机动车驾驶证日期	年 月 日	
材料清单	申请材料清单： □机动车驾驶证及复印件 □无交通肇事犯罪、危险驾驶犯罪记录，无吸毒记录，无饮酒后驾驶记录，最近连续3个记分周期内没有记满12分记录的材料 □无暴力犯罪记录的材料 □身份证明及复印件 □其他规定的材料 □近期1寸彩色照片			
承诺	本人承诺上述所有内容真实、有效，并承担由此产生的法律责任。 　　　　　　　　　　　　　　　　本人签字：　　　　　日期：			
申请类别	□巡游出租汽车驾驶员　　　□网络预约出租汽车驾驶员			
考试记录	类别	考试时间	成绩	考核员	考核员
	全国公共科目考试				
	区域科目考试				
管理部门意见	经审核： □同意发证（具备从业资格条件，且从业资格考试成绩合格）。 □不同意发证，理由：_____ 　　　　　　　　　（盖章） 　　　　　　　　　　　　　　年　月　日			
从业资格证发放	从业资格证号			
	发放人（签字）		日期	
	领取人（签字）		日期	

注：1. 此表为申请核发从业资格证的原始记录，须存入从业资格管理档案。
　　2. 此表考试记录为考生参加从业资格证考试后的相关信息，可将考试成绩单等一并存入从业资格管理档案。

附件2

巡游出租汽车驾驶员从业资格注册登记表

姓名		性别		照片
住址		（电话）		
注册服务单位		（电话）		
身份证号				
从业资格证号				
申请种类	□注册		□延续注册	
材料清单	注册材料清单： □从业资格证及复印件 □劳动合同或者经营合同原件及复印件		延续注册材料清单： □从业资格证及复印件 □劳动合同或者经营合同原件及复印件 □继续教育记录	
承诺	本人承诺上述所有内容真实、有效，并承担由此产生的法律责任。 　　　　　　　　　　　　　本人签字：　　　　　日期：			
管理部门意见	经审核：□同意注册；□不同意注册，理由：_____ 　　　　　　　　（盖章） 　　　　　　　　　　　　　　年　　月　　日			
证件注册信息	从业资格证号			
	从业资格证注册有效期		注册日期	
	经办人（签字）		日期	

注：此表为申请从业资格证注册的原始记录，须存入从业资格管理档案。

附件3

出租汽车驾驶员从业资格证补(换)发申请表

姓名		性别		照片
住址		(电话)		
身份证号				
机动车驾驶证准驾车型		初领机动车驾驶证日期	年　月　日	
原从业资格证件号		初领从业资格证件日期	年　月　日	
申请种类		□补发	□换发	
承诺	本人承诺上述所有内容真实、有效,并承担由此产生的法律责任。 　　　　　　　　　本人签字:　　　　　日期:			
管理部门意见	经审核,□同意补(换)发证件: 　　　　□不同意补(换)发证件,理由:＿＿＿＿＿＿＿＿＿ (盖章) 　　　　　　　　　　　　　　年　月　日			
从业资格证发放	从业资格证号			
	发放人(签字)		日期	
	领取人(签字)		日期	

道路运输车辆动态监督管理办法

(2014年1月28日交通运输部、公安部、国家安监总局令第5号公布，2016年4月20日交通运输部、公安部、国家安监总局令第55号修正)

第一章 总 则

第一条 为加强道路运输车辆动态监督管理，预防和减少道路交通事故，依据《中华人民共和国安全生产法》《中华人民共和国道路交通安全法实施条例》《中华人民共和国道路运输条例》等有关法律法规，制定本办法。

第二条 道路运输车辆安装、使用具有行驶记录功能的卫星定位装置(以下简称卫星定位装置)以及相关安全监督管理活动，适用本办法。

第三条 本办法所称道路运输车辆，包括用于公路营运的载客汽车、危险货物运输车辆、半挂牵引车以及重型载货汽车(总质量为12吨及以上的普通货运车辆)。

第四条 道路运输车辆动态监督管理应当遵循企业监控、政府监管、联网联控的原则。

第五条 道路运输管理机构、公安机关交通管理部门、安全监管部门依据法定职责，对道路运输车辆动态监控工作实施联合监督管理。

第二章 系统建设

第六条 道路运输车辆卫星定位系统平台应当符合以下标准要求：
(一)《道路运输车辆卫星定位系统平台技术要求》(JT/T 796)；
(二)《道路运输车辆卫星定位系统终端通讯协议及数据格式》(JT/T 808)；
(三)《道路运输车辆卫星定位系统平台数据交换》(JT/T 809)。

第七条 在道路运输车辆上安装的卫星定位装置应符合以下标准要求：
(一)《道路运输车辆卫星定位系统车载终端技术要求》(JT/T 794)；
(二)《道路运输车辆卫星定位系统终端通讯协议及数据格式》(JT/T 808)；
(三)《机动车运行安全技术条件》(GB7258)；
(四)《汽车行驶记录仪》(GB/T 19056)。

第八条 道路运输车辆卫星定位系统平台和车载终端应当通过有关专业机构的标准符合性技术审查。对通过标准符合性技术审查的系统平台和车载终端，由交通运输部发布公告。

第九条 道路旅客运输企业、道路危险货物运输企业和拥有50辆及以上重型载货汽车或者牵引车的道路货物运输企业应当按照标准建设道路运输车辆动态监控平台，或者使用符合条件的社会化卫星定位系统监控平台(以下统称监控平台)，对所属道路运输车辆和驾驶员运行过程进行实时监控和管理。

第十条 道路运输企业新建或者变更监控平台,在投入使用前应当通过有关专业机构的系统平台标准符合性技术审查,并向原发放《道路运输经营许可证》的道路运输管理机构备案。

第十一条 提供道路运输车辆动态监控社会化服务的,应当向省级道路运输管理机构备案,并提供以下材料:

(一)营业执照;

(二)服务格式条款、服务承诺;

(三)履行服务能力的相关证明材料;

(四)通过系统平台标准符合性技术审查的证明材料。

第十二条 旅游客车、包车客车、三类以上班线客车和危险货物运输车辆在出厂前应当安装符合标准的卫星定位装置。重型载货汽车和半挂牵引车在出厂前应当安装符合标准的卫星定位装置,并接入全国道路货运车辆公共监管与服务平台(以下简称道路货运车辆公共平台)。

车辆制造企业为道路运输车辆安装符合标准的卫星定位装置后,应当随车附带相关安装证明材料。

第十三条 道路运输经营者应当选购安装符合标准的卫星定位装置的车辆,并接入符合要求的监控平台。

第十四条 道路运输企业应当在监控平台中完整、准确地录入所属道路运输车辆和驾驶人员的基础资料等信息,并及时更新。

第十五条 道路旅客运输企业和道路危险货物运输企业监控平台应当接入全国重点营运车辆联网联控系统(以下简称联网联控系统),并按照要求将车辆行驶的动态信息和企业、驾驶人员、车辆的相关信息逐级上传至全国道路运输车辆动态信息公共交换平台。

道路货运企业监控平台应当与道路货运车辆公共平台对接,按照要求将企业、驾驶人员、车辆的相关信息上传至道路货运车辆公共平台,并接收道路货运车辆公共平台转发的货运车辆行驶的动态信息。

第十六条 道路运输管理机构在办理营运手续时,应当对道路运输车辆安装卫星定位装置及接入系统平台的情况进行审核。

第十七条 对新出厂车辆已安装的卫星定位装置,任何单位和个人不得随意拆卸。除危险货物运输车辆接入联网联控系统监控平台时按照有关标准要求进行相应设置以外,不得改变货运车辆车载终端监控中心的域名设置。

第十八条 道路运输管理机构负责建设和维护道路运输车辆动态信息公共服务平台,落实维护经费,向地方人民政府争取纳入年度预算。道路运输管理机构应当建立逐级考核和通报制度,保证联网联控系统长期稳定运行。

第十九条 道路运输管理机构、公安机关交通管理部门、安全监管部门间应当建立信息共享机制。

公安机关交通管理部门、安全监管部门根据需要可以通过道路运输车辆动态信息公共服务平台,随时或者定期调取系统数据。

第二十条 任何单位、个人不得擅自泄露、删除、篡改卫星定位系统平台的历史和实时动态数据。

第三章 车辆监控

第二十一条 道路运输企业是道路运输车辆动态监控的责任主体。

第二十二条 道路旅客运输企业、道路危险货物运输企业和拥有50辆及以上重型载货汽车或牵引车的道路货物运输企业应当配备专职监控人员。专职监控人员配置原则上按照监控平台每接入100辆车设1人的标准配备,最低不少于2人。

监控人员应当掌握国家相关法规和政策,经运输企业培训、考试合格后上岗。

第二十三条 道路货运车辆公共平台负责对个体货运车辆和小型道路货物运输企业(拥有50辆以下重型载货汽车或牵引车)的货运车辆进行动态监控。道路货运车辆公共平台设置监控超速行驶和疲劳驾驶的限值,自动提醒驾驶员纠正超速行驶、疲劳驾驶等违法行为。

第二十四条 道路运输企业应当建立健全动态监控管理相关制度,规范动态监控工作:
(一)系统平台的建设、维护及管理制度;
(二)车载终端安装、使用及维护制度;
(三)监控人员岗位职责及管理制度;
(四)交通违法动态信息处理和统计分析制度;
(五)其他需要建立的制度。

第二十五条 道路运输企业应当根据法律法规的相关规定以及车辆行驶道路的实际情况,按照规定设置监控超速行驶和疲劳驾驶的限值,以及核定运营线路、区域及夜间行驶时间等,在所属车辆运行期间对车辆和驾驶员进行实时监控和管理。

设置超速行驶和疲劳驾驶的限值,应当符合客运驾驶员24小时累计驾驶时间原则上不超过8小时,日间连续驾驶不超过4小时,夜间连续驾驶不超过2小时,每次停车休息时间不少于20分钟,客运车辆夜间行驶速度不得超过日间限速80%的要求。

第二十六条 监控人员应当实时分析、处理车辆行驶动态信息,及时提醒驾驶员纠正超速行驶、疲劳驾驶等违法行为,并记录存档至动态监控台账;对经提醒仍然继续违法驾驶的驾驶员,应当及时向企业安全管理机构报告,安全管理机构应当立即采取措施制止;对拒不执行制止措施仍然继续违法驾驶的,道路运输企业应当及时报告公安机关交通管理部门,并在事后解聘驾驶员。

动态监控数据应当至少保存6个月,违法驾驶信息及处理情况应当至少保存3年。对存在交通违法信息的驾驶员,道路运输企业在事后应当及时给予处理。

第二十七条 道路运输经营者应当确保卫星定位装置正常使用,保持车辆运行实时在线。

卫星定位装置出现故障不能保持在线的道路运输车辆,道路运输经营者不得安排其从事道路运输经营活动。

第二十八条 任何单位和个人不得破坏卫星定位装置以及恶意人为干扰、屏蔽卫星定位装置信号,不得篡改卫星定位装置数据。

第二十九条 卫星定位系统平台应当提供持续、可靠的技术服务,保证车辆动态监控数据真实、准确,确保提供监控服务的系统平台安全、稳定运行。

第四章 监督检查

第三十条 道路运输管理机构应当充分发挥监控平台的作用,定期对道路运输企业动态监控工作的情况进行监督考核,并将其纳入企业质量信誉考核的内容,作为运输企业班线招标和年度审验的重要依据。

第三十一条 公安机关交通管理部门可以将道路运输车辆动态监控系统记录的交通违法信息作为执法依据,依法查处。

第三十二条 安全监管部门应当按照有关规定认真开展事故调查工作,严肃查处违反本办法规定的责任单位和人员。

第三十三条 道路运输管理机构、公安机关交通管理部门、安全监管部门监督检查人员可以向被检查单位和个人了解情况,查阅和复制有关材料。被监督检查的单位和个人应当积极配合监督检查,如实提供有关资料和说明情况。

道路运输车辆发生交通事故的,道路运输企业或者道路货运车辆公共平台负责单位应当在接到事故信息后立即封存车辆动态监控数据,配合事故调查,如实提供肇事车辆动态监控数据;肇事车辆安装车载视频装置的,还应当提供视频资料。

第三十四条 鼓励各地利用卫星定位装置,对营运驾驶员安全行驶里程进行统计分析,开展安全行车驾驶员竞赛活动。

第五章 法律责任

第三十五条 道路运输管理机构对未按照要求安装卫星定位装置,或者已安装卫星定位装置但未能在联网联控系统(重型载货汽车和半挂牵引车未能在道路货运车辆公共平台)正常显示的车辆,不予发放或者审验《道路运证》。

第三十六条 违反本办法的规定,道路运输企业有下列情形之一的,由县级以上道路运输管理机构责令改正。拒不改正的,处3000元以上8000元以下罚款:

(一)道路运输企业未使用符合标准的监控平台、监控平台未接入联网联控系统、未按规定上传道路运输车辆动态信息的;

(二)未建立或者未有效执行交通违法动态信息处理制度、对驾驶员交通违法处理率低于90%的;

(三)未按规定配备专职监控人员的。

第三十七条 违反本办法的规定,道路运输经营者使用卫星定位装置出现故障不能保持在线的运输车辆从事经营活动的,由县级以上道路运输管理机构责令改正。拒不改正的,处800元罚款。

第三十八条 违反本办法的规定,有下列情形之一的,由县级以上道路运输管理机构责令改正,处2000元以上5000元以下罚款:

(一)破坏卫星定位装置以及恶意人为干扰、屏蔽卫星定位装置信号的;

(二)伪造、篡改、删除车辆动态监控数据的。

第三十九条　违反本办法的规定,发生道路交通事故的,具有第三十六条、第三十七条、第三十八条情形之一的,依法追究相关人员的责任;构成犯罪的,依法追究刑事责任。

第四十条　道路运输管理机构、公安机关交通管理部门、安全监管部门工作人员执行本办法过程中玩忽职守、滥用职权、徇私舞弊的,给予行政处分;构成犯罪的,依法追究刑事责任。

第六章　附　　则

第四十一条　在本办法实施前已经进入运输市场的重型载货汽车和半挂牵引车,应当于 2015 年 12 月 31 日前全部安装、使用卫星定位装置,并接入道路货运车辆公共平台。

农村客运车辆动态监督管理可参照本办法执行。

第四十二条　本办法自 2014 年 7 月 1 日起施行。

巡游出租汽车经营服务管理规定

(2014年9月30日交通运输部令第16号公布,
2016年8月26日交通运输部令第64号修订)

第一章 总 则

第一条 为规范巡游出租汽车经营服务行为,保障乘客、驾驶员和巡游出租汽车经营者的合法权益,促进出租汽车行业健康发展,根据国家有关法律、行政法规,制定本规定。

第二条 从事巡游出租汽车经营服务,应当遵守本规定。

第三条 出租汽车是城市综合交通运输体系的组成部分,是城市公共交通的补充,为社会公众提供个性化运输服务。优先发展城市公共交通,适度发展出租汽车。

巡游出租汽车发展应当与城市经济社会发展相适应,与公共交通等客运服务方式协调发展。

第四条 巡游出租汽车应当依法经营,诚实守信,公平竞争,优质服务。

第五条 国家鼓励巡游出租汽车实行规模化、集约化、公司化经营。

第六条 交通运输部负责指导全国巡游出租汽车管理工作。

各省、自治区人民政府交通运输主管部门在本级人民政府领导下,负责指导本行政区域内巡游出租汽车管理工作。

直辖市、设区的市级或者县级交通运输主管部门或者人民政府指定的其他出租汽车行政主管部门(以下称出租汽车行政主管部门)在本级人民政府领导下,负责具体实施巡游出租汽车管理。

第七条 县级以上地方人民政府出租汽车行政主管部门应当根据经济社会发展和人民群众出行需要,按照巡游出租汽车功能定位,制定巡游出租汽车发展规划,并报经同级人民政府批准后实施。

第二章 经营许可

第八条 申请巡游出租汽车经营的,应当根据经营区域向相应的县级以上地方人民政府出租汽车行政主管部门提出申请,并符合下列条件:

(一)有符合机动车管理要求并满足以下条件的车辆或者提供保证满足以下条件的车辆承诺书:

1. 符合国家、地方规定的巡游出租汽车技术条件;
2. 有按照第十三条规定取得的巡游出租汽车车辆经营权。

(二)有取得符合要求的从业资格证件的驾驶人员;

（三）有健全的经营管理制度、安全生产管理制度和服务质量保障制度；

（四）有固定的经营场所和停车场地。

第九条 申请人申请巡游出租汽车经营时，应当提交以下材料：

（一）《巡游出租汽车经营申请表》（见附件1）；

（二）投资人、负责人身份、资信证明及其复印件，经办人的身份证明及其复印件和委托书；

（三）巡游出租汽车车辆经营权证明及拟投入车辆承诺书（见附件2），包括车辆数量、座位数、类型及等级、技术等级；

（四）聘用或者拟聘用驾驶员从业资格证及其复印件；

（五）巡游出租汽车经营管理制度、安全生产管理制度和服务质量保障制度文本；

（六）经营场所、停车场地有关使用证明等。

第十条 县级以上地方人民政府出租汽车行政主管部门对巡游出租汽车经营申请予以受理的，应当自受理之日起20日内作出许可或者不予许可的决定。

第十一条 县级以上地方人民政府出租汽车行政主管部门对巡游出租汽车经营申请作出行政许可决定的，应当出具《巡游出租汽车经营行政许可决定书》（见附件3），明确经营范围、经营区域、车辆数量及要求、巡游出租汽车车辆经营权期限等事项，并在10日内向被许可人发放《道路运输经营许可证》。

县级以上地方人民政府出租汽车行政主管部门对不符合规定条件的申请作出不予行政许可决定的，应当向申请人出具《不予行政许可决定书》。

第十二条 县级以上地方人民政府出租汽车行政主管部门应当按照当地巡游出租汽车发展规划，综合考虑市场实际供需状况、巡游出租汽车运营效率等因素，科学确定巡游出租汽车运力规模，合理配置巡游出租汽车的车辆经营权。

第十三条 国家鼓励通过服务质量招投标方式配置巡游出租汽车的车辆经营权。

县级以上地方人民政府出租汽车行政主管部门应当根据投标人提供的运营方案、服务质量状况或者服务质量承诺、车辆设备和安全保障措施等因素，择优配置巡游出租汽车的车辆经营权，向中标人发放车辆经营权证明，并与中标人签订经营协议。

第十四条 巡游出租汽车车辆经营权的经营协议应当包括以下内容：

（一）巡游出租汽车车辆经营权的数量、使用方式、期限等；

（二）巡游出租汽车经营服务标准；

（三）巡游出租汽车车辆经营权的变更、终止和延续等；

（四）履约担保；

（五）违约责任；

（六）争议解决方式；

（七）双方认为应当约定的其他事项。

在协议有效期限内，确需变更协议内容的，协议双方应当在共同协商的基础上签订补充协议。

第十五条 被许可人应当按照《巡游出租汽车经营行政许可决定书》和经营协议，投入符合规定数量、座位数、类型及等级、技术等级等要求的车辆。原许可机关核实符合要求后，为车辆核发《道路运输证》。

投入运营的巡游出租汽车车辆应当安装符合规定的计程计价设备、具有行驶记录功能的车辆卫星定位装置、应急报警装置，按照要求喷涂车身颜色和标识，设置有中英文"出租汽车"字样的顶灯和能显示空车、暂停运营、电召等运营状态的标志，按照规定在车辆醒目位置标明运价标准、乘客须知、经营者名称和服务监督电话。

第十六条　巡游出租汽车车辆经营权不得超过规定的期限，具体期限由县级以上地方人民政府出租汽车行政主管部门报本级人民政府根据投入车辆的车型和报废周期等因素确定。

第十七条　巡游出租汽车车辆经营权因故不能继续经营的，授予车辆经营权的出租汽车行政主管部门可优先收回。在车辆经营权有效期限内，需要变更车辆经营权经营主体的，应当到原许可机关办理变更许可手续。出租汽车行政主管部门在办理车辆经营权变更许可手续时，应当按照第八条的规定，审查新的车辆经营权经营主体的条件，提示车辆经营权期限等相关风险，并重新签订经营协议，经营期限为该车辆经营权的剩余期限。

第十八条　巡游出租汽车经营者在车辆经营权期限内，不得擅自暂停或者终止经营。需要变更许可事项或者暂停、终止经营的，应当提前30日向原许可机关提出申请，依法办理相关手续。巡游出租汽车经营者终止经营的，应当将相关的《道路运输经营许可证》和《道路运输证》等交回原许可机关。

巡游出租汽车经营者取得经营许可后无正当理由超过180天不投入符合要求的车辆运营或者运营后连续180天以上停运的，视为自动终止经营，由原许可机关收回相应的巡游出租汽车车辆经营权。

巡游出租汽车经营者合并、分立或者变更经营主体名称的，应当到原许可机关办理变更许可手续。

第十九条　巡游出租汽车车辆经营权到期后，巡游出租汽车经营者拟继续从事经营的，应当在车辆经营权有效届满60日前，向原许可机关提出申请。原许可机关应当根据《出租汽车服务质量信誉考核办法》规定的出租汽车经营者服务质量信誉考核等级，审核巡游出租汽车经营者的服务质量信誉考核结果，并按照以下规定处理：

（一）考核等级在经营期限内均为AA级及以上的，应当批准其继续经营；

（二）考核等级在经营期限内有A级的，应当督促其加强内部管理，整改合格后准许其继续经营；

（三）考核等级在经营期限内有B级或者一半以上为A级的，可视情适当核减车辆经营权；

（四）考核等级在经营期限内有一半以上为B级的，应当收回车辆经营权，并按照第十三条的规定重新配置车辆经营权。

第三章　运营服务

第二十条　巡游出租汽车经营者应当为乘客提供安全、便捷、舒适的出租汽车服务。
鼓励巡游出租汽车经营者使用节能环保车辆和为残疾人提供服务的无障碍车辆。

第二十一条　巡游出租汽车经营者应当遵守下列规定：

（一）在许可的经营区域内从事经营活动，超出许可的经营区域的，起讫点一端应当在许

可的经营区域内;

(二)保证营运车辆性能良好;

(三)按照国家相关标准运营服务;

(四)保障聘用人员合法权益,依法与其签订劳动合同或者经营合同;

(五)加强从业人员管理和培训教育;

(六)不得将巡游出租汽车交给未经从业资格注册的人员运营。

第二十二条 巡游出租汽车运营时,车容车貌、设施设备应当符合以下要求:

(一)车身外观整洁完好,车厢内整洁、卫生,无异味;

(二)车门功能正常,车窗玻璃密闭良好,无遮蔽物,升降功能有效;

(三)座椅牢固无塌陷,前排座椅可前后移动,靠背倾度可调,安全带和锁扣齐全、有效;

(四)座套、头枕套、脚垫齐全;

(五)计程计价设备、顶灯、运营标志、服务监督卡(牌)、车载信息化设备等完好有效。

第二十三条 巡游出租汽车驾驶员应当按照国家出租汽车服务标准提供服务,并遵守下列规定:

(一)做好运营前例行检查,保持车辆设施、设备完好,车容整洁,备齐发票、备足零钱;

(二)衣着整洁,语言文明,主动问候,提醒乘客系好安全带;

(三)根据乘客意愿升降车窗玻璃及使用空调、音响、视频等服务设备;

(四)乘客携带行李时,主动帮助乘客取放行李;

(五)主动协助老、幼、病、残、孕等乘客上下车;

(六)不得在车内吸烟,忌食有异味的食物;

(七)随车携带道路运输证、从业资格证,并按规定摆放、粘贴有关证件和标志;

(八)按照乘客指定的目的地选择合理路线行驶,不得拒载、议价、途中甩客、故意绕道行驶;

(九)在机场、火车站、汽车客运站、港口、公共交通枢纽等客流集散地载客时应当文明排队,服从调度,不得违反规定在非指定区域揽客;

(十)未经乘客同意不得搭载其他乘客;

(十一)按规定使用计程计价设备,执行收费标准并主动出具有效车费票据;

(十二)遵守道路交通安全法规,文明礼让行车。

第二十四条 巡游出租汽车驾驶员遇到下列特殊情形时,应当按照下列方式办理:

(一)乘客对服务不满意时,虚心听取批评意见;

(二)发现乘客遗失财物,设法及时归还失主。无法找到失主的,及时上交巡游出租汽车企业或者有关部门处理,不得私自留存;

(三)发现乘客遗留可疑危险物品的,立即报警。

第二十五条 巡游出租汽车乘客应当遵守下列规定:

(一)不得携带易燃、易爆、有毒等危害公共安全的物品乘车;

(二)不得携带宠物和影响车内卫生的物品乘车;

(三)不得向驾驶员提出违反道路交通安全法规的要求;

(四)不得向车外抛洒物品,不得破坏车内设施设备;

（五）醉酒者或者精神病患者乘车的，应当有陪同（监护）人员；
（六）遵守电召服务规定，按照约定的时间和地点乘车；
（七）按照规定支付车费。

第二十六条 乘客要求去偏远、冷僻地区或者夜间要求驶出城区的，驾驶员可以要求乘客随同到就近的有关部门办理验证登记手续；乘客不予配合的，驾驶员有权拒绝提供服务。

第二十七条 巡游出租汽车运营过程中有下列情形之一的，乘客有权拒绝支付费用：
（一）驾驶员不按照规定使用计程计价设备，或者计程计价设备发生故障时继续运营的；
（二）驾驶员不按照规定向乘客出具相应车费票据的；
（三）驾驶员因发生道路交通安全违法行为接受处理，不能将乘客及时送达目的地的；
（四）驾驶员拒绝按规定接受刷卡付费的。

第二十八条 巡游出租汽车电召服务应当符合下列要求：
（一）根据乘客通过电信、互联网等方式提出的服务需求，按照约定时间和地点提供巡游出租汽车运营服务；
（二）巡游出租汽车电召服务平台应当提供 24 小时不间断服务；
（三）电召服务人员接到乘客服务需求后，应当按照乘客需求及时调派巡游出租汽车；
（四）巡游出租汽车驾驶员接受电召任务后，应当按照约定时间到达约定地点。乘客未按约定候车时，驾驶员应当与乘客或者电召服务人员联系确认；
（五）乘客上车后，驾驶员应当向电召服务人员发送乘客上车确认信息。

第二十九条 巡游出租汽车经营者应当自觉接受社会监督，公布服务监督电话，指定部门或者人员受理投诉。

巡游出租汽车经营者应当建立 24 小时服务投诉值班制度，接到乘客投诉后，应当及时受理，10 日内处理完毕，并将处理结果告知乘客。

第四章 运营保障

第三十条 县级以上地方人民政府出租汽车行政主管部门应当在本级人民政府的领导下，会同有关部门合理规划、建设巡游出租汽车综合服务区、停车场、停靠点等，并设置明显标识。

巡游出租汽车综合服务区应当为进入服务区的巡游出租汽车驾驶员提供餐饮、休息等服务。

第三十一条 县级以上地方人民政府出租汽车行政主管部门应当配合有关部门，按照有关规定，并综合考虑巡游出租汽车行业定位、运营成本、经济发展水平等因素合理制定运价标准，并适时进行调整。

县级以上地方人民政府出租汽车行政主管部门应当配合有关部门合理确定巡游出租汽车电召服务收费标准，并纳入出租汽车专用收费项目。

第三十二条 巡游出租汽车经营者应当建立健全和落实安全生产管理制度，依法加强管理，履行管理责任，提升运营服务水平。

第三十三条 巡游出租汽车经营者应当按照有关法律法规的规定保障驾驶员的合法权益，规范与驾驶员签订的劳动合同或者经营合同。

巡游出租汽车经营者应当通过建立替班驾驶员队伍、减免驾驶员休息日经营承包费用等方式保障巡游出租汽车驾驶员休息权。

第三十四条 巡游出租汽车经营者应当合理确定承包、管理费用，不得向驾驶员转嫁投资和经营风险。

巡游出租汽车经营者应当根据经营成本、运价变化等因素及时调整承包费标准或者定额任务等。

第三十五条 巡游出租汽车经营者应当建立车辆技术管理制度，按照车辆维护标准定期维护车辆。

第三十六条 巡游出租汽车经营者应当按照《出租汽车驾驶员从业资格管理规定》，对驾驶员等从业人员进行培训教育和监督管理，按照规范提供服务。驾驶员有私自转包经营等违法行为的，应当予以纠正；情节严重的，可按照约定解除合同。

第三十七条 巡游出租汽车经营者应当制定包括报告程序、应急指挥、应急车辆以及处置措施等内容的突发公共事件应急预案。

第三十八条 巡游出租汽车经营者应当按照县级以上地方人民政府出租汽车行政主管部门要求，及时完成抢险救灾等指令性运输任务。

第三十九条 各地应当根据实际情况发展巡游出租汽车电召服务，采取多种方式建设巡游出租汽车电召服务平台，推广人工电话召车、手机软件召车等巡游出租汽车电召服务，建立完善电召服务管理制度。

巡游出租汽车经营者应当根据实际情况建设或者接入巡游出租汽车电召服务平台，提供巡游出租汽车电召服务。

第五章 监督管理

第四十条 县级以上地方人民政府出租汽车行政主管部门应当加强对巡游出租汽车经营行为的监督检查，会同有关部门纠正、制止非法从事巡游出租汽车经营及其他违法行为，维护出租汽车市场秩序。

第四十一条 县级以上地方人民政府出租汽车行政主管部门应当对巡游出租汽车经营者履行经营协议情况进行监督检查，并按照规定对巡游出租汽车经营者和驾驶员进行服务质量信誉考核。

第四十二条 巡游出租汽车不再用于经营的，县级以上地方人民政府出租汽车行政主管部门应当组织对巡游出租汽车配备的运营标志和专用设备进行回收处置。

第四十三条 县级以上地方人民政府出租汽车行政主管部门应当建立投诉举报制度，公开投诉电话、通信地址或者电子邮箱，接受乘客、驾驶员以及经营者的投诉和社会监督。

县级以上地方人民政府出租汽车行政主管部门受理的投诉，应当在10日内办结；情况复杂的，应当在30日内办结。

第四十四条 县级以上地方人民政府出租汽车行政主管部门应当对完成政府指令性运输任务成绩突出，经营管理、品牌建设、文明服务成绩显著，有拾金不昧、救死扶伤、见义勇为等先进事迹的出租汽车经营者和驾驶员，予以表彰和奖励。

第六章 法律责任

第四十五条 违反本规定,有下列行为之一的,由县级以上地方人民政府出租汽车行政主管部门责令改正,并处以5000元以上20000元以下罚款。构成犯罪的,依法追究刑事责任:

(一)未取得巡游出租汽车经营许可,擅自从事巡游出租汽车经营活动的;

(二)起讫点均不在许可的经营区域从事巡游出租汽车经营活动的;

(三)使用未取得道路运输证的车辆,擅自从事巡游出租汽车经营活动的;

(四)使用失效、伪造、变造、被注销等无效道路运输证的车辆从事巡游出租汽车经营活动的。

第四十六条 巡游出租汽车经营者违反本规定,有下列行为之一的,由县级以上地方人民政府出租汽车行政主管部门责令改正,并处以10000元以上20000元以下罚款。构成犯罪的,依法追究刑事责任:

(一)擅自暂停、终止全部或者部分巡游出租汽车经营的;

(二)出租或者擅自转让巡游出租汽车车辆经营权的;

(三)巡游出租汽车驾驶员转包经营未及时纠正的;

(四)不按照规定保证车辆技术状况良好的;

(五)不按照规定配置巡游出租汽车相关设备的;

(六)不按照规定建立并落实投诉举报制度的。

第四十七条 巡游出租汽车驾驶员违反本规定,有下列情形之一的,由县级以上地方人民政府出租汽车行政主管部门责令改正,并处以200元以上2000元以下罚款:

(一)拒载、议价、途中甩客或者故意绕道行驶的;

(二)未经乘客同意搭载其他乘客的;

(三)不按照规定使用计程计价设备、违规收费的;

(四)不按照规定出具相应车费票据的;

(五)不按照规定携带道路运输证、从业资格证的;

(六)不按照规定使用巡游出租汽车相关设备的;

(七)接受巡游出租汽车电召任务后未履行约定的;

(八)不按照规定使用文明用语,车容车貌不符合要求的。

第四十八条 巡游出租汽车驾驶员违反本规定,有下列情形之一的,由县级以上地方人民政府出租汽车行政主管部门责令改正,并处以500元以上2000元以下罚款:

(一)在机场、火车站、汽车客运站、港口、公共交通枢纽等客流集散地不服从调度私自揽客的;

(二)转让、倒卖、伪造巡游出租汽车相关票据的。

第四十九条 出租汽车行政主管部门的工作人员违反本规定,有下列情形之一的,依照有关规定给予行政处分;构成犯罪的,依法追究刑事责任:

(一)未按规定的条件、程序和期限实施行政许可的;

(二)参与或者变相参与巡游出租汽车经营的;

（三）发现违法行为不及时查处的；
（四）索取、收受他人财物，或者谋取其他利益的；
（五）其他违法行为。

第五十条　地方性法规、政府规章对巡游出租汽车经营违法行为需要承担的法律责任与本规定有不同规定的，从其规定。

第七章　附　　则

第五十一条　网络预约出租汽车以外的其他预约出租汽车经营服务参照本规定执行。

第五十二条　本规定中下列用语的含义：

（一）"巡游出租汽车经营服务"，是指可在道路上巡游揽客、站点候客，喷涂、安装出租汽车标识，以七座及以下乘用车和驾驶劳务为乘客提供出行服务，并按照乘客意愿行驶，根据行驶里程和时间计费的经营活动；

（二）"预约出租汽车经营服务"，是指以符合条件的七座及以下乘用车通过预约方式承揽乘客，并按照乘客意愿行驶、提供驾驶劳务，根据行驶里程、时间或者约定计费的经营活动；

（三）"网络预约出租汽车经营服务"，是指以互联网技术为依托构建服务平台，整合供需信息，使用符合条件的车辆和驾驶员，提供非巡游的预约出租汽车服务的经营活动；

（四）"巡游出租汽车电召服务"，是指根据乘客通过电信、互联网等方式提出的服务需求，按照约定时间和地点提供巡游出租汽车运营服务的；

（五）"拒载"，是指在道路上空车待租状态下，巡游出租汽车驾驶员在得知乘客去向后，拒绝提供服务的行为；或者巡游出租汽车驾驶员未按承诺提供电召服务的行为；

（六）"绕道行驶"，是指巡游出租汽车驾驶员未按合理路线行驶的行为；

（七）"议价"，是指巡游出租汽车驾驶员与乘客协商确定车费的行为；

（八）"甩客"，是指在运营途中，巡游出租汽车驾驶员无正当理由擅自中断载客服务的行为。

第五十三条　本规定自 2015 年 1 月 1 日起施行。

附件1

第1页 共4页

巡游出租汽车经营申请表

受理申请机关专用

说明

1. 本表根据《巡游出租汽车经营服务管理规定》制作，申请从事巡游出租汽车经营应当按照《巡游出租汽车经营服务管理规定》第二章的有关规定向相应出租汽车行政主管部门提出申请，填写本表，并同时提交其他相关材料（材料要求见第4页）。
2. 本表可向各级出租汽车行政主管部门免费索取，也可自行从交通运输部网站（www.mot.gov.cn）下载打印。
3. 本表需用钢笔填写或者计算机打印，请用正楷，要求字迹工整。

申请人基本信息

申请人名称 _____

要求填写企业（公司）全称或者企业预先核准全称、个体经营者姓名

负责人姓名 _____　　经办人姓名 _____

通信地址 _____

邮　　编 _____　　电　　话 _____

手　　机 _____　　电子邮箱 _____

营运车辆信息

拟购置营运车辆情况

序号	厂牌型号	数量	座位数（个）	车辆类型及等级	车辆技术等级	备注
1						
2						
3						
4						
5						
合计						

表格不够,可另附表填写

如申请扩大经营范围,请填写"现有营运客车情况"表

现有营运车辆情况

序号	道路运输证号	厂牌型号	座位数（个）	车辆类型及等级	车辆技术等级	购置时间
1						
2						
3						
4						
5						
合计						

表格不够,可另附表填写

第3页 共4页

聘用或者拟聘用巡游出租汽车驾驶员情况

序号	姓名	性别	年龄	取得相应驾驶证时间	从业资格证类型	从业资格证号
1						
2						
3						
4						
5						
6						
7						
8						
9						
10						
11						
12						
13						
14						
15						
16						
17						
18						
19						
20						
21						
22						
23						
24						
25						
26						
27						
28						
29						
30						

表格不够,可另附表填写

申请材料核对表　　　　请在□内划√

1.《巡游出租汽车经营申请表》(本表) □

2.投资人、负责人身份、资信证明及其复印件,经办人的身份证明及其复印件和委托书 □

3.拟投入车辆承诺书,包括车辆数量、座位数、类型及等级、技术等级 □

4.聘用或者拟聘用驾驶员从业资格证及其复印件 □

5.巡游出租汽车经营管理制度文本 □

6.安全生产管理制度文本 □

7.服务质量保障制度文本 □

8.经营场所、停车场地有关使用证明 □

只有上述材料齐全有效后,你的申请才能受理

声明

我声明本表及其他相关材料中提供的信息均真实可靠
我知悉如此表中有故意填写的虚假信息,我取得的巡游出租汽车经营许可将被撤销
我承诺将遵守国家有关法律、行政法规及其他相关规章的规定

负责人签名＿＿＿＿＿＿＿＿　　　　日期＿＿＿＿＿＿＿

负责人职位＿＿＿＿＿＿＿＿

附件2

拟投入车辆承诺书

_____:

　　按照《巡游出租汽车经营服务管理规定》要求，_____计划从事巡游出租汽车经营，现承诺如该申请获得许可，将按附表填报的数量、座位数、类型及等级、技术等级等要求，在180天内购置车辆并投入运营。如违反承诺，将自愿放弃巡游出租汽车车辆经营权。

承诺人印章（签字）：
年　　月　　日

附表：拟投入车辆情况

序号	厂牌型号	数量	座位数（个）	车辆类型及等级	车辆技术等级	备注
1						
2						
3						
4						
5						
合计						

附件3

巡游出租汽车经营行政许可决定书

编号：

＿＿＿＿＿＿＿＿＿＿＿＿＿＿＿＿：

　　你于＿＿＿＿年＿＿月＿＿日提出＿＿＿＿＿＿＿＿＿＿＿＿＿＿＿＿申请。

　　经审查，你的申请符合＿＿＿＿＿＿＿＿＿＿＿＿＿＿＿＿＿＿＿＿＿＿＿＿的规定，决定准予巡游出租汽车经营行政许可。请按下列要求从事巡游出租汽车经营活动：

　　经营范围：＿＿＿＿＿＿＿＿＿＿＿＿＿＿＿＿＿＿＿＿＿＿＿＿＿＿＿＿＿＿

　　经营区域：＿＿＿＿＿＿＿＿＿＿＿＿＿＿＿＿＿＿＿＿＿＿＿＿＿＿＿＿＿＿

　　车辆数量及要求：＿＿＿＿＿＿＿＿＿＿＿＿＿＿＿＿＿＿＿＿＿＿＿＿＿＿

　　巡游出租汽车车辆经营权期限：＿＿＿＿＿＿＿＿＿＿＿＿＿＿＿＿＿＿＿＿

　　请于＿＿＿＿＿＿年＿＿＿月＿＿＿日去＿＿＿＿＿＿＿＿＿领取《道路运输经营许可证》，并于＿＿＿＿＿＿＿年＿＿＿月＿＿＿日前按上述要求落实拟投入车辆承诺书，然后办理相关手续。在确定的时间内未按经营协议及本许可要求落实拟投入车辆承诺书的，将撤销本经营许可。

（印章）
年　　月　　日

网络预约出租汽车经营服务管理暂行办法

(2016年7月27日交通运输部　工业和信息化部　公安部　商务部　工商总局　质检总局　国家网信办令第60号)

第一章　总　　则

第一条　为更好地满足社会公众多样化出行需求，促进出租汽车行业和互联网融合发展，规范网络预约出租汽车经营服务行为，保障运营安全和乘客合法权益，根据国家有关法律、行政法规，制定本办法。

第二条　从事网络预约出租汽车（以下简称网约车）经营服务，应当遵守本办法。

本办法所称网约车经营服务，是指以互联网技术为依托构建服务平台，整合供需信息，使用符合条件的车辆和驾驶员，提供非巡游的预约出租汽车服务的经营活动。

本办法所称网络预约出租汽车经营者（以下称网约车平台公司），是指构建网络服务平台，从事网约车经营服务的企业法人。

第三条　坚持优先发展城市公共交通、适度发展出租汽车，按照高品质服务、差异化经营的原则，有序发展网约车。

网约车运价实行市场调节价，城市人民政府认为有必要实行政府指导价的除外。

第四条　国务院交通运输主管部门负责指导全国网约车管理工作。

各省、自治区人民政府交通运输主管部门在本级人民政府领导下，负责指导本行政区域内网约车管理工作。

直辖市、设区的市级或者县级交通运输主管部门或人民政府指定的其他出租汽车行政主管部门（以下称出租汽车行政主管部门）在本级人民政府领导下，负责具体实施网约车管理。

其他有关部门依据法定职责，对网约车实施相关监督管理。

第二章　网约车平台公司

第五条　申请从事网约车经营的，应当具备线上线下服务能力，符合下列条件：

（一）具有企业法人资格；

（二）具备开展网约车经营的互联网平台和与拟开展业务相适应的信息数据交互及处理能力，具备供交通、通信、公安、税务、网信等相关监管部门依法调取查询相关网络数据信息的条件，网络服务平台数据库接入出租汽车行政主管部门监管平台，服务器设置在中国内地，有符合规定的网络安全管理制度和安全保护技术措施；

（三）使用电子支付的，应当与银行、非银行支付机构签订提供支付结算服务的协议；

（四）有健全的经营管理制度、安全生产管理制度和服务质量保障制度；

(五)在服务所在地有相应服务机构及服务能力;

(六)法律法规规定的其他条件。

外商投资网约车经营的,除符合上述条件外,还应当符合外商投资相关法律法规的规定。

第六条 申请从事网约车经营的,应当根据经营区域向相应的出租汽车行政主管部门提出申请,并提交以下材料:

(一)网络预约出租汽车经营申请表(见附件);

(二)投资人、负责人身份、资信证明及其复印件,经办人的身份证明及其复印件和委托书;

(三)企业法人营业执照,属于分支机构的还应当提交营业执照,外商投资企业还应当提供外商投资企业批准证书;

(四)服务所在地办公场所、负责人员和管理人员等信息;

(五)具备互联网平台和信息数据交互及处理能力的证明材料,具备供交通、通信、公安、税务、网信等相关监管部门依法调取查询相关网络数据信息条件的证明材料,数据库接入情况说明,服务器设置在中国内地的情况说明,依法建立并落实网络安全管理制度和安全保护技术措施的证明材料;

(六)使用电子支付的,应当提供与银行、非银行支付机构签订的支付结算服务协议;

(七)经营管理制度、安全生产管理制度和服务质量保障制度文本;

(八)法律法规要求提供的其他材料。

首次从事网约车经营的,应当向企业注册地相应出租汽车行政主管部门提出申请,前款第(五)、第(六)项有关线上服务能力材料由网约车平台公司注册地省级交通运输主管部门商同级通信、公安、税务、网信、人民银行等部门审核认定,并提供相应认定结果,认定结果全国有效。网约车平台公司在注册地以外申请从事网约车经营的,应当提交前款第(五)、(六)项有关线上服务能力认定结果。

其他线下服务能力材料,由受理申请的出租汽车行政主管部门进行审核。

第七条 出租汽车行政主管部门应当自受理之日起20日内作出许可或者不予许可的决定。20日内不能作出决定的,经实施机关负责人批准,可以延长10日,并应当将延长期限的理由告知申请人。

第八条 出租汽车行政主管部门对于网约车经营申请作出行政许可决定的,应当明确经营范围、经营区域、经营期限等,并发放《网络预约出租汽车经营许可证》。

第九条 出租汽车行政主管部门对不符合规定条件的申请作出不予行政许可决定的,应当向申请人出具《不予行政许可决定书》。

第十条 网约车平台公司应当在取得相应《网络预约出租汽车经营许可证》并向企业注册地省级通信主管部门申请互联网信息服务备案后,方可开展相关业务。备案内容包括经营者真实身份信息、接入信息、出租汽车行政主管部门核发的《网络预约出租汽车经营许可证》等。涉及经营电信业务的,还应当符合电信管理的相关规定。

网约车平台公司应当自网络正式联通之日起30日内,到网约车平台公司管理运营机构所在地的省级人民政府公安机关指定的受理机关办理备案手续。

第十一条 网约车平台公司暂停或者终止运营的,应当提前30日向服务所在地出租汽车行政主管部门书面报告,说明有关情况,通告提供服务的车辆所有人和驾驶员,并向社会公告。终止经营的,应当将相应《网络预约出租汽车经营许可证》交回原许可机关。

第三章 网约车车辆和驾驶员

第十二条 拟从事网约车经营的车辆,应当符合以下条件:
(一)7座及以下乘用车;
(二)安装具有行驶记录功能的车辆卫星定位装置、应急报警装置;
(三)车辆技术性能符合运营安全相关标准要求。
车辆的具体标准和营运要求,由相应的出租汽车行政主管部门,按照高品质服务、差异化经营的发展原则,结合本地实际情况确定。

第十三条 服务所在地出租汽车行政主管部门依车辆所有人或者网约车平台公司申请,按第十二条规定的条件审核后,对符合条件并登记为预约出租客运的车辆,发放《网络预约出租汽车运输证》。
城市人民政府对网约车发放《网络预约出租汽车运输证》另有规定的,从其规定。

第十四条 从事网约车服务的驾驶员,应当符合以下条件:
(一)取得相应准驾车型机动车驾驶证并具有3年以上驾驶经历;
(二)无交通肇事犯罪、危险驾驶犯罪记录,无吸毒记录,无饮酒后驾驶记录,最近连续3个记分周期内没有记满12分记录;
(三)无暴力犯罪记录;
(四)城市人民政府规定的其他条件。

第十五条 服务所在地设区的市级出租汽车行政主管部门依驾驶员或者网约车平台公司申请,按第十四条规定的条件核查并按规定考核后,为符合条件且考核合格的驾驶员,发放《网络预约出租汽车驾驶员证》。

第四章 网约车经营行为

第十六条 网约车平台公司承担承运人责任,应当保证运营安全,保障乘客合法权益。

第十七条 网约车平台公司应当保证提供服务车辆具备合法营运资质,技术状况良好,安全性能可靠,具有营运车辆相关保险,保证线上提供服务的车辆与线下实际提供服务的车辆一致,并将车辆相关信息向服务所在地出租汽车行政主管部门报备。

第十八条 网约车平台公司应当保证提供服务的驾驶员具有合法从业资格,按照有关法律法规规定,根据工作时长、服务频次等特点,与驾驶员签订多种形式的劳动合同或者协议,明确双方的权利和义务。网约车平台公司应当维护和保障驾驶员合法权益,开展有关法律法规、职业道德、服务规范、安全运营等方面的岗前培训和日常教育,保证线上提供服务的驾驶员与线下实际提供服务的驾驶员一致,并将驾驶员相关信息向服务所在地出租汽车行政主管部门报备。

网约车平台公司应当记录驾驶员、约车人在其服务平台发布的信息内容、用户注册信息、身份认证信息、订单日志、上网日志、网上交易日志、行驶轨迹日志等数据并备份。

第十九条 网约车平台公司应当公布确定符合国家有关规定的计程计价方式,明确服务项目和质量承诺,建立服务评价体系和乘客投诉处理制度,如实采集与记录驾驶员服务信息。在提供网约车服务时,提供驾驶员姓名、照片、手机号码和服务评价结果,以及车辆牌照等信息。

第二十条 网约车平台公司应当合理确定网约车运价,实行明码标价,并向乘客提供相应的出租汽车发票。

第二十一条 网约车平台公司不得妨碍市场公平竞争,不得侵害乘客合法权益和社会公共利益。

网约车平台公司不得有为排挤竞争对手或者独占市场,以低于成本的价格运营扰乱正常市场秩序,损害国家利益或者其他经营者合法权益等不正当价格行为,不得有价格违法行为。

第二十二条 网约车应当在许可的经营区域内从事经营活动,超出许可的经营区域的,起讫点一端应当在许可的经营区域内。

第二十三条 网约车平台公司应当依法纳税,为乘客购买承运人责任险等相关保险,充分保障乘客权益。

第二十四条 网约车平台公司应当加强安全管理,落实运营、网络等安全防范措施,严格数据安全保护和管理,提高安全防范和抗风险能力,支持配合有关部门开展相关工作。

第二十五条 网约车平台公司和驾驶员提供经营服务应当符合国家有关运营服务标准,不得途中甩客或者故意绕道行驶,不得违规收费,不得对举报、投诉其服务质量或者对其服务作出不满意评价的乘客实施报复行为。

第二十六条 网约车平台公司应当通过其服务平台以显著方式将驾驶员、约车人和乘客等个人信息的采集和使用的目的、方式和范围进行告知。未经信息主体明示同意,网约车平台公司不得使用前述个人信息用于开展其他业务。

网约车平台公司采集驾驶员、约车人和乘客的个人信息,不得超越提供网约车业务所必需的范围。

除配合国家机关依法行使监督检查权或者刑事侦查权外,网约车平台公司不得向任何第三方提供驾驶员、约车人和乘客的姓名、联系方式、家庭住址、银行账户或者支付账户、地理位置、出行线路等个人信息,不得泄露地理坐标、地理标志物等涉及国家安全的敏感信息。发生信息泄露后,网约车平台公司应当及时向相关主管部门报告,并采取及时有效的补救措施。

第二十七条 网约车平台公司应当遵守国家网络和信息安全有关规定,所采集的个人信息和生成的业务数据,应当在中国内地存储和使用,保存期限不少于 2 年,除法律法规另有规定外,上述信息和数据不得外流。

网约车平台公司不得利用其服务平台发布法律法规禁止传播的信息,不得为企业、个人及其他团体、组织发布有害信息提供便利,并采取有效措施过滤阻断有害信息传播。发现他人利用其网络服务平台传播有害信息的,应当立即停止传输,保存有关记录,并向国家有关机关报告。

网约车平台公司应当依照法律规定,为公安机关依法开展国家安全工作,防范、调查违法犯罪活动提供必要的技术支持与协助。

第二十八条 任何企业和个人不得向未取得合法资质的车辆、驾驶员提供信息对接开展网约车经营服务。不得以私人小客车合乘名义提供网约车经营服务。

网约车车辆和驾驶员不得通过未取得经营许可的网络服务平台提供运营服务。

第五章 监督检查

第二十九条 出租汽车行政主管部门应当建设和完善政府监管平台，实现与网约车平台信息共享。共享信息应当包括车辆和驾驶员基本信息、服务质量以及乘客评价信息等。

出租汽车行政主管部门应当加强对网约车市场监管，加强对网约车平台公司、车辆和驾驶员的资质审查与证件核发管理。

出租汽车行政主管部门应当定期组织开展网约车服务质量测评，并及时向社会公布本地区网约车平台公司基本信息、服务质量测评结果、乘客投诉处理情况等信息。

出租汽车行政主管、公安等部门有权根据管理需要依法调取查阅管辖范围内网约车平台公司的登记、运营和交易等相关数据信息。

第三十条 通信主管部门和公安、网信部门应当按照各自职责，对网约车平台公司非法收集、存储、处理和利用有关个人信息、违反互联网信息服务有关规定、危害网络和信息安全、应用网约车服务平台发布有害信息或者为企业、个人及其他团体组织发布有害信息提供便利的行为，依法进行查处，并配合出租汽车行政主管部门对认定存在违法违规行为的网约车平台公司进行依法处置。

公安机关、网信部门应当按照各自职责监督检查网络安全管理制度和安全保护技术措施的落实情况，防范、查处有关违法犯罪活动。

第三十一条 发展改革、价格、通信、公安、人力资源社会保障、商务、人民银行、税务、工商、质检、网信等部门按照各自职责，对网约车经营行为实施相关监督检查，并对违法行为依法处理。

第三十二条 各有关部门应当按照职责建立网约车平台公司和驾驶员信用记录，并纳入全国信用信息共享平台。同时将网约车平台公司行政许可和行政处罚等信用信息在全国企业信用信息公示系统上予以公示。

第三十三条 出租汽车行业协会组织应当建立网约车平台公司和驾驶员不良记录名单制度，加强行业自律。

第六章 法律责任

第三十四条 违反本规定，有下列行为之一的，由县级以上出租汽车行政主管部门责令改正，予以警告，并处以10000元以上30000元以下罚款；构成犯罪的，依法追究刑事责任：

（一）未取得经营许可，擅自从事或者变相从事网约车经营活动的；

（二）伪造、变造或者使用伪造、变造、失效的《网络预约出租汽车运输证》《网络预约出租汽车驾驶员证》从事网约车经营活动的。

第三十五条 网约车平台公司违反本规定，有下列行为之一的，由县级以上出租汽车行政主管部门和价格主管部门按照职责责令改正，对每次违法行为处以5000元以上10000元以下罚款；情节严重的，处以10000元以上30000元以下罚款：

（一）提供服务车辆未取得《网络预约出租汽车运输证》，或者线上提供服务车辆与线下

实际提供服务车辆不一致的;

（二）提供服务驾驶员未取得《网络预约出租汽车驾驶员证》，或者线上提供服务驾驶员与线下实际提供服务驾驶员不一致的;

（三）未按照规定保证车辆技术状况良好的;

（四）起讫点均不在许可的经营区域从事网约车经营活动的;

（五）未按照规定将提供服务的车辆、驾驶员相关信息向服务所在地出租汽车行政主管部门报备的;

（六）未按照规定制定服务质量标准、建立并落实投诉举报制度的;

（七）未按照规定提供共享信息，或者不配合出租汽车行政主管部门调取查阅相关数据信息的;

（八）未履行管理责任，出现甩客、故意绕道、违规收费等严重违反国家相关运营服务标准行为的。

网约车平台公司不再具备线上线下服务能力或者有严重违法行为的，由县级以上出租汽车行政主管部门依据相关法律法规的有关规定责令停业整顿、吊销相关许可证件。

第三十六条 网约车驾驶员违反本规定，有下列情形之一的，由县级以上出租汽车行政主管部门和价格主管部门按照职责责令改正，对每次违法行为处以 50 元以上 200 元以下罚款:

（一）未按照规定携带《网络预约出租汽车运输证》、《网络预约出租汽车驾驶员证》的;

（二）途中甩客或者故意绕道行驶的;

（三）违规收费的;

（四）对举报、投诉其服务质量或者对其服务作出不满意评价的乘客实施报复行为的。

网约车驾驶员不再具备从业条件或者有严重违法行为的，由县级以上出租汽车行政主管部门依据相关法律法规的有关规定撤销或者吊销从业资格证件。

对网约车驾驶员的行政处罚信息计入驾驶员和网约车平台公司信用记录。

第三十七条 网约车平台公司违反本规定第十、十八、二十六、二十七条有关规定的，由网信部门、公安机关和通信主管部门按各自职责依照相关法律法规规定给予处罚;给信息主体造成损失的，依法承担民事责任;涉嫌犯罪的，依法追究刑事责任。

网约车平台公司及网约车驾驶员违法使用或者泄露约车人、乘客个人信息的，由公安、网信等部门依照各自职责处以 2000 元以上 10000 元以下罚款;给信息主体造成损失的，依法承担民事责任;涉嫌犯罪的，依法追究刑事责任。

网约车平台公司拒不履行或者拒不按要求为公安机关依法开展国家安全工作，防范、调查违法犯罪活动提供技术支持与协助的，由公安机关依法予以处罚;构成犯罪的，依法追究刑事责任。

第七章 附 则

第三十八条 私人小客车合乘，也称为拼车、顺风车，按城市人民政府有关规定执行。

第三十九条 网约车行驶里程达到 60 万千米时强制报废。行驶里程未达到 60 万千米但使用年限达到 8 年时，退出网约车经营。

小、微型非营运载客汽车登记为预约出租客运的，按照网约车报废标准报废。其他小、微型营运载客汽车登记为预约出租客运的,按照该类型营运载客汽车报废标准和网约车报废标准中先行达到的标准报废。

省、自治区、直辖市人民政府有关部门要结合本地实际情况,制定网约车报废标准的具体规定,并报国务院商务、公安、交通运输等部门备案。

第四十条 本办法自 2016 年 11 月 1 日起实施。各地可根据本办法结合本地实际制定具体实施细则。

附件

网络预约出租汽车经营申请表	受理申请机关专用

说明

1. 申请从事网络预约出租汽车经营应当按照《网络预约出租汽车经营服务管理暂行办法》的有关规定向相应出租汽车行政主管部门提出申请,填写本表,并同时提交其他相关材料。
2. 本表可向各级出租汽车行政主管部门免费索取,也可自行从交通运输部网站(www.mot.gov.cn)下载打印。
3. 本表需用钢笔填写或者计算机打印,请用正楷,要求字迹工整。

申请人基本信息

申请人名称 _____
　　　　　　　要求填写企业(公司)全称

负责人姓名 _____　　经办人姓名 _____

通信地址 _____

邮　　编 _____　　电　　话 _____
手　　机 _____　　电子邮箱 _____

申请材料核对表　　　　请在 ☐ 内划 √

1. 网络预约出租汽车经营申请表（本表）　☐
2. 投资人、负责人身份、资信证明及其复印件　☐

经办人的身份证明及其复印件和委托书　☐

3. 企业法人营业执照　☐

属于分支机构的应当提供营业执照　☐

外商投资企业应提供外商投资企业批准证书　☐

4. 具备互联网平台和信息数据交互及处理能力的证明材料　☐
5. 具备供相关监管部门依法调取查询相关网络数据信息条件的证明材料　☐
6. 数据库接入情况　☐
7. 服务器设置在中国内地的情况说明　☐
8. 网络安全管理制度和安全保护技术措施文本　☐
9. 提供支付结算服务的银行或者非银行支付机构签订的协议范本　☐
10. 服务所在地办公场所、管理人员等信息　☐
11. 经营管理制度、安全生产管理制度和服务质量保障制度文本　☐
12. 法律法规要求提供的其他材料　☐

只有上述材料齐全有效后，你的申请才能受理

声明

我声明本表及其他相关材料中提供的信息均真实可靠。
我知悉如此表中有故意填写的虚假信息，我取得的经营许可将被撤销。
我承诺将遵守国家有关法律、行政法规及其他相关规章的规定。

负责人签名_____　　日期_____
负责人职位_____

水路行政执法

中华人民共和国航道法

(2014年12月28日中华人民共和国主席令第17号公布)

第一章 总 则

第一条 为了规范和加强航道的规划、建设、养护、保护,保障航道畅通和通航安全,促进水路运输发展,制定本法。

第二条 本法所称航道,是指中华人民共和国领域内的江河、湖泊等内陆水域中可以供船舶通航的通道,以及内海、领海中经建设、养护可以供船舶通航的通道。航道包括通航建筑物、航道整治建筑物和航标等航道设施。

第三条 规划、建设、养护、保护航道,应当根据经济社会发展和国防建设的需要,遵循综合利用和保护水资源、保护生态环境的原则,服从综合交通运输体系建设和防洪总体安排,统筹兼顾供水、灌溉、发电、渔业等需求,发挥水资源的综合效益。

第四条 国务院和有关县级以上地方人民政府应当加强对航道工作的领导,组织、协调、督促有关部门采取措施,保持和改善航道通航条件,保护航道安全,维护航道网络完整和畅通。

国务院和有关县级以上地方人民政府应当根据经济社会发展水平和航道建设、养护的需要,在财政预算中合理安排航道建设和养护资金。

第五条 国务院交通运输主管部门主管全国航道管理工作,并按照国务院的规定直接管理跨省、自治区、直辖市的重要干线航道和国际、国境河流航道等重要航道。

县级以上地方人民政府交通运输主管部门按照省、自治区、直辖市人民政府的规定主管所辖航道的管理工作。

国务院交通运输主管部门按照国务院规定设置的负责航道管理的机构和县级以上地方人民政府负责航道管理的部门或者机构(以下统称负责航道管理的部门),承担本法规定的航道管理工作。

第二章 航 道 规 划

第六条 航道规划分为全国航道规划、流域航道规划、区域航道规划和省、自治区、直辖市航道规划。

航道规划应当包括航道的功能定位、规划目标、发展规划技术等级、规划实施步骤以及保障措施等内容。

航道规划应当符合依法制定的流域、区域综合规划,符合水资源规划、防洪规划和海洋功能区划,并与涉及水资源综合利用的相关专业规划以及依法制定的城乡规划、环境保护规划等其他相关规划和军事设施保护区划相协调。

第七条　航道应当划分技术等级。航道技术等级包括现状技术等级和发展规划技术等级。航道发展规划技术等级根据相关自然条件以及防洪、供水、水资源保护、生态环境保护要求和航运发展需求等因素评定。

第八条　全国航道规划由国务院交通运输主管部门会同国务院发展改革部门、国务院水行政主管部门等部门编制，报国务院批准公布。流域航道规划、区域航道规划由国务院交通运输主管部门编制并公布。

省、自治区、直辖市航道规划由省、自治区、直辖市人民政府交通运输主管部门会同同级发展改革部门、水行政主管部门等部门编制，报省、自治区、直辖市人民政府会同国务院交通运输主管部门批准公布。

编制航道规划应当征求有关部门和有关军事机关的意见，并依法进行环境影响评价。涉及海域、重要渔业水域的，应当有同级海洋主管部门、渔业行政主管部门参加。编制全国航道规划和流域航道规划、区域航道规划应当征求相关省、自治区、直辖市人民政府的意见。

流域航道规划、区域航道规划和省、自治区、直辖市航道规划应当符合全国航道规划。

第九条　依法制定并公布的航道规划应当依照执行；航道规划确需修改的，依照规划编制程序办理。

第三章　航道建设

第十条　新建航道以及为改善航道通航条件而进行的航道工程建设，应当遵守法律、行政法规关于建设工程质量管理、安全管理和生态环境保护的规定，符合航道规划，执行有关的国家标准、行业标准和技术规范，依法办理相关手续。

第十一条　航道建设单位应当根据航道建设工程的技术要求，依法通过招标等方式选择具有相应资质的勘察、设计、施工和监理单位进行工程建设，对工程质量和安全进行监督检查，并对工程质量和安全负责。

从事航道工程建设的勘察、设计、施工和监理单位，应当依照法律、行政法规的规定取得相应的资质，并在其资质等级许可的范围内从事航道工程建设活动，依法对勘察、设计、施工、监理的质量和安全负责。

第十二条　有关县级以上人民政府交通运输主管部门应当加强对航道建设工程质量和安全的监督检查，保障航道建设工程的质量和安全。

第十三条　航道建设工程竣工后，应当按照国家有关规定组织竣工验收，经验收合格方可正式投入使用。

航道建设单位应当自航道建设工程竣工验收合格之日起六十日内，将竣工测量图报送负责航道管理的部门。沿海航道的竣工测量图还应当报送海军航海保证部门。

第十四条　进行航道工程建设应当维护河势稳定，符合防洪要求，不得危及依法建设的其他工程或者设施的安全。因航道工程建设损坏依法建设的其他工程或者设施的，航道建设单位应当予以修复或者依法赔偿。

第四章　航道养护

第十五条　国务院交通运输主管部门应当制定航道养护技术规范。

负责航道管理的部门应当按照航道养护技术规范进行航道养护,保证航道处于良好通航技术状态。

第十六条 负责航道管理的部门应当根据航道现状技术等级或者航道自然条件确定并公布航道维护尺度和内河航道图。

航道维护尺度是指航道在不同水位期应当保持的水深、宽度、弯曲半径等技术要求。

第十七条 负责航道管理的部门应当按照国务院交通运输主管部门的规定对航道进行巡查,发现航道实际尺度达不到航道维护尺度或者有其他不符合保证船舶通航安全要求的情形,应当进行维护,及时发布航道通告并通报海事管理机构。

第十八条 海事管理机构发现航道损毁等危及通航安全的情形,应当及时通报负责航道管理的部门,并采取必要的安全保障措施。

其他单位和人员发现航道损毁等危及通航安全的情形,应当及时报告负责航道管理的部门或者海事管理机构。

第十九条 负责航道管理的部门应当合理安排航道养护作业,避免限制通航的集中作业和在通航高峰期作业。

负责航道管理的部门进行航道疏浚、清障等影响通航的航道养护活动,或者确需限制通航的养护作业的,应当设置明显的作业标志,采取必要的安全措施,并提前通报海事管理机构,保证过往船舶通行以及依法建设的工程设施的安全。养护作业结束后,应当及时清除影响航道通航条件的作业标志及其他残留物,恢复正常通航。

第二十条 进行航道养护作业可能造成航道堵塞的,有关负责航道管理的部门应当会同海事管理机构事先通报相关区域负责航道管理的部门和海事管理机构,共同制定船舶疏导方案,并向社会公告。

第二十一条 因自然灾害、事故灾难等突发事件造成航道损坏、阻塞的,负责航道管理的部门应当按照突发事件应急预案尽快修复抢通;必要时由县级以上人民政府组织尽快修复抢通。

船舶、设施或者其他物体在航道水域中沉没,影响航道畅通和通航安全的,其所有人或者经营人应当立即报告负责航道管理的部门和海事管理机构,按照规定自行或者委托负责航道管理的部门或者海事管理机构代为设置标志,并应当在海事管理机构限定的时间内打捞清除。

第二十二条 航标的设置、养护、保护和管理,依照有关法律、行政法规和国家标准或者行业标准的规定执行。

第二十三条 部队执行任务、战备训练需要使用航道的,负责航道管理的部门应当给予必要的支持和协助。

第五章 航道保护

第二十四条 新建、改建、扩建(以下统称建设)跨越、穿越航道的桥梁、隧道、管道、缆线等建筑物、构筑物,应当符合该航道发展规划技术等级对通航净高、净宽、埋设深度等航道通航条件的要求。

第二十五条 在通航河流上建设永久性拦河闸坝,建设单位应当按照航道发展规划技等级建设通航建筑物。通航建筑物应当与主体工程同步规划、同步设计、同步建设、同步验收、同步投入使用。

闸坝建设期间难以维持航道原有通航能力的，建设单位应当采取修建临时航道、安排翻坝转运等补救措施，所需费用由建设单位承担。

在不通航河流上建设闸坝后可以通航的，闸坝建设单位应当同步建设通航建筑物或者预留通航建筑物位置，通航建筑物建设费用除国家另有规定外，由交通运输主管部门承担。

通航建筑物的运行应当适应船舶通行需要，运行方案应当经负责航道管理的部门同意并公布。通航建筑物的建设单位或者管理单位应当按照规定维护保养通航建筑物，保持其正常运行。

第二十六条　在航道保护范围内建设临河、临湖、临海建筑物或者构筑物，应当符合该航道通航条件的要求。

航道保护范围由县级以上地方人民政府交通运输主管部门会同水行政主管部门或者流域管理机构、国土资源主管部门根据航道发展规划技术等级和航道保护实际需要划定，报本级人民政府批准公布。国务院交通运输主管部门直接管理的航道的航道保护范围，由国务院交通运输主管部门会同国务院水行政主管部门、国务院国土资源主管部门和有关省、自治区、直辖市人民政府划定公布。航道保护范围涉及海域、重要渔业水域的，还应当分别会同同级海洋主管部门、渔业行政主管部门划定。

第二十七条　建设本法第二十四条、第二十五条第一款、第二十六条第一款规定的工程(以下统称与航道有关的工程)，除依照法律、行政法规或者国务院规定进行的防洪、供水等特殊工程外，不得因工程建设降低航道通航条件。

第二十八条　建设与航道有关的工程，建设单位应当在工程可行性研究阶段就建设项目对航道通航条件的影响作出评价，并报送有审核权的交通运输主管部门或者航道管理机构审核，但下列工程除外：

（一）临河、临湖的中小河流治理工程；

（二）不通航河流上建设的水工程；

（三）现有水工程的水毁修复、除险加固、不涉及通航建筑物和不改变航道原通航条件的更新改造等不影响航道通航条件的工程。

建设单位报送的航道通航条件影响评价材料不符合本法规定的，可以进行补充或者修改，重新报送审核部门审核。

未进行航道通航条件影响评价或者经审核部门审核认为建设项目不符合本法规定的，负责建设项目审批或者核准的部门不予批准、核准，建设单位不得建设。

第二十九条　国务院或者国务院有关部门批准、核准的建设项目，以及与国务院交通运输主管部门直接管理的航道有关的建设项目的航道通航条件影响评价，由国务院交通运输主管部门审核；其他建设项目的航道通航条件影响评价，按照省、自治区、直辖市人民政府的规定由县级以上地方人民政府交通运输主管部门或者航道管理机构审核。

第三十条　航道上相邻拦河闸坝之间的航道通航水位衔接，应当符合国家规定的通航标准和技术要求。位于航道及其上游支流上的水工程，应当在设计、施工和调度运行中统筹考虑下游航道设计最低通航水位所需的下泄流量，但水文条件超出实际标准的除外。

保障下游航道通航所需的最小下泄流量以及满足航道通航条件允许的水位变化的确定，应当征求负责航道管理的部门的意见。

水工程需大幅度减流或者大流量泄水的，应当提前通报负责航道管理的部门和海事管理机构，给船舶避让留出合理的时间。

第三十一条 与航道有关的工程施工影响航道正常功能的，负责航道管理的部门、海事管理机构应当根据需要对航标或者航道的位置、走向进行临时调整；影响消除后应当及时恢复。所需费用由建设单位承担，但因防洪抢险工程引起调整的除外。

第三十二条 与航道有关的工程竣工验收前，建设单位应当及时清除影响航道通航条件的临时设施及其残留物。

第三十三条 与航道有关的工程建设活动不得危及航道安全。

与航道有关的工程建设活动损坏航道的，建设单位应当予以修复或者依法赔偿。

第三十四条 在通航水域上建设桥梁等建筑物，建设单位应当按照国家有关规定和技术要求设置航标等设施，并承担相应费用。

桥区水上航标由负责航道管理的部门、海事管理机构负责管理维护。

第三十五条 禁止下列危害航道通航安全的行为：

（一）在航道内设置渔具或者水产养殖设施的；

（二）在航道和航道保护范围内倾倒砂石、泥土、垃圾以及其他废弃物的；

（三）在通航建筑物及其引航道和船舶调度区内从事货物装卸、水上加油、船舶维修、捕鱼等，影响通航建筑物正常运行的；

（四）危害航道设施安全的；

（五）其他危害航道通航安全的行为。

第三十六条 在河道内采砂，应当依照有关法律、行政法规的规定进行。禁止在河道内依法划定的砂石禁采区采砂、无证采砂、未按批准的范围和作业方式采砂等非法采砂行为。

在航道和航道保护范围内采砂，不得损害航道通航条件。

第三十七条 本法施行前建设的拦河闸坝造成通航河流断航，需要恢复通航且具备建设通航建筑物条件的，由发展改革部门会同水行政主管部门、交通运输主管部门提出恢复通航方案，报本级人民政府决定。

第六章　法　律　责　任

第三十八条 航道建设、勘察、设计、施工、监理单位在航道建设活动中违反本法规定的，由县级以上人民政府交通运输主管部门依照有关招标投标和工程建设管理的法律、行政法规的规定处罚。

第三十九条 建设单位未依法报送航道通航条件影响评价材料而开工建设的，由有审核权的交通运输主管部门或者航道管理机构责令停止建设，限期补办手续，处三万元以下的罚款；逾期不补办手续继续建设的，由有审核权的交通运输主管部门或者航道管理机构责令恢复原状，处二十万元以上五十万元以下的罚款。

报送的航道通航条件影响评价材料未通过审核，建设单位开工建设的，由有审核权的交通运输主管部门或者航道管理机构责令停止建设、恢复原状，处二十万元以上五十万元以下的罚款。

违反航道通航条件影响评价的规定建成的项目导致航道通航条件严重下降的,由前两款规定的交通运输主管部门或者航道管理机构责令限期采取补救措施或者拆除;逾期未采取补救措施或者拆除的,由交通运输主管部门或者航道管理机构代为采取补救措施或者依法组织拆除,所需费用由建设单位承担。

第四十条 与航道有关的工程的建设单位违反本法规定,未及时清除影响航道通航条件的临时设施及其残留物的,由负责航道管理的部门责令限期清除,处二万元以下的罚款;逾期仍未清除的,处三万元以上二十万元以下的罚款,并由负责航道管理的部门依法组织清除,所需费用由建设单位承担。

第四十一条 在通航水域上建设桥梁等建筑物,建设单位未按照规定设置航标等设施的,由负责航道管理的部门或者海事管理机构责令改正,处五万元以下罚款。

第四十二条 违反本法规定,有下列行为之一的,由负责航道管理的部门责令改正,对单位处五万元以下罚款,对个人处二千元以下罚款;造成损失的,依法承担赔偿责任:

（一）在航道内设置渔具或者水产养殖设施的;
（二）在航道和航道保护范围内倾倒砂石、泥土、垃圾以及其他废弃物的;
（三）在通航建筑物及其引航道和船舶调度区内从事货物装卸、水上加油、船舶维修、捕鱼等,影响通航建筑物正常运行的;
（四）危害航道设施安全的;
（五）其他危害航道通航安全的行为。

第四十三条 在河道内依法划定的砂石禁采区采砂、无证采砂、未按批准的范围和作业方式采砂等非法采砂的,依照有关法律、行政法规的规定处罚。

违反本法规定,在航道和航道保护范围内采砂,损害航道通航条件的,由负责航道管理的部门责令停止违法行为,没收违法所得,可以扣押或者没收非法采砂船舶,并处五万元以上三十万元以下罚款;造成损失的,依法承担赔偿责任。

第四十四条 违反法律规定,污染环境、破坏生态或者有其他环境违法行为的,依照《中华人民共和国环境保护法》等法律的规定处罚。

第四十五条 交通运输主管部门以及其他有关部门不依法履行本法规定的职责的,对直接负责的主管人员和其他直接责任人员依法给予处分。

负责航道管理的机构不依法履行本法规定的职责的,由其上级主管部门责令改正,对直接负责的主管人员和其他直接责任人员依法给予处分。

第四十六条 违反本法规定,构成违反治安管理行为的,依法给予治安管理处罚;构成犯罪的,依法追究刑事责任。

第七章 附 则

第四十七条 进出军事港口、渔业港口的专用航道不适用本法。专用航道由专用部门管理。

第四十八条 本法自 2015 年 3 月 1 日起施行。

国内水路运输管理条例

(2012年10月13日国务院令第625号公布,
2016年2月6日国务院令第666号修订)

第一章 总 则

第一条 为了规范国内水路运输经营行为,维护国内水路运输市场秩序,保障国内水路运输安全,促进国内水路运输业健康发展,制定本条例。

第二条 经营国内水路运输以及水路运输辅助业务,应当遵守本条例。

本条例所称国内水路运输(以下简称水路运输),是指始发港、挂靠港和目的港均在中华人民共和国管辖的通航水域内的经营性旅客运输和货物运输。

本条例所称水路运输辅助业务,是指直接为水路运输提供服务的船舶管理、船舶代理、水路旅客运输代理和水路货物运输代理等经营活动。

第三条 国家鼓励和保护水路运输市场的公平竞争,禁止垄断和不正当竞争行为。

国家运用经济、技术政策等措施,支持和鼓励水路运输经营者实行规模化、集约化经营,促进水路运输行业结构调整;支持和鼓励水路运输经营者采用先进适用的水路运输设备和技术,保障运输安全,促进节约能源,减少污染物排放。

国家保护水路运输经营者、旅客和货主的合法权益。

第四条 国务院交通运输主管部门主管全国水路运输管理工作。

县级以上地方人民政府交通运输主管部门主管本行政区域的水路运输管理工作。县级以上地方人民政府负责水路运输管理的部门或者机构(以下统称负责水路运输管理的部门)承担本条例规定的水路运输管理工作。

第五条 经营水路运输及其辅助业务,应当遵守法律、法规,诚实守信。

国务院交通运输主管部门和负责水路运输管理的部门应当依法对水路运输市场实施监督管理,对水路运输及其辅助业务的违法经营活动实施处罚,并建立经营者诚信管理制度,及时向社会公告监督检查情况。

第二章 水路运输经营者

第六条 申请经营水路运输业务,除本条例第七条规定的情形外,申请人应当符合下列条件:

(一)取得企业法人资格;

(二)有符合本条例第十三条规定的船舶,并且自有船舶运力符合国务院交通运输主管部门的规定;

（三）有明确的经营范围,其中申请经营水路旅客班轮运输业务的,还应当有可行的航线营运计划;

（四）有与其申请的经营范围和船舶运力相适应的海务、机务管理人员;

（五）与其直接订立劳动合同的高级船员占全部船员的比例符合国务院交通运输主管部门的规定;

（六）有健全的安全管理制度;

（七）法律、行政法规规定的其他条件。

第七条 个人可以申请经营内河普通货物运输业务。

申请经营内河普通货物运输业务的个人,应当有符合本条例第十三条规定且船舶吨位不超过国务院交通运输主管部门规定的自有船舶,并应当符合本条例第六条第六项、第七项规定的条件。

第八条 经营水路运输业务,应当按照国务院交通运输主管部门的规定,经国务院交通运输主管部门或者设区的市级以上地方人民政府负责水路运输管理的部门批准。

申请经营水路运输业务,应当向前款规定的负责审批的部门提交申请书和证明申请人符合本条例第六条或者第七条规定条件的相关材料。

负责审批的部门应当自受理申请之日起30个工作日内审查完毕,作出准予许可或者不予许可的决定。予以许可的,发给水路运输业务经营许可证件,并为申请人投入运营的船舶配发船舶营运证件;不予许可的,应当书面通知申请人并说明理由。

第九条 各级交通运输主管部门应当做好水路运输市场统计和调查分析工作,定期向社会公布水路运输市场运力供需状况。

第十条 为保障水路运输安全,维护水路运输市场的公平竞争秩序,国务院交通运输主管部门可以根据水路运输市场监测情况,决定在特定的旅客班轮运输和散装液体危险货物运输航线、水域暂停新增运力许可。

采取前款规定的运力调控措施,应当符合公开、公平、公正的原则,在开始实施的60日前向社会公告,说明采取措施的理由以及采取措施的范围、期限等事项。

第十一条 外国的企业、其他经济组织和个人不得经营水路运输业务,也不得以租用中国籍船舶或者舱位等方式变相经营水路运输业务。

香港特别行政区、澳门特别行政区和台湾地区的企业、其他经济组织以及个人参照适用前款规定,国务院另有规定的除外。

第十二条 依照本条例取得许可的水路运输经营者终止经营的,应当自终止经营之日起15个工作日内向原许可机关办理注销许可手续,交回水路运输业务经营许可证件。

第十三条 水路运输经营者投入运营的船舶应当符合下列条件:

（一）与经营者的经营范围相适应;

（二）取得有效的船舶登记证书和检验证书;

（三）符合国务院交通运输主管部门关于船型技术标准和船龄的要求;

（四）法律、行政法规规定的其他条件。

第十四条 水路运输经营者新增船舶投入运营的,应当凭水路运输业务经营许可证件、船舶登记证书和检验证书向国务院交通运输主管部门或者设区的市级以上地方人民政府负责水路运输管理的部门领取船舶营运证件。

从事水路运输经营的船舶应当随船携带船舶营运证件。

海事管理机构办理船舶进出港签证，应当检查船舶的营运证件。对不能提供有效的船舶营运证件的，不得为其办理签证，并应当同时通知港口所在地人民政府负责水路运输管理的部门。港口所在地人民政府负责水路运输管理的部门收到上述通知后，应当在24小时内作出处理并将处理情况书面通知有关海事管理机构。

第十五条　国家根据保障运输安全、保护水环境、节约能源、提高航道和通航设施利用效率的需求，制定并实施新的船型技术标准，对正在使用的不符合新标准但符合原有标准且未达到规定报废船龄的船舶，可以采取资金补贴等措施，引导、鼓励水路运输经营者进行更新、改造；需要强制提前报废的，应当对船舶所有人给予补偿。具体办法由国务院交通运输主管部门会同国务院财政部门制定。

第十六条　水路运输经营者不得使用外国籍船舶经营水路运输业务。但是，在国内没有能够满足所申请运输要求的中国籍船舶，并且船舶停靠的港口或者水域为对外开放的港口或者水域的情况下，经国务院交通运输主管部门许可，水路运输经营者可以在国务院交通运输主管部门规定的期限或者航次内，临时使用外国籍船舶运输。

在香港特别行政区、澳门特别行政区、台湾地区进行船籍登记的船舶，参照适用本条例关于外国籍船舶的规定，国务院另有规定的除外。

第三章　水路运输经营活动

第十七条　水路运输经营者应当在依法取得许可的经营范围内从事水路运输经营。

第十八条　水路运输经营者应当使用符合本条例规定条件、配备合格船员的船舶，并保证船舶处于适航状态。

水路运输经营者应当按照船舶核定载客定额或者载重量载运旅客、货物，不得超载或者使用货船载运旅客。

第十九条　水路运输经营者应当依照法律、行政法规和国务院交通运输主管部门关于水路旅客、货物运输的规定、质量标准以及合同的约定，为旅客、货主提供安全、便捷、优质的服务，保证旅客、货物运输安全。

水路旅客运输业务经营者应当为其客运船舶投保承运人责任保险或者取得相应的财务担保。

第二十条　水路运输经营者运输危险货物，应当遵守法律、行政法规以及国务院交通运输主管部门关于危险货物运输的规定，使用依法取得危险货物适装证书的船舶，按照规定的安全技术规范进行配载和运输，保证运输安全。

第二十一条　旅客班轮运输业务经营者应当自取得班轮航线经营许可之日起60日内开航，并在开航15日前公布所使用的船舶、班期、班次、运价等信息。

旅客班轮运输应当按照公布的班期、班次运行；变更班期、班次、运价的，应当在15日前向社会公布；停止经营部分或者全部班轮航线的，应当在30日前向社会公布并报原许可机关备案。

第二十二条　货物班轮运输业务经营者应当在班轮航线开航的7日前，公布所使用的船舶以及班期、班次和运价。

货物班轮运输应当按照公布的班期、班次运行；变更班期、班次、运价或者停止经营部分或者全部班轮航线的，应当在 7 日前向社会公布。

第二十三条 水路运输经营者应当依照法律、行政法规和国家有关规定，优先运送处置突发事件所需的物资、设备、工具、应急救援人员和受到突发事件危害的人员，重点保障紧急、重要的军事运输。

出现关系国计民生的紧急运输需求时，国务院交通运输主管部门按照国务院的部署，可以要求水路运输经营者优先运输需要紧急运输的物资。水路运输经营者应当按照要求及时运输。

第二十四条 水路运输经营者应当按照统计法律、行政法规的规定报送统计信息。

第四章 水路运输辅助业务

第二十五条 运输船舶的所有人、经营人可以委托船舶管理业务经营者为其提供船舶海务、机务管理等服务。

第二十六条 申请经营船舶管理业务，申请人应当符合下列条件：

（一）具备企业法人条件；

（二）有健全的安全管理制度；

（三）有与其申请管理的船舶运力相适应的海务、机务管理人员；

（四）法律、行政法规规定的其他条件。

第二十七条 经营船舶管理业务，应当经设区的市级以上地方人民政府负责水路运输管理的部门批准。

申请经营船舶管理业务，应当向前款规定的部门提交申请书和证明申请人符合本条例第二十六条规定条件的相关材料。

受理申请的部门应当自受理申请之日起 30 个工作日内审查完毕，作出准予许可或者不予许可的决定。予以许可的，发给船舶管理业务经营许可证件，并向国务院交通运输主管部门备案；不予许可的，应当书面通知申请人并说明理由。

第二十八条 船舶管理业务经营者接受委托提供船舶管理服务，应当与委托人订立书面合同，并将合同报所在地海事管理机构备案。

船舶管理业务经营者应当按照国家有关规定和合同约定履行有关船舶安全和防止污染的管理义务。

第二十九条 水路运输经营者可以委托船舶代理、水路旅客运输代理、水路货物运输代理业务的经营者，代办船舶进出港手续等港口业务，代为签订运输合同，代办旅客、货物承揽业务以及其他水路运输代理业务。

第三十条 船舶代理、水路旅客运输代理业务的经营者应当自企业设立登记之日起 15 个工作日内，向所在地设区的市级人民政府负责水路运输管理的部门备案。

第三十一条 船舶代理、水路旅客运输代理、水路货物运输代理业务的经营者接受委托提供代理服务，应当与委托人订立书面合同，按照国家有关规定和合同约定办理代理业务，不得强行代理，不得为未依法取得水路运输业务经营许可或者超越许可范围的经营者办理代理业务。

第三十二条　本条例第十二条、第十七条的规定适用于船舶管理业务经营者。本条例第十一条、第二十四条的规定适用于船舶管理、船舶代理、水路旅客运输代理和水路货物运输代理业务经营活动。

国务院交通运输主管部门应当依照本条例的规定制定水路运输辅助业务的具体管理办法。

第五章　法律责任

第三十三条　未经许可擅自经营或者超越许可范围经营水路运输业务或者国内船舶管理业务的，由负责水路运输管理的部门责令停止经营，没收违法所得，并处违法所得1倍以上5倍以下的罚款；没有违法所得或者违法所得不足3万元的，处3万元以上15万元以下的罚款。

第三十四条　水路运输经营者使用未取得船舶营运证件的船舶从事水路运输的，由负责水路运输管理的部门责令该船停止经营，没收违法所得，并处违法所得1倍以上5倍以下的罚款；没有违法所得或者违法所得不足2万元的，处2万元以上10万元以下的罚款。

从事水路运输经营的船舶未随船携带船舶营运证件的，责令改正，可以处1000元以下的罚款。

第三十五条　水路运输经营者未经国务院交通运输主管部门许可或者超越许可范围使用外国籍船舶经营水路运输业务，或者外国的企业、其他经济组织和个人经营或者以租用中国籍船舶或者舱位等方式变相经营水路运输业务的，由负责水路运输管理的部门责令停止经营，没收违法所得，并处违法所得1倍以上5倍以下的罚款；没有违法所得或者违法所得不足20万元的，处20万元以上100万元以下的罚款。

第三十六条　以欺骗或者贿赂等不正当手段取得本条例规定的行政许可的，由原许可机关撤销许可，处2万元以上20万元以下的罚款；有违法所得的，没收违法所得；国务院交通运输主管部门或者负责水路运输管理的部门自撤销许可之日起3年内不受理其对该项许可的申请。

第三十七条　出租、出借、倒卖本条例规定的行政许可证件或者以其他方式非法转让本条例规定的行政许可的，由负责水路运输管理的部门责令改正，没收违法所得，并处违法所得1倍以上5倍以下的罚款；没有违法所得或者违法所得不足3万元的，处3万元以上15万元以下的罚款；情节严重的，由原许可机关吊销相应的许可证件。

伪造、变造、涂改本条例规定的行政许可证件的，由负责水路运输管理的部门没收伪造、变造、涂改的许可证件，处3万元以上15万元以下的罚款；有违法所得的，没收违法所得。

第三十八条　水路运输经营者有下列情形之一的，由海事管理机构依法予以处罚：

（一）未按照规定配备船员或者未使船舶处于适航状态；

（二）超越船舶核定载客定额或者核定载重量载运旅客或者货物；

（三）使用货船载运旅客；

（四）使用未取得危险货物适装证书的船舶运输危险货物。

第三十九条　水路旅客运输业务经营者未为其经营的客运船舶投保承运人责任保险或

者取得相应的财务担保的,由负责水路运输管理的部门责令限期改正,处 2 万元以上 10 万元以下的罚款;逾期不改正的,由原许可机关吊销该客运船舶的船舶营运许可证件。

第四十条 班轮运输业务经营者未提前向社会公布所使用的船舶、班期、班次和运价或者其变更信息的,由负责水路运输管理的部门责令改正,处 2000 元以上 2 万元以下的罚款。

第四十一条 旅客班轮运输业务经营者自取得班轮航线经营许可之日起 60 日内未开航的,由负责水路运输管理的部门责令改正;拒不改正的,由原许可机关撤销该项经营许可。

第四十二条 水路运输、船舶管理业务经营者取得许可后,不再具备本条例规定的许可条件的,由负责水路运输管理的部门责令限期整改;在规定期限内整改仍不合格的,由原许可机关撤销其经营许可。

第四十三条 负责水路运输管理的国家工作人员在水路运输管理活动中滥用职权、玩忽职守、徇私舞弊,不依法履行职责的,依法给予处分。

第四十四条 违反本条例规定,构成违反治安管理行为的,依法给予治安管理处罚;构成犯罪的,依法追究刑事责任。

第六章 附 则

第四十五条 载客 12 人以下的客运船舶以及乡、镇客运渡船运输的管理办法,由省、自治区、直辖市人民政府另行制定。

第四十六条 本条例自 2013 年 1 月 1 日起施行。1987 年 5 月 12 日国务院发布的《中华人民共和国水路运输管理条例》同时废止。

中华人民共和国航道管理条例

(1987年8月22日国务院国发[1987]78号文公布,2008年12月28日国务院令第545号修正)

第一章 总 则

第一条 为加强航道管理,改善通航条件,保证航道畅通和航行安全,充分发挥水上交通在国民经济和国防建设中的作用,特制定本条例。

第二条 本条例适用于中华人民共和国沿海和内河的航道、航道设施以及与通航有关的设施。

第三条 国家鼓励和保护在统筹兼顾、综合利用水资源的原则下,开发利用航道,发展水运事业。

第四条 中华人民共和国交通部主管全国航道事业。

第五条 航道分为国家航道、地方航道和专用航道。

第六条 国家航道及其航道设施按海区和内河水系,由交通部或者交通部授权的省、自治区、直辖市交通主管部门管理。

地方航道及其航道设施由省、自治区、直辖市交通主管部门管理。

专用航道及其航道设施由专用部门管理。

国家航道和地方航道上的过船建筑物,按照国务院规定管理。

第二章 航道的规划和建设

第七条 航道发展规划应当依据统筹兼顾、综合利用的原则,结合水利水电、城市建设以及铁路、公路、水运发展规划和国家批准的水资源综合规划制定。

第八条 国家航道发展规划由交通部编制,报国务院审查批准后实施。

地方航道发展规划由省、自治区、直辖市交通主管部门编制,报省、自治区、直辖市人民政府审查批准后实施,并抄报交通部备案。

跨省、自治区、直辖市的地方航道的发展规划,由有关省、自治区、直辖市交通主管部门共同编制,报有关省、自治区、直辖市人民政府联合审查批准后实施,并抄报交通部备案;必要时报交通部审查批准后实施。

专用航道发展规划由专用航道管理部门会同同级交通主管部门编制,报同级人民政府批准后实施。

第九条 各级水利电力主管部门编制河流流域规划和与航运有关的水利、水电工程规划以及进行上述工程设计时,必须有同级交通主管部门参加。

各级交通主管部门编制渠化河流和人工运河航道发展规划和进行与水利水电有关的工程设计时,必须有同级水利电力主管部门参加。

各级水利电力主管部门、交通主管部门编制上述规划,涉及运送木材的河流和重要的渔业水域时,必须有同级林业、渔业主管部门参加。

第十条 航道应当划分技术等级。航道技术等级的划分,由省、自治区、直辖市交通主管部门或交通部派驻水系的管理机构根据通航标准提出方案。一至四级航道由交通部会同水利电力部及其他有关部门研究批准,报国务院备案;四级以下的航道,由省、自治区、直辖市人民政府批准,报交通部备案。

第十一条 建设航道及其设施,必须遵守国家基本建设程序的规定。工程竣工经验收合格后,方能交付使用。

第十二条 建设航道及其设施,不得危及水利水电工程、跨河建筑物和其他设施的安全。

因建设航道及其设施损坏水利水电工程、跨河建筑物和其他设施的,建设单位应当给予赔偿或者修复。

在行洪河道上建设航道,必须符合行洪安全的要求。

第三章　航道的保护

第十三条 航道和航道设施受国家保护,任何单位和个人均不得侵占或者破坏。交通部门应当加强对航道的养护,保证航道畅通。

第十四条 修建与通航有关的设施或者治理河道、引水灌溉,必须符合国家规定的通航标准和技术要求,并应当事先征求交通主管部门的意见。

违反前款规定,中断或者恶化通航条件的,由建设单位或者个人赔偿损失,并在规定期限内负责恢复通航。

第十五条 在通航河流上建设永久性拦河闸坝,建设单位必须按照设计和施工方案,同时建设适当规模的过船、过木、过鱼建筑物,并解决施工期间的船舶、排筏通航问题。过船、过木、过鱼建筑物的建设费用,由建设单位承担。

在不通航河流或者人工渠道上建设闸坝后可以通航的,建设单位应当同时建设适当规模的过船建筑物;不能同时建设的,应当预留建设过船建筑物的位置。过船建筑物的建设费用,除国家另有规定外,应当由交通部门承担。

过船、过木、过鱼建筑物的设计任务书、设计文件和施工方案,必须取得交通、林业、渔业主管部门的同意。

第十六条 因紧急抗旱需要,在通航河流上建临时闸坝,必须经县级以上人民政府批准。旱情解除后,建闸坝单位必须及时拆除闸坝,恢复通航条件。

第十七条 对通航河流上碍航的闸坝、桥梁和其他建筑物以及由建筑物所造成的航道淤积,由地方人民政府按照"谁造成碍航谁恢复通航"的原则,责成有关部门改建碍航建筑物或者限期补建过船、过木、过鱼建筑物,清除淤积,恢复通航。

第十八条 在通航河段或其上游兴建水利工程控制或引走水源,建设单位应当保证航道和船闸所需要的通航流量。在特殊情况下,由于控制水源或大量引水影响通航时,建设单位应当采取相应的工程措施,地方人民政府应当组织有关部门协商,合理分配水量。

第十九条 水利水电工程设施管理部门制定调度运行方案,涉及通航流量、水位和航行安全时,应当事先与交通主管部门协商。协商不一致时,由县级以上人民政府决定。

第二十条 在防洪、排涝、抗旱时,综合利用水利枢纽过船建筑物应当服从防汛抗旱指挥机构统一安排。

第二十一条 沿海和通航河流上设置的助航标志必须符合国家规定的标准。

在沿海和通航河流上设置专用标志必须经交通主管部门同意;设置渔标和军用标,必须报交通主管部门备案。

第二十二条 禁止向河道倾倒沙石泥土和废弃物。

在通航河道内挖取沙石泥土、堆存材料,不得恶化通航条件。

第二十三条 在航道内施工工程完成后,施工单位应当及时清除遗留物。

第四章 航道养护经费

第二十四条 经国家批准计征港务费的沿海和内河港口,进出港航道的维护费用由港务费开支。

第二十五条 专用航道的维护费用,由专用部门自行解决。

第二十六条 对中央、地方财政拨给的航道维护费用,必须坚持专款专用的原则。

第五章 罚 则

第二十七条 对违反本条例规定的单位和个人,县以上交通主管部门可以视情节轻重给予警告、罚款的处罚。

第二十八条 当事人对交通主管部门的处罚不服的,可以向上级交通主管部门提出申诉;对上级交通主管部门的处理不服的,可以在接到处理决定书之日起15日内向人民法院起诉。逾期不起诉又不履行的,交通主管部门可以申请人民法院强制执行。

第二十九条 违反本条例的规定,应当受治安管理处罚的,由公安机关处理;构成犯罪的,由司法机关依法追究刑事责任。

第六章 附 则

第三十条 本条例下列用语的含义是:

"航道"是指中华人民共和国沿海、江河、湖泊、运河内船舶、排筏可以通航的水域。

"国家航道"是指:(一)构成国家航道网、可以通航五百吨级以上船舶的内河干线航道;(二)跨省、自治区、直辖市,可以常年通航三百吨级以上船舶的内河干线航道;(三)沿海干线航道和主要海港航道;(四)国家指定的重要航道。

"专用航道"是指由军事、水利电力、林业、水产等部门以及其他企业事业单位自行建设、使用的航道。

"地方航道"是指国家航道和专用航道以外的航道。

"航道设施"是指航道的助航导航设施、整治建筑物、航运梯级、过船建筑物(包括过船闸坝)和其他航道工程设施。

"与通航有关的设施"是指对航道的通航条件有影响的闸坝、桥梁、码头、架空电线、水下电缆、管道等拦河、跨河、临河建筑物和其他工程设施。

第三十一条 本条例由交通部负责解释。交通部可以根据本条例制定实施细则。

第三十二条 本条例自1987年10月1日起施行。

中华人民共和国国际海运条例

(2001年12月11日国务院令第335号公布,2013年7月18日国务院令第638号第一次修订,2016年2月6日国务院令第666号第二次修订)

第一章 总 则

第一条 为了规范国际海上运输活动,保护公平竞争,维护国际海上运输市场秩序,保障国际海上运输各方当事人的合法权益,制定本条例。

第二条 本条例适用于进出中华人民共和国港口的国际海上运输经营活动以及与国际海上运输相关的辅助性经营活动。

前款所称与国际海上运输相关的辅助性经营活动,包括本条例分别规定的国际船舶代理、国际船舶管理、国际海运货物装卸、国际海运货物仓储、国际海运集装箱站和堆场等业务。

第三条 从事国际海上运输经营活动以及与国际海上运输相关的辅助性经营活动,应当遵循诚实信用的原则,依法经营,公平竞争。

第四条 国务院交通主管部门和有关的地方人民政府交通主管部门依照本条例规定,对国际海上运输经营活动实施监督管理,并对与国际海上运输相关的辅助性经营活动实施有关的监督管理。

第二章 国际海上运输及其辅助性业务的经营者

第五条 经营国际船舶运输业务,应当具备下列条件:

(一)取得企业法人资格;

(二)有与经营国际海上运输业务相适应的船舶,其中必须有中国籍船舶;

(三)投入运营的船舶符合国家规定的海上交通安全技术标准;

(四)有提单、客票或者多式联运单证;

(五)有具备国务院交通主管部门规定的从业资格的高级业务管理人员。

第六条 经营国际船舶运输业务,应当向国务院交通主管部门提出申请,并附送符合本条例第五条规定条件的相关材料。国务院交通主管部门应当自受理申请之日起30日内审核完毕,作出许可或者不予许可的决定。予以许可的,向申请人颁发《国际船舶运输经营许可证》;不予许可的,应当书面通知申请人并告知理由。

国务院交通主管部门审核国际船舶运输业务申请时,应当考虑国家关于国际海上运输业发展的政策和国际海上运输市场竞争状况。

申请经营国际船舶运输业务,并同时申请经营国际班轮运输业务的,还应当附送本条例第十五条规定的相关材料,由国务院交通主管部门一并审核、登记。

第七条 经营无船承运业务,应当向国务院交通主管部门办理提单登记,并交纳保证金。

前款所称无船承运业务,是指无船承运业务经营者以承运人身份接受托运人的货载,签发自己的提单或者其他运输单证,向托运人收取运费,通过国际船舶运输经营者完成国际海上货物运输,承担承运人责任的国际海上运输经营活动。

在中国境内经营无船承运业务,应当在中国境内依法设立企业法人。

第八条 无船承运业务经营者应当在向国务院交通主管部门提出办理提单登记申请的同时,附送证明已经按照本条例的规定交纳保证金的相关材料。

前款保证金金额为 80 万元人民币;每设立一个分支机构,增加保证金 20 万元人民币。保证金应当向中国境内的银行开立专门账户交存。

保证金用于无船承运业务经营者清偿因其不履行承运人义务或者履行义务不当所产生的债务以及支付罚款。保证金及其利息,归无船承运业务经营者所有。专门账户由国务院交通主管部门实施监督。

国务院交通主管部门应当自收到无船承运业务经营者提单登记申请并交纳保证金的相关材料之日起 15 日内审核完毕。申请材料真实、齐备的,予以登记,并通知申请人;申请材料不真实或者不齐备的,不予登记,书面通知申请人并告知理由。已经办理提单登记的无船承运业务经营者,由国务院交通主管部门予以公布。

第九条 经营国际船舶管理业务,应当具备下列条件:

(一)取得企业法人资格;

(二)高级业务管理人员中至少 2 人具有 3 年以上从事国际海上运输经营活动的经历;

(三)有持有与所管理船舶种类和航区相适应的船长、轮机长适任证书的人员;

(四)有与国际船舶管理业务相适应的设备、设施。

第十条 经营国际船舶管理业务,应当向拟经营业务所在地的省、自治区、直辖市人民政府交通主管部门提出申请,并附送符合本条例第九条规定条件的相关材料。省、自治区、直辖市人民政府交通主管部门应当自收到申请之日起 15 日内审核完毕。申请材料真实、齐备的,予以登记,并通知申请人;申请材料不真实或者不齐备的,不予登记,书面通知申请人并告知理由。

第十一条 国际船舶运输经营者、无船承运业务经营者和国际船舶管理经营者,不得将依法取得的经营资格提供给他人使用。

第十二条 国际船舶运输经营者、无船承运业务经营者和国际船舶管理经营者依照本条例的规定取得相应的经营资格后,不再具备本条例规定的条件的,国务院交通主管部门或者省、自治区、直辖市人民政府交通主管部门应当立即取消其经营资格。

第三章 国际海上运输及其辅助性业务经营活动

第十三条 国际船舶运输经营者经营进出中国港口的国际班轮运输业务,应当依照本条例的规定取得国际班轮运输经营资格。

未取得国际班轮运输经营资格的,不得从事国际班轮运输经营活动,不得对外公布班期、接受订舱。

以共同派船、舱位互换、联合经营等方式经营国际班轮运输的,适用本条第一款的规定。

第十四条　经营国际班轮运输业务,应当向国务院交通主管部门提出申请,并附送下列材料:

(一)国际船舶运输经营者的名称、注册地、营业执照副本、主要出资人;

(二)经营者的主要管理人员的姓名及其身份证明;

(三)运营船舶资料;

(四)拟开航的航线、班期及沿途停泊港口;

(五)运价本;

(六)提单、客票或者多式联运单证。

国务院交通主管部门应当自收到经营国际班轮运输业务申请之日起30日内审核完毕。申请材料真实、齐备的,予以登记,并通知申请人;申请材料不真实或者不齐备的,不予登记,书面通知申请人并告知理由。

第十五条　取得国际班轮运输经营资格的国际船舶运输经营者,应当自取得资格之日起180日内开航;因不可抗力并经国务院交通主管部门同意,可以延期90日。逾期未开航的,国际班轮运输经营资格自期满之日起丧失。

第十六条　新开、停开国际班轮运输航线,或者变更国际班轮运输船舶、班期的,应当提前15日予以公告,并应当自行为发生之日起15日内向国务院交通主管部门备案。

第十七条　经营国际班轮运输业务的国际船舶运输经营者的运价和无船承运业务经营者的运价,应当按照规定格式向国务院交通主管部门备案。国务院交通主管部门应当指定专门机构受理运价备案。

备案的运价包括公布运价和协议运价。公布运价,是指国际船舶运输经营者和无船承运业务经营者运价本上载明的运价;协议运价,是指国际船舶运输经营者与货主、无船承运业务经营者约定的运价。

公布运价自国务院交通主管部门受理备案之日起满30日生效;协议运价自国务院交通主管部门受理备案之时起满24小时生效。

国际船舶运输经营者和无船承运业务经营者应当执行生效的备案运价。

第十八条　国际船舶运输经营者在与无船承运业务经营者订立协议运价时,应当确认无船承运业务经营者已依照本条例规定办理提单登记并交纳保证金。

第十九条　从事国际班轮运输的国际船舶运输经营者之间订立涉及中国港口的班轮公会协议、运营协议、运价协议等,应当自协议订立之日起15日内将协议副本向国务院交通主管部门备案。

第二十条　国际船舶运输经营者有下列情形之一的,应当在情形发生之日起15日内,向国务院交通主管部门备案:

(一)终止经营;

(二)减少运营船舶;

(三)变更提单、客票或者多式联运单证;

(四)在境外设立分支机构或者子公司经营国际船舶运输业务;

(五)拥有的船舶在境外注册,悬挂外国旗。

国际船舶运输经营者增加运营船舶的,增加的运营船舶必须符合国家规定的安全技术标准，并应当于投入运营前15日内向国务院交通主管部门备案。国务院交通主管部门应当自收到备案材料之日起3日内出具备案证明文件。

其他中国企业有本条第一款第(四)项、第(五)项所列情形之一的，应当依照本条第一款规定办理备案手续。

第二十一条　经营国际船舶运输业务、无船承运业务和国际船舶代理业务，在中国境内收取、代为收取运费以及其他相关费用，应当向付款人出具中国税务机关统一印制的发票。

第二十二条　未依照本条例的规定办理提单登记并交纳保证金的，不得经营无船承运业务。

第二十三条　经营国际船舶运输业务和无船承运业务，不得有下列行为：

（一）以低于正常、合理水平的运价提供服务，妨碍公平竞争；

（二）在会计账簿之外暗中给予托运人回扣，承揽货物；

（三）滥用优势地位，以歧视性价格或者其他限制性条件给交易对方造成损害；

（四）其他损害交易对方或者国际海上运输市场秩序的行为。

第二十四条　外国国际船舶运输经营者从事本章规定的有关国际船舶运输活动，应当遵守本条例有关规定。

外国国际船舶运输经营者不得经营中国港口之间的船舶运输业务，也不得利用租用的中国籍船舶或者舱位，或者以互换舱位等方式变相经营中国港口之间的船舶运输业务。

第二十五条　国际船舶代理经营者接受船舶所有人或者船舶承租人、船舶经营人的委托，可以经营下列业务：

（一）办理船舶进出港口手续，联系安排引航、靠泊和装卸；

（二）代签提单、运输合同，代办接受订舱业务；

（三）办理船舶、集装箱以及货物的报关手续；

（四）承揽货物、组织货载，办理货物、集装箱的托运和中转；

（五）代收运费，代办结算；

（六）组织客源，办理有关海上旅客运输业务；

（七）其他相关业务。

国际船舶代理经营者应当按照国家有关规定代扣代缴其所代理的外国国际船舶运输经营者的税款。

第二十六条　国际船舶管理经营者接受船舶所有人或者船舶承租人、船舶经营人的委托，可以经营下列业务：

（一）船舶买卖、租赁以及其他船舶资产管理；

（二）机务、海务和安排维修；

（三）船员招聘、训练和配备；

（四）保证船舶技术状况和正常航行的其他服务。

第四章　外商投资经营国际海上运输及其辅助性业务的特别规定

第二十七条　外商在中国境内投资经营国际海上运输业务以及与国际海上运输相关的辅助性业务，适用本章规定；本章没有规定的，适用本条例其他有关规定。

第二十八条　经国务院交通主管部门批准,外商可以依照有关法律、行政法规以及国家其他有关规定,投资设立中外合资经营企业或者中外合作经营企业,经营国际船舶运输、国际船舶代理、国际船舶管理、国际海运货物装卸、国际海运货物仓储、国际海运集装箱站和堆场业务;并可以投资设立外资企业经营国际海运货物仓储业务。

经营国际船舶运输、国际船舶代理业务的中外合资经营企业,企业中外商的出资比例不得超过49%。

经营国际船舶运输、国际船舶代理业务的中外合作经营企业,企业中外商的投资比例比照适用前款规定。

中外合资国际船舶运输企业和中外合作国际船舶运输企业的董事会主席和总经理,由中外合资、合作双方协商后由中方指定。

第二十九条　经国务院交通主管部门批准,外商可以依照有关法律、行政法规以及国家其他有关规定投资设立中外合资经营企业、中外合作经营企业、外资企业,为其拥有或者经营的船舶提供承揽货物、代签提单、代结运费、代签服务合同等日常业务服务;未在中国境内投资设立中外合资经营企业、中外合作经营企业、外资企业的,上述业务必须委托中国的国际船舶代理经营者办理。

第三十条　外国国际船舶运输经营者以及外国国际海运辅助企业在中国境内设立的常驻代表机构,不得从事经营活动。

第五章　调查与处理

第三十一条　国务院交通主管部门应利害关系人的请求或者自行决定,可以对下列情形实施调查:

(一)经营国际班轮运输业务的国际船舶运输经营者之间订立的涉及中国港口的班轮公会协议、运营协议、运价协议等,可能对公平竞争造成损害的;

(二)经营国际班轮运输业务的国际船舶运输经营者通过协议产生的各类联营体,其服务涉及中国港口某一航线的承运份额,持续1年超过该航线总运量的30%,并可能对公平竞争造成损害的;

(三)有本条例第二十四条规定的行为之一的;

(四)可能损害国际海运市场公平竞争的其他行为。

第三十二条　国务院交通主管部门实施调查,应当会同国务院工商行政管理部门和价格部门(以下统称调查机关)共同进行。

第三十三条　调查机关实施调查,应当成立调查组。调查组成员不少于3人。调查组可以根据需要,聘请有关专家参加工作。

调查组进行调查前,应当将调查目的、调查原因、调查期限等事项通知被调查人。调查期限不得超过1年;必要时,经调查机关批准,可以延长半年。

第三十四条　调查人员进行调查,可以向被调查人以及与其有业务往来的单位和个人了解有关情况,并可查阅、复制有关单证、协议、合同文本、会计账簿、业务函电、电子数据等有关资料。

调查人员进行调查,应当保守被调查人以及与其有业务往来的单位和个人的商业秘密。

第三十五条 被调查人应当接受调查,如实提供有关情况和资料,不得拒绝调查或者隐匿真实情况、谎报情况。

第三十六条 调查结束,调查机关应当作出调查结论,书面通知被调查人、利害关系人。对公平竞争造成损害的,调查机关可以采取责令修改有关协议、限制班轮航班数量、中止运价本或者暂停受理运价备案、责令定期报送有关资料等禁止性、限制性措施。

第三十七条 调查机关在作出采取禁止性、限制性措施的决定前,应当告知当事人有要求举行听证的权利;当事人要求听证的,应当举行听证。

第六章 法 律 责 任

第三十八条 未取得《国际船舶运输经营许可证》,擅自经营国际船舶运输业务的,由国务院交通主管部门或者其授权的地方人民政府交通主管部门责令停止经营;有违法所得的,没收违法所得;违法所得50万元以上的,处违法所得2倍以上5倍以下的罚款;没有违法所得或者违法所得不足50万元的,处20万元以上100万元以下的罚款。

第三十九条 未办理提单登记、交纳保证金,擅自经营无船承运业务的,由国务院交通主管部门或者其授权的地方人民政府交通主管部门责令停止经营;有违法所得的,没收违法所得;违法所得10万元以上的,处违法所得2倍以上5倍以下的罚款;没有违法所得或者违法所得不足10万元的,处5万元以上20万元以下的罚款。

第四十条 未办理登记手续,擅自经营国际船舶管理业务的,由经营业务所在地的省、自治区、直辖市人民政府交通主管部门责令停止经营;有违法所得的,没收违法所得;违法所得5万元以上的,处违法所得2倍以上5倍以下的罚款;没有违法所得或者违法所得不足5万元的,处2万元以上10万元以下的罚款。

第四十一条 外国国际船舶运输经营者经营中国港口之间的船舶运输业务,或者利用租用的中国籍船舶和舱位以及用互换舱位等方式经营中国港口之间的船舶运输业务的,由国务院交通主管部门或者其授权的地方人民政府交通主管部门责令停止经营;有违法所得的,没收违法所得;违法所得50万元以上的,处违法所得2倍以上5倍以下的罚款;没有违法所得或者违法所得不足50万元的,处20万元以上100万元以下的罚款。拒不停止经营的,拒绝进港;情节严重的,撤销其国际班轮运输经营资格。

第四十二条 未取得国际班轮运输经营资格,擅自经营国际班轮运输的,由国务院交通主管部门或者其授权的地方人民政府交通主管部门责令停止经营;有违法所得的,没收违法所得;违法所得50万元以上的,处违法所得2倍以上5倍以下的罚款;没有违法所得或者违法所得不足50万元的,处20万元以上100万元以下的罚款。拒不停止经营的,拒绝进港。

第四十三条 国际船舶运输经营者、无船承运业务经营者和国际船舶管理经营者将其依法取得的经营资格提供给他人使用的,由国务院交通主管部门或者其授权的地方人民政府交通主管部门责令限期改正;逾期不改正的,撤销其经营资格。

第四十四条 未履行本条例规定的备案手续的,由国务院交通主管部门或者其授权的地方人民政府交通主管部门责令限期补办备案手续;逾期不补办的,处1万元以上5万元以下的罚款,并可以撤销其相应资格。

第四十五条 未履行本条例规定的运价备案手续或者未执行备案运价的,由国务院交通主管部门或者其授权的地方人民政府交通主管部门责令限期改正,并处2万元以上10万元以下的罚款。

第四十六条 依据调查结论应当给予行政处罚或者有本条例第二十四条所列违法情形的,由交通主管部门、价格主管部门或者工商行政管理部门依照有关法律、行政法规的规定给予处罚。

第四十七条 国际船舶运输经营者与未办理提单登记并交纳保证金的无船承运业务经营者订立协议运价的,由国务院交通主管部门或者其授权的地方人民政府交通主管部门给予警告,并处2万元以上10万元以下的罚款。

第四十八条 外国国际船舶运输经营者以及外国国际海运辅助企业常驻代表机构从事经营活动的,由工商行政管理部门责令停止经营活动,并依法给予处罚。

第四十九条 拒绝调查机关及其工作人员依法实施调查,或者隐匿、谎报有关情况和资料的,由国务院交通主管部门或者其授权的地方人民政府交通主管部门责令改正,并处2万元以上10万元以下的罚款。

第五十条 非法从事进出中国港口的国际海上运输经营活动以及与国际海上运输相关的辅助性经营活动,扰乱国际海上运输市场秩序的,依照刑法关于非法经营罪的规定,依法追究刑事责任。

第五十一条 国务院交通主管部门和有关地方人民政府交通主管部门的工作人员有下列情形之一,造成严重后果,触犯刑律的,依照刑法关于滥用职权罪、玩忽职守罪或者其他罪的规定,依法追究刑事责任;尚不够刑事处罚的,依法给予行政处分:

(一)对符合本条例规定条件的申请者不予审批、许可、登记、备案,或者对不符合本条例规定条件的申请者予以审批、许可、登记、备案的;

(二)对经过审批、许可、登记、备案的国际船舶运输经营者、无船承运业务经营者和国际船舶管理经营者不依照本条例的规定实施监督管理,或者发现其不再具备本条例规定的条件而不撤销其相应的经营资格,或者发现其违法行为后不予以查处的;

(三)对监督检查中发现的未依法履行审批、许可、登记、备案的单位和个人擅自从事国际海上运输经营活动以及与国际海上运输相关的辅助性经营活动,不立即予以取缔,或者接到举报后不依法予以处理的。

第七章 附 则

第五十二条 香港特别行政区、澳门特别行政区和台湾地区的投资者在内地投资经营国际海上运输业务以及与国际海上运输相关的辅助性业务,比照适用本条例。

第五十三条 外国国际船舶运输经营者未经国务院交通主管部门批准,不得经营中国内地与香港特别行政区、澳门特别行政区之间的船舶运输业务,不得经营中国内地与台湾地区之间的双向直航和经第三地的船舶运输业务。

第五十四条 内地与香港特别行政区、澳门特别行政区之间的海上运输,由国务院交通主管部门依照本条例制定管理办法。

内地与台湾地区之间的海上运输,依照国家有关规定执行。

第五十五条 任何国家或者地区对中华人民共和国国际海上运输经营者、船舶或者船员采取歧视性的禁止、限制或者其他类似措施的,中华人民共和国政府根据对等原则采取相应措施。

第五十六条 本条例施行前已从事国际海上运输经营活动以及与国际海上运输相关的辅助性经营活动的,应当在本条例施行之日起 60 日内按照本条例的规定补办有关手续。

第五十七条 本条例自 2002 年 1 月 1 日起施行。1990 年 12 月 5 日国务院发布、1998 年 4 月 18 日国务院修订发布的《中华人民共和国海上国际集装箱运输管理规定》同时废止。

中华人民共和国港口法

(2003年6月28日中华人民共和国主席令第5号公布,
2015年4月24日中华人民共和国主席令第23号修正)

第一章 总 则

第一条 为了加强港口管理,维护港口的安全与经营秩序,保护当事人的合法权益,促进港口的建设与发展,制定本法。

第二条 从事港口规划、建设、维护、经营、管理及其相关活动,适用本法。

第三条 本法所称港口,是指具有船舶进出、停泊、靠泊,旅客上下,货物装卸、驳运、储存等功能,具有相应的码头设施,由一定范围的水域和陆域组成的区域。

港口可以由一个或者多个港区组成。

第四条 国务院和有关县级以上地方人民政府应当在国民经济和社会发展计划中体现港口的发展和规划要求,并依法保护和合理利用港口资源。

第五条 国家鼓励国内外经济组织和个人依法投资建设、经营港口,保护投资者的合法权益。

第六条 国务院交通主管部门主管全国的港口工作。

地方人民政府对本行政区域内港口的管理,按照国务院关于港口管理体制的规定确定。

依照前款确定的港口管理体制,由港口所在地的市、县人民政府管理的港口,由市、县人民政府确定一个部门具体实施对港口的行政管理;由省、自治区、直辖市人民政府管理的港口,由省、自治区、直辖市人民政府确定一个部门具体实施对港口的行政管理。

依照前款确定的对港口具体实施行政管理的部门,以下统称港口行政管理部门。

第二章 港口规划与建设

第七条 港口规划应当根据国民经济和社会发展的要求以及国防建设的需要编制,体现合理利用岸线资源的原则,符合城镇体系规划,并与土地利用总体规划、城市总体规划、江河流域规划、防洪规划、海洋功能区划、水路运输发展规划和其他运输方式发展规划以及法律、行政法规规定的其他有关规划相衔接、协调。

编制港口规划应当组织专家论证,并依法进行环境影响评价。

第八条 港口规划包括港口布局规划和港口总体规划。

港口布局规划,是指港口的分布规划,包括全国港口布局规划和省、自治区、直辖市港口布局规划。

港口总体规划,是指一个港口在一定时期的具体规划,包括港口的水域和陆域范围、港区划分、吞吐量和到港船型、港口的性质和功能、水域和陆域使用、港口设施建设岸线使用、建设用地配置以及分期建设序列等内容。

港口总体规划应当符合港口布局规划。

第九条 全国港口布局规划,由国务院交通主管部门征求国务院有关部门和有关军事机关的意见编制,报国务院批准后公布实施。

省、自治区、直辖市港口布局规划,由省、自治区、直辖市人民政府根据全国港口布局规划组织编制,并送国务院交通主管部门征求意见。国务院交通主管部门自收到征求意见的材料之日起满三十日未提出修改意见的,该港口布局规划由有关省、自治区、直辖市人民政府公布实施;国务院交通主管部门认为不符合全国港口布局规划的,应当自收到征求意见的材料之日起三十日内提出修改意见;有关省、自治区、直辖市人民政府对修改意见有异议的,报国务院决定。

第十条 港口总体规划由港口行政管理部门征求有关部门和有关军事机关的意见编制。

第十一条 地理位置重要、吞吐量较大、对经济发展影响较广的主要港口的总体规划,由国务院交通主管部门征求国务院有关部门和有关军事机关的意见后,会同有关省、自治区、直辖市人民政府批准,并公布实施。主要港口名录由国务院交通主管部门征求国务院有关部门意见后确定并公布。

省、自治区、直辖市人民政府征求国务院交通主管部门的意见后确定本地区的重要港口。重要港口的总体规划由省、自治区、直辖市人民政府征求国务院交通主管部门意见后批准,公布实施。

前两款规定以外的港口的总体规划,由港口所在地的市、县人民政府批准后公布实施,并报省、自治区、直辖市人民政府备案。

市、县人民政府港口行政管理部门编制的属于本条第一款、第二款规定范围的港口的总体规划,在报送审批前应当经本级人民政府审核同意。

第十二条 港口规划的修改,按照港口规划制定程序办理。

第十三条 在港口总体规划区内建设港口设施,使用港口深水岸线的,由国务院交通主管部门会同国务院经济综合宏观调控部门批准;建设港口设施,使用非深水岸线的,由港口行政管理部门批准。但是,由国务院或者国务院经济综合宏观调控部门批准建设的项目使用港口岸线,不再另行办理使用港口岸线的审批手续。

港口深水岸线的标准由国务院交通主管部门制定。

第十四条 港口建设应当符合港口规划。不得违反港口规划建设任何港口设施。

第十五条 按照国家规定须经有关机关批准的港口建设项目,应当按照国家有关规定办理审批手续,并符合国家有关标准和技术规范。

建设港口工程项目,应当依法进行环境影响评价。

港口建设项目的安全设施和环境保护设施,必须与主体工程同时设计、同时施工、同时投入使用。

第十六条 港口建设使用土地和水域,应当依照有关土地管理、海域使用管理、河道管理、航道管理、军事设施保护管理的法律、行政法规以及其他有关法律、行政法规的规定办理。

第十七条 港口的危险货物作业场所、实施卫生除害处理的专用场所,应当符合港口总体规划和国家有关安全生产、消防、检验检疫和环境保护的要求,其与人口密集区和港口客运设施的距离应当符合国务院有关部门的规定;经依法办理有关手续,并经港口行政管理部门批准后,方可建设。

第十八条 航标设施以及其他辅助性设施,应当与港口同步建设,并保证按期投入使用。

港口内有关行政管理机构办公设施的建设应当符合港口总体规划,建设费用不得向港口经营人摊派。

第十九条 港口设施建设项目竣工后,应当按照国家有关规定经验收合格,方可投入使用。

港口设施的所有权,依照有关法律规定确定。

第二十条 县级以上有关人民政府应当保证必要的资金投入,用于港口公用的航道、防波堤、锚地等基础设施的建设和维护。具体办法由国务院规定。

第二十一条 县级以上有关人民政府应当采取措施,组织建设与港口相配套的航道、铁路、公路、给排水、供电、通信等设施。

第三章 港 口 经 营

第二十二条 从事港口经营,应当向港口行政管理部门书面申请取得港口经营许可,并依法办理工商登记。

港口行政管理部门实施港口经营许可,应当遵循公开、公正、公平的原则。

港口经营包括码头和其他港口设施的经营,港口旅客运输服务经营,在港区内从事货物的装卸、驳运、仓储的经营和港口拖轮经营等。

第二十三条 取得港口经营许可,应当有固定的经营场所,有与经营业务相适应的设施、设备、专业技术人员和管理人员,并应当具备法律、法规规定的其他条件。

第二十四条 港口行政管理部门应当自收到本法第二十二条第一款规定的书面申请之日起三十日内依法作出许可或者不予许可的决定。予以许可的,颁发港口经营许可证;不予许可的,应当书面通知申请人并告知理由。

第二十五条 经营港口理货业务,应当按照规定取得许可。实施港口理货业务经营许可,应当遵循公开、公正、公平的原则。具体办法由国务院交通主管部门规定。

港口理货业务经营人应当公正、准确地办理理货业务;不得兼营本法第二十二条第三款规定的货物装卸经营业务和仓储经营业务。

第二十六条 港口经营人从事经营活动,必须遵守有关法律、法规,遵守国务院交通主管部门有关港口作业规则的规定,依法履行合同约定的义务,为客户提供公平、良好的服务。

从事港口旅客运输服务的经营人,应当采取保证旅客安全的有效措施,向旅客提供快捷、便利的服务,保持良好的候船环境。

港口经营人应当依照有关环境保护的法律、法规的规定,采取有效措施,防治对环境的污染和危害。

第二十七条 港口经营人应当优先安排抢险物资、救灾物资和国防建设急需物资的作业。

第二十八条 港口经营人应当在其经营场所公布经营服务的收费项目和收费标准;未公

布的,不得实施。

港口经营性收费依法实行政府指导价或者政府定价的,港口经营人应当按照规定执行。

第二十九条 国家鼓励和保护港口经营活动的公平竞争。

港口经营人不得实施垄断行为和不正当竞争行为,不得以任何手段强迫他人接受其提供的港口服务。

第三十条 港口行政管理部门依照《中华人民共和国统计法》和有关行政法规的规定要求港口经营人提供的统计资料,港口经营人应当如实提供。

港口行政管理部门应当按照国家有关规定将港口经营人报送的统计资料及时上报,并为港口经营人保守商业秘密。

第三十一条 港口经营人的合法权益受法律保护。任何单位和个人不得向港口经营人摊派或者违法收取费用,不得违法干预港口经营人的经营自主权。

第四章 港口安全与监督管理

第三十二条 港口经营人必须依照《中华人民共和国安全生产法》等有关法律、法规和国务院交通主管部门有关港口安全作业规则的规定,加强安全生产管理,建立健全安全生产责任制等规章制度,完善安全生产条件,采取保障安全生产的有效措施,确保安全生产。

港口经营人应当依法制定本单位的危险货物事故应急预案、重大生产安全事故的旅客紧急疏散和救援预案以及预防自然灾害预案,保障组织实施。

第三十三条 港口行政管理部门应当依法制定可能危及社会公共利益的港口危险货物事故应急预案、重大生产安全事故的旅客紧急疏散和救援预案以及预防自然灾害预案,建立健全港口重大生产安全事故的应急救援体系。

第三十四条 船舶进出港口,应当依照有关水上交通安全的法律、行政法规的规定向海事管理机构报告。海事管理机构接到报告后,应当及时通报港口行政管理部门。

船舶载运危险货物进出港口,应当按照国务院交通主管部门的规定将危险货物的名称、特性、包装和进出港口的时间报告海事管理机构。海事管理机构接到报告后,应当在国务院交通主管部门规定的时间内作出是否同意的决定,通知报告人,并通报港口行政管理部门。但是,定船舶、定航线、定货种的船舶可以定期报告。

第三十五条 在港口内进行危险货物的装卸、过驳作业,应当按照国务院交通主管部门的规定将危险货物的名称、特性、包装和作业的时间、地点报告港口行政管理部门。港口行政管理部门接到报告后,应当在国务院交通主管部门规定的时间内作出是否同意的决定,通知报告人,并通报海事管理机构。

第三十六条 港口行政管理部门应当依法对港口安全生产情况实施监督检查,对旅客上下集中、货物装卸量较大或者有特殊用途的码头进行重点巡查;检查中发现安全隐患的,应当责令被检查人立即排除或者限期排除。

负责安全生产监督管理的部门和其他有关部门依照法律、法规的规定,在各自职责范围内对港口安全生产实施监督检查。

第三十七条 禁止在港口水域内从事养殖、种植活动。

不得在港口进行可能危及港口安全的采掘、爆破等活动;因工程建设等确需进行的,必须采取相应的安全保护措施,并报经港口行政管理部门批准。港口行政管理部门应当将审批情况及时通报海事管理机构,海事管理机构不再依照有关水上交通安全的法律、行政法规的规定进行审批。

禁止向港口水域倾倒泥土、砂石以及违反有关环境保护的法律、法规的规定排放超过规定标准的有毒、有害物质。

第三十八条 建设桥梁、水底隧道、水电站等可能影响港口水文条件变化的工程项目,负责审批该项目的部门在审批前应当征求港口行政管理部门的意见。

第三十九条 依照有关水上交通安全的法律、行政法规的规定,进出港口须经引航的船舶,应当向引航机构申请引航。引航的具体办法由国务院交通主管部门规定。

第四十条 遇有旅客滞留、货物积压阻塞港口的情况,港口行政管理部门应当及时采取有效措施,进行疏港;港口所在地的市、县人民政府认为必要时,可以直接采取措施,进行疏港。

第四十一条 港口行政管理部门应当组织制定所管理的港口的章程,并向社会公布。

港口章程的内容应当包括对港口的地理位置、航道条件、港池水深、机械设施和装卸能力等情况的说明,以及本港口贯彻执行有关港口管理的法律、法规和国务院交通主管部门有关规定的具体措施。

第四十二条 港口行政管理部门依据职责对本法执行情况实施监督检查。

港口行政管理部门的监督检查人员依法实施监督检查时,有权向被检查单位和有关人员了解有关情况,并可查阅、复制有关资料。

监督检查人员对检查中知悉的商业秘密,应当保密。

监督检查人员实施监督检查时,应当出示执法证件。

第四十三条 监督检查人员应当将监督检查的时间、地点、内容、发现的问题及处理情况作出书面记录,并由监督检查人员和被检查单位的负责人签字;被检查单位的负责人拒绝签字的,监督检查人员应当将情况记录在案,并向港口行政管理部门报告。

第四十四条 被检查单位和有关人员应当接受港口行政管理部门依法实施的监督检查,如实提供有关情况和资料,不得拒绝检查或者隐匿、谎报有关情况和资料。

第五章　法　律　责　任

第四十五条 有下列行为之一的,由县级以上地方人民政府或者港口行政管理部门责令限期改正;逾期不改正的,由作出限期改正决定的机关申请人民法院强制拆除违法建设的设施;可以处五万元以下罚款:

(一)违反港口规划建设港口、码头或者其他港口设施的;

(二)未经依法批准,建设港口设施使用港口岸线的。

建设项目的审批部门对违反港口规划的建设项目予以批准的,对其直接负责的主管人员和其他直接责任人员,依法给予行政处分。

第四十六条 未经依法批准,在港口建设危险货物作业场所、实施卫生除害处理的专用场所的,或者建设的危险货物作业场所、实施卫生除害处理的专用场所与人口密集区或者港口客运设施的距离不符合国务院有关部门的规定的,由港口行政管理部门责令停止建设或者使用,限期改正,可以处五万元以下罚款。

第四十七条　码头或者港口装卸设施、客运设施未经验收合格,擅自投入使用的,由港口行政管理部门责令停止使用,限期改正,可以处五万元以下罚款。

第四十八条　有下列行为之一的,由港口行政管理部门责令停止违法经营,没收违法所得;违法所得十万元以上的,并处违法所得二倍以上五倍以下罚款;违法所得不足十万元的,处五万元以上二十万元以下罚款:

（一）未依法取得港口经营许可证,从事港口经营的;

（二）未经依法许可,经营港口理货业务的;

（三）港口理货业务经营人兼营货物装卸经营业务、仓储经营业务的。

有前款第(三)项行为,情节严重的,由有关主管部门吊销港口理货业务经营许可证。

第四十九条　港口经营人不优先安排抢险物资、救灾物资、国防建设急需物资的作业的,由港口行政管理部门责令改正;造成严重后果的,吊销港口经营许可证。

第五十条　港口经营人违反有关法律、行政法规的规定,在经营活动中实施垄断行为或者不正当竞争行为的,依照有关法律、行政法规的规定承担法律责任。

第五十一条　港口经营人违反本法第三十二条关于安全生产的规定的,由港口行政管理部门或者其他依法负有安全生产监督管理职责的部门依法给予处罚;情节严重的,由港口行政管理部门吊销港口经营许可证,并对其主要负责人依法给予处分;构成犯罪的,依法追究刑事责任。

第五十二条　船舶进出港口,未依照本法第三十四条的规定向海事管理机构报告的,由海事管理机构依照有关水上交通安全的法律、行政法规的规定处罚。

第五十三条　未依法向港口行政管理部门报告并经其同意,在港口内进行危险货物的装卸、过驳作业的,由港口行政管理部门责令停止作业,处五千元以上五万元以下罚款。

第五十四条　在港口水域内从事养殖、种植活动的,由海事管理机构责令限期改正;逾期不改正的,强制拆除养殖、种植设施,拆除费用由违法行为人承担;可以处一万元以下罚款。

第五十五条　未经依法批准在港口进行可能危及港口安全的采掘、爆破等活动的,向港口水域倾倒泥土、砂石的,由港口行政管理部门责令停止违法行为,限期消除因此造成的安全隐患;逾期不消除的,强制消除,因此发生的费用由违法行为人承担;处五千元以上五万元以下罚款;依照有关水上交通安全的法律、行政法规的规定由海事管理机构处罚的,依照其规定;构成犯罪的,依法追究刑事责任。

第五十六条　交通主管部门、港口行政管理部门、海事管理机构等不依法履行职责,有下列行为之一的,对直接负责的主管人员和其他直接责任人员依法给予行政处分;构成犯罪的,依法追究刑事责任:

（一）违法批准建设港口设施使用港口岸线、违法批准建设港口危险货物作业场所或者实施卫生害处理的专用场所,或者违法批准船舶载运危险货物进出港口、违法批准在港口内进行危险货物的装卸、过驳作业的;

（二）对不符合法定条件的申请人给予港口经营许可或者港口理货业务经营许可的;

（三）发现取得经营许可的港口经营人、港口理货业务经营人不再具备法定许可条件而不及时吊销许可证的;

（四）不依法履行监督检查职责，对违反港口规划建设港口、码头或者其他港口设施的行为，未经依法许可从事港口经营、港口理货业务的行为，不遵守安全生产管理规定的行为，危及港口作业安全的行为，以及其他违反本法规定的行为，不依法予以查处的。

第五十七条　行政机关违法干预港口经营人的经营自主权的，由其上级行政机关或者监察机关责令改正；向港口经营人摊派财物或者违法收取费用的，责令退回；情节严重的，对直接负责的主管人员和其他直接责任人员依法给予行政处分。

第六章　附　　则

第五十八条　对航行国际航线的船舶开放的港口，由有关省、自治区、直辖市人民政府按照国家有关规定商国务院有关部门和有关军事机关同意后，报国务院批准。

第五十九条　渔业港口的管理工作由县级以上人民政府渔业行政主管部门负责。具体管理办法由国务院规定。

前款所称渔业港口，是指专门为渔业生产服务、供渔业船舶停泊、避风、装卸渔获物、补充渔需物资的人工港口或者自然港湾，包括综合性港口中渔业专用的码头、渔业专用的水域和渔船专用的锚地。

第六十条　军事港口的建设和管理办法由国务院、中央军事委员会规定。

第六十一条　本法自 2004 年 1 月 1 日起施行。

中华人民共和国航道管理条例实施细则

(1991年8月29日(91)交工字609号公布,
2009年6月23日交通运输部令第9号修正)

第一章 总 则

第一条 根据《中华人民共和国航道管理条例》(以下简称《条例》)和国家有关法律、法规的规定,制定本实施细则(以下简称《细则》)。

第二条 中华人民共和国交通运输部(以下简称交通运输部)主管全国航道事业。各级交通运输主管部门设置的航道管理机构是对航道及航道设施实行统一管理的主管部门。

第三条 国家航道是指:

(一)构成国家航道网、可以通航五百吨级以上船舶的内河干线航道;

(二)跨省、自治区、直辖市,可以常年(不包括封冻期)通航三百吨级以上(含三百吨级)船舶的内河干线航道;

(三)可通航三千吨级以上(含三千吨级)海船的沿海干线航道;

(四)对外开放的海港航道;

(五)国家指定的重要航道。

第四条 地方航道是指:

(一)可以常年通航三百吨级以下(含不跨省可通航三百吨级)船舶的内河航道;

(二)可通航三千吨级以下的沿海航道及地方沿海中小港口间的短程航道;

(三)非对外开放的海港航道;

(四)其他属于地方航道主管部门管理的航道。

第五条 航道建设和管理,必须遵守国家的有关法律、法规和规章,符合国家和交通运输部发布的有关航道技术标准。

第六条 航道是重要的水运交通基础设施,各级人民政府有责任加强对航道建设、管理和养护工作的领导;制订国民经济发展计划时,应当统筹安排航道的建设发展,并认真组织实施。

第七条 《条例》和本《细则》所指"航道"是指中华人民共和国沿海、江河、湖泊、水库、渠道和运河内船舶、排筏在不同水位期可以通航的水域;

"航道设施"是指航道的助航、导航、绞滩和通信设施、整治建筑物、航运梯级、过船建筑物(指船闸、升船机、水坡、航运渡槽和隧洞)、航道水文监测设施、航道测量标志、航道段(站)房、航道工程船舶基地和其他航道工程设施;

"与通航有关的设施"是指对航道的通航条件有影响的闸坝、桥梁、渡槽、架空电线、水下电缆、管道、隧道、码头、驳岸、栈桥、护岸矶头、滑道、房屋、涵洞、抽（排）水站、固定渔具、贮木场等拦河、跨河、临河建筑物和其他工程设施。

第二章 航道管理机构及其职责

第八条 国家航道及其航道设施由交通运输部按海区和内河水系设置的航道管理机构或者交通运输部委托的省、自治区、直辖市交通运输主管部门设置的航道管理机构负责管理。

地方航道及其航道设施，由省、自治区、直辖市交通运输主管部门设置的航道管理机构负责管理；一般分省和地、市两级管理，也可由省级统一管理，水运发达地区，可增加县一级管理。管理机构及权限的确定，由省、自治区、直辖市交通运输主管部门根据本省情况报省、自治区、直辖市人民政府审批。

专用航道及其航道设施由专用部门管理。除军事专用航道外，其他专用航道应当接受当地航道管理机构的业务监督和指导。

第九条 各级交通运输主管部门对航道管理的主要职责是：

（一）组织宣传、贯彻《条例》和本《细则》以及国家其他有关航道建设、养护、管理的方针、政策、法律、法规和有关技术标准；

（二）组织编制所辖航道的发展规划和协同有关部门编制专用航道的发展规划；

（三）配合有关部门，进行与通航有关的河流流域综合规划或者区域的综合规划的编制工作；

（四）向交通运输部或者省级人民政府提出划分航道技术等级方案；

（五）协调与航道管理和航运有关的事宜；

（六）根据《条例》和本《细则》，对违反航道管理的行为进行处罚，或者授权航道管理机构进行处罚。

第十条 各级航道管理机构的主要职责是：

（一）根据《条例》和本《细则》以及国家其他有关规定和技术标准，对所辖航道及航道设施实施管理、养护和建设；

（二）审批与通航有关的拦河、跨河、临河建筑物的通航标准和技术要求；

（三）参加编制航道发展规划，拟订航道技术等级，组织航道建设计划的实施；

（四）配合有关部门开展与通航有关河流的综合开发与治理。负责处理水资源综合利用中与航道有关的事宜；

（五）组织开展航道科学研究、先进技术交流和对航道职工进行技术业务培训；

（六）负责对船舶过闸费等规费的征收和使用管理；

（七）负责发布内河航道通告；

（八）负责航道及航道设施的保护，制止偷盗、破坏航道设施、侵占和损坏航道的行为；

（九）接受交通运输主管部门委托，对违反《条例》和本《细则》的行为进行处罚。

第三章 航道的规划和建设

第十一条 凡可开发通航和已通航的天然河流、湖泊、人工运河、渠道和海港航道，都应当编制航道发展规划。

航道发展规划应当根据国民经济、国防建设和水运发展的需要,按照统筹兼顾、综合利用水资源的原则进行编制。内河航道规划应当与江河流域规划相协调,结合城市建设,以及铁路、公路发展规划制定;海港航道规划应当结合海港建设规划制定。

第十二条　航道发展规划的编制和审批的管理权限,按《条例》第八条规定执行。修改已经批准的航道发展规划,必须经原批准机关核准。年度计划应当与规划相衔接。

第十三条　交通运输、水利、水电主管部门应当按《条例》第九条规定编制各类规划和设计文件。规划和设计文件的主管部门应当向参加部门详尽提供有关资料,并在编制、审查的各个重要阶段,采纳有关部门的合理意见。各方意见不能协商一致时,应当报请同级人民政府协调或者仲裁。

违反《条例》第九条规定,未邀请有关主管部门参加编制的规划、设计文件,有关审批部门应当不予批准。

第十四条　航道的技术等级,是确定跨河桥梁、过船建筑物和航道建设标准的依据。内河航道技术等级的划分,应当根据国家规定的全国内河通航标准,经过技术经济论证,充分考虑航运远期发展需要后确定。一至四级航道由省、自治区、直辖市交通运输主管部门或者交通运输部派驻水系的管理机构提出方案,由交通运输部会同水利部及其他有关部门研究批准,报国务院备案。五至七级航道由省、自治区、直辖市航道主管部门提出方案,经省级交通运输主管部门同意,报省、自治区、直辖市人民政府批准,并报交通运输部备案;其中五至七级跨省、自治区、直辖市的航道技术等级由有关省、自治区、直辖市航道主管部门共同提出方案,经有关省级交通运输主管部门同意,报有关省、自治区、直辖市人民政府联合审批,并报交通运输部备案。七级以下的航道技术等级,按省、自治区、直辖市人民政府颁布的内河通航标准规定的审批权限办理。

已经批准的航道技术等级不得随意变更,如确需变更,必须报原批准机关核准。

第十五条　因建设航道及其设施,损坏或者需搬迁水利水电工程、跨河建筑物和其他设施的,建设单位应当按照国家的规定给予赔偿、修复或者搬迁,但原有工程设施是违章的除外。

在行洪河道上进行航道整治,必须符合行洪安全的要求,并事先征求河道主管机关对有关设计和计划的意见。如意见不能协商一致时,报请同级人民政府协调或者裁决。

第四章　航道的保护

第十六条　航道和航道设施受国家保护,任何单位和个人不得侵占、破坏。

航道主管部门负责管理和保护航道及航道设施,有权依法制止、处理各种侵占、破坏航道和航道设施的行为。

第十七条　航道管理机构应当加强航道管理和养护工作,维护规定的航道尺度,保持航道和航道设施处于良好技术状态,保障航道畅通。

航道管理机构应当定期发布内河航道变迁、航标移动、航道尺度和水情以及航道工程施工作业的航道通告。

航道管理机构为了保证航道畅通,在通航水道上进行正常的航道养护工程,包括勘测、疏浚、抛泥、吹填、清障、维修航道设施和设置航标等,任何单位或者个人不得非法阻挠、干涉或者索取费用。

第十八条 修建与通航有关的设施,或者治理河道、引水灌溉,必须符合国家规定的通航标准和有关的技术要求,以及交通运输部和各省、自治区、直辖市人民政府颁发的有关技术标准、规范的规定,不得影响航道尺度,恶化通航条件,不得危害航行安全。与通航有关设施的设计文件中有关航道的事项应当事先征得航道主管部门同意。

任何单位和个人有违反前款规定行为的,航道主管部门有权制止;如工程已经实施,造成断航或者恶化通航条件后果的,建设单位或者个人应当承担赔偿责任,并在航道主管部门规定的期限内拆除设施,恢复原有通航条件或者采取其他补救措施。

第十九条 在通航河流上建设永久性拦河闸坝,建设单位必须按设计和施工方案同时建设过船、过木、过鱼建筑物,并妥善解决施工期间的船舶、排筏安全通航问题,所需建设费用由建设单位承担。

工程施工确需断航的,应当修建临时过船设施或者驳运设施。断航前必须征得交通运输、林业主管部门同意,并赔偿断航期间对水路运输所造成的经济损失。

在不通航河流或者人工渠道上建设闸坝后可以通航的,建设单位应当同时建设适当规模的过船建筑物;不能同时建设的,应当预留建设过船建筑物的位置和条件。过船建筑物的建设费用,除国家另有规定者外,应当由交通运输部门承担。

过船建筑物的建设规模,应当依照经批准的航运规划和交通运输部颁发的《船闸设计规范》的规定执行;对过木、过鱼建筑物的建设规模,由建设单位的主管部门与林业、渔业主管部门商定。

过船、过木、过鱼建筑物的设计任务书、设计文件和施工方案,必须取得交通运输、林业、渔业主管部门的同意。工程竣工验收应当有各该主管部门参加,符合设计要求后方可交付使用。

第二十条 在原有通航河流上因建闸坝、桥梁和其他建筑物,造成断航、碍航、航道淤塞的,应当由航道主管部门根据通航需要,提出复航规划、计划、或者解决办法,按管辖权限报经相应级别人民政府批准,由地方人民政府本着"谁造成碍航谁恢复通航"的原则,责成有关部门限期补建过船、过木、过鱼建筑物,改建或者拆除碍航建筑物,清除淤积,恢复通航和原有通航条件。属于中央掌管的建设项目,由交通运输部与有关部协商责成办理。

第二十一条 在通航河段或者其上游兴建水利、水电工程,控制或者引走水源,建设单位应当保证航道和船闸所需通航流量,并应当事先与交通运输主管部门达成协议。在特殊情况下,由于控制水源或者大量引水将影响通航的,建设单位在动工前应当采取补救工程措施;同时应当由县以上地方人民政府组织水利、水电、农业、林业、交通运输等有关部门共同协商,统筹兼顾给水、灌溉、水运、发电、渔业等各方面需要,合理制定水量的分配办法。

第二十二条 水利水电工程设施管理部门制定调度运行方案,涉及通航流量、水位和航行安全的,必须事先与交通运输主管部门协商,达成协议,并切实按协议执行。协商不能取得一致意见时,由县级以上人民政府裁定。

遇到特殊情况,水利水电工程需要减流断流或者突然加大流量,必须事前及时与交通运输主管部门联系并采取有效措施,防止由于水量突然减少或者加大而造成事故。

第二十三条 因兴建水工程或者与通航有关的设施,对航道的水量有不利影响的,造成航道通航条件恶化的，危及或者损坏航道设施安全的，建设单位应当采取补救措施，或者予以补偿，或者修复。造成航道需要临时或者永久改道的，所需费用由建设单位承担。

第二十四条　在通航河道的管理范围内，水域和土地的利用应当符合航运的要求，岸线的利用和建设，应当服从河道整治规划和航道整治规划。

为确保航道畅通，航道管理机构有权制止在航道滩地、岸坡进行引起航道恶化，不利于航道维护及有碍安全航行的堆填、挖掘、种植、构筑建筑物等行为，并可责成清除构筑的设施和种植的植物。

第二十五条　在防洪、排涝、抗旱时，综合利用水利枢纽过船建筑物的运用，应当服从防汛抗旱指挥机构的统一安排，并应当符合《船闸管理办法》的有关规定和原设计的技术要求。

第二十六条　内河航道上无主的人行桥和农用桥的维修、改建或者拆除，应当由所在地方人民政府负责，如因航运发展需要而改建的，由交通运输主管部门负责。

第二十七条　沿海和通航河流上设置的助航标志，必须分别符合下列国家标准：

（一）沿海助航标志应当符合：

1. GB 4696—84《中国海区水上助航标志》；

2. GB 4697—84《中国海区水上助航标志的主要外形尺寸》。

（二）内河助航标志应当符合：

1. GB 5863—86《内河助航标志》；

2. GB 5864—86《内河助航标志的主要外形尺寸》。

非航标管理部门在沿海和通航河流上设置专用航标，必须经航标管理部门的同意，标志设置单位应当经常维护，使之保持良好技术状态。

第二十八条　助航、导航设施和测量标志是关系水运交通安全的公共设施，所在地人民政府对其设置占地，应当给予支持。

航标设施、附属设备及辅助设施的保护和管理，按国家有关规定执行。

第二十九条　在通航河流上新建和已建桥梁，必须根据航道主管部门的意见，建设桥涵标志或者桥梁河段航标，同时按港监部门的意见，增设航行安全设施，其建设和维护管理工作，由桥梁建设或者管理单位负责。

建设其他与通航有关的设施，涉及到航行安全和设施自身安全的，亦须设置航标予以标示，其设标和维护管理工作，亦由建设和管理单位负责。

对设置和管理上述航标，建设或者管理单位确有困难的，可以委托航道主管部门代设代管，有关设备和管理费用由委托单位负责。

第三十条　除疏浚、整治航道所必须的排泥、抛石外，禁止向河道倾倒泥沙、石块和废弃物。

在通航河道内挖取砂石泥土、开采沙金、堆放材料，必须报河道主管部门会同航道主管部门批准，涉及水上交通安全的，事先征得港监部门同意，并按照批准的水域范围和作业方式开采，不得恶化通航条件。

第三十一条　沉没在通航水域的船舶、设施或者有碍航行安全的物体，其所有人或者经营人应当立即报告港航监督部门和航道主管部门，按规定设置标志，或者委托航道管理部门代设代管，并应当在港航监督部门限定的时间内打捞清除。

在狭窄的内河航道,沉船、沉物造成断航或者严重危害航行安全的,应当立即进行清除,其费用由沉船、沉物所有人或者经营人承担。

船舶、排筏在内河浅险段航行,因违章、超载或者走偏航道,发生搁浅,造成航道堵塞,航道条件恶化,航道主管部门采取疏浚、改道等应急措施,其经费由船舶、排筏所有人或者经营人承担。

第三十二条 任何单位在通航水域进行工程建设,施工完毕必须按通航要求及时清除遗留物,如围埝、残桩、沉箱、废墩、锚具、沉船残体、海上平台等,并经航道主管部门验收认可。没有清除的,航道主管部门有权责成其限期清除,或者由航道主管部门强制清除,其清除费用由工程施工单位承担。

第五章 航道养护经费

第三十三条 除水利、能源部门在原通航河流建有水电站的船闸、升船机等按有关部或者地方人民政府规定免收费以外,船舶、排筏通过船闸、升船机等过船设施,应当按国家规定缴纳过闸费。

过闸费的征收和使用办法,由交通运输部、财政部、国家物价局共同制定,报国务院批准后实施。在重新制定的征收和使用办法未颁布实施前,仍按原有规定执行。

第三十四条 海港和内河港口港内航标的修理、增添必要的附属设备、航标管理、测绘的业务费等,按原交通部、财政部发布的《港务费收支管理规定》从安全监督局港务费中开支。港务费用于航标的比率应当有明确规定。外国籍船舶使用海区航标,应当缴纳船舶吨税。

第三十五条 海港和内河港口进港航道的维护性挖泥和改善航道条件的费用;航道、泊位、港池、锚地的测量、破冰以及本港挖泥船进行维护性挖泥的费用;船闸管理费用;护岸、导流堤、船闸的修理、加固以及结合修理进行改造和增添的附属设备设施所发生的费用,按交通部、财政部发布的《港务费收支管理规定》从港务局港务费中开支。

第三十六条 水利部、能源部在原通航河流上设有水电站的直属综合利用水利枢纽的过船、过木建筑物,不收船舶、排筏过船闸(升船机等)费,所需维修管理费用在水电成本中开支。各省、自治区、直辖市所属水电站的过船、过木建筑物的收费问题,按各省、自治区、直辖市人民政府的规定办理。

第六章 罚 则

第三十七条 各级航道管理机构及管理人员要加强对航道行政的管理监督、检查。检查时应当持有检查证,佩戴标志。有关部门应当接受航道主管部门的监督、检查。

第三十八条 对有违反《条例》和本《细则》规定行为的单位或者个人,县以上交通运输主管部门或者其受委托的航道管理机构除责令其纠正违法行为,限期采取补救措施,排除障碍,赔偿损失外,按下列规定予以处罚:

(一)违反《条例》第十三条,本《细则》第十六条,侵占、破坏航道或者航道设施的,处以不超过损失赔偿费40%的罚款。

(二)违反《条例》第二十一条,本《细则》第二十七条,未经交通运输主管部门同意,擅自设置专用航标,应当在主管部门规定的期限内补办手续,或者拆除标志,并处以1000元以上

2000元以下罚款。

（三）违反《条例》第二十一条，本《细则》第二十九条规定，未按主管部门意见设置必要的航标，除责令其限期补设外，并处以500元以上2000元以下罚款。如因未设航标造成航行事故的，需承担法律责任。

（四）违反《条例》第二十二条，本《细则》第三十条第一款的，责令停止违法行为，限期清除碍航物体，所需费用由违法者承担，并处以相当于清除费用2倍的罚款。违反同条第二款的，责令立即停止作业，补办手续，限期清除碍航物体，并处以1000元以上2000元以下罚款。

第三十九条 违反本《细则》第三十一条，对沉船、沉物未及时报告或者未设标示的，由港航监督机构按章处罚，并责令将标志的设置和维护费交航标管理部门；因此导致沉船事故的，还应当追究责任。对沉船、沉物未按期捞除的，除所有人丧失所有权，航道主管部门有权予以打捞清除外，其全部费用强制由沉船、沉物所有人或者经营人承担。

第四十条 违反本《细则》第三十三条，未按章交纳船舶过闸费的，按国家和省级人民政府对船舶过闸费征收和使用办法中有关规定予以处罚。

第四十一条 交通运输主管部门或者其受委托的航道管理机构，发现违反《条例》和本《细则》的行为，按照《交通行政处罚程序规定》予以处罚。

第四十二条 当事人对处罚机关处罚不服的，可以在接到处罚决定之日起六十日内向作出处罚决定机关的上一级机关申请复议，对复议决定不服的，可以在接到复议决定之日起十五日内，向人民法院提请诉讼。当事人也可以在接到处罚决定之日起三个月内，直接向人民法院起诉。当事人逾期不申请或者不向人民法院起诉，又不履行处罚决定的，由作出处罚决定的机关申请人民法院强制执行。

第四十三条 交通运输主管部门或者有关管理部门工作人员，玩忽职守，滥用职权，徇私舞弊的，由其所在单位或者上级主管部门给予行政处分或者经济处罚；使国家造成重大损失的，依法追究刑事责任。

第四十四条 违反《条例》和本《细则》的规定，应当受治安管理处罚的，由公安机关处理；构成犯罪的，由司法机关追究刑事责任。

第七章 附　　则

第四十五条 国境河流航道的管理，按照两国有关协定执行。没有协定的，按《条例》和本《细则》执行。

第四十六条 本《细则》由交通运输部负责解释。

第四十七条 各省、自治区、直辖市交通运输主管部门可根据《条例》和本《细则》，结合本地区的实际情况，制订具体实施办法，报经省、自治区、直辖市人民政府批准后实施，并报交通运输部备案。

对于航道的管理范围，由各省、自治区、直辖市交通运输主管部门，根据各地实际情况，在制定具体实施办法时一并研究确定，报省、自治区、直辖市人民政府批准。

第四十八条 本《细则》自1991年10月1日起施行。

水路旅客运输规则

(1995年12月12日交水发〔1995〕1178号公布,
2014年1月2日交通运输部令第1号修正)

第一章 总　　则

第一条　为了明确水路旅客运输中承运人、港口经营人、旅客之间的权利和责任的界限,维护水路旅客运输合同、行李运输合同和港口作业、服务合同当事人的合法权益,依据国家有关法律、法规,制订本规则。

第二条　本规则适用于中华人民共和国沿海、江河、湖泊以及其他通航水域中一切从事水路旅客运输(含旅游运输,下同)、行李运输及其有关的装卸作业。

军事运输、集装箱运输、滚装运输,除另有规定者外,均适用本规则。

第三条　水路旅客运输合同、行李运输合同应本着自愿的原则签订;港口作业、服务合同应本着平等互利、协商一致的原则签订。

第四条　水路旅客运输工作,应贯彻"安全第一,正点运行,以客为主,便利旅客"的客运方针,遵循"全面服务,重点照顾"的服务原则。

第五条　本规则下列用语的含义是:

(一)"水路旅客运输合同",是指承运人以适合运送旅客的船舶经水路将旅客及其自带行李从一港运送至另一港,由旅客支付票款的合同。

(二)"水路行李运输合同",是指承运人收取运费,负责将旅客托运的行李经水路由一港运送至另一港的合同。

(三)"港口作业、服务合同"(以下简称"作业合同"),是指港口经营人收取港口作业费,负责为承运人承运的旅客和行李提供候船、集散服务和装卸、仓储、驳运等作业的合同。

(四)"旅客",是指根据水路旅客运输合同运送的人;经承运人同意,根据水路货物运输合同,随船护送货物的人,视为旅客。

(五)"行李",是指根据水路旅客运输合同或水路行李运输合同由承运人载运的任何物品和车辆。

(六)"自带行李",是指旅客自行携带、保管的行李。

(七)"托运行李",是指根据水路行李运输合同由承运人运送的行李。

(八)"承运人",是指本人或者委托他人以本人名义与旅客签订水路旅客运输合同和水路行李运输合同的人。

(九)"港口经营人",是指与承运人订立作业合同的人。

(十)"客运记录",是指在旅客运输中发生意外或特殊情况所作记录的文字材料。它是客船与客运站有关客运业务移交的凭证。

第二章 运输合同及作业合同的订立

第六条 旅客运输合同成立的凭证为船票,合同双方当事人——旅客和承运人买、卖船票后合同即成立。

第七条 船票应具备下列基本内容:

(一)承运人名称;

(二)船名、航次;

(三)起运港(站、点)(以下简称"起运港")和到达港(站、点)(以下简称"到达港");

(四)舱室等级、票价;

(五)乘船日期、开船时间;

(六)上船地点(码头)。

第八条 旅客运输的运送期间,自旅客登船时起至旅客离船时止。船票票价含接送费用的,运送期间并包括承运人经水路将旅客从岸上接到船上和从船上送到岸上的期间,但是不包括旅客在港站内、码头上或者在港口其他设施内的时间。

旅客的自带行李,运送期间同前款规定。

第九条 行李运输合同成立的凭证为行李运单,合同双方当事人——旅客和承运人即时清结费用,填制行李运单后合同即成立。

第十条 行李运单应具备下列基本内容:

(一)承运人名称;

(二)船名、航次、船票号码;

(三)旅客姓名、地址、电话号码、邮政编码;

(四)行李名称;

(五)件数、重量、体积(长、宽、高);

(六)包装;

(七)标签号码;

(八)起运港、到达港、换装港;

(九)运费、装卸费;

(十)特约事项。

第十一条 旅客的托运行李的运送期间,自旅客将行李交付承运人或港口经营人时起至承运人或港口经营人交还旅客时止。

第十二条 承运人为履行运输合同,需要港口经营人提供泊位、候船、驳运、仓储设施,托运行李作业、旅客上下船、候船服务及其他工作等,应由承运人与港口经营人签订作业合同。

第十三条 作业合同的基本形式为中、长期(季、年)和航次合同。

第十四条 作业合同应具备下列基本内容:

(一)承运人和港口经营人名称;

(二)码头、仓库、候船室、驳运船舶名称;

(三)托运行李作业,包括行李保管、装卸、搬运;

（四）候船服务，包括：问询、寄存、船期、运行时刻公告、票价表、茶水、卫生间；

（五）旅客上下船服务；

（六）特约事项。

第十五条 水路旅客运输合同、行李运输合同和作业合同的基本格式由交通部统一规定。交通部直属航运企业可自行印制水路运输合同、行李运输合同和作业合同；其他航运企业使用的合同由企业所在省（自治区、直辖市）交通主管部门印制、管理。

第三章 旅客运输合同的履行

第一节 船 票

第十六条 船票是水路旅客运输合同成立的证明，是旅客乘船的凭证。

第十七条 船票分全价票和半价票。

第十八条 儿童身高超过1.2米但不超过1.5米者，应购买半价票，超过1.5米者，应购买全价票。

第十九条 革命伤残军人凭中华人民共和国民政部制发的革命伤残军人证，应给予优待购买半价票。

第二十条 没有工资收入的大、中专学生和研究生，家庭居住地和院校不在同一城市，自费回家或返校时，凭附有加盖院校公章的减价优待证的学生证每年可购买往返2次院校与家庭所在地港口间的学生减价票（以下简称"学生票"）。学生票只限该航线的最低等级。

学生回家或返校，途中有一段乘坐其他交通工具的，经确认后，也可购买学生票。

应届毕业生从院校回家，凭院校的书面证明可购买一次学生票。新生入学凭院校的录取通知书，可购买一次从接到录取通知书的地点至院校所在地港口的学生票。

第二十一条 船票在承运人或其代理人所设的售票处发售，在未设站的停靠点，由客船直接发售。

第二十二条 要求乘船的人凭介绍信，可以一次购买或预订同一船名、航次、起迄港的团体票，团体票应在10张以上。

售票处发售团体票时，应在船票上加盖团体票戳记。

第二十三条 包房、包舱、包船按下列规定办理：

（一）包房，由售票处办理；

（二）包舱，经承运人同意后，由售票处办理；

（三）包船，由承运人办理。

包用人在办理包房、包舱、包船时，应预付全部票价款。

第二节 旅客的权利和责任

第二十四条 旅客应按所持船票指定的船名、航次、日期和席位乘船。

重病人或精神病患者，应有人护送。

第二十五条 每一成人旅客可免费携带身高不超过1.2米的儿童一人。超过一人时，应按超过的人数购买半价票。

第二十六条 旅客漏船，如能赶到另一中途港乘上原船，而原船等级席位又未售出时，可乘坐原等级席位,否则,逐级降等乘坐,票价差额款不退。

第二十七条 每一旅客可免费携带总重量20千克(免费儿童减半),总体积0.3立方米的行李。

每一件自带行李,重量不得超过20千克;体积不得超过0.2立方米;长度不得超过1.5米(杆形物品2米)。

残疾旅客乘船,另可免费携带随身自用的非机动残疾人专用车一辆。

第二十八条 旅客可携带下列物品乘船:

(一)气体打火机5个,安全火柴20小盒。

(二)不超过20毫升的指甲油、去污剂、染发剂,不超过100毫升的酒精、香水、冷烫精,不超过300毫升的家用卫生杀虫剂、空气清新剂。

(三)军人、公安人员和猎人佩带的枪支和子弹(应有持枪证明)。

第二十九条 除本规则另有规定者外,下列物品不准旅客携带上船:

(一)违禁品或易燃、易爆、有毒、有腐蚀性、有放射性以及有可能危及船上人身和财产安全的其他危险品;

(二)各种有臭味、恶腥味的物品;

(三)灵柩、尸体、尸骨。

第三十条 旅客违反本规则第二十九条规定,造成损害的,应当负赔偿责任。

第三十一条 旅客自带行李超过免费规定的,应办理托运。经承运人同意的,也可自带上船,但应支付行李运费。

对超过免费规定的整件行李,计费时不扣除免费重量、体积和长度。

第三十二条 旅客可携带下列活动物乘船:

(一)警犬、猎犬(应有证明);

(二)供科研或公共观赏的小动物(蛇除外);

(三)鸡、鸭、鹅、兔、仔猪(10千克以下)、羊羔、小狗、小猫、小猴等家禽家畜。

第三十三条 旅客携带的活动物,应符合下列条件,否则不得携带上船:

(一)警犬、猎犬应有笼咀牵绳;

(二)供科研或公共观赏的小动物,应装入笼内,笼底应有垫板;

(三)家禽家畜应装入容器。

第三十四条 旅客携带的活动物,由旅客自行看管,不得带入客房(舱),不得放出喂养。

第三十五条 旅客携带的活动物,应按行李运价支付运费。

第三十六条 旅客携带活动物的限量,由承运人自行制订。

第三节 承运人的权利和责任

第三十七条 承运人应按旅客运输合同所指定的船名、航次、日期和席位运送旅客。

第三十八条 承运人在旅客上船前、下船后和在客船航行途中应对旅客所持的船票进行查验,并作出查验记号。

第三十九条 查验船票的内容如下:

(一)乘船人是否持有效船票;

(二)持用优待票的旅客是否有优待证明;

（三）超限自带行李是否已按规定付运费。

第四十条 乘船人无票在船上主动要求补票,承运人应向其补收自乘船港（不能证实时,自客船始发港）至到达港的全部票价款,并核收补票手续费。

在途中,承运人查出无票或持用失效船票或伪造、涂改船票者,除向乘船人补收自乘船港（不能证实时,自客船始发港）至到达港的全部票价款外,应另加收相同区段最低等级票价的100%的票款,并核收补票手续费。

第四十一条 在到达港,承运人查出无票或持用失效船票或伪造、涂改船票者,应向乘船人补收自客船始发港至到达港最低等级票价的400%的票款,并核收补票手续费。

第四十二条 在乘船港,承运人查出应购买全价票而购买半价票的儿童,应另售给全价票,原半价票给予退票,免收退票费。

第四十三条 在途中或到达港,承运人查出儿童未按规定购买船票的,应按下列规定处理:

（一）应购半价票而未购票的,补收半价票款,并核收补票手续费;

（二）应购全价票而购半价票的,补收全价票与半价票的票价差额款,并核收补票手续费;

（三）应购全价票而未购票的,应按本规则第四十条、第四十一条规定办理。

第四十四条 在途中或到达港,承运人查出持用优待票乘船的旅客不符合优待条件时,应向旅客补收自乘船港至到达港的全部票价款,并核收补票手续费。原船票作废。

第四十五条 旅客在检票后遗失船票,应按本规则第四十条规定在船上补票。

旅客补票后如在离船前找到原船票,可办理其所补船票的退票手续,并支付退票费。

旅客在离船后找到原船票,不能退票。

旅客在到达港出站前遗失船票,应按本规则第四十一条规定办理。

第四十六条 在乘船港,由于承运人或其代理人的责任使旅客降等级乘船时,承运人应将旅客的原船票收回,另换新票,退还票价差额款,免收退票费。

在途中,由于承运人或其代理人的责任使旅客降等级乘船时,承运人应填写客运记录,交旅客至到达港办理退还票价差额款的手续。

第四十七条 由于承运人或其代理人的责任使旅客升等级乘船时,承运人不应向旅客收取票价差额款。

第四十八条 旅客误乘客船时,除按本规则第四十条第一款的规定处理外,旅客可凭客船填写的客运记录,到下船港办理原船票的退票手续,并支付退票费。

第四十九条 旅客因病或临产必须在中途下船的,由承运人填写客运记录,交旅客至下船港办理退票手续,将旅客所持船票票价与旅客已乘区段票价的差额退还旅客,并向旅客核收退票费。

患病或临产旅客的护送人,也可按前款规定办理退票。

第五十条 承运人可以在任何时间、任何地点将旅客违反本规则第二十九条规定随身携带的违禁品、危险品卸下、销毁或者使不能为害,或者送交有关部门,而不负赔偿责任。

第四节 合同的变更和解除

第五十一条 在乘船港不办理船票的签证改乘手续。旅客要求变更乘船的班次、舱位等级或行程时，应先行退票并支付退票费，再另行购票。

第五十二条　旅客在旅行途中要求延程时，承运人应向旅客补收从原到达港至新到达港的票价款，并核收补票手续费。客船满员时，不予延程。

第五十三条　对超程乘船的旅客（误乘者除外），承运人应向旅客补收超程区段最低等级票价的200%的票款，并核收补票手续费。

第五十四条　旅客在船上要求升换舱位等级时，承运人应向旅客补收升换区段所升等级同原等级票价的差额款，并核收补票手续费。

持用学生票的学生在船上要求升换舱位等级时，承运人应向其补收升换等级区段所升等级全票票价与学生票票价的差额款，并核收补票手续费。

第五十五条　持低等级半价票的儿童可与持高等级船票的成人共用一个铺位。如持低等级船票的成人与持高等级半价票的儿童共用一个铺位，由承运人对成人补收高等级与低等级票价的差额款，并核收补票手续费。儿童的半价票差额款不退，且不另供铺位。

第五十六条　在乘船港，旅客可在规定时限内退票，但应支付退票费。

超过本规则第五十七条规定的退票时限，不能退票。

第五十七条　在乘船港退票的时限规定为：

（一）内河航线在客船开航以前；沿海航线在客船规定开航时间2小时以前；

（二）团体票在客船规定开航时间24小时以前。

第五十八条　除本规则另有规定的外，旅客在中途港、到达港和船上不能退票。

第五十九条　包房、包舱、包船的包用人可在规定的时限内要求退包，但应支付退包费。

超过本规则第六十条规定的退包时限，不能退包。

第六十条　退包的时限规定为：

（一）包房、包舱退包，在客船规定开航时间24小时以前；

（二）包船退包，在客船计划开航时间24小时以前。

第六十一条　下列原因造成的退票或退包，承运人不得向旅客收取退票费或退包费：

（一）不可抗力；

（二）承运人或其代理人的责任。

第六十二条　在春运等客运繁忙季节，承运人可以暂停办理退票。

第四章　行李运输合同的履行

第一节　旅客的权利和责任

第六十三条　行李运单是水路行李运输合同成立的证明，行李运单的提单联是旅客提取行李的凭证。

第六十四条　除法律、行政法规限制运输的物品，以及本规则有特别规定不能办理托运的物品外，其他物品均可办理行李托运。

第六十五条　在客船和港口条件允许或行李包装适合运输的情况下，家用电器、精密仪器、玻璃器皿及陶瓷制品等可办理托运。

第六十六条　下列物品不能办理托运：

（一）违禁品或易燃、易爆、有毒、有腐蚀性、有放射性以及有可能危及船上人身和财产安全的其他危险品；

（二）污秽品、易于损坏和污染其他行李和船舶设备的物品；

（三）货币、金银、珠宝、有价证券或其他贵重物品；

（四）活动物、植物；

（五）灵柩、尸体、尸骨。

第六十七条 托运的行李，每件重量不得超过50千克，体积不得超过0.5立方米，长度不得超过2.5米。

第六十八条 托运行李的包装应符合下列条件：

（一）行李的包装应完整、牢固、捆绑结实，适合运输；

（二）旅行包、手提袋和能加锁的箱类，应加锁；

（三）包装外部不拴挂其他物品；

（四）纸箱应有适当的内包装；

（五）易碎品、精密仪器及家用电器，应使用硬质材料包装，内部衬垫密实稳妥，并在明显处标明"不准倒置"等警示标志；

（六）胶片应使用金属容器包装。

第六十九条 旅客应在托运行李的外包装上写明姓名和起迄港名。

第七十条 旅客违反本规则第六十六条规定，致使行李损坏，承运人不负赔偿责任；造成客船及他人的损失时，应由旅客负责赔偿。

第七十一条 旅客遗失行李运单时，如能说明行李的特征和内容，并提出对行李拥有权的有力依据，经承运人确认后，可凭居民身份证并开具收据领取行李，原行李运单即行作废。

旅客遗失行李运单，在提出声明前，如行李已被他人冒领，承运人不负赔偿责任。

第二节 承运人的权利和责任

第七十二条 承运人应提供足够的适合运输的行李舱，将旅客托运的行李及时、安全地运到目的港。

第七十三条 托运的行李，应与旅客同船运送。如来不及办理当班客船的托运手续时，经旅客同意，承运人也可给予办理下一班次客船的托运手续。

第七十四条 承运人对托运的行李，必要时可要求旅客开包查验，符合运输规定时，再办理托运手续，如旅客拒绝查验，则不予承运。

第七十五条 行李承运后至交付前，包装破损或松散时，承运人应负责修补，所需费用由责任方负担。

第七十六条 承运人查出在已经托运的行李中夹有违禁品或易燃、易爆、有毒、有腐蚀性、有放射性以及有可能危及船上人身和财产安全的其他危险品时，除按本规则第五十条规定处理外，对行李的运杂费还应按下列规定处理：

（一）在起运港，运杂费不退；

（二）在船上或卸船港，应加收一次运杂费。

第七十七条 承运人查出托运的行李中夹带易于损坏和污染物品时，应按下列规定办理：

（一）在起运港，立即停止运输，并通知旅客进行处理，运杂费不退；

（二）在船上或卸船港，由承运人采取处理措施，除所需费用由旅客负担外，另加收一次运杂费。

第七十八条 承运的行李未能按规定的时间运到，旅客前来提取时，承运人应在行李运单上加盖"行李未到"戳记，并记录到达后的通知方法，行李到达后，应立即通知旅客。

第七十九条 托运的行李自运到后的第三日起计收保管费。

第八十条 行李在交付时，承运人应会同旅客对行李进行查验，经查验无误后再办理提取手续。

第八十一条 行李自运到之日起10天后旅客还未提取时，承运人应尽力查找物主；如超过60天仍无人提取时，即确定为无法交付物品。

第八十二条 对无法交付物品，承运人应按下列规定处理：

（一）一般物品，依法申请拍卖或交信托商店作价收购；

（二）没有变卖价值的物品，适当处理；

（三）军用品、危险品、法律和行政法规限制运输的物品、历史文物、机要文件及有价证券等，无偿移交当地主管部门处理。

第八十三条 无法交付物品处理后所得款额，应扣除保管费和处理费用，剩余款额由承运人代为保管3个月。在保管期内，旅客要求归还余款时，应出具证明，经确认后方可归还；逾期无人提取时，应上缴国库。

第三节 合同的变更和解除

第八十四条 行李在装船前，旅客要求变更托运，应先解除托运，另行办理托运手续。

第八十五条 行李在装船前，旅客要求解除托运，承运人应将行李运单收回，加盖"变更托运"戳记，退还运杂费，核收行李变更手续费，并自托运之日起计收保管费。

第八十六条 行李装船后，不能办理变更、解除托运手续。如旅客要求由到达港运回原托运港或运至另一港，可委托承运人在到达港代办行李运回或运至另一港的手续，预付第二程运杂费（多退少补），其第一程交付的运杂费不退，并核收代办托运手续费。

第五章 作业合同的履行

第一节 承运人的责任

第八十七条 制订旅客运输计划、客船班期时刻表。

承运人应于每月的二十五日前向港口经营人提供次月客船班期时刻表。

客船班期时刻表一经发布，不得随意改动，确需变更时，应事先与港口经营人联系，并对外发出变更通知。

第八十八条 客船班期时刻表的编制，应考虑到与其他交通工具的衔接，对重点停靠港口，客船的到发时间应便利旅客中转和食宿安排。

第八十九条 客船应按班期时刻表正点运行。

客船因故晚点，应将准确的到港时间及时通知客运站，并按客运站重新对外公布的时间开船。

第九十条 承运人应负责旅客自登上客船（或舷梯）至离船（或舷梯）期间的安全。

承运人对旅客自带行李的安全责任期间同前款规定。

第九十一条 承运人应负责对托运行李自装入客船行李舱至卸出行李舱期间的安全质量。

第九十二条 客船应配合客运站做好客梯、安全网的搭拴工作。由于客梯、安全网搭拴不牢(在客船一边)造成旅客伤亡的,由客船负责。

旅客翻越栏杆(或船舷)下船,造成伤亡的,由客船负责。

第二节 港口经营人的责任

第九十三条 港口经营人应按承运人提供的客船班期时刻表安排客船泊位。

客船靠泊的码头应相对固定。

第九十四条 港口经营人对客船的行李和货物装卸应予优先安排。如遇客船晚点,应尽力压缩客船的停港时间。

客船晚点时,客运站应及时公告。

第九十五条 港口经营人应负责旅客自进入候船室至登上客船(或舷梯)前或自离开客船(或舷梯)至出站期间的安全。

港口经营人对旅客自带行李的安全责任同前款规定。

第九十六条 港口经营人应负责行李自办理托运手续至装入客船行李舱或自客船行李舱卸出至交付旅客期间的安全质量。

第九十七条 客运站应配备旅客上下船客梯和安全网,并负责搭拴工作。

由于客梯和安全网搭拴不牢(在码头、囤船一边)造成旅客伤亡的,由客运站负责。

旅客翻越栏杆(或船舷)上船造成伤亡的,由客运站负责。

第九十八条 旅客上下船应与行李、货物(车辆)装卸作业隔开,不得交叉作业。

第三节 合同的变更和解除

第九十九条 作业合同凡发生下列情况之一者,允许变更或解除,但不能因此损害国家利益和社会公共利益:

(一)当事人双方经协商同意;

(二)由于不可抗力致使合同的全部义务不能履行;

(三)由于另一方在合同约定的期限内没有履行合同。

属于前款第二项或第三项规定的情况,当事人一方有权通知另一方变更或解除合同。因变更、解除合同使一方遭受损失的,除依法可以免除责任的以外,应由责任方负责赔偿。

当事人一方发生合并或分立时,由合并或分立后的当事人承担或分别承担履行合同的义务,享受应有的权利。

变更或解除作业合同,应采用书面形式。

第一百条 中、长期作业合同的解除,应提前一个月由合同当事人双方协商确定后,合同方可解除。

航次作业合同的解除,应提前一天由合同当事人双方协商确定后,合同方可解除。

第六章 代理业务

第一百零一条 承运人可以将售票及客运业务委托港口经营人或其他代理人办理。

第一百零二条　售票代理的范围：售票及其流量流向统计。
第一百零三条　客运业务代理范围：
（一）办理行李托运和交付手续；
（二）办理退票及包房、包舱退包手续；
（三）其他业务：制作客船航次上客报告单、客位通报；检票、验票、补票、补收运费；危险品查堵及处理；遗失物品、无法交付物品管理；旅客和行李发生意外情况的处理等。
第一百零四条　售票代理人和客运业务代理人，在委托代理权限内，以承运人的名义办理售票和客运有关业务，并按规定收取代理费，不得违反本规则有关规定向旅客收取其他费用。
第一百零五条　承运人和代理人确定代理事项后，应在平等互利、协商一致的原则下签订委托代理合同。

第七章　客运费用

第一节　票价、行李运价

第一百零六条　船票票价根据航区特点、船舶类型、舱室设备等情况，由航运企业制定，报省级以上交通和物价主管部门审批。
第一百零七条　半价票分别按各等级舱室票价的50%计算。
第一百零八条　学生票票价按该航线最低等级票价的50%计算。
第一百零九条　船票票价以元为单位，元以下的尾数进整到元。
第一百一十条　行李运价，由省级以上交通主管部门确定。
第一百一十一条　交通部直属航运企业的行李运价为：
每100千克行李运价，按同航线散席船票基准票价的100%计算。
其他航运企业的行李运价，可参照前款办法制定。

第二节　行李运费的计算

第一百一十二条　行李运费，按行李的计费重量和行李运价计算。
第一百一十三条　行李运费以元为单位，不足1元的尾数按1元进整。
第一百一十四条　行李计费重量按《行李计费重量表》确定。
第一百一十五条　空容器（包括木箱）内放有物品时，如整件实重大于空容器的计费重量，则以整件实重为其计费重量；如空容器的计费重量大于整件实重时，则以空容器的计费重量为其计费重量。
第一百一十六条　行李的计费重量以千克为单位。不足1千克的尾数按1千克进整。
第一百一十七条　行李自带、托运、装卸、搬运等发生的费用，均按计费重量计费。
第一百一十八条　行李运费发生多收或少收时，可在30天内由承运人予以多退少补，逾期不再退补。

第三节　包房、包舱、包船运费的计算

第一百一十九条　包房、包舱运费，按所包客房、客舱的载客定额和其等级舱室票价计算。

第一百二十条 包船运费由以下两部分组成：

（一）客舱部分按所包客船乘客定额和各等级舱室票价计算；

（二）货舱部分按货舱、行李舱、邮件舱的载货定额（行李舱、邮件舱以其容积，按1.133立方米为1定额载重吨换算）和规定的客货轮货运运价计算。

包船期间的调船费和空驶费，分别按调船、空驶里程包船运费的50%计算。

包船因旅客上下船或行李、货物装卸发生的滞留费，由航运企业自行规定。

第四节 客运杂费

第一百二十一条 退票、退包费规定为：

（一）退票费，散席按每人每张每10元票价核收1元，不足10元按10元计算；卧席按每人每张10元票价核收2元，不足10元按10元计算。

（二）包房、包舱的退包费，按包房、包舱运价的10%计算，尾数不足1元的按1元计收。

（三）包船的退包费，在客船计划开航72小时以前退包，为包船运价的10%；在72小时以内、48小时以前退包，为包船运价的20%；在48小时以内、24小时以前退包，为包船运价的30%。

第一百二十二条 其他杂费规定为：

（一）补票、补收运费、发售联运票手续费，每人每票1元；

（二）行李变更手续费，每人每票2元；

（三）送票费、码头票费、寄存费、保管费、自带行李搬运费、行李标签费，由各港航企业制订，报当地物价部门批准。

港航企业不得向旅客收取本条规定费目以外的杂费。

第一百二十三条 补票、补收运费的手续费及行李变更手续费的收入归办理方所得。

退票费全部归承运人所得。

第五节 港口作业费

第一百二十四条 港口作业费按下列规定计算：

（一）港口作业费分两部分：

1. 旅客运输作业费，按船票票款（扣除旅客港务费、客运附加费等）的4%计算；

2. 行李运输作业费，按行李运费的4%计算，由起运港统一结算，然后按起运港3%、到达港1%解缴。

（二）旅客港务费，每张船票1元；

（三）船舶的港口费用，按交通部或各地港口费收规则的规定计算。

第一百二十五条 托运的行李每装或卸（包括驳运）客船一次每50千克（不足50千克按50千克计算）收费2元。

第六节 代理费

第一百二十六条 售票代理费，按代售船票票款（扣除旅客港务费、客运附加费）的1%计算。

第一百二十七条 行李托运或交付手续的代理费，分别按托运运费收入的1%计算。

第一百二十八条 超限自带行李收费代理费，按自带行李运费收入的2%计算。

第一百二十九条 其他客运业务代理费,按船票票款(扣除旅客港务费、客运附加费等)的 2% 计算。

第一百三十条 退票代理费,按退票费的 50% 计算。

第八章 运输发生意外情况的处理

第一节 客船停止航行的处理

第一百三十一条 由于不可抗力或承运人的责任造成客船停止航行时,承运人对旅客和行李的安排应按下列规定办理:

(一)在乘船(起运)港,退还全部船票票款和行李的运费;

(二)在中途停止航行,旅客要求中止旅行或提取行李时,退还未乘(运)区段的票款或运费;

(三)旅客要求从中途停止航行地点返回原乘船港或将行李运回原起运港,应免费运回,退还全部船票票款或行李运费。如在返回途中旅客要求下船或提取行李时,应将旅客所持船票票价或行李运单运价与自原乘船(起运)港至下船(卸船)港的船票票价或行李运价的差额款退还旅客。

第一百三十二条 由于不可抗力或承运人的责任造成客船停止航行,承运人安排旅客改乘其他客船时所发生的票价差额款,按多退少不补的原则办理。

第二节 旅客发生疾病、伤害或死亡的处理

第一百三十三条 旅客在船上发生疾病或遭受伤害时,客船应尽力照顾和救护,必要时填写客运记录,将旅客移交前方港处理。

第一百三十四条 旅客在船上死亡,客船应填写客运记录,将死亡旅客移交前方港会同公安部门处理。

第一百三十五条 旅客在船上发生病危、伤害、死亡或失踪的,客船填写的客运记录应详细写明当事人的姓名、性别、年龄或特征,通讯地址及有关情况;准确记录事发的时间、地点及经过情况;如实报告客船所采取的措施及结果。

客运记录应取得两人以上的旁证;经过医生治疗的,应附有医生的"诊治记录",并由旅客本人或同行人签字。

第三节 行李事故处理

第一百三十六条 在行李运送期间,发生行李灭失、短少、损坏等情况,承运人或港口经营人应编制行李运输事故记录。

行李运输事故记录必须在交接的当时编制,事后任何一方不得再行要求补编。

第一百三十七条 行李运输事故按其发生情况分为下列四类:

(一)灭失:托运的行李未按规定时间运到,承运人查找时间超过 30 天仍未找到的,即确定为行李灭失;

(二)短少:件数短少;

(三)损坏:湿损、破损、污损、折损等;

(四)其他。

第一百三十八条 旅客对其托运行李发生事故要求赔偿时,应填写行李赔偿要求书。提出赔偿的时效为旅客在离船或者行李交还或者应当交还之日起 15 天内,过期不能再要求赔偿。

旅客未按照前款规定及时提交行李赔偿要求书的,除非提出反证,视为已经完整无损地收到行李。

行李交还时,旅客已经会同承运人对行李进行联合检查或者检验的,无须提交行李赔偿要求书。

第一百三十九条 承运人从接到行李的赔偿要求书之日起,应在 30 天内答复赔偿要求人:

(一)确定承运人或港口经营人不负赔偿责任时,应当填发拒绝赔偿通知书,赔偿要求人提出的单证文件不予退还。

(二)确定承运人或港口经营人应负赔偿责任时,应当填发承认赔偿通知书,赔偿要求人提出的单证文件不予退还。

第四节 赔偿责任

第一百四十条 在本规则第八条、第十一条规定的旅客及其行李的运送期间,因承运人或港口经营人的过失,造成旅客人身伤亡或行李灭失、损坏的,承运人或港口经营人应当负赔偿责任。

旅客的人身伤亡或自带行李的灭失、损坏,是由于客船的沉没、碰撞、搁浅、爆炸、火灾所引起或者是由于客船的缺陷所引起的,承运人除非提出反证,应当视为其有过失。

旅客托运的行李的灭失或损坏、不论由于何种事故引起的,承运人或港口经营人除非提出反证,应当视为其有过失。

对本规则第三十二条规定旅客携带的活动物发生灭失的,按照本条第 1、2、3 款规定处理。

第一百四十一条 经承运人或港口经营人证明,旅客的人身伤亡,是由于旅客本人的过失或者旅客和承运人或港口经营人的共同过失造成的,可以免除或者相应减轻承运人或港口经营人的赔偿责任。

第一百四十二条 因疾病、自杀、斗殴或犯罪行为而死亡或受伤者,以及非承运人或港口经营人过失造成的失踪者,承运人或港口经营人不承担赔偿责任。

由前款原因所发生的打捞、救助、医疗、通讯及船舶临时停靠港口的费用和一切善后费用,由旅客本人或所在单位或其亲属负担。

第一百四十三条 旅客的行李有下列情况的,承运人或港口经营人不负赔偿责任:

(一)不可抗力造成的损失;

(二)物品本身的自然性质引起的损耗、变质;

(三)本规则第二十九条,第六十六条所规定不准携带或托运的物品发生灭失、损耗、变质。

第一百四十四条 在行李运送期间,因承运人或港口经营人过失造成行李损坏的,承运人或港口经营人应负责整修,如损坏程度已失去原来使用价值,应按规定进行赔偿。

第一百四十五条 承运人或港口经营人对灭失的托运行李赔偿后,还应向旅客退还全部运杂费,并收回行李运单。

灭失的行李,赔偿后又找到的,承运人或港口经营人应通知索赔人前来领取。如索赔人同意领取时,则应撤销赔偿手续,收回赔偿款额和已退还的全部运杂费。

灭失的行李赔偿后部分找到的,可参照本条第2款精神办理。

第一百四十六条 如发现索赔人有以少报多、以次充好等行为时,应追回多赔款额。

第九章 运输、作业合同争议的处理

第一百四十七条 承运人、港口经营人以及旅客在履行水路旅客运输合同、水路行李运输合同以及作业合同中发生纠纷时,应协商解决。协商不成时,可向仲裁机构申请仲裁,也可以直接向人民法院起诉。

第十章 附 则

第一百四十八条 各省、自治区、直辖市交通主管部门和各水系航务管理部门可根据本规则,结合本地区的实际情况制定补充规定或实施细则,报交通部备案。

第一百四十九条 本规则由交通部负责解释。

第一百五十条 本规则自1996年6月1日起施行。1980年11月1日起施行的《水路旅客运输规则》、《水路旅客运输管理规程》及其有关补充规定同时废止。

港口经营管理规定

(2009年11月6日交通部令第13号公布,2014年12月23日交通运输部令第22号第一次修正,2016年4月19日交通运输部令第43号第二次修正)

第一章 总 则

第一条 为规范港口经营行为,维护港口经营秩序,依据《中华人民共和国港口法》和其他有关法律、法规,制定本规定。

第二条 本规定适用于港口经营及相关活动。

第三条 本规定下列用语的含义是:

(一)港口经营,是指港口经营人在港口区域内为船舶、旅客和货物提供港口设施或者服务的活动,主要包括下列各项:

1. 为船舶提供码头、过驳锚地、浮筒等设施;

2. 为旅客提供候船和上下船舶设施和服务;

3. 从事货物装卸(含过驳)、仓储、港内驳运、集装箱堆放、拆拼箱以及对货物及其包装进行简单加工处理等;

4. 为船舶进出港、靠离码头、移泊提供顶推、拖带等服务;

5. 为委托人提供货物交接过程中的点数和检查货物表面状况的理货服务;

6. 为船舶提供岸电、燃物料、生活品供应、船员接送及船舶污染物(含油污水、残油、洗舱水、生活污水及垃圾)接收、围油栏供应服务等船舶港口服务;

7. 从事港口设施、设备和港口机械的租赁、维修业务。

(二)港口经营人,是指依法取得经营资格从事港口经营活动的组织和个人。

(三)港口设施,是指为从事港口经营而建造和设置的建(构)筑物。

第四条 交通运输部负责全国港口经营行政管理工作。

省、自治区、直辖市人民政府交通运输(港口)主管部门负责本行政区域内的港口经营行政管理工作。

省、自治区、直辖市人民政府、港口所在地设区的市(地)、县人民政府确定的具体实施港口行政管理的部门负责该港口的港口经营行政管理工作。本款上述部门统称港口行政管理部门。

第五条 国家鼓励港口经营性业务实行多家经营、公平竞争。港口经营人不得实施垄断行为。任何组织和部门不得以任何形式实施地区保护和部门保护。

第二章 资质管理

第六条 从事港口经营,应当申请取得港口经营许可。

实施港口经营许可,应当遵循公平、公正和公开透明的原则,不得收取费用,并应当接受社会监督。

第七条　从事港口经营(港口理货、船舶污染物接收除外),应当具备下列条件:

(一)有固定的经营场所;

(二)有与经营范围、规模相适应的港口设施、设备,其中:

1. 码头、客运站、库场、储罐、污水处理设施等固定设施应当符合港口总体规划和法律、法规及有关技术标准的要求;

2. 为旅客提供上、下船服务的,应当具备至少能遮蔽风、雨、雪的候船和上、下船设施;

3. 为国际航线船舶服务的码头(包括过驳锚地、浮筒),应当具备对外开放资格;

4. 为船舶提供码头、过驳锚地、浮筒等设施的,应当有相应的船舶污染物、废弃物接收能力和相应污染应急处理能力,包括必要的设施、设备和器材;

(三)有与经营规模、范围相适应的专业技术人员、管理人员;

(四)有健全的经营管理制度和安全管理制度以及生产安全事故应急预案,应急预案经专家审查通过。

第八条　从事港口理货,应当具备下列条件:

(一)申请人是依法在国内登记注册的企业法人;

(二)港口理货经营地域为申请人所在地的行政区域;

(三)有与经营范围、规模相适应的组织机构和管理人员、理货人员,有固定的办公场所和经营设施,有业务章程、理货规程和管理制度;

(四)具有符合相关通用要求的质量管理体系;

(五)具备与港口理货业务相适应的,能与港航电子数据交换中心和电子口岸顺利进行数据传输的理货信息系统和技术装备。

第九条　从事船舶污染物接收经营,应当具备下列条件:

(一)有固定的经营场所;

(二)配备海务、机务、环境工程专职管理人员至少各一名,专职管理人员应当具有 3 年以上相关专业从业资历;

(三)有健全的经营管理制度和安全管理制度以及生产安全事故应急预案;

(四)使用船舶从事船舶污染物接收的,应当拥有至少一艘不低于 300 总吨的适应船舶污染物接收的中国籍船舶;使用港口接收设施从事船舶污染物接收的,港口接收设施应处于良好状态;使用车辆从事船舶污染物接收的,应当拥有至少一辆垃圾接收、清运专用车辆。

第十条　港口工程试运行期间从事经营的,应当具备以下条件:

(一)有固定的经营场所;

(二)有与经营范围、规模相适应的港口设施、设备,其中:

1. 码头、客运站等固定设施应当符合港口总体规划;

2. 为旅客提供上、下船服务的,应当具备至少能遮蔽风、雨、雪的候船和上、下船设施;

3. 为国际航线船舶服务的码头(包括过驳锚地、浮筒),应当具备对外开放资格;

4. 为船舶提供码头、过驳锚地、浮筒等设施的,应当有相应的船舶污染物、废弃物接收能力和相应污染应急处理能力,包括必要的设施、设备和器材;

5. 码头、装卸设备、港池、航道、导助航设施及其他配套设施等港口设施主体工程已按批准的初步设计文件建成,并经交工验收合格,具有交工验收报告;主要装卸设备空载联动调试合格;

6. 港口工程的环境保护设施、安全设施、职业病防护设施、消防设施等已按要求与港口主体工程同时建设完成,且已通过安全设施验收和消防设施验收或者备案,环境保护设施和职业病防护设施符合国家有关法律、法规、规章、标准规定的试运行要求;

(三)有与经营规模、范围相适应的专业技术人员、管理人员;

(四)有健全的经营管理制度和安全管理制度;已制定试运行方案和应急预案,并经专家审查通过。

第十一条 从事港口装卸和仓储业务的经营人不得兼营理货业务。理货业务经营人不得兼营港口货物装卸经营业务和仓储经营业务。

第十二条 申请从事港口经营,应当提交下列相应文件和资料:

(一)港口经营业务申请书;

(二)经营管理机构的组成及其办公用房的所有权或者使用权证明;

(三)港口码头、库场、储罐、污水处理等固定设施符合国家有关规定的竣工验收合格证明;

(四)使用港口岸线的,港口岸线的使用批准文件;

(五)使用港作船舶的,港作船舶的船舶证书;

(六)负责安全生产的主要管理人员通过安全生产法律法规要求的培训证明材料;

(七)证明符合第七条规定条件的其他文件和资料。

从事港口理货业务的,应当提供上述(一)(二)项规定的材料和证明符合第八条规定条件的其他文件和材料。

从事船舶污染物接收经营的,应当提供上述(一)(二)项规定的材料和证明符合第九条规定条件的其他文件和材料。

港口工程试运行期间从事经营的,应当提供上述第(一)(二)(四)(六)项规定的材料和证明符合第十条规定条件的其他文件和材料。

第十三条 申请从事港口经营(申请从事港口理货除外),申请人应当向港口行政管理部门提出书面申请和第十二条第一款、第三款规定的相关文件资料。港口行政管理部门应当自受理申请之日起30个工作日内作出许可或者不许可的决定。符合资质条件的,由港口行政管理部门发给《港口经营许可证》,并通过信息网络或者报刊公布;不符合条件的,不予行政许可,并应当将不予许可的决定及理由书面通知申请人。《港口经营许可证》应当明确港口经营人的名称与办公地址、法定代表人、经营项目、经营地域、主要设施设备、发证日期、许可证有效期和证书编号。

《港口经营许可证》的有效期为3年。港口设施需要试运行经营的,所持有的《港口经营许可证》的有效期为试运行经营期,并在证书上注明。试运行经营期原则上不超过6个月;确需延期的,试运行经营期累计不得超过1年。

第十四条 申请从事港口理货,应当向港口所在地的省级交通运输主管部门提出书面申请并提交第十二条第二款规定的相关文件资料。省级交通运输主管部门在收到申请和相关材料后,可根据需要征求相关港口行政管理部门意见。相关港口行政管理部门应当在7个工作日内提出反馈意见。省级交通运输主管部门应当在受理申请人的申请之日起20个工作日内作出许可或者不许可的决定。予以许可的,核发《港口经营许可证》,并通过信息网络或者报刊公布;不予许可的应当将不予许可的决定及理由书面通知申请人。省级交通运输主管部门在作出许可决定的同时,应当将许可情况通知相关港口行政管理部门。

第十五条　省级交通运输主管部门和港口行政管理部门对申请人提出的港口经营许可申请,应当根据下列情况分别做出处理:

(一)申请事项依法不需要取得行政许可的,应当即时告知申请人不受理;

(二)申请事项依法不属于省级交通运输主管部门或者港口行政管理部门职权范围的,应当即时告知申请人向有关行政机关申请;

(三)申请材料存在可以当场更正的错误的,应当允许申请人当场更正;

(四)申请材料不齐全或者不符合法定形式的,应当当场或者在5日内一次告知申请人需要补正的全部内容,逾期不告知的,自收到申请材料之日起即为受理;

(五)申请事项属于省级交通运输主管部门或者港口行政管理部门职权范围,申请材料齐全、符合法定形式,或者申请人按照要求提交全部补正申请材料的,应当受理经营业务许可申请。

受理或者不受理经营业务许可申请,应当出具加盖许可机关专用印章和注明日期的书面凭证。

第十六条　港口经营人应当按照港口行政管理部门许可的经营范围从事港口经营活动。

第十七条　港口经营人变更经营范围的,应当就变更事项按照本规定第十三条或者第十四条规定办理许可手续,并到工商部门办理相应的变更登记手续。

港口经营人变更企业法定代表人或者办公地址的,应当向港口行政管理部门备案并换发《港口经营许可证》。

第十八条　港口经营人应当在《港口经营许可证》有效期届满之日30日以前,向《港口经营许可证》发证机关申请办理延续手续。

申请办理《港口经营许可证》延续手续,应当提交下列材料:

(一)《港口经营许可证》延续申请;

(二)除本规定第十二条第一款第(一)(二)项之外的其他证明材料。

第十九条　港口经营人停业或者歇业,应当提前30个工作日告知原许可机关。原许可机关应当收回并注销其《港口经营许可证》,并以适当方式向社会公布。

第三章　经营管理

第二十条　港口行政管理部门及相关部门应当保证港口公用基础设施的完好、畅通。

港口经营人应当按照核定的功能使用和维护港口经营设施、设备,并使其保持正常状态。

第二十一条　港口经营人变更或者改造码头、堆场、仓库、储罐和污水垃圾处理设施等固定经营设施,应当依照有关法律、法规和规章的规定履行相应手续。依照有关规定无需经港口行政管理部门审批的,港口经营人应当向港口行政管理部门备案。

第二十二条　从事港口旅客运输服务的经营人,应当采取必要措施保证旅客运输的安全、快捷、便利,保证旅客基本生活用品的供应,保持良好的候船条件和环境。

第二十三条 港口经营人应当优先安排抢险、救灾和国防建设急需物资的港口作业。

政府在紧急情况下征用港口设施,港口经营人应当服从指挥。港口经营人因此而产生费用或者遭受损失的,下达征用任务的机关应当依法给予相应的经济补偿。

第二十四条 在旅客严重滞留或者货物严重积压堵塞港口的紧急情况下,港口行政管理部门应当采取措施进行疏港。港口所在地的市、县人民政府认为必要时,可以直接采取措施,进行疏港。港口内的单位、个人及船舶、车辆应当服从疏港指挥。

第二十五条 港口行政管理部门应当依法制定可能危及社会公共利益的港口危险货物事故应急预案、重大生产安全事故的旅客紧急疏散和救援预案以及预防自然灾害预案,建立健全港口重大生产安全事故的应急救援体系。

港口行政管理部门按照前款规定制定的各项预案应当予以公布,并报送交通运输部和上级交通运输(港口)主管部门备案。

第二十六条 港口经营人应当依照有关法律、法规和交通运输部有关港口安全作业的规定,加强安全生产管理,完善安全生产条件,建立健全安全生产责任制等规章制度,确保安全生产。

港口经营人应当依法制定本单位的危险货物事故应急预案、重大生产安全事故的旅客紧急疏散和救援预案以及预防自然灾害预案,并保障组织实施。

港口经营人按照前款规定制定的各项预案应当报送港口行政管理部门和港口所在地海事管理机构备案。

第二十七条 港口经营人从事港口经营业务,应当遵守有关法律、法规和规章的规定,依法履行合同约定的义务,为客户提供公平、良好的服务。

第二十八条 港口经营人应当遵守国家有关港口经营价格和收费的规定,应当在其经营场所公布经营服务收费项目和收费标准,使用国家规定的港口经营票据。

第二十九条 港口经营人不得采取不正当手段,排挤竞争对手,限制或者妨碍公平竞争;不得对具有同等条件的服务对象实行歧视;不得以任何手段强迫他人接受其提供的港口服务。

第三十条 港口经营人应当按照有关规定及时足额交纳港口行政性收费。

港口经营人的合法权益受法律保护。任何单位和个人不得向港口经营人摊派或者违法收取费用。

港口经营人有权拒绝违反规定收取或者摊派的各种费用。

第三十一条 港口行政管理部门应当依法做好港口行政性收费的征管工作,保证港口行政性收费征收到位,并及时足额解缴。

港口行政性收费实行专户管理,专款专用。

第三十二条 港口经营人应当按照国家有关规定,及时向港口行政管理部门如实提供港口统计资料及有关信息。

各级交通运输(港口)主管部门和港口行政管理部门应当按照有关规定向交通运输部和上级交通运输(港口)主管部门报送港口统计资料和相关信息,并结合本地区的实际建设港口管理信息系统。

上述部门的工作人员应当为港口经营人保守商业秘密。

第四章　监督检查

第三十三条　港口行政管理部门应当依法对港口安全生产情况和本规定执行情况实施监督检查,并将检查的结果向社会公布。港口行政管理部门应当对旅客集中、货物装卸量较大或者特殊用途的码头进行重点巡查。检查中发现安全隐患的,应当责令被检查人立即排除或者限期排除。

各级交通运输(港口)主管部门应当加强对港口行政管理部门实施《中华人民共和国港口法》和本规定的监督管理,切实落实法律规定的各项制度,及时纠正行政执法中的违法行为。

第三十四条　港口行政管理部门的监督检查人员依法实施监督检查时,有权向被检查单位和有关人员了解情况,并可查阅、复制有关资料。

监督检查人员应当对检查中知悉的商业秘密保密。

监督检查人员实施监督检查,应当两个人以上,并出示执法证件。

第三十五条　监督检查人员应当将监督检查的时间、地点、内容、发现的问题及处理情况作出书面记录,并由监督检查人员和被检查单位的负责人签字;被检查单位的负责人拒绝签字的,监督检查人员应当将情况记录在案,并向港口行政管理部门报告。

第三十六条　被检查单位和有关人员应当接受港口行政管理部门依法实施的监督检查,如实提供有关情况和资料,不得拒绝检查或者隐匿、谎报有关情况和资料。

第五章　法律责任

第三十七条　有下列行为之一的,由港口行政管理部门责令停止违法经营,没收违法所得;违法所得10万元以上的,并处违法所得2倍以上5倍以下罚款;违法所得不足10万元的,处5万元以上20万元以下罚款:

(一)未依法取得港口经营许可证,从事港口经营的;

(二)未经依法许可,经营港口理货业务的;

(三)港口理货业务经营人兼营货物装卸经营业务、仓储经营业务的。

有前款第(三)项行为,情节严重的,由港口所在地的省级交通运输主管部门吊销港口理货业务经营许可证,并以适当方式向社会公布。

第三十八条　经检查或者调查证实,港口经营人在取得经营许可后又不符合本规定第七、八、九、十条规定一项或者几项条件的,由港口行政管理部门责令其停止经营,限期改正;逾期不改正的,由作出行政许可决定的行政机关吊销《港口经营许可证》,并以适当方式向社会公布。

第三十九条　港口经营人不优先安排抢险物资、救灾物资、国防建设急需物资的作业的,由港口行政管理部门责令改正;造成严重后果的,吊销《港口经营许可证》,并以适当方式向社会公布。

第四十条　港口经营人违反本规定第二十六条关于安全生产规定的,由港口行政管理部门或者其他依法负有安全生产监督管理职责的部门依法给予处罚;情节严重的,由港口行政管理部门吊销《港口经营许可证》;构成犯罪的,依法追究刑事责任。

第四十一条 港口经营人违反本规定第二十八条、第二十九条规定,港口行政管理部门应当进行调查,并协助相关部门进行处理。

第四十二条 港口经营人违反本规定第三十二条规定不及时和不如实向港口行政管理部门提供港口统计资料及有关信息的,由港口行政管理部门按照有关法律、法规的规定予以处罚。

第四十三条 港口行政管理部门不依法履行职责,有下列行为之一的,对直接负责的主管人员和其他直接责任人员依法给予行政处分;构成犯罪的,依法追究刑事责任:

(一)对不符合法定条件的申请人给予港口经营许可的;

(二)发现取得经营许可的港口经营人不再具备法定许可条件而不及时吊销许可证的;

(三)不依法履行监督检查职责,对未经依法许可从事港口经营的行为,不遵守安全生产管理规定的行为,危及港口作业安全的行为,以及其他违反本法规定的行为,不依法予以查处的。

第四十四条 港口行政管理部门违法干预港口经营人的经营自主权的,由其上级行政机关或者监察机关责令改正。向港口经营人摊派财物或者违法收取费用的,责令退回;情节严重的,对直接负责的主管人员和其他直接责任人员依法给予行政处分。

第六章 附 则

第四十五条 《港口经营许可证》的式样由交通运输部统一规定,由省级交通运输(港口)主管部门负责印制。

第四十六条 港口行政管理部门按照《中华人民共和国港口法》制定的港口章程应当在公布的同时送上级交通运输(港口)主管部门和交通运输部备案。

第四十七条 港口引航适用《船舶引航管理规定》(交通部令2001年第10号)。从事危险货物港口作业的,应当同时遵守《港口危险货物安全管理规定》(交通运输部令2012年第9号)。

第四十八条 本规定自2010年3月1日起施行。2003年12月26日交通部发布的《港口经营管理规定》(交通部令2004年第4号)同时废止。

港口危险货物安全管理规定

(2012年12月11日交通运输部令第9号公布)

第一章 总 则

第一条 为加强港口危险货物管理,预防和减少危险货物事故,保障人民生命、财产安全,保护环境,根据《中华人民共和国港口法》、《中华人民共和国安全生产法》、《危险化学品安全管理条例》等有关法律、行政法规和国际公约,制定本规定。

第二条 在港口内进行装卸、过驳、储存、包装危险货物或者对危险货物集装箱进行装拆箱等作业活动(以下简称"港口危险货物作业")适用本规定。

第三条 本规定所称"危险货物",是指列入国际海事组织制定的《国际海运危险货物规则》和国家标准《危险货物品名表》(GB 12268),具有爆炸、易燃、毒害、感染、腐蚀、放射性等特性,容易造成人身伤亡、财产毁损或者对环境造成危害而需要特别防护的货物。

第四条 交通运输部主管全国港口危险货物安全管理工作。

省、自治区、直辖市人民政府管理的港口,由省、自治区、直辖市人民政府交通运输主管部门所属的港口行政管理部门或者省、自治区、直辖市人民政府设立的港口行政管理部门具体负责该港口的危险货物安全管理工作。

港口所在地的市、县人民政府管理的港口,由市、县人民政府交通运输主管部门所属的港口行政管理部门或者市、县人民政府设立的港口行政管理部门具体负责该港口的危险货物安全管理工作。

本条第二款、第三款规定的负责港口危险货物管理工作的部门统称为港口行政管理部门。

第二章 港口建设项目安全审查

第五条 新建、改建、扩建从事港口危险货物作业的建设项目(以下简称"港口建设项目")由港口行政管理部门进行安全条件审查。

未经安全条件审查通过,港口建设项目不得开工建设。

第六条 交通运输部指导、监督全国港口建设项目安全条件审查工作。

国务院、国家发展改革委、交通运输部和省级人民政府及其有关部门审批、核准、备案的港口建设项目,由省级港口行政管理部门负责安全条件审查。

其他港口建设项目由项目所在地设区的市级港口行政管理部门负责安全条件审查。

第七条 建设单位在申请安全条件审查前,应当对港口建设项目进行安全条件论证,并应当委托具有法律法规规定资质的安全评价机构对该建设项目进行安全评价。

第八条 港口建设项目安全条件论证的内容应当包括：
（一）建设项目是否符合港口总体规划的安全要求；
（二）建设项目内在的危险和有害因素对安全生产的影响；
（三）建设项目与周边设施或者单位、人员密集区、敏感性设施和敏感环境区域在安全方面的相互影响；
（四）自然条件对港口建设项目的影响。

第九条 建设单位应当在港口建设项目审批或者核准前，向港口行政管理部门申请安全条件审查，并提交以下材料：
（一）建设项目安全条件审查申请书；
（二）建设项目概况；
（三）建设项目安全条件论证报告；
（四）建设项目安全评价报告。

第十条 建设单位应当向港口建设项目所在地设区的市级港口行政管理部门报送港口建设项目安全条件审查申请材料。

市级港口行政管理部门应当对属于本级管理权限的申请材料予以受理并进行审查；对属于上级管理权限的申请材料进行形式审查并逐级上报。转报工作应当在5日内完成。

第十一条 港口行政管理部门应当自受理申请之日起45日内作出审查决定。

港口行政管理部门在安全条件审查过程中要有海事管理机构参加并听取有关部门的意见，在综合各方意见的基础上作出审查决定。

第十二条 已经通过安全条件审查的港口建设项目有下列情形之一的，建设单位应当重新进行安全条件论证和安全评价，并重新申请审查：
（一）港口建设项目周边条件发生重大变化的；
（二）变更建设地址的；
（三）港口建设项目规模进行调整的；
（四）建设项目平面布置、装卸储运货种、工艺、设备设施等发生重大变化的。

第十三条 从事港口危险货物安全评价的机构应当具有法律法规规定的资质，取得许可的业务范围应当包括化学原料、化学品及医药制造业、仓储业和港口码头，其中从事液化天然气码头安全评价的机构取得许可的业务范围还应当包括管道运输业，并符合以下要求：

（一）从事港口危险货物安全评价的甲级机构，应当至少拥有1名熟悉港口安全相关法律法规和技术标准，具有港口工程相关专业本科以上学历或者从事港口安全、港口工程技术等相关工作5年以上工作经历的专职一级安全评价师，以及1名具有油气储运相关专业本科以上学历或者从事油气储运等相关工作5年以上工作经历的专职一级安全评价师。

（二）从事港口危险货物安全评价的乙级机构，应当至少拥有1名熟悉港口安全相关法律法规和技术标准，具有港口工程相关专业本科以上学历或者从事港口安全、港口工程技术等相关工作3年以上工作经历的专职二级安全评价师，以及1名具有油气储运相关专业本科以上学历或者从事油气储运等相关工作3年以上工作经历的专职二级安全评价师。

从事港口危险货物安全评价的从业人员应当符合交通运输部的有关要求。

第十四条 下列港口建设项目的安全评价应当由符合本规定要求的甲级安全评价机构

承担：

（一）沿海 1 万吨级以上、内河 1000 吨级以上的码头，仓储总容量 5 万立方米以上的仓储设施。

（二）装卸储存民用爆炸物品、烟花爆竹、剧毒化学品、液化易燃气体的码头、仓储设施。

第十五条 港口行政管理部门对从事港口危险货物安全评价的机构实行备案管理。甲级安全评价机构应当向交通运输部备案，乙级安全评价机构应当向所在地省级港口行政管理部门备案。

第十六条 建设单位应当按照《安全生产法》的要求编制港口建设项目安全设施设计专篇，并在港口建设项目初步设计审批中进行审查。

港口建设项目安全设施应当在竣工验收前与主体工程同时建成并按照国家有关规定通过专项验收。未经验收合格，不得从事港口危险货物作业。

第三章 港口危险货物作业管理

第十七条 从事港口危险货物作业的港口经营人（以下简称"危险货物港口经营人"），除应当符合《港口经营管理规定》（交通运输部令 2009 年第 13 号）规定的港口经营许可条件外，还应当具备以下条件：

（一）设有安全生产管理机构或者配备专职安全生产管理人员；

（二）具有健全的安全管理制度和操作规程；

（三）企业主要负责人、危险货物装卸管理人员、申报人员、集装箱装箱现场检查员以及其他从业人员应当按照相关法律法规的规定取得相应的从业资格证书；

（四）有符合国家规定的港口危险货物作业设施设备；

（五）有符合国家规定的事故应急预案和应急设施设备。

第十八条 申请危险货物港口经营人资质，除按《港口经营管理规定》的要求提交相关文件和材料外，还应当提交以下文件和材料：

（一）危险货物港口经营申请表；

（二）符合国家规定的应急设备、设施清单；

（三）企业主要负责人、危险货物装卸管理人员、申报人员、集装箱装箱现场检查员的从业资格证书；

（四）安全设施专项验收合格证明。

第十九条 申请危险货物港口经营人资质，应当向港口行政管理部门提交上述材料。其中，从事剧毒化学品、易制爆危险化学品经营或者有储存设施的，应当向所在地设区的市级港口行政管理部门提出申请；从事其他危险化学品经营的企业，应当向所在地县级港口行政管理部门提出申请。

港口行政管理部门应当自受理申请之日起 20 日内作出许可或者不予许可的决定，20 日内不能作出决定的，经负责人批准，可以延长 10 日，并应当将延长期限的理由告知申请人。符合许可条件的，应当颁发《港口经营许可证》，并对每个具体的危险货物作业场所配发《港口危险货物作业附证》（见附件）。

《港口经营许可证》应当载明危险货物港口经营人的名称与办公地址、法定代表人、经营项目、经营地域、主要设施设备、附证事项、发证日期、许可证有效期和证书编号。

《港口危险货物作业附证》应当载明危险货物作业的具体区域范围、作业方式、允许作业的危险货物品名（集装箱和包装货物载明到"项别"）及其他相关事项。

第二十条 《港口经营许可证》的有效期为3年。

危险货物港口经营人应当在《港口经营许可证》有效期届满之日30日以前，向《港口经营许可证》发证机关申请办理延续手续。

申请办理《港口经营许可证》延续手续，应当提交下列材料：

（一）《港口经营许可证》延续申请；

（二）除本规定第十八条第一款第（一）项之外的其他证明材料；

（三）本规定第二十一条规定的安全评价报告。

第二十一条 从事危险货物作业的港口经营人应当在取得经营资质后，委托具有相应资质条件的评价机构，对本单位的安全生产条件每3年进行一次安全评价，提出安全评价报告。安全评价报告的内容应当包括对安全生产隐患的整改方案。

从事危险货物作业的港口经营人应当将安全评价报告以及整改方案的落实情况报所在地港口行政管理部门备案。

第二十二条 危险货物港口经营人应当根据《港口危险货物作业附证》上载明的危险货物种类和危险特性，在作业场所设置相应的监测、监控、通风、防晒、调温、防火、灭火、防爆、泄压、防毒、中和、防潮、防雷、防静电、防腐、防泄漏以及防护围堤或者隔离操作等安全设施、设备，并按照国家标准、行业标准或者国家有关规定对安全设施、设备进行经常性维护、保养，保证安全设施、设备的正常使用。

第二十三条 危险货物港口经营人应当在其作业场所和安全设施、设备上设置明显的安全警示标志；同时还应当在其作业场所设置通信、报警装置，并保证其处于适用状态。

第二十四条 危险货物专用库场、储罐应当符合国家标准和行业标准，并设置明显标志。

危险货物港口经营人应当对其危险货物专用库场、储罐的安全设施、设备定期进行检测、检验。

危险货物港口经营人不得储存没有安全技术说明书和安全标签的危险货物。

第二十五条 危险货物港口经营人应当对其铺设的危险货物输送管道定期进行检查、检测，并设置明显标志。

在港区内进行可能危及危险货物输送管道安全的施工作业，施工单位应当在开工的7日前书面通知管道所属单位，并与管道所属单位共同制定应急预案，采取相应的安全防护措施。管道所属单位应当指派专门人员到现场进行管道安全保护指导。

第二十六条 船舶载运危险货物进出港口，应当按照有关规定向海事管理机构办理申报手续。海事管理机构应当及时将有关申报信息通报所在地港口行政管理部门。

第二十七条 港口危险货物作业委托人应当向危险货物港口经营人提供完整准确的危险货物名称、联合国编号、危险性分类、包装、数量、应急措施等资料。作业委托人不得在委托作业的普通货物中夹带危险货物，不得将危险货物瞒报或者谎报为普通货物。

对涉嫌在普通货物中夹带危险货物，或者将危险货物瞒报或者谎报为普通货物的，所在地港口行政管理部门或者海事管理机构可以依法开拆查验，港口经营人应当予以配合。港口行政管理部门和海事管理机构应当将查验情况相互通报,避免重复开拆。

第二十八条 危险货物港口经营人在危险货物港口装卸、过驳作业开始24小时前,应当将作业委托人,以及危险货物品名、数量、理化性质、作业地点和时间、安全防范措施等事项向所在地港口行政管理部门报告。所在地港口行政管理部门应当在接到报告后24小时内作出是否同意作业的决定,通知报告人,并及时将有关信息通报海事管理机构。报告人在取得作业批准后72小时内未开始作业的,应当重新报告。未经所在地港口行政管理部门批准的,不得进行港口危险货物作业。

时间、内容和方式固定的港内危险货物装卸、过驳作业,可以按照港口行政管理部门的要求实行定期申报。

第二十九条 禁止在港口装卸、储存国家禁止通过水路运输的危险货物。

第三十条 港口危险货物作业应当符合有关安全作业标准、规程和制度,并在装卸管理人员的现场指挥或者监控下进行。

第三十一条 在港口内从事危险货物添加抑制剂或者稳定剂作业的,作业前应当将有关情况告知相关危险货物港口经营人。

第三十二条 危险货物港口经营人应当对危险货物包装进行检查,发现包装不符合国家有关规定的,不得予以作业,并应当及时通知作业委托人处理。

第三十三条 所在地港口行政管理部门应当根据国家有关规定对危险货物包装进行抽查。不符合规定的,可以责令作业委托人处理。

发生下列情况之一的,危险货物港口经营人应当及时处理并报告所在地港口行政管理部门:

(一)发现未申报或者申报不实、申报有误的危险货物;

(二)在普通货物或者集装箱中发现夹带危险货物;

(三)在危险货物中发现性质相抵触的危险货物。

对涉及船舶航行、作业安全的相关信息,港口行政管理部门应当及时通报所在地海事管理机构。

第三十四条 危险货物港口经营人进行爆炸品、气体、易燃液体、易燃固体、易于自燃的物质、遇水放出易燃气体的物质、氧化性物质、有机过氧化物、毒性物质、感染性物质、放射性物质、腐蚀性物质的港口作业,应当划定作业区域,明确责任人并实行封闭式管理。作业区域应当设置明显标志,禁止无关人员进入和无关船舶停靠。

第三十五条 危险货物应当储存在港区专用的库场、储罐,并由专人负责管理;剧毒化学品以及储存数量构成重大危险源的其他危险货物,应当单独存放,并实行双人收发、双人保管制度。

危险货物的储存方式、方法以及储存数量应当符合国家标准或者国家有关规定。

第三十六条 危险货物港口经营人应当建立危险货物出入库核查、登记制度。

对剧毒化学品以及储存数量构成重大危险源的其他危险货物,危险货物港口经营人应当将其储存数量、储存地点以及管理措施、管理人员等情况,报所在地港口行政管理部门备案。

第三十七条 出现下列情形之一的,危险货物港口经营人应当进行安全评价,安全评价报告向《港口经营许可证》发证机关备案:

(一)危险货物种类、数量或者装卸、储存方式及其相关设备、设施等发生重大变更的;

（二）发生火灾、爆炸或者危险货物泄漏，导致人员死亡，或者人员重伤和直接经济损失达到较大事故以上的；

（三）周边环境因素发生重大变化，可能对港口安全生产带来重大影响的。

第三十八条　危险货物港口经营人应当根据有关规定，进行重大危险源辨识，确定重大危险源级别，进行分级管理，对本单位的重大危险源登记建档，并报送所在地港口行政管理部门备案。对涉及船舶航行、作业安全的重大危险源信息，港口行政管理部门应当及时通报海事管理机构。

第三十九条　危险货物港口经营人应当建立健全重大危险源安全管理规章制度，制定实施危险货物重大危险源安全管理与监控方案，定期对重大危险源进行安全评估。

第四十条　重大危险源出现第三十七条规定的情形之一，可能影响重大危险源级别和风险程度的，应当对重大危险源重新进行辨识、分级、安全评估、修改档案，并及时报送所在地港口行政管理部门重新备案。

第四十一条　危险货物港口经营人应当制定安全隐患排查制度，定期开展安全事故隐患排查，及时消除隐患，并将检查及处理情况形成书面记录。

危险货物港口经营人应当将重大事故隐患的排查和处理情况及时向所在地港口行政管理部门备案。

第四十二条　危险货物港口经营人应当建立安全生产标准化体系，实施安全生产标准化，并保持体系的有效性。

第四章　应急管理

第四十三条　危险货物港口经营人应当制定本单位危险货物应急预案，配备应急救援人员和必要的应急救援器材、设备，每半年至少组织一次应急救援培训和演练，并根据演练结果对应急预案进行修订。

危险货物港口经营人应当将其应急预案及其修订情况报所在地港口行政管理部门备案。

第四十四条　当港口危险货物作业发生险情或者事故时，港口经营人应当立即启动应急预案，采取应急行动，排除事故危害，控制事故进一步扩散，并按照有关规定向所在地港口行政管理部门和有关部门报告。

第四十五条　所在地港口行政管理部门应当建立危险货物事故应急体系，制定危险货物事故应急预案，组织建立专业化应急队伍和应急资源储备，定期组织开展应急培训和事故应急救援演练，提高应急能力。

港口危险货物作业发生事故时，所在地港口行政管理部门应当按规定向上级港口行政管理部门、当地人民政府及有关部门报告，并及时组织救助。

第四十六条　所在地港口行政管理部门应当组织开展港口重大危险源风险分析，建立健全本辖区内重大危险源的档案，建立重大危险源安全监管系统，加强对重大危险源的监管和应急准备。

第五章　安全监督与管理

第四十七条　所在地港口行政管理部门应当对危险货物港口经营人的资质进行年度核

验,发现其不再具备资质条件的,应当责令限期整改;逾期不改正的,依法撤销其资质。

第四十八条 所在地港口行政管理部门应当依法对港口危险货物作业实施监督检查,对危险货物装卸、储存区域进行重点巡查。实施监督检查时,可以行使下列职权:

(一)进入并检查港口危险货物作业场所,查阅、抄录、复印相关的文件或者资料,提出整改意见。

(二)发现危险货物港口作业和设施、设备、装置、器材、运输工具不符合法律、法规、规章规定和标准要求的,责令立即停止使用。

(三)检查中发现安全隐患的,应当责令危险货物港口经营人立即消除或者限期消除;安全隐患严重影响生产安全的,应当责令停止作业。

(四)发现违法行为,应当当场予以纠正或者责令限期改正。

(五)经本部门主要负责人批准,查封违法储存危险化学品的场所,扣押违法储存的危险化学品。

港口行政管理部门依法进行监督检查,监督检查人员不得少于2人,并应当出示执法证件;有关单位和个人对依法进行的监督检查应当予以配合,不得拒绝、阻碍。

第四十九条 港口行政管理部门应当加强港口危险货物安全监管队伍建设,建立健全安全教育培训制度,依法规范行政管理人员的执法行为。

所在地港口行政管理部门应当配备必要的危险货物港口安全检查装备,建立危险货物港口安全监管信息系统,具备危险货物港口安全监督管理能力。

第五十条 港口行政管理部门应当建立举报制度,接受社会监督,并认真落实各类投诉和举报。

第五十一条 港口行政管理部门应当建立港口危险货物管理专家库。专家库应由熟悉港口安全相关法律法规和技术标准、港口危险货物作业、港口安全技术、港口工程、港口安全管理和港口应急救援等相关专业人员组成。

港口行政管理部门在组织安全条件审查、安全设施设计审查和专项验收或者其他港口危险货物管理工作时,需要吸收专家参加或者听取专家意见的,应当从专家库中抽取专家。

第六章 法律责任

第五十二条 未经安全条件审查,新建、改建、扩建港口危险货物建设项目的,由所在地港口行政管理部门责令停止建设,限期改正;逾期不改正的,处50万元以上100万元以下的罚款;构成犯罪的,依法追究刑事责任。

第五十三条 港口建设项目有下列行为之一的,由所在地港口行政管理部门责令限期改正;逾期未改正的,责令停止建设或者停产停业整顿,可以并处5万元以下的罚款;造成严重后果,构成犯罪的,依照刑法有关规定追究刑事责任:

(一)没有安全设施设计或者安全设施设计未按照规定报经有关部门审查同意的;

(二)未按照批准的安全设施设计施工的;

(三)安全设施未经验收合格,擅自投入生产或者使用的。

第五十四条 未依法取得相应的港口经营许可证,从事港口危险货物经营的,由所在地港口行政管理部门责令停止违法经营,没收违法所得;违法所得10万元以上的,并处违法所得 2 倍以上 5 倍以下罚款;违法所得不足 10 万元的,处 5 万元以上 20 万元以下罚款。

第五十五条 危险货物港口经营人有下列情形之一的,由所在地港口行政管理部门责令改正,可以处 5 万元以下的罚款;拒不改正的,处 5 万元以上 10 万元以下的罚款;情节严重的,责令停产停业整顿:

(一)未对其铺设的危险货物管道设置明显的标志,或者未对危险货物管道定期检查、检测的;

(二)进行可能危及危险货物管道安全的施工作业,施工单位未按照规定书面通知管道所属单位,或者未与管道所属单位共同制定应急预案、采取相应的安全防护措施,或者管道所属单位未指派专门人员到现场进行管道安全保护指导的;

(三)未在作业场所和安全设施、设备上设置明显的安全警示标志,或者未在作业场所设置通信、报警装置的;

(四)危险货物专用库场、储罐未设置明显标志的;

(五)危险货物专用库场、储罐未设专人负责管理,或者对储存的剧毒化学品以及储存数量构成重大危险源的其他危险货物未实行双人收发、双人保管制度的;

(六)未建立危险化学品出入库核查、登记制度的;

(七)储存没有安全技术说明书或者安全标签的危险货物的。

第五十六条 危险货物港口经营人有下列情形之一的,由所在地港口行政管理部门责令改正,处 5 万元以上 10 万元以下的罚款;拒不改正的,责令停产停业整顿直至吊销其港口经营许可证件:

(一)未根据危险货物的种类和危险特性,在作业场所设置相关安全设施、设备,或者未按照国家标准、行业标准或者国家有关规定对安全设施、设备进行经常性维护、保养的;

(二)未依照本规定对其安全生产条件定期进行安全评价的;

(三)未将危险货物储存在专用库场、储罐内,或者未将剧毒化学品以及储存数量构成重大危险源的其他危险货物在专用库场、储罐内单独存放的;

(四)危险货物的储存方式、方法或者储存数量不符合国家标准或者国家有关规定的;

(五)危险货物专用库场、储罐不符合国家标准、行业标准的要求的;

(六)未对危险货物专用库场、储罐的安全设施、设备定期进行检测、检验的。

第五十七条 港口经营人违反本规定第二十一条、第三十六条规定,未将安全评价报告以及整改方案的落实情况报港口行政管理部门备案的,或者未将其剧毒化学品以及储存数量构成重大危险源的其他危险货物的储存数量、储存地点、管理措施以及管理人员等情况报港口行政管理部门备案的,由所在地港口行政管理部门责令改正,可以处 1 万元以下的罚款;拒不改正的,处 1 万元以上 5 万元以下的罚款。

第五十八条 在港口危险货物经营活动中有下列行为的,由所在地港口行政管理部门责令改正,并处 3 万元以下的罚款:

(一)港口经营人装卸国家禁止通过该港口水域水路运输的危险货物的;

(二)在港口从事危险货物添加抑制剂或者稳定剂作业前,未将有关情况告知相关危险货物港口经营人的;

(三)港口经营人未按规定对危险货物的包装进行检查的;

(四)港口经营人未将重大事故隐患的排查和处理情况及时向港口行政管理部门备案的。

第五十九条 在托运的普通货物中夹带危险货物,或者将危险货物谎报或者匿报为普通货物托运的,由所在地港口行政管理部门责令改正,处10万元以上20万元以下的罚款,有违法所得的,没收违法所得;拒不改正的,责令停产停业整顿。

第六十条 违反本规定,从事危险货物港口作业的人员未按照安全管理制度和操作规程作业的,由港口经营人予以批评教育,依照有关规章制度予以处分;造成重大事故,构成犯罪的,由有关机关依法追究刑事责任。

第六十一条 港口行政管理部门的工作人员有下列行为之一的,对直接负责的主管人员和其他直接责任人员给予行政处分;构成犯罪的,依法追究刑事责任:

(一)未按规定的条件、程序和期限实施行政许可的;

(二)发现违法行为未依法予以制止、查处,情节严重的;

(三)未履行本规定设定的监督管理职责,造成严重后果的;

(四)有其他滥用职权、玩忽职守、徇私舞弊行为的。

第七章 附 则

第六十二条 本规定所称"危险化学品",是指列入《危险化学品安全管理条例》规定的危险化学品目录,具有毒害、腐蚀、爆炸、燃烧、助燃等性质,对人体、设施、环境具有危害的剧毒化学品和其他化学品。

第六十三条 本规定自2013年2月1日起施行。2003年8月29日交通部发布的《港口危险货物管理规定》(交通部令2003年第9号)同时废止。

附件1

港口危险货物作业附证

编号:

港口经营人:

作业区域范围:　　　　　　　　　年度审验情况

作业方式:

盖章:	盖章:
日期:	日期:

作业危险货物品名:

发证机关:

发证日期:

有效期至:

港口危险货物作业附证填写说明

一、《港口危险货物作业附证》纸张大小设定为 A4 格式,外观设计背景加国徽、底纹等。

二、附证编号:由各地港口行政管理部门按照《港口经营许可证》号后加"—"再加具体的码头(泊位)(M 表示)、储罐(C 表示)、堆场(D 表示)、仓库(K 表示)、过驳(B 表示)汉语拼音字母缩写表示。例:(苏宁)港经证(00026)号—M001;(苏宁)港经证(00026)号—C001;(苏宁)港经证(00026)号—D001;(苏宁)港经证(00026)号—K001;(苏宁)港经证(00026)号—B001。

三、作业区域范围:由港口行政管理部门和港口经营人共同确定,分为码头(泊位)、单个储罐、堆场、仓库、过驳区五种作业区域范围,分别发放附证,并明确作业区域的位置,以及泊位等级、储罐容量、堆场面积、仓库面积、过驳水域面积等。例:南京港 XX 港区 XX 作业区 608 码头(5000 吨级);南京港 XX 港区 XX 作业区 XX 储罐区 XX 号储罐(5 万立方);南京港 XX 港区 XX 作业区 XX 危险货物堆场(1 万平方米),南京港 XX 港区 XX 作业区 XX 危险货物仓库(1 万平方米),南京港 XX 港区 XX 水域 XX 过驳锚地(5 平方公里)。

四、作业方式:如船—管道,船—管道—储罐;储罐—管道—船,船—船等方式。

五、作业危险货物品名:根据《危险货物品名表》(GB 12268)和《国际海运危险货物规则》最新版填写具体的作业品种名称(集装箱和包装货物载明到"项别")。

六、年度审验情况:《港口经营许可证》有效期为 3 年,附证随《港口经营许可证》同时发放,有效期为 3 年,分为两个审验年度,审验通过要加盖单位印章,第 3 年到期时由港口经营人向港口行政管理部门提出申请换证。

国内水路运输管理规定

(2014年1月3日交通运输部令第2号公布,
2015年5月12日交通运输部令第5号修正)

第一章 总 则

第一条 为规范国内水路运输市场管理,维护水路运输经营活动各方当事人的合法权益,促进水路运输事业健康发展,依据《国内水路运输管理条例》制定本规定。

第二条 国内水路运输管理适用本规定。

本规定所称水路运输,是指始发港、挂靠港和目的港均在中华人民共和国管辖的通航水域内使用船舶从事的经营性旅客运输和货物运输。

第三条 水路运输按照经营区域分为沿海运输和内河运输,按照业务种类分为货物运输和旅客运输。

货物运输分为普通货物运输和危险货物运输。危险货物运输分为包装、散装固体和散装液体危险货物运输。散装液体危险货物运输包括液化气体船运输、化学品船运输、成品油船运输和原油船运输。普通货物运输包含拖航。

旅客运输包括普通客船运输、客货船运输和滚装客船运输。

第四条 交通运输部主管全国水路运输管理工作,并按照本规定具体实施有关水路运输管理工作。

县级以上地方人民政府交通运输主管部门主管本行政区域的水路运输管理工作。县级以上地方人民政府负责水路运输管理的部门或者机构(以下统称水路运输管理部门)具体实施水路运输管理工作。

第二章 水路运输经营者

第五条 申请经营水路运输业务,除个人申请经营内河普通货物运输业务外,申请人应当符合下列条件:

(一)具备企业法人资格。

(二)有明确的经营范围,包括经营区域和业务种类。经营水路旅客班轮运输业务的,还应当有班期、班次以及拟停靠的码头安排等可行的航线营运计划。

(三)有符合本规定要求的船舶,且自有船舶运力应当符合附件1的要求。

(四)有符合本规定要求的海务、机务管理人员。

(五)有符合本规定要求的与其直接订立劳动合同的高级船员。

(六)有健全的安全管理机构及安全管理人员设置制度、安全管理责任制度、安全监督检查制度、事故应急处置制度、岗位安全操作规程等安全管理制度。

第六条 个人只能申请经营内河普通货物运输业务,并应当符合下列条件:

(一)经工商行政管理部门登记的个体工商户;

(二)有符合本规定要求的船舶,且自有船舶运力不超过600总吨;

(三)有安全管理责任制度、安全监督检查制度、事故应急处置制度、岗位安全操作规程等安全管理制度。

第七条 水路运输经营者投入运营的船舶应当符合下列条件:

(一)与水路运输经营者的经营范围相适应。从事旅客运输的,应当使用普通客船、客货船和滚装客船(统称为客船)运输;从事散装液体危险货物运输的,应当使用液化气体船、化学品船、成品油船和原油船(统称为危险品船)运输;从事普通货物运输、包装危险货物运输和散装固体危险货物运输的,可以使用普通货船运输。

(二)持有有效的船舶所有权登记证书、船舶国籍证书、船舶检验证书以及按照相关法律、行政法规规定证明船舶符合安全与防污染和入级检验要求的其他证书。

(三)符合交通运输部关于船型技术标准、船龄以及节能减排的要求。

第八条 除个体工商户外,水路运输经营者应当配备满足下列要求的专职海务、机务管理人员:

(一)海务、机务管理人员数量满足附件2的要求;

(二)海务、机务管理人员的从业资历与其经营范围相适应:

1.经营普通货船运输的,应当具有不低于大副、大管轮的从业资历;

2.经营客船、危险品船运输的,应当具有船长、轮机长的从业资历。

(三)海务、机务管理人员所具备的业务知识和管理能力与其经营范围相适应,身体条件与其职责要求相适应。

第九条 除个体工商户外,水路运输经营者按照有关规定应当配备的高级船员中,与其直接订立一年以上劳动合同的高级船员的比例应当满足下列要求:

(一)经营普通货船运输的,高级船员的比例不低于25%;

(二)经营客船、危险品船运输的,高级船员的比例不低于50%。

第十条 交通运输部具体实施下列水路运输经营许可:

(一)省际客船运输、省际危险品船运输的经营许可;

(二)国务院国有资产监督管理机构履行出资人职责的水路运输企业及其控股公司的经营许可。

省级人民政府水路运输管理部门具体实施省际普通货船运输的经营许可。省内水路运输经营许可的具体权限由省级人民政府交通运输主管部门决定,向社会公布。但个人从事内河省际、省内普通货物运输的经营许可由设区的市级人民政府水路运输管理部门具体实施。

第十一条 申请经营水路运输业务或者变更水路运输经营范围,应当向其所在地设区的市级人民政府水路运输管理部门提交申请书和证明申请人符合本规定要求的相关材料。

第十二条 受理申请的水路运输管理部门不具有许可权限的,当场核实申请材料中的原件与复印件的内容一致后,在5个工作日内提出初步审查意见并将全部申请材料转报至具有许可权限的部门。

第十三条 具有许可权限的部门,对符合条件的,应当在 20 个工作日内作出许可决定,向申请人颁发《国内水路运输经营许可证》,并向其投入运营的船舶配发《船舶营业运输证》。申请经营水路旅客班轮运输业务的,还应当向申请人颁发该班轮航线运营许可证件。不符合条件的,不予许可,并书面通知申请人不予许可的理由。

《国内水路运输经营许可证》和《船舶营业运输证》应当通过全国水路运政管理信息系统核发,并逐步实现行政许可网上办理。

第十四条 除购置或者光租已取得相应水路运输经营资格的船舶外,水路运输经营者新增客船、危险品船运力,应当经其所在地设区的市级人民政府水路运输管理部门向具有许可权限的部门提出申请。

具有许可权限的部门根据运力运量供求情况对新增运力申请予以审查。根据运力供求情况需要对新增运力予以数量限制时,依据经营者的经营规模、管理水平、安全记录、诚信经营记录等情况,公开竞争择优作出许可决定。

水路运输经营者新增普通货船运力,应当在船舶开工建造后 15 个工作日内向所在地设区的市级人民政府水路运输管理部门备案。

第十五条 交通运输部在特定的旅客班轮运输和散装液体危险货物运输航线、水域出现运力供大于求状况,可能影响公平竞争和水路运输安全的情形下,可以决定暂停对特定航线、水域的旅客班轮运输和散装液体危险货物运输新增运力许可。

暂停新增运力许可期间,对暂停范围内的新增运力申请不予许可,对申请投入运营的船舶,不予配发《船舶营业运输证》,但暂停决定生效前已取得新增运力批准且已开工建造、购置或者光租的船舶除外。

第十六条 交通运输部对水路运输市场进行监测,分析水路运输市场运力状况,定期公布监测结果。

对特定的旅客班轮运输和散装液体危险货物运输航线、水域暂停新增运力许可的决定,应当依据水路运输市场监测分析结果作出。

采取暂停新增运力许可的运力调控措施,应当符合公开、公平、公正的原则,在开始实施的 60 日前向社会公告,说明采取措施的理由以及采取措施的范围、期限等事项。

第十七条 《国内水路运输经营许可证》的有效期为 5 年。《船舶营业运输证》的有效期按照交通运输部的有关规定确定。水路运输经营者应当在证件有效期届满前的 30 日内向原许可机关提出换证申请。原许可机关应当依照本规定进行审查,符合条件的,予以换发。

第十八条 发生下列情况后,水路运输经营者应当在 15 个工作日内以书面形式向原许可机关备案,并提供相关证明材料:

(一)法定代表人或者主要股东发生变化;

(二)固定的办公场所发生变化;

(三)海务、机务管理人员发生变化;

(四)与其直接订立一年以上劳动合同的高级船员的比例发生变化;

(五)经营的船舶发生重大以上安全责任事故;

(六)委托的船舶管理企业发生变更或者委托管理协议发生变化。

第十九条 水路运输经营者终止经营的,应当自终止经营之日起 15 个工作日内向原许可机关办理注销手续,交回许可证件。

已取得《船舶营业运输证》的船舶报废、转让或者变更经营者,应当自发生上述情况之日起15个工作日内向原许可机关办理《船舶营业运输证》注销、变更手续。

第三章 水路运输经营行为

第二十条 水路运输经营者应当保持相应的经营资质条件,按照《国内水路运输经营许可证》核定的经营范围从事水路运输经营活动。

已取得省际水路运输经营资格的水路运输经营者和船舶,可凭省际水路运输经营资格从事相应种类的省内水路运输,但旅客班轮运输除外。

已取得沿海水路运输经营资格的水路运输经营者和船舶,可在满足航行条件的情况下,凭沿海水路运输经营资格从事相应种类的内河运输。

第二十一条 水路运输经营者不得出租、出借水路运输经营许可证件,或者以其他形式非法转让水路运输经营资格。

第二十二条 从事水路运输的船舶应当随船携带《船舶营业运输证》,不得转让、出租、出借或者涂改。《船舶营业运输证》遗失或者损毁的,应当及时向原配发机关申请补发。

第二十三条 水路运输经营者应该按照《船舶营业运输证》标定的载客定额、载货定额和经营范围从事旅客和货物运输,不得超载。

水路运输经营者使用客货船或者滚装客船载运危险货物时,不得载运旅客,但按照相关规定随船押运货物的人员和滚装车辆的司机除外。

第二十四条 水路运输经营者不得擅自改装客船、危险品船增加载客定额、载货定额或者变更从事散装液体危险货物运输的种类。

第二十五条 水路运输经营者应当使用规范的、符合有关法律法规和交通运输部规定的客票和运输单证。

第二十六条 水路旅客运输业务经营者应当拒绝携带国家规定的危险物品及其他禁止携带的物品的旅客乘船。船舶开航后发现旅客随船携带有危险物品及其他禁止携带的物品的,应当妥善处理,旅客应当予以配合。

第二十七条 水路旅客班轮运输业务经营者应当自取得班轮航线经营许可之日起60日内开航,并在开航的15日前通过媒体并在该航线停靠的各客运站点的明显位置向社会公布所使用的船舶、班期、班次、票价等信息,同时报原许可机关备案。

旅客班轮应当按照公布的班期、班次运行。变更班期、班次、票价的,水路旅客班轮运输业务经营者应当在变更的15日前向社会公布,并报原许可机关备案。停止经营部分或者全部班轮航线的,经营者应当在停止经营的30日前向社会公布,并报原许可机关备案。

第二十八条 水路货物班轮运输业务经营者应当在班轮航线开航的7日前,向社会公布所使用的船舶以及班期、班次和运价,并报原许可机关备案。

货物班轮运输应当按照公布的班期、班次运行;变更班期、班次、运价或者停止经营部分或者全部班轮航线的,水路货物班轮运输业务经营者应当在变更或者停止经营的7日前向社会公布,并报原许可机关备案。

第二十九条 水路旅客运输业务经营者应当以公布的票价销售客票,不得对相同条件的旅客实施不同的票价,不得以搭售、现金返还、加价等不正当方式变相变更公布的票价并获取不正当利益,不得低于客票载明的舱室或者席位等级安排旅客。

第三十条　水路运输经营者从事水路运输经营活动,应当依法经营,诚实守信,禁止以不合理的运价或者其他不正当方式、不规范行为争抢客源、货源及提供运输服务。

水路旅客运输业务经营者为招揽旅客发布信息,必须真实、准确,不得进行虚假宣传,误导旅客,对其在经营活动中知悉的旅客个人信息,应当予以保密。

第三十一条　水路旅客运输业务经营者应当就运输服务中的下列事项,以明示的方式向旅客作出说明或者警示:

(一)不适宜乘坐客船的群体;

(二)正确使用相关设施、设备的方法;

(三)必要的安全防范和应急措施;

(四)未向旅客开放的经营、服务场所和设施、设备;

(五)可能危及旅客人身、财产安全的其他情形。

第三十二条　水路运输经营者应当依照法律、行政法规和国家有关规定,优先运送处置突发事件所需物资、设备、工具、应急救援人员和受到突发事件危害的人员,重点保障紧急、重要的军事运输。

水路运输经营者应当服从交通运输主管部门对关系国计民生物资紧急运输的统一组织协调,按照要求优先、及时运输。

水路运输经营者应当按照交通运输主管部门的要求建立运输保障预案,并建立应急运输、军事运输和紧急运输的运力储备。

第三十三条　水路运输经营者应当按照国家统计规定报送运输经营统计信息。

第四章　外商投资企业和外国籍船舶的特别规定

第三十四条　外商投资企业申请从事水路运输,除满足本规定第五条规定的经营资质条件外,还应当符合下列条件:

(一)拟经营的范围内,国内水路运输经营者无法满足需求;

(二)应当具有经营水路运输业务的良好业绩和运营记录。

第三十五条　具有许可权限的部门可以根据国内水路运输实际情况,决定是否准许外商投资企业经营国内水路运输。

经批准取得水路运输经营许可的外商投资企业外方投资者或者外方投资股比等事项发生变化的,应当报原许可机关批准。原许可机关发现外商投资企业不再符合本规定要求的,应当撤销其水路运输经营资质。

第三十六条　符合下列情形并经交通运输部批准,水路运输经营者可以租用外国籍船舶在中华人民共和国港口之间从事不超过两个连续航次或者期限为30日的临时运输:

(一)没有满足所申请的运输要求的中国籍船舶;

(二)停靠的港口或者水域为对外开放的港口或者水域。

第三十七条　租用外国籍船舶从事临时运输的水路运输经营者,应当向交通运输部提交申请书、运输合同、拟使用的外籍船舶及船舶登记证书、船舶检验证书等相关证书和能够证明符合本规定规定情形的相关材料。申请书应当说明申请事由、承运的货物、运输航次或者期限、停靠港口。

交通运输部应当自受理申请之日起20个工作日内，对申请事项进行审核。对符合规定条件的，作出许可决定并且颁发许可文件；对不符合条件的，不予许可，并书面通知申请人不予许可的理由。

第三十八条 临时从事水路运输的外国籍船舶，应当遵守水路运输管理的有关规定，按照批准的范围和期限进行运输。

第五章 监督检查

第三十九条 交通运输部和水路运输管理部门依照有关法律、法规和本规定对水路运输市场实施监督检查。

第四十条 对水路运输市场实施监督检查，可以采取下列措施：
（一）向水路运输经营者了解情况，要求其提供有关凭证、文件及其他相关材料。
（二）对涉嫌违法的合同、票据、账簿以及其他资料进行查阅、复制。
（三）进入水路运输经营者从事经营活动的场所、船舶实地了解情况。
水路运输经营者应当配合监督检查，如实提供有关凭证、文件及其他相关资料。

第四十一条 水路运输管理部门对水路运输市场依法实施监督检查中知悉的被检查单位的商业秘密和个人信息应当依法保密。

第四十二条 实施现场监督检查的，应当当场记录监督检查的时间、内容、结果，并与被检查单位或者个人共同签署名章。被检查单位或者个人不签署名章的，监督检查人员对不签署的情形及理由应当予以注明。

第四十三条 水路运输管理部门在监督检查中发现水路运输经营者不符合本规定要求的经营资质条件的，应当责令其限期整改，并在整改期限结束后对该经营者整改情况进行复查，并作出整改是否合格的结论。

对运力规模达不到经营资质条件的整改期限最长不超过6个月，其他情形的整改期限最长不超过3个月。水路运输经营者在整改期间已开工建造但尚未竣工的船舶可以计入自有船舶运力。

第四十四条 水路运输管理部门应当建立健全水路运输市场诚信监督管理机制和服务质量评价体系，建立水路运输经营者诚信档案，记录水路运输经营者及从业人员的诚信信息，定期向社会公布监督检查结果和经营者的诚信档案。

水路运输管理部门应当建立水路运输违法经营行为社会监督机制，公布投诉举报电话、邮箱等，及时处理投诉举报信息。

水路运输管理部门应当将监督检查中发现或者受理投诉举报的经营者违法违规行为及处理情况、安全责任事故情况等记入诚信档案。违法违规情节严重可能影响经营资质条件的，对经营者给予提示性警告。不符合经营资质条件的，按照本规定第四十三条的规定处理。

第四十五条 水路运输管理部门应当与当地海事管理机构建立联系机制，按照《国内水路运输管理条例》的要求，做好《船舶营业运输证》查验处理衔接工作，及时将本行政区域内水路运输经营者的经营资质保持情况通报当地海事管理机构。

海事管理机构应当将有关水路运输船舶重大以上安全事故情况及结论意见及时书面通知该船舶经营者所在地设区的市级人民政府水路运输管理部门。水路运输管理部门应当将其纳入水路运输经营者诚信档案。

第六章 法 律 责 任

第四十六条 水路运输经营者未按照本规定要求配备海务、机务管理人员的,由其所在地县级以上人民政府水路运输管理部门责令改正,处1万元以上3万元以下的罚款。

第四十七条 水路运输经营者或其船舶在规定期限内,经整改仍不符合本规定要求的经营资质条件的,由其所在地县级以上人民政府水路运输管理部门报原许可机关撤销其经营许可或者船舶营运证件。

第四十八条 从事水路运输经营的船舶超出《船舶营业运输证》核定的经营范围,或者擅自改装客船、危险品船增加《船舶营业运输证》核定的载客定额、载货定额或者变更从事散装液体危险货物运输种类的,按照《国内水路运输管理条例》第三十四条第一款的规定予以处罚。

第四十九条 水路运输经营者违反本规定,有下列行为之一的,由其所在地县级以上人民政府水路运输管理部门责令改正,处2000元以上1万元以下的罚款;一年内累计三次以上违反的,处1万元以上3万元以下的罚款:

(一)未履行备案义务;

(二)未以公布的票价或者变相变更公布的票价销售客票;

(三)进行虚假宣传,误导旅客或者托运人;

(四)以不正当方式或者不规范行为争抢客源、货源及提供运输服务扰乱市场秩序;

(五)使用的运输单证不符合有关规定。

第五十条 水路运输经营者拒绝管理部门根据本规定进行的监督检查或者隐匿有关资料或瞒报、谎报有关情况的,由其所在地县级以上人民政府水路运输管理部门予以警告,并处2000元以上1万元以下的罚款。

第五十一条 违反本规定的其他规定应当进行处罚的,按照《国内水路运输管理条例》执行。

第七章 附 则

第五十二条 本规定下列用语的定义:

(一)自有船舶,是指水路运输经营者将船舶所有权登记为该经营者且归属该经营者的所有权份额不低于51%的船舶。

(二)班轮运输,是指在固定港口之间按照预定的船期向公众提供旅客、货物运输服务的经营活动。

第五十三条 依法设立的水路运输行业组织可以依照法律、行政法规和章程的规定,制定行业经营规范和服务标准,组织开展职业道德教育和业务培训,对其会员的经营行为和服务质量进行自律性管理。

水路运输行业组织可以建立行业诚信监督、约束机制,提高行业诚信水平。对守法经营、诚实信用的会员以及从业人员,可以给予表彰、奖励。

　　第五十四条　经营内地与香港特别行政区、澳门特别行政区,以及大陆地区与台湾地区之间的水路运输,不适用于本规定。

　　在香港特别行政区、澳门特别行政区进行船籍登记的船舶临时从事内地港口之间的运输,在台湾地区进行船籍登记的船舶临时从事大陆港口之间的运输,参照适用本规定关于外国籍船舶的有关规定。

　　第五十五条　载客12人以下的客船运输、乡镇客运渡船运输以及与外界不通航的公园、封闭性风景区内的水上旅客运输不适用本规定。

　　第五十六条　本规定自2014年3月1日起施行。2008年5月26日交通运输部以交通运输部令2008年第2号公布的《国内水路运输经营资质管理规定》、1987年9月22日交通部以(87)交河字680号文公布、1998年3月6日以交水发〔1998〕107号文修改、2009年6月4日交通运输部以交通运输部令2009年第6号修改的《水路运输管理条例实施细则》、1990年9月28日交通部以交通部令1990年第22号公布、2009年交通运输部令2009年第7号修改的《水路运输违章处罚规定》同时废止。

附件1

水路运输经营者自有船舶运力最低限额表

	沿 海		内 河			
	省际	省内	省际			省内
			长江	西江	其他	
普通货船(总吨)	5000	1000	5000	3000	1000	600
成品油船(总吨)						
化学品船(总吨)						
液化气船(立方米)			2000			
原油船(总吨)	35000	5000	15000			2000
拖航(千瓦)	5000	2000				
普通客船(客位)	400	200	400			100
客货船	3000 总吨及 400 客位	1000 总吨及 100 客位	1000 总吨及 100 客位			300 总吨及 50 客位
滚装客船						

附件 2

海务、机务管理人员最低配额表(人)

		1-5艘	6-10艘	11-20艘	21-30艘	31-40艘	41-50艘	>50艘
沿海	普通货船	1	2		3		4	每增加20艘增加1人,不足20艘按20艘计
	危险品船	1	2	3	4	5	6	每增加10艘增加1人,不足10艘按10艘计
	客船							
内河	普通货船	1	2					每增加50艘增加1人,不足50艘按50艘计
	危险品船	1	2	3		4		每增加20艘增加1人,不足20艘按20艘计
	客船							

海事行政执法

中华人民共和国水污染防治法

(1984年5月11日中华人民共和国主席令第12号公布,2008年2月28日中华人民共和国主席令第87号修订)

第一章 总　　则

第一条 为了防治水污染,保护和改善环境,保障饮用水安全,促进经济社会全面协调可持续发展,制定本法。

第二条 本法适用于中华人民共和国领域内的江河、湖泊、运河、渠道、水库等地表水体以及地下水体的污染防治。

海洋污染防治适用《中华人民共和国海洋环境保护法》。

第三条 水污染防治应当坚持预防为主、防治结合、综合治理的原则,优先保护饮用水水源,严格控制工业污染、城镇生活污染,防治农业面源污染,积极推进生态治理工程建设,预防、控制和减少水环境污染和生态破坏。

第四条 县级以上人民政府应当将水环境保护工作纳入国民经济和社会发展规划。

县级以上地方人民政府应当采取防治水污染的对策和措施,对本行政区域的水环境质量负责。

第五条 国家实行水环境保护目标责任制和考核评价制度,将水环境保护目标完成情况作为对地方人民政府及其负责人考核评价的内容。

第六条 国家鼓励、支持水污染防治的科学技术研究和先进适用技术的推广应用,加强水环境保护的宣传教育。

第七条 国家通过财政转移支付等方式,建立健全对位于饮用水水源保护区区域和江河、湖泊、水库上游地区的水环境生态保护补偿机制。

第八条 县级以上人民政府环境保护主管部门对水污染防治实施统一监督管理。

交通主管部门的海事管理机构对船舶污染水域的防治实施监督管理。

县级以上人民政府水行政、国土资源、卫生、建设、农业、渔业等部门以及重要江河、湖泊的流域水资源保护机构,在各自的职责范围内,对有关水污染防治实施监督管理。

第九条 排放水污染物,不得超过国家或者地方规定的水污染物排放标准和重点水污染物排放总量控制指标。

第十条 任何单位和个人都有义务保护水环境,并有权对污染损害水环境的行为进行检举。

县级以上人民政府及其有关主管部门对在水污染防治工作中做出显著成绩的单位和个人给予表彰和奖励。

第二章 水污染防治的标准和规划

第十一条 国务院环境保护主管部门制定国家水环境质量标准。

省、自治区、直辖市人民政府可以对国家水环境质量标准中未作规定的项目,制定地方标准,并报国务院环境保护主管部门备案。

第十二条 国务院环境保护主管部门会同国务院水行政主管部门和有关省、自治区、直辖市人民政府,可以根据国家确定的重要江河、湖泊流域水体的使用功能以及有关地区的经济、技术条件,确定该重要江河、湖泊流域的省界水体适用的水环境质量标准,报国务院批准后施行。

第十三条 国务院环境保护主管部门根据国家水环境质量标准和国家经济、技术条件,制定国家水污染物排放标准。

省、自治区、直辖市人民政府对国家水污染物排放标准中未作规定的项目,可以制定地方水污染物排放标准;对国家水污染物排放标准中已作规定的项目,可以制定严于国家水污染物排放标准的地方水污染物排放标准。地方水污染物排放标准须报国务院环境保护主管部门备案。

向已有地方水污染物排放标准的水体排放污染物的,应当执行地方水污染物排放标准。

第十四条 国务院环境保护主管部门和省、自治区、直辖市人民政府,应当根据水污染防治的要求和国家或者地方的经济、技术条件,适时修订水环境质量标准和水污染物排放标准。

第十五条 防治水污染应当按流域或者按区域进行统一规划。国家确定的重要江河、湖泊的流域水污染防治规划,由国务院环境保护主管部门会同国务院经济综合宏观调控、水行政等部门和有关省、自治区、直辖市人民政府编制,报国务院批准。

前款规定外的其他跨省、自治区、直辖市江河、湖泊的流域水污染防治规划,根据国家确定的重要江河、湖泊的流域水污染防治规划和本地实际情况,由有关省、自治区、直辖市人民政府环境保护主管部门会同同级水行政等部门和有关市、县人民政府编制,经有关省、自治区、直辖市人民政府审核,报国务院批准。

省、自治区、直辖市内跨县江河、湖泊的流域水污染防治规划,根据国家确定的重要江河、湖泊的流域水污染防治规划和本地实际情况,由省、自治区、直辖市人民政府环境保护主管部门会同同级水行政等部门编制,报省、自治区、直辖市人民政府批准,并报国务院备案。

经批准的水污染防治规划是防治水污染的基本依据,规划的修订须经原批准机关批准。

县级以上地方人民政府应当根据依法批准的江河、湖泊的流域水污染防治规划,组织制定本行政区域的水污染防治规划。

第十六条 国务院有关部门和县级以上地方人民政府开发、利用和调节、调度水资源时,应当统筹兼顾,维持江河的合理流量和湖泊、水库以及地下水体的合理水位,维护水体的生态功能。

第三章 水污染防治的监督管理

第十七条 新建、改建、扩建直接或者间接向水体排放污染物的建设项目和其他水上设施,应当依法进行环境影响评价。

建设单位在江河、湖泊新建、改建、扩建排污口的,应当取得水行政主管部门或者流域管理机构同意;涉及通航、渔业水域的,环境保护主管部门在审批环境影响评价文件时,应当征求交通、渔业主管部门的意见。

建设项目的水污染防治设施,应当与主体工程同时设计、同时施工、同时投入使用。水污染防治设施应当经过环境保护主管部门验收,验收不合格的,该建设项目不得投入生产或者使用。

第十八条 国家对重点水污染物排放实施总量控制制度。

省、自治区、直辖市人民政府应当按照国务院的规定削减和控制本行政区域的重点水污染物排放总量,并将重点水污染物排放总量控制指标分解落实到市、县人民政府。市、县人民政府根据本行政区域重点水污染物排放总量控制指标的要求,将重点水污染物排放总量控制指标分解落实到排污单位。具体办法和实施步骤由国务院规定。

省、自治区、直辖市人民政府可以根据本行政区域水环境质量状况和水污染防治工作的需要,确定本行政区域实施总量削减和控制的重点水污染物。

对超过重点水污染物排放总量控制指标的地区,有关人民政府环境保护主管部门应当暂停审批新增重点水污染物排放总量的建设项目的环境影响评价文件。

第十九条 国务院环境保护主管部门对未按照要求完成重点水污染物排放总量控制指标的省、自治区、直辖市予以公布。省、自治区、直辖市人民政府环境保护主管部门对未按照要求完成重点水污染物排放总量控制指标的市、县予以公布。

县级以上人民政府环境保护主管部门对违反本法规定、严重污染水环境的企业予以公布。

第二十条 国家实行排污许可制度。

直接或者间接向水体排放工业废水和医疗污水以及其他按照规定应当取得排污许可证方可排放的废水、污水的企业事业单位,应当取得排污许可证;城镇污水集中处理设施的运营单位,也应当取得排污许可证。排污许可的具体办法和实施步骤由国务院规定。

禁止企业事业单位无排污许可证或者违反排污许可证的规定向水体排放前款规定的废水、污水。

第二十一条 直接或者间接向水体排放污染物的企业事业单位和个体工商户,应当按照国务院环境保护主管部门的规定,向县级以上地方人民政府环境保护主管部门申报登记拥有的水污染物排放设施、处理设施和在正常作业条件下排放水污染物的种类、数量和浓度,并提供防治水污染方面的有关技术资料。

企业事业单位和个体工商户排放水污染物的种类、数量和浓度有重大改变的,应当及时申报登记;其水污染物处理设施应当保持正常使用;拆除或者闲置水污染物处理设施的,应当事先报县级以上地方人民政府环境保护主管部门批准。

第二十二条 向水体排放污染物的企业事业单位和个体工商户,应当按照法律、行政法规和国务院环境保护主管部门的规定设置排污口;在江河、湖泊设置排污口的,还应当遵守国务院水行政主管部门的规定。

禁止私设暗管或者采取其他规避监管的方式排放水污染物。

第二十三条 重点排污单位应当安装水污染物排放自动监测设备,与环境保护主管部门的监控设备联网,并保证监测设备正常运行。排放工业废水的企业,应当对其所排放的工业废水进行监测,并保存原始监测记录。具体办法由国务院环境保护主管部门规定。

应当安装水污染物排放自动监测设备的重点排污单位名录,由设区的市级以上地方人民政府环境保护主管部门根据本行政区域的环境容量、重点水污染物排放总量控制指标的要求以及排污单位排放水污染物的种类、数量和浓度等因素,商同级有关部门确定。

第二十四条　直接向水体排放污染物的企业事业单位和个体工商户,应当按照排放水污染物的种类、数量和排污费征收标准缴纳排污费。

排污费应当用于污染的防治,不得挪作他用。

第二十五条　国家建立水环境质量监测和水污染物排放监测制度。国务院环境保护主管部门负责制定水环境监测规范,统一发布国家水环境状况信息,会同国务院水行政等部门组织监测网络。

第二十六条　国家确定的重要江河、湖泊流域的水资源保护工作机构负责监测其所在流域的省界水体的水环境质量状况,并将监测结果及时报国务院环境保护主管部门和国务院水行政主管部门;有经国务院批准成立的流域水资源保护领导机构的,应当将监测结果及时报告流域水资源保护领导机构。

第二十七条　环境保护主管部门和其他依照本法规定行使监督管理权的部门,有权对管辖范围内的排污单位进行现场检查,被检查的单位应当如实反映情况,提供必要的资料。检察机关有义务为被检查的单位保守在检查中获取的商业秘密。

第二十八条　跨行政区域的水污染纠纷,由有关地方人民政府协商解决,或者由其共同的上级人民政府协调解决。

第四章　水污染防治措施

第一节　一般规定

第二十九条　禁止向水体排放油类、酸液、碱液或者剧毒废液。

禁止在水体清洗装贮过油类或者有毒污染物的车辆和容器。

第三十条　禁止向水体排放、倾倒放射性固体废物或者含有高放射性和中放射性物质的废水。

向水体排放含低放射性物质的废水,应当符合国家有关放射性污染防治的规定和标准。

第三十一条　向水体排放含热废水,应当采取措施,保证水体的水温符合水环境质量标准。

第三十二条　含病原体的污水应当经过消毒处理;符合国家有关标准后,方可排放。

第三十三条　禁止向水体排放、倾倒工业废渣、城镇垃圾和其他废弃物。

禁止将含有汞、镉、砷、铬、铅、氰化物、黄磷等的可溶性剧毒废渣向水体排放、倾倒或者直接埋入地下。

存放可溶性剧毒废渣的场所,应当采取防水、防渗漏、防流失的措施。

第三十四条　禁止在江河、湖泊、运河、渠道、水库最高水位线以下的滩地和岸坡堆放、存贮固体废弃物和其他污染物。

第三十五条　禁止利用渗井、渗坑、裂隙和溶洞排放、倾倒含有毒污染物的废水、含病原体的污水和其他废弃物。

第三十六条 禁止利用无防渗漏措施的沟渠、坑塘等输送或者存贮含有毒污染物的废水、含病原体的污水和其他废弃物。

第三十七条 多层地下水的含水层水质差异大的,应当分层开采;对已受污染的潜水和承压水,不得混合开采。

第三十八条 兴建地下工程设施或者进行地下勘探、采矿等活动,应当采取防护性措施,防止地下水污染。

第三十九条 人工回灌补给地下水,不得恶化地下水质。

第二节 工业水污染防治

第四十条 国务院有关部门和县级以上地方人民政府应当合理规划工业布局,要求造成水污染的企业进行技术改造,采取综合防治措施,提高水的重复利用率,减少废水和污染物排放量。

第四十一条 国家对严重污染水环境的落后工艺和设备实行淘汰制度。

国务院经济综合宏观调控部门会同国务院有关部门,公布限期禁止采用的严重污染水环境的工艺名录和限期禁止生产、销售、进口、使用的严重污染水环境的设备名录。

生产者、销售者、进口者或者使用者应当在规定的期限内停止生产、销售、进口或者使用列入前款规定的设备名录中的设备。工艺的采用者应当在规定的期限内停止采用列入前款规定的工艺名录中的工艺。

依照本条第二款、第三款规定被淘汰的设备,不得转让给他人使用。

第四十二条 国家禁止新建不符合国家产业政策的小型造纸、制革、印染、染料、炼焦、炼硫、炼砷、炼汞、炼油、电镀、农药、石棉、水泥、玻璃、钢铁、火电以及其他严重污染水环境的生产项目。

第四十三条 企业应当采用原材料利用效率高、污染物排放量少的清洁工艺,并加强管理,减少水污染物的产生。

第三节 城镇水污染防治

第四十四条 城镇污水应当集中处理。

县级以上地方人民政府应当通过财政预算和其他渠道筹集资金,统筹安排建设城镇污水集中处理设施及配套管网,提高本行政区域城镇污水的收集率和处理率。

国务院建设主管部门应当会同国务院经济综合宏观调控、环境保护主管部门,根据城乡规划和水污染防治规划,组织编制全国城镇污水处理设施建设规划。县级以上地方人民政府组织建设、经济综合宏观调控、环境保护、水行政等部门编制本行政区域的城镇污水处理设施建设规划。县级以上地方人民政府建设主管部门应当按照城镇污水处理设施建设规划,组织建设城镇污水集中处理设施及配套管网,并加强对城镇污水集中处理设施运营的监督管理。

城镇污水集中处理设施的运营单位按照国家规定向排污者提供污水处理的有偿服务,收取污水处理费用,保证污水集中处理设施的正常运行。向城镇污水集中处理设施排放污水、缴纳污水处理费用的,不再缴纳排污费。收取的污水处理费用应当用于城镇污水集中处理设施的建设和运行,不得挪作他用。

城镇污水集中处理设施的污水处理收费、管理以及使用的具体办法,由国务院规定。

第四十五条 向城镇污水集中处理设施排放水污染物,应当符合国家或者地方规定的水污染物排放标准。

城镇污水集中处理设施的出水水质达到国家或者地方规定的水污染物排放标准的,可以按照国家有关规定免缴排污费。

城镇污水集中处理设施的运营单位,应当对城镇污水集中处理设施的出水水质负责。

环境保护主管部门应当对城镇污水集中处理设施的出水水质和水量进行监督检查。

第四十六条 建设生活垃圾填埋场,应当采取防渗漏等措施,防止造成水污染。

第四节 农业和农村水污染防治

第四十七条 使用农药,应当符合国家有关农药安全使用的规定和标准。

运输、存贮农药和处置过期失效农药,应当加强管理,防止造成水污染。

第四十八条 县级以上地方人民政府农业主管部门和其他有关部门,应当采取措施,指导农业生产者科学、合理地施用化肥和农药,控制化肥和农药的过量使用,防止造成水污染。

第四十九条 国家支持畜禽养殖场、养殖小区建设畜禽粪便、废水的综合利用或者无害化处理设施。

畜禽养殖场、养殖小区应当保证其畜禽粪便、废水的综合利用或者无害化处理设施正常运转,保证污水达标排放,防止污染水环境。

第五十条 从事水产养殖应当保护水域生态环境,科学确定养殖密度,合理投饵和使用药物,防止污染水环境。

第五十一条 向农田灌溉渠道排放工业废水和城镇污水,应当保证其下游最近的灌溉取水点的水质符合农田灌溉水质标准。

利用工业废水和城镇污水进行灌溉,应当防止污染土壤、地下水和农产品。

第五节 船舶水污染防治

第五十二条 船舶排放含油污水、生活污水,应当符合船舶污染物排放标准。从事海洋航运的船舶进入内河和港口的,应当遵守内河的船舶污染物排放标准。

船舶的残油、废油应当回收,禁止排入水体。

禁止向水体倾倒船舶垃圾。

船舶装载运输油类或者有毒货物,应当采取防止溢流和渗漏的措施,防止货物落水造成水污染。

第五十三条 船舶应当按照国家有关规定配置相应的防污设备和器材,并持有合法有效的防止水域环境污染的证书与文书。

船舶进行涉及污染物排放的作业,应当严格遵守操作规程,并在相应的记录簿上如实记载。

第五十四条 港口、码头、装卸站和船舶修造厂应当备有足够的船舶污染物、废弃物的接收设施。从事船舶污染物、废弃物接收作业,或者从事装载油类、污染危害性货物船舱清洗作业的单位,应当具备与其运营规模相适应的接收处理能力。

第五十五条 船舶进行下列活动,应当编制作业方案,采取有效的安全和防污染措施,并报作业地海事管理机构批准：

（一）进行残油、含油污水、污染危害性货物残留物的接收作业，或者进行装载油类、污染危害性货物船舱的清洗作业；

（二）进行散装液体污染危害性货物的过驳作业；

（三）进行船舶水上拆解、打捞或者其他水上、水下船舶施工作业。

在渔港水域进行渔业船舶水上拆解活动，应当报作业地渔业主管部门批准。

第五章 饮用水水源和其他特殊水体保护

第五十六条 国家建立饮用水水源保护区制度。饮用水水源保护区分为一级保护区和二级保护区；必要时，可以在饮用水水源保护区外围划定一定的区域作为准保护区。

饮用水水源保护区的划定，由有关市、县人民政府提出划定方案，报省、自治区、直辖市人民政府批准；跨市、县饮用水水源保护区的划定，由有关市、县人民政府协商提出划定方案，报省、自治区、直辖市人民政府批准；协商不成的，由省、自治区、直辖市人民政府环境保护主管部门会同同级水行政、国土资源、卫生、建设等部门提出划定方案，征求同级有关部门的意见后，报省、自治区、直辖市人民政府批准。

跨省、自治区、直辖市的饮用水水源保护区，由有关省、自治区、直辖市人民政府商有关流域管理机构划定；协商不成的，由国务院环境保护主管部门会同同级水行政、国土资源、卫生、建设等部门提出划定方案，征求国务院有关部门的意见后，报国务院批准。

国务院和省、自治区、直辖市人民政府可以根据保护饮用水水源的实际需要，调整饮用水水源保护区的范围，确保饮用水安全。有关地方人民政府应当在饮用水水源保护区的边界设立明确的地理界标和明显的警示标志。

第五十七条 在饮用水水源保护区内，禁止设置排污口。

第五十八条 禁止在饮用水水源一级保护区内新建、改建、扩建与供水设施和保护水源无关的建设项目；已建成的与供水设施和保护水源无关的建设项目，由县级以上人民政府责令拆除或者关闭。

禁止在饮用水水源一级保护区内从事网箱养殖、旅游、游泳、垂钓或者其他可能污染饮用水水体的活动。

第五十九条 禁止在饮用水水源二级保护区内新建、改建、扩建排放污染物的建设项目；已建成的排放污染物的建设项目，由县级以上人民政府责令拆除或者关闭。

在饮用水水源二级保护区内从事网箱养殖、旅游等活动的，应当按照规定采取措施，防止污染饮用水水体。

第六十条 禁止在饮用水水源准保护区内新建、扩建对水体污染严重的建设项目；改建建设项目，不得增加排污量。

第六十一条 县级以上地方人民政府应当根据保护饮用水水源的实际需要，在准保护区内采取工程措施或者建造湿地、水源涵养林等生态保护措施，防止水污染物直接排入饮用水水体，确保饮用水安全。

第六十二条 饮用水水源受到污染可能威胁供水安全的，环境保护主管部门应当责令有关企业事业单位采取停止或者减少排放水污染物等措施。

第六十三条 国务院和省、自治区、直辖市人民政府根据水环境保护的需要,可以规定在饮用水水源保护区内,采取禁止或者限制使用含磷洗涤剂、化肥、农药以及限制种植养殖等措施。

第六十四条 县级以上人民政府可以对风景名胜区水体、重要渔业水体和其他具有特殊经济文化价值的水体划定保护区,并采取措施,保证保护区的水质符合规定用途的水环境质量标准。

第六十五条 在风景名胜区水体、重要渔业水体和其他具有特殊经济文化价值的水体的保护区内,不得新建排污口。在保护区附近新建排污口,应当保证保护区水体不受污染。

第六章 水污染事故处置

第六十六条 各级人民政府及其有关部门、可能发生水污染事故的企业事业单位,应当依照《中华人民共和国突发事件应对法》的规定,做好突发水污染事故的应急准备、应急处置和事后恢复等工作。

第六十七条 可能发生水污染事故的企业事业单位,应当制定有关水污染事故的应急方案,做好应急准备,并定期进行演练。

生产、储存危险化学品的企业事业单位,应当采取措施,防止在处理安全生产事故过程中产生的可能严重污染水体的消防废水、废液直接排入水体。

第六十八条 企业事业单位发生事故或者其他突发性事件,造成或者可能造成水污染事故的,应当立即启动本单位的应急方案,采取应急措施,并向事故发生地的县级以上地方人民政府或者环境保护主管部门报告。环境保护主管部门接到报告后,应当及时向本级人民政府报告,并抄送有关部门。

造成渔业污染事故或者渔业船舶造成水污染事故的,应当向事故发生地的渔业主管部门报告,接受调查处理。其他船舶造成水污染事故的,应当向事故发生地的海事管理机构报告,接受调查处理;给渔业造成损害的,海事管理机构应当通知渔业主管部门参与调查处理。

第七章 法律责任

第六十九条 环境保护主管部门或者其他依照本法规定行使监督管理权的部门,不依法作出行政许可或者办理批准文件的,发现违法行为或者接到对违法行为的举报后不予查处的,或者有其他未依照本法规定履行职责的行为的,对直接负责的主管人员和其他直接责任人员依法给予处分。

第七十条 拒绝环境保护主管部门或者其他依照本法规定行使监督管理权的部门的监督检查,或者在接受监督检查时弄虚作假的,由县级以上人民政府环境保护主管部门或者其他依照本法规定行使监督管理权的部门责令改正,处1万元以上10万元以下的罚款。

第七十一条 违反本法规定,建设项目的水污染防治设施未建成、未经验收或者验收不合格,主体工程即投入生产或者使用的,由县级以上人民政府环境保护主管部门责令停止生产或者使用,直至验收合格,处5万元以上50万元以下的罚款。

第七十二条 违反本法规定,有下列行为之一的,由县级以上人民政府环境保护主管部门责令限期改正;逾期不改正的,处1万元以上10万元以下的罚款:

（一）拒报或者谎报国务院环境保护主管部门规定的有关水污染物排放申报登记事项的；

（二）未按照规定安装水污染物排放自动监测设备或者未按照规定与环境保护主管部门的监控设备联网，并保证监测设备正常运行的；

（三）未按照规定对所排放的工业废水进行监测并保存原始监测记录的。

第七十三条　违反本法规定，不正常使用水污染物处理设施，或者未经环境保护主管部门批准拆除、闲置水污染物处理设施的，由县级以上人民政府环境保护主管部门责令限期改正，处应缴纳排污费数额1倍以上3倍以下的罚款。

第七十四条　违反本法规定，排放水污染物超过国家或者地方规定的水污染物排放标准，或者超过重点水污染物排放总量控制指标的，由县级以上人民政府环境保护主管部门按照权限责令限期治理，处应缴纳排污费数额2倍以上5倍以下的罚款。

限期治理期间，由环境保护主管部门责令限制生产、限制排放或者停产整治。限期治理的期限最长不超过一年；逾期未完成治理任务的，报经有批准权的人民政府批准，责令关闭。

第七十五条　在饮用水水源保护区内设置排污口的，由县级以上地方人民政府责令限期拆除，处10万元以上50万元以下的罚款；逾期不拆除的，强制拆除，所需费用由违法者承担，处50万元以上100万元以下的罚款，并可以责令停产整顿。

除前款规定外，违反法律、行政法规和国务院环境保护主管部门的规定设置排污口或者私设暗管的，由县级以上地方人民政府环境保护主管部门责令限期拆除，处2万元以上10万元以下的罚款；逾期不拆除的，强制拆除，所需费用由违法者承担，处10万元以上50万元以下的罚款；私设暗管或者有其他严重情节的，县级以上地方人民政府环境保护主管部门可以提请县级以上地方人民政府责令停产整顿。

未经水行政主管部门或者流域管理机构同意，在江河、湖泊新建、改建、扩建排污口的，由县级以上人民政府水行政主管部门或者流域管理机构依据职权，依照前款规定采取措施、给予处罚。

第七十六条　有下列行为之一的，由县级以上地方人民政府环境保护主管部门责令停止违法行为，限期采取治理措施，消除污染，处以罚款；逾期不采取治理措施的，环境保护主管部门可以指定有治理能力的单位代为治理，所需费用由违法者承担：

（一）向水体排放油类、酸液、碱液的；

（二）向水体排放剧毒废液，或者将含有汞、镉、砷、铬、铅、氰化物、黄磷等的可溶性剧毒废渣向水体排放、倾倒或者直接埋入地下的；

（三）在水体清洗装贮过油类、有毒污染物的车辆或者容器的；

（四）向水体排放、倾倒工业废渣、城镇垃圾或者其他废弃物，或者在江河、湖泊、运河、渠道、水库最高水位线以下的滩地、岸坡堆放、存贮固体废弃物或者其他污染物的；

（五）向水体排放、倾倒放射性固体废物或者含有高放射性、中放射性物质的废水的；

（六）违反国家有关规定或者标准，向水体排放含低放射性物质的废水、热废水或者含病原体的污水的；

（七）利用渗井、渗坑、裂隙或者溶洞排放、倾倒含有毒污染物的废水、含病原体的污水或者其他废弃物的；

（八）利用无防渗漏措施的沟渠、坑塘等输送或者存贮含有毒污染物的废水、含病原体的污水或者其他废弃物的。

有前款第三项、第六项行为之一的，处1万元以上10万元以下的罚款；有前款第一项、第四项、第八项行为之一的，处2万元以上20万元以下的罚款；有前款第二项、第五项、第七项行为之一的，处5万元以上50万元以下的罚款。

第七十七条　违反本法规定，生产、销售、进口或者使用列入禁止生产、销售、进口、使用的严重污染水环境的设备名录中的设备，或者采用列入禁止采用的严重污染水环境的工艺名录中的工艺的，由县级以上人民政府经济综合宏观调控部门责令改正，处5万元以上20万元以下的罚款；情节严重的，由县级以上人民政府经济综合宏观调控部门提出意见，报请本级人民政府责令停业、关闭。

第七十八条　违反本法规定，建设不符合国家产业政策的小型造纸、制革、印染、染料、炼焦、炼硫、炼砷、炼汞、炼油、电镀、农药、石棉、水泥、玻璃、钢铁、火电以及其他严重污染水环境的生产项目的，由所在地的市、县人民政府责令关闭。

第七十九条　船舶未配置相应的防污染设备和器材，或者未持有合法有效的防止水域环境污染的证书与文书的，由海事管理机构、渔业主管部门按照职责分工责令限期改正，处2000元以上2万元以下的罚款；逾期不改正的，责令船舶临时停航。

船舶进行涉及污染物排放的作业，未遵守操作规程或者未在相应的记录簿上如实记载的，由海事管理机构、渔业主管部门按照职责分工责令改正，处2000元以上2万元以下的罚款。

第八十条　违反本法规定，有下列行为之一的，由海事管理机构、渔业主管部门按照职责分工责令停止违法行为，处以罚款；造成水污染的，责令限期采取治理措施，消除污染；逾期不采取治理措施的，海事管理机构、渔业主管部门按照职责分工可以指定有治理能力的单位代为治理，所需费用由船舶承担：

（一）向水体倾倒船舶垃圾或者排放船舶的残油、废油的；

（二）未经作业地海事管理机构批准，船舶进行残油、含油污水、污染危害性货物残留物的接收作业，或者进行装载油类、污染危害性货物船舱的清洗作业，或者进行散装液体污染危害性货物的过驳作业的；

（三）未经作业地海事管理机构批准，进行船舶水上拆解、打捞或者其他水上、水下船舶施工作业的；

（四）未经作业地渔业主管部门批准，在渔港水域进行渔业船舶水上拆解的。

有前款第一项、第二项、第四项行为之一的，处5000元以上5万元以下的罚款；有前款第三项行为的，处1万元以上10万元以下的罚款。

第八十一条　有下列行为之一的，由县级以上地方人民政府环境保护主管部门责令停止违法行为，处10万元以上50万元以下的罚款；并报经有批准权的人民政府批准，责令拆除或者关闭：

（一）在饮用水水源一级保护区内新建、改建、扩建与供水设施和保护水源无关的建设项目的；

（二）在饮用水水源二级保护区内新建、改建、扩建排放污染物的建设项目的；

（三）在饮用水水源准保护区内新建、扩建对水体污染严重的建设项目，或者改建建设项目增加排污量的。

在饮用水水源一级保护区内从事网箱养殖或者组织进行旅游、垂钓或者其他可能污染饮用水水体的活动的，由县级以上地方人民政府环境保护主管部门责令停止违法行为，处 2 万元以上 10 万元以下的罚款。个人在饮用水水源一级保护区内游泳、垂钓或者从事其他可能污染饮用水水体的活动的，由县级以上地方人民政府环境保护主管部门责令停止违法行为，可以处 500 元以下的罚款。

第八十二条 企业事业单位有下列行为之一的，由县级以上人民政府环境保护主管部门责令改正；情节严重的，处 2 万元以上 10 万元以下的罚款：

（一）不按照规定制定水污染事故的应急方案的；

（二）水污染事故发生后，未及时启动水污染事故的应急方案，采取有关应急措施的。

第八十三条 企业事业单位违反本法规定，造成水污染事故的，由县级以上人民政府环境保护主管部门依照本条第二款的规定处以罚款，责令限期采取治理措施，消除污染；不按要求采取治理措施或者不具备治理能力的，由环境保护主管部门指定有治理能力的单位代为治理，所需费用由违法者承担；对造成重大或者特大水污染事故的，可以报经有批准权的人民政府批准，责令关闭；对直接负责的主管人员和其他直接责任人员可以处上一年度从本单位取得的收入百分之五十以下的罚款。

对造成一般或者较大水污染事故的，按照水污染事故造成的直接损失的百分之二十计算罚款；对造成重大或者特大水污染事故的，按照水污染事故造成的直接损失的百分之三十计算罚款。

造成渔业污染事故或者渔业船舶造成水污染事故的，由渔业主管部门进行处罚；其他船舶造成水污染事故的，由海事管理机构进行处罚。

第八十四条 当事人对行政处罚决定不服的，可以申请行政复议，也可以在收到通知之日起 15 日内向人民法院起诉；期满不申请行政复议或者起诉，又不履行行政处罚决定的，由作出行政处罚决定的机关申请人民法院强制执行。

第八十五条 因水污染受到损害的当事人，有权要求排污方排除危害和赔偿损失。

由于不可抗力造成水污染损害的，排污方不承担赔偿责任；法律另有规定的除外。

水污染损害是由受害人故意造成的，排污方不承担赔偿责任。水污染损害是由受害人重大过失造成的，可以减轻排污方的赔偿责任。

水污染损害是由第三人造成的，排污方承担赔偿责任后，有权向第三人追偿。

第八十六条 因水污染引起的损害赔偿责任和赔偿金额的纠纷，可以根据当事人的请求，由环境保护主管部门或者海事管理机构、渔业主管部门按照职责分工调解处理；调解不成的，当事人可以向人民法院提起诉讼。当事人也可以直接向人民法院提起诉讼。

第八十七条 因水污染引起的损害赔偿诉讼，由排污方就法律规定的免责事由及其行为与损害结果之间不存在因果关系承担举证责任。

第八十八条 因水污染受到损害的当事人人数众多的，可以依法由当事人推选代表人进行共同诉讼。

环境保护主管部门和有关社会团体可以依法支持因水污染受到损害的当事人向人民法

院提起诉讼。

国家鼓励法律服务机构和律师为水污染损害诉讼中的受害人提供法律援助。

第八十九条 因水污染引起的损害赔偿责任和赔偿金额的纠纷,当事人可以委托环境监测机构提供监测数据。环境监测机构应当接受委托,如实提供有关监测数据。

第九十条 违反本法规定,构成违反治安管理行为的,依法给予治安管理处罚;构成犯罪的,依法追究刑事责任。

第八章 附 则

第九十一条 本法中下列用语的含义:

(一)水污染,是指水体因某种物质的介入,而导致其化学、物理、生物或者放射性等方面特性的改变,从而影响水的有效利用,危害人体健康或者破坏生态环境,造成水质恶化的现象。

(二)水污染物,是指直接或者间接向水体排放的,能导致水体污染的物质。

(三)有毒污染物,是指那些直接或者间接被生物摄入体内后,可能导致该生物或者其后代发病、行为反常、遗传异变、生理机能失常、机体变形或者死亡的污染物。

(四)渔业水体,是指划定的鱼虾类的产卵场、索饵场、越冬场、洄游通道和鱼虾贝藻类的养殖场的水体。

第九十二条 本法自 2008 年 6 月 1 日起施行。

中华人民共和国大气污染防治法

(2000年4月29日中华人民共和国主席令第32号公布，
2015年8月29日中华人民共和国主席令第31号修订)

第一章 总 则

第一条 为保护和改善环境，防治大气污染，保障公众健康，推进生态文明建设，促进经济社会可持续发展，制定本法。

第二条 防治大气污染，应当以改善大气环境质量为目标，坚持源头治理，规划先行，转变经济发展方式，优化产业结构和布局，调整能源结构。

防治大气污染，应当加强对燃煤、工业、机动车船、扬尘、农业等大气污染的综合防治，推行区域大气污染联合防治，对颗粒物、二氧化硫、氮氧化物、挥发性有机物、氨等大气污染物和温室气体实施协同控制。

第三条 县级以上人民政府应当将大气污染防治工作纳入国民经济和社会发展规划，加大对大气污染防治的财政投入。

地方各级人民政府应当对本行政区域的大气环境质量负责，制定规划，采取措施，控制或者逐步削减大气污染物的排放量，使大气环境质量达到规定标准并逐步改善。

第四条 国务院环境保护主管部门会同国务院有关部门，按照国务院的规定，对省、自治区、直辖市大气环境质量改善目标、大气污染防治重点任务完成情况进行考核。省、自治区、直辖市人民政府制定考核办法，对本行政区域内地方大气环境质量改善目标、大气污染防治重点任务完成情况实施考核。考核结果应当向社会公开。

第五条 县级以上人民政府环境保护主管部门对大气污染防治实施统一监督管理。

县级以上人民政府其他有关部门在各自职责范围内对大气污染防治实施监督管理。

第六条 国家鼓励和支持大气污染防治科学技术研究，开展对大气污染来源及其变化趋势的分析，推广先进适用的大气污染防治技术和装备，促进科技成果转化，发挥科学技术在大气污染防治中的支撑作用。

第七条 企业事业单位和其他生产经营者应当采取有效措施，防止、减少大气污染，对所造成的损害依法承担责任。

公民应当增强大气环境保护意识，采取低碳、节俭的生活方式，自觉履行大气环境保护义务。

第二章 大气污染防治标准和限期达标规划

第八条 国务院环境保护主管部门或者省、自治区、直辖市人民政府制定大气环境质量标准,应当以保障公众健康和保护生态环境为宗旨,与经济社会发展相适应,做到科学合理。

第九条 国务院环境保护主管部门或者省、自治区、直辖市人民政府制定大气污染物排放标准,应当以大气环境质量标准和国家经济、技术条件为依据。

第十条 制定大气环境质量标准、大气污染物排放标准,应当组织专家进行审查和论证,并征求有关部门、行业协会、企业事业单位和公众等方面的意见。

第十一条 省级以上人民政府环境保护主管部门应当在其网站上公布大气环境质量标准、大气污染物排放标准,供公众免费查阅、下载。

第十二条 大气环境质量标准、大气污染物排放标准的执行情况应当定期进行评估,根据评估结果对标准适时进行修订。

第十三条 制定燃煤、石油焦、生物质燃料、涂料等含挥发性有机物的产品、烟花爆竹以及锅炉等产品的质量标准,应当明确大气环境保护要求。

制定燃油质量标准,应当符合国家大气污染物控制要求,并与国家机动车船、非道路移动机械大气污染物排放标准相互衔接,同步实施。

前款所称非道路移动机械,是指装配有发动机的移动机械和可运输工业设备。

第十四条 未达到国家大气环境质量标准城市的人民政府应当及时编制大气环境质量限期达标规划,采取措施,按照国务院或者省级人民政府规定的期限达到大气环境质量标准。

编制城市大气环境质量限期达标规划,应当征求有关行业协会、企业事业单位、专家和公众等方面的意见。

第十五条 城市大气环境质量限期达标规划应当向社会公开。直辖市和设区的市的大气环境质量限期达标规划应当报国务院环境保护主管部门备案。

第十六条 城市人民政府每年在向本级人民代表大会或者其常务委员会报告环境状况和环境保护目标完成情况时,应当报告大气环境质量限期达标规划执行情况,并向社会公开。

第十七条 城市大气环境质量限期达标规划应当根据大气污染防治的要求和经济、技术条件适时进行评估、修订。

第三章 大气污染防治的监督管理

第十八条 企业事业单位和其他生产经营者建设对大气环境有影响的项目,应当依法进行环境影响评价、公开环境影响评价文件;向大气排放污染物的,应当符合大气污染物排放标准,遵守重点大气污染物排放总量控制要求。

第十九条 排放工业废气或者本法第七十八条规定名录中所列有毒有害大气污染物的企业事业单位、集中供热设施的燃煤热源生产运营单位以及其他依法实行排污许可管理的单位,应当取得排污许可证。排污许可的具体办法和实施步骤由国务院规定。

第二十条 企业事业单位和其他生产经营者向大气排放污染物的,应当依照法律法规和国务院环境保护主管部门的规定设置大气污染物排放口。

禁止通过偷排、篡改或者伪造监测数据、以逃避现场检查为目的的临时停产、非紧急情况下开启应急排放通道、不正常运行大气污染防治设施等逃避监管的方式排放大气污染物。

第二十一条 国家对重点大气污染物排放实行总量控制。

重点大气污染物排放总量控制目标,由国务院环境保护主管部门在征求国务院有关部门和各省、自治区、直辖市人民政府意见后,会同国务院经济综合主管部门报国务院批准并下达实施。

省、自治区、直辖市人民政府应当按照国务院下达的总量控制目标,控制或者削减本行政区域的重点大气污染物排放总量。

确定总量控制目标和分解总量控制指标的具体办法,由国务院环境保护主管部门会同国务院有关部门规定。省、自治区、直辖市人民政府可以根据本行政区域大气污染防治的需要,对国家重点大气污染物之外的其他大气污染物排放实行总量控制。

国家逐步推行重点大气污染物排污权交易。

第二十二条　对超过国家重点大气污染物排放总量控制指标或者未完成国家下达的大气环境质量改善目标的地区,省级以上人民政府环境保护主管部门应当会同有关部门约谈该地区人民政府的主要负责人,并暂停审批该地区新增重点大气污染物排放总量的建设项目环境影响评价文件。约谈情况应当向社会公开。

第二十三条　国务院环境保护主管部门负责制定大气环境质量和大气污染源的监测和评价规范,组织建设与管理全国大气环境质量和大气污染源监测网,组织开展大气环境质量和大气污染源监测,统一发布全国大气环境质量状况信息。

县级以上地方人民政府环境保护主管部门负责组织建设与管理本行政区域大气环境质量和大气污染源监测网,开展大气环境质量和大气污染源监测,统一发布本行政区域大气环境质量状况信息。

第二十四条　企业事业单位和其他生产经营者应当按照国家有关规定和监测规范,对其排放的工业废气和本法第七十八条规定名录中所列有毒有害大气污染物进行监测,并保存原始监测记录。其中,重点排污单位应当安装、使用大气污染物排放自动监测设备,与环境保护主管部门的监控设备联网,保证监测设备正常运行并依法公开排放信息。监测的具体办法和重点排污单位的条件由国务院环境保护主管部门规定。

重点排污单位名录由设区的市级以上地方人民政府环境保护主管部门按照国务院环境保护主管部门的规定,根据本行政区域的大气环境承载力、重点大气污染物排放总量控制指标的要求以及排污单位排放大气污染物的种类、数量和浓度等因素,商有关部门确定,并向社会公布。

第二十五条　重点排污单位应当对自动监测数据的真实性和准确性负责。环境保护主管部门发现重点排污单位的大气污染物排放自动监测设备传输数据异常,应当及时进行调查。

第二十六条　禁止侵占、损毁或者擅自移动、改变大气环境质量监测设施和大气污染物排放自动监测设备。

第二十七条　国家对严重污染大气环境的工艺、设备和产品实行淘汰制度。

国务院经济综合主管部门会同国务院有关部门确定严重污染大气环境的工艺、设备和产品淘汰期限,并纳入国家综合性产业政策目录。

生产者、进口者、销售者或者使用者应当在规定期限内停止生产、进口、销售或者使用列入前款规定目录中的设备和产品。工艺的采用者应当在规定期限内停止采用列入前款规定目录中的工艺。

被淘汰的设备和产品,不得转让给他人使用。

第二十八条 国务院环境保护主管部门会同有关部门,建立和完善大气污染损害评估制度。

第二十九条 环境保护主管部门及其委托的环境监察机构和其他负有大气环境保护监督管理职责的部门,有权通过现场检查监测、自动监测、遥感监测、远红外摄像等方式,对排放大气污染物的企业事业单位和其他生产经营者进行监督检查。被检查者应当如实反映情况,提供必要的资料。实施检查的部门、机构及其工作人员应当为被检查者保守商业秘密。

第三十条 企业事业单位和其他生产经营者违反法律法规规定排放大气污染物,造成或者可能造成严重大气污染,或者有关证据可能灭失或者被隐匿的,县级以上人民政府环境保护主管部门和其他负有大气环境保护监督管理职责的部门,可以对有关设施、设备、物品采取查封、扣押等行政强制措施。

第三十一条 环境保护主管部门和其他负有大气环境保护监督管理职责的部门应当公布举报电话、电子邮箱等,方便公众举报。

环境保护主管部门和其他负有大气环境保护监督管理职责的部门接到举报的,应当及时处理并对举报人的相关信息予以保密;对实名举报的,应当反馈处理结果等情况,查证属实的,处理结果依法向社会公开,并对举报人给予奖励。

举报人举报所在单位的,该单位不得以解除、变更劳动合同或者其他方式对举报人进行打击报复。

第四章 大气污染防治措施

第一节 燃煤和其他能源污染防治

第三十二条 国务院有关部门和地方各级人民政府应当采取措施,调整能源结构,推广清洁能源的生产和使用;优化煤炭使用方式,推广煤炭清洁高效利用,逐步降低煤炭在一次能源消费中的比重,减少煤炭生产、使用、转化过程中的大气污染物排放。

第三十三条 国家推行煤炭洗选加工,降低煤炭的硫分和灰分,限制高硫分、高灰分煤炭的开采。新建煤矿应当同步建设配套的煤炭洗选设施,使煤炭的硫分、灰分含量达到规定标准;已建成的煤矿除所采煤炭属于低硫分、低灰分或者根据已达标排放的燃煤电厂要求不需要洗选的以外,应当限期建成配套的煤炭洗选设施。

禁止开采含放射性和砷等有毒有害物质超过规定标准的煤炭。

第三十四条 国家采取有利于煤炭清洁高效利用的经济、技术政策和措施,鼓励和支持洁净煤技术的开发和推广。

国家鼓励煤矿企业等采用合理、可行的技术措施,对煤层气进行开采利用,对煤矸石进行综合利用。从事煤层气开采利用的,煤层气排放应当符合有关标准规范。

第三十五条 国家禁止进口、销售和燃用不符合质量标准的煤炭,鼓励燃用优质煤炭。

单位存放煤炭、煤矸石、煤渣、煤灰等物料,应当采取防燃措施,防止大气污染。

第三十六条 地方各级人民政府应当采取措施,加强民用散煤的管理,禁止销售不符合民用散煤质量标准的煤炭,鼓励居民燃用优质煤炭和洁净型煤,推广节能环保型炉灶。

第三十七条 石油炼制企业应当按照燃油质量标准生产燃油。

禁止进口、销售和燃用不符合质量标准的石油焦。

第三十八条 城市人民政府可以划定并公布高污染燃料禁燃区,并根据大气环境质量改善要求,逐步扩大高污染燃料禁燃区范围。高污染燃料的目录由国务院环境保护主管部门确定。

在禁燃区内,禁止销售、燃用高污染燃料;禁止新建、扩建燃用高污染燃料的设施,已建成的,应当在城市人民政府规定的期限内改用天然气、页岩气、液化石油气、电或者其他清洁能源。

第三十九条 城市建设应当统筹规划,在燃煤供热地区,推进热电联产和集中供热。在集中供热管网覆盖地区,禁止新建、扩建分散燃煤供热锅炉;已建成的不能达标排放的燃煤供热锅炉,应当在城市人民政府规定的期限内拆除。

第四十条 县级以上人民政府质量监督部门应当会同环境保护主管部门对锅炉生产、进口、销售和使用环节执行环境保护标准或者要求的情况进行监督检查;不符合环境保护标准或者要求的,不得生产、进口、销售和使用。

第四十一条 燃煤电厂和其他燃煤单位应当采用清洁生产工艺,配套建设除尘、脱硫、脱硝等装置,或者采取技术改造等其他控制大气污染物排放的措施。

国家鼓励燃煤单位采用先进的除尘、脱硫、脱硝、脱汞等大气污染物协同控制的技术和装置,减少大气污染物的排放。

第四十二条 电力调度应当优先安排清洁能源发电上网。

第二节 工业污染防治

第四十三条 钢铁、建材、有色金属、石油、化工等企业生产过程中排放粉尘、硫化物和氮氧化物的,应当采用清洁生产工艺,配套建设除尘、脱硫、脱硝等装置,或者采取技术改造等其他控制大气污染物排放的措施。

第四十四条 生产、进口、销售和使用含挥发性有机物的原材料和产品的,其挥发性有机物含量应当符合质量标准或者要求。

国家鼓励生产、进口、销售和使用低毒、低挥发性有机溶剂。

第四十五条 产生含挥发性有机物废气的生产和服务活动,应当在密闭空间或者设备中进行,并按照规定安装、使用污染防治设施;无法密闭的,应当采取措施减少废气排放。

第四十六条 工业涂装企业应当使用低挥发性有机物含量的涂料,并建立台账,记录生产原料、辅料的使用量、废弃量、去向以及挥发性有机物含量。台账保存期限不得少于三年。

第四十七条 石油、化工以及其他生产和使用有机溶剂的企业,应当采取措施对管道、设备进行日常维护、维修,减少物料泄漏,对泄漏的物料应当及时收集处理。

储油储气库、加油加气站、原油成品油码头、原油成品油运输船舶和油罐车、气罐车等,应当按照国家有关规定安装油气回收装置并保持正常使用。

第四十八条 钢铁、建材、有色金属、石油、化工、制药、矿产开采等企业,应当加强精细化管理,采取集中收集处理等措施,严格控制粉尘和气态污染物的排放。

工业生产企业应当采取密闭、围挡、遮盖、清扫、洒水等措施,减少内部物料的堆存、传输、装卸等环节产生的粉尘和气态污染物的排放。

第四十九条 工业生产、垃圾填埋或者其他活动产生的可燃性气体应当回收利用,不具备回收利用条件的,应当进行污染防治处理。

可燃性气体回收利用装置不能正常作业的,应当及时修复或者更新。在回收利用装置不能正常作业期间确需排放可燃性气体的,应当将排放的可燃性气体充分燃烧或者采取其他控制大气污染物排放的措施,并向当地环境保护主管部门报告,按照要求限期修复或者更新。

第三节 机动车船等污染防治

第五十条 国家倡导低碳、环保出行,根据城市规划合理控制燃油机动车保有量,大力发展城市公共交通,提高公共交通出行比例。

国家采取财政、税收、政府采购等措施推广应用节能环保型和新能源机动车船、非道路移动机械,限制高油耗、高排放机动车船、非道路移动机械的发展,减少化石能源的消耗。

省、自治区、直辖市人民政府可以在条件具备的地区,提前执行国家机动车大气污染物排放标准中相应阶段排放限值,并报国务院环境保护主管部门备案。

城市人民政府应当加强并改善城市交通管理,优化道路设置,保障人行道和非机动车道的连续、畅通。

第五十一条 机动车船、非道路移动机械不得超过标准排放大气污染物。

禁止生产、进口或者销售大气污染物排放超过标准的机动车船、非道路移动机械。

第五十二条 机动车、非道路移动机械生产企业应当对新生产的机动车和非道路移动机械进行排放检验。经检验合格的,方可出厂销售。检验信息应当向社会公开。

省级以上人民政府环境保护主管部门可以通过现场检查、抽样检测等方式,加强对新生产、销售机动车和非道路移动机械大气污染物排放状况的监督检查。工业、质量监督、工商行政管理等有关部门予以配合。

第五十三条 在用机动车应当按照国家或者地方的有关规定,由机动车排放检验机构定期对其进行排放检验。经检验合格的,方可上道路行驶。未经检验合格的,公安机关交通管理部门不得核发安全技术检验合格标志。

县级以上地方人民政府环境保护主管部门可以在机动车集中停放地、维修地对在用机动车的大气污染物排放状况进行监督抽测;在不影响正常通行的情况下,可以通过遥感监测等技术手段对在道路上行驶的机动车的大气污染物排放状况进行监督抽测,公安机关交通管理部门予以配合。

第五十四条 机动车排放检验机构应当依法通过计量认证,使用经依法检定合格的机动车排放检验设备,按照国务院环境保护主管部门制定的规范,对机动车进行排放检验,并与环境保护主管部门联网,实现检验数据实时共享。机动车排放检验机构及其负责人对检验数据的真实性和准确性负责。

环境保护主管部门和认证认可监督管理部门应当对机动车排放检验机构的排放检验情况进行监督检查。

第五十五条 机动车生产、进口企业应当向社会公布其生产、进口机动车车型的排放检验信息、污染控制技术信息和有关维修技术信息。

机动车维修单位应当按照防治大气污染的要求和国家有关技术规范对在用机动车进行维修,使其达到规定的排放标准。交通运输、环境保护主管部门应当依法加强监督管理。

禁止机动车所有人以临时更换机动车污染控制装置等弄虚作假的方式通过机动车排放

检验。禁止机动车维修单位提供该类维修服务。禁止破坏机动车车载排放诊断系统。

第五十六条 环境保护主管部门应当会同交通运输、住房城乡建设、农业行政、水行政等有关部门对非道路移动机械的大气污染物排放状况进行监督检查,排放不合格的,不得使用。

第五十七条 国家倡导环保驾驶,鼓励燃油机动车驾驶人在不影响道路通行且需停车三分钟以上的情况下熄灭发动机,减少大气污染物的排放。

第五十八条 国家建立机动车和非道路移动机械环境保护召回制度。

生产、进口企业获知机动车、非道路移动机械排放大气污染物超过标准,属于设计、生产缺陷或者不符合规定的环境保护耐久性要求的,应当召回;未召回的,由国务院质量监督部门会同国务院环境保护主管部门责令其召回。

第五十九条 在用重型柴油车、非道路移动机械未安装污染控制装置或者污染控制装置不符合要求,不能达标排放的,应当加装或者更换符合要求的污染控制装置。

第六十条 在用机动车排放大气污染物超过标准的,应当进行维修;经维修或者采用污染控制技术后,大气污染物排放仍不符合国家在用机动车排放标准的,应当强制报废。其所有人应当将机动车交售给报废机动车回收拆解企业,由报废机动车回收拆解企业按照国家有关规定进行登记、拆解、销毁等处理。

国家鼓励和支持高排放机动车船、非道路移动机械提前报废。

第六十一条 城市人民政府可以根据大气环境质量状况,划定并公布禁止使用高排放非道路移动机械的区域。

第六十二条 船舶检验机构对船舶发动机及有关设备进行排放检验。经检验符合国家排放标准的,船舶方可运营。

第六十三条 内河和江海直达船舶应当使用符合标准的普通柴油。远洋船舶靠港后应当使用符合大气污染物控制要求的船舶用燃油。

新建码头应当规划、设计和建设岸基供电设施;已建成的码头应当逐步实施岸基供电设施改造。船舶靠港后应当优先使用岸电。

第六十四条 国务院交通运输主管部门可以在沿海海域划定船舶大气污染物排放控制区,进入排放控制区的船舶应当符合船舶相关排放要求。

第六十五条 禁止生产、进口、销售不符合标准的机动车船、非道路移动机械用燃料;禁止向汽车和摩托车销售普通柴油以及其他非机动车用燃料;禁止向非道路移动机械、内河和江海直达船舶销售渣油和重油。

第六十六条 发动机油、氮氧化物还原剂、燃料和润滑油添加剂以及其他添加剂的有害物质含量和其他大气环境保护指标,应当符合有关标准的要求,不得损害机动车船污染控制装置效果和耐久性,不得增加新的大气污染物排放。

第六十七条 国家积极推进民用航空器的大气污染防治,鼓励在设计、生产、使用过程中采取有效措施减少大气污染物排放。

民用航空器应当符合国家规定的适航标准中的有关发动机排出物要求。

第四节 扬尘污染防治

第六十八条 地方各级人民政府应当加强对建设施工和运输的管理,保持道路清洁,控制料堆和渣土堆放,扩大绿地、水面、湿地和地面铺装面积,防治扬尘污染。

住房城乡建设、市容环境卫生、交通运输、国土资源等有关部门,应当根据本级人民政府确定的职责,做好扬尘污染防治工作。

第六十九条 建设单位应当将防治扬尘污染的费用列入工程造价,并在施工承包合同中明确施工单位扬尘污染防治责任。施工单位应当制定具体的施工扬尘污染防治实施方案。

从事房屋建筑、市政基础设施建设、河道整治以及建筑物拆除等施工单位,应当向负责监督管理扬尘污染防治的主管部门备案。

施工单位应当在施工工地设置硬质围挡,并采取覆盖、分段作业、择时施工、洒水抑尘、冲洗地面和车辆等有效防尘降尘措施。建筑土方、工程渣土、建筑垃圾应当及时清运;在场地内堆存的,应当采用密闭式防尘网遮盖。工程渣土、建筑垃圾应当进行资源化处理。

施工单位应当在施工工地公示扬尘污染防治措施、负责人、扬尘监督管理主管部门等信息。

暂时不能开工的建设用地,建设单位应当对裸露地面进行覆盖;超过三个月的,应当进行绿化、铺装或者遮盖。

第七十条 运输煤炭、垃圾、渣土、砂石、土方、灰浆等散装、流体物料的车辆应当采取密闭或者其他措施防止物料遗撒造成扬尘污染,并按照规定路线行驶。

装卸物料应当采取密闭或者喷淋等方式防治扬尘污染。

城市人民政府应当加强道路、广场、停车场和其他公共场所的清扫保洁管理,推行清洁动力机械化清扫等低尘作业方式,防治扬尘污染。

第七十一条 市政河道以及河道沿线、公共用地的裸露地面以及其他城镇裸露地面,有关部门应当按照规划组织实施绿化或者透水铺装。

第七十二条 贮存煤炭、煤矸石、煤渣、煤灰、水泥、石灰、石膏、砂土等易产生扬尘的物料应当密闭;不能密闭的,应当设置不低于堆放物高度的严密围挡,并采取有效覆盖措施防治扬尘污染。

码头、矿山、填埋场和消纳场应当实施分区作业,并采取有效措施防治扬尘污染。

第五节 农业和其他污染防治

第七十三条 地方各级人民政府应当推动转变农业生产方式,发展农业循环经济,加大对废弃物综合处理的支持力度,加强对农业生产经营活动排放大气污染物的控制。

第七十四条 农业生产经营者应当改进施肥方式,科学合理施用化肥并按照国家有关规定使用农药,减少氨、挥发性有机物等大气污染物的排放。

禁止在人口集中地区对树木、花草喷洒剧毒、高毒农药。

第七十五条 畜禽养殖场、养殖小区应当及时对污水、畜禽粪便和尸体等进行收集、贮存、清运和无害化处理,防止排放恶臭气体。

第七十六条 各级人民政府及其农业行政等有关部门应当鼓励和支持采用先进适用技术,对秸秆、落叶等进行肥料化、饲料化、能源化、工业原料化、食用菌基料化等综合利用,加大对秸秆还田、收集一体化农业机械的财政补贴力度。

县级人民政府应当组织建立秸秆收集、贮存、运输和综合利用服务体系,采用财政补贴等措施支持农村集体经济组织、农民专业合作经济组织、企业等开展秸秆收集、贮存、运输和综合利用服务。

第七十七条　省、自治区、直辖市人民政府应当划定区域,禁止露天焚烧秸秆、落叶等产生烟尘污染的物质。

第七十八条　国务院环境保护主管部门应当会同国务院卫生行政部门,根据大气污染物对公众健康和生态环境的危害和影响程度,公布有毒有害大气污染物名录,实行风险管理。

排放前款规定名录中所列有毒有害大气污染物的企业事业单位,应当按照国家有关规定建设环境风险预警体系,对排放口和周边环境进行定期监测,评估环境风险,排查环境安全隐患,并采取有效措施防范环境风险。

第七十九条　向大气排放持久性有机污染物的企业事业单位和其他生产经营者以及废弃物焚烧设施的运营单位,应当按照国家有关规定,采取有利于减少持久性有机污染物排放的技术方法和工艺,配备有效的净化装置,实现达标排放。

第八十条　企业事业单位和其他生产经营者在生产经营活动中产生恶臭气体的,应当科学选址,设置合理的防护距离,并安装净化装置或者采取其他措施,防止排放恶臭气体。

第八十一条　排放油烟的餐饮服务业经营者应当安装油烟净化设施并保持正常使用,或者采取其他油烟净化措施,使油烟达标排放,并防止对附近居民的正常生活环境造成污染。

禁止在居民住宅楼、未配套设立专用烟道的商住综合楼以及商住综合楼内与居住层相邻的商业楼层内新建、改建、扩建产生油烟、异味、废气的餐饮服务项目。

任何单位和个人不得在当地人民政府禁止的区域内露天烧烤食品或者为露天烧烤食品提供场地。

第八十二条　禁止在人口集中地区和其他依法需要特殊保护的区域内焚烧沥青、油毡、橡胶、塑料、皮革、垃圾以及其他产生有毒有害烟尘和恶臭气体的物质。

禁止生产、销售和燃放不符合质量标准的烟花爆竹。任何单位和个人不得在城市人民政府禁止的时段和区域内燃放烟花爆竹。

第八十三条　国家鼓励和倡导文明、绿色祭祀。

火葬场应当设置除尘等污染防治设施并保持正常使用,防止影响周边环境。

第八十四条　从事服装干洗和机动车维修等服务活动的经营者,应当按照国家有关标准或者要求设置异味和废气处理装置等污染防治设施并保持正常使用,防止影响周边环境。

第八十五条　国家鼓励、支持消耗臭氧层物质替代品的生产和使用,逐步减少直至停止消耗臭氧层物质的生产和使用。

国家对消耗臭氧层物质的生产、使用、进出口实行总量控制和配额管理。具体办法由国务院规定。

第五章　重点区域大气污染联合防治

第八十六条　国家建立重点区域大气污染联防联控机制,统筹协调重点区域内大气污染防治工作。国务院环境保护主管部门根据主体功能区划、区域大气环境质量状况和大气污染传输扩散规律,划定国家大气污染防治重点区域,报国务院批准。

重点区域内有关省、自治区、直辖市人民政府应当确定牵头的地方人民政府,定期召开联席会议,按照统一规划、统一标准、统一监测、统一的防治措施的要求,开展大气污染联合防治,落实大气污染防治目标责任。国务院环境保护主管部门应当加强指导、督促。

省、自治区、直辖市可以参照第一款规定划定本行政区域的大气污染防治重点区域。

第八十七条 国务院环境保护主管部门会同国务院有关部门、国家大气污染防治重点区域内有关省、自治区、直辖市人民政府,根据重点区域经济社会发展和大气环境承载力,制定重点区域大气污染联合防治行动计划,明确控制目标,优化区域经济布局,统筹交通管理,发展清洁能源,提出重点防治任务和措施,促进重点区域大气环境质量改善。

第八十八条 国务院经济综合主管部门会同国务院环境保护主管部门,结合国家大气污染防治重点区域产业发展实际和大气环境质量状况,进一步提高环境保护、能耗、安全、质量等要求。

重点区域内有关省、自治区、直辖市人民政府应当实施更严格的机动车大气污染物排放标准,统一在用机动车检验方法和排放限值,并配套供应合格的车用燃油。

第八十九条 编制可能对国家大气污染防治重点区域的大气环境造成严重污染的有关工业园区、开发区、区域产业和发展等规划,应当依法进行环境影响评价。规划编制机关应当与重点区域内有关省、自治区、直辖市人民政府或者有关部门会商。

重点区域内有关省、自治区、直辖市建设可能对相邻省、自治区、直辖市大气环境质量产生重大影响的项目,应当及时通报有关信息,进行会商。

会商意见及其采纳情况作为环境影响评价文件审查或者审批的重要依据。

第九十条 国家大气污染防治重点区域内新建、改建、扩建用煤项目的,应当实行煤炭的等量或者减量替代。

第九十一条 国务院环境保护主管部门应当组织建立国家大气污染防治重点区域的大气环境质量监测、大气污染源监测等相关信息共享机制,利用监测、模拟以及卫星、航测、遥感等新技术分析重点区域内大气污染来源及其变化趋势,并向社会公开。

第九十二条 国务院环境保护主管部门和国家大气污染防治重点区域内有关省、自治区、直辖市人民政府可以组织有关部门开展联合执法、跨区域执法、交叉执法。

第六章 重污染天气应对

第九十三条 国家建立重污染天气监测预警体系。

国务院环境保护主管部门会同国务院气象主管机构等有关部门、国家大气污染防治重点区域内有关省、自治区、直辖市人民政府,建立重点区域重污染天气监测预警机制,统一预警分级标准。可能发生区域重污染天气的,应当及时向重点区域内有关省、自治区、直辖市人民政府通报。

省、自治区、直辖市、设区的市人民政府环境保护主管部门会同气象主管机构等有关部门建立本行政区域重污染天气监测预警机制。

第九十四条 县级以上地方人民政府应当将重污染天气应对纳入突发事件应急管理体系。

省、自治区、直辖市、设区的市人民政府以及可能发生重污染天气的县级人民政府,应当制定重污染天气应急预案,向上一级人民政府环境保护主管部门备案,并向社会公布。

第九十五条 省、自治区、直辖市、设区的市人民政府环境保护主管部门应当会同气象主管机构建立会商机制,进行大气环境质量预报。可能发生重污染天气的,应当及时向本级人民政府报告。省、自治区、直辖市、设区的市人民政府依据重污染天气预报信息,进行综合研判,确定预警等级并及时发出预警。预警等级根据情况变化及时调整。任何单位和个人不得擅自向社会发布重污染天气预报预警信息。

预警信息发布后,人民政府及其有关部门应当通过电视、广播、网络、短信等途径告知公众采取健康防护措施,指导公众出行和调整其他相关社会活动。

第九十六条　县级以上地方人民政府应当依据重污染天气的预警等级,及时启动应急预案,根据应急需要可以采取责令有关企业停产或者限产、限制部分机动车行驶、禁止燃放烟花爆竹、停止工地土石方作业和建筑物拆除施工、停止露天烧烤、停止幼儿园和学校组织的户外活动、组织开展人工影响天气作业等应急措施。

应急响应结束后,人民政府应当及时开展应急预案实施情况的评估,适时修改完善应急预案。

第九十七条　发生造成大气污染的突发环境事件,人民政府及其有关部门和相关企业事业单位,应当依照《中华人民共和国突发事件应对法》、《中华人民共和国环境保护法》的规定,做好应急处置工作。环境保护主管部门应当及时对突发环境事件产生的大气污染物进行监测,并向社会公布监测信息。

第七章　法　律　责　任

第九十八条　违反本法规定,以拒绝进入现场等方式拒不接受环境保护主管部门及其委托的环境监察机构或者其他负有大气环境保护监督管理职责的部门的监督检查,或者在接受监督检查时弄虚作假的,由县级以上人民政府环境保护主管部门或者其他负有大气环境保护监督管理职责的部门责令改正,处二万元以上二十万元以下的罚款;构成违反治安管理行为的,由公安机关依法予以处罚。

第九十九条　违反本法规定,有下列行为之一的,由县级以上人民政府环境保护主管部门责令改正或者限制生产、停产整治,并处十万元以上一百万元以下的罚款;情节严重的,报经有批准权的人民政府批准,责令停业、关闭:

(一)未依法取得排污许可证排放大气污染物的;

(二)超过大气污染物排放标准或者超过重点大气污染物排放总量控制指标排放大气污染物的;

(三)通过逃避监管的方式排放大气污染物的。

第一百条　违反本法规定,有下列行为之一的,由县级以上人民政府环境保护主管部门责令改正,处二万元以上二十万元以下的罚款;拒不改正的,责令停产整治:

(一)侵占、损毁或者擅自移动、改变大气环境质量监测设施或者大气污染物排放自动监测设备的;

(二)未按照规定对所排放的工业废气和有毒有害大气污染物进行监测并保存原始监测记录的;

(三)未按照规定安装、使用大气污染物排放自动监测设备或者未按照规定与环境保护主管部门的监控设备联网,并保证监测设备正常运行的;

(四)重点排污单位不公开或者不如实公开自动监测数据的;

（五）未按照规定设置大气污染物排放口的。

第一百零一条 违反本法规定，生产、进口、销售或者使用国家综合性产业政策目录中禁止的设备和产品，采用国家综合性产业政策目录中禁止的工艺，或者将淘汰的设备和产品转让给他人使用的，由县级以上人民政府经济综合主管部门、出入境检验检疫机构按照职责责令改正，没收违法所得，并处货值金额一倍以上三倍以下的罚款；拒不改正的，报经有批准权的人民政府批准，责令停业、关闭。进口行为构成走私的，由海关依法予以处罚。

第一百零二条 违反本法规定，煤矿未按照规定建设配套煤炭洗选设施的，由县级以上人民政府能源主管部门责令改正，处十万元以上一百万元以下的罚款；拒不改正的，报经有批准权的人民政府批准，责令停业、关闭。

违反本法规定，开采含放射性和砷等有毒有害物质超过规定标准的煤炭的，由县级以上人民政府按照国务院规定的权限责令停业、关闭。

第一百零三条 违反本法规定，有下列行为之一的，由县级以上地方人民政府质量监督、工商行政管理部门按照职责责令改正，没收原材料、产品和违法所得，并处货值金额一倍以上三倍以下的罚款：

（一）销售不符合质量标准的煤炭、石油焦的；

（二）生产、销售挥发性有机物含量不符合质量标准或者要求的原材料和产品的；

（三）生产、销售不符合标准的机动车船和非道路移动机械用燃料、发动机油、氮氧化物还原剂、燃料和润滑油添加剂以及其他添加剂的；

（四）在禁燃区内销售高污染燃料的。

第一百零四条 违反本法规定，有下列行为之一的，由出入境检验检疫机构责令改正，没收原材料、产品和违法所得，并处货值金额一倍以上三倍以下的罚款；构成走私的，由海关依法予以处罚：

（一）进口不符合质量标准的煤炭、石油焦的；

（二）进口挥发性有机物含量不符合质量标准或者要求的原材料和产品的；

（三）进口不符合标准的机动车船和非道路移动机械用燃料、发动机油、氮氧化物还原剂、燃料和润滑油添加剂以及其他添加剂的。

第一百零五条 违反本法规定，单位燃用不符合质量标准的煤炭、石油焦的，由县级以上人民政府环境保护主管部门责令改正，处货值金额一倍以上三倍以下的罚款。

第一百零六条 违反本法规定，使用不符合标准或者要求的船舶用燃油的，由海事管理机构、渔业主管部门按照职责处一万元以上十万元以下的罚款。

第一百零七条 违反本法规定，在禁燃区内新建、扩建燃用高污染燃料的设施，或者未按照规定停止燃用高污染燃料，或者在城市集中供热管网覆盖地区新建、扩建分散燃煤供热锅炉，或者未按规定拆除已建成的不能达标排放的燃煤供热锅炉的，由县级以上地方人民政府环境保护主管部门没收燃用高污染燃料的设施，组织拆除燃煤供热锅炉，并处二万元以上二十万元以下的罚款。

违反本法规定，生产、进口、销售或者使用不符合规定标准或者要求的锅炉，由县级以上人民政府质量监督、环境保护主管部门责令改正，没收违法所得，并处二万元以上二十万元以下的罚款。

第一百零八条 违反本法规定,有下列行为之一的,由县级以上人民政府环境保护主管部门责令改正,处二万元以上二十万元以下的罚款;拒不改正的,责令停产整治:

(一)产生含挥发性有机物废气的生产和服务活动,未在密闭空间或者设备中进行,未按照规定安装、使用污染防治设施,或者未采取减少废气排放措施的;

(二)工业涂装企业未使用低挥发性有机物含量涂料或者未建立、保存台账的;

(三)石油、化工以及其他生产和使用有机溶剂的企业,未采取措施对管道、设备进行日常维护、维修,减少物料泄漏或者对泄漏的物料未及时收集处理的;

(四)储油储气库、加油加气站和油罐车、气罐车等,未按照国家有关规定安装并正常使用油气回收装置的;

(五)钢铁、建材、有色金属、石油、化工、制药、矿产开采等企业,未采取集中收集处理、密闭、围挡、遮盖、清扫、洒水等措施,控制、减少粉尘和气态污染物排放的;

(六)工业生产、垃圾填埋或者其他活动中产生的可燃性气体未回收利用,不具备回收利用条件未进行防治污染处理,或者可燃性气体回收利用装置不能正常作业,未及时修复或者更新的。

第一百零九条 违反本法规定,生产超过污染物排放标准的机动车、非道路移动机械的,由省级以上人民政府环境保护主管部门责令改正,没收违法所得,并处货值金额一倍以上三倍以下的罚款,没收销毁无法达到污染物排放标准的机动车、非道路移动机械;拒不改正的,责令停产整治,并由国务院机动车生产主管部门责令停止生产该车型。

违反本法规定,机动车、非道路移动机械生产企业对发动机、污染控制装置弄虚作假、以次充好,冒充排放检验合格产品出厂销售的,由省级以上人民政府环境保护主管部门责令停产整治,没收违法所得,并处货值金额一倍以上三倍以下的罚款,没收销毁无法达到污染物排放标准的机动车、非道路移动机械,并由国务院机动车生产主管部门责令停止生产该车型。

第一百一十条 违反本法规定,进口、销售超过污染物排放标准的机动车、非道路移动机械的,由县级以上人民政府工商行政管理部门、出入境检验检疫机构按照职责没收违法所得,并处货值金额一倍以上三倍以下的罚款,没收销毁无法达到污染物排放标准的机动车、非道路移动机械;进口行为构成走私的,由海关依法予以处罚。

违反本法规定,销售的机动车、非道路移动机械不符合污染物排放标准的,销售者应当负责修理、更换、退货;给购买者造成损失的,销售者应当赔偿损失。

第一百一十一条 违反本法规定,机动车生产、进口企业未按照规定向社会公布其生产、进口机动车车型的排放检验信息或者污染控制技术信息的,由省级以上人民政府环境保护主管部门责令改正,处五万元以上五十万元以下的罚款。

违反本法规定,机动车生产、进口企业未按照规定向社会公布其生产、进口机动车车型的有关维修技术信息的,由省级以上人民政府交通运输主管部门责令改正,处五万元以上五十万元以下的罚款。

第一百一十二条 违反本法规定,伪造机动车、非道路移动机械排放检验结果或者出具虚假排放检验报告的,由县级以上人民政府环境保护主管部门没收违法所得,并处十万元以上五十万元以下的罚款;情节严重的,由负责资质认定的部门取消其检验资格。

违反本法规定,伪造船舶排放检验结果或者出具虚假排放检验报告的,由海事管理机构依法予以处罚。

违反本法规定,以临时更换机动车污染控制装置等弄虚作假的方式通过机动车排放检验或者破坏机动车车载排放诊断系统的,由县级以上人民政府环境保护主管部门责令改正,对机动车所有人处五千元的罚款;对机动车维修单位处每辆机动车五千元的罚款。

第一百一十三条 违反本法规定,机动车驾驶人驾驶排放检验不合格的机动车上道路行驶的,由公安机关交通管理部门依法予以处罚。

第一百一十四条 违反本法规定,使用排放不合格的非道路移动机械,或者在用重型柴油车、非道路移动机械未按照规定加装、更换污染控制装置的,由县级以上人民政府环境保护等主管部门按照职责责令改正,处五千元的罚款。

违反本法规定,在禁止使用高排放非道路移动机械的区域使用高排放非道路移动机械的,由城市人民政府环境保护等主管部门依法予以处罚。

第一百一十五条 违反本法规定,施工单位有下列行为之一的,由县级以上人民政府住房城乡建设等主管部门按照职责责令改正,处一万元以上十万元以下的罚款;拒不改正的,责令停工整治:

(一)施工工地未设置硬质密闭围挡,或者未采取覆盖、分段作业、择时施工、洒水抑尘、冲洗地面和车辆等有效防尘降尘措施的;

(二)建筑土方、工程渣土、建筑垃圾未及时清运,或者未采用密闭式防尘网遮盖的。

违反本法规定,建设单位未对暂时不能开工的建设用地的裸露地面进行覆盖,或者未对超过三个月不能开工的建设用地的裸露地面进行绿化、铺装或者遮盖的,由县级以上人民政府住房城乡建设等主管部门依照前款规定予以处罚。

第一百一十六条 违反本法规定,运输煤炭、垃圾、渣土、砂石、土方、灰浆等散装、流体物料的车辆,未采取密闭或者其他措施防止物料遗撒的,由县级以上地方人民政府确定的监督管理部门责令改正,处二千元以上二万元以下的罚款;拒不改正的,车辆不得上道路行驶。

第一百一十七条 违反本法规定,有下列行为之一的,由县级以上人民政府环境保护等主管部门按照职责责令改正,处一万元以上十万元以下的罚款;拒不改正的,责令停工整治或者停业整治:

(一)未密闭煤炭、煤矸石、煤渣、煤灰、水泥、石灰、石膏、砂土等易产生扬尘的物料的;

(二)对不能密闭的易产生扬尘的物料,未设置不低于堆放物高度的严密围挡,或者未采取有效覆盖措施防治扬尘污染的;

(三)装卸物料未采取密闭或者喷淋等方式控制扬尘排放的;

(四)存放煤炭、煤矸石、煤渣、煤灰等物料,未采取防燃措施的;

(五)码头、矿山、填埋场和消纳场未采取有效措施防治扬尘污染的;

(六)排放有毒有害大气污染物名录中所列有毒有害大气污染物的企业事业单位,未按照规定建设环境风险预警体系或者对排放口和周边环境进行定期监测、排查环境安全隐患并采取有效措施防范环境风险的;

(七)向大气排放持久性有机污染物的企业事业单位和其他生产经营者以及废弃物焚烧设施的运营单位,未按照国家有关规定采取有利于减少持久性有机污染物排放的技术方法和工艺,配备净化装置的;

（八）未采取措施防止排放恶臭气体的。

第一百一十八条　违反本法规定，排放油烟的餐饮服务业经营者未安装油烟净化设施、不正常使用油烟净化设施或者未采取其他油烟净化措施，超过排放标准排放油烟的，由县级以上地方人民政府确定的监督管理部门责令改正，处五千元以上五万元以下的罚款；拒不改正的，责令停业整治。

违反本法规定，在居民住宅楼、未配套设立专用烟道的商住综合楼、商住综合楼内与居住层相邻的商业楼层内新建、改建、扩建产生油烟、异味、废气的餐饮服务项目的，由县级以上地方人民政府确定的监督管理部门责令改正；拒不改正的，予以关闭，并处一万元以上十万元以下的罚款。

违反本法规定，在当地人民政府禁止的时段和区域内露天烧烤食品或者为露天烧烤食品提供场地的，由县级以上地方人民政府确定的监督管理部门责令改正，没收烧烤工具和违法所得，并处五百元以上二万元以下的罚款。

第一百一十九条　违反本法规定，在人口集中地区对树木、花草喷洒剧毒、高毒农药，或者露天焚烧秸秆、落叶等产生烟尘污染的物质的，由县级以上地方人民政府确定的监督管理部门责令改正，并可以处五百元以上二千元以下的罚款。

违反本法规定，在人口集中地区和其他依法需要特殊保护的区域内，焚烧沥青、油毡、橡胶、塑料、皮革、垃圾以及其他产生有毒有害烟尘和恶臭气体的物质的，由县级人民政府确定的监督管理部门责令改正，对单位处一万元以上十万元以下的罚款，对个人处五百元以上二千元以下的罚款。

违反本法规定，在城市人民政府禁止的时段和区域内燃放烟花爆竹的，由县级以上地方人民政府确定的监督管理部门依法予以处罚。

第一百二十条　违反本法规定，从事服装干洗和机动车维修等服务活动，未设置异味和废气处理装置等污染防治设施并保持正常使用，影响周边环境的，由县级以上地方人民政府环境保护主管部门责令改正，处二千元以上二万元以下的罚款；拒不改正的，责令停业整治。

第一百二十一条　违反本法规定，擅自向社会发布重污染天气预报预警信息，构成违反治安管理行为的，由公安机关依法予以处罚。

违反本法规定，拒不执行停止工地土石方作业或者建筑物拆除施工等重污染天气应急措施的，由县级以上地方人民政府确定的监督管理部门处一万元以上十万元以下的罚款。

第一百二十二条　违反本法规定，造成大气污染事故的，由县级以上人民政府环境保护主管部门依照本条第二款的规定处以罚款；对直接负责的主管人员和其他直接责任人员可以处上一年度从本企业事业单位取得收入百分之五十以下的罚款。

对造成一般或者较大大气污染事故的，按照污染事故造成直接损失的一倍以上三倍以下计算罚款；对造成重大或者特大大气污染事故的，按照污染事故造成的直接损失的三倍以上五倍以下计算罚款。

第一百二十三条　违反本法规定，企业事业单位和其他生产经营者有下列行为之一，受到罚款处罚，被责令改正，拒不改正的，依法作出处罚决定的行政机关可以自责令改正之日的次日起，按照原处罚数额按日连续处罚：

（一）未依法取得排污许可证排放大气污染物的；

(二)超过大气污染物排放标准或者超过重点大气污染物排放总量控制指标排放大气污染物的；

(三)通过逃避监管的方式排放大气污染物的；

(四)建筑施工或者贮存易产生扬尘的物料未采取有效措施防治扬尘污染的。

第一百二十四条 违反本法规定,对举报人以解除、变更劳动合同或者其他方式打击报复的,应当依照有关法律的规定承担责任。

第一百二十五条 排放大气污染物造成损害的,应当依法承担侵权责任。

第一百二十六条 地方各级人民政府、县级以上人民政府环境保护主管部门和其他负有大气环境保护监督管理职责的部门及其工作人员滥用职权、玩忽职守、徇私舞弊、弄虚作假的,依法给予处分。

第一百二十七条 违反本法规定,构成犯罪的,依法追究刑事责任。

第八章 附 则

第一百二十八条 海洋工程的大气污染防治,依照《中华人民共和国海洋环境保护法》的有关规定执行。

第一百二十九条 本法自 2016 年 1 月 1 日起施行。

中华人民共和国海上交通安全法

（1983年9月2日中华人民共和国主席令第7号公布）

第一章 总 则

第一条 为加强海上交通管理，保障船舶、设施和人命财产的安全，维护国家权益，特制定本法。

第二条 本法适用于在中华人民共和国沿海水域航行、停泊和作业的一切船舶、设施和人员以及船舶、设施的所有人、经营人。

第三条 中华人民共和国港务监督机构，是对沿海水域的交通安全实施统一监督管理的主管机关。

第二章 船舶检验和登记

第四条 船舶和船上有关航行安全的重要设备必须具有船舶检验部门签发的有效技术证书。

第五条 船舶必须持有船舶国籍证书，或船舶登记证书，或船舶执照。

第三章 船舶、设施上的人员

第六条 船舶应当按照标准定额配备足以保证船舶安全的合格船员。

第七条 船长、轮机长、驾驶员、轮机员、无线电报务员话务员以及水上飞机、潜水器的相应人员，必须持有合格的职务证书。

其他船员必须经过相应的专业技术训练。

第八条 设施应当按照国家规定，配备掌握避碰、信号、通信、消防、救生等专业技能的人员。

第九条 船舶、设施上的人员必须遵守有关海上交通安全的规章制度和操作规程，保障船舶、设施航行、停泊和作业的安全。

第四章 航行、停泊和作业

第十条 船舶、设施航行、停泊和作业，必须遵守中华人民共和国的有关法律、行政法规和规章。

第十一条 外国籍非军用船舶，未经主管机关批准，不得进入中华人民共和国的内水和港口。但是，因人员病急、机件故障、遇难、避风等意外情况，未及获得批准，可以在进入的同时向主管机关紧急报告,并听从指挥。

外国籍军用船舶,未经中华人民共和国政府批准,不得进入中华人民共和国领海。

第十二条 国际航行船舶进出中华人民共和国港口,必须接受主管机关的检查。本国籍国内航行船舶进出港口,必须办理进出港签证。

第十三条 外国籍船舶进出中华人民共和国港口或者在港内航行、移泊以及靠离港外系泊点、装卸站等,必须由主管机关指派引航员引航。

第十四条 船舶进出港口或者通过交通管制区、通航密集区和航行条件受到限制的区域时,必须遵守中华人民共和国政府或主管机关公布的特别规定。

第十五条 除经主管机关特别许可外,禁止船舶进入或穿越禁航区。

第十六条 大型设施和移动式平台的海上拖带,必须经船舶检验部门进行拖航检验,并报主管机关核准。

第十七条 主管机关发现船舶的实际状况同证书所载不相符合时,有权责成其申请重新检验或者通知其所有人、经营人采取有效的安全措施。

第十八条 主管机关认为船舶对港口安全具有威胁时,有权禁止其进港或令其离港。

第十九条 船舶、设施有下列情况之一的,主管机关有权禁止其离港,或令其停航、改航、停止作业:

一、违反中华人民共和国有关的法律、行政法规或规章;

二、处于不适航或不适拖状态;

三、发生交通事故,手续未清;

四、未向主管机关或有关部门交付应承担的费用,也未提供适当的担保;

五、主管机关认为有其他妨害或者可能妨害海上交通安全的情况。

第五章 安 全 保 障

第二十条 在沿海水域进行水上水下施工以及划定相应的安全作业区,必须报经主管机关核准公告。无关的船舶不得进入安全作业区。施工单位不得擅自扩大安全作业区的范围。

在港区内使用岸线或者进行水上水下施工包括架空施工,还必须附图报经主管机关审核同意。

第二十一条 在沿海水域划定禁航区,必须经国务院或主管机关批准。但是,为军事需要划定禁航区,可以由国家军事主管部门批准。

禁航区由主管机关公布。

第二十二条 未经主管机关批准,不得在港区、锚地、航道、通航密集区以及主管机关公布的航路内设置、构筑设施或者进行其他有碍航行安全的活动。

对在上述区域内擅自设置、构筑的设施,主管机关有权责令其所有人限期搬迁或拆除。

第二十三条 禁止损坏助航标志和导航设施。损坏助航标志或导航设施的,应当立即向主管机关报告,并承担赔偿责任。

第二十四条 船舶、设施发现下列情况,应当迅速报告主管机关:

一、助航标志或导航设施变异、失常;

二、有妨碍航行安全的障碍物、漂流物;

三、其他有碍航行安全的异常情况。

第二十五条 航标周围不得建造或设置影响其工作效能的障碍物。航标和航道附近有碍航行安全的灯光,应当妥善遮蔽。

第二十六条 设施的搬迁、拆除,沉船沉物的打捞清除,水下工程的善后处理,都不得遗留有碍航行和作业安全的隐患。在未妥善处理前,其所有人或经营人必须负责设置规定的标志,并将碍航物的名称、形状、尺寸、位置和深度准确地报告主管机关。

第二十七条 港口码头、港外系泊点、装卸站和船闸,应当加强安全管理,保持良好状态。

第二十八条 主管机关根据海上交通安全的需要,确定、调整交通管制区和港口锚地。港外锚地的划定,由主管机关报上级机关批准后公告。

第二十九条 主管机关按照国家规定,负责统一发布航行警告和航行通告。

第三十条 为保障航行、停泊和作业的安全,有关部门应当保持通信联络畅通,保持助航标志、导航设施明显有效,及时提供海洋气象预报和必要的航海图书资料。

第三十一条 船舶、设施发生事故,对交通安全造成或者可能造成危害时,主管机关有权采取必要的强制性处置措施。

第六章 危险货物运输

第三十二条 船舶、设施储存、装卸、运输危险货物,必须具备安全可靠的设备和条件,遵守国家关于危险货物管理和运输的规定。

第三十三条 船舶装运危险货物,必须向主管机关办理申报手续,经批准后,方可进出港口或装卸。

第七章 海难救助

第三十四条 船舶、设施或飞机遇难时,除发出呼救信号外,还应当以最迅速的方式将出事时间、地点、受损情况、救助要求以及发生事故的原因,向主管机关报告。

第三十五条 遇难船舶、设施或飞机及其所有人、经营人应当采取一切有效措施组织自救。

第三十六条 事故现场附近的船舶、设施,收到求救信号或发现有人遭遇生命危险时,在不严重危及自身安全的情况下,应当尽力救助遇难人员,并迅速向主管机关报告现场情况和本船舶、设施的名称、呼号和位置。

第三十七条 发生碰撞事故的船舶、设施,应当互通名称、国籍和登记港,并尽一切可能救助遇难人员。在不严重危及自身安全的情况下,当事船舶不得擅自离开事故现场。

第三十八条 主管机关接到求救报告后,应当立即组织救助。有关单位和在事故现场附近的船舶、设施,必须听从主管机关的统一指挥。

第三十九条 外国派遣船舶或飞机进入中华人民共和国领海或领海上空搜寻救助遇难的船舶或人员,必须经主管机关批准。

第八章 打捞清除

第四十条 对影响安全航行、航道整治以及有潜在爆炸危险的沉没物、漂浮物,其所有人、经营人应当在主管机关限定的时间内打捞清除。否则,主管机关有权采取措施强制打捞清除,其全部费用由沉没物、漂浮物的所有人、经营人承担。

本条规定不影响沉没物、漂浮物的所有人、经营人向第三方索赔的权利。

第四十一条 未经主管机关批准,不得擅自打捞或拆除沿海水域内的沉船沉物。

第九章 交通事故的调查处理

第四十二条 船舶、设施发生交通事故,应当向主管机关递交事故报告书和有关资料,并接受调查处理。

事故的当事人和有关人员,在接受主管机关调查时,必须如实提供现场情况和与事故有关的情节。

第四十三条 船舶、设施发生的交通事故,由主管机关查明原因,判明责任。

第十章 法律责任

第四十四条 对违反本法的,主管机关可视情节,给予下列一种或几种处罚:

一、警告;

二、扣留或吊销职务证书;

三、罚款。

第四十五条 当事人对主管机关给予的罚款、吊销职务证书处罚不服的,可以在接到处罚通知之日起15天内,向人民法院起诉;期满不起诉又不履行的,由主管机关申请人民法院强制执行。

第四十六条 因海上交通事故引起的民事纠纷,可以由主管机关调解处理,不愿意调解或调解不成的,当事人可以向人民法院起诉;涉外案件的当事人,还可以根据书面协议提交仲裁机构仲裁。

第四十七条 对违反本法构成犯罪的人员,由司法机关依法追究刑事责任。

第十一章 特别规定

第四十八条 国家渔政渔港监督管理机构,在以渔业为主的渔港水域内,行使本法规定的主管机关的职权,负责交通安全的监督管理,并负责沿海水域渔业船舶之间的交通事故的调查处理。具体实施办法由国务院另行规定。

第四十九条 海上军事管制区和军用船舶、设施的内部管理,为军事目的进行水上水下作业的管理,以及公安船舶的检验登记、人员配备、进出港签证,由国家有关主管部门依据本法另行规定。

第十二章 附 则

第五十条 本法下列用语的含义是:

"沿海水域"是指中华人民共和国沿海的港口、内水和领海以及国家管辖的一切其他海域。

"船舶"是指各类排水或非排水船、筏、水上飞机、潜水器和移动式平台。

"设施"是指水上水下各种固定或浮动建筑、装置和固定平台。

"作业"是指在沿海水域调查、勘探、开采、测量、建筑、疏浚、爆破、救助、打捞、拖带、捕捞、养殖、装卸、科学试验和其他水上水下施工。

第五十一条 国务院主管部门依据本法,制定实施细则,报国务院批准施行。

第五十二条 过去颁布的海上交通安全法规与本法相抵触的,以本法为准。

第五十三条 本法自 1984 年 1 月 1 日起施行。

中华人民共和国船员条例

(2007年4月14日国务院令第494号公布,2013年7月18日国务院令第638号第一次修正,2013年12月7日国务院令第645号第二次修正,2014年7月29日国务院令第653号第三次修正)

第一章 总 则

第一条 为了加强船员管理,提高船员素质,维护船员的合法权益,保障水上交通安全,保护水域环境,制定本条例。

第二条 中华人民共和国境内的船员注册、任职、培训、职业保障以及提供船员服务等活动,适用本条例。

第三条 国务院交通主管部门主管全国船员管理工作。

国家海事管理机构依照本条例负责统一实施船员管理工作。

负责管理中央管辖水域的海事管理机构和负责管理其他水域的地方海事管理机构(以下统称海事管理机构),依照各自职责具体负责船员管理工作。

第二章 船员注册和任职资格

第四条 本条例所称船员,是指依照本条例的规定经船员注册取得船员服务簿的人员,包括船长、高级船员、普通船员。

本条例所称船长,是指依照本条例的规定取得船长任职资格,负责管理和指挥船舶的人员。

本条例所称高级船员,是指依照本条例的规定取得相应任职资格的大副、二副、三副、轮机长、大管轮、二管轮、三管轮、通信人员以及其他在船舶上任职的高级技术或者管理人员。

本条例所称普通船员,是指除船长、高级船员外的其他船员。

第五条 申请船员注册,应当具备下列条件:

(一)年满18周岁(在船实习、见习人员年满16周岁)但不超过60周岁;

(二)符合船员健康要求;

(三)经过船员基本安全培训,并经海事管理机构考试合格。

申请注册国际航行船舶船员的,还应当通过船员专业外语考试。

第六条 申请船员注册,可以由申请人或者其代理人向任何海事管理机构提出书面申请,并附送申请人符合本条例第五条规定条件的证明材料。

海事管理机构应当自受理船员注册申请之日起10日内做出注册或者不予注册的决定。对符合本条例第五条规定条件的,应当给予注册,发给船员服务簿,但是申请人被依法吊销船员服务簿未满 5 年的,不予注册。

第七条 船员服务簿是船员的职业身份证件,应当载明船员的姓名、住所、联系人、联系方式以及其他有关事项。

船员服务簿记载的事项发生变更的,船员应当向海事管理机构办理变更手续。

第八条 船员有下列情形之一的,海事管理机构应当注销船员注册,并予以公告:

(一)死亡或者被宣告失踪的;

(二)丧失民事行为能力的;

(三)被依法吊销船员服务簿的;

(四)本人申请注销注册的。

第九条 参加航行和轮机值班的船员,应当依照本条例的规定取得相应的船员适任证书。

申请船员适任证书,应当具备下列条件:

(一)已经取得船员服务簿;

(二)符合船员任职岗位健康要求;

(三)经过相应的船员适任培训、特殊培训;

(四)具备相应的船员任职资历,并且任职表现和安全记录良好。

第十条 申请船员适任证书,应当向海事管理机构提出书面申请,并附送申请人符合本条例第九条规定条件的证明材料。对符合规定条件并通过国家海事管理机构组织的船员任职考试的,海事管理机构应当发给相应的船员适任证书。

第十一条 船员适任证书应当注明船员适任的航区(线)、船舶类别和等级、职务以及有效期限等事项。

船员适任证书的有效期不超过 5 年。

第十二条 中国籍船舶的船长应当由中国籍船员担任。

第十三条 中国籍船舶在境外遇有不可抗力或者其他特殊情况,无法满足船舶最低安全配员要求,需要由本船下一级船员临时担任上一级职务时,应当向海事管理机构提出申请。海事管理机构根据拟担任上一级船员职务船员的任职资历、任职表现和安全记录,出具相应的证明文件。

第十四条 曾经在军用船舶、渔业船舶上工作的人员,或者持有其他国家、地区船员适任证书的船员,依照本条例的规定申请船员适任证书的,海事管理机构可以免除船员培训和考试的相应内容。具体办法由国务院交通主管部门另行规定。

第十五条 以海员身份出入国境和在国外船舶上从事工作的中国籍船员,应当向国家海事管理机构指定的海事管理机构申请中华人民共和国海员证。

申请中华人民共和国海员证,应当符合下列条件:

(一)是中华人民共和国公民;

(二)持有国际航行船舶船员适任证书或者有确定的船员出境任务;

(三)无法律、行政法规规定禁止出境的情形。

第十六条 海事管理机构应当自受理申请之日起 7 日内做出批准或者不予批准的决定。予以批准的,发给中华人民共和国海员证;不予批准的,应当书面通知申请人并说明理由。

第十七条　中华人民共和国海员证是中国籍船员在境外执行任务时表明其中华人民共和国公民身份的证件。中华人民共和国海员证遗失、被盗或者损毁的，应当向海事管理机构申请补发。船员在境外的，应当向中华人民共和国驻外使馆、领馆申请补发。

中华人民共和国海员证的有效期不超过5年。

第十八条　持有中华人民共和国海员证的船员，在其他国家、地区享有按照当地法律、有关国际条约以及中华人民共和国与有关国家签订的海运或者航运协定规定的权利和通行便利。

第十九条　在中国籍船舶上工作的外国籍船员，应当依照法律、行政法规和国家其他有关规定取得就业许可，并持有国务院交通主管部门规定的相应证书和其所属国政府签发的相关身份证件。

在中华人民共和国管辖水域航行、停泊、作业的外国籍船舶上任职的外国籍船员，应当持有中华人民共和国缔结或者加入的国际条约规定的相应证书和其所属国政府签发的相关身份证件。

第三章　船员职责

第二十条　船员在船工作期间，应当符合下列要求：

（一）携带本条例规定的有效证件；

（二）掌握船舶的适航状况和航线的通航保障情况，以及有关航区气象、海况等必要的信息；

（三）遵守船舶的管理制度和值班规定，按照水上交通安全和防治船舶污染的操作规则操纵、控制和管理船舶，如实填写有关船舶法定文书，不得隐匿、篡改或者销毁有关船舶法定证书、文书；

（四）参加船舶应急训练、演习，按照船舶应急部署的要求，落实各项应急预防措施；

（五）遵守船舶报告制度，发现或者发生险情、事故、保安事件或者影响航行安全的情况，应当及时报告；

（六）在不严重危及自身安全的情况下，尽力救助遇险人员；

（七）不得利用船舶私载旅客、货物，不得携带违禁物品。

第二十一条　船长在其职权范围内发布的命令，船舶上所有人员必须执行。

高级船员应当组织下属船员执行船长命令，督促下属船员履行职责。

第二十二条　船长管理和指挥船舶时，应当符合下列要求：

（一）保证船舶和船员携带符合法定要求的证书、文书以及有关航行资料；

（二）制订船舶应急计划并保证其有效实施；

（三）保证船舶和船员在开航时处于适航、适任状态，按照规定保障船舶的最低安全配员，保证船舶的正常值班；

（四）执行海事管理机构有关水上交通安全和防治船舶污染的指令，船舶发生水上交通事故或者污染事故的，向海事管理机构提交事故报告；

（五）对本船船员进行日常训练和考核，在本船船员的船员服务簿内如实记载船员的服务资历和任职表现；

（六）船舶进港、出港、靠泊、离泊、通过交通密集区、危险航区等区域，或者遇有恶劣天气和海况，或者发生水上交通事故、船舶污染事故、船舶保安事件以及其他紧急情况时，应当在驾驶台值班，必要时应当直接指挥船舶；

（七）保障船舶上人员和临时上船人员的安全；

（八）船舶发生事故，危及船舶上人员和财产安全时，应当组织船员和船舶上其他人员尽力施救；

（九）弃船时，应当采取一切措施，首先组织旅客安全离船，然后安排船员离船，船长应当最后离船，在离船前，船长应当指挥船员尽力抢救航海日志、机舱日志、油类记录簿、无线电台日志、本航次使用过的航行图和文件，以及贵重物品、邮件和现金。

第二十三条 船长、高级船员在航次中，不得擅自辞职、离职或者中止职务。

第二十四条 船长在保障水上人身与财产安全、船舶保安、防治船舶污染水域方面，具有独立决定权，并负有最终责任。

船长为履行职责，可以行使下列权力：

（一）决定船舶的航次计划，对不具备船舶安全航行条件的，可以拒绝开航或者续航；

（二）对船员用人单位或者船舶所有人下达的违法指令，或者可能危及有关人员、财产和船舶安全或者可能造成水域环境污染的指令，可以拒绝执行；

（三）发现引航员的操纵指令可能对船舶航行安全构成威胁或者可能造成水域环境污染时，应当及时纠正、制止，必要时可以要求更换引航员；

（四）当船舶遇险并严重危及船舶上人员的生命安全时，船长可以决定撤离船舶；

（五）在船舶的沉没、毁灭不可避免的情况下，船长可以决定弃船，但是，除紧急情况外，应当报经船舶所有人同意；

（六）对不称职的船员，可以责令其离岗。

船舶在海上航行时，船长为保障船舶上人员和船舶的安全，可以依照法律的规定对在船舶上进行违法、犯罪活动的人采取禁闭或者其他必要措施。

第四章 船员职业保障

第二十五条 船员用人单位和船员应当按照国家有关规定参加工伤保险、医疗保险、养老保险、失业保险以及其他社会保险，并依法按时足额缴纳各项保险费用。

船员用人单位应当为在驶往或者驶经战区、疫区或者运输有毒、有害物质的船舶上工作的船员，办理专门的人身、健康保险，并提供相应的防护措施。

第二十六条 船舶上船员生活和工作的场所，应当符合国家船舶检验规范中有关船员生活环境、作业安全和防护的要求。

船员用人单位应当为船员提供必要的生活用品、防护用品、医疗用品，建立船员健康档案，并为船员定期进行健康检查，防治职业疾病。

船员在船工作期间患病或者受伤的，船员用人单位应当及时给予救治；船员失踪或者死亡的，船员用人单位应当及时做好相应的善后工作。

第二十七条 船员用人单位应当依照有关劳动合同的法律、法规和中华人民共和国缔结或者加入的有关船员劳动与社会保障国际条约的规定，与船员订立劳动合同。

船员用人单位不得招用未取得本条例规定证件的人员上船工作。

第二十八条 船员工会组织应当加强对船员合法权益的保护,指导、帮助船员与船员用人单位订立劳动合同。

第二十九条 船员用人单位应当根据船员职业的风险性、艰苦性、流动性等因素,向船员支付合理的工资,并按时足额发放给船员。任何单位和个人不得克扣船员的工资。

船员用人单位应当向在劳动合同有效期内的待派船员,支付不低于船员用人单位所在地人民政府公布的最低工资。

第三十条 船员在船工作时间应当符合国务院交通主管部门规定的标准,不得疲劳值班。

船员除享有国家法定节假日的假期外,还享有在船舶上每工作2个月不少于5日的年休假。

船员用人单位应当在船员年休假期间,向其支付不低于该船员在船工作期间平均工资的报酬。

第三十一条 船员在船工作期间,有下列情形之一的,可以要求遣返:

(一)船员的劳动合同终止或者依法解除的;

(二)船员不具备履行船上岗位职责能力的;

(三)船舶灭失的;

(四)未经船员同意,船舶驶往战区、疫区的;

(五)由于破产、变卖船舶、改变船舶登记或者其他原因,船员用人单位、船舶所有人不能继续履行对船员的法定或者约定义务的。

第三十二条 船员可以从下列地点中选择遣返地点:

(一)船员接受招用的地点或者上船任职的地点;

(二)船员的居住地、户籍所在地或者船籍登记国;

(三)船员与船员用人单位或者船舶所有人约定的地点。

第三十三条 船员的遣返费用由船员用人单位支付。遣返费用包括船员乘坐交通工具的费用、旅途中合理的食宿及医疗费用和30公斤行李的运输费用。

第三十四条 船员的遣返权利受到侵害的,船员当时所在地民政部门或者中华人民共和国驻境外领事机构,应当向船员提供援助;必要时,可以直接安排船员遣返。民政部门或者中华人民共和国驻境外领事机构为船员遣返所垫付的费用,船员用人单位应当及时返还。

第五章 船员培训和船员服务

第三十五条 申请在船舶上工作的船员,应当按照国务院交通主管部门的规定,完成相应的船员基本安全培训、船员适任培训。

在危险品船、客船等特殊船舶上工作的船员,还应当完成相应的特殊培训。

第三十六条 依法设立的培训机构从事船员培训,应当符合下列条件:

(一)有符合船员培训要求的场地、设施和设备;

(二)有与船员培训相适应的教学人员、管理人员;

(三)有健全的船员培训管理制度、安全防护制度;

（四）有符合国务院交通主管部门规定的船员培训质量控制体系。

第三十七条　依法设立的培训机构从事船员培训业务，应当向国家海事管理机构提出申请，并附送符合本条例第三十六条规定条件的证明材料。

国家海事管理机构应当自受理申请之日起30日内，做出批准或者不予批准的决定。予以批准的，发给船员培训许可证；不予批准的，书面通知申请人并说明理由。

第三十八条　从事船员培训业务的机构，应当按照国务院交通主管部门规定的船员培训大纲和水上交通安全、防治船舶污染、船舶保安等要求，在核定的范围内开展船员培训，确保船员培训质量。

第三十九条　从事代理海洋船舶船员办理申请培训、考试、申领证书（包括外国海洋船舶船员证书）等有关手续，代理海洋船舶船员用人单位管理船员事务，提供海洋船舶配员等海洋船舶船员服务业务的机构，应当符合下列条件：

（一）在中华人民共和国境内依法设立的法人；

（二）有2名以上具有高级船员任职资历的管理人员；

（三）有符合国务院交通主管部门规定的船员服务管理制度；

（四）具有与所从事业务相适应的服务能力。

第四十条　从事海洋船舶船员服务业务的机构，应当向海事管理机构提交书面申请，并附送符合本条例第三十九条规定条件的证明材料。

海事管理机构应当自受理申请之日起30日内做出批准或者不予批准的决定。予以批准的，发给相应的批准文件；不予批准的，书面通知申请人并说明理由。

第四十一条　从事内河船舶、海洋船舶船员服务业务的机构（以下简称船员服务机构）应当建立船员档案，加强船舶配员管理，掌握船员的培训、任职资历、安全记录、健康状况等情况，并将上述情况定期报海事管理机构备案。

船员用人单位直接招用船员的，应当遵守前款的规定。

第四十二条　船员服务机构应当向社会公布服务项目和收费标准。

第四十三条　船员服务机构为船员提供服务，应当诚实守信，不得提供虚假信息，不得损害船员的合法权益。

第四十四条　船员服务机构为船员用人单位提供船舶配员服务，应当督促船员用人单位与船员依法订立劳动合同。船员用人单位未与船员依法订立劳动合同的，船员服务机构应当终止向船员用人单位提供船员服务。

船员服务机构为船员用人单位提供的船员失踪或者死亡的，船员服务机构应当配合船员用人单位做好善后工作。

第六章　监　督　检　查

第四十五条　海事管理机构应当建立健全船员管理的监督检查制度，重点加强对船员注册、任职资格、履行职责、安全记录，船员培训机构培训质量，船员服务机构诚实守信以及船员用人单位保护船员合法权益等情况的监督检查，督促船员用人单位、船舶所有人以及相关的机构建立健全船员在船舶上的人身安全、卫生、健康和劳动安全保障制度，落实相应的保障措施。

第四十六条 海事管理机构对船员实施监督检查时,应当查验船员必须携带的证件的有效性,检查船员履行职责的情况,必要时可以进行现场考核。

第四十七条 依照本条例的规定,取得船员服务簿、船员适任证书、中华人民共和国海员证的船员以及取得从事船员培训业务许可、海洋船舶船员服务业务许可的机构,不再具备规定条件的,由海事管理机构责令限期改正;拒不改正或者无法改正的,海事管理机构应当撤销相应的行政许可决定,并依法办理有关行政许可的注销手续。

第四十八条 海事管理机构对有违反水上交通安全和防治船舶污染水域法律、行政法规行为的船员,除依法给予行政处罚外,实行累计记分制度。海事管理机构对累计记分达到规定分值的船员,应当扣留船员适任证书,责令其参加水上交通安全、防治船舶污染等有关法律、行政法规的培训并进行相应的考试;考试合格的,发还其船员适任证书。

第四十九条 船舶违反本条例和有关法律、行政法规规定的,海事管理机构应当责令限期改正;在规定期限内未能改正的,海事管理机构可以禁止船舶离港或者限制船舶航行、停泊、作业。

第五十条 海事管理机构实施监督检查时,应当有2名以上执法人员参加,并出示有效的执法证件。

海事管理机构实施监督检查,可以询问当事人,向有关单位或者个人了解情况,查阅、复制有关资料,并保守被调查单位或者个人的商业秘密。

接受海事管理机构监督检查的有关单位或者个人,应当如实提供有关资料或者情况。

第五十一条 海事管理机构应当公开管理事项、办事程序、举报电话号码、通信地址、电子邮件信箱等信息,自觉接受社会的监督。

第五十二条 劳动保障行政部门应当加强对船员用人单位遵守劳动和社会保障的法律、法规和国家其他有关规定情况的监督检查。

第七章 法律责任

第五十三条 违反本条例的规定,以欺骗、贿赂等不正当手段取得船员服务簿、船员适任证书、船员培训合格证书、中华人民共和国海员证的,由海事管理机构吊销有关证件,并处2000元以上2万元以下罚款。

第五十四条 违反本条例的规定,伪造、变造或者买卖船员服务簿、船员适任证书、船员培训合格证书、中华人民共和国海员证的,由海事管理机构收缴有关证件,处2万元以上10万元以下罚款,有违法所得的,还应当没收违法所得。

第五十五条 违反本条例的规定,船员服务簿记载的事项发生变更,船员未办理变更手续的,由海事管理机构责令改正,可以处1000元以下罚款。

第五十六条 违反本条例的规定,船员在船工作期间未携带本条例规定的有效证件的,由海事管理机构责令改正,可以处2000元以下罚款。

第五十七条 违反本条例的规定,船员有下列情形之一的,由海事管理机构处1000元以上1万元以下罚款;情节严重的,并给予暂扣船员服务簿、船员适任证书6个月以上2年以下直至吊销船员服务簿、船员适任证书的处罚:

(一)未遵守值班规定擅自离开工作岗位的;

（二）未按照水上交通安全和防治船舶污染操作规则操纵、控制和管理船舶的；

（三）发现或者发生险情、事故、保安事件或者影响航行安全的情况未及时报告的；

（四）未如实填写或者记载有关船舶法定文书的；

（五）隐匿、篡改或者销毁有关船舶法定证书、文书的；

（六）不依法履行救助义务或者肇事逃逸的；

（七）利用船舶私载旅客、货物或者携带违禁物品的。

第五十八条 违反本条例的规定，船长有下列情形之一的，由海事管理机构处2000元以上2万元以下罚款；情节严重的，并给予暂扣船员适任证书6个月以上2年以下直至吊销船员适任证书的处罚：

（一）未保证船舶和船员携带符合法定要求的证书、文书以及有关航行资料的；

（二）未保证船舶和船员在开航时处于适航、适任状态，或者未按照规定保障船舶的最低安全配员，或者未保证船舶的正常值班的；

（三）未在船员服务簿内如实记载船员的服务资历和任职表现的；

（四）船舶进港、出港、靠泊、离泊、通过交通密集区、危险航区等区域，或者遇有恶劣天气和海况，或者发生水上交通事故、船舶污染事故、船舶保安事件以及其他紧急情况时，未在驾驶台值班的；

（五）在弃船或者撤离船舶时未最后离船的。

第五十九条 船员适任证书被吊销的，自被吊销之日起2年内，不得申请船员适任证书。

第六十条 违反本条例的规定，船员用人单位、船舶所有人有下列行为之一的，由海事管理机构责令改正，处3万元以上15万元以下罚款：

（一）招用未依照本条例规定取得相应有效证件的人员上船工作的；

（二）中国籍船舶擅自招用外国籍船员担任船长的；

（三）船员在船舶上生活和工作的场所不符合国家船舶检验规范中有关船员生活环境、作业安全和防护要求的；

（四）不履行遣返义务的；

（五）船员在船工作期间患病或者受伤，未及时给予救治的。

第六十一条 违反本条例的规定，未取得船员培训许可证擅自从事船员培训的，由海事管理机构责令改正，处5万元以上25万元以下罚款，有违法所得的，还应当没收违法所得。

第六十二条 违反本条例的规定，船员培训机构不按照国务院交通主管部门规定的培训大纲和水上交通安全、防治船舶污染等要求，进行培训的，由海事管理机构责令改正，可以处2万元以上10万元以下罚款；情节严重的，给予暂扣船员培训许可证6个月以上2年以下直至吊销船员培训许可证的处罚。

第六十三条 违反本条例的规定，未经批准擅自从事海洋船舶船员服务的，由海事管理机构责令改正，处5万元以上25万元以下罚款，有违法所得的，还应当没收违法所得。

第六十四条 违反本条例的规定，船员服务机构和船员用人单位未将其招用或者管理的船员的有关情况定期报海事管理机构备案的，由海事管理机构责令改正，处5000元以上2万元以下罚款。

第六十五条 违反本条例的规定，船员服务机构在提供船员服务时，提供虚假信息、欺诈船员的,由海事管理机构责令改正,处3万元以上15万元以下罚款;情节严重的,并给予暂停船员服务6个月以上2年以下直至吊销船员服务许可的处罚。

第六十六条　违反本条例的规定,船员服务机构在船员用人单位未与船员订立劳动合同的情况下,向船员用人单位提供船员的,由海事管理机构责令改正,处5万元以上25万元以下罚款;情节严重的,给予暂停船员服务6个月以上2年以下直至吊销船员服务许可的处罚。

第六十七条　海事管理机构工作人员有下列情形之一的,依法给予处分:

(一)违反规定签发船员服务簿、船员适任证书、中华人民共和国海员证,或者违反规定批准船员培训机构、海洋船舶船员服务机构从事相关活动的;

(二)不依法履行监督检查职责的;

(三)不依法实施行政强制或者行政处罚的;

(四)滥用职权、玩忽职守的其他行为。

第六十八条　违反本条例的规定,情节严重,构成犯罪的,依法追究刑事责任。

第八章　附　　则

第六十九条　申请参加取得船员服务簿、船员适任证书考试,应当按照国家有关规定交纳考试费用。

第七十条　引航员的培训和任职资格依照本条例有关船员培训和任职资格的规定执行。具体办法由国务院交通主管部门制订。

第七十一条　军用船舶船员的管理,按照国家和军队有关规定执行。

渔业船员的管理由国务院渔业行政主管部门负责,具体管理办法由国务院渔业行政主管部门参照本条例另行规定。

第七十二条　除本条例对船员用人单位及船员的劳动和社会保障有特别规定外,船员用人单位及船员应当执行有关劳动和社会保障的法律、行政法规以及国家有关规定。

船员专业技术职称的取得和专业技术职务的聘任工作,按照国家有关规定实施。

第七十三条　本条例自2007年9月1日起施行。

中华人民共和国船舶登记条例

(1994年6月2日国务院令第155号公布,
2014年7月29日国务院令第653号修正)

第一章 总 则

第一条 为了加强国家对船舶的监督管理,保障船舶登记有关各方的合法权益,制定本条例。

第二条 下列船舶应当依照本条例规定进行登记:
(一)在中华人民共和国境内有住所或者主要营业所的中国公民的船舶。
(二)依据中华人民共和国法律设立的主要营业所在中华人民共和国境内的企业法人的船舶。但是,在该法人的注册资本中有外商出资的,中方投资人的出资额不得低于百分之五十。
(三)中华人民共和国政府公务船舶和事业法人的船舶。
(四)中华人民共和国港务监督机构认为应当登记的其他船舶。
军事船舶、渔业船舶和体育运动船艇的登记依照有关法规的规定办理。

第三条 船舶经依法登记,取得中华人民共和国国籍,方可悬挂中华人民共和国国旗航行;未经登记的,不得悬挂中华人民共和国国旗航行。

第四条 船舶不得具有双重国籍。凡在外国登记的船舶,未中止或者注销原登记国国籍的,不得取得中华人民共和国国籍。

第五条 船舶所有权的取得、转让和消灭,应当向船舶登记机关登记;未经登记的,不得对抗第三人。
船舶由二个以上的法人或者个人共有的,应当向船舶登记机关登记;未经登记的,不得对抗第三人。

第六条 船舶抵押权、光船租赁权的设定、转移和消灭,应当向船舶登记机关登记;未经登记的,不得对抗第三人。

第七条 中国籍船舶上应持适任证书的船员,必须持有相应的中华人民共和国船员适任证书。

第八条 中华人民共和国港务监督机构是船舶登记主管机关。
各港的港务监督机构是具体实施船舶登记的机关(以下简称船舶登记机关),其管辖范围由中华人民共和国港务监督机构确定。

第九条 船舶登记港为船籍港。
船舶登记港由船舶所有人依据其住所或者主要营业所所在地就近选择,但是不得选择二个或者二个以上的船舶登记港。

第十条 一艘船舶只准使用一个名称。

船名由船籍港船舶登记机关核定。船名不得与登记在先的船舶重名或者同音。

第十一条 船舶登记机关应当建立船舶登记簿。

船舶登记机关应当允许利害关系人查阅船舶登记簿。

第十二条 国家所有的船舶由国家授予具有法人资格的全民所有制企业经营管理的,本条例有关船舶所有人的规定适用于该法人。

第二章　船舶所有权登记

第十三条 船舶所有人申请船舶所有权登记,应当向船籍港船舶登记机关交验足以证明其合法身份的文件,并提供有关船舶技术资料和船舶所有权取得的证明文件的正文、副本。

就购买取得的船舶申请船舶所有权登记的,应当提供下列文件:

(一)购船发票或者船舶的买卖合同和交接文件;

(二)原船籍港船舶登记机关出具的船舶所有权登记注销证明书;

(三)未进行抵押的证明文件或者抵押权人同意被抵押船舶转让他人的文件。

就新造船舶申请船舶所有权登记的,应当提供船舶建造合同和交接文件。但是,就建造中的船舶申请船舶所有权登记的,仅需提供船舶建造合同;就自造自用船舶申请船舶所有权登记的,应当提供足以证明其所有权取得的文件。

就因继承、赠予、依法拍卖以及法院判决取得的船舶申请船舶所有权登记的,应当提供具有相应法律效力的船舶所有权取得的证明文件。

第十四条 船舶港船舶登记机关应当对所有权登记申请进行审查核实;对符合本条例规定的,应当自收到申请之日起7日内向船舶所有人颁发船舶所有权登记证书,授予船舶登记号码,并在船舶登记簿中载明下列事项:

(一)船舶名称、船舶呼号;

(二)船籍港和登记号码、登记标志;

(三)船舶所有人的名称、地址及其法定代表人的姓名;

(四)船舶所有权的取得方式和取得日期;

(五)船舶所有权登记日期;

(六)船舶建造商名称、建造日期和建造地点;

(七)船舶价值、船体材料和船舶主要技术数据;

(八)船舶的曾用名、原船籍港以及原船舶登记的注销或者中止的日期;

(九)船舶为数人共有的,还应当载明船舶共有人的共有情况;

(十)船舶所有人不实际使用和控制船舶的,还应当载明光船承租人或者船舶经营人的名称、地址及其法定代表人的姓名;

(十一)船舶已设定抵押权的,还应当载明船舶抵押权的设定情况。

船舶登记机关对不符合本条例规定的,应当自收到申请之日起7日内书面通知船舶所有人。

第三章　船　舶　国　籍

第十五条 船舶所有人申请船舶国籍,除应当交验依照本条例取得的船舶所有权登记证

书外,还应当按照船舶航区相应交验下列文件:
（一）航行国际航线的船舶,船舶所有人应当根据船舶的种类交验法定的船舶检验机构签发的下列有效船舶技术证书：
1. 国际吨位丈量证书；
2. 国际船舶载重线证书；
3. 货船构造安全证书；
4. 货船设备安全证书；
5. 乘客定额证书；
6. 客船安全证书；
7. 货船无线电报安全证书；
8. 国际防止油污证书；
9. 船舶航行安全证书；
10. 其他有关技术证书。

（二）国内航行的船舶,船舶所有人应当根据船舶的种类交验法定的船舶检验机构签发的船舶检验证书簿和其他有效船舶技术证书。

从境外购买具有外国籍的船舶,船舶所有人在申请船舶国籍时,还应当提供原船籍港船舶登记机关出具的注销原国籍的证明书或者将于重新登记时立即注销原国籍的证明书。

对经审查符合本条例规定的船舶,船籍港船舶登记机关予以核准并发给船舶国籍证书。

第十六条 依照本条例第十三条规定申请登记的船舶,经核准后,船舶登记机关发给船舶国籍证书。船舶国籍证书的有效期为 5 年。

第十七条 向境外出售新造的船舶,船舶所有人应当持船舶所有权取得的证明文件和有效船舶技术证书,到建造地船舶登记机关申请办理临时船舶国籍证书。

从境外购买新造的船舶,船舶所有人应当持船舶所有权取得的证明文件和有效船舶技术证书,到中华人民共和国驻外大使馆、领事馆申请办理临时船舶国籍证书。

境内异地建造船舶,需要办理临时船舶国籍证书的,船舶所有人应当持船舶建造合同和交接文件以及有效船舶技术证书,到建造地船舶登记机关申请办理临时船舶国籍证书。

在境外建造船舶,船舶所有人应当持船舶建造合同和交接文件以及有效船舶技术证书,到中华人民共和国驻外大使馆、领事馆申请办理临时船舶国籍证书。

以光船条件从境外租进船舶,光船承租人应当持光船租赁合同和原船籍港船舶登记机关出具的中止或者注销原国籍的证明书,或者将于重新登记时立即中止或者注销原国籍的证明书到船舶登记机关申请办理临时船舶国籍证书。

对经审查符合本条例规定的船舶,船舶登记机关或者中华人民共和国驻外大使馆、领事馆予以核准并发给临时船舶国籍证书。

第十八条 临时船舶国籍证书的有效期一般不超过 1 年。

以光船租赁条件从境外租进的船舶,临时船舶国籍证书的期限可以根据租期确定,但是最长不得超过 2 年。光船租赁合同期限超过 2 年的,承租人应当在证书有效期内,到船籍港船舶登记机关申请换发临时船舶国籍证书。

第十九条 临时船舶国籍证书和船舶国籍证书具有同等法律效力。

第四章　船舶抵押权登记

第二十条　对20总吨以上的船舶设定抵押权时,抵押权人和抵押人应当持下列文件到船籍港船舶登记机关申请办理船舶抵押权登记:

(一)双方签字的书面申请书;

(二)船舶所有权登记证书或者船舶建造合同;

(三)船舶抵押合同。

该船舶设定有其他抵押权的,还应当提供有关证明文件。

船舶共有人就共有船舶设定抵押权时,还应当提供三分之二以上份额或者约定份额的共有人的同意证明文件。

第二十一条　对经审查符合本条例规定的,船籍港船舶登记机关应当自收到申请之日起7日内将有关抵押人、抵押权人和船舶抵押情况以及抵押登记日期载入船舶登记簿和船舶所有权登记证书,并向抵押权人核发船舶抵押权登记证书。

第二十二条　船舶抵押权登记,包括下列主要事项:

(一)抵押权人和抵押人的姓名或者名称、地址;

(二)被抵押船舶的名称、国籍,船舶所有权登记证书的颁发机关和号码;

(三)所担保的债权数额、利息率、受偿期限。

船舶登记机关应当允许公众查询船舶抵押权的登记状况。

第二十三条　船舶抵押权转移时,抵押权人和承转人应当持船舶抵押权转移合同到船籍港船舶登记机关申请办理抵押权转移登记。

对经审查符合本条例规定的,船籍港船舶登记机关应当将承转人作为抵押权人载入船舶登记簿和船舶所有权登记证书,并向承转人核发船舶抵押权登记证书,封存原船舶抵押权登记证书。

办理船舶抵押权转移前,抵押权人应当通知抵押人。

第二十四条　同一船舶设定二个以上抵押权的,船舶登记机关应当按照抵押权登记申请日期的先后顺序进行登记,并在船舶登记簿上载明登记日期。

登记申请日期为登记日期;同日申请的,登记日期应当相同。

第五章　光船租赁登记

第二十五条　有下列情形之一的,出租人、承租人应当办理光船租赁登记:

(一)中国籍船舶以光船条件出租给本国企业的;

(二)中国企业以光船条件租进外国籍船舶的;

(三)中国籍船舶以光船条件出租境外的。

第二十六条　船舶在境内出租时,出租人和承租人应当在船舶起租前,持船舶所有权登记证书、船舶国籍证书和光船租赁合同正本、副本,到船籍港船舶登记机关申请办理光船租赁登记。

对经审查符合本条例规定的,船籍港船舶登记机关应当将船舶租赁情况分别载入船舶所有权登记证书和船舶登记簿,并向出租人、承租人核发光船租赁登记证明书各一份。

第二十七条　船舶以光船条件出租境外时,出租人应当持本条例第二十六条规定的文件到船籍港船舶登记机关申请办理光船租赁登记。

对经审查符合本条例规定的,船籍港船舶登记机关应当依照本条例第四十二条规定中止或者注销其船舶国籍,并发给光船租赁登记证明书一式二份。

第二十八条　以光船条件从境外租进船舶,承租人应当比照本条例第九条规定确定船籍港,并在船舶起租前持下列文件,到船舶登记机关申请办理光船租赁登记:

(一)光船租赁合同正本、副本;

(二)法定的船舶检验机构签发的有效船舶技术证书;

(三)原船籍港船舶登记机关出具的中止或者注销船舶国籍证明书,或者将于重新登记时立即中止或者注销船舶国籍的证明书。

对经审查符合本条例规定的,船舶登记机关应当发给光船租赁登记证明书,并应当依照本条例第十七条的规定发给临时船舶国籍证书,在船舶登记簿上载明原登记国。

第二十九条　需要延长光船租赁期限的,出租人、承租人应当在光船租赁合同期满前15日,持光船租赁登记证明书和续租合同正本、副本,到船舶登记机关申请办理续租登记。

第三十条　在光船租赁期间,未经出租人书面同意,承租人不得申请光船转租登记。

第六章　船舶标志和公司旗

第三十一条　船舶应当具有下列标志:

(一)船首两舷和船尾标明船名;

(二)船尾船名下方标明船籍港;

(三)船名、船籍港下方标明汉语拼音;

(四)船首和船尾两舷标明吃水标尺;

(五)船舶中部两舷标明载重线。

受船型或者尺寸限制不能在前款规定的位置标明标志的船舶,应当在船上显著位置标明船名和船籍港。

第三十二条　船舶所有人设置船舶烟囱标志、公司旗,可以向船籍港船舶登记机关申请登记,并按照规定提供标准设计图纸。

第三十三条　同一公司的船舶只准使用一个船舶烟囱标志、公司旗。

船舶烟囱标志、公司旗由船籍港船舶登记机关审核。

船舶烟囱标志、公司旗不得与登记在先的船舶烟囱标志、公司旗相同或者相似。

第三十四条　船籍港船舶登记机关对经核准予以登记的船舶烟囱标志、公司旗应当予以公告。

业经登记的船舶烟囱标志、公司旗属登记申请人专用,其他船舶或者公司不得使用。

第七章　变更登记和注销登记

第三十五条　船舶登记项目发生变更时,船舶所有人应当持船舶登记的有关证明文件和变更证明文件,到船籍港船舶登记机关办理变更登记。

第三十六条　船舶变更船籍港时,船舶所有人应当持船舶国籍证书和变更证明文件,到原船籍港船舶登记机关申请办理船籍港变更登记。对经审查符合本条例规定的,原船籍港船舶登记机关应当在船舶国籍证书签证栏内注明,并将船舶有关登记档案转交新船籍港船舶登记机关,船舶所有人再到新船籍港船舶登记机关办理登记。

第三十七条 船舶共有情况发生变更时,船舶所有人应当持船舶所有权登记证书和有关船舶共有情况变更的证明文件,到船籍港船舶登记机关办理有关变更登记。

第三十八条 船舶抵押合同变更时,抵押权人和抵押人应当持船舶所有权登记证书、船舶抵押权登记证书和船舶抵押合同变更的证明文件,到船籍港船舶登记机关办理有关变更登记。

对经审查符合本条例规定的,船籍港船舶登记机关应当在船舶所有权登记证书和船舶抵押权登记证书以及船舶登记簿上注明船舶抵押合同的变更事项。

第三十九条 船舶所有权发生转移时,原船舶所有人应当持船舶所有权登记证书、船舶国籍证书和其他有关证明文件到船籍港船舶登记机关办理注销登记。

对经审查符合本条例规定的,船籍港船舶登记机关应当注销该船舶在船舶登记簿上的所有权登记以及与之相关的登记,收回有关登记证书,并向船舶所有人出具相应的船舶登记注销证明书。向境外出售的船舶,船舶登记机关可以根据具体情况出具注销国籍的证明书或者将于重新登记时立即注销国籍的证明书。

第四十条 船舶灭失(含船舶拆解、船舶沉没)和船舶失踪,船舶所有人应当自船舶灭失(含船舶拆解、船舶沉没)或者船舶失踪之日起3个月内持船舶所有权登记证书、船舶国籍证书和有关船舶灭失(含船舶拆解、船舶沉没)、船舶失踪的证明文件,到船籍港船舶登记机关办理注销登记。经审查核实,船籍港船舶登记机关应当注销该船舶在船舶登记簿上的登记,收回有关登记证书,并向船舶所有人出具船舶登记注销证明书。

第四十一条 船舶抵押合同解除,抵押权人和抵押人应当持船舶所有权登记证书、船舶抵押权登记证书和经抵押权人签字的解除抵押合同的文件,到船籍港船舶登记机关办理注销登记。对经审查符合本条例规定的,船籍港船舶登记机关应当注销其在船舶所有权登记证书和船舶登记簿上的抵押登记的记录。

第四十二条 以光船条件出租到境外的船舶,出租人除依照本条例第二十七条规定办理光船租赁登记外,还应当办理船舶国籍的中止或者注销登记。船籍港船舶登记机关应当封存原船舶国籍证书,发给中止或者注销船舶国籍证明书。特殊情况下,船籍港船舶登记机关可以发给将于重新登记时立即中止或者注销船舶国籍的证明书。

第四十三条 光船租赁合同期满或者光船租赁关系终止,出租人应当自光船租赁合同期满或者光船租赁关系终止之日起15日内,持船舶所有权登记证书、光船租赁合同或者终止光船租赁关系的证明文件,到船籍港船舶登记机关办理光船租赁注销登记。

以光船条件出租到境外的船舶,出租人还应当提供承租人所在地船舶登记机关出具的注销船舶国籍证明书或者将于重新登记时立即注销船舶国籍的证明书。

经核准后,船籍港船舶登记机关应当注销其在船舶所有权登记证书和船舶登记簿上的光船租赁登记的记录,并发还原船舶国籍证书。

第四十四条 以光船条件租进的船舶,承租人应当自光船租赁合同期满或者光船租赁关系终止之日起15日内,持光船租赁合同、终止光船租赁关系的证明文件,到船籍港船舶登记机关办理注销登记。

以光船条件从境外租进的船舶，还应当提供临时船舶国籍证书。

经核准后，船籍港船舶登记机关应当注销其在船舶登记簿上的光船租赁登记，收回临时船舶国籍证书，并出具光船租赁登记注销证明书和临时船舶国籍注销证明书。

第八章 船舶所有权登记证书、船舶国籍证书的换发和补发

第四十五条 船舶国籍证书有效期届满前1年内，船舶所有人应当持船舶国籍证书和有效船舶技术证书，到船籍港船舶登记机关办理证书换发手续。

第四十六条 船舶所有权登记证书、船舶国籍证书污损不能使用的，持证人应当向船籍港船舶登记机关申请换发。

第四十七条 船舶所有权登记证书、船舶国籍证书遗失的，持证人应当书面叙明理由，附具有关证明文件，向船籍港船舶登记机关申请补发。

船籍港船舶登记机关应当在当地报纸上公告声明原证书作废。

第四十八条 船舶所有人在境外发现船舶国籍证书遗失或者污损时，应当向中华人民共和国驻外大使馆、领事馆申请办理临时船舶国籍证书，但是必须在抵达本国第一个港口后及时向船籍港船舶登记机关申请换发船舶国籍证书。

第九章 法 律 责 任

第四十九条 假冒中华人民共和国国籍，悬挂中华人民共和国国旗航行的，由船舶登记机关依法没收该船舶。

中国籍船舶假冒外国国籍，悬挂外国国旗航行的，适用前款规定。

第五十条 隐瞒在境内或者境外的登记事实，造成双重国籍的，由船籍港船舶登记机关吊销其船舶国籍证书，并视情节处以下列罚款：

（一）500总吨以下的船舶，处2000元以上、10000元以下的罚款；

（二）501总吨以上、10000总吨以下的船舶，处以10000元以上、50000元以下的罚款；

（三）10001总吨以上的船舶，处以50000元以上、200000元以下的罚款。

第五十一条 违反本条例规定，有下列情形之一的，船籍港船舶登记机关可以视情节给予警告、根据船舶吨位处以本条例第五十条规定的罚款数额的百分之五十直至没收船舶登记证书：

（一）在办理登记手续时隐瞒真实情况、弄虚作假的；

（二）隐瞒登记事实，造成重复登记的；

（三）伪造、涂改船舶登记证书的。

第五十二条 不按照规定办理变更或者注销登记的，或者使用过期的船舶国籍证书或者临时船舶国籍证书的，由船籍港船舶登记机关责令其补办有关登记手续；情节严重的，可以根据船舶吨位处以本条例第五十条规定的罚款数额的百分之十。

第五十三条 违反本条例规定，使用他人业经登记的船舶烟囱标志、公司旗的，由船籍港船舶登记机关责令其改正；拒不改正的，可以根据船舶吨位处以本条例第五十条规定的罚款数额的百分之十；情节严重的，并可以吊销其船舶国籍证书或者临时船舶国籍证书。

第五十四条 船舶登记机关的工作人员滥用职权、徇私舞弊、玩忽职守、严重失职的,由所在单位或者上级机关给予行政处分;构成犯罪的,依法追究刑事责任。

第五十五条 当事人对船舶登记机关的具体行政行为不服的,可以依照国家有关法律、行政法规的规定申请复议或者提起行政诉讼。

第十章 附 则

第五十六条 本条例下列用语的含义是:

(一)"船舶"系指各类机动、非机动船舶以及其他水上移动装置,但是船舶上装备的救生艇筏和长度小于5米的艇筏除外。

(二)"渔业船舶"系指从事渔业生产的船舶以及属于水产系统为渔业生产服务的船舶。

(三)"公务船舶"系指用于政府行政管理目的的船舶。

第五十七条 除公务船舶外,船舶登记机关按照规定收取船舶登记费。船舶登记费的收费标准和管理办法,由国务院财政部门、物价行政主管部门会同国务院交通行政主管部门制定。

第五十八条 船舶登记簿、船舶国籍证书、临时船舶国籍证书、船舶所有权登记证书、船舶抵押权登记证书、光船租赁登记证明书、申请书以及其他证明书的格式,由中华人民共和国国港务监督机构统一制定。

第五十九条 本条例自1995年1月1日起施行。

中华人民共和国航标条例

(1995年12月3日国务院令第187号公布，
2011年1月8日国务院令第588号修订)

第一条 为了加强对航标的管理和保护，保证航标处于良好的使用状态，保障船舶航行安全，制定本条例。

第二条 本条例适用于在中华人民共和国的领域及管辖的其他海域设置的航标。

本条例所称航标，是指供船舶定位、导航或者用于其他专用目的的助航设施，包括视觉航标、无线电导航设施和音响航标。

第三条 国务院交通行政主管部门负责管理和保护除军用航标和渔业航标以外的航标。国务院交通行政主管部门设立的流域航道管理机构、海区港务监督机构和县级以上地方人民政府交通行政主管部门，负责管理和保护本辖区内军用航标和渔业航标以外的航标。交通行政主管部门和国务院交通行政主管部门设立的流域航道管理机构、海区港务监督机构统称航标管理机关。

军队的航标管理机构、渔政渔港监督管理机构，在军用航标、渔业航标的管理和保护方面分别行使航标管理机关的职权。

第四条 航标的管理和保护，实行统一管理、分级负责和专业保护与群众保护相结合的原则。

第五条 任何单位和个人都有保护航标的义务。

禁止一切危害航标安全和损害航标工作效能的行为。

对于危害航标安全或者损害航标工作效能的行为，任何单位和个人都有权制止、检举和控告。

第六条 航标由航标管理机关统一设置；但是，本条第二款规定的航标除外。

专业单位可以自行设置自用的专用航标。专用航标的设置、撤除、位置移动和其他状况改变，应当经航标管理机关同意。

第七条 航标管理机关和专业单位设置航标，应当符合国家有关规定和技术标准。

第八条 航标管理机关设置、撤除航标或者移动航标位置以及改变航标的其他状况时，应当及时通报有关部门。

第九条 航标管理机关和专业单位分别负责各自设置的航标的维护保养，保证航标处于良好的使用状态。

第十条 任何单位或者个人发现航标损坏、失常、移位或者漂失时，应当立即向航标管理机关报告。

第十一条 任何单位和个人不得在航标附近设置可能被误认为航标或者影响航标工作

效能的灯光或者音响装置。

第十二条 因施工作业需要搬迁、拆除航标的,应当征得航标管理机关同意,在采取替补措施后方可搬迁、拆除。搬迁、拆除航标所需的费用,由施工作业单位或者个人承担。

第十三条 在视觉航标的通视方向或者无线电导航设施的发射方向,不得构筑影响航标正常工作效能的建筑物、构筑物,不得种植影响航标正常工作效能的植物。

第十四条 船舶航行时,应当与航标保持适当距离,不得触碰航标。

船舶触碰航标,应当立即向航标管理机关报告。

第十五条 禁止下列危害航标的行为:

(一)盗窃、哄抢或者以其他方式非法侵占航标、航标器材;

(二)非法移动、攀登或者涂抹航标;

(三)向航标射击或者投掷物品;

(四)在航标上攀架物品,拴系牲畜、船只、渔业捕捞器具、爆炸物品等;

(五)损坏航标的其他行为。

第十六条 禁止破坏航标辅助设施的行为。

前款所称航标辅助设施,是指为航标及其管理人员提供能源、水和其他所需物资而设置的各类设施,包括航标场地、直升机平台、登陆点、码头、趸船、水塔、储水池、水井、油(水)泵房、电力设施、业务用房以及专用道路、仓库等。

第十七条 禁止下列影响航标工作效能的行为:

(一)在航标周围20米内或者在埋有航标地下管道、线路的地面钻孔、挖坑、采掘土石、堆放物品或者进行明火作业;

(二)在航标周围150米内进行爆破作业;

(三)在航标周围500米内烧荒;

(四)在无线电导航设施附近设置、使用影响导航设施工作效能的高频电磁辐射装置、设备;

(五)在航标架空线路上附挂其他电力、通信线路;

(六)在航标周围抛锚、拖锚、捕鱼或者养殖水生物;

(七)影响航标工作效能的其他行为。

第十八条 对有下列行为之一的单位和个人,由航标管理机关给予奖励:

(一)检举、控告危害航标的行为,对破案有功的;

(二)及时制止危害航标的行为,防止事故发生或者减少损失的;

(三)捞获水上漂流航标,主动送交航标管理机关的。

第十九条 违反本条例第六条第二款的规定,擅自设置、撤除、移动专用航标或者改变专用航标的其他状况的,由航标管理机关责令限期拆除、重新设置、调整专用航标。

第二十条 有下列行为之一的,由航标管理机关责令限期改正或者采取相应的补救措施:

(一)违反本条例第十一条的规定,在航标附近设置灯光或者音响装置的;

(二)违反本条例第十三条的规定,构筑建筑物、构筑物或者种植植物的。

第二十一条 船舶违反本条例第十四条第二款的规定,触碰航标不报告的,航标管理机关可以根据情节处以2万元以下的罚款;造成损失的,应当依法赔偿。

第二十二条　违反本条例第十五条、第十六条、第十七条的规定,危害航标及其辅助设施或者影响航标工作效能的,由航标管理机关责令其限期改正,给予警告,可以并处2000元以下的罚款;造成损失的,应当依法赔偿。

第二十三条　违反本条例,危害军用航标及其辅助设施或者影响军用航标工作效能,应当处以罚款的,由军队的航标管理机构移交航标管理机关处罚。

第二十四条　违反本条例规定,构成违反治安管理行为的,由公安机关依照《中华人民共和国治安管理处罚法》予以处罚;构成犯罪的,依法追究刑事责任。

第二十五条　本条例自发布之日起施行。

防治船舶污染海洋环境管理条例

(2009年9月9日国务院令第561号公布,2013年7月18日国务院令第638号第一次修订,2013年12月7日国务院令第645号第二次修订,2014年7月29日国务院令第653号第三次修订,2016年2月6日国务院令第666号第四次修订)

第一章 总 则

第一条 为了防治船舶及其有关作业活动污染海洋环境,根据《中华人民共和国海洋环境保护法》,制定本条例。

第二条 防治船舶及其有关作业活动污染中华人民共和国管辖海域适用本条例。

第三条 防治船舶及其有关作业活动污染海洋环境,实行预防为主、防治结合的原则。

第四条 国务院交通运输主管部门主管所辖港区水域内非军事船舶和港区水域外非渔业、非军事船舶污染海洋环境的防治工作。

海事管理机构依照本条例规定具体负责防治船舶及其有关作业活动污染海洋环境的监督管理。

第五条 国务院交通运输主管部门应当根据防治船舶及其有关作业活动污染海洋环境的需要,组织编制防治船舶及其有关作业活动污染海洋环境应急能力建设规划,报国务院批准后公布实施。

沿海设区的市级以上地方人民政府应当按照国务院批准的防治船舶及其有关作业活动污染海洋环境应急能力建设规划,并根据本地区的实际情况,组织编制相应的防治船舶及其有关作业活动污染海洋环境应急能力建设规划。

第六条 国务院交通运输主管部门、沿海设区的市级以上地方人民政府应当建立健全防治船舶及其有关作业活动污染海洋环境应急反应机制,并制定防治船舶及其有关作业活动污染海洋环境应急预案。

第七条 海事管理机构应当根据防治船舶及其有关作业活动污染海洋环境的需要,会同海洋主管部门建立健全船舶及其有关作业活动污染海洋环境的监测、监视机制,加强对船舶及其有关作业活动污染海洋环境的监测、监视。

第八条 国务院交通运输主管部门、沿海设区的市级以上地方人民政府应当按照防治船舶及其有关作业活动污染海洋环境应急能力建设规划,建立专业应急队伍和应急设备库,配备专用的设施、设备和器材。

第九条 任何单位和个人发现船舶及其有关作业活动造成或者可能造成海洋环境污染的,应当立即就近向海事管理机构报告。

第二章 防治船舶及其有关作业活动污染海洋环境的一般规定

第十条 船舶的结构、设备、器材应当符合国家有关防治船舶污染海洋环境的技术规范以及中华人民共和国缔结或者参加的国际条约的要求。

船舶应当依照法律、行政法规、国务院交通运输主管部门的规定以及中华人民共和国缔结或者参加的国际条约的要求,取得并随船携带相应的防治船舶污染海洋环境的证书、文书。

第十一条 中国籍船舶的所有人、经营人或者管理人应当按照国务院交通运输主管部门的规定,建立健全安全营运和防治船舶污染管理体系。

海事管理机构应当对安全营运和防治船舶污染管理体系进行审核,审核合格的,发给符合证明和相应的船舶安全管理证书。

第十二条 港口、码头、装卸站以及从事船舶修造的单位应当配备与其装卸货物种类和吞吐能力或者修造船舶能力相适应的污染监视设施和污染物接收设施,并使其处于良好状态。

第十三条 港口、码头、装卸站以及从事船舶修造、打捞、拆解等作业活动的单位应当制定有关安全营运和防治污染的管理制度,按照国家有关防治船舶及其有关作业活动污染海洋环境的规范和标准,配备相应的防治污染设备和器材。

港口、码头、装卸站以及从事船舶修造、打捞、拆解等作业活动的单位,应当定期检查、维护配备的防治污染设备和器材,确保防治污染设备和器材符合防治船舶及其有关作业活动污染海洋环境的要求。

第十四条 船舶所有人、经营人或者管理人应当制定防治船舶及其有关作业活动污染海洋环境的应急预案,并报海事管理机构批准。

港口、码头、装卸站的经营人以及有关作业单位应当制定防治船舶及其有关作业活动污染海洋环境的应急预案,并报海事管理机构和环境保护主管部门备案。

船舶、港口、码头、装卸站以及其他有关作业单位应当按照应急预案,定期组织演练,并做好相应记录。

第三章 船舶污染物的排放和接收

第十五条 船舶在中华人民共和国管辖海域向海洋排放的船舶垃圾、生活污水、含油污水、含有毒有害物质污水、废气等污染物以及压载水,应当符合法律、行政法规、中华人民共和国缔结或者参加的国际条约以及相关标准的要求。

船舶应当将不符合前款规定的排放要求的污染物排入港口接收设施或者由船舶污染物接收单位接收。

船舶不得向依法划定的海洋自然保护区、海滨风景名胜区、重要渔业水域以及其他需要特别保护的海域排放船舶污染物。

第十六条 船舶处置污染物,应当在相应的记录簿内如实记录。

船舶应当将使用完毕的船舶垃圾记录簿在船舶上保留2年;将使用完毕的含油污水、含有毒有害物质污水记录簿在船舶上保留3年。

第十七条 船舶污染物接收单位从事船舶垃圾、残油、含油污水、含有毒有害物质污水接收作业,应当依法经海事管理机构批准。

　　第十八条　船舶污染物接收单位接收船舶污染物,应当向船舶出具污染物接收单证,并由船长签字确认。

　　船舶凭污染物接收单证向海事管理机构办理污染物接收证明,并将污染物接收证明保存在相应的记录簿中。

　　第十九条　船舶污染物接收单位应当按照国家有关污染物处理的规定处理接收的船舶污染物,并每月将船舶污染物的接收和处理情况报海事管理机构备案。

第四章　船舶有关作业活动的污染防治

　　第二十条　从事船舶清舱、洗舱、油料供受、装卸、过驳、修造、打捞、拆解,污染危害性货物装箱、充罐,污染清除作业以及利用船舶进行水上水下施工等作业活动的,应当遵守相关操作规程,并采取必要的安全和防治污染的措施。

　　从事前款规定的作业活动的人员,应当具备相关安全和防治污染的专业知识和技能。

　　第二十一条　船舶不符合污染危害性货物适载要求的,不得载运污染危害性货物,码头、装卸站不得为其进行装载作业。

　　污染危害性货物的名录由国家海事管理机构公布。

　　第二十二条　载运污染危害性货物进出港口的船舶,其承运人、货物所有人或者代理人,应当向海事管理机构提出申请,经批准方可进出港口、过境停留或者进行装卸作业。

　　第二十三条　载运污染危害性货物的船舶,应当在海事管理机构公布的具有相应安全装卸和污染物处理能力的码头、装卸站进行装卸作业。

　　第二十四条　货物所有人或者代理人交付船舶载运污染危害性货物,应当确保货物的包装与标志等符合有关安全和防治污染的规定,并在运输单证上准确注明货物的技术名称、编号、类别(性质)、数量、注意事项和应急措施等内容。

　　货物所有人或者代理人交付船舶载运污染危害性不明的货物,应当委托有关技术机构进行危害性评估,明确货物的危害性质以及有关安全和防治污染要求,方可交付船舶载运。

　　第二十五条　海事管理机构认为交付船舶载运的污染危害性货物应当申报而未申报,或者申报的内容不符合实际情况的,可以按照国务院交通运输主管部门的规定采取开箱等方式查验。

　　海事管理机构查验污染危害性货物,货物所有人或者代理人应当到场,并负责搬移货物,开拆和重封货物的包装。海事管理机构认为必要的,可以径行查验、复验或者提取货样,有关单位和个人应当配合。

　　第二十六条　进行散装液体污染危害性货物过驳作业的船舶,其承运人、货物所有人或者代理人应当向海事管理机构提出申请,告知作业地点,并附送过驳作业方案、作业程序、防治污染措施等材料。

　　海事管理机构应当自受理申请之日起 2 个工作日内作出许可或者不予许可的决定。2个工作日内无法作出决定的,经海事管理机构负责人批准,可以延长 5 个工作日。

　　第二十七条　依法获得船舶油料供受作业资质的单位,应当向海事管理机构备案。海事管理机构应当对船舶油料供受作业进行监督检查,发现不符合安全和防治污染要求的,应当予以制止。

第二十八条 船舶燃油供给单位应当如实填写燃油供受单证,并向船舶提供船舶燃油供受单证和燃油样品。

船舶和船舶燃油供给单位应当将燃油供受单证保存3年,并将燃油样品妥善保存1年。

第二十九条 船舶修造、水上拆解的地点应当符合环境功能区划和海洋功能区划。

第三十条 从事船舶拆解的单位在船舶拆解作业前,应当对船舶上的残余物和废弃物进行处置,将油舱(柜)中的存油驳出,进行船舶清舱、洗舱、测爆等工作,并经海事管理机构检查合格,方可进行船舶拆解作业。

从事船舶拆解的单位应当及时清理船舶拆解现场,并按照国家有关规定处理船舶拆解产生的污染物。

禁止采取冲滩方式进行船舶拆解作业。

第三十一条 禁止船舶经过中华人民共和国内水、领海转移危险废物。

经过中华人民共和国管辖的其他海域转移危险废物的,应当事先取得国务院环境保护主管部门的书面同意,并按照海事管理机构指定的航线航行,定时报告船舶所处的位置。

第三十二条 使用船舶向海洋倾倒废弃物的,应当向驶出港所在地的海事管理机构提交海洋主管部门的批准文件,经核实方可办理船舶出港签证。

船舶向海洋倾倒废弃物,应当如实记录倾倒情况。返港后,应当向驶出港所在地的海事管理机构提交书面报告。

第三十三条 载运散装液体污染危害性货物的船舶和1万总吨以上的其他船舶,其经营人应当在作业前或者进出港口前与符合国家有关技术规范的污染清除作业单位签订污染清除作业协议,明确双方在发生船舶污染事故后污染清除的权利和义务。

与船舶经营人签订污染清除作业协议的污染清除作业单位应当在发生船舶污染事故后,按照污染清除作业协议及时进行污染清除作业。

第五章 船舶污染事故应急处置

第三十四条 本条例所称船舶污染事故,是指船舶及其有关作业活动发生油类、油性混合物和其他有毒有害物质泄漏造成的海洋环境污染事故。

第三十五条 船舶污染事故分为以下等级:

(一)特别重大船舶污染事故,是指船舶溢油1000吨以上,或者造成直接经济损失2亿元以上的船舶污染事故;

(二)重大船舶污染事故,是指船舶溢油500吨以上不足1000吨,或者造成直接经济损失1亿元以上不足2亿元的船舶污染事故;

(三)较大船舶污染事故,是指船舶溢油100吨以上不足500吨,或者造成直接经济损失5000万元以上不足1亿元的船舶污染事故;

(四)一般船舶污染事故,是指船舶溢油不足100吨,或者造成直接经济损失不足5000万元的船舶污染事故。

第三十六条 船舶在中华人民共和国管辖海域发生污染事故,或者在中华人民共和国管辖海域外发生污染事故造成或者可能造成中华人民共和国管辖海域污染的,应当立即启动相应的应急预案,采取措施控制和消除污染,并就近向有关海事管理机构报告。

发现船舶及其有关作业活动可能对海洋环境造成污染的,船舶、码头、装卸站应当立即采取相应的应急处置措施,并就近向有关海事管理机构报告。

接到报告的海事管理机构应当立即核实有关情况,并向上级海事管理机构或者国务院交通运输主管部门报告,同时报告有关沿海设区的市级以上地方人民政府。

第三十七条 船舶污染事故报告应当包括下列内容:
(一)船舶的名称、国籍、呼号或者编号;
(二)船舶所有人、经营人或者管理人的名称、地址;
(三)发生事故的时间、地点以及相关气象和水文情况;
(四)事故原因或者事故原因的初步判断;
(五)船舶上污染物的种类、数量、装载位置等概况;
(六)污染程度;
(七)已经采取或者准备采取的污染控制、清除措施和污染控制情况以及救助要求;
(八)国务院交通运输主管部门规定应当报告的其他事项。

作出船舶污染事故报告后出现新情况的,船舶、有关单位应当及时补报。

第三十八条 发生特别重大船舶污染事故,国务院或者国务院授权国务院交通运输主管部门成立事故应急指挥机构。

发生重大船舶污染事故,有关省、自治区、直辖市人民政府应当会同海事管理机构成立事故应急指挥机构。

发生较大船舶污染事故和一般船舶污染事故,有关设区的市级人民政府应当会同海事管理机构成立事故应急指挥机构。

有关部门、单位应当在事故应急指挥机构统一组织和指挥下,按照应急预案的分工,开展相应的应急处置工作。

第三十九条 船舶发生事故有沉没危险,船员离船前,应当尽可能关闭所有货舱(柜)、油舱(柜)管系的阀门,堵塞货舱(柜)、油舱(柜)通气孔。

船舶沉没的,船舶所有人、经营人或者管理人应当及时向海事管理机构报告船舶燃油、污染危害性货物以及其他污染物的性质、数量、种类、装载位置等情况,并及时采取措施予以清除。

第四十条 发生船舶污染事故或者船舶沉没,可能造成中华人民共和国管辖海域污染的,有关沿海设区的市级以上地方人民政府、海事管理机构根据应急处置的需要,可以征用有关单位或者个人的船舶和防治污染设施、设备、器材以及其他物资,有关单位和个人应当予以配合。

被征用的船舶和防治污染设施、设备、器材以及其他物资使用完毕或者应急处置工作结束,应当及时返还。船舶和防治污染设施、设备、器材以及其他物资被征用或者征用后毁损、灭失的,应当给予补偿。

第四十一条 发生船舶污染事故,海事管理机构可以采取清除、打捞、拖航、引航、过驳等必要措施,减轻污染损害。相关费用由造成海洋环境污染的船舶、有关作业单位承担。

需要承担前款规定费用的船舶,应当在开航前缴清相关费用或者提供相应的财务担保。

第四十二条 处置船舶污染事故使用的消油剂，应当符合国家有关标准。

海事管理机构应当及时将符合国家有关标准的消油剂名录向社会公布。

船舶、有关单位使用消油剂处置船舶污染事故的，应当依照《中华人民共和国海洋环境保护法》有关规定执行。

第六章 船舶污染事故调查处理

第四十三条 船舶污染事故的调查处理依照下列规定进行：

（一）特别重大船舶污染事故由国务院或者国务院授权国务院交通运输主管部门等部门组织事故调查处理；

（二）重大船舶污染事故由国家海事管理机构组织事故调查处理；

（三）较大船舶污染事故和一般船舶污染事故由事故发生地的海事管理机构组织事故调查处理。

船舶污染事故给渔业造成损害的，应当吸收渔业主管部门参与调查处理；给军事港口水域造成损害的，应当吸收军队有关主管部门参与调查处理。

第四十四条 发生船舶污染事故，组织事故调查处理的机关或者海事管理机构应当及时、客观、公正地开展事故调查，勘验事故现场，检查相关船舶，询问相关人员，收集证据，查明事故原因。

第四十五条 组织事故调查处理的机关或者海事管理机构根据事故调查处理的需要，可以暂扣相应的证书、文书、资料；必要时，可以禁止船舶驶离港口或者责令停航、改航、停止作业直至暂扣船舶。

第四十六条 组织事故调查处理的机关或者海事管理机构开展事故调查时，船舶污染事故的当事人和其他有关人员应当如实反映情况和提供资料，不得伪造、隐匿、毁灭证据或者以其他方式妨碍调查取证。

第四十七条 组织事故调查处理的机关或者海事管理机构应当自事故调查结束之日起20个工作日内制作事故认定书，并送达当事人。

事故认定书应当载明事故基本情况、事故原因和事故责任。

第七章 船舶污染事故损害赔偿

第四十八条 造成海洋环境污染损害的责任者，应当排除危害，并赔偿损失；完全由于第三者的故意或者过失，造成海洋环境污染损害的，由第三者排除危害，并承担赔偿责任。

第四十九条 完全属于下列情形之一，经过及时采取合理措施，仍然不能避免对海洋环境造成污染损害的，免予承担责任：

（一）战争；

（二）不可抗拒的自然灾害；

（三）负责灯塔或者其他助航设备的主管部门，在执行职责时的疏忽，或者其他过失行为。

第五十条 船舶污染事故的赔偿限额依照《中华人民共和国海商法》关于海事赔偿责任

限制的规定执行。但是,船舶载运的散装持久性油类物质造成中华人民共和国管辖海域污染的,赔偿限额依照中华人民共和国缔结或者参加的有关国际条约的规定执行。

前款所称持久性油类物质,是指任何持久性烃类矿物油。

第五十一条　在中华人民共和国管辖海域内航行的船舶,其所有人应当按照国务院交通运输主管部门的规定,投保船舶油污损害民事责任保险或者取得相应的财务担保。但是,1000总吨以下载运非油类物质的船舶除外。

船舶所有人投保船舶油污损害民事责任保险或者取得的财务担保的额度应当不低于《中华人民共和国海商法》、中华人民共和国缔结或者参加的有关国际条约规定的油污赔偿限额。

第五十二条　已依照本条例第五十二条的规定投保船舶油污损害民事责任保险或者取得财务担保的中国籍船舶,其所有人应当持船舶国籍证书、船舶油污损害民事责任保险合同或者财务担保证明,向船籍港的海事管理机构申请办理船舶油污损害民事责任保险证书或者财务保证证书。

第五十三条　发生船舶油污事故,国家组织有关单位进行应急处置、清除污染所发生的必要费用,应当在船舶油污损害赔偿中优先受偿。

第五十四条　在中华人民共和国管辖水域接收海上运输的持久性油类物质货物的货物所有人或者代理人应当缴纳船舶油污损害赔偿基金。

船舶油污损害赔偿基金征收、使用和管理的具体办法由国务院财政部门会同国务院交通运输主管部门制定。

国家设立船舶油污损害赔偿基金管理委员会,负责处理船舶油污损害赔偿基金的赔偿等事务。船舶油污损害赔偿基金管理委员会由有关行政机关和缴纳船舶油污损害赔偿基金的主要货主组成。

第五十五条　对船舶污染事故损害赔偿的争议,当事人可以请求海事管理机构调解,也可以向仲裁机构申请仲裁或者向人民法院提起民事诉讼。

第八章　法　律　责　任

第五十六条　船舶、有关作业单位违反本条例规定的,海事管理机构应当责令改正;拒不改正的,海事管理机构可以责令停止作业、强制卸载,禁止船舶进出港口、靠泊、过境停留,或者责令停航、改航、离境、驶向指定地点。

第五十七条　违反本条例的规定,船舶的结构不符合国家有关防治船舶污染海洋环境的技术规范或者有关国际条约要求的,由海事管理机构处10万元以上30万元以下的罚款。

第五十八条　违反本条例的规定,有下列情形之一的,由海事管理机构依照《中华人民共和国海洋环境保护法》有关规定予以处罚:

(一)船舶未取得并随船携带防治船舶污染海洋环境的证书、文书的;

(二)船舶、港口、码头、装卸站未配备防治污染设备、器材的;

(三)船舶向海域排放本条例禁止排放的污染物的;

(四)船舶未如实记录污染物处置情况的;

(五)船舶超过标准向海域排放污染物的;

(六)从事船舶水上拆解作业,造成海洋环境污染损害的。

第五十九条 违反本条例的规定,船舶未按照规定在船舶上留存船舶污染物处置记录,或者船舶污染物处置记录与船舶运行过程中产生的污染物数量不符合的,由海事管理机构处2万元以上10万元以下的罚款。

第六十条 违反本条例的规定,船舶污染物接收单位未经海事管理机构批准,擅自从事船舶垃圾、残油、含油污水、含有毒有害物质污水接收作业的,由海事管理机构处1万元以上5万元以下的罚款;造成海洋环境污染的,处5万元以上25万元以下的罚款。

第六十一条 违反本条例的规定,船舶未按照规定办理污染物接收证明,或者船舶污染物接收单位未按照规定将船舶污染物的接收和处理情况报海事管理机构备案的,由海事管理机构处2万元以下的罚款。

第六十二条 违反本条例的规定,有下列情形之一的,由海事管理机构处2000元以上1万元以下的罚款:
(一)船舶未按照规定保存污染物接收证明的;
(二)船舶燃油供给单位未如实填写燃油供受单证的;
(三)船舶燃油供给单位未按照规定向船舶提供燃油供受单证和燃油样品的;
(四)船舶和船舶燃油供给单位未按照规定保存燃油供受单证和燃油样品的。

第六十三条 违反本条例的规定,有下列情形之一的,由海事管理机构处2万元以上10万元以下的罚款:
(一)载运污染危害性货物的船舶不符合污染危害性货物适载要求的;
(二)载运污染危害性货物的船舶未在具有相应安全装卸和污染物处理能力的码头、装卸站进行装卸作业的;
(三)货物所有人或者代理人未按照规定对污染危害性不明的货物进行危害性评估的。

第六十四条 违反本条例的规定,未经海事管理机构批准,船舶载运污染危害性货物进出港口、过境停留、进行装卸或者过驳作业的,由海事管理机构处1万元以上5万元以下的罚款。

第六十五条 违反本条例的规定,有下列情形之一的,由海事管理机构处2万元以上10万元以下的罚款:
(一)船舶发生事故沉没,船舶所有人或者经营人未及时向海事管理机构报告船舶燃油、污染危害性货物以及其他污染物的性质、数量、种类、装载位置等情况的;
(二)船舶发生事故沉没,船舶所有人或者经营人未及时采取措施清除船舶燃油、污染危害性货物以及其他污染物的。

第六十六条 违反本条例的规定,有下列情形之一的,由海事管理机构处1万元以上5万元以下的罚款:
(一)载运散装液体污染危害性货物的船舶和1万总吨以上的其他船舶,其经营人未按照规定签订污染清除作业协议的;
(二)污染清除作业单位不符合国家有关技术规范从事污染清除作业的。

第六十七条 违反本条例的规定,发生船舶污染事故,船舶、有关作业单位未立即启动应急预案的,对船舶、有关作业单位,由海事管理机构处2万元以上10万元以下的罚款;对直接负责的主管人员和其他直接责任人员,由海事管理机构处1万元以上2万元以下的罚款。直接负责的主管人员和其他直接责任人员属于船员的,并处给予暂扣适任证书或者其他有关证件1个月至3个月的处罚。

第六十八条 违反本条例的规定,发生船舶污染事故,船舶、有关作业单位迟报、漏报事故的,对船舶、有关作业单位,由海事管理机构处5万元以上25万元以下的罚款;对直接负责的主管人员和其他直接责任人员,由海事管理机构处1万元以上5万元以下的罚款。直接负责的主管人员和其他直接责任人员属于船员的,并处给予暂扣适任证书或者其他有关证件3个月至6个月的处罚。瞒报、谎报事故的,对船舶、有关作业单位,由海事管理机构处25万元以上50万元以下的罚款;对直接负责的主管人员和其他直接责任人员,由海事管理机构处5万元以上10万元以下的罚款。直接负责的主管人员和其他直接责任人员属于船员的,并处给予吊销适任证书或者其他有关证件的处罚。

第六十九条 违反本条例的规定,未经海事管理机构批准使用消油剂的,由海事管理机构对船舶或者使用单位处1万元以上5万元以下的罚款。

第七十条 违反本条例的规定,船舶污染事故的当事人和其他有关人员,未如实向组织事故调查处理的机关或者海事管理机构反映情况和提供资料,伪造、隐匿、毁灭证据或者以其他方式妨碍调查取证的,由海事管理机构处1万元以上5万元以下的罚款。

第七十一条 违反本条例的规定,船舶所有人有下列情形之一的,由海事管理机构责令改正,可以处5万元以下的罚款;拒不改正的,处5万元以上25万元以下的罚款:

(一)在中华人民共和国管辖海域内航行的船舶,其所有人未按照规定投保船舶油污损害民事责任保险或者取得相应的财务担保的;

(二)船舶所有人投保船舶油污损害民事责任保险或者取得的财务担保的额度低于《中华人民共和国海商法》、中华人民共和国缔结或者参加的有关国际条约规定的油污赔偿限额的。

第七十二条 违反本条例的规定,在中华人民共和国管辖水域接收海上运输的持久性油类物质货物的货物所有人或者代理人,未按照规定缴纳船舶油污损害赔偿基金的,由海事管理机构责令改正;拒不改正的,可以停止其接收的持久性油类物质货物在中华人民共和国管辖水域进行装卸、过驳作业。

货物所有人或者代理人逾期未缴纳船舶油污损害赔偿基金的,应当自应缴之日起按日加缴未缴额的万分之五的滞纳金。

第九章 附 则

第七十三条 中华人民共和国缔结或者参加的国际条约对防治船舶及其有关作业活动污染海洋环境有规定的,适用国际条约的规定。但是,中华人民共和国声明保留的条款除外。

第七十四条 县级以上人民政府渔业主管部门负责渔港水域内非军事船舶和渔港水域外渔业船舶污染海洋环境的监督管理,负责保护渔业水域生态环境工作,负责调查处理《中华人民共和国海洋环境保护法》第五条第四款规定的渔业污染事故。

第七十五条 军队环境保护部门负责军事船舶污染海洋环境的监督管理及污染事故的调查处理。

第七十六条 本条例自2010年3月1日起施行。1983年12月29日国务院发布的《中华人民共和国防止船舶污染海域管理条例》同时废止。

中华人民共和国内河交通安全管理条例

(1986年12月16日国务院国发[1986]109号文公布,2002年6月28日国务院令第335号修订)

第一章 总 则

第一条 为了加强内河交通安全管理,维护内河交通秩序,保障人民群众生命、财产安全,制定本条例。

第二条 在中华人民共和国内河通航水域从事航行、停泊和作业以及与内河交通安全有关的活动,必须遵守本条例。

第三条 内河交通安全管理遵循安全第一、预防为主、方便群众、依法管理的原则,保障内河交通安全、有序、畅通。

第四条 国务院交通主管部门主管全国内河交通安全管理工作。国家海事管理机构在国务院交通主管部门的领导下,负责全国内河交通安全监督管理工作。

国务院交通主管部门在中央管理水域设立的海事管理机构和省、自治区、直辖市人民政府在中央管理水域以外的其他水域设立的海事管理机构(以下统称海事管理机构)依据各自的职责权限,对所辖内河通航水域实施水上交通安全监督管理。

第五条 县级以上地方各级人民政府应当加强本行政区域内的内河交通安全管理工作,建立、健全内河交通安全管理责任制。

乡(镇)人民政府对本行政区域内的内河交通安全管理履行下列职责:

(一)建立、健全行政村和船主的船舶安全责任制;

(二)落实渡口船舶、船员、旅客定额的安全管理责任制;

(三)落实船舶水上交通安全管理的专门人员;

(四)督促船舶所有人、经营人和船员遵守有关内河交通安全的法律、法规和规章。

第二章 船舶、浮动设施和船员

第六条 船舶具备下列条件,方可航行:

(一)经海事管理机构认可的船舶检验机构依法检验并持有合格的船舶检验证书;

(二)经海事管理机构依法登记并持有船舶登记证书;

(三)配备符合国务院交通主管部门规定的船员;

(四)配备必要的航行资料。

第七条 浮动设施具备下列条件,方可从事有关活动:

(一)经海事管理机构认可的船舶检验机构依法检验并持有合格的检验证书;
(二)经海事管理机构依法登记并持有登记证书;
(三)配备符合国务院交通主管部门规定的掌握水上交通安全技能的船员。

第八条 船舶、浮动设施应当保持适于安全航行、停泊或者从事有关活动的状态。

船舶、浮动设施的配载和系固应当符合国家安全技术规范。

第九条 船员经水上交通安全专业培训,其中客船和载运危险货物船舶的船员还应当经相应的特殊培训,并经海事管理机构考试合格,取得相应的适任证书或者其他适任证件,方可担任船员职务。严禁未取得适任证书或者其他适任证件的船员上岗。

船员应当遵守职业道德,提高业务素质,严格依法履行职责。

第十条 船舶、浮动设施的所有人或者经营人,应当加强对船舶、浮动设施的安全管理,建立、健全相应的交通安全管理制度,并对船舶、浮动设施的交通安全负责;不得聘用无适任证书或者其他适任证件的人员担任船员;不得指使、强令船员违章操作。

第十一条 船舶、浮动设施的所有人或者经营人,应当根据船舶、浮动设施的技术性能、船员状况、水域和水文气象条件,合理调度船舶或者使用浮动设施。

第十二条 按照国家规定必须取得船舶污染损害责任、沉船打捞责任的保险文书或者财务保证书的船舶,其所有人或者经营人必须取得相应的保险文书或者财务担保证明,并随船携带其副本。

第十三条 禁止伪造、变造、买卖、租借、冒用船舶检验证书、船舶登记证书、船员适任证书或者其他适任证件。

第三章 航行、停泊和作业

第十四条 船舶在内河航行,应当悬挂国旗、标明船名、船籍港、载重线。

按照国家规定应当报废的船舶、浮动设施,不得航行或者作业。

第十五条 船舶在内河航行,应当保持瞭望,注意观察,并采用安全航速航行。船舶安全航速应当根据能见度、通航密度、船舶操纵性能和风、浪、水流、航路状况以及周围环境等主要因素决定。使用雷达的船舶,还应当考虑雷达设备的特性、效率和局限性。

船舶在限制航速的区域和汛期高水位期间,应当按照海事管理机构规定的航速航行。

第十六条 船舶在内河航行时,上行船舶应当沿缓流或者航路一侧航行,下行船舶应当沿主流或者航路中间航行;在潮流河段、湖泊、水库、平流区域,应当尽可能沿本船右舷一侧航路航行。

第十七条 船舶在内河航行时,应当谨慎驾驶,保障安全;对来船动态不明、声号不统一或者遇有紧迫情况时,应当减速、停车或者倒车,防止碰撞。

船舶相遇,各方应当注意避让。按照船舶航行规则应当让路的船舶,必须主动避让被让路船舶;被让路船舶应当注意让路船舶的行动,并适时采取措施,协助避让。

船舶避让时,各方避让意图经统一后,任何一方不得擅自改变避让行动。

船舶航行、避让和信号显示的具体规则,由国务院交通主管部门制定。

第十八条 船舶进出内河港口,应当向海事管理机构办理船舶进出港签证手续。

第十九条 下列船舶在内河航行,应当向引航机构申请引航:

（一）外国籍船舶；
（二）1000 总吨以上的海上机动船舶，但船长驾驶同一类型的海上机动船舶在同一内河通航水域航行与上一航次间隔 2 个月以内的除外；
（三）通航条件受限制的船舶；
（四）国务院交通主管部门规定应当申请引航的客船、载运危险货物的船舶。

第二十条　船舶进出港口和通过交通管制区、通航密集区或者航行条件受限制的区域，应当遵守海事管理机构发布的有关通航规定。

任何船舶不得擅自进入或者穿越海事管理机构公布的禁航区。

第二十一条　从事货物或者旅客运输的船舶，必须符合船舶强度、稳性、吃水、消防和救生等安全技术要求和国务院交通主管部门规定的载货或者载客条件。

任何船舶不得超载运输货物或者旅客。

第二十二条　船舶在内河通航水域载运或者拖带超重、超长、超高、超宽、半潜的物体，必须在装船或者拖带前 24 小时报海事管理机构核定拟航行的航路、时间，并采取必要的安全措施，保障船舶载运或者拖带安全。船舶需要护航的，应当向海事管理机构申请护航。

第二十三条　遇有下列情形之一时，海事管理机构可以根据情况采取限时航行、单航、封航等临时性限制、疏导交通的措施，并予公告：
（一）恶劣天气；
（二）大范围水上施工作业；
（三）影响航行的水上交通事故；
（四）水上大型群众性活动或者体育比赛；
（五）对航行安全影响较大的其他情形。

第二十四条　船舶应当在码头、泊位或者依法公布的锚地、停泊区、作业区停泊；遇有紧急情况，需要在其他水域停泊的，应当向海事管理机构报告。

船舶停泊，应当按照规定显示信号，不得妨碍或者危及其他船舶航行、停泊或者作业的安全。

船舶停泊，应当留有足以保证船舶安全的船员值班。

第二十五条　在内河通航水域或者岸线上进行下列可能影响通航安全的作业或者活动的，应当在进行作业或者活动前报海事管理机构批准：
（一）勘探、采掘、爆破；
（二）构筑、设置、维修、拆除水上水下构筑物或者设施；
（三）架设桥梁、索道；
（四）铺设、检修、拆除水上水下电缆或者管道；
（五）设置系船浮筒、浮趸、缆桩等设施；
（六）航道建设、航道、码头前沿水域疏浚；
（七）举行大型群众性活动、体育比赛。

进行前款所列作业或者活动，需要进行可行性研究的，在进行可行性研究时应当征求海事管理机构的意见；依照法律、行政法规的规定，需经其他有关部门审批的，还应当依法办理有关审批手续。

第二十六条 海事管理机构审批本条例第二十五条规定的作业或者活动,应当自收到申请之日起30日内作出批准或者不批准的决定,并书面通知申请人。

遇有紧急情况,需要对航道进行修复或者对航道、码头前沿水域进行疏浚的,作业人可以边申请边施工。

第二十七条 航道内不得养殖、种植植物、水生物和设置永久性固定设施。

划定航道,涉及水产养殖区的,航道主管部门应当征求渔业行政主管部门的意见;设置水产养殖区,涉及航道的,渔业行政主管部门应当征求航道主管部门和海事管理机构的意见。

第二十八条 在内河通航水域进行下列可能影响通航安全的作业,应当在进行作业前向海事管理机构备案:

（一）气象观测、测量、地质调查；

（二）航道日常养护；

（三）大面积清除水面垃圾；

（四）可能影响内河通航水域交通安全的其他行为。

第二十九条 进行本条例第二十五条、第二十八条规定的作业或者活动时,应当在作业或者活动区域设置标志和显示信号,按照海事管理机构的规定,采取相应的安全措施,保障通航安全。

前款作业或者活动完成后,不得遗留任何妨碍航行的物体。

第四章　危险货物监管

第三十条 从事危险货物装卸的码头、泊位,必须符合国家有关安全规范要求,并征求海事管理机构的意见,经验收合格,方可投入使用。

禁止在内河运输法律、行政法规以及国务院交通主管部门规定禁止运输的危险货物。

第三十一条 载运危险货物的船舶,必须持有经海事管理机构认可的船舶检验机构依法检验并颁发的危险货物适装证书,并按照国家有关危险货物运输的规定和安全技术规范进行配载和运输。

第三十二条 船舶装卸、过驳危险货物或者载运危险货物进出港口,应当将危险货物的名称、特性、包装、装卸或者过驳的时间、地点以及进出港时间等事项,事先报告海事管理机构和港口管理机构,经其同意后,方可进行装卸、过驳作业或者进出港口；但是,定船、定线、定货的船舶可以定期报告。

第三十三条 载运危险货物的船舶,在航行、装卸或者停泊时,应当按照规定显示信号；其他船舶应当避让。

第三十四条 从事危险货物装卸的码头、泊位和载运危险货物的船舶,必须编制危险货物事故应急预案,并配备相应的应急救援设备和器材。

第五章　渡口管理

第三十五条 设置或者撤销渡口,应当经渡口所在地的县级人民政府审批；县级人民政府审批前,应当征求当地海事管理机构的意见。

第三十六条　渡口的设置应当具备下列条件：

（一）选址应当在水流平缓、水深足够、坡岸稳定、视野开阔、适宜船舶停靠的地点，并远离危险物品生产、堆放场所；

（二）具备货物装卸、旅客上下的安全设施；

（三）配备必要的救生设备和专门管理人员。

第三十七条　渡口经营者应当在渡口设置明显的标志，维护渡运秩序，保障渡运安全。

渡口所在地县级人民政府应当建立、健全渡口安全管理责任制，指定有关部门负责对渡口和渡运安全实施监督检查。

第三十八条　渡口工作人员应当经培训、考试合格，并取得渡口所在地县级人民政府指定的部门颁发的合格证书。

渡口船舶应当持有合格的船舶检验证书和船舶登记证书。

第三十九条　渡口载客船舶应当有符合国家规定的识别标志，并在明显位置标明载客定额、安全注意事项。

渡口船舶应当按照渡口所在地的县级人民政府核定的路线渡运，并不得超载；渡运时，应当注意避让过往船舶，不得抢航或者强行横越。

遇有洪水或者大风、大雾、大雪等恶劣天气，渡口应当停止渡运。

第六章　通　航　保　障

第四十条　内河通航水域的航道、航标和其他标志的规划、建设、设置、维护，应当符合国家规定的通航安全要求。

第四十一条　内河航道发生变迁，水深、宽度发生变化，或者航标发生位移、损坏、灭失，影响通航安全的，航道、航标主管部门必须及时采取措施，使航道、航标保持正常状态。

第四十二条　内河通航水域内可能影响航行安全的沉没物、漂流物、搁浅物，其所有人和经营人，必须按照国家有关规定设置标志，向海事管理机构报告，并在海事管理机构限定的时间内打捞清除；没有所有人或者经营人的，由海事管理机构打捞清除或者采取其他相应措施，保障通航安全。

第四十三条　在内河通航水域中拖放竹、木等物体，应当在拖放前24小时报经海事管理机构同意，按照核定的时间、路线拖放，并采取必要的安全措施，保障拖放安全。

第四十四条　任何单位和个人发现下列情况，应当迅速向海事管理机构报告：

（一）航道变迁，航道水深、宽度发生变化；

（二）妨碍通航安全的物体；

（三）航标发生位移、损坏、灭失；

（四）妨碍通航安全的其他情况。

海事管理机构接到报告后，应当根据情况发布航行通告或者航行警告，并通知航道、航标主管部门。

第四十五条　海事管理机构划定或者调整禁航区、交通管制区、港区外锚地、停泊区和安全作业区，以及对进行本条例第二十五条、第二十八条规定的作业或者活动，需要发布航行通告、航行警告的，应当及时发布。

第七章 救 助

第四十六条 船舶、浮动设施遇险,应当采取一切有效措施进行自救。

船舶、浮动设施发生碰撞等事故,任何一方应当在不危及自身安全的情况下,积极救助遇险的他方,不得逃逸。

船舶、浮动设施遇险,必须迅速将遇险的时间、地点、遇险状况、遇险原因、救助要求,向遇险地海事管理机构以及船舶、浮动设施所有人、经营人报告。

第四十七条 船员、浮动设施上的工作人员或者其他人员发现其他船舶、浮动设施遇险,或者收到求救信号后,必须尽力救助遇险人员,并将有关情况及时向遇险地海事管理机构报告。

第四十八条 海事管理机构收到船舶、浮动设施遇险求救信号或者报告后,必须立即组织力量救助遇险人员,同时向遇险地县级以上地方人民政府和上级海事管理机构报告。

遇险地县级以上地方人民政府收到海事管理机构的报告后,应当对救助工作进行领导和协调,动员各方力量积极参与救助。

第四十九条 船舶、浮动设施遇险时,有关部门和人员必须积极协助海事管理机构做好救助工作。

遇险现场和附近的船舶、人员,必须服从海事管理机构的统一调度和指挥。

第八章 事故调查处理

第五十条 船舶、浮动设施发生交通事故,其所有人或者经营人必须立即向交通事故发生地海事管理机构报告,并做好现场保护工作。

第五十一条 海事管理机构接到内河交通事故报告后,必须立即派员前往现场,进行调查和取证。

海事管理机构进行内河交通事故调查和取证,应当全面、客观、公正。

第五十二条 接受海事管理机构调查、取证的有关人员,应当如实提供有关情况和证据,不得谎报或者隐匿、毁灭证据。

第五十三条 海事管理机构应当在内河交通事故调查、取证结束后30日内,依据调查事实和证据作出调查结论,并书面告知内河交通事故当事人。

第五十四条 海事管理机构在调查处理内河交通事故过程中,应当采取有效措施,保证航路畅通,防止发生其他事故。

第五十五条 地方人民政府应当依照国家有关规定积极做好内河交通事故的善后工作。

第五十六条 特大内河交通事故的报告、调查和处理,按照国务院有关规定执行。

第九章 监督检查

第五十七条 在旅游、交通运输繁忙的湖泊、水库,在气候恶劣的季节,在法定或者传统节日、重大集会、集市、农忙、学生放学放假等交通高峰期间,县级以上地方各级人民政府应当加强对维护内河交通安全的组织、协调工作。

第五十八条 海事管理机构必须建立、健全内河交通安全监督检查制度,并组织落实。

第五十九条　海事管理机构必须依法履行职责,加强对船舶、浮动设施、船员和通航安全环境的监督检查。发现内河交通安全隐患时,应当责令有关单位和个人立即消除或者限期消除;有关单位和个人不立即消除或者逾期不消除的,海事管理机构必须采取责令其临时停航、停止作业,禁止进港、离港等强制性措施。

第六十条　对内河交通密集区域、多发事故水域以及货物装卸、乘客上下比较集中的港口,对客渡船、滚装客船、高速客轮、旅游船和载运危险货物的船舶,海事管理机构必须加强安全巡查。

第六十一条　海事管理机构依照本条例实施监督检查时,可以根据情况对违反本条例有关规定的船舶,采取责令临时停航、驶向指定地点、禁止进港、离港、强制卸载、拆除动力装置、暂扣船舶等保障通航安全的措施。

第六十二条　海事管理机构的工作人员依法在内河通航水域对船舶、浮动设施进行内河交通安全监督检查,任何单位和个人不得拒绝或者阻挠。

有关单位或者个人应当接受海事管理机构依法实施的安全监督检查,并为其提供方便。

海事管理机构的工作人员依照本条例实施监督检查时,应当出示执法证件,表明身份。

第十章　法　律　责　任

第六十三条　违反本条例的规定,应当报废的船舶、浮动设施在内河航行或者作业的,由海事管理机构责令停航或者停止作业,并对船舶、浮动设施予以没收。

第六十四条　违反本条例的规定,船舶、浮动设施未持有合格的检验证书、登记证书或者船舶未持有必要的航行资料,擅自航行或者作业的,由海事管理机构责令停止航行或者作业;拒不停止的,暂扣船舶、浮动设施;情节严重的,予以没收。

第六十五条　违反本条例的规定,船舶未按照国务院交通主管部门的规定配备船员擅自航行,或者浮动设施未按照国务院交通主管部门的规定配备掌握水上交通安全技能的船员擅自作业的,由海事管理机构责令限期改正,对船舶、浮动设施所有人或者经营人处1万元以上10万元以下的罚款;逾期不改正的,责令停航或者停止作业。

第六十六条　违反本条例的规定,未经考试合格并取得适任证书或者其他适任证件的人员擅自从事船舶航行的,由海事管理机构责令其立即离岗,对直接责任人员处2000元以上2万元以下的罚款,并对聘用单位处1万元以上10万元以下的罚款。

第六十七条　违反本条例的规定,按照国家规定必须取得船舶污染损害责任、沉船打捞责任的保险文书或者财务保证书的船舶的所有人或者经营人,未取得船舶污染损害责任、沉船打捞责任保险文书或者财务担保证明的,由海事管理机构责令限期改正;逾期不改正的,责令停航,并处1万元以上10万元以下的罚款。

第六十八条　违反本条例的规定,船舶在内河航行时,有下列情形之一的,由海事管理机构责令改正,处5000元以上5万元以下的罚款;情节严重的,禁止船舶进出港口或者责令停航,并可以对责任船员给予暂扣适任证书或者其他适任证件3个月至6个月的处罚:

(一)未按照规定悬挂国旗,标明船名、船籍港、载重线的;

(二)未向海事管理机构办理船舶进出港签证手续的;

(三)未按照规定申请引航的;

（四）擅自进出内河港口，强行通过交通管制区、通航密集区、航行条件受限制区域或者禁航区的；

（五）载运或者拖带超重、超长、超高、超宽、半潜的物体，未申请或者未按照核定的航路、时间航行的。

第六十九条 违反本条例的规定，船舶未在码头、泊位或者依法公布的锚地、停泊区、作业区停泊的，由海事管理机构责令改正；拒不改正的，予以强行拖离，因拖离发生的费用由船舶所有人或者经营人承担。

第七十条 违反本条例的规定，在内河通航水域或者岸线上进行有关作业或者活动未经批准或者备案，或者未设置标志、显示信号的，由海事管理机构责令改正，处5000元以上5万元以下的罚款。

第七十一条 违反本条例的规定，从事危险货物作业，有下列情形之一的，由海事管理机构责令停止作业或者航行，对负有责任的主管人员或者其他直接责任人员处2万元以上10万元以下的罚款；属于船员的，并给予暂扣适任证书或者其他适任证件6个月以上直至吊销适任证书或者其他适任证件的处罚：

（一）从事危险货物运输的船舶，未编制危险货物事故应急预案或者未配备相应的应急救援设备和器材的；

（二）船舶装卸、过驳危险货物或者载运危险货物进出港口未经海事管理机构、港口管理机构同意的。

未持有危险货物适装证书擅自载运危险货物或者未按照安全技术规范进行配载和运输的，依照《危险化学品安全管理条例》的规定处罚。

第七十二条 违反本条例的规定，未经批准擅自设置或者撤销渡口的，由渡口所在地县级人民政府指定的部门责令限期改正；逾期不改正的，予以强制拆除或者恢复，因强制拆除或者恢复发生的费用分别由设置人、撤销人承担。

第七十三条 违反本条例的规定，渡口船舶未标明识别标志、载客定额、安全注意事项的，由渡口所在地县级人民政府指定的部门责令改正，处2000元以上1万元以下的罚款；逾期不改正的，责令停航。

第七十四条 违反本条例的规定，在内河通航水域的航道内养殖、种植植物、水生物或者设置永久性固定设施的，由海事管理机构责令限期改正；逾期不改正的，予以强制清除，因清除发生的费用由其所有人或者经营人承担。

第七十五条 违反本条例的规定，内河通航水域中的沉没物、漂流物、搁浅物的所有人或者经营人，未按照国家有关规定设置标志或者未在规定的时间内打捞清除的，由海事管理机构责令限期改正；逾期不改正的，海事管理机构强制设置标志或者组织打捞清除；需要立即组织打捞清除的，海事管理机构应当及时组织打捞清除。海事管理机构因设置标志或者打捞清除发生的费用，由沉没物、漂流物、搁浅物的所有人或者经营人承担。

第七十六条 违反本条例的规定，船舶、浮动设施遇险后未履行报告义务或者不积极施救的，由海事管理机构给予警告，并可以对责任船员给予暂扣适任证书或者其他适任证件3个月至6个月直至吊销适任证书或者其他适任证件的处罚。

第七十七条 违反本条例的规定，船舶、浮动设施发生内河交通事故的，除依法承担相应的法律责任外,由海事管理机构根据调查结论,对责任船员给予暂扣适任证书或者其他适任证件6个月以上直至吊销适任证书或者其他适任证件的处罚。

第七十八条 违反本条例的规定,遇险现场和附近的船舶、船员不服从海事管理机构的统一调度和指挥的,由海事管理机构给予警告,并可以对责任船员给予暂扣适任证书或者其他适任证件3个月至6个月直至吊销适任证书或者其他适任证件的处罚。

第七十九条 违反本条例的规定,伪造、变造、买卖、转借、冒用船舶检验证书、船舶登记证书、船员适任证书或者其他适任证件的,由海事管理机构没收有关的证书或者证件;有违法所得的,没收违法所得,并处违法所得2倍以上5倍以下的罚款;没有违法所得或者违法所得不足2万元的,处1万元以上5万元以下的罚款;触犯刑律的,依照刑法关于伪造、变造、买卖国家机关公文、证件罪或者其他罪的规定,依法追究刑事责任。

第八十条 违反本条例的规定,船舶、浮动设施的所有人或者经营人指使、强令船员违章操作的,由海事管理机构给予警告,处1万元以上5万元以下的罚款,并可以责令停航或者停止作业;造成重大伤亡事故或者严重后果的,依照刑法关于重大责任事故罪或者其他罪的规定,依法追究刑事责任。

第八十一条 违反本条例的规定,船舶在内河航行、停泊或者作业,不遵守航行、避让和信号显示规则的,由海事管理机构责令改正,处1000元以上1万元以下的罚款;情节严重的,对责任船员给予暂扣适任证书或者其他适任证件3个月至6个月直至吊销适任证书或者其他适任证件的处罚;造成重大内河交通事故的,依照刑法关于交通肇事罪或者其他罪的规定,依法追究刑事责任。

第八十二条 违反本条例的规定,船舶不具备安全技术条件从事货物、旅客运输,或者超载运输货物、旅客的,由海事管理机构责令改正,处2万元以上10万元以下的罚款,可以对责任船员给予暂扣适任证书或者其他适任证件6个月以上直至吊销适任证书或者其他适任证件的处罚,并对超载运输的船舶强制卸载,因卸载而发生的卸货费、存货费、旅客安置费和船舶监管费由船舶所有人或者经营人承担;发生重大伤亡事故或者造成其他严重后果的,依照刑法关于重大劳动安全事故罪或者其他罪的规定,依法追究刑事责任。

第八十三条 违反本条例的规定,船舶、浮动设施发生内河交通事故后逃逸的,由海事管理机构对责任船员给予吊销适任证书或者其他适任证件的处罚;证书或者证件吊销后,5年内不得重新从业;触犯刑律的,依照刑法关于交通肇事罪或者其他罪的规定,依法追究刑事责任。

第八十四条 违反本条例的规定,阻碍、妨碍内河交通事故调查取证,或者谎报、隐匿、毁灭证据的,由海事管理机构给予警告,并对直接责任人员处1000元以上1万元以下的罚款;属于船员的,并给予暂扣适任证书或者其他适任证件12个月以上直至吊销适任证书或者其他适任证件的处罚;以暴力、威胁方法阻碍内河交通事故调查取证的,依照刑法关于妨害公务罪的规定,依法追究刑事责任。

第八十五条 违反本条例的规定,海事管理机构不依据法定的安全条件进行审批、许可的,对负有责任的主管人员和其他直接责任人员根据不同情节,给予降级或者撤职的行政处分;造成重大内河交通事故或者使公共财产、国家和人民利益遭受重大损失的,依照刑法关于滥用职权罪、玩忽职守罪或者其他罪的规定,依法追究刑事责任。

第八十六条 违反本条例的规定,海事管理机构对审批、许可的安全事项不实施监督检查的,对负有责任的主管人员和其他直接责任人员根据不同情节,给予记大过、降级或者撤职的行政处分;造成重大内河交通事故或者致使公共财产、国家和人民利益遭受重大损失的,依照刑法关于滥用职权罪、玩忽职守罪或者其他罪的规定,依法追究刑事责任。

第八十七条 违反本条例的规定,海事管理机构发现船舶、浮动设施不再具备安全航行、停泊、作业条件而不及时撤销批准或者许可并予以处理的,对负有责任的主管人员和其他直接责任人员根据不同情节,给予记大过、降级或者撤职的行政处分;造成重大内河交通事故或者致使公共财产、国家和人民利益遭受重大损失的,依照刑法关于滥用职权罪、玩忽职守罪或者其他罪的规定,依法追究刑事责任。

第八十八条 违反本条例的规定,海事管理机构对未经审批、许可擅自从事旅客、危险货物运输的船舶不实施监督检查,或者发现内河交通安全隐患不及时依法处理,或者对违法行为不依法予以处罚的,对负有责任的主管人员和其他直接责任人员根据不同情节,给予降级或者撤职的行政处分;造成重大内河交通事故或者致使公共财产、国家和人民利益遭受重大损失的,依照刑法关于滥用职权罪、玩忽职守罪或者其他罪的规定,依法追究刑事责任。

第八十九条 违反本条例的规定,渡口所在地县级人民政府指定的部门,有下列情形之一的,根据不同情节,对负有责任的主管人员和其他直接责任人员,给予降级或者撤职的行政处分;造成重大内河交通事故或者致使公共财产、国家和人民利益遭受重大损失的,依照刑法关于滥用职权罪、玩忽职守罪或者其他罪的规定,依法追究刑事责任:

(一)对县级人民政府批准的渡口不依法实施监督检查的;

(二)对未经县级人民政府批准擅自设立的渡口不予以查处的;

(三)对渡船超载、人与大牲畜混载、人与爆炸品、压缩气体和液化气体、易燃液体、易燃固体、自燃物品和遇湿易燃物品、氧化剂和有机过氧化物、有毒品和腐蚀品等危险品混载以及其他危及安全的行为不及时纠正并依法处理的。

第九十条 违反本条例的规定,触犯《中华人民共和国治安管理处罚条例》,构成违反治安管理行为的,由公安机关给予治安管理处罚。

第十一章 附 则

第九十一条 本条例下列用语的含义:

(一)内河通航水域,是指由海事管理机构认定的可供船舶航行的江、河、湖泊、水库、运河等水域。

(二)船舶,是指各类排水或者非排水的船、艇、筏、水上飞行器、潜水器、移动式平台以及其他水上移动装置。

(三)浮动设施,是指采用缆绳或者锚链等非刚性固定方式系固并漂浮或者潜于水中的建筑、装置。

(四)交通事故,是指船舶、浮动设施在内河通航水域发生的碰撞、触碰、触礁、浪损、搁浅、火灾、爆炸、沉没等引起人身伤亡和财产损失的事件。

第九十二条 军事船舶在内河通航水域航行,应当遵守内河航行、避让和信号显示规则。军事船舶的检验、登记和船员的考试、发证等管理办法,按照国家有关规定执行。

第九十三条 渔船的检验、登记以及进出渔港签证,渔船船员的考试、发证,渔船之间交通事故的调查处理,以及渔港水域内渔船的交通安全管理办法,由国务院渔业行政主管部门依据本条例另行规定。

第九十四条 城市园林水域水上交通安全管理的具体办法,由省、自治区、直辖市人民政府制定;但是,有关船舶检验、登记和船员管理,依照国家有关规定执行。

第九十五条 本条例自 2002 年 8 月 1 日起施行。1986 年 12 月 16 日国务院发布的《中华人民共和国内河交通安全管理条例》同时废止。

中华人民共和国船舶和海上设施检验条例

(1993年2月14日国务院令第109号公布)

第一章 总 则

第一条 为了保证船舶、海上设施和船运货物集装箱具备安全航行、安全作业的技术条件,保障人民生命财产的安全和防止水域环境污染,制定本条例。

第二条 本条例适用于:

(一)在中华人民共和国登记或者将在中华人民共和国登记的船舶(以下简称中国籍船舶);

(二)根据本条例或者国家有关规定申请检验的外国籍船舶;

(三)在中华人民共和国沿海水域内设置或者将在中华人民共和国沿海水域内设置的海上设施(以下简称海上设施);

(四)在中华人民共和国登记的企业法人所拥有的船运货物集装箱(以下简称集装箱)。

第三条 中华人民共和国船舶检验局(以下简称船检局)是依照本条例规定实施各项检验工作的主管机构。

经国务院交通主管部门批准,船检局可以在主要港口和工业区设置船舶检验机构。

经国务院交通主管部门和省、自治区、直辖市人民政府批准,省、自治区、直辖市人民政府交通主管部门可以在所辖港口设置地方船舶检验机构。

第四条 中国船级社是社会团体性质的船舶检验机构,承办国内外船舶、海上设施和集装箱的入级检验、鉴证检验和公证检验业务;经船检局授权,可以代行法定检验。

第五条 实施本条例规定的各项检验,应当贯彻安全第一、质量第一的原则,鼓励新技术的开发和应用。

第二章 船 舶 检 验

第六条 船舶检验分别由下列机构实施:

(一)船检局设置的船舶检验机构;

(二)省、自治区、直辖市人民政府交通主管部门设置的地方船舶检验机构;

(三)船检局委托、指定或者认可的检验机构。

前款所列机构,以下统称船舶检验机构。

第七条 中国籍船舶的所有人或者经营人,必须向船舶检验机构申请下列检验:

(一)建造或者改建船舶时,申请建造检验;

（二）营运中的船舶，申请定期检验；

（三）由外国籍船舶改为中国籍船舶的，申请初次检验。

第八条　中国籍船舶所使用的有关海上交通安全的和防止水域环境污染的重要设备、部件和材料，须经船舶检验机构按照有关规定检验。

第九条　中国籍船舶须由船舶检验机构测定总吨位和净吨位，核定载重线和乘客定额。

第十条　在中国沿海水域从事钻探、开发作业的外国籍钻井船、移动式平台的所有人或者经营人，必须向船检局设置或者指定的船舶检验机构申请下列检验：

（一）作业前检验；

（二）作业期间的定期检验。

第十一条　中国沿海水域内的移动式平台、浮船坞和其他大型设施进行拖带航行，起拖前必须向船检局设置的或者指定的船舶检验机构申请拖航检验。

第十二条　中国籍船舶有下列情形之一的，船舶所有人或者经营人必须向船舶检验机构申请临时检验：

（一）因发生事故，影响船舶适航性能的；

（二）改变船舶证书所限定的用途或者航区的；

（三）船舶检验机构签发的证书失效的；

（四）海上交通安全或者环境保护主管机关责成检验的。

在中国港口内的外国籍船舶，有前款（一）、（四）项所列情形之一的，必须向船检局设置或者指定的船舶检验机构申请临时检验。

第十三条　下列中国籍船舶，必须向中国船级社申请入级检验：

（一）从事国际航行的船舶；

（二）在海上航行的乘客定额100人以上的客船；

（三）载重量1000吨以上的油船；

（四）滚装船、液化气体运输船和散装化学品运输船；

（五）船舶所有人或者经营人要求入级的其他船舶。

第十四条　船舶经检验合格后，船舶检验机构应当按照规定签发相应的检验证书。

第三章　海上设施检验

第十五条　海上设施的所有人或者经营人，必须向船检局设置或者指定的船舶检验机构申请下列检验，但是本条例第三十一条规定的除外：

（一）建造或者改建海上设施时，申请建造检验；

（二）使用中的海上设施，申请定期检验；

（三）因发生事故影响海上设施安全性能的，申请临时检验；

（四）海上交通安全或者环境保护主管机关责成检验的，申请临时检验。

第十六条　海上设施经检验合格后，船舶检验机构应当按照规定签发相应的检验证书。

第四章　集装箱检验

第十七条　集装箱的所有人或者经营人，必须向船检局设置或者指定的船舶检验机构申

请下列检验:

(一)制造集装箱时,申请制造检验;

(二)使用中的集装箱,申请定期检验。

第十八条 集装箱经检验合格后,船舶检验机构应当按照规定签发相应的检验证书。

第五章 检验管理

第十九条 船舶、海上设施、集装箱的检验制度和技术规范,除本条例第三十一条规定的外,由船检局制订,经国务院交通主管部门批准后公布施行。

第二十条 船舶检验机构的检验人员,必须具备相应的专业知识和检验技能,并经考核合格。

第二十一条 检验人员执行检验任务或者对事故进行技术分析调查时,有关单位应当提供必要的条件。

第二十二条 船舶检验机构实施检验,按照规定收取费用。收费办法由国务院交通主管部门会同国务院物价主管部门、国务院财政主管部门制定。

第二十三条 当事人对船舶检验机构的检验结论有异议的,可以向上一级检验机构申请复验;对复验结论仍有异议的,可以向船检局提出再复验,由船检局组织技术专家组进行检验、评议,作出最终结论。

第二十四条 任何单位和个人不得涂改、伪造检验证书,不得擅自更改船舶检验机构勘划的船舶载重线。

第二十五条 关于外国船舶检验机构在中国境内设置常驻代表机构或者派驻检验人员的管理办法,由国务院交通主管部门制定。

第六章 罚 则

第二十六条 涂改检验证书、擅自更改船舶载重线或者以欺骗行为获取检验证书的,船检局或者其委托的检验机构有权撤销已签发的相应证书,并可以责令改正或者补办有关手续。

第二十七条 伪造船舶检验证书或者擅自更改船舶载重线的,由有关行政主管机关给予通报批评,并可以处以相当于相应的检验费1倍至5倍的罚款;构成犯罪的,由司法机关依法追究刑事责任。

第二十八条 船舶检验机构的检验人员滥用职权、徇私舞弊、玩忽职守、严重失职的,由所在单位或者上级机关给予行政处分或者撤销其检验资格;情节严重,构成犯罪的,由司法机关依法追究刑事责任。

第七章 附 则

第二十九条 本条例下列用语的定义:

(一)船舶,是指各类排水或者非排水船、艇、水上飞机、潜水器和移动式平台。

(二)海上设施,是指水上水下各种固定或者浮动建筑、装置和固定平台。

(三)沿海水域,是指中华人民共和国沿海的港口、内水和领海以及国家管辖的一切其他海域。

第三十条 除从事国际航行的渔业辅助船舶依照本条例进行检验外,其他渔业船舶的检验,由国务院渔业主管部门另行规定。

第三十一条 海上设施中的海上石油天然气生产设施的检验,由国务院石油主管部门会同国务院交通主管部门另行规定。

第三十二条 下列船舶不适用本条例:

(一)军用舰艇、公安船艇和体育运动船艇;

(二)按照船舶登记规定,不需要登记的船舶。

第三十三条 本条例由交通部负责解释。

第三十四条 本条例自发布之日起施行。

防止拆船污染环境管理条例

(1988年5月18日国务院国发[1988]31号文公布,
2016年2月6日国务院令第666号修订)

第一条 为防止拆船污染环境,保护生态平衡,保障人体健康,促进拆船事业的发展,制定本条例。

第二条 本条例适用于在中华人民共和国管辖水域从事岸边和水上拆船活动的单位和个人。

第三条 本条例所称岸边拆船,指废船停靠拆船码头拆解;废船在船坞拆解;废船冲滩(不包括海难事故中的船舶冲滩)拆解。

本条例所称水上拆船,指对完全处于水上的废船进行拆解。

第四条 县级以上人民政府环境保护部门负责组织协调、监督检查拆船业的环境保护工作,并主管港区水域外的岸边拆船环境保护工作。

中华人民共和国港务监督(含港航监督,下同)主管水上拆船和综合港港区水域拆船的环境保护工作,并协助环境保护部门监督港区水域外的岸边拆船防止污染工作。

国家渔政渔港监督管理部门主管渔港水域拆船的环境保护工作,负责监督拆船活动对沿岸渔业水域的影响,发现污染损害事故后,会同环境保护部门调查处理。

军队环境保护部门主管军港水域拆船的环境保护工作。

国家海洋管理部门和重要江河的水资源保护机构,依据《中华人民共和国海洋环境保护法》和《中华人民共和国水污染防治法》确定的职责,协助以上各款所指主管部门监督拆船的防止污染工作。

县级以上人民政府的环境保护部门、中华人民共和国港务监督、国家渔政渔港监督管理部门和军队环境保护部门,在主管本条第一、第二、第三、第四款所确定水域的拆船环境保护工作时,简称"监督拆船污染的主管部门"。

第五条 地方人民政府应当根据需要和可能,结合本地区的特点,环境状况和技术条件,统筹规划、合理设置拆船厂。

在饮用水源地、海水淡化取水点、盐场、重要的渔业水域、海水浴场、风景名胜区以及其他需要特殊保护的区域,不得设置拆船厂。

第六条 设置拆船厂,必须编制环境影响报告书(表)。其内容包括:拆船厂的地理位置、周围环境状况、拆船规模和条件、拆船工艺、防污措施、预期防治效果等。未依法进行环境影响评价的拆船厂,不得开工建设。

环境保护部门在批准环境影响报告书(表)前,应当征求各有关部门的意见。

第七条 监督拆船污染的主管部门有权对拆船单位的拆船活动进行检查,被检查单位必须如实反映情况,提供必要的资料。

监督拆船污染的主管部门有义务为被检查单位保守技术和业务秘密。

第八条 对严重污染环境的拆船单位,限期治理。

对拆船单位的限期治理,由监督拆船污染的主管部门提出意见,通过批准环境影响报告书(表)的环境保护部门,报同级人民政府决定。

第九条 拆船单位应当健全环境保护规章制度,认真组织实施。

第十条 拆船单位必须配备或者设置防止拆船污染必需的拦油装置、废油接收设备、含油污水接收处理设施或者设备、废弃物回收处置场等,并经批准环境影响报告书(表)的环境保护部门验收合格,发给验收合格证后,方可进船拆解。

第十一条 拆船单位在废船拆解前,必须清除易燃、易爆和有毒物质;关闭海底阀和封闭可能引起油污水外溢的管道。垃圾、残油、废油、油泥、含油污水和易燃易爆物品等废弃物必须送到岸上集中处理,并不得采用渗坑、渗井的处理方式。

废油船在拆解前,必须进行洗舱、排污、清舱、测爆等工作,经港务监督检查核准后,方可拆解。

第十二条 在水上进行拆船作业的拆船单位和个人,必须事先采取有效措施,严格防止溢出、散落水中的油类和其他漂浮物扩散。

在水上进行拆船作业,一旦出现溢出、散落水中的油类和其他漂浮物,必须及时收集处理。

第十三条 排放洗舱水、压舱水和舱底水,必须符合国家和地方规定的排放标准;排放未经处理的洗舱水、压舱水和舱底水,还必须经过监督拆船污染的主管部门批准。

监督拆船污染的主管部门接到拆船单位申请排放未经处理的洗舱水、压舱水和舱底水的报告后,应当抓紧办理,及时审批。

第十四条 拆下的船舶部件或者废弃物,不得投弃或者存放水中;带有污染物的船舶部件或者废弃物,严禁进入水体。未清洗干净的船底和油柜必须拖到岸上拆解。

拆船作业产生的电石渣及其废水,必须收集处理,不得流入水中。

船舶拆解完毕,拆船单位和个人应当及时清理拆船现场。

第十五条 发生拆船污染损害事故时,拆船单位或者个人必须立即采取消除或者控制污染的措施,并迅速报告监督拆船污染的主管部门。

污染损害事故发生后,拆船单位必须向监督拆船污染的主管部门提交《污染事故报告书》,报告污染发生的原因、经过、排污数量、采取的抢救措施、已造成和可能造成的污染损害后果等,并接受调查处理。

第十六条 拆船单位关闭或者搬迁后,必须及时清理原厂址遗留的污染物,并由监督拆船污染的主管部门检查验收。

第十七条 违反本条例规定,有下列情形之一的,监督拆船污染的主管部门除责令其限期纠正外,还可以根据不同情节,处以一万元以上十万元以下的罚款:

(一)发生污染损害事故,不向监督拆船污染的主管部门报告也不采取消除或者控制污染措施的;

(二)废油船未经洗舱、排污、清舱和测爆即行拆解的;

（三）任意排放或者丢弃污染物造成严重污染的。

违反本条例规定，擅自在第五条第二款所指的区域设置拆船厂并进行拆船的拆船厂未依法进行环境影响评价擅自开工建设的，依照《中华人民共和国环境保护法》的规定处罚。按照分级管理的原则，由县级以上人民政府责令限期关闭或者搬迁。

第十八条　违反本条例规定，有下列情形之一的，监督拆船污染的主管部门除责令其限期纠正外，还可以根据不同情节，给予警告或者处以一万元以下的罚款：

（一）拒绝或者阻挠监督拆船污染的主管部门进行现场检查或者在被检查时弄虚作假的；

（二）未按规定要求配备和使用防污设施、设备和器材，造成环境污染的；

（三）发生污染损害事故，虽采取消除或者控制污染措施，但不向监督拆船污染的主管部门报告的；

（四）拆船单位关闭、搬迁后，原厂址的现场清理不合格的。

第十九条　罚款全部上缴国库。

拆船单位和个人在受到罚款后，并不免除其对本条例规定义务的履行，已造成污染危害的，必须及时排除危害。

第二十条　对经限期治理逾期未完成治理任务的拆船单位，可以根据其造成的危害后果，责令停业整顿或者关闭。

前款所指拆船单位的停业整顿或者关闭，由作出限期治理决定的人民政府决定。责令国务院有关部门直属的拆船单位停业整顿或者关闭，由国务院环境保护部门会同有关部门批准。

第二十一条　对造成污染损害后果负有责任的或者有第十八条第（一）项所指行为的拆船单位负责人和直接责任者，可以根据不同情节，由其所在单位或者上级主管机关给予行政处分。

第二十二条　当事人对行政处罚决定不服的，可以在收到处罚决定通知之日起十五日内，向人民法院起诉；期满不起诉又不履行的，由作出处罚决定的主管部门申请人民法院强制执行。

第二十三条　因拆船污染直接遭受损害的单位或者个人，有权要求造成污染损害方赔偿损失。造成污染损害方有责任对直接遭受危害的单位或者个人赔偿损失。

赔偿责任和赔偿金额的纠纷，可以根据当事人的请求，由监督拆船污染的主管部门处理；当事人对处理决定不服的，可以向人民法院起诉。

当事人也可以直接向人民法院起诉。

第二十四条　凡直接遭受拆船污染损害，要求赔偿损失的单位和个人，应当提交《污染索赔报告书》。报告书应当包括以下内容：

（一）受拆船污染损害的时间、地点、范围、对象，以及当时的气象、水文条件；

（二）受拆船污染损害的损失清单，包括品名、数量、单价、计算方法等；

（三）有关监测部门鉴定。

第二十五条　因不可抗拒的自然灾害，并经及时采取防范和抢救措施，仍然不能避免造成污染损害的，免予承担赔偿责任。

第二十六条　对检举、揭发拆船单位隐瞒不报或者谎报污染损害事故,以及积极采取措施制止或者减轻污染损害的单位和个人,给予表扬和奖励。

第二十七条　监督拆船污染的主管部门的工作人员玩忽职守、滥用职权、徇私舞弊的,由其所在单位或者上级主管机关给予行政处分;对国家和人民利益造成重大损失、构成犯罪的,依法追究刑事责任。

第二十八条　本条例自一九八八年六月一日起施行。

中华人民共和国海上交通事故调查处理条例

(1990年1月11日国务院批准,1990年3月3日交通部令第14号公布)

第一章 总 则

第一条 为了加强海上交通安全管理,及时调查处理海上交通事故,根据《中华人民共和国海上交通安全法》的有关规定,制定本条例。

第二条 中华人民共和国港务监督机构是本条例的实施机关。

第三条 本条例适用于船舶、设施在中华人民共和国沿海水域内发生的海上交通事故。

以渔业为主的渔港水域内发生的海上交通事故和沿海水域内渔业船舶之间、军用船舶之间发生的海上交通事故的调查处理,国家法律、行政法规另有专门规定的,从其规定。

第四条 本条例所称海上交通事故是指船舶、设施发生的下列事故:

(一)碰撞、触碰或浪损;

(二)触礁或搁浅;

(三)火灾或爆炸;

(四)沉没;

(五)在航行中发生影响适航性能的机件或重要属具的损坏或灭失;

(六)其他引起财产损失和人身伤亡的海上交通事故。

第二章 报 告

第五条 船舶、设施发生海上交通事故,必须立即用甚高频电话、无线电报或其他有效手段向就近港口的港务监督报告。报告的内容应当包括:船舶或设施的名称、呼号、国籍、起讫港,船舶或设施的所有人或经营人名称,事故发生的时间、地点、海况以及船舶、设施的损害程度、救助要求等。

第六条 船舶、设施发生海上交通事故,除应按第五条规定立即提出扼要报告外,还必须按下列规定向港务监督提交《海上交通事故报告书》和必要的文书资料:

(一)船舶、设施在港区水域内发生海上交通事故,必须在事故发生后24小时内向当地港务监督提交。

(二)船舶、设施在港区水域以外的沿海水域发生海上交通事故,船舶必须在到达中华人民共和国的第一个港口后48小时内向港务监督提交;设施必须在事故发生后48小时内用电报向就近港口的港务监督报告《海上交通事故报告书》要求的内容。

(三)引航员在引领船舶的过程中发生海上交通事故,应当在返港后24小时内向当地港务监督提交《海上交通事故报告书》。

前款(一)、(二)项因特殊情况不能按规定时间提交《海上交通事故报告书》的,在征得港务监督同意后可予以适当延迟。

第七条 《海上交通事故报告书》应当如实写明下列情况:

(一)船舶、设施概况和主要性能数据;

(二)船舶、设施所有人或经营人的名称、地址;

(三)事故发生的时间和地点;

(四)事故发生时的气象和海况;

(五)事故发生的详细经过(碰撞事故应附相对运动示意图);

(六)损害情况(附船舶、设施受损部位简图。难以在规定时间内查清的,应于检验后补报);

(七)船舶、设施沉没的,其沉没概位;

(八)与事故有关的其他情况。

第八条 海上交通事故报告必须真实,不得隐瞒或捏造。

第九条 因海上交通事故致使船舶、设施发生损害,船长、设施负责人应申请中国当地或船舶第一到达港地的检验部门进行检验或鉴定,并应将检验报告副本送交港务监督备案。

前款检验、鉴定事项,港务监督可委托有关单位或部门进行,其费用由船舶、设施所有人或经营人承担。

船舶、设施发生火灾、爆炸等事故,船长、设施负责人必须申请公安消防监督机关鉴定,并将鉴定书副本送交港务监督备案。

第三章 调 查

第十条 在港区水域内发生的海上交通事故,由港区地的港务监督进行调查。

在港区水域外发生的海上交通事故,由就近港口的港务监督或船舶到达的中华人民共和国的第一个港口的港务监督进行调查。必要时,由中华人民共和国港务监督局指定的港务监督进行调查。

港务监督认为必要时,可以通知有关机关和社会组织参加事故调查。

第十一条 港务监督在接到事故报告后,应及时进行调查。调查应客观、全面,不受事故当事人提供材料的限制。根据调查工作的需要,港务监督有权:

(一)询问有关人员;

(二)要求被调查人员提供书面材料和证明;

(三)要求有关当事人提供航海日志、轮机日志、车钟记录、报务日志、航向记录、海图、船舶资料、航行设备仪器的性能以及其他必要的原始文书资料;

(四)检查船舶、设施及有关设备的证书、人员证书和核实事故发生前船舶的适航状态、设施的技术状态;

(五)检查船舶、设施及其货物的损害情况和人员伤亡情况;

(六)勘查事故现场,搜集有关物证。

港务监督在调查中,可以使用录音、照相、录像等设备,并可采取法律允许的其他调查手段。

第十二条 被调查人必须接受调查,如实陈述事故的有关情节,并提供真实的文书资料。港务监督人员在执行调查任务时,应当向被调查人员出示证件。

第十三条 港务监督因调查海上交通事故的需要,可以令当事船舶驶抵指定地点接受调查。当事船舶在不危及自身安全的情况下,未经港务监督同意,不得离开指定地点。

第十四条 港务监督的海上交通事故调查材料,公安机关、国家安全机关、监察机关、检察机关、审判机关和海事仲裁委员会及法律规定的其他机关和人员因办案需要可以查阅、摘录或复制,审判机关确因开庭需要可以借用。

第四章 处 理

第十五条 港务监督应当根据对海上交通事故的调查,作出《海上交通事故调查报告书》,查明事故发生的原因,判明当事人的责任;构成重大事故的,通报当地检察机关。

第十六条 《海上交通事故调查报告书》应包括以下内容:
(一)船舶、设施的概况和主要数据;
(二)船舶、设施所有人或经营人的名称和地址;
(三)事故发生的时间、地点、过程、气象海况、损害情况等;
(四)事故发生的原因及依据;
(五)当事人各方的责任及依据;
(六)其他有关情况。

第十七条 对海上交通事故的发生负有责任的人员,港务监督可以根据其责任的性质和程度依法给予下列处罚:
(一)对中国籍船员、引航员或设施上的工作人员,可以给予警告、罚款或扣留、吊销职务证书;
(二)对外国籍船员或设施上的工作人员,可以给予警告、罚款或将其过失通报其所属国家的主管机关。

第十八条 对海上交通事故的发生负有责任的人员及船舶、设施的所有人或经营人,需要追究其行政责任的,由港务监督提交其主管机关或行政监察机关处理;构成犯罪的,由司法机关依法追究刑事责任。

第十九条 根据海上交通事故发生的原因,港务监督可责令有关船舶、设施的所有人、经营人限期加强对所属船舶、设施的安全管理。对拒不加强安全管理或在期限内达不到安全要求的,港务监督有权责令其停航、改航、停止作业,并可采取其他必要的强制性处置措施。

第五章 调 解

第二十条 对船舶、设施发生海上交通事故引进的民事侵权赔偿纠纷,当事人可以申请港务监督调解。

调解必须遵循自愿、公平的原则,不得强迫。

第二十一条 前条民事纠纷,凡已向海事法院起诉或申请海事仲裁机构仲裁的,当事人不得再申请港务监督调解。

第二十二条 调解由当事人各方在事故发生之日起 30 日内向负责该事故调查的港务监督提交书面申请。港务监督要求提供担保的,当事人应附经济赔偿担保证明文件。

第二十三条 经调解达成协议的,港务监督应制作调解书。调解书应当写明当事人的姓名或名称、住所、法定代表人或代理人的姓名及职务、纠纷的主要事实、当事人的责任、协议的内容、调解费的承担、调解协议履行的期限。调解书由当事人各方共同签字,并经港务监督盖印确认。调解书应交当事方各持一份,港务监督留存一份。

第二十四条 调解达成协议的,当事人各方应当自动履行。达成协议后当事人反悔的或逾期不履行协议的,视为调解不成。

第二十五条 凡向港务监督申请调解的民事纠纷,当事人中途不愿调解的,应当向港务监督递交撤销调解的书面申请,并通知对方当事人。

第二十六条 港务监督自收到调解申请书之日起三个月内未能使当事人各方达成调解协议的,可以宣布调解不成。

第二十七条 不愿意调解或调解不成的,当事人可以向海事法院起诉或申请海事仲裁机构仲裁。

第二十八条 凡申请港务监督调解的,应向港务监督缴纳调解费。调解的收费标准,由交通部会同国家物价局、财政部制定。

经调解达成协议的,调解费用按当事人过失比例或约定的数额分摊;调解不成的,由当事人各方平均分摊。

第六章 罚　　则

第二十九条 违反本条例规定,有下列行为之一的,港务监督可视情节对有关当事人(自然人)处以警告或者 200 元以下罚款;对船舶所有人、经营人处以警告或者 5000 元以下罚款:

(一)未按规定的时间向港务监督报告事故或提交《海上交通事故报告书》或本条例第三十二条要求的判决书、裁决书、调解书的副本的;

(二)未按港务监督要求驶往指定地点,或在未出现危及船舶安全的情况下未经港务监督同意擅自驶离指定地点的;

(三)事故报告或《海上交通事故报告书》的内容不符合规定要求或不真实,影响调查工作进行或给有关部门造成损失的;

(四)违反第九条规定,影响事故调查的;

(五)拒绝接受调查或无理阻挠、干扰港务监督进行调查的;

(六)在受调查时故意隐瞒事实或提供虚假证明的。

前款第(五)、(六)项行为构成犯罪的,由司法机关依法追究刑事责任。

第三十条 对违反本条例规定,玩忽职守、滥用职权、营私舞弊、索贿受贿的港务监督人员,由行政监察机关或其所在单位给予行政处分;构成犯罪的,由司法机关依法追究刑事责任。

第三十一条 当事人对港务监督依据本条例给予的处罚不服的,可以依法向人民法院提起行政诉讼。

第七章 特别规定

第三十二条 中国籍船舶在中华人民共和国沿海水域以外发生的海上交通事故，其所有人或经营人应当向船籍港的港务监督报告，并于事故发生之日起60日内提交《海上交通事故报告书》。如果事故在国外诉讼、仲裁或调解，船舶所有人或经营人应在诉讼、仲裁或调解结束后60日内将判决书、裁决书或调解书的副本或影印件报船籍港的港务监督备案。

第三十三条 派往外国籍船舶任职的持有中华人民共和国船员职务证书的中国籍船员对海上交通事故的发生负有责任的，其派出单位应当在事故发生之日起60日内向签发该职务证书的港务监督提交《海上交通事故报告书》。

本条第一款和第三十二条的海上交通事故的调查处理，按本条例的有关规定办理。

第八章 附　则

第三十四条 对违反海上交通安全管理法规进行违章操作，虽未造成直接的交通事故，但构成重大潜在事故隐患的，港务监督可以依据本条例进行调查和处罚。

第三十五条 因海上交通事故产生的海洋环境污染，按照我国海洋环境保护的有关法律、法规处理。

第三十六条 本条例由交通部负责解释。

第三十七条 本条例自发布之日起施行。

海区航标设置管理办法

(1996年12月25日交通部令第12号公布)

第一条 为了加强海区航标设置管理,根据《中华人民共和国航标条例》,制定本办法。

第二条 本办法适用于在中华人民共和国沿海水域以及相关陆域航标设置的管理及其相关的活动。

军用航标和渔业航标设置除外。

第三条 本办法所称航标设置包括航标新设、撤除、位置移动和其他状况改变。

第四条 航标设置应当符合国家和交通部颁布的有关规定和技术标准。

第五条 交通部是全国海区航标设置管理的主管机关,并负责第一类航标设置的规划和审批工作。

天津、上海、广州、海南海(水)上安全监督局是海区航标管理机关,分别负责北方、东海、南海和海南海区第一类航标设置的审查和第二类航标设置的规划和审批工作。

交通部在沿海设立的海上安全监督局和县级以上地方人民政府交通行政主管部门是辖区航标管理机关,按各自分工负责辖区内第二类航标设置的管理工作。

本条所称北方海区指辽宁、河北、山东省及天津市沿海水域;东海海区指江苏、浙江、福建省及上海市沿海水域;南海海区指广东省及广西壮族自治区沿海水域;海南海区指海南省沿海水域。

第六条 本办法所称的第一类航标设置是指灯塔和无线电导航台、无线电指向标、DGPS台等无线电航标的设置;第二类航标设置是指灯桩(包括导标)、立标、灯浮标、浮标、灯船、雾号、雷达信标等航标的设置。

第七条 辖区航标管理机关设置航标,应向海区航标管理机关提交航标设置书面申请;专业单位设置航标,应当向辖区航标管理机关提交航标设置书面申请。

航标管理机关根据航行安全的需要可责令专业单位设置航标。

第八条 航标设置书面申请应当在航标设置前60日提交,并附有航标设计图纸资料一式二份。

第九条 航标设置书面申请应当包括设置航标的名称、种类、用途、作用距离、灯质、设标地水(陆)域名称、标位地理坐标(北京坐标)、预定工期、使用期限,并附有最新的不小于1:10000的大比例尺测量图纸以及占用水(陆)域批文或证件;设置于新开港口、航道的,应附有完整的航标配布图。

第十条 航标设计工作应当由按照国家规定取得航标设计资格,并持有相应证书的单位承担。

第十一条 辖区航标管理机关申请设置航标,海区航标管理机关应当自收到申请材料之日起,根据国家和交通部颁布的有关规定和技术标准进行审查,属于第二类航标设置的,由海区航标管理机关审批,并于20日内将书面审批意见下达给辖区航标管理机关;属于第一类航标设置的,由海区航标管理机关审查,并于20日内做出书面审查意见,报交通部审批;交通部应在20日内将书面审批意见下达给海区航标管理机关,海区航标管理机关应及时通知辖区航标管理机关。

专业单位申请设置航标,辖区航标管理机关自收到申请材料之日起,根据国家和交通部颁布的有关规定和技术标准进行审查,并于20日内做出书面审查意见,报海区航标管理机关审批;海区航标管理机关应在20日内将书面审批意见下达给辖区航标管理机关,辖区航标管理机关应及时通知专业单位。

第十二条 航标设置单位应当在预定工期内完成航标设置。逾期未能设置或者未能完成设置的,应重新提交书面申请。

第十三条 航标设置单位完成航标设置后,应当由批准设置航标的航标管理机关对航标工作效能进行验收,验收合格的,方可正式投入使用。

第十四条 航标投入使用后,应当遵守使用期限,到期自行撤除。需延长使用期限的,应当于截止日期前30日提交书面延期申请。

第十五条 因紧急情况需设置航标的,专业单位可在设置航标同时报辖区航标管理机关。设置的航标不符合国家和交通部颁布的有关规定和技术标准的,辖区航标管理机关应当及时责令专业单位予以重新设置或者调整;设置的航标使用期限超过30日的,专业单位应当按本办法有关规定及时补办航标设置书面申请。

第十六条 专业单位应接受辖区航标管理机关对所设置航标的监督检查。

第十七条 航标设置应当按《海区航标动态通报管理办法》及时发布航标动态通告。

第十八条 对违反本办法设置的航标,航标管理机关有权责令航标设置单位限期补办书面申请或者撤除、重新设置、调整所设置的航标。

第十九条 航标管理机关及其工作人员应当严格依法行政,凡滥用职权、营私舞弊、弄虚作假、收受贿赂者,由上级机关或者航标管理机关给予行政处分,构成犯罪的,依法追究刑事责任。

第二十条 本办法由交通部负责解释。

第二十一条 本办法自1997年3月1日起施行。

中华人民共和国高速客船安全管理规则

(1996年12月24日交通部令第13号公布,2006年2月24日交通部令第4号修订)

第一章 总 则

第一条 为加强对高速客船的安全监督管理,维护水上交通秩序,保障人命财产安全,依据《中华人民共和国海上交通安全法》、《中华人民共和国内河交通安全管理条例》等有关法律和行政法规,制定本规则。

第二条 本规则适用于在中华人民共和国通航水域航行、停泊和从事相关活动的高速客船及船舶所有人、经营人和相关人员。

第三条 中华人民共和国海事局是实施本规则的主管机关。

各海事管理机构负责在本辖区内实施本规则。

第二章 船公司

第四条 经营高速客船的船公司应满足《国内船舶运输经营资质管理规定》的要求,取得相应的经营资质。

第五条 船公司从境外购置或光租的二手外国籍高速客船应满足《老旧运输船舶管理规定》的要求。

第六条 船公司在高速客船开始营运前,应以手册形式编制下列资料和指南:

(一)航线运行手册;

(二)船舶操作手册;

(三)船舶维修及保养手册;

(四)培训手册。

上述各项手册所应包含的内容由主管机关确定。

第七条 经营高速客船的船公司应当建立适合高速客船营运特点的安全管理制度,包括为防止船员疲劳的船员休息制度。

第三章 船 舶

第八条 高速客船须经船舶检验合格,并办理船舶登记手续,持有有效的船舶证书。

第九条 高速客船投入营运前,应向主要营运地的海事管理机构申请办理《高速客船操作安全证书》。

申请办理《高速客船操作安全证书》,应提交下列资料:

(一)船舶检验证书;
(二)船舶所有权证书和船舶国籍证书;
(三)船员适任证书和特殊培训合格证;
(四)航线运行手册;
(五)船舶操作手册;
(六)船舶维修及保养手册;
(七)培训手册;
(八)法律、法规规定的其他资料。

海事管理机构对经审核符合要求的,予以签发《高速客船操作安全证书》。高速客船取得该证书后方可投入营运。

高速客船应随船携带最新的适合于本船的航线运行手册、船舶操作手册、船舶维修及保养手册和培训手册。

第十条 高速客船必须按规定要求配备号灯、号型、声响信号、无线电通信设备、消防设备、救生设备和应急设备等。高速客船上所有的设备和设施均应处于完好备用状态。

第四章 船　　员

第十一条 在高速客船任职的船员应符合下列要求:

(一)经主管机关认可的基本安全培训并取得培训合格证,其中船长、驾驶员、轮机长、轮机员以及被指定为负有安全操作和旅客安全职责的普通船员还必须通过主管机关认可的特殊培训并取得特殊培训合格证。

(二)船长、驾驶员、轮机长、轮机员按规定持有相应的职务适任证书。

(三)取得高速客船船员职务适任证书者,在正式任职前见习航行时间不少于10小时和20个单航次。

(四)男性船长、驾驶员的年龄不超过60周岁,女性船长、驾驶员的年龄不超过55周岁。

在非高速客船上任职的船员申请高速客船船长、大副、轮机长职务适任证书时的年龄不超过45周岁。

(五)船长、驾驶员的健康状况,尤其是视力、听力和口语表达能力应符合相应的要求。

第十二条 主管机关授权的海事管理机构负责高速客船船员的培训管理和考试、发证工作。有关培训、考试、发证的规定由主管机关颁布实施。

第十三条 高速客船应向办理船舶登记手续的海事管理机构申领最低安全配员证书。高速客船的最低配员标准应满足本规则附录的要求。

第十四条 高速客船驾驶人员连续驾驶值班时间不得超过两个小时,两次驾驶值班之间应有足够的间隔休息时间,具体由当地海事管理机构确定。

第五章 航　行　安　全

第十五条 高速客船航行时应使用安全航速,以防止发生碰撞和浪损。高速客船进出港口及航经特殊航段时,应遵守当地海事管理机构有关航速的规定。

高速客船在航时,须显示黄色闪光灯。

第十六条 高速客船在航时,值班船员必须在各自岗位上严格按职责要求做好安全航行工作。驾驶台负责瞭望的人员必须保持正规的瞭望。无关人员禁止进入驾驶台。

第十七条 高速客船在港口及内河通航水域航行时,应主动让清所有非高速船舶。高速客船在海上航行及高速客船与其他高速船舶之间避让时,应按避碰规则的规定采取措施。高速客船在特殊航段航行时,应遵守海事管理机构公布的特别航行规定。

第十八条 海事管理机构认为必要时可为高速客船推荐或指定航路。高速客船必须遵守海事管理机构有关航路的规定。

第十九条 遇有恶劣天气或能见度不良时,海事管理机构可建议高速客船停航。

第二十条 高速客船应按规定的乘客定额载客,禁止超载。高速客船禁止在未经批准的站、点上下旅客。

第六章 安 全 保 障

第二十一条 高速客船应在专用的码头上下旅客,如需使用非专用码头时,应经海事管理机构审核同意。

第二十二条 高速客船应靠泊符合下列条件的码头:

(一)满足船舶安全靠泊的基本要求;

(二)高速客船靠泊时不易对他船造成浪损;

(三)避开港口通航密集区和狭窄航段;

(四)上下旅客设施符合安全条件;

(五)夜间有足够的照明;

(六)冬季有采取防冻防滑的安全保护措施。

第二十三条 高速客船对旅客携带物品应有尺度和数量限制,旅客的行李物品不得堵塞通道。严禁高速客船载运或旅客携带危险物品。

第二十四条 高速客船应每周进行一次应急消防演习和应急撤离演习,并做好演习记录;每次开航前,应向旅客讲解有关安全须知。

第二十五条 高速客船应建立开航前安全自查制度,制定开航前安全自查表并进行对照检查,海事管理机构可对开航前安全自查表进行监督抽查。

第二十六条 高速客船应按规定办理进出港口手续,并缴纳规费。国内航行的高速客船每天至少应办理一次船舶签证手续,国际航行的高速客船可申请不超过7天的定期进出口岸许可证。

高速客船不得夜航。但航行特殊水域的高速客船确需夜航的,应当向当地海事管理机构申请船舶进出港口许可,经批准后方可夜航。

第二十七条 高速客船发生交通事故、遇险或人员落水,应采取措施积极自救,并立即向就近海事管理机构报告。

第七章 法 律 责 任

第二十八条 违反本规定的,由海事管理机构依照有关法律、行政法规以及交通部的有关规定进行处罚。

第二十九条 高速客船违反本规则经海事管理机构处罚仍不改正的,海事管理机构可责令其停航。

第三十条 海事管理机构工作人员违反规定,滥用职权,玩忽职守,给人民生命财产造成损失的,由所在单位或上级主管机关给予行政处分;构成犯罪的,依法追究其刑事责任。

第八章 附 则

第三十一条 本规则所述"高速客船"系指载客 12 人以上,最大航速(米/秒)等于或大于以下数值的船舶:$3.7 \nabla 0.1667$,式中"∇"系指对应设计水线的排水体积(米3)。但不包括在非排水状态下船体由地效应产生的气动升力完全支承在水面上的船舶。

本规则所述"船公司"系指船舶所有人、经营人或者管理人以及其他已从船舶所有人处接受船舶的营运责任并承担船舶安全与防污染管理的所有义务和责任的组织。

第三十二条 外国籍高速客船不适用本规则第二、三、四章的规定,但应满足船旗国主管当局的要求。

第三十三条 本规则未尽事宜,按国家其他有关法规和我国加入的国际公约执行。

第三十四条 本规则由交通部负责解释。

第三十五条 本规则自 2006 年 6 月 1 日起施行。交通部 1996 年 12 月 24 日发布的《中华人民共和国高速客船安全管理规则》(交通部令 1996 年第 13 号)同时废止。

附录：

高速客船最低安全配员

一、沿海及国际航线

安全配员	P＜200人	P≥200人
T＜2H	船长1人　　轮机长1人 驾驶员1人　　轮机员1人 普通船员1人	船长1人　　轮机长1人 驾驶员1人　　轮机员1人 普通船员2人
2H≤T＜4H	船长1人　　轮机长1人 驾驶员1人　　轮机员1人 普通船员2人	船长1人　　轮机长1人 驾驶员1人　　轮机员1人 普通船员3人
T≥4H	船长1人　　轮机长1人 驾驶员2人　　轮机员1人 普通船员2人	船长1人　　轮机长1人 驾驶员2人　　轮机员1人 普通船员3人

注：1.普通船员中应至少有1人为水手。

　　2.客运部和无线电人员的配员参照《中华人民共和国船舶最低安全配员规则》的海船最低安全配员表进行核定。

　　3.T——单航次航行时间　　P——载客定额　　H——小时

二、内河航线

安全配员	P＜100人	P≥100人
T＜2H	船长1人　　轮机员1人 驾驶员1人	船长1人　　轮机长1人 驾驶员1人　　普通船员1人
2H≤T＜4H	船长1人　　轮机长1人 驾驶员1人　　普通船员1人	船长1人　　轮机长1人 驾驶员1人　　普通船员2人
T≥4H	船长1人　　轮机长1人 驾驶员1人　　轮机员1人 普通船员2人	船长1人　　轮机长1人 驾驶员2人　　轮机员1人 普通船员2人

注：1.普通船员中应至少有1人为水手。

　　2.客运部人员的配员参照《中华人民共和国船舶最低安全配员规则》的内河船舶最低安全配员表进行核定。

　　3.T——单航次航行时间　　P——载客定额　　H——小时

中华人民共和国船舶安全检查规则

(1997年11月5日交通部令第15号公布,2009年11月30日交通运输部令第15号修订)

第一章 总　　则

第一条 为规范船舶安全检查活动,保障水上人命、财产安全,防止船舶造成水域污染,根据《中华人民共和国海上交通安全法》、《中华人民共和国海洋环境保护法》、《中华人民共和国内河交通安全管理条例》等法律、行政法规和我国缔结、加入的有关国际公约,制定本规则。

第二条 本规则适用于对中国籍船舶以及航行、停泊、作业于我国港口(包括海上系泊点)、内水和领海的外国籍船舶实施的安全检查活动。

本规则不适用于军事船舶、公安船舶、渔业船舶和体育运动船艇。

本规则所称"船舶安全检查",是指海事管理机构按照本规则规定的程序,对船舶技术状况、船员配备及适任状况等进行监督检查,以督促船舶、船员、船舶所有人、经营人、管理人以及船舶检验机构、发证机构、认可组织等有效执行我国法律、行政法规、规章,船舶法定检验技术规范,以及我国缔结、加入的有关国际公约的规定。

第三条 船舶安全检查遵循依法、公正、诚信、便民的原则。

第四条 中华人民共和国海事局统一管理全国的船舶安全检查工作。

其他各级海事管理机构按照职责开展船舶安全检查工作。

第二章　船舶安全检查和处理

第五条 船舶安全检查分为船旗国监督检查和港口国监督检查。

船旗国监督检查是指对中国籍船舶实施的船舶安全检查;港口国监督检查是指对航行、停泊、作业于我国港口(包括海上系泊点)、内水和领海的外国籍船舶实施的船舶安全检查。

第六条 船舶安全检查,应当由至少两名安全检查人员于船舶停泊或者作业期间实施。

禁止对在航船舶进行安全检查,但法律、行政法规另有规定的除外。

第七条 从事船舶安全检查的人员应当具备必要的船舶安全检查知识和技能,并取得相应等级的船舶安全检查资格证书。

海事管理机构应当配备足够、合格的船舶安全检查人员和必要的装备、资料等,以满足船舶安全检查工作的需要。

第八条 船舶安全检查的内容包括:

(一)船舶配员;

（二）船舶和船员有关证书、文书、文件、资料；

（三）船舶结构、设施和设备；

（四）载重线要求；

（五）货物积载及其装卸设备；

（六）船舶保安相关内容；

（七）船员对与其岗位职责相关的设施、设备的实际操作能力以及中国籍船员所持适任证书所对应的适任能力；

（八）船员人身安全、卫生健康条件；

（九）船舶安全与防污染管理体系的运行有效性；

（十）法律、行政法规、规章以及国际公约要求的其他检查内容。

第九条　海事管理机构应当根据中华人民共和国海事局制定的选船标准以及国际公约、区域性合作组织的规定，结合辖区实际情况，按照公平对等、便利公开、重点突出的原则，合理选择船舶实施安全检查。

经海事管理机构检查的中国籍船舶或者经《亚太地区港口国监督谅解备忘录》成员当局检查的外国籍船舶，自检查完毕之日起6个月内不再进行检查，但下列船舶除外：

（一）客船、油船、液化气船、散装化学品船；

（二）发生水上交通事故或者污染事故的船舶；

（三）被举报低于安全、防污染、保安、劳工条件等要求的船舶；

（四）新发现存在若干缺陷的船舶；

（五）依选船标准核算具有较高安全风险指数的船舶；

（六）中华人民共和国海事局指定检查的船舶。

第十条　检查人员实施船舶安全检查，在登轮后应当向船方出示有效证件，表明来意。先进行初步检查，对船舶进行巡视，核查船舶证书、文书和船员证书。

有下列情形之一的，检查人员应当对船舶实施详细检查，并告知船方进行详细检查的原因：

（一）巡视或者核查过程中发现在安全、防污染、保安、劳工条件等方面明显存在缺陷或者隐患的；

（二）被举报低于安全、防污染、保安、劳工条件等要求的；

（三）两年内未经海事管理机构详细检查的；

（四）中华人民共和国海事局要求进行详细检查的。

第十一条　检查人员实施详细检查时，船长应当指派人员陪同。陪同人员应当如实回答检查人员提出的问题，并按照检查人员的要求测试和操纵船舶设施、设备。

第十二条　检查人员应当运用专业知识对船舶存在的缺陷作出判断，并按照有关法律、行政法规或者国际公约的规定，提出下列一种或者几种处理意见：

（一）开航前纠正缺陷；

（二）在开航后限定的期限内纠正缺陷；

（三）滞留；

（四）禁止船舶进港；

（五）限制船舶操作；

（六）责令船舶驶向指定区域；

（七）驱逐船舶出港；

（八）法律、行政法规或者国际公约规定的其他措施。

第十三条 船舶有权对海事管理机构实施船舶安全检查时提出的缺陷以及处理意见当场进行陈述和申辩。海事管理机构应当充分听取船方意见。

第十四条 实施船旗国监督检查结束后，检查人员应当签发《船旗国监督检查记录簿》；实施港口国监督检查结束后，检查人员应当签发《港口国监督检查报告》。

检查人员应当在《船旗国监督检查记录簿》或者《港口国监督检查报告》中标明缺陷及处理意见，签名并加盖船舶安全检查专用章。对于缺陷处理意见为滞留的，检查人员应当在《船旗国监督检查记录簿》或者《港口国监督检查报告》中注明理由。

第十五条 海事管理机构采取本规则第十二条第（三）、（四）、（七）项所列处理措施之一的，对于中国籍船舶应当通报船籍港海事管理机构；对于外国籍船舶应当通过中华人民共和国海事局通报其船旗国政府、国际海事组织。

第十六条 导致滞留的缺陷如与船舶检验机构、发证机构或者认可组织有关的，还应当通报相关的船舶检验机构、发证机构或者认可组织。

接到通报的船舶检验机构、发证机构或者认可组织应当核实和调查有关缺陷情况，采取相应的措施，并将相关情况及时反馈给发出通知的海事管理机构。

第十七条 船舶以及相关人员应当按照海事管理机构签发的《船旗国监督检查记录簿》或者《港口国监督检查报告》的要求，对存在的缺陷进行纠正。

中国籍船舶的船长或者履行船长职责的船员应当对缺陷纠正情况进行检查，并在航行日志中进行记录。

第十八条 船舶在纠正导致海事管理机构采取本规则第十二条第（三）、（四）、（五）、（七）项所列处理措施之一的缺陷后，应当向海事管理机构申请复查。对其他缺陷纠正后，船舶可以自愿申请复查。

海事管理机构接到自愿复查申请，决定不予复查的，应当及时通知申请人。

第十九条 海事管理机构可以根据需要对缺陷纠正情况进行跟踪检查。

对已经纠正的缺陷，经复查或者跟踪检查合格后，检查人员应当在船舶安全检查报告中签名并加盖船舶安全检查复查合格章，海事管理机构应当及时解除相应的处理措施。

第二十条 从事国际航行的中国籍船舶所有人、经营人或者管理人应当按照中华人民共和国海事局的规定，定期将船舶在境外接受检查和处罚的情况向船籍港海事管理机构报告。

对连续二年不能返回国内港口接受船旗国监督检查的船舶，经中华人民共和国海事局授权，船籍港海事管理机构可以到船舶所在地港口对船舶实施船旗国监督检查。

第二十一条 中国籍船舶在境外发生水上交通事故或者污染事故的，或者在境外被滞留、禁止进港（入境）、驱逐出港（境）的，船舶所有人、经营人或者管理人应当在船舶到达国内第一个港口前，将船舶在境外接受检查和处罚的情况向船籍港海事管理机构报告。

对发生第一款规定情形的船舶，中华人民共和国海事局可以根据事故或者缺陷的性质以及客观条件，指定有关船舶检验机构对其实施境外临时检验。

第二十二条　船舶存在可能影响水上人命、财产安全或者可能造成水域环境污染的缺陷和隐患的,船员及其他知情人员应当向海事管理机构举报。

海事管理机构应当为举报人保守秘密。

第二十三条　海事管理机构应当建立健全船舶安全检查信息公开制度,并接受社会公众和有关方面的咨询和监督。

第二十四条　船舶安全检查不免除船舶、船员及相关方在船舶安全、防污染和保安等方面应当履行的法定责任和义务。

第三章　《船旗国监督检查记录簿》和《港口国监督检查报告》使用规定

第二十五条　中国籍船舶应当随船携带《船旗国监督检查记录簿》。

《船旗国监督检查记录簿》由船舶或者其所有人、经营人、管理人向海事管理机构申请换发、补发。

《船旗国监督检查记录簿》使用完毕或者污损不能继续使用的,应当申请换发,并交验前一本《船旗国监督检查记录簿》。因遗失或者灭失等原因申请补发的,应当书面说明理由,附具有关证明文件,并提供最近一次对其实施船旗国监督检查的海事管理机构名称。

第二十六条　《船旗国监督检查记录簿》应当连续使用,保持完整,不得缺页、擅自涂改或者故意毁损。

《港口国监督检查报告》以及使用完毕的《船旗国监督检查记录簿》应当妥善保管,至少在船上保存二年。

第二十七条　除海事管理机构外,任何单位、人员不得扣留、收缴《船旗国监督检查记录簿》或者《港口国监督检查报告》,也不得在《船旗国监督检查记录簿》或者《港口国监督检查报告》上签注。

第二十八条　船舶不得涂改、故意损毁、伪造、变造《船旗国监督检查记录簿》或者《港口国监督检查报告》,不得以租借、骗取等手段冒用《船旗国监督检查记录簿》或者《港口国监督检查报告》。

第四章　法　律　责　任

第二十九条　违反本规则,有下列行为之一的,由海事管理机构对违法船舶或者其所有人、经营人、管理人处 1000 元以上 1 万元以下的罚款;情节严重的,处 1 万元以上 3 万元以下的罚款。对违法人员处以 100 元以上 1000 元以下的罚款;情节严重的,处 1000 元以上 3000 元以下的罚款:

(一)拒绝或者阻挠检查人员实施船舶安全检查的;

(二)弄虚作假欺骗检查人员的;

(三)未按照《船旗国监督检查记录簿》或者《港口国监督检查报告》的处理意见纠正缺陷或者采取措施的;

(四)船舶在纠正按照第十九条规定应当申请复查的缺陷后未申请复查的;

(五)未按照第二十条第一款、第二十一条第一款规定将船舶在境外接受检查和处罚的情况向船籍港海事管理机构报告的;

(六)涂改、故意损毁、伪造、变造《船旗国监督检查记录簿》或者《港口国监督检查报告》的;

(七)以租借、骗取等手段冒用《船旗国监督检查记录簿》或者《港口国监督检查报告》的。

第三十条 中国籍船舶未按照规定携带《船旗国监督检查记录簿》的,海事管理机构应当责令改正,并对违法船舶处 1000 元罚款。

第三十一条 检查人员徇私舞弊、玩忽职守或者滥用职权的,海事管理机构应当按照有关规定作出处理。

第三十二条 海事管理机构在实施船旗国监督检查中发现船舶存在的缺陷与船舶检验机构、发证机构和认可组织有关的,应当根据相关规定对船舶检验机构、发证机构、认可组织或者其工作人员开展调查和处理。

第五章 附 则

第三十三条 本规则所称缺陷,是指船舶技术状况、船员配备及适任状况等不符合我国法律、行政法规、规章、船舶法定检验技术规范和我国缔结、加入的国际公约要求的情况。

第三十四条 船舶申请复查的,应当按照规定交纳复查费用并负担相应的交通费用。

第三十五条 《船旗国监督检查记录簿》和《港口国监督检查报告》由中华人民共和国海事局统一印制。

第三十六条 本规则自 2010 年 3 月 1 日起施行,1997 年 11 月 5 日交通部发布的《中华人民共和国船舶安全检查规则》(交通部令 1997 年第 15 号)同时废止。

船舶引航管理规定

(2001年11月30日交通部令第10号公布)

第一章 总 则

第一条 为规范船舶引航活动,维护国家主权,保障水上人命财产安全,适应水上运输和港口生产的需要,制定本规定。

第二条 在中华人民共和国沿海、内河和港口从事船舶引航活动适用本规定。

第三条 本规定下列用语的含义是:

(一)船舶引航是指引领船舶航行、靠泊、离泊、移泊的活动(以下简称引航);

(二)引航区是指在中华人民共和国沿海、内河和港口为引航划定的区域;

(三)引航机构是指专业提供引航服务的法人;

(四)引航员是指持有有效引航员适任证书,在某一引航机构从事引航工作的人员;

(五)船舶是指任何用于水面、近水面和水下航行或者移动的船、艇、筏、移动式海上平台,包括国内外商船、军用船舶、公务船舶、工程船舶和渔船等。

第四条 交通部主管全国引航工作。

市(设区的市,下同)级以上地方人民政府港口主管部门负责本行政辖区引航行政管理工作。交通部设置的长江航务管理部门负责长江干线引航行政管理工作。

海事管理机构负责引航安全监督管理工作。

第五条 交通部的引航管理职责是:

(一)负责制定国家引航政策和规章,并监督实施;

(二)负责划定、调整并对外公布引航区;

(三)负责批准引航机构的设置;

(四)会同有关部门制定引航收费标准和管理规定,并监督实施;

(五)负责引航业务管理和指导;

(六)负责引航员培训、考试和发证的管理工作。

第六条 市级以上地方人民政府港口主管部门的引航管理职责是:

(一)贯彻执行有关引航的法律、法规、规章和政策;

(二)负责筹建引航机构;

(三)负责监督管理引航收费;

(四)负责引航业务监督和协调。

第七条 海事管理机构的引航管理职责是:

(一)贯彻执行有关引航的法律、法规、规章和政策;

（二）负责对引航实施安全监督管理；
（三）组织实施引航员培训、考试和发证工作。

第八条 国家鼓励采取先进技术和科学方法提高引航工作科技水平，鼓励引航新技术研究、开发和推广，提高引航安全水平和工作效率。

第九条 下列船舶在中华人民共和国引航区内航行或者靠泊、离泊、移泊（顺岸相邻两个泊位之间的平行移动除外）以及靠离引航区外系泊点、装卸站应当申请引航：

（一）外国籍船舶；

（二）为保障船舶航行和港口设施的安全，由海事管理机构会同市级地方人民政府港口主管部门提出报交通部批准发布的应当申请引航的中国籍船舶；

（三）法律、行政法规规定应当申请引航的其他中国籍船舶。

本条前款规定以外的其他船舶在引航区内外航行或者靠泊、离泊、移泊，可根据需要申请引航。

第二章 引航机构

第十条 依据下列原则设置引航机构：

（一）有为外国籍船舶和必须申请引航的中国籍船舶提供引航服务，且年引领船舶在600艘次以上的需要，或者在引航区内未设立引航机构的；

（二）引航区内有三名以上持有有效引航员适任证书的引航员。

第十一条 引航机构的设置方案和引航具体范围，由市级地方人民政府港口主管部门根据引航业务发展需要商海事管理机构提出申请，经省级地方人民政府港口主管部门（直辖市除外）审核后，报交通部批准。

第十二条 引航机构的主要职责是：

（一）负责制订引航工作章程和管理制度；

（二）制订引航方案和引航调度计划；

（三）接受引航申请，提供引航服务；

（四）负责引航费的计收和财务管理工作；

（五）负责引航员的聘用、培训、晋升、奖惩等各项日常管理工作；

（六）参与涉及引航的港口、航道等工程项目研究工作；

（七）按国家规定负责引航信息统计工作。

第十三条 引航机构的负责人应当从具有丰富引航经验和良好管理能力的引航员中选拔。

第十四条 引航机构应当不断提高引航工作服务质量和水平，对引航安全隐患应当及时采取有效的防范措施。

第三章 引 航 员

第十五条 从事引航的人员必须持有有效的引航员适任证书。

引航员应按照有关规定提供引航服务，服从引航机构的安排和管理。

第十六条 符合下列条件的人员，可申领引航员适任证书：

(一)具有中华人民共和国国籍；

(二)年满20周岁、未满60周岁；

(三)身体健康；

(四)具备大专以上航海或者船舶驾驶专业学历并完成规定的专业培训。

(五)无重大船舶交通责任事故记录和严重违反船舶及船员管理的违章记录。

第十七条 引航员分助理引航员、三级引航员、二级引航员、一级引航员和高级引航员。处于各等级见习期的,为见习引航员。

助理引航员不能独立引领船舶,见习引航员不能独立引领见习等级或者该见习等级以上等级的船舶。

第十八条 引航员应当经过规定的培训、考试,取得培训合格证和引航员适任证书。

引航员考试发证的有关规定,由交通部另行制定。

第十九条 任何人不得伪造、变造、涂改、买卖、租借、转让、冒用引航员适任证书。

第二十条 各等级引航员引领船舶的范围,由海事管理机构根据引航区的航道、通航环境、船舶的尺度和操纵特性、特定类型船舶的安全要求,商市级地方人民政府港口主管部门制定,报交通部备案。

第二十一条 引航机构应当为引航员提供下列条件：

(一)接受专业培训、特殊培训和提高等级培训等各种培训；

(二)合理的休息时间；

(三)高于港航系统船舶驾驶人员平均水平的劳动报酬。

第二十二条 引航员应当尊重被引船舶的船长和船员,按规定着装和佩戴标志。

高级引航员应当主持或者积极参与制定引航方案。三级以上引航员应当指导助理引航员或者见习引航员引领船舶。

第二十三条 船舶接受引航服务,不解除被引船舶的船长驾驶和管理船舶的责任。

第四章 引航申请与实施

第二十四条 申请引航的船舶或者其代理人应当向相应的引航机构提出引航申请。船舶不得直接聘请引航员或者非引航员登船引航。

船舶进、出港或移泊的引航申请和变更,应当按市级地方人民政府港口主管部门规定的时间向引航机构提出。

第二十五条 申请引航的船舶或者其代理人应当向引航机构提供被引船舶的下列资料：

(一)船公司、船名(包括中、英文名)、国籍、船舶呼号；

(二)船舶的种类、总长度、宽度、吃水、水面以上最大高度、载重吨、总吨、净吨、主机及侧推器的种类、功率和航速；

(三)装载货物种类、数量；

(四)预计抵、离港或者移泊的时间和地点；

(五)在内河干线航行的船队,还应当提供拖带的方式和队形；

(六)其他需说明的事项。

第二十六条 引航机构在接到船舶引航申请后,应当及时安排持有有效证书的引航员,并将引航方案通知申请人。

第二十七条 引航机构应当满足船舶提出的正当引航要求,及时为船舶提供引航服务,不得无故拒绝或者拖延。

对特殊引航作业船舶的引航,引航机构应当制订引航方案,报市级地方人民政府港口主管部门和海事管理机构批准后实施。

第二十八条 引航机构应当根据船舶状况和通航条件,制定合理的拖轮使用方法。被引航船舶应当根据引航机构提供的拖轮使用方法的要求安排拖轮或者委托引航机构安排拖轮,并承担相应的费用。

第二十九条 引航员登船后,应当向被引船舶的船长介绍引航方案;被引船舶的船长应当向引航员介绍本船的操纵性能以及其他与引航业务有关的情况。

第三十条 在一次连续的引航中,同时有两名或两名以上的引航员在船时,引航机构必须指定其中一人为本次引航的责任引航员。

第三十一条 引航员上船引领时,被引船舶应当在其主桅悬挂引航旗。任何船舶不得在非引领时悬挂引航旗。

第三十二条 引航员应当谨慎引航,按规定向海事管理机构及时报告被引船舶动态。

引航员发现海损事故、污染事故或违章行为时,应当及时向海事管理机构报告。

第三十三条 引航员在遇到下列情况之一时,有权拒绝、暂停或者终止引航,并及时向海事管理机构报告:

(一)恶劣的气象、海况;

(二)被引船舶不适航;

(三)没有足够的水深;

(四)被引船舶的引航梯和照明不符合安全规定;

(五)引航员身体不适,不能继续引领船舶;

(六)其他不适于引航的原因。

引航员在作出上述决定之前,应当明确地告知被引船舶的船长,并对被引船舶当时的安全作出妥善安排,包括将船舶引领至安全和不妨碍其他船舶正常航行、停泊或者作业的地点。

第三十四条 在引航过程中被引船舶发生水上安全交通事故,引航员应当采取下列措施:

(一)采取有效措施减少事故损失;

(二)尽快向引航机构和海事管理机构报告;

(三)接受、配合或者协助调查水上交通事故。

引航机构应当在水上交通事故发生后 24 小时内向海事管理机构递交水上交通事故报告书。

第三十五条 使用拖轮引航,拖轮应当服从引航员的指挥,并保持与引航员通讯联系良好。引航员应当注意拖轮的安全。

第三十六条 船舶接受引航服务,被引船舶的船长应当遵守下列规定:

(一)按照《1974 年国际海上人命安全公约》的规定,为引航员提供方便、安全的登离船设备,并采取必要的措施确保引航员安全登离船舶;

（二）为引航员提供工作便利,并配合引航员实施引航;

（三）回答引航员有关引航的疑问,除有危及船舶安全的情况外,应当采纳引航员的引航指令;

（四）在离开驾驶台时,指定代职驾驶员并告知引航员,并尽快返回;

（五）船长发现引航员的引航指令可能对船舶安全构成威胁时,可以要求引航员更改引航指令,必要时还可要求引航机构更换引航员,并及时向海事管理机构报告。

第三十七条　引航员应当将被引船舶从规定的引航起始地点引抵规定的引航目的地。

引航员离船时应当向船长或者接替的引航员交接清楚,在双方确认安全的情况下方可离船。

第三十八条　因恶劣的天气或者海况,引航员不能离开船舶时,船长应当作出合理的等待,或者将船舶驶抵能使引航员安全离开船舶的地点,并负责支付因此造成的相关费用,但事先应当征得海事管理机构的同意。

第三十九条　引航机构、船舶、拖轮,均应当配备必要的通信设备或者器材,以便及时与引航员保持联系。

第四十条　港口企业对被引船舶靠、离泊,应当做好下列工作:

（一）泊位的靠泊等级必须符合被靠船舶相应等级,泊位防护设施完好;

（二）确保泊位有足够的水深,水下无障碍物;

（三）泊位有效长度应当至少为被引船舶总长的120%;被引船舶总长度小于100米的,泊位长度应大于被引船舶总长的20米;

（四）被引船舶靠离泊半小时前,应当按照引航员的要求将有碍船舶靠离泊的装卸机械、货物和其他设施移至安全处所并清理就绪;

（五）指泊员在被引船舶靠离泊半小时前应当到达现场,与引航员保持密切联系,并按规定正确显示泊位信号,备妥碰垫物;

（六）被引船舶夜间靠离泊,码头应当具备足够的照明;

（七）泊位靠泊条件临时发生变化,必须立即告知引航员。

第四十一条　新建码头使用前,码头所属单位应当及时向引航机构提供泊位吨级、系泊能力、泊位水深、主航道水深图等与船舶安全靠、离有关的资料。

对已投入使用的码头应当按引航机构的要求提供泊位水深、主航道及专用航道水深图等有关资料。

第四十二条　引航结束时船长和引航员应当准确填写引航签证单。被引船舶或者其代理人应当按规定支付引航费。

第五章　罚　　则

第四十三条　违反本规定第十一条规定,未经批准擅自设置引航机构的,由市级地方人民政府港口主管部门或者长江航务管理部门责令其纠正违法行为,并对擅自设置的引航机构处以3万元以下的罚款。

第四十四条　违反本规定第二十六条、第二十七条、第三十条规定,引航机构不选派适任的引航员或者拒绝或者拖延引航、不指定责任引航员的,由市级地方人民政府港口主管部门、长江航务管理部门责令引航机构纠正其违法行为,并对引航机构处以1万元以下的罚款。

第四十五条 违反本规定第四十条、第四十一条规定,港口企业不按规定配合和保障被引船舶靠离泊的、不按规定向引航机构提供相关资料的,由市级地方人民政府港口主管部门或者长江航务管理部门责令港口企业纠正其违法行为,并处以警告或者1万元以下的罚款。

第四十六条 违反本规定有关水上交通安全监督管理规定的行为,由海事管理机构按照国家的有关规定实施行政处罚。

第四十七条 执法人员徇私舞弊、玩忽职守、滥用职权的,依法给予行政处分;构成犯罪的,依法追究刑事责任。

第六章 附 则

第四十八条 本规定由交通部负责解释。

第四十九条 本规定自2002年1月1日起实施。

海上滚装船舶安全监督管理规定

(2002年5月30日交通运输部令第1号公布)

第一章 总 则

第一条 为了加强海上滚装船舶安全监督管理,保障海上人命和财产安全,根据有关法律和行政法规,制定本规定。

第二条 本规定适用于中华人民共和国管辖海域内滚装船舶(以下简称"滚装船舶")的安全监督管理活动。

第三条 本规定下列用语的含义是:

(一)"滚装船舶",是指具有滚装装货处所或者装车处所的船舶,包括滚装客船和滚装货船。

(二)"滚装客船",是指具有乘客定额证书且核定乘客定额(包括车辆驾驶员)12人以上的滚装船舶。

(三)"滚装货船",是指滚装客船以外的且核定乘客定额(包括车辆驾驶员)11人以下的其他滚装船舶。

(四)"装货处所",是指滚装船舶内可供滚装方式装载货物的处所,以及通往该处所的围壁通道。

(五)"装车处所",是指滚装船舶的有隔离舱壁的甲板以上或者甲板以下用作装载机动车、非机动车并可以让车辆进出的围蔽处所。

第四条 各级海事管理机构依据有关法律、行政法规和本规定具体负责滚装船舶安全监督管理工作。

第二章 滚装船舶运输经营人

第五条 从事滚装船舶运输的经营人(以下简称"滚装船舶经营人")及其他从业人员,应当根据国家有关规定,取得相应的从业资质。

第六条 滚装客船经营人应当加强对滚装船舶的安全管理,根据国家有关规定建立和不断完善安全管理体系,并经海事管理机构审核认可,取得安全管理体系符合证明。

第七条 滚装船舶经营人应当综合考虑滚装船舶的技术状况、航区自然环境、航行时间和航线特点等因素,提出滚装船舶安全开航限制条件,申请国家海事管理机构认可的船舶检验机构核准,并报船籍港、船舶服务航线的始发港和目的港海事管理机构备案。

滚装船舶经营人应当严格执行滚装船舶安全开航限制条件,合理调度和使用滚装船舶。

第八条 滚装船舶经营人应当综合考虑滚装船舶车辆舱的承载能力、系固能力,确定承运车辆的最大重量和尺度，以及可以承运的车载货物品种，并报国家海事管理机构认可的船舶检验机构核定。

第九条 滚装船舶经营人应当制定滚装船舶系固手册，明确滚装船舶系固的具体方案和要求，并报滚装船舶经营人所在地、船籍港所在地的海事管理机构和港口主管部门备案。

第十条 滚装船舶经营人应当制定滚装船舶艏部、艉部及侧面水密门安全操作程序，并指定专人负责滚装船舶艏部、艉部及侧面水密门的开启和关闭。

第十一条 滚装船舶经营人应当在经营滚装船舶的公共场所用明显标志标明消防、救生演示图，滚装船舶应急通道及有关应急措施，并为滚装船舶配备适量的消防、救生手册，供司机、旅客阅览。

第十二条 滚装船舶经营人应当制定航行、停泊和作业巡检制度，明确巡检范围、巡检程序、安全隐患报告程序和处理应急情况措施以及巡检人员的岗位责任。

第十三条 滚装船舶经营人应当定期组织滚装船舶进行应急演习。其中滚装客船每月不得少于2次，滚装货船每月不得少于1次。

第十四条 滚装船舶经营人应当根据国家有关规定，配备足够的并持有效适任证书或者证件的船员，不得使用不合格的船员。

第十五条 滚装船舶经营人应当加强对船员的技术培训和安全教育，不得指使、强令船员违规作业。

第十六条 滚装船舶经营人应当确保船长在滚装船舶安全与防污染方面有独立决策的权力。

第三章 滚装船舶、船员

第十七条 滚装客船应当持有安全管理证书和本规定第六条规定的安全管理体系符合证明副本，并配备航行数据记录仪。

滚装船舶应当按照《船舶与海上设施法定检验技术规则》、《船舶消防管理和检验技术要求》等有关技术标准，配备足够的消防设备和救生设备。

第十八条 滚装船舶应当经常检查、维护和保养船舶疏排水系统、电路系统、应急系统、救生系统和消防系统等，确保其处于良好的技术状态。

第十九条 滚装船舶应当对装车处所进行有效通风和通风控制，并根据具体情况对特种处所规定每小时换气次数。

第二十条 滚装船舶的装车处所应当用明显标志标明车辆装载位置，并对车辆装载位置进行编号。

滚装船舶应当严格控制货载分布，保持装载平衡。

第二十一条 滚装船舶不得承运不具备安全运输条件的车辆。

滚装船舶积载车辆应符合船舶检验机构核定的车辆舱的承载能力、装载尺度，并按滚装船舶系固手册系固车辆。

滚装船舶进行水路滚装运输，吃水不得超过核定的载重线。

第二十二条 滚装船舶装载车辆，应当指定专人对车辆装载的安全状况进行检查，填写《滚装船舶车辆安全装载记录》(见附件一)，并随船保留，以备查验。

第二十三条 滚装船舶不得承运下列货物：

（一）不符合国家有关规定的货物；

（二）不符合滚装船舶经营人制定的车辆积载和系固手册的货物。

第二十四条 滚装船舶载运危险货物或者装载危险货物的车辆,应当按照有关规定向海事管理机构等部门申报。

禁止滚装客船载运任何危险货物。

第二十五条 滚装客船应当在明显位置标明乘客定额和客舱处所。

严禁滚装客船超额出售客票。

禁止在滚装船舶的船员起居处、车辆舱、安全通道及其他非客舱处所载运旅客。

第二十六条 滚装船舶开航前,应当按照《海上运输船舶安全开航技术要求》和滚装船舶艏部、艉部及侧面水密门安全操作程序,对所装载的旅客、货物、车辆情况及滚装船舶的安全设备、艏部、艉部、侧面水密门等情况进行全面检查,并如实记录。

滚装船舶按本条前款规定完成检查并确认符合有关安全要求时,由船长签署《船长开航前声明》（见附件二）,并在办理出港签证时将《船长开航前声明》与《滚装船舶车辆安全装载记录》一起交海事管理机构备案。

第二十七条 滚装船舶开航后,应当立即向司机、旅客说明消防、救生手册所处位置和滚装船舶应急通道及有关应急措施。

滚装船舶在航行中应当加强巡检。如发现安全隐患,应当及时采取有效措施予以消除；不能及时消除的,应当向滚装船舶经营人报告。必要时,还应当向海事管理机构报告。

第二十八条 遇有不符合滚装船舶安全开航限制条件的大风、大浪等恶劣天气和海况,滚装船舶不得开航。

滚装船舶在航行中遭遇大风浪等恶劣气候和海况时,应当谨慎操纵和作业,加强巡查,加固货物、车辆,防止货物、车辆位移或者碰撞,并及时向滚装船舶经营人和海事管理机构报告有关情况。

第二十九条 滚装客船的船员应当按照《中华人民共和国客船、滚装客船船员特殊培训、考试和发证办法》及其他有关规定,经过相应的专门培训,并经海事管理机构考试合格,取得相应的适任证书或者证件的签注后,方可上船任职。滚装客船的高级船员还应当符合下列相应条件：

（一）滚装客船的船长、大副,具备在相应等级的滚装船舶实际担任船长、大副不少于12个月,或者在相应等级的海船实际担任船长、大副不少于24个月。

（二）装客船的轮机长、轮机员和其他驾驶员,具备在相应等级的海船实际担任相应职务不少于12个月。

第三十条 滚装船舶的船员,应当熟悉滚装船舶安全管理体系,掌握相关的安全操作程序。

滚装船舶的船员,应当熟悉滚装船舶的救生和消防设备配备情况和使用方法,熟悉滚装船舶应急反应程序和应急措施。

滚装船舶的船员值班,应当严格遵守《中华人民共和国海船船员值班规则》。

第四章　滚装船舶检验

第三十一条　建造或者改建滚装船舶,应当遵守国家有关规定,并向国家海事管理机构认可的船舶检验机构申请建造检验。

第三十二条　购买外国籍滚装船舶或者以光船租赁条件租赁外国籍滚装船舶改为中国籍滚装船舶从事滚装运输,应当符合国家有关规定和交通部关于老旧船舶的管理规定,并向国家海事管理机构认可的船舶检验机构申请初次检验。

第三十三条　滚装船舶投入使用后,应当按照国家有关规定向国家海事管理机构认可的船舶检验机构申请定期检验。

第三十四条　滚装船舶达到国家规定的特别定期检验的船龄,继续从事滚装运输的,应当向国家海事管理机构认可的船舶检验机构申请特别定期检验。

第三十五条　滚装船舶有下列情形之一的,应当及时申请临时检验:
(一)发生水上交通事故,影响适航性能的;
(二)改变船舶检验证书所限定的用途或航区的;
(三)原有船舶检验证书失效的;
(四)涉及船舶安全的修理或者改装;
(五)法律、行政法规和交通部规章规定的其他情形。
海事管理机构发现滚装船舶技术状况可能影响海上交通安全,应当责成滚装船舶所有人或者经营人向国家海事管理机构认可的船舶检验机构申请临时检验。

第三十六条　滚装船舶使用的有关海上交通安全的重要设备、部件和材料,应当向国家海事管理机构认可的船舶检验机构申请检验。

第三十七条　船舶检验机构实施滚装船舶有关检验时,应当注重对下列事项予以测定或者核定:
(一)滚装船舶船艏、船艉和侧面水密门的性能;
(二)滚装船舶车辆舱的承载能力,包括最大重量和尺寸;
(三)滚装船舶装车处所、客舱等重要部位的消防系统和电路系统;
(四)滚装船舶系索、地铃、天铃及其他系固附属设备的最大系固负荷;
(五)滚装船舶车辆和货物系固手册;
(六)滚装船舶安全开航限制条件;
(七)滚装船舶救生系统和应急系统;
(八)法律、行政法规和交通部规章规定的其他应当重点检验的事项。

第三十八条　滚装船舶经检验合格后,由船舶检验机构签发相应的船舶检验证书。未按规定申请检验或者经检验不合格的滚装船舶,不得继续从事滚装运输。

第三十九条　禁止使用已经报废的滚装船舶从事滚装旅客、货物运输。

第五章　车辆、货物和乘客

第四十条　车辆搭乘滚装船舶,应当出示车辆行驶证和驾驶证,并填写滚装船舶车辆安全装载记录,如实申报车辆及其装载货物的名称、性质、重量和体积等情况。

第四十一条 搭乘滚装船舶的车辆,应当处于良好技术状态。
制动、转向系统不良或者有其他影响安全行驶故障的车辆不得搭乘滚装船舶。

第四十二条 搭乘滚装船舶的车辆,应当对所载货物绑扎牢固,适合水路滚装运输。
装载危险货物的车辆不得与客车搭乘同一艘滚装船舶。

第四十三条 搭乘滚装船舶的车辆,应当按指定的区域、类型和抵达港口先后次序排队停放,等候装船。

第四十四条 车辆驶上或者驶离船舶时,应当听从港口管理人员、滚装船舶船员的指挥,采用安全速度按顺序行驶。
车辆进入船舱指定的车位后,司机应当关闭发动机,使车辆处于制动状态。

第四十五条 客车搭乘滚装客船,应当让乘客先下车后,方可驶上滚装客船。
滚装客船到达目的港,应当让乘客先下滚装客船,待客车驶离滚装客船后,乘客方可上车。

第四十六条 滚装船舶在航行中,司机和旅客不得留在车内,也不得在装货处所和装车处所走动、停留。

第六章 监督检查

第四十七条 海事管理机构应当依法履行职责,加强对滚装船舶安全的日常监督检查和定期监督检查。
海事管理机构应当按照有关规定到港口现场办理滚装客船的出港签证。
海事管理机构在办理滚装货船的出港签证时,应当登轮检查搭载的乘客(包括车辆驾驶员)数量,使其不超过11人。

第四十八条 滚装船舶有下列情形之一的,海事管理机构应当责令滚装船舶立即纠正或者限期纠正;开航前仍未纠正影响航行安全的,海事管理机构不得为其办理出港签证手续:
(一)不符合安全适航条件;
(二)船员不符合本规定第三章的有关要求;
(三)滚装货船载客不符合要求的;
(四)没有按照安全管理体系进行有效运转;
(五)未按《海船船员值班规则》实施值班;
(六)法律、行政法规和交通部规章规定的其他不得办理出港签证的情形。

第四十九条 海事管理机构对滚装船舶安全情况实施定期监督检查,至少每3个月进行一次。

第五十条 海事管理机构对滚装船舶实施定期监督检查,应当进入滚装船舶和经营场所,重点检查以下内容:
(一)滚装船舶重要安全设备的技术状态;
(二)滚装船舶配员情况;
(三)滚装船舶装载情况;
(四)滚装船舶经营人及其船舶安全管理体系运转情况;
(五)滚装船舶安全应急措施;

（六）滚装船舶船长、船员的应急应变能力。

第五十一条　海事管理机构发现滚装船舶有安全隐患，应当责令滚装船舶经营人立即消除或者限期消除；不立即消除或者逾期不消除的，应当依法采取责令临时停航、改航、禁止离港等强制性措施。

海事管理机构发现滚装船舶船长、船员的任职资格和安全操作技能不符合国家有关规定，应当责令滚装船舶经营人调换船长、船员。

第五十二条　县级以上人民政府交通主管部门对滚装船舶旅客售票情况和车辆办理情况等进行检查，不符合国家有关规定的，应当责令其改正。

第五十三条　海事管理机构和县级以上人民政府交通主管部门依法对滚装船舶监督检查和安全管理，任何单位和个人不得拒绝、阻挠或者隐瞒有关情况。

第七章　罚　　则

第五十四条　违反本规定有关海上交通安全管理的规定，由海事管理机构按照有关法律、行政法规和交通部规章给予行政处罚。

第五十五条　违反本规定，超额出售客票的，由交通主管部门处以3万元以下的罚款。

第五十六条　违反本规定，车辆搭乘滚装船舶不按规定办理有关手续，或者采取欺骗方式使不适于滚装船舶装载的车辆、货物搭乘滚装船舶，或者不听从港口管理人员指挥的，由交通主管部门处以3万元以下的罚款。

第五十七条　海事管理机构、交通主管部门的工作人员滥用职权、徇私舞弊、玩忽职守等严重失职的，由所在单位或者上级机关给予行政处分；构成犯罪的，依法追究刑事责任。

第八章　附　　则

第五十八条　本规定自2002年7月1日起施行。

附件一

滚装船舶车辆安全装载记录

托运人	姓名或名称		住址		电话	
	车辆行驶证号			驾驶证号码		
	车号			车辆种类		
	装载货物后总尺度	长： 宽： 高：		车辆总重		
	货物名称			货物性质		
	拟乘船名称			拟离港时间		
	兹声明： 上述内容已经按规则准确填写，车载货物中无经营人公告不予承运的货物，未装载危险货物或夹带危险品，车辆及车载货物绑扎牢固。以上申报准确无误。 申报人： 年　　月　　日					
港口验收情况	验收时间：			验收员：		
经营人验收情况	验收时间：			验收员：		
其他情况						

注：1. 此申报单随车辆运转，最后由船方保存，并随时接受管理部门检查。
　　2. 此申报单应向船舶始发港或车辆装船港的海事管理机构备案。

附件二

船长开航前声明

_____海事局：

本轮_____航次于____年____月____日在_____港_____码头/泊位装载_____车辆____辆,载客____名,载货____吨,船员____名,开往_____港。

兹声明如下：

依据_____气象预报和/或_____气象传真分析,预报风力未超过本轮核定的安全适航风级；

船舶未超载且未装载危险货物或夹带危险品；

车辆符合公安部门的装载规定和经营人公布的安全装载要求；

船上救生、消防设备业经检查、测试,处于有效和良好状态；

所载车辆均安全积载和系固；

本轮已制定了在紧急情况下的反应计划和措施。

_____轮(印章)

船长(签名)_____

____年____月____日

沿海航标管理办法

(2003年7月10日交通部令第7号公布)

第一章 总 则

第一条 为加强沿海航标管理,保持沿海航标处于正常使用状态,保障海上交通安全,根据《中华人民共和国海上交通安全法》、《中华人民共和国航标条例》,制定本办法。

第二条 本办法适用于中华人民共和国境内沿海水域、被海港覆盖的通海河口以及用于为保障海上船舶航行安全设置航标的相关陆域的航标管理活动,但军用航标和渔业航标除外。

本办法下列用语的含义是:

(一)"航标",与《中华人民共和国航标条例》中使用的同一用语含义相同,即指供船舶定位、导航或者用于其他专用目的的助航设施,包括视觉航标、无线电导航设施和音响航标。

(二)公用航标,是指在沿海为各类海上船舶提供助航、导航服务而设置的航标。

(三)专用航标,是指在沿海专用航道、锚地和作业区以及相关陆域,为特定船舶提供助航、导航服务或者保护特定设施等而设置的航标。

第三条 交通部主管全国沿海航标工作。

交通部海事局按照本办法规定的职责负责沿海航标的有关管理工作。

交通部直属海事管理机构和县级以上地方人民政府交通主管部门,根据各自的职责和有关法律、行政法规的授权以及本办法的规定,具体负责本辖区范围内的沿海航标管理工作。

交通部海事局、交通部直属海事管理机构和县级以上地方人民政府交通主管部门,统称沿海航标管理机构。

第二章 航 标 规 划

第四条 编制沿海水域航标总体规划,应当遵循便利航行、确保安全、统筹兼顾、科学布局的原则。

编制沿海水域航标总体规划,应当与港口、航道发展规划和航运发展规划及其他有关发展规划相协调。

第五条 交通部海事局负责组织编制全国沿海航标总体规划,报交通部批准。

沿海航标管理机构负责本辖区范围内的沿海航标总体规划,报交通部海事局批准。

辖区沿海航标总体规划应当符合全国沿海航标总体规定的要求。

第六条 沿海航标管理机构可以根据海上交通发展的需要,对沿海航标总体规划进行局部调整,报交通部海事局备案;但对沿海航标总体规划作重大变更的,应当报交通部海事局批准。

第三章 航标配布

第七条 配布沿海航标,应当符合国家有关技术标准。

配布沿海航标的类别,应适应沿海通航条件及航行需要,并通过技术经济论证确定。

第八条 配布沿海航标,应当编制沿海航标配布图和沿海航标配布方案,并报上级沿海航标管理机构审批。

第九条 沿海航标管理机构可以根据海上交通发展的需要,对沿海航标配布方案进行局部调整,报交通部海事局备案;但对沿海航标配布方案作重大变更的,应当报交通部海事局批准。

第十条 设置沿海航标,应当以经依法批准的沿海航标配布图和沿海航标配布方案为依据,做到标位准确、安装牢固,效能可靠。

第十一条 海峡进出口段及通海河口段的航标配布,应注意连贯、衔接,明确航道的方向与界限,不得与其他标识相混淆。

第十二条 设置沿海航标,应当按照国家有关规定向沿海航标管理机构提出申请,取得沿海航标管理机构的同意。

第十三条 港口、航道、桥梁以及沿海其他建设工程涉及沿海航标建设的,在履行基本建设程序审查批准过程中,沿海航标管理机构参加沿海航标设计方案的审查确定工作。

本条前款规定的沿海建设工程涉及有关沿海航标建设的费用,应当列入主体工程建设项目经费总概算,并与该项主体建设项目同时投入使用。

第十四条 承揽沿海航标建设工程项目的可行性研究、勘察设计、施工和监理的单位,应当具备国家规定的相关资质。

第十五条 沿海航标建设工程项目竣工后,应当经沿海航标管理机构对航标效能进行验收;验收合格的,方可投入使用。

第四章 航标维护

第十六条 负责沿海航标维护的单位,应当建立沿海航标维护质量保证体系,健全、落实沿海航标维护管理制度,加强对沿海航标的维护,保证其处于正常使用状态。

第十七条 配布沿海航标,应当选用符合国家标准的航标设备,并配备足够的备用航标设备。

第十八条 任何单位和个人发现沿海航标发生位移、漂失或者效能失常,应当及时向沿海航标管理机构报告。

第十九条 沿海出现影响沿海航行安全的沉没物、漂浮物、搁浅物,其所有人或者使用人、管理人应当及时向沿海航标管理机构报告,并按沿海航标管理机构的要求设置航标;不能按沿海航标管理机构的要求设置航标的,可以委托沿海航标维护单位设置航标,并承担有关费用。

船舶、设施所有人或者使用人以及沿海航标维护单位,发现沿海出现沉没物、漂浮物、搁浅物,应当及时向沿海航标管理机构报告。

需要打捞清除沿海沉没物、漂浮物、搁浅物的,应当遵守国家有关规定。

第二十条 发生下列情况,应当报沿海航标管理机构备案:

(一)沿海航标的维护单位发生变更;

(二)沿海航标的管理单位发生变更;

(三)公用航标改为专用航标;

(四)专用航标改为公用航标。

第二十一条 沿海航标的设置、失常、拆除、恢复或者发生其他较大变化,应当按国家有关规定发布航标动态通告。

第五章 航标保护

第二十二条 任何单位或个人不得侵占、破坏沿海航标。

第二十三条 在沿海航标保护范围内,不得进行下列影响沿海航标效能的行为:

(一)种植植物;

(二)设置灯具或者音响装置;

(三)设置非航标标志;

(四)堆放物件;

(五)修建建筑物、构筑物;

(六)《航标条例》禁止的其他行为。

第二十四条 因施工需要移动或者拆除沿海航标,应当经沿海航标管理机构同意。

第二十五条 禁止下列危害沿海航标的行为:

(一)非法侵占、损坏沿海航标设施;

(二)非法移动、拆除沿海航标;

(三)非法改变沿海航标效能;

(四)在沿海航标设施上攀架物品;

(五)在沿海航标设施上拴系船舶、牲畜、渔具;

(六)其他损坏沿海航标的行为。

第二十六条 船舶、设施触碰沿海航标,船舶、设施所有人或使用人应当立即向沿海航标管理机构报告。

第六章 专用航标

第二十七条 在沿海设置、拆除、更改专用航标,应当报经沿海航标管理机构同意。

第二十八条 沿海专用航标由其所有人或者使用人维护。委托他人维护的,应当签订书面合同,并向维护人提供有关技术资料,承担有关费用。

第二十九条 沿海专用航标的设置、维护应当符合国家有关技术标准,并接受沿海航标管理机构的业务指导和监督。

第三十条 沿海专用航标有下列情况之一的,沿海航标管理机构应当责令其所有人或使用人拆除、变更或者恢复:

(一)未经批准,擅自设置、拆除或者改变沿海航标的;

（二）沿海航标选位、效能不符合国家有关技术标准要求的；

（三）与相邻沿海航标的形状、颜色、光亮等相混淆，可能引起误认的。

第七章　监督检查与处罚

第三十一条　沿海航标管理机构应当建立健全沿海水域航标监督检查制度，并组织落实。

第三十二条　沿海航标管理机构应当依法履行职责，对发现的航标隐患，应当责令有关单位和个人立即消除或者限期消除。

第三十三条　沿海航标管理机构的工作人员依法在沿海水域进行航标监督检查，任何单位和个人不得拒绝或者阻挠。

有关单位或者个人应当接受沿海航标管理机构依法实施的航标监督检查，并为其提供方便。

第三十四条　沿海航标管理机构的工作人员依照本办法实施沿海航标监督检查时，应当出示合法证件，表明身份。

第三十五条　违反本办法，按照有关法律、行政法规和交通部公布的海事行政处罚规定给予行政处罚。

第八章　附　　则

第三十六条　本办法由交通部负责解释。

第三十七条　本办法自 2003 年 9 月 1 日起施行。交通部 1982 年 8 月 23 日发布的《海区航标管理工作的若干规定》同时废止。

中华人民共和国海上海事行政处罚规定

(2003年7月10日交通部令第8号公布,2015年5月29日交通运输部令第8号修订)

第一章 总 则

第一条 为规范海上海事行政处罚行为,保护当事人的合法权益,保障和监督海上海事行政管理,维护海上交通秩序,防止船舶污染水域,根据《海上交通安全法》、《海洋环境保护法》、《行政处罚法》及其他有关法律、行政法规,制定本规定。

第二条 对在中华人民共和国(简称中国)管辖沿海水域及相关陆域发生的,或者在中国管辖沿海水域及相关陆域外但属于中国籍的海船发生的违反海事行政管理秩序的行为实施海事行政处罚,适用本规定。

中国籍船员在中国管辖沿海水域及相关陆域外违反海事行政管理秩序,并且按照中国有关法律、行政法规应当处以行政处罚的行为实施海事行政处罚,适用本规定。

第三条 实施海事行政处罚,应当遵循合法、公开、公正,处罚与教育相结合的原则。

第四条 海事行政处罚,由海事管理机构依法实施。

第二章 海事行政处罚的适用

第五条 海事管理机构实施海事行政处罚时,应当责令当事人改正或者限期改正海事行政违法行为。

第六条 对有两个或者两个以上海事行政违法行为的同一当事人,应当分别处以海事行政处罚,合并执行。

对有共同海事行政违法行为的当事人,应当分别处以海事行政处罚。

第七条 实施海事行政处罚,应当与海事行政违法行为的事实、性质、情节以及社会危害程度相适应。

第八条 海事行政违法行为的当事人有下列情形之一的,应当依照《行政处罚法》第二十七条的规定,从轻或者减轻给予海事行政处罚:

(一)主动消除或者减轻海事行政违法行为危害后果的;

(二)受他人胁迫实施海事行政违法行为的;

(三)配合海事管理机构查处海事行政违法行为有立功表现的;

(四)法律、行政法规规定应当依法从轻或者减轻行政处罚的情形。

海事行政违法行为轻微并及时得到纠正,没有造成危害后果的,不予海事行政处罚。

本条第一款所称依法从轻给予海事行政处罚,是指在法定的海事行政处罚种类、幅度范围内给予较轻的海事行政处罚。

本条第一款所称依法减轻给予海事行政处罚，是指在法定的海事行政处罚种类、幅度最低限以下给予海事行政处罚。

有海事行政违法行为的中国籍船舶和船员在境外已经受到处罚的，不得重复给予海事行政处罚。

第九条　海事行政违法行为的当事人有下列情形之一的，应当从重处以海事行政处罚：

（一）造成较为严重后果或者情节恶劣；

（二）一年内因同一海事行政违法行为受过海事行政处罚；

（三）胁迫、诱骗他人实施海事行政违法行为；

（四）伪造、隐匿、销毁海事行政违法行为证据；

（五）拒绝接受或者阻挠海事管理机构实施监督管理；

（六）法律、行政法规规定应当从重处以海事行政处罚的其他情形。

本条第一款所称从重给予海事行政处罚，是指在法定的海事行政处罚种类、幅度范围内给予较重的海事行政处罚。

本条第一款第（二）项所称的一年内是指自该违法行为发生日之前12个月内。

第十条　对当事人的同一个海事行政违法行为，不得给予两次以上海事行政处罚。

当事人未按照海事管理机构规定的期限和要求改正海事行政违法行为的，属于新的海事行政违法行为。

第三章　海事行政违法行为和行政处罚

第一节　违反安全营运管理秩序

第十一条　违反船舶安全营运管理秩序，有下列行为之一的，对船舶所有人或者船舶经营人处以5000元以上3万元以下罚款：

（一）未按规定取得安全营运与防污染管理体系符合证明或者临时符合证明从事航行或者其他有关活动；

（二）隐瞒事实真相或者提供虚假材料或者以其他不正当手段骗取安全营运与防污染管理体系符合证明或者临时符合证明；

（三）伪造、变造安全营运与防污染管理体系审核的符合证明或者临时符合证明；

（四）转让、买卖、租借、冒用安全营运与防污染管理体系审核的符合证明或者临时符合证明。

第十二条　违反船舶安全营运管理秩序，有下列行为之一的，对船舶所有人或者船舶经营人处以5000元以上3万元以下罚款；对船长处以2000元以上2万元以下的罚款，情节严重的，并给予扣留船员适任证书6个月至24个月直至吊销船员适任证书的处罚：

（一）未按规定取得船舶安全管理证书或者临时船舶安全管理证书从事航行或者其他有关活动；

（二）隐瞒事实真相或者提供虚假材料或者以其他不正当手段骗取船舶安全管理证书或者临时船舶安全管理证书；

（三）伪造、变造船舶安全管理证书或者临时船舶安全管理证书；

(四)转让、买卖、租借、冒用船舶安全管理证书或者临时船舶安全管理证书。

第十三条 违反安全营运管理秩序,有下列情形之一,造成严重后果的,对船舶所有人或者船舶经营人吊销安全营运与防污染管理体系(临时)符合证明:

(一)不掌控船舶安全配员;

(二)不掌握船舶动态;

(三)不掌握船舶装载情况;

(四)船舶管理人不实际履行安全管理义务;

(五)安全管理体系运行存在重大问题。

第二节 违反船舶、海上设施检验和登记管理秩序

第十四条 违反《海上交通安全法》第四条的规定,船舶和船舶上有关航行安全、防治污染等重要设备无相应的有效的检验证书的,依照《海上交通安全法》第四十四条的规定,对船舶所有人或者船舶经营人处以2000元以上3万元以下罚款。

本条前款所称船舶和船舶上有关重要设备无相应的有效的检验证书,包括下列情形:

(一)没有取得相应的检验证书;

(二)持有的检验证书属于伪造、变造、转让、买卖或者租借的;

(三)持有的检验证书失效;

(四)检验证书损毁、遗失但不按照规定补办。

第十五条 违反《海上交通安全法》第十六条规定,大型设施和移动式平台的海上拖带,未经船舶检验机构进行拖航检验,并报海事管理机构核准,依照《海上交通安全法》第四十四条的规定,对船舶、设施所有人或者经营人处以2000元以上2万元以下罚款,对船长处以1000元以上1万元以下罚款,并扣留船员适任证书6个月至12个月,对设施主要负责人处以1000元以上1万元以下罚款。

第十六条 违反《海上交通安全法》第十七条规定,船舶的实际状况同船舶检验证书所载不相符合,船舶未按照海事管理机构的要求申请重新检验或者采取有效的安全措施,依照《海上交通安全法》第四十四条的规定,对船舶所有人或者船舶经营人处以2000元以上3万元以下罚款;对船长处以1000元以上1万元以下罚款,并扣留船员适任证书6个月至12个月。

第十七条 船舶检验机构的检验人员违反《船舶和海上设施检验条例》的规定,有下列行为之一的,依照《船舶和海上设施检验条例》第二十八条的规定,按其情节给予警告、吊销验船人员注册证书的处罚:

(一)超越职权范围进行船舶、设施检验;

(二)未按照规定的检验规范进行船舶、设施检验;

(三)未按照规定的检验项目进行船舶、设施检验;

(四)未按照规定的检验程序进行船舶、设施检验;

(五)所签发的船舶检验证书或者检验报告与船舶、设施的实际情况不符。

第十八条 违反《海上交通安全法》第五条的规定,船舶未持有有效的船舶国籍证书航行的,依照《海上交通安全法》第四十四条的规定,对船舶所有人或者船舶经营人处以3000元以上2万元以下罚款;对船长处以2000元以上2万元以下的罚款,情节严重的,并给予扣留

船员适任证书6个月至24个月直至吊销船员适任证书的处罚。

第三节 违反船员管理秩序

第十九条 违反《海上交通安全法》第七条的规定,未取得合格的船员职务证书或者未通过船员培训,擅自上船服务的,依照《海上交通安全法》第四十四条和《船员条例》第六十条的规定,责令其立即离岗,处以2000元以上2万元以下罚款,并对聘用单位处以3万元以上15万元以下罚款。

前款所称未取得合格的船员职务证书,包括下列情形:

(一)未经水上交通安全培训并取得相应合格证明;

(二)未持有船员适任证书或者其他适任证件;

(三)持采取弄虚作假的方式取得的船员职务证书;

(四)持伪造、变造的船员职务证书;

(五)持转让、买卖或者租借的船员职务证书;

(六)所服务的船舶的航区、种类和等级或者所任职务超越所持船员职务证书限定的范围;

(七)持已经超过有效期限的船员职务证书;

(八)未按照规定持有船员服务簿。

对本条第二款第(三)项、第(五)项规定的违法行为,除处以罚款外,并处吊销船员职务证书。对本条第二款第(五)项规定的持租借船员职务证书的情形,还应对船员职务证书出借人处以2000元以上2万元以下罚款。

对本条第二款第(四)项规定的违法行为,除处以罚款外,并收缴相关证书。

对本条第二款第(六)项规定的违法行为,除处以罚款外,并处扣留船员职务证书3个月至12个月。

第二十条 船员用人单位、船舶所有人有下列未按照规定招用外国籍船员在中国籍船舶上任职情形的,依照《船员条例》第六十条的规定,责令改正,并处3万元以上15万元以下罚款:

(一)未依照法律、行政法规和国家其他有关规定取得就业许可;

(二)未持有合格的且签发国与我国签订了船员证书认可协议的船员证书;

(三)雇佣外国籍船员的航运公司未承诺承担船员权益维护的责任。

第二十一条 船员服务机构和船员用人单位未将其招用或者管理的船员的有关情况定期向海事管理机构备案的,按照《船员条例》第六十四条的规定,对责任单位处以5000元以上2万元以下罚款。

前款所称船员服务机构包括海员外派机构。

本条第一款所称船员服务机构和船员用人单位未定期向海事管理机构备案,包括下列情形:

(一)未按规定进行备案,或者备案内容不全面、不真实;

(二)未按照规定时间备案;

(三)未按照规定的形式备案。

第二十二条 违反《海上交通安全法》第八条的规定,设施未按照国家规定配备掌握避碰、信号、通信、消防、救生等专业技能的人员,依照《海上交通安全法》第四十四条的规定,对设施所有人或者设施经营人处以1000元以上1万元以下罚款;对设施主要负责人和直接责任人员处以1000元以上8000元以下罚款。

第四节　违反航行、停泊和作业管理秩序

第二十三条　违反《海上交通安全法》第六条的规定,船舶未按照标准定额配备足以保证船舶安全的合格船员,依照《海上交通安全法》第四十四条的规定,对船舶所有人或者船舶经营人处以3000元以上2万元以下罚款;对船长处以2000元以上2万元以下罚款;情节严重的,并给予扣留船员适任证书3个月至12个月的处罚。

本条第一款所称未按照标准定额配备足以保证船舶安全的合格船员,包括下列情形:

(一)船舶所配船员的数量低于船舶最低安全配员证书规定的定额要求;

(二)船舶未持有有效的船舶最低安全配员证书。

第二十四条　违反《海上交通安全法》第九条的规定,船舶、设施上的人员不遵守有关海上交通安全的规章制度和操作规程,依照《海上交通安全法》第四十四条和《船员条例》第五十七条的规定,处以1000元以上1万元以下罚款;情节严重的,并给予扣留船员适任证书6个月至24个月直至吊销船员适任证书的处罚。发生事故的,按照第二十五条的规定给予扣留或者吊销船员适任证书的处罚。

本条前款所称不遵守有关海上交通安全的规章制度,包括下列情形:

(一)在船上履行船员职务,未按照船员值班规则实施值班;

(二)未获得必要的休息上岗操作;

(三)在船上值班期间,体内酒精含量超过规定标准;

(四)在船上履行船员职务,服食影响安全值班的违禁药物;

(五)不采用安全速度航行;

(六)不按照规定的航路航行;

(七)未按照要求保持正规瞭望;

(八)不遵守避碰规则;

(九)不按照规定停泊、倒车、调头、追越;

(十)不按照规定显示信号;

(十一)不按照规定守听航行通信;

(十二)不按照规定保持船舶自动识别系统处于正常工作状态,或者不按照规定在船舶自动识别设备中输入准确信息,或者船舶自动识别系统发生故障未及时向海事管理机构报告;

(十三)不按照规定进行试车、试航、测速、辨校方向;

(十四)不按照规定测试、检修船舶设备;

(十五)不按照规定保持船舱良好通风或者清洁;

(十六)不按照规定使用明火;

(十七)不按照规定填写航海日志;

(十八)不按照规定采取保障人员上、下船舶、设施安全的措施;

(十九)不按照规定载运易流态化货物,或者不按照规定向海事管理机构备案。

第二十五条　违反《海上交通安全法》第九条的规定,船舶、设施上的人员不遵守有关海上交通安全的规章制度和操作规程,造成海上交通事故的,还应当按照下列规定给予处罚。

(一)造成特别重大事故的,对负有全部责任、主要责任的船员吊销适任证书或者其他适任证件,对负有次要责任的船员扣留适任证书或者其他适任证件12个月直至吊销适任证书或者其他适任证件;责任相当的,对责任船员扣留适任证书或者其他适任证件24个月或者吊销适任证书或者其他适任证件。

(二)造成重大事故的,对负有全部责任、主要责任的船员吊销适任证书或者其他适任证件;对负有次要责任的船员扣留适任证书或者其他适任证件12个月至24个月;责任相当的,对责任船员扣留适任证书或者其他适任证件18个月或者吊销适任证书或者其他适任证件。

(三)造成较大事故的,对负有全部责任、主要责任的船员扣留船员适任证书12个月至24个月或者吊销船员适任证书,对负有次要责任的船员扣留船员适任证书6个月;责任相当的,对责任船员扣留船员适任证书12个月。

(四)造成一般事故的,对负有全部责任、主要责任的船员扣留船员适任证书9个月至12个月,对负有次要责任的船员扣留船员适任证书6个月至9个月;责任相当的,对责任船员扣留船员适任证书9个月。

第二十六条　违反《海上交通安全法》第十条的规定,船舶、设施不遵守有关法律、行政法规和规章,依照《海上交通安全法》第四十四条的规定,对船舶、设施所有人或经营人处以3000元以上1万元以下罚款;对船长或设施主要负责人处以2000元以上1万元以下罚款并对其他直接责任人员处以1000元以上1万元以下罚款;情节严重的,并给予扣留船员适任证书6个月至24个月直至吊销船员适任证书的处罚。

本条前款所称船舶、设施不遵守有关法律、行政法规和规章,包括下列情形:
(一)不按照规定检修、检测影响船舶适航性能的设备;
(二)不按照规定检修、检测通信设备和消防设备;
(三)不按照规定载运旅客、车辆;
(四)超过核定载重线载运货物;
(五)不符合安全航行条件而开航;
(六)不符合安全作业条件而作业;
(七)未按照规定进行夜航;
(八)强令船员违规操作;
(九)强令船员疲劳上岗操作;
(十)未按照船员值班规则安排船员值班;
(十一)超过核定航区航行;
(十二)未按照规定的航路行驶;
(十三)不遵守避碰规则;
(十四)不采用安全速度航行;
(十五)不按照规定停泊、倒车、调头、追越;
(十六)不按照规定进行试车、试航、测速、辨校方向;
(十七)不遵守航行、停泊和作业信号规定;

(十八)不遵守强制引航规定;
(十九)不遵守航行通信和无线电通信管理规定;
(二十)不按照规定保持船舱良好通风或者清洁;
(二十一)不按照规定采取保障人员上、下船舶、设施安全的措施;
(二十二)不遵守有关明火作业安全操作规程;
(二十三)未按照规定拖带或者非拖带船从事拖带作业;
(二十四)违反船舶并靠或者过驳有关规定;
(二十五)不按照规定填写航海日志;
(二十六)未按照规定报告船位、船舶动态;
(二十七)未按照规定标记船名、船舶识别号;
(二十八)未按照规定配备航海图书资料。

第二十七条 违反《海上交通安全法》第十一条规定,外国籍非军用船舶未经中国海事管理机构批准进入中国的内水和港口或者未按规定办理进出口岸手续,依照《海上交通安全法》第四十四条的规定,对船舶所有人或者船舶经营人处以 3 万元罚款,对船长处以 1 万元罚款。

第二十八条 违反《海上交通安全法》第十一条规定,外国籍非军用船舶进入中国的内水和港口不听从海事管理机构指挥,依照《海上交通安全法》第四十四条的规定,对船舶所有人或者船舶经营人处以警告或者 2000 元以上 2 万元以下罚款,对船长处以警告或者 1000 元以上 1 万元以下罚款。

第二十九条 违反《海上交通安全法》第十三条规定,外国籍船舶进出中国港口或者在港内航行、移泊以及靠离港外系泊点、装卸站等,不按照规定申请指派引航员引航,或者不使用按照规定指派的引航员引航的,依照《海上交通安全法》第四十四条的规定,对船舶所有人或者船舶经营人处以警告或者 2000 元以上 1 万元以下罚款,对船长处以警告或者 1000 元以上 1 万元以下罚款。

第三十条 违反《海上交通安全法》第十四条规定,船舶进出港口或者通过交通管制区、通航密集区和航行条件受到限制的区域时,不遵守中国政府或者海事管理机构公布的特别规定的,依照《海上交通安全法》第四十四条的规定,对船舶所有人或者船舶经营人处以警告或者 1000 元以上 1 万元以下罚款,对船长处以警告或者 500 元以上 1 万元以下罚款,并可扣留船员适任证书 3 个月至 12 个月。

第三十一条 违反《海上交通安全法》第十五条规定,船舶无正当理由进入或者穿越禁航区,依照《海上交通安全法》第四十四条的规定,对船舶所有人或者船舶经营人处以警告或者 2000 元以上 1 万元以下罚款,对船长处以警告或者 1000 元以上 1 万元以下罚款,并扣留船员适任证书 3 个月至 12 个月。

第三十二条 违反《海上交通安全法》第十二条规定,国际航行船舶进出中国港口,拒不接受海事管理机构的检查,依照《海上交通安全法》第四十四条的规定,对船舶所有人或者船舶经营人处以 1000 元以上 1 万元以下的罚款;情节严重的,处以 1 万元以上 3 万元以下的罚款。对船长或者其他责任人员处以 100 元以上 1000 元以下的罚款;情节严重的,处以 1000 元以上 3000 元以下的罚款,并可扣留船员适任证书 6 个月至 12 个月。

本条前款所称拒不接受海事管理机构的检查,包括下列情形:
(一)拒绝或者阻挠海事管理机构实施安全检查;
(二)中国籍船舶接受海事管理机构实施安全检查时不提交《船旗国安全检查记录簿》;
(三)在接受海事管理机构实施安全检查时弄虚作假;
(四)未按照海事管理机构的安全检查处理意见进行整改。

第三十三条 违反《海上交通安全法》第十二条的规定,中国籍国内航行船舶进出港口不按照规定办理进出港签证的,依照《海上交通安全法》第四十四条的规定,对船舶所有人或者船舶经营人处以 2000 元以上 1 万元以下罚款;对船长处以 1000 元以上 1 万元以下罚款,并可扣留船员适任证书 6 个月至 24 个月。

第三十四条 违反《港口建设费征收使用管理办法》,不按规定缴纳或少缴纳港口建设费的,依照《财政违法行为处罚处分条例》第十三条规定,责令改正,并处未缴纳或者少缴纳的港口建设费的 10% 以上 30% 以下的罚款;对直接负责的主管人员和其他责任人处以 3000 元以上 5 万元以下罚款。

对于未缴清港口建设费的国内外进出口货物,港口经营人、船舶代理公司或者货物承运人违规办理了装船或者提离港口手续的,禁止船舶离港、责令停航、改航、责令停止作业,并可对直接负责的主管人员和其他责任人处以 3000 元以上 3 万元以下罚款。

第三十五条 违反船舶港务费征收管理秩序,不按照规定及时足额缴纳船舶港务费的,由海事管理机构责令限期缴纳,并从结算的次日起,按日核收应缴船舶港务费 5‰ 的滞纳金;对偷缴、抗缴船舶港务费的,可以禁止船舶离港,或者责令其停航、改航、停止作业,并处以欠缴船舶港务费的 1 倍以上 3 倍以下、最高不超过 3 万元的罚款。

第三十六条 违反《海上航行警告和航行通告管理规定》第八条规定,海上航行警告、航行通告发布后,申请人未在国家主管机关或者区域主管机关核准的时间和区域内进行活动,或者需要变更活动时间或者改换活动区域的,未按规定重新申请发布海上航行警告、航行通告,依照《海上航行警告和航行通告管理规定》第十七条的规定,责令其停止活动,并可以处 2000 元以下罚款。

第三十七条 违反《海上航行警告和航行通告管理规定》,造成海上交通事故的,依照《海上航行警告和航行通告管理规定》第二十条,对船舶、设施所有人或者经营人处以 3000 元以上 1 万元以下罚款;对船长或者设施主要负责人处以 2000 元以上 1 万元以下罚款并对其他直接责任人员处以 1000 元以上 1 万元以下罚款;情节严重的,并给予扣留船员适任证书 6 个月至 24 个月直至吊销船员适任证书的处罚。

第五节 违反危险货物载运安全监督管理秩序

第三十八条 违反《危险化学品安全管理条例》第四十四条的规定,有下列情形之一的,依照《危险化学品安全管理条例》第八十六条的规定,由海事管理机构责令改正,处 5 万元以上 10 万元以下的罚款;拒不改正的,责令停航、停业整顿。

(一)从事危险化学品运输的船员未取得相应的船员适任证书和培训合格证明;
(二)危险化学品运输申报人员、集装箱装箱现场检查员未取得从业资格。

第三十九条 违反《危险化学品安全管理条例》第十八条的规定,运输危险化学品的船舶及其配载的容器未经检验合格而投入使用的,依照《危险化学品安全管理条例》第七十九条的规定,由海事管理机构责令改正,对船舶所有人或者经营人处以10万元以上20万元以下的罚款;有违法所得的,没收违法所得;拒不改正的,责令停航整顿。

第四十条 违反《危险化学品安全管理条例》第四十五条的规定,船舶运输危险化学品,未根据危险化学品的危险特性采取相应的安全防护措施,或者未配备必要的防护用品和应急救援器材的,依照《危险化学品安全管理条例》第八十六条的规定,由海事管理机构责令改正,对船舶所有人或者经营人处以5万元以上10万元以下的罚款;拒不改正的,责令停航整顿。

本条前款所称未根据危险化学品的危险特性采取相应的安全防护措施,或者未配备必要的防护用品和应急救援器材,包括下列情形:

(一)拟交付船舶运输的化学品的相关安全运输条件不明确,货物所有人或者代理人不委托相关技术机构进行评估,或者未经海事管理机构确认,交付船舶运输的;

(二)装运危险化学品的船舶未按照有关规定编制应急预案和配备相应防护用品、应急救援器材;

(三)船舶装运危险化学品,不按照规定进行积载或者隔离;

(四)装运危险化学品的船舶擅自在非停泊危险化学品船舶的锚地、码头或者其他水域停泊;

(五)船舶所装运的危险化学品的包装标志不符合有关规定;

(六)船舶装运危险化学品发生泄漏或者意外事故,不及时采取措施或者不向海事管理机构报告。

第四十一条 装运危险化学品的船舶进出港口,不依法向海事管理机构办理申报手续的,对船舶所有人或者经营人处1万元以上3万元以下的罚款。

第四十二条 违反《危险化学品安全管理条例》第五十三条、第六十三条的规定,通过船舶载运危险化学品,托运人不向承运人说明所托运的危险化学品的种类、数量、危险特性以及发生危险情况的应急处置措施,或者未按照国家有关规定对所托运的危险化学品妥善包装并在外包装上设置相应标志的,依照《危险化学品安全管理条例》第八十六条的规定,由海事管理机构责令改正,对托运人处5万元以上10万元以下的罚款;拒不改正的,责令停航整顿。

第四十三条 违反《危险化学品安全管理条例》第六十四条的规定,通过船舶载运危险化学品,在托运的普通货物中夹带危险化学品,或者将危险化学品谎报或者匿报为普通货物托运的,依照《危险化学品安全管理条例》第八十七条的规定,由海事管理机构责令改正,对托运人处以10万元以上20万元以下的罚款,有违法所得的,没收违法所得;拒不改正的,责令停航整顿。

第四十四条 违反《海上交通安全法》第三十二条规定,船舶、浮动设施储存、装卸、运输危险化学品以外的危险货物,不具备安全可靠的设备和条件,或者不遵守国家关于危险化学品以外的危险货物管理和运输的规定的,依照《海上交通安全法》第四十四条的规定,对船舶、设施所有人或者经营人处以1万元以上2万元以下罚款;对船长或者设施主要负责人和其他直接责任人员处以2000元以上1万元以下罚款,并扣留船员适任证书6个月至24个月。

本条款所称不具备安全可靠的设备和条件,包括下列情形:

（一）装运危险化学品以外的危险货物的船舶未按有关规定编制应急预案和配备相应防护用品、应急救援器材的；

（二）装运危险化学品以外的危险货物的船舶及其配载的容器，未按照国家有关规范进行检验合格；

（三）船舶装运危险化学品以外的危险货物，所使用包装的材质、型式、规格、方法和单件质量（重量）与所包装的危险货物的性质和用途不相适应；

（四）船舶装运危险化学品以外的危险货物的包装标志不符合有关规定；

（五）装运危险化学品以外的危险货物的船舶，未按规定配备足够的取得相应的特殊培训合格证书的船员。

本条款所称不遵守国家关于危险化学品以外的危险货物管理和运输的规定，包括下列行为：

（一）使用未经检验合格的包装物、容器包装、盛装、运输；

（二）重复使用的包装物、容器在使用前，不进行检查；

（三）未按照规定显示装载危险货物的信号；

（四）未按照危险货物的特性采取必要安全防护措施；

（五）未按照有关规定对载运中的危险货物进行检查；

（六）装运危险货物的船舶擅自在非停泊危险货物船舶的锚地、码头或者其他水域停泊；

（七）船舶装运危险货物发生泄漏或者意外事故，不及时采取措施或者不向海事管理机构报告。

第四十五条　违反《海上交通安全法》第三十三条规定，船舶装运危险化学品以外的危险货物进出港口，不向海事管理机构办理申报手续，依照《海上交通安全法》第四十四条的规定，对船舶、设施所有人或者经营人处以300元以上1万元以下罚款；对船长或者设施主要负责人和其他直接责任人员处以200元以上1万元以下罚款，并扣留船员适任证书6个月至24个月。

第六节　违反海难救助管理秩序

第四十六条　违反《海上交通安全法》第三十四条规定，船舶、设施或者飞机遇难时，不及时向海事管理机构报告出事时间、地点、受损情况、救助要求以及发生事故的原因的，依照《海上交通安全法》第四十四条规定，对船舶、设施所有人或者经营人处以2000元以上1万元以下罚款；对船长、设施主要负责人处以1000元以上8000元以下罚款，并可扣留船员适任证书6个月至12个月。

第四十七条　违反《海上交通安全法》第三十六条规定，事故现场附近的船舶、设施，收到求救信号或者发现有人遭遇生命危险时，在不严重危及自身安全的情况下，不救助遇难人员，或者不迅速向海事管理机构报告现场情况和本船舶、设施的名称、呼号和位置，依照《海上交通安全法》第四十四条规定，对船舶、设施所有人或者经营人处以200元以上1万元以下罚款；对船长、设施主要负责人处以1000元以上1万元以下罚款，情节严重的，并扣留船员适任证书6个月至24个月直至吊销船员适任证书。

第四十八条　违反《海上交通安全法》第三十七条规定，发生海上交通事故的船舶、设施有下列行为之一，依照《海上交通安全法》第四十四条规定，对船舶、设施所有人或者经营人处以200元以上1万元以下罚款;对船长、设施主要负责人处以1000元以上1万元以下罚款,情节严重的,并扣留船员适任证书6个月至24个月直至吊销船员适任证书:

(一)不互通名称、国籍和登记港;

(二)不救助遇难人员;

(三)在不严重危及自身安全的情况下,擅自离开事故现场或者逃逸。

第四十九条 违反《海上交通安全法》第三十八条规定,有关单位和在事故现场附近的船舶、设施,不听从海事管理机构统一指挥实施救助,依照《海上交通安全法》第四十四条规定,对船舶、设施所有人或者经营人处以200元以上1万元以下罚款;对船长、设施主要负责人处以100元以上8000元以下罚款,并可扣留船员适任证书6个月至12个月。

第七节 违反海上打捞管理秩序

第五十条 违反《海上交通安全法》第四十条规定,对影响安全航行、航道整治以及有潜在爆炸危险的沉没物、漂浮物,其所有人、经营人不按照海事管理机构限定期限打捞清除,依照《海上交通安全法》第四十四条规定,对法人或者其他组织处以1万元罚款;对自然人处以5000元罚款。

第五十一条 违反《海上交通安全法》第四十一条规定,未经海事管理机构批准,擅自打捞或者拆除沿海水域内的沉船沉物,依照《海上交通安全法》第四十四条规定,处以5000元以上3万元以下罚款。

第八节 违反海上船舶污染沿海水域环境管理秩序

第五十二条 本节所称水上拆船、海港、船舶,其含义分别与《防止拆船污染环境管理条例》使用的同一用语的含义相同。

本节所称内水、海洋环境污染损害、排放、倾倒,其含义分别与《海洋环境保护法》使用的同一用语的含义相同。

第五十三条 违反《防止拆船污染环境管理条例》规定,有下列情形之一的,依照《防止拆船污染环境管理条例》第十七条的规定,除责令其限期纠正外,还可以根据不同情节,处以1万元以上10万元以下的罚款:

(一)未持有经批准的环境影响报告书(表),擅自设置拆船厂进行拆船的;

(二)发生污染损害事故,不向监督拆船污染的海事管理机构报告也不采取消除或控制污染措施的;

(三)废油船未经洗舱、排污、清舱和测爆即行拆解的;

(四)任意排放或者丢弃污染物造成严重污染的。

第五十四条 违反《防止拆船污染环境管理条例》规定,有下列情形之一的,依照《防止拆船污染环境管理条例》第十八条的规定,除责令其限期纠正外,还可以根据不同情节,处以警告或者处以1万元以下的罚款:

(一)拒绝或阻挠海事管理机构进行现场检查或在被检查时弄虚作假的;

(二)未按规定要求配备和使用防污设施、设备和器材,造成环境污染的;

(三)发生污染损害事故,虽采取消除或控制污染措施,但不向监督拆船污染的海事管理机构报告的;

（四）拆船单位关闭、搬迁后，原厂址的现场清理不合格的。

第五十五条 违反《海洋环境保护法》有关规定,船舶有下列行为之一的,依照《海洋环境保护法》第七十三条的规定,责令限期改正,并对船舶所有人或者经营人处以罚款：

（一）向沿海水域排放《海洋环境保护法》禁止排放的污染物或其他物质的；

（二）不按照《海洋环境保护法》规定向海洋排放污染物,或超过标准排放污染物的；

（三）未取得海洋倾倒许可证,向海洋倾倒废弃物的；

（四）因发生事故或其他突发性事件,造成海洋环境污染事故,不立即采取处理措施的。

有前款第（一）项、第（三）项行为之一的,处以3万元以上20万元以下的罚款；有前款第（二）项、第（四）项行为之一的,处以2万元以上10万元以下的罚款。

第五十六条 违反《海洋环境保护法》规定,船舶在港口区域内造成珊瑚礁、红树林等海洋生态系统及海洋水产资源、海洋保护区破坏的,依照《海洋环境保护法》第七十六条的规定,责令限期改正和采取补救措施,并对船舶所有人或者经营人处以1万元以上10万元以下的罚款；有违法所得的,没收其违法所得。

第五十七条 违反《海洋环境保护法》规定,有下列行为之一的,依照《海洋环境保护法》第八十八条的规定,予以警告,或者处以罚款：

（一）船舶、港口、码头、装卸站未按规定配备防污设施、器材的；

（二）船舶未取得并随船携带防污证书、防污文书的；

（三）船舶未如实记录污染物处置情况；

（四）从事水上和港区水域拆船、旧船改装、打捞和其他水上、水下施工作业,造成海洋环境污染损害的；

（五）船舶载运的货物不具备防污适运条件的。

有前款第（一）项、第（五）项行为之一的,处以2万元以上10万元以下的罚款；有前款第（二）项、第（三）项行为的,处以2万元以下的罚款；有前款第（四）项行为的,处以5万元以上20万元以下的罚款。

第五十八条 违反《海洋环境保护法》规定,船舶不编制溢油应急计划的,依照《海洋环境保护法》第八十九条的规定,对船舶所有人或者经营人予以警告,并责令限期改正。

第五十九条 船舶不遵守防污染的法律、法规和规章以及操作规程,存在下列情形的,由海事管理机构对船舶所有人或者经营人予以警告,或者处以1000元以上1万元以下罚款：

（一）不按照规定在港区水域内使用焚烧炉的；

（二）不按照规定在港区水域内洗舱、清舱、驱气、舷外拷铲及油漆作业或者排放压载水的；

（三）不按照经批准的要求使用化学消油剂的；

（四）不按照规定冲洗沾有污染物、有毒有害物质的甲板。

第九节 违反交通事故调查处理秩序

第六十条 本规定所称海上交通事故,其含义与《海上交通事故调查处理条例》使用的同一用语的含义相同。

第六十一条 违反《海上交通事故调查处理条例》规定,有下列行为之一的,依照《海上交通事故调查处理条例》第二十九条和《船员条例》第五十七条的规定予以处罚：

（一）发生海上交通事故,未按规定的时间向海事管理机构报告或提交《海上交通事故报告书》；

（二）中国籍船舶在中华人民共和国管辖水域以外发生海上交通事故，船舶所有人或经营人未按《海上交通事故调查处理条例》第三十二条规定向船籍港海事管理机构报告，或者将判决书、裁决书或调解书的副本或影印件报船籍港的海事管理机构备案；

（三）发生海上交通事故，未按海事管理机构的要求驶往指定地点，或者在未发现危及船舶安全的情况下未经海事管理机构同意擅自驶离指定地点；

（四）发生海上交通事故，报告的内容或《海上交通事故报告书》的内容不符合《海上交通事故调查处理条例》第五条、第七条规定的要求，或者不真实，影响事故调查或者给有关部门造成损失；

（五）发生海上交通事故，不按《海上交通事故调查处理条例》第九条的规定，向当地或者船舶第一到达港的船舶检验机构、公安消防监督机关申请检验、鉴定，并将检验报告副本送交海事管理机构备案，影响事故调查；

（六）拒绝接受事故调查或无理阻挠、干扰海事管理机构进行事故调查的；

（七）在接受事故调查时故意隐瞒事实或者提供虚假证明。

存在前款第（一）项行为的，对船员处以警告或者1000元以上1万元以下罚款，情节严重的，并给予扣留船员服务簿、船员适任证书6个月至24个月直至吊销船员服务簿、船员适任证书的处罚；对船舶所有人或者经营人处以警告或者5000元以下罚款。存在前款第（二）项至第（七）项情形的，对船员处以警告或者200元以下罚款；对船舶所有人或者经营人处以警告或者5000元以下罚款。

第六十二条　违反《海上交通事故调查处理条例》第三十三条，派往外国籍船舶任职的持有中华人民共和国船员适任证书的中国籍船员对海上交通事故的发生负有责任，其外派服务机构未按照规定报告事故的，依照《海上交通安全法》第四十四条规定，对船员外派服务机构处以1000元以上1万元以下罚款。

第四章　海事行政处罚程序

第一节　管　辖

第六十三条　海事行政处罚案件由海事行政违法行为发生地的海事管理机构管辖，法律、行政法规和本规定另有规定的除外。

本条前款所称海事行政违法行为发生地，包括海事行政违法行为的初始发生地、过程经过地、结果发生地。

第六十四条　各级海事局所属的海事处管辖本辖区内的下列海事行政处罚案件：

（一）对自然人处以警告、1万元以下罚款、扣留船员适任证书3个月至6个月的海事行政处罚；

（二）对法人或者其他组织处以警告、3万元以下罚款的海事行政处罚。

各级海事局管辖本辖区内的所有海事行政处罚案件。

第六十五条　对海事行政处罚案件管辖发生争议的，报请共同的上一级海事管理机构指定管辖。

下级海事管理机构对其管辖的海事行政处罚案件，认为需要由上级海事管理机构办理的,可以报请上级海事管理机构决定。

第六十六条 海事管理机构对不属其管辖的海事行政处罚案件,应当移送有管辖权的海事管理机构;受移送的海事管理机构如果认为移送不当,应当报请共同的上一级海事管理机构指定管辖。

第六十七条 上级海事管理机构自收到解决海事行政处罚案件管辖争议或者报请移送海事行政处罚案件管辖的请示之日起7日内作出管辖决定。

第六十八条 受移送的海事管理机构应当将接受案件或者明确案件由其管辖之日作为第七十三条规定的违法行为发现之日,并按照本章第三节的规定实施行政处罚。移送案件的海事管理机构所取得的证据,经受移送的海事管理机构审查合格的,可以直接作为受移送的海事管理机构实施行政处罚的证据。

第二节 简易程序

第六十九条 海事行政违法事实确凿,并有法定依据的,对自然人处以警告或者处以50元以下罚款,对法人或其他组织处以警告或者1000元以下罚款的海事行政处罚的,可以当场作出海事行政处罚决定。

第七十条 海事行政执法人员依法当场作出海事行政处罚决定,应当遵守下列程序:
(一)向当事人出示海事行政执法证件;
(二)告知当事人作出海事行政处罚决定的事实、理由和依据以及当事人依法享有的权利;
(三)听取当事人的意见;
(四)复核当事人提出的事实、理由和证据;
(五)填写预定格式、统一编号的海事行政处罚决定书;
(六)将海事行政处罚决定书当场交付当事人;
(七)当事人在海事行政处罚决定书副本上签字。

第七十一条 海事行政执法人员依法当场作出海事行政处罚决定的,应当在3日内将海事行政处罚决定书副本报所属海事管理机构备案。

第三节 一般程序

第七十二条 实施海事行政处罚,除适用简易程序的,应当适用一般程序。

第七十三条 除依法可以当场作出的海事行政处罚外,海事管理机构发现自然人、法人或者其他组织有依法应当处以海事行政处罚的海事行政违法行为,应当自发现之日起7日内填写海事行政处罚立案审批表,报本海事管理机构负责人批准。

发生水上交通事故应当处以海事行政处罚的,应当自水上交通事故调查结束之日起7日内填写海事行政处罚立案审批表,报本海事管理机构负责人批准。

第七十四条 海事管理机构发现自然人、法人或者其他组织涉嫌海事行政违法行为的,应当立即依法进行调查,收集相关证据。

海事管理机构对海事行政处罚案件,应当全面、客观、公正地进行调查并收集证据。

第七十五条 能够证明海事行政处罚案件真实情况的事实,都是证据。

海事行政处罚案件的证据种类如下:

（一）书证；
（二）物证；
（三）视听资料；
（四）电子数据；
（五）证人证言；
（六）当事人的陈述；
（七）鉴定意见；
（八）勘验笔录、现场笔录。

第七十六条 进行海事行政处罚案件的调查或者检查，应当由 2 名以上海事行政执法人员担任调查人员。

调查人员与本案有直接利害关系的，应当回避。

第七十七条 调查人员询问或者检查，应当出示海事行政执法证件，并制作询问笔录、现场笔录或者勘验笔录。

询问笔录、现场笔录或者勘验笔录经被询问人、被检查人确认无误后，由被询问人、被检查人签名或者盖章。拒绝签名或者盖章的，调查人员应当在笔录上注明情况。

对涉及国家机密、商业秘密和个人隐私的，海事管理机构和调查人员、检查人员应当为其保守秘密。

第七十八条 收集海事行政处罚案件的书证、物证和视听资料，应当是原件、原物。收集原件、原物确有困难的，可由提交证据的自然人、法人或者其他组织在复制品、照片等物件上签名或者盖章，并注明"与原件一致"字样。

海事管理机构可以使用照相、录音、录像以及法律允许的其他调查手段。

第七十九条 调查人员、检查人员查阅、调取与海事行政处罚案件有关资料，可以对有关内容进行摘录或者复制，并注明来源。

第八十条 调查人员、检查人员对与案件有关物品或者场所进行勘验或者检查，应当通知当事人到场，制作勘验笔录或者现场笔录。当事人不到场或者暂时难以确定当事人的，可以请在场的其他人作证。

勘验笔录或者现场笔录应当由当事人或者见证人签名或者盖章；拒绝签名或者盖章的，调查人员应当在勘验笔录或者检查笔录上注明情况。

第八十一条 对需要抽样取证的，应当通知当事人到场，并制作抽样取证清单。当事人不到场或者暂时难以确定当事人的，可以请在场的其他人作证。

抽样取证清单，应当由调查人员、当事人或者证人签名或者盖章。

海事管理机构应当妥善保管抽样取证物品；需要退还的，应当及时退还。

第八十二条 为查明海事行政处罚案件事实需要进行技术鉴定的专门性问题，海事管理机构应当请有关技术鉴定机构或者具有专门技术的人员进行鉴定，并制作鉴定意见，由技术鉴定机构和人员签名或者盖章。

第八十三条 海事行政处罚案件的证据可能灭失或者以后难以取得的，经海事管理机构负责人批准，可以通知当事人或者有关人员到场，先行登记保存证据，并制作证据登记保存清单。当事人或者有关人员不到场或者暂时难以确定当事人、有关人员的，可以请在场的其他人作证。

证据登记保存清单,应当由调查人员、检查人员、当事人或者有关人员、证人签名或者盖章。拒绝签名、盖章的,调查人员应当在证据登记保存清单上注明情况。

海事管理机构对登记保存的物品,应当在7日内作出下列处理决定:

(一)需要进行技术鉴定的,依照本规定第八十二条的规定送交鉴定;

(二)对不应当处以海事行政处罚的,应当解除先行登记保存,并将先行登记保存的物品及时退还;

(三)法律、法规、规章规定应当作其他处理的,依法作其他处理。

第八十四条　海事行政处罚案件调查结束后,应当制作海事行政处罚案件调查报告,连同证据材料和经批准的海事行政违法案件立案审批表,移送本海事管理机构负责法制工作的内设机构进行预审。

第八十五条　海事管理机构负责法制工作的内设机构预审海事行政处罚案件采取书面形式进行,主要内容包括:

(一)案件是否属于本海事管理机构管辖;

(二)当事人的基本情况是否清楚;

(三)案件事实是否清楚,证据是否确实、充分;

(四)定性是否准确;

(五)适用法律、法规、规章是否准确;

(六)行政处罚是否适当;

(七)办案程序是否合法。

第八十六条　海事管理机构负责法制工作的内设机构预审完毕后,应当根据下列规定提出书面意见,报本海事管理机构负责人审查:

(一)违法事实清楚,证据确实、充分,行政处罚适当、办案程序合法,按规定不需要听证或者当事人放弃听证的,同意负责行政执法调查的内设机构的意见,建议报批后告知当事人;

(二)违法事实清楚,证据确实、充分,行政处罚适当、办案程序合法,按照规定应当听证的,同意调查人员意见,建议报批后举行听证,并告知当事人;

(三)违法事实清楚,证据确实、充分,但定性不准、适用法律不当、行政处罚不当的,建议调查人员修改;

(四)违法事实不清,证据不足的,建议调查人员补正;

(五)办案程序不合法的,建议调查人员纠正;

(六)不属于本海事管理机构管辖的,建议移送其他有管辖权的机关处理。

第八十七条　海事管理机构负责人审查完毕后,应当根据《行政处罚法》第三十八条的规定作出行政处罚决定、不予行政处罚决定、移送其他有关机关处理的决定。

对自然人罚款或者没收非法所得数额超过1万元,对法人或者其他组织罚款或者没收非法所得数额超过3万元,以及撤销船舶检验资格、没收船舶、没收或者吊销船舶登记证书、吊销船员职务证书、吊销海员证的海事行政处罚,海事管理机构的负责人应当集体讨论决定。

第八十八条　海事管理机构负责人对海事违法行为调查报告审查后,认为应当处以行政处罚的,海事管理机构应当制作海事违法行为通知书送达当事人,告知拟处以的行政处罚的事实、理由和证据,并告知当事人有权在收到该通知书之日起 3 日内进行陈述和申辩,对依法应当听证的告知当事人有权在收到该通知书之日起 3 日内提出听证要求。

当事人不在场的,应当依法采取其他送达方式将海事违法行为通知书送达当事人。

第八十九条　当事人提出陈述和申辩的,海事管理机构应当充分听取,并对当事人提出的事实、理由和证据进行复核;当事人提出的事实、理由或者证据成立的,海事管理机构应当采纳。

当事人要求组织听证的,海事管理机构应当按照本章第四节的规定组织听证。

当事人逾期未提出陈述、申辩或者逾期未要求组织听证的,视为放弃有关权利。

第九十条　海事管理机构作出海事行政处罚决定,应当制作海事行政处罚决定书,并加盖本海事管理机构的印章。

第九十一条　海事行政处罚决定书应当在海事管理机构宣告后当场交付当事人,并将告知情况记入送达回证,由当事人在送达回证上签名或者盖章;当事人不在场的,应当在 7 日内依法采取其他送达方式送达当事人。

第九十二条　海事行政处罚案件应当自立案之日起 2 个月内办理完毕。因特殊需要,经海事管理机构负责人批准可以延长办案期至 3 个月。如 3 个月内仍不能办理完毕,经上一级海事管理机构批准可再延长办案期间,但最长不得超过 6 个月。

第四节　听证程序

第九十三条　在作出较大数额罚款、吊销证书的海事行政处罚决定之前,海事管理机构应当告知当事人有要求举行听证的权利;当事人要求听证的,海事管理机构应当组织听证。

本条前款所称"较大数额罚款",是指对自然人处以 1 万元以上罚款,对法人或者其他组织处以 10 万元以上罚款。

第九十四条　海事行政处罚听证依照《行政处罚法》第四十二条的规定组织。

第九十五条　海事管理机构的听证人员包括听证主持人、听证员和书记员。

听证主持人由海事管理机构负责人指定本海事管理机构负责法制工作的机构的非本案调查人员担任。

听证员由海事管理机构负责人指定 1 至 2 名本海事管理机构的非本案调查人员担任,协助听证主持人组织听证。

书记员由海事管理机构负责人指定 1 名非本案调查人员担任,负责听证笔录的制作和其他事务。

第九十六条　当事人委托代理人参加听证会的,应当向海事管理机构提交当事人签署的授权委托书。

第九十七条　当事人有正当理由要求延期举行听证的,经海事管理机构批准,可以延期一次。

第九十八条　海事行政处罚听证,按照以下程序进行:

(一)宣布案由和听证纪律;

(二)核对当事人或者其代理人、本案调查人员、证人及其他有关人员是否到场,并核实听证参加人的身份;

(三)宣读并出示海事管理机构负责人签署的听证决定,宣布听证人员名单,告知当事人

有申请主持人回避、申辩和质证的权利;

(四)宣布听证开始;

(五)案件调查人员提出当事人违法的事实、证据,说明拟作出行政处罚的建议和法律依据;

(六)当事人或者其委托代理人对案件的事实、证据,适用法律,行政处罚裁量等进行申辩和质证;

(七)主持人就案件的有关问题向当事人或者其委托代理人、案件调查人员、证人询问;

(八)经主持人允许,当事人、调查人员就案件的有关问题可以向到场的证人发问;

(九)本案调查人员、当事人或者其委托代理人按顺序就案件所涉及的事实、各自出示的证据的合法性、真实性及有关的问题进行辩论;

(十)辩论终结,听证主持人可以再就本案的事实、证据及有关问题向当事人或者其代理人、本案调查人员征求意见;

(十一)中止听证的,主持人应当时宣布再次进行听证的有关事宜;

(十二)当事人或者其委托代理人做最后陈述;

(十三)主持人宣布听证结束,听证笔录交当事人或者其委托代理人核对无误后签字或者盖章。认为有错误的,有权要求补充或者改正。当事人拒绝的,由听证主持人在听证笔录上说明情况。

第九十九条 有下列情形之一的,主持人可以决定延期举行听证:

(一)当事人因不可抗拒的事由无法到场的;

(二)当事人临时申请回避的;

(三)其他应当延期的情形。

第一百条 有下列情形之一的,主持人可以宣布中止听证:

(一)证据需要重新鉴定、勘验的;

(二)当事人或者其代理人提出新的事实、理由和证据,需要由本案调查人员调查核实的;

(三)作为听证申请人的法人或者其他组织突然解散,尚未确定权利、义务承受人的;

(四)当事人因不可抗拒的事由,不能继续参加听证的;

(五)听证过程中,当事人或者其代理人违反听证纪律致使听证无法进行的;

(六)其他应当中止听证的情形。

中止听证,应当在听证笔录中写明情况,由主持人签名。

第一百零一条 延期、中止听证的情形消失后,由主持人决定恢复听证并将听证的时间、地点通知听证参加人。

第一百零二条 有下列情形之一的,应当终止听证:

(一)当事人或者其代理人撤回听证要求的;

(二)当事人或者其代理人接到参加听证的通知,无正当理由不参加听证的;

(三)当事人或者其代理人未经听证主持人允许,中途退出听证的;

(四)其他应当终止听证的情形。

听证终止,应当在听证笔录中写明情况,由主持人签名。

第一百零三条 听证结束后,主持人应当依据听证情况制作海事行政处罚听证报告书,连同听证笔录报海事管理机构负责人审查后,依照本规定第八十七条的规定作出决定。

第五节 执行程序

第一百零四条 有《行政处罚法》第四十七条规定第(一)项、第(二)项规定情形之一,或者有《行政处罚法》第四十八条规定的情形的,海事管理机构及其海事行政执法人员可以当场收缴罚款。

罚款以人民币计算,并向当事人出具符合法定要求的罚款收据。

当事人无正当理由逾期不缴纳罚款的,海事管理机构依法每日按罚款数额的3%加处罚款。

第一百零五条 被处以扣留证书的,当事人应当及时将被扣留证书送交作出处罚决定的海事管理机构。扣留证书期满后,海事管理机构应当将所扣证书发还当事人,也可以通知当事人领取被扣证书。

被处以扣留、吊销证书,当事人拒不送交被扣留、被吊销的证书的,海事管理机构应当公告该证书作废,并通知核发证书的海事管理机构注销。

第一百零六条 海事管理机构对船员处以海事行政处罚后,应当予以记载。

第一百零七条 对当事人处以没收船舶处罚的,海事管理机构应当依法处理所没收的船舶。

第一百零八条 当事人在法定期限内不申请复议或提起诉讼,又不履行海事行政处罚决定的,海事管理机构依法申请人民法院强制执行。

第一百零九条 海事行政处罚案件执行完毕后,应当填写海事行政处罚结案表,将全部案件材料立卷后交海事管理机构负责法制工作的内设机构进行登记,并按档案管理要求进行归档。

第六节 监督程序

第一百一十条 自然人、法人或者其他组织对海事管理机构作出的行政处罚有权申诉或者检举。

自然人、法人或者其他组织的申诉或检举,由海事管理机构负责法制工作的内设机构受理和审查,认为海事行政处罚有下列情形之一的,经海事管理机构负责人同意后,予以改正:

(一)主要事实不清、证据不足的;
(二)适用依据错误的;
(三)违反法定程序的;
(四)超越或滥用职权的;
(五)具体行政行为明显不当的。

第一百一十一条 海事管理机构负责法制工作的内设机构发现本海事管理机构作出的海事行政处罚有第一百一十条第二款规定的情形之一的,应当向海事管理机构负责人提出建议,予以改正。

第一百一十二条 上级海事管理机构发现下级海事管理机构作出的海事行政处罚有第一百一十条第二款规定的情形之一的,应当责令其改正。

第一百一十三条 海事管理机构和海事行政执法人员违法实施行政处罚的,按照《行政处罚法》有关规定追究法律责任。

第五章 附 则

第一百一十四条 本规定所称沿海水域、船舶、设施、作业,其含义与《海上交通安全法》使用的同一用语的含义相同,但有关法律、行政法规和本规定另有规定的除外。

本规定所称船舶经营人,包括船舶管理人。

本规定所称设施经营人,包括设施管理人。

本规定所称当事人,包括自然人和法人以及其他组织,可以与有海事行政违法行为的船舶所有人、经营人互相替换。

本规定所称船员职务证书,包括船员培训合格证、船员服务簿、船员适任证书及其他适任证件。

本规定所称的船舶登记证书,包括船舶国籍证书、船舶所有权登记证书、船舶抵押权登记证书、光船租赁登记证书。

本规定所称船员,包括船长、轮机长、驾驶员、轮机员、无线电人员、引航员和水上飞机、潜水器的相应人员以及其他船员。

本规定所称"危险货物",系指具有爆炸、易燃、毒害、腐蚀、放射性、污染危害性等特性,在船舶载运过程中,容易造成人身伤害、财产损失或者环境污染而需要特别防护的物品,包括危险化学品。

第一百一十五条 本规定所称的以上、以内包括本数,所称的以下不包括本数,本规定另有规定的除外。

第一百一十六条 本规定所称日,是指工作日。

本规定所称月,按自然月计算。

本规定所称其他送达方式,是指委托送达、邮寄送达、留置送达、公告送达等《民事诉讼法》规定的方式。

第一百一十七条 海事管理机构办理海事行政处罚案件,应当使用交通运输部制订的统一格式的海事行政处罚文书。

第一百一十八条 本规定自 2015 年 7 月 1 日起施行。2003 年 7 月 10 日以交通部令 2003 年第 8 号公布的《中华人民共和国海上海事行政处罚规定》同时废止。

中华人民共和国船舶载运危险货物安全监督管理规定

(2003年11月30日交通部令第10号公布,2012年3月14日交通运输部令第4号修正)

第一章 总 则

第一条 为加强船舶载运危险货物监督管理,保障水上人命、财产安全,防止船舶污染环境,依据《中华人民共和国海上交通安全法》、《中华人民共和国海洋环境保护法》、《中华人民共和国港口法》、《中华人民共和国内河交通安全管理条例》、《中华人民共和国危险化学品安全管理条例》和有关国际公约的规定,制定本规定。

第二条 本规定适用于船舶在中华人民共和国管辖水域载运危险货物的活动。

第三条 交通部主管全国船舶载运危险货物的安全管理工作。中华人民共和国海事局负责船舶载运危险货物的安全监督管理工作。

交通部直属和地方人民政府交通主管部门所属的各级海事管理机构依照有关法律、法规和本规定,具体负责本辖区船舶载运危险货物的安全监督管理工作。

第四条 船舶载运危险货物,必须符合国家安全生产、水上交通安全、防治船舶污染的规定,保证船舶人员和财产的安全,防止对环境、资源以及其他船舶和设施造成损害。

第五条 禁止利用内河以及其他封闭水域等航运渠道运输剧毒化学品以及交通部规定禁止运输的其他危险化学品。

禁止在普通货物中夹带危险货物,不得将危险货物匿报或者报为普通货物。

禁止未取得危险货物适装证书的船舶以及超过交通部规定船龄的船舶载运危险货物。

第二章 通航安全和防污染管理

第六条 载运危险货物的船舶在中国管辖水域航行、停泊、作业,应当遵守交通部公布的以及海事管理机构在其职权范围内依法公布的水上交通安全和防治船舶污染的规定。

对在中国管辖水域航行、停泊、作业的载运危险货物的船舶,海事管理机构应当进行监督。

第七条 载运危险货物的船舶应当选择符合安全要求的通航环境航行、停泊、作业,并顾及在附近航行、停泊、作业的其他船舶以及港口和近岸设施的安全,防止污染环境。海事管理机构规定危险货物船舶专用航道、航路的,载运危险货物的船舶应当遵守规定航行。

载运危险货物的船舶通过狭窄或者拥挤的航道、航路,或者在气候、风浪比较恶劣的条件下航行、停泊、作业,应当加强瞭望,谨慎操作,采取相应的安全、防污措施。必要时,还应当落实辅助船舶待命防护等应急预防措施,或者向海事管理机构请求导航或者护航。

载运爆炸品、放射性物品、有机过氧化物、闪点28℃以下易燃液体和液化气的船,不得与其他驳船混合编队拖带。

对操作能力受限制的载运危险货物的船舶,海事管理机构应当疏导交通,必要时可实行相应的交通管制。

第八条 载运危险货物的船舶在航行、停泊、作业时应当按规定显示信号。

其他船舶与载运危险货物的船舶相遇,应当注意按照航行和避碰规则的规定,尽早采取相应的行动。

第九条 在船舶交通管理(VTS)中心控制的水域,船舶应当按照规定向交通管理(VTS)中心报告,并接受该中心海事执法人员的指令。

对报告进入船舶交通管理(VTS)中心控制水域的载运危险货物的船舶,海事管理机构应当进行标注和跟踪,发现违规航行、停泊、作业的,或者认为可能影响其他船舶安全的,海事管理机构应当及时发出警告,必要时依法采取相应的措施。

船舶交通管理(VTS)中心应当为向其报告的载运危险货物的船舶提供相应的水上交通安全信息服务。

第十条 在实行船舶定线制的水域,载运危险货物的船舶应当遵守船舶定线制规定,并使用规定的通航分道航行。

在实行船位报告制的水域,载运危险货物的船舶应当按照海事管理机构的规定,加入船位报告系统。

第十一条 载运危险货物的船舶从事水上过驳作业,应当符合国家水上交通安全和防止船舶污染环境的管理规定和技术规范,选择缓流、避风、水深、底质等条件较好的水域,尽量远离人口密集区、船舶通航密集区、航道、重要的民用目标或者设施、军用水域,制定安全和防治污染的措施和应急计划并保证有效实施。

第十二条 载运危险货物的船舶在港口水域内从事危险货物过驳作业,应当根据交通部有关规定向港口行政管理部门提出申请。港口行政管理部门在审批时,应当就船舶过驳作业的水域征得海事管理机构的同意。

载运散装液体危险性货物的船舶在港口水域外从事海上危险货物过驳作业,应当由船舶或者其所有人、经营人或者管理人依法向海事管理机构申请批准。

船舶从事水上危险货物过驳作业的水域,由海事管理机构发布航行警告或者航行通告予以公布。

第十三条 申请从事港口水域外海上危险货物单航次过驳作业的,申请人应当提前24小时向海事管理机构提出申请;申请在港口水域外特定海域从事多航次危险货物过驳作业的,申请人应当提前7日向海事管理机构提出书面申请。

船舶提交上述申请,应当申明船舶的名称、国籍、吨位,船舶所有人或者其经营人或者管理人、船员名单,危险货物的名称、编号、数量,过驳的时间、地点等,并附表明其业已符合本规定第十一条规定的相应材料。

海事管理机构收到齐备、合格的申请材料后,对单航次作业的船舶,应当在24小时内做出批准或者不批准的决定;对在特定水域多航次作业的船舶,应当在7日内做出批准或者不批准的决定。海事管理机构经审核,对申请材料显示船舶及其设备、船员、作业活动及安全和环保措施、作业水域等符合国家水上交通安全和防治船舶污染环境的管理规定和技术规范的,应当予以批准并及时通知申请人。对未予批准的,应当说明理由。

第十四条 载运危险货物的船舶排放压载水、洗舱水,排放其他残余物或者残余物与水的混合物,应当按照国家有关规定进行排放。

禁止船舶在海事管理机构依法设定并公告的禁止排放水域内,向水体排放任何禁排物品。

第十五条 载运危险货物的船舶发生水上险情、交通事故、非法排放事件,应当按照规定向海事管理机构报告,并及时启动应急计划和采取应急措施,防止损害、危害的扩大。

海事管理机构接到报告后,应当启动相应的应急救助计划,支援当事船舶尽量控制并消除损害、危害的态势和影响。

第三章 船舶管理

第十六条 从事危险货物运输的船舶所有人或者其经营人或者管理人,应当根据国家水上交通安全和防治船舶污染环境的管理规定,建立和实施船舶安全营运和防污染管理体系。

第十七条 载运危险货物的船舶,其船体、构造、设备、性能和布置等方面应当符合国家船舶检验的法律、行政法规、规章和技术规范的规定,国际航行船舶还应当符合有关国际公约的规定,具备相应的适航、适装条件,经中华人民共和国海事局认可的船舶检验机构检验合格,取得相应的检验证书和文书,并保持良好状态。

载运危险货物的船用集装箱、船用刚性中型散装容器和船用可移动罐柜,应当经中华人民共和国海事局认可的船舶检验机构检验合格后,方可在船上使用。

第十八条 曾装运过危险货物的未清洁的船用载货空容器,应当作为盛装有危险货物的容器处理,但经采取足够措施消除了危险性的除外。

第十九条 载运危险货物的船舶应当制定保证水上人命、财产安全和防治船舶污染环境的措施,编制应对水上交通事故、危险货物泄漏事故的应急预案以及船舶溢油应急计划,配备相应的应急救护、消防和人员防护等设备及器材,并保证落实和有效实施。

第二十条 载运危险货物的船舶应当按照国家有关船舶安全、防污染的强制保险规定,参加相应的保险,并取得规定的保险文书或者财务担保证明。

载运危险货物的国际航行船舶,按照有关国际公约的规定,凭相应的保险文书或者财务担保证明,由海事管理机构出具表明其业已办理符合国际公约规定的船舶保险的证明文件。

第二十一条 船舶载运危险货物,应当符合有关危险货物积载、隔离和运输的安全技术规范,并只能承运船舶检验机构签发的适装证书中所载明的货种。

国际航行船舶应当按照《国际海运危险货物规定》,国内航行船舶应当按照《水路危险货物运输规定》,对承载的危险货物进行正确分类和积载,保障危险货物在船上装载期间的安全。

对不符合国际、国内有关危险货物包装和安全积载规定的,船舶应当拒绝受载、承运。

第二十二条 船舶进行洗(清)舱、驱气或者置换,应当选择安全水域,远离通航密集区、船舶定线制区、禁航区、航道、渡口、客轮码头、危险货物码头、军用码头、船闸、大型桥梁、水下通道以及重要的沿岸保护目标,并在作业之前报海事管理机构核准,核准程序和手续按本规定第十三条关于单航次海上危险货物过驳作业的规定执行。

船舶从事本条第一款所述作业活动期间,不得检修和使用雷达、无线电发报机、卫星船站;不得进行明火、拷铲及其他易产生火花的作业;不得使用供应船、车进行加油、加水作业。

第四章 申报管理

第二十三条 船舶载运危险货物进、出港口,或者在港口过境停留,应当在进、出港口之前提前24小时,直接或者通过代理人向海事管理机构办理申报手续,经海事管理机构批准后,方可进、出港口。国际航行船舶,还应当按照国务院颁布的《国际航行船舶进出中华人民共和国口岸检查办法》第六条规定的时间提前预报告。

定船舶、定航线、定货种的船舶可以办理定期申报手续。定期申报期限不超过一个月。

船舶载运尚未在《危险货物品名表》(国家标准GB 12268)或者国际海事组织制定的《国际海运危险货物规则》内列明但具有危险物质性质的货物,应当按照载运危险货物的管理规定办理进、出港口申报。海事管理机构接到报告后,应当及时将上述信息通报港口所在地的港口行政管理部门。

办理申报手续可以采用电子数据处理(EDP)或者电子数据交换(EDI)的方式。

第二十四条 载运危险货物的船舶办理进、出港口申报手续,申报内容应至少包括:船名、预计进出港口的时间以及所载危险货物的正确名称、编号、类别、数量、特性、包装、装载位置等,并提供船舶持有安全适航、适装、适运、防污染证书或者文书的情况。

对于装有危险货物的集装箱,船舶需提供集装箱装箱检查员签名确认的《集装箱装箱证明书》。

对于易燃、易爆、易腐蚀、剧毒、放射性、感染性、污染危害性等危险品,船舶应当在申报时附具相应的危险货物安全技术说明书、安全作业注意事项、人员防护、应急急救和泄漏处置措施等资料。

第二十五条 海事管理机构收到船舶载运危险货物进、出港口的申报后,应当在24小时内做出批准或者不批准船舶进、出港口的决定。

对于申报资料明确显示船舶处于安全适航、适装状态以及所载危险货物属于安全状态的,海事管理机构应当批准船舶进、出港口。对有下列情形之一的,海事管理机构应当禁止船舶进、出港口:

(一)船舶未按规定办理申报手续;

(二)申报显示船舶未持有有效的安全适航、适装证书和防污染证书,或者货物未达到安全适运要求或者单证不全;

(三)按规定尚需国家有关主管部门或者进出口国家的主管机关同意后方能载运进、出口的货物,在未办理完有关手续之前;

(四)船舶所载危险货物系国家法律、行政法规禁止通过水路运输的;

(五)本港尚不具备相应的安全航行、停泊、作业条件或者相应的应急、防污染、保安等措施的;

(六)交通部规定不允许船舶进出港口的其他情形。

第二十六条　船舶载运需经国家其他有关主管部门批准的危险货物,或者载运需经两国或者多国有关主管部门批准的危险货物,应在装货前取得相应的批准文书并向海事管理机构备案。

第二十七条　船舶从境外载运有害废料进口,国内收货单位应事先向预定抵达港的海事管理机构提交书面报告并附送出口国政府准许其迁移以及我国政府有关部门批准其进口的书面材料,提供承运的单位、船名、船舶国籍和呼号以及航行计划和预计抵达时间等情况。

船舶出口有害废弃物,托运人应提交我国政府有关部门批准其出口,以及最终目的地国家政府准许其进口的书面材料。

第二十八条　核动力船舶、载运放射性危险货物的船舶以及5万总吨以上的油轮、散装化学品船、散装液化气船从境外驶向我国领海的,不论其是否挂靠中国港口,均应当在驶入中国领海之前,向中国船位报告中心通报:船名、危险货物的名称、装载数量、预计驶入的时间和概位、挂靠中国的第一个港口或者声明过境。挂靠中国港口的,还应当按照本规定第二十三条的规定申报。

第五章　人员管理

第二十九条　载运危险货物船舶的船员,应当持有海事管理机构颁发的适任证书和相应的培训合格证,熟悉所在船舶载运危险货物安全知识和操作规程。

第三十条　载运危险货物船舶的船员应当事先了解所运危险货物的危险性和危害性及安全预防措施,掌握安全载运的相关知识。发生事故时,应遵循应急预案,采取相应的行动。

第三十一条　从事原油洗舱作业的指挥人员,应当按照规定参加原油洗舱的特殊培训,具备船舶安全与防污染知识和专业操作技能,经海事管理机构考试、评估,取得合格证书后,方可上岗作业。

第三十二条　按照本规定办理船舶申报手续的人员,应当熟悉船舶载运危险货物的申报程序和相关要求。

第六章　法律责任

第三十三条　海事管理机构依法对载运危险货物的船舶实施监督检查,对违法的船舶、船员依法采取相应的措施。

海事管理机构发现载运危险货物的船舶存在安全或者污染隐患的,应当责令立即消除或者限期消除隐患;有关单位和个人不立即消除或者逾期不消除的,海事管理机构可以采取责令其临时停航、停止作业,禁止进港、离港,责令驶往指定水域,强制卸载,滞留船舶等强制性措施。

对有下列情形之一的,海事管理机构应当责令当事船舶立即纠正或者限期改正:

(一)经核实申报内容与实际情况不符的;

(二)擅自在非指定泊位或者水域装卸危险货物的;

(三)船舶或者其设备不符合安全、防污染要求的;

(四)危险货物的积载和隔离不符合规定的;

(五)船舶的安全、防污染措施和应急计划不符合规定的;

（六）船员不符合载运危险货物的船舶的适任资格的。

本规定第二十八条所述船舶违反国家水上交通安全和防治船舶污染环境的法律、行政法规以及《联合国海洋法公约》有关规定的，海事管理机构有权禁止其进入中国领海、内水、港口，或者责令其离开或者驶向指定地点。

第三十四条　载运危险货物的船舶违反本规定以及国家水上交通安全、防治船舶污染环境的规定，应当予以行政处罚的，由海事管理机构按照有关法律、行政法规和交通部公布的有关海事行政处罚的规定给予相应的处罚。

涉嫌构成犯罪的，由海事管理机构依法移送国家司法机关。

第三十五条　海事管理机构的工作人员有滥用职权、徇私舞弊、玩忽职守等严重失职行为的，由其所在单位或者上级机关给予行政处分；情节严重构成犯罪的，由司法机关依法追究刑事责任。

第七章　附　则

第三十六条　本规定所称"危险货物"，系指具有爆炸、易燃、毒害、腐蚀、放射性、污染危害性等特性，在船舶载运过程中，容易造成人身伤害、财产损失或者环境污染而需要特别防护的物品。

第三十七条　本规定自 2004 年 1 月 1 日生效。1981 年交通部颁布的《船舶装载危险货物监督管理规定》（〔81〕交港监字 2060 号）同时废止。

中华人民共和国船舶最低安全配员规则

(2004年6月30日交通部令第7号公布,2014年9月5日交通运输部令第10号修正)

第一章 总 则

第一条 为确保船舶的船员配备,足以保证船舶安全航行、停泊和作业,防治船舶污染环境,依据《中华人民共和国海上交通安全法》、《中华人民共和国内河交通安全管理条例》和中华人民共和国缔结或者参加的有关国际条约,制定本规则。

第二条 中华人民共和国国籍的机动船舶的船员配备和管理,适用本规则。

本规则对外国籍船舶作出规定的,从其规定。

军用船舶、渔船、体育运动船艇以及非营业的游艇,不适用本规则。

第三条 中华人民共和国海事局是船舶安全配员管理的主管机关。各级海事管理机构依照职责负责本辖区内的船舶安全配员的监督管理工作。

第四条 本规则所要求的船舶安全配员标准是船舶配备船员的最低要求。

第五条 船舶所有人(或者其船舶经营人、船舶管理人,下同)应当按照本规则的要求,为所属船舶配备合格的船员,但是并不免除船舶所有人为保证船舶安全航行和作业增加必要船员的责任。

第二章 最低安全配员原则

第六条 确定船舶最低安全配员标准应综合考虑船舶的种类、吨位、技术状况、主推进动力装置功率、航区、航程、航行时间、通航环境和船员值班、休息制度等因素。

第七条 船舶在航行期间,应配备不低于本规则附录一、附录二、附录三所确定的船员构成及数量。高速客船的船员最低安全配备应符合交通部颁布的《高速客船安全管理规则》(交通部令1996年第13号)的要求。

第八条 本规则附录一、附录二、附录三列明的减免规定是根据各类船舶在一般情况下制定的,海事管理机构在核定具体船舶的最低安全配员数额时,如认为配员减免后无法保证船舶安全时,可不予减免或者不予足额减免。

第九条 船舶所有人可以根据需要增配船员,但船上总人数不得超过经中华人民共和国海事局认可的船舶检验机构核定的救生设备定员标准。

第三章 最低安全配员管理

第十条 中国籍船舶配备外国籍船员应当符合以下规定:

（一）在中国籍船舶上工作的外国籍船员，应当依照法律、行政法规和国家其他有关规定取得就业许可；

（二）外国籍船员持有合格的船员证书，且所持船员证书的签发国与我国签订了船员证书认可协议；

（三）雇佣外国籍船员的航运公司已承诺承担船员权益维护的责任。

第十一条 中国籍船舶应当按照本规则的规定，持有海事管理机构颁发的《船舶最低安全配员证书》。

在中华人民共和国内水、领海及管辖海域的外国籍船舶，应当按照中华人民共和国缔结或者参加的有关国际条约的规定，持有其船旗国政府主管机关签发的《船舶最低安全配员证书》或者等效文件。

第十二条 船舶所有人应当在申请船舶国籍登记时，按照本规则的规定，对其船舶的最低安全配员如何适用本规则附录相应标准予以陈述，并可以包括对减免配员的特殊说明。

海事管理机构应当在依法对船舶国籍登记进行审核时，核定船舶的最低安全配员，并在核发船舶国籍证书时，向当事船舶配发《船舶最低安全配员证书》。

第十三条 在境外建造或者购买并交接的船舶，船舶所有人应持船舶买卖合同或者建造合同及交接文件、船舶技术和其他相关资料的副本（复印件）到所辖的海事管理机构办理《船舶最低安全配员证书》。

第十四条 海事管理机构核定船舶最低安全配员时，除查验有关船舶证书、文书外，可以就本规则第六条所述的要素对船舶的实际状况进行现场核查。

第十五条 船舶在航行、停泊、作业时，必须将《船舶最低安全配员证书》妥善存放在船备查。

船舶不得使用涂改、伪造以及采用非法途径或者舞弊手段取得的《船舶最低安全配员证书》。

第十六条 船舶所有人应当按照本规则的规定和《船舶最低安全配员证书》载明的船员配备要求，为船舶配备合格的船员。

第十七条 船舶所有人应当在《船舶最低安全配员证书》有效期截止前1年以内，或者在船舶国籍证书重新核发或者相关内容发生变化时，凭原证书到船籍港的海事管理机构办理换发证书手续。

第十八条 证书污损不能辨认的，视为无效，船舶所有人应当向所辖的海事管理机构申请换发。证书遗失的，船舶所有人应当书面说明理由，附具有关证明文件，到船籍港的海事管理机构办理补发证书手续。

换发或者补发的《船舶最低安全配员证书》的有效期，不超过原发的《船舶最低安全配员证书》的有效期。

第十九条 船舶状况发生变化需改变证书所载内容时，船舶所有人应当到船籍港的海事管理机构重新办理《船舶最低安全配员证书》。

第二十条 在特殊情况下，船舶需要在船籍港以外换发或者补发《船舶最低安全配员证书》，经船籍港海事管理机构同意，船舶当时所在港口的海事管理机构可以按照本规定予以办理并通报船籍港海事管理机构。

第四章 监督检查

第二十一条 中国籍、外国籍船舶在办理进、出港口或者口岸手续时,应当交验《船舶最低安全配员证书》。

第二十二条 中国籍、外国籍船舶在停泊期间,均应配备足够的掌握相应安全知识并具有熟练操作能力能够保持对船舶及设备进行安全操纵的船员。

无论何时,500总吨及以上(或者750千瓦及以上)海船、600总吨及以上(或者441千瓦及以上)内河船舶的船长和大副,轮机长和大管轮不得同时离船。

第二十三条 船舶未持有《船舶最低安全配员证书》或者实际配员低于《船舶最低安全配员证书》要求的,对中国籍船舶,海事管理机构应当禁止其离港直至船舶满足本规则要求;对外国籍船舶,海事管理机构应当禁止其离港,直至船舶按照《船舶最低安全配员证书》的要求配齐人员,或者向海事管理机构提交由其船旗国主管当局对其实际配员作出的书面认可。

第二十四条 对违反本规则的船舶和人员,依法应当给予行政处罚的,由海事管理机构依据有关法律、行政法规和规章的规定给予相应的处罚。

第二十五条 海事管理机构的工作人员滥用职权、徇私舞弊、玩忽职守的,由所在单位或者上级机关给予行政处分;构成犯罪的,依法追究刑事责任。

第五章 附 则

第二十六条 《船舶最低安全配员证书》由中华人民共和国海事局统一印制。

《船舶最低安全配员证书》的编号应与船舶国籍证书的编号一致。《船舶最低安全配员证书》有效期的截止日期与船舶国籍证书有效期的截止日期相同。

第二十七条 本规则附录一、附录二、附录三的内容,可由中华人民共和国海事局根据有关法律、行政法规和相关国际公约进行修改。

第二十八条 本规则自2004年8月1日起施行。

中华人民共和国内河海事行政处罚规定

(2004年12月7日交通部令第13号公布,2015年5月29日交通运输部令第9号修订)

第一章 总 则

第一条 为规范海事行政处罚行为,保护当事人的合法权益,保障和监督水上海事行政管理,维护水上交通秩序,防止船舶污染水域,根据《内河交通安全管理条例》、《行政处罚法》及其他有关法律、行政法规,制定本规定。

第二条 对在中华人民共和国(简称中国)内河水域及相关陆域发生的违反海事行政管理秩序的行为实施海事行政处罚,适用本规定。

第三条 实施海事行政处罚,应当遵循合法、公开、公正,处罚与教育相结合的原则。

第四条 海事行政处罚,由海事管理机构依法实施。

第二章 内河海事违法行为和行政处罚

第一节 违反船舶、浮动设施所有人、经营人安全管理秩序

第五条 违反船舶所有人、经营人安全营运管理秩序,有下列行为之一的,对船舶所有人或者船舶经营人处以5000元以上3万元以下罚款:

(一)未按规定取得安全营运与防污染管理体系符合证明或者临时符合证明从事航行或者其他有关活动;

(二)隐瞒事实真相或者提供虚假材料或者以其他不正当手段骗取安全营运与防污染管理体系符合证明或者临时符合证明;

(三)伪造、变造安全营运与防污染管理体系审核的符合证明或者临时符合证明;

(四)转让、买卖、租借、冒用安全营运与防污染管理体系审核的符合证明或者临时符合证明。

第六条 违反船舶安全营运管理秩序,有下列行为之一的,对船舶所有人或者船舶经营人处以5000元以上3万元以下罚款;对船长处以2000元以上2万元以下的罚款,情节严重的,并给予扣留船员适任证书6个月至24个月直至吊销船员适任证书的处罚:

(一)未按规定取得船舶安全管理证书或者临时船舶安全管理证书从事航行或者其他有关活动;

(二)隐瞒事实真相或者提供虚假材料或者以其他不正当手段骗取船舶安全管理证书或者临时船舶安全管理证书;

(三)伪造、变造船舶安全管理证书或者临时船舶安全管理证书;

（四）转让、买卖、租借、冒用船舶安全管理证书或者临时船舶安全管理证书。

第七条 违反安全营运管理秩序，有下列情形之一，造成严重后果的，按以欺骗手段取得安全营运与防污染管理体系符合证明或者临时符合证明，对船舶所有人或者船舶经营人取得的安全营运与防污染管理体系符合证明或者临时符合证明予以撤销：

（一）不掌控船舶安全配员；

（二）不掌握船舶动态；

（三）不掌握船舶装载情况；

（四）船舶管理人不实际履行安全管理义务；

（五）安全管理体系运行存在其他重大问题。

第二节 违反船舶、浮动设施检验和登记管理秩序

第八条 违反《内河交通安全管理条例》第六条第（一）项、第七条第（一）项的规定，船舶、浮动设施未持有合格的检验证书擅自航行或者作业的，依照《内河交通安全管理条例》第六十四条的规定，责令停止航行或者作业；拒不停止航行或者作业的，暂扣船舶、浮动设施；情节严重的，予以没收。

本条前款所称未持有合格的检验证书，包括下列情形：

（一）没有取得相应的检验证书；

（二）持有的检验证书属于伪造、变造、转让、买卖或者租借的；

（三）持失效的检验证书；

（四）检验证书损毁、遗失但不按照规定补办；

（五）其他不符合法律、行政法规和规章规定情形的检验证书。

第九条 船舶检验机构的检验人员违反《船舶和海上设施检验条例》的规定，滥用职权、徇私舞弊、玩忽职守、严重失职，有下列行为之一的，依照《船舶和海上设施检验条例》第二十八条的规定，按其情节给予警告、暂停检验资格或者注销验船人员注册证书的处罚：

（一）超越职权范围进行船舶、设施检验；

（二）擅自降低规范要求进行船舶、设施检验；

（三）未按照规定的检验项目进行船舶、设施检验；

（四）未按照规定的检验程序进行船舶、设施检验；

（五）所签发的船舶检验证书或者检验报告与船舶、设施的实际情况不符。

第三节 违反内河船员管理秩序

第十条 违反《内河交通安全管理条例》第九条的规定，未经考试合格并取得适任证书或者其他适任证件的人员擅自从事船舶航行或者操作的，依照《内河交通安全管理条例》第六十六条和《船员条例》第六十条的规定，责令其立即离岗，对直接责任人员处以2000元以上2万元以下罚款，并对聘用单位处以3万元以上15万元以下罚款。

本条前款所称未经考试合格并取得适任证书或者其他适任证件，包括下列情形：

（一）未经水上交通安全培训并取得相应合格证明；

（二）未持有船员适任证书或者其他适任证件；

（三）持采取弄虚作假的方式取得的船员职务证书；

（四）持伪造、变造的船员职务证书；
（五）持转让、买卖或租借的船员职务证书；
（六）所服务的船舶的航区、种类和等级或者所任职务超越所持船员职务证书限定的范围；
（七）持已经超过有效期限的船员职务证书；
（八）未按照规定持有船员服务簿。

第十一条 违反《船员条例》第二十条的规定，船员有下列情形之一的，依照《船员条例》第五十七条的规定，处以1000元以上1万元以下罚款；情节严重的，并给予扣留船员服务簿、船员适任证书6个月至24个月直至吊销船员服务簿、船员适任证书的处罚：
（一）在船在岗期间饮酒，体内酒精含量超过规定标准；
（二）在船在岗期间，服用国家管制的麻醉药品或者精神药品。

第十二条 违反《船员条例》第十二条、第十九条、第二十七条的规定，船员用人单位、船舶所有人有下列未按照规定招用外国籍船员在中国籍船舶上任职情形的，依照《船员条例》第六十条的规定，责令改正，处以3万元以上15万元以下罚款：
（一）未依照法律、行政法规和国家其他规定取得就业许可；
（二）未持有合格的且签发国与我国签订了船员证书认可协议的船员证书；
（三）雇佣外国籍船员的航运公司未承诺承担船员权益维护的责任。

第十三条 船员服务机构和船员用人单位未将其招用或者管理的船员的有关情况定期向海事管理机构备案的，按照《船员条例》第六十四条的规定，对责任单位处以5000元以上2万元以下罚款。
前款所称船员服务机构包括海员外派机构。
本条第一款所称船员服务机构和船员用人单位未定期向海事管理机构备案，包括下列情形：
（一）未按规定进行备案，或者备案内容不全面、不真实；
（二）未按照规定时间备案；
（三）未按照规定的形式备案。

第四节 违反航行、停泊和作业管理秩序

第十四条 船舶、浮动设施的所有人或者经营人违反《内河交通安全管理条例》第六条第（三）项、第七条第（三）项的规定，船舶未按照国务院交通运输主管部门的规定配备船员擅自航行的，或者浮动设施未按照国务院交通运输主管部门的规定配备掌握水上交通安全技能的船员擅自作业的，依照《内河交通安全管理条例》第六十五条的规定，责令限期改正，并处以1万元以上10万元以下罚款；逾期不改正的，责令停航或者停止作业。
本条前款所称船舶未按照国务院交通运输主管部门的规定配备船员擅自航行，包括下列情形：
（一）船舶所配船员的数量低于船舶最低安全配员证书规定的定额要求；
（二）船舶未持有有效的船舶最低安全配员证书。

第十五条 违反《内河交通安全管理条例》第十四条的规定，应当报废的船舶、浮动设施在内河航行或者作业的，依照《内河交通安全管理条例》第六十三条的规定，责令停航或者停

止作业,并予以没收。

本条前款所称应当报废的船舶,是指达到国家强制报废年限或者以废钢船名义购买的船舶。

第十六条 违反《内河交通安全管理条例》第十四条、第十八条、第十九条、第二十条、第二十二条的规定,船舶在内河航行有下列行为之一的,依照《内河交通安全管理条例》第六十八条的规定,责令改正,处以5000元以上5万元以下罚款;情节严重的,禁止船舶进出港口或者责令停航,并可以对责任船员给予扣留船员适任证书或者其他适任证件3个月至6个月的处罚:

(一)未按照规定悬挂国旗;

(二)未按照规定标明船名、船籍港、载重线,或者遮挡船名、船籍港、载重线;

(三)国内航行船舶进出港口未按照规定办理进出港签证,国际航行船舶未按照规定办理进出口岸手续;

(四)未按照规定申请引航;

(五)船舶进出港口和通过交通管制区、通航密集区、航行条件受到限制区域,未遵守海事管理机构发布的特别规定;

(六)船舶无正当理由进入或者穿越禁航区;

(七)载运或者拖带超重、超长、超高、超宽、半潜的物体,未申请核定航路、航行时间或者未按照核定的航路、时间航行。

第十七条 违反《内河交通安全管理条例》的有关规定,船舶在内河航行、停泊或者作业,不遵守航行、避让和信号显示规则,依照《内河交通安全管理条例》第八十一条的规定,处以1000元以上1万元以下罚款;情节严重的,还应当对责任船员给予扣留船员适任证书或者其他适任证件3个月至6个月直至吊销船员适任证书或者其他适任证件的处罚。

本条前款所称不遵守航行、避让和信号显示规则,包括以下情形:

(一)未采用安全航速航行;

(二)未按照要求保持正规瞭望;

(三)未按照规定的航路或者航行规则航行;

(四)未按照规定倒车、调头、追越;

(五)未按照规定显示号灯、号型或者鸣放声号;

(六)未按照规定擅自夜航;

(七)在规定必须报告船位的地点,未报告船位;

(八)在禁止横穿航道的航段,穿越航道;

(九)在限制航速的区域和汛期高水位期间未按照海事管理机构规定的航速航行;

(十)不遵守海事管理机构发布的在能见度不良时的航行规定;

(十一)不遵守海事管理机构发布的有关航行、避让和信号规则规定;

(十二)不遵守海事管理机构发布的航行通告、航行警告规定;

(十三)船舶装卸、载运危险货物或者空舱内有可燃气体时,未按照规定悬挂或者显示信号;

(十四)不按照规定保持船舶自动识别系统处于正常工作状态,或者不按照规定在船舶

自动识别设备中输入准确信息,或者船舶自动识别系统发生故障未及时向海事机构报告;

(十五)未在规定的甚高频通信频道上守听;

(十六)未按照规定进行无线电遇险设备测试;

(十七)船舶停泊未按照规定留足值班人员;

(十八)未按照规定采取保障人员上、下船舶、设施安全的措施;

(十九)不遵守航行、避让和信号显示规则的其他情形。

第十八条 违反《内河交通安全管理条例》第八条、第二十一条的规定,船舶不具备安全技术条件从事货物、旅客运输,或者超载运输货物、超定额运输旅客,依照《内河交通安全管理条例》第八十二条的规定,责令改正,处以 2 万元以上 10 万元以下罚款,并可以对责任船员给予扣留船员适任证书或者其他适任证件 6 个月以上直至吊销船员适任证书或者其他适任证件的处罚,并对超载运输的船舶强制卸载,因卸载而发生的卸货费、存货费、旅客安置费和船舶监管费由船舶所有人或者经营人承担。

本条前款所称船舶不具备安全技术条件从事货物、旅客运输,包括以下情形:

(一)不遵守船舶、设施的配载和系固安全技术规范;

(二)不按照规定载运易流态化货物,或者不按照规定向海事管理机构备案;

(三)遇有不符合安全开航条件的情况而冒险开航;

(四)超过核定航区航行;

(五)船舶违规使用低闪点燃油;

(六)未按照规定拖带或者非拖船从事拖带作业;

(七)未经核准从事大型设施或者移动式平台的水上拖带;

(八)未持有《乘客定额证书》;

(九)未按照规定配备救生设施;

(十)船舶不具备安全技术条件从事货物、旅客运输的其他情形。

本条第一款所称超载运输货物、超定额运输旅客,包括以下情形:

(一)超核定载重线载运货物;

(二)集装箱船装载超过核定箱数;

(三)集装箱载运货物超过集装箱装载限额;

(四)滚装船装载超出检验证书核定的车辆数量;

(五)未经核准乘客定额载客航行;

(六)超乘客定额载运旅客。

第十九条 违反《内河交通安全管理条例》第二十八条的规定,在内河通航水域进行有关作业,不按照规定备案的,依照《内河交通安全管理条例》第七十条的规定,责令改正,处以 5000 元以上 5 万元以下罚款。

本条前款所称有关作业,包括以下作业:

(一)气象观测、测量、地质调查;

(二)大面积清除水面垃圾;

(三)可能影响内河通航水域交通安全的其他行为。

本条第二款第(三)项所称可能影响内河通航水域交通安全的其他行为,包括下列行为:

(一)检修影响船舶适航性能设备；

(二)检修通信设备和消防、救生设备；

(三)船舶烧焊或者明火作业；

(四)在非锚地、非停泊区进行编、解队作业；

(五)船舶试航、试车；

(六)船舶悬挂彩灯；

(七)船舶放艇(筏)进行救生演习。

第二十条 违反《港口建设费征收使用管理办法》,不按规定缴纳或者少缴纳港口建设费的,依照《财政违法行为处罚处分条例》第十三条规定,责令改正,并处未缴纳或者少缴纳的港口建设费的10%以上30%以下的罚款；对直接负责的主管人员和其他责任人处以3000元以上5万元以下罚款。

对于未缴清港口建设费的国内外进出口货物,港口经营人、船舶代理公司或者货物承运人违规办理了装船或者提离港口手续的,禁止船舶离港、责令停航、改航、责令停止作业,并可对直接负责的主管人员和其他责任人处以3000元以上3万元以下罚款。

第二十一条 违反船舶港务费征收管理秩序,不按照规定及时足额缴纳船舶港务费的,由海事管理机构责令限期缴纳,并从结算的次日起,按日核收应缴船舶港务费5‰的滞纳金；对逃缴、抗缴船舶港务费的,可以禁止船舶离港,或者责令其停航、改航、停止作业,并处以欠缴船舶港务费的1倍以上3倍以下罚款。

第五节 违反危险货物载运安全监督管理秩序

第二十二条 违反《内河交通安全管理条例》第三十条第二款和《危险化学品安全管理条例》第五十四条的规定,有下列情形之一的,依照《危险化学品安全管理条例》第八十七条规定,责令改正,对船舶所有人或者经营人处以10万元以上20万元以下的罚款,有违法所得的,没收违法所得；拒不改正的,责令停航整顿：

(一)通过内河封闭水域运输剧毒化学品以及国家规定禁止通过内河运输的其他危险化学品的；

(二)通过内河运输国家规定禁止通过内河运输的剧毒化学品以及其他危险化学品的。

第二十三条 违反《内河交通安全管理条例》第三十二条、第三十四条的规定,从事危险货物作业,有下列情形之一的,依照《内河交通安全管理条例》第七十一条的规定,责令停止作业或者航行,对负有责任的主管人员或者其他直接责任人员处以2万元以上10万元以下的罚款；属于船员的,并给予扣留船员适任证书或者其他适任证件6个月以上直至吊销船员适任证书或者其他适任证件的处罚：

(一)从事危险货物运输的船舶,未编制危险货物事故应急预案或者未配备相应的应急救援设备和器材的；

(二)船舶载运危险货物进出港或者在港口外装卸、过驳危险货物未经海事管理机构同意的。

第二十四条 违反《危险化学品安全管理条例》第四十四条的规定,有下列情形之一的,依照《危险化学品安全管理条例》第八十六条的规定,由海事管理机构责令改正,处以5万元以上10万元以下的罚款；拒不改正的,责令停航、停业整顿：

（一）从事危险化学品运输的船员未取得相应的船员适任证书和培训合格证明；

（二）危险化学品运输申报人员、集装箱装箱现场检查员未取得从业资格。

第二十五条 违反《内河交通安全管理条例》第三十一条、《危险化学品安全管理条例》第十八条的规定，运输危险化学品的船舶及其配载的容器未经检验合格而投入使用的，依照《危险化学品安全管理条例》第七十九条的规定，责令改正，对船舶所有人或者经营人处以10万元以上20万元以下的罚款，有违法所得的，没收违法所得；拒不改正的，责令停航整顿。

第二十六条 违反《内河交通安全管理条例》和《危险化学品安全管理条例》第四十五条的规定，船舶配载和运输危险货物不符合国家有关法律、法规、规章的规定和国家标准，或者未按照危险化学品的特性采取必要安全防护措施的，依照《危险化学品安全管理条例》第八十六条的规定，责令改正，对船舶所有人或者经营人处以5万元以上10万元以下的罚款；拒不改正的，责令停航整顿。

本条前款所称不符合国家有关法律、法规、规章的规定和国家标准，并按照危险化学品的特性采取必要安全防护措施的，包括下列情形：

（一）船舶未按照规定进行积载和隔离；

（二）船舶载运不符合规定的集装箱危险货物；

（三）装载危险货物的集装箱进出口或者中转未持有《集装箱装箱证明书》或者等效的证明文件；

（四）船舶装载危险货物违反限量、衬垫、紧固规定；

（五）船舶擅自装运未经评估核定危害性的新化学品；

（六）使用不符合要求的船舶装卸设备、机具装卸危险货物，或者违反安全操作规程进行作业，或者影响装卸作业安全的设备出现故障、存在缺陷，不及时纠正而继续进行装卸作业；

（七）船舶装卸危险货物时，未经批准，在装卸作业现场进行明火作业；

（八）船舶在装卸爆炸品、闪点23℃以下的易燃液体，或者散化、液化气体船在装卸易燃易爆货物过程中，检修或者使用雷达、无线电发射机和易产生火花的工（机）具拷铲，或者进行加油、允许他船并靠加水作业；

（九）装载易燃液体、挥发性易燃易爆散装化学品和液化气体的船舶在修理前不按照规定通风测爆；

（十）液货船未按照规定进行驱气或者洗舱作业；

（十一）液货船在装卸作业时不按照规定采取安全措施；

（十二）在液货船上随身携带易燃物品或者在甲板上放置、使用聚焦物品；

（十三）在禁止吸烟、明火的船舶处所吸烟或者使用明火；

（十四）在装卸、载运易燃易爆货物或者空舱内仍有可燃气体的船舶作业现场穿带钉的鞋靴或者穿着、更换化纤服装；

（十五）在海事管理机构公布的水域以外擅自从事过驳作业；

（十六）在进行液货船水上过驳作业时违反安全与防污染管理规定，或者违反安全操作规程；

（十七）船舶进行供油作业时，不按照规定填写《供受油作业安全检查表》，或者不按照《供受油作业安全检查表》采取安全和防污染措施；

（十八）船舶载运危险货物,向海事管理机构申报时隐瞒、谎报危险货物性质或者提交涂改、伪造、变造的危险货物单证的；

（十九）在航行、装卸或者停泊时,未按照规定显示信号。

第二十七条 违反《危险化学品安全管理条例》第六十三条的规定,通过船舶载运危险化学品,托运人不向承运人说明所托运的危险化学品的种类、数量、危险特性以及发生危险情况的应急处置措施,或者未按照国家有关规定对所托运的危险化学品妥善包装并在外包装上设置相应标志的,依照《危险化学品安全管理条例》第八十六条的规定,由海事管理机构责令改正,对托运人处以5万元以上10万元以下的罚款；拒不改正的,责令停航整顿。

第二十八条 违反《危险化学品安全管理条例》第六十四条的规定,通过船舶载运危险化学品,在托运的普通货物中夹带危险化学品,或者将危险化学品谎报或者匿报为普通货物托运的,依照《危险化学品安全管理条例》第八十七条的规定,由海事管理机构责令改正,对托运人处以10万元以上20万元以下的罚款,有违法所得的,没收违法所得；拒不改正的,责令停航整顿。

第六节 违反通航安全保障管理秩序

第二十九条 违反《内河交通安全管理条例》第四十五条,有下列行为或者情形之一的,责令改正,并可以处以2000元以下的罚款；拒不改正的,责令施工作业单位、施工作业的船舶和设施停止作业：

（一）未按照有关规定申请发布航行警告、航行通告即行实施水上水下活动的；

（二）水上水下活动与航行警告、航行通告中公告的内容不符的。

第三十条 违反《内河交通安全管理条例》第二十九条的规定,在内河通航水域进行可能影响通航安全的作业或者活动,未按照规定设置标志、显示信号的,依照《内河交通安全管理条例》第七十条的规定,处以5000元以上5万元以下罚款。

本条前款所称可能影响通航安全的作业或者活动,包括《内河交通安全管理条例》第二十五条、第二十八条规定的作业或者活动。

第七节 违反船舶、浮动设施遇险救助管理秩序

第三十一条 违反《内河交通安全管理条例》第四十六条、第四十七条的规定,遇险后未履行报告义务,或者不积极施救的,依照《内河交通安全管理条例》第七十六条的规定,对船舶、浮动设施或者责任人员给予警告,并对责任船员给予扣留船员适任证书或者其他适任证件3个月至6个月直至吊销船员适任证书或者其他适任证件的处罚。

本条前款所称遇险后未履行报告义务,包括下列情形：

（一）船舶、浮动设施遇险后,未按照规定迅速向遇险地海事管理机构以及船舶、浮动设施所有人、经营人报告的；

（二）船舶、浮动设施遇险后,未按照规定报告遇险的时间、地点、遇险状况、遇险原因、救助要求的；

（三）发现其他船舶、浮动设施遇险,或者收到求救信号,船舶、浮动设施上的船员或者其他人员未将有关情况及时向遇险地海事管理机构报告的。

本条第一款所称不积极施救,包括下列情形：

（一）船舶、浮动设施遇险后，不积极采取有效措施进行自救；

（二）船舶、浮动设施发生碰撞等事故后，在不严重危及自身安全的情况下，不积极救助遇险他方；

（三）附近船舶、浮动设施遇险，或者收到求救信号后，船舶、浮动设施上的船员或者其他人员未尽力救助遇险人员。

第三十二条 违反《内河交通安全管理条例》第四十九条第二款的规定，遇险现场和附近的船舶、船员不服从海事管理机构的统一调度和指挥的，依照《内河交通安全管理条例》第七十八条的规定，对船舶、浮动设施或者责任人员给予警告，并对责任船员给予扣留船员适任证书或者其他适任证件3个月至6个月直至吊销船员适任证书或者其他适任证件的处罚。

第八节 违反内河交通事故调查处理秩序

第三十三条 违反《内河交通安全管理条例》第五十条、第五十二条的规定，船舶、浮动设施发生水上交通事故，阻碍、妨碍内河交通事故调查取证，或者谎报、匿报、毁灭证据的，依照《内河交通安全管理条例》第八十四条的规定，给予警告，并对直接责任人员处1000元以上1万元以下的罚款；属于船员的，并给予扣留船员适任证书或者其他适任证件12个月以上直至吊销船员适任证书或者其他适任证件的处罚。

本条前款所称阻碍、妨碍内河交通事故调查取证，包括下列情形：

（一）未按照规定立即报告事故；

（二）事故报告内容不真实，不符合规定要求；

（三）事故发生后，未做好现场保护，影响事故调查进行；

（四）在未出现危及船舶安全的情况下，未经海事管理机构的同意擅自驶离指定地点；

（五）未按照海事管理机构的要求驶往指定地点影响事故调查工作；

（六）拒绝接受事故调查或者阻碍、妨碍进行事故调查取证；

（七）因水上交通事故致使船舶、设施发生损害，未按照规定进行检验或者鉴定，或者不向海事管理机构提交检验或者鉴定报告副本，影响事故调查；

（八）其他阻碍、妨碍内河交通事故调查取证的情形。

本条第一款所称谎报、匿报、毁灭证据，包括下列情形：

（一）隐瞒事实或者提供虚假证明、证词；

（二）故意涂改航海日志等法定文书、文件；

（三）其他谎报、匿报、毁灭证据的情形。

第三十四条 违反《内河交通安全管理条例》的有关规定，船舶、浮动设施造成内河交通事故的，除依法承担相应的法律责任外，依照《内河交通安全管理条例》第七十七条的规定，对责任船员给予下列处罚：

（一）造成特别重大事故的，对负有全部责任、主要责任的船员吊销船员适任证书或者其他适任证件，对负有次要责任的船员扣留船员适任证书或者其他适任证件12个月直至吊销船员适任证书或者其他适任证件；责任相当的，对责任船员扣留船员适任证书或者其他适任证件24个月或者吊销船员适任证书或者其他适任证件。

（二）造成重大事故的，对负有全部责任、主要责任的船员吊销船员适任证书或者其他适任证件；对负有次要责任的船员扣留船员适任证书或者其他适任证件12个月至24个月；责任相当的,对责任船员扣留船员适任证书或者其他适任证件18个月或者吊销船员适任证书或者其他适任证件。

(三)造成较大事故的,对负有全部责任、主要责任的船员扣留船员适任证书或者其他适任证件12个月至24个月或者吊销船员适任证书或者其他适任证件,对负有次要责任的船员扣留船员适任证书或者其他适任证件6个月;责任相当的,对责任船员扣留船员适任证书或者其他适任证件12个月。

(四)造成一般事故的,对负有全部责任、主要责任的船员扣留船员适任证书或者其他适任证件9个月至12个月,对负有次要责任的船员扣留船员适任证书或者其他适任证件6个月至9个月;责任相当的,对责任船员扣留船员适任证书或者其他适任证件9个月。

第九节 违反防治船舶污染水域监督管理秩序

第三十五条 本节中所称水污染、污染物与《水污染防治法》中的同一用语的含义相同。

第三十六条 违反《水污染防治法》规定,有下列行为之一的,依照《水污染防治法》第八十条的规定,责令停止违法行为,处以5000元以上5万元以下的罚款:

(一)向水体倾倒船舶垃圾或者排放船舶的残油、废油的;

(二)未经作业地海事管理机构批准,船舶进行残油、含油污水、污染危害性货物残留物的接收作业,或者进行散装液体污染危害性货物的过驳作业的;

(三)进行装载油类、污染危害性货物船舱的清洗作业,未向海事管理机构报告的;

(四)进行船舶水上拆解,未事先向海事管理机构报告的;

(五)进行船舶水上拆解、打捞或者其他水上、水下船舶施工作业,未采取防污染措施的。

有前款第(一)项、第(二)项、第(三)项行为之一的,处以5000元以上5万元以下的罚款;有前款第(四)项、第(五)项行为之一的,处以1万元以上10万元以下的罚款。

违反《水污染防治法》的规定,船舶造成水污染事故的,依照《水污染防治法》第八十三条的规定,造成一般或者较大水污染事故的,处以直接损失的20%的罚款;造成重大或者特大水污染事故的,处以直接损失的30%的罚款。

第三十七条 违反《水污染防治法》第二十七条的规定,拒绝海事管理机构现场检查,或者弄虚作假的,依照《水污染防治法》第七十条的规定,责令改正,处以1万元以上10万元以下的罚款。

第三十八条 违反《大气污染防治法》第三十五条第二款的规定,未取得海事管理机构的委托,对机动船舶进行排气污染检测,或者在检测中弄虚作假的,依照《大气污染防治法》第五十五条的规定,责令停止违法行为,限期改正,可以处5万元以下罚款;情节严重的,取消其承担机动船舶年检的资格。

第三十九条 违反《大气污染防治法》第三十六条、第三十七条第二款、第四十二条有关规定,船舶有下列行为之一的,依照《大气污染防治法》第五十六条的规定,责令停止违法行为,限期改正,并可以处5万元以下罚款:

(一)船舶未采取有效污染防治措施,向大气排放粉尘、恶臭气体或者其他含有有毒物质的气体;

(二)船舶未经当地环境保护行政主管部门批准,向大气排放转炉气、电石气、电炉法黄磷尾气、有机烃类尾气;

（三）船舶未采取密闭措施或者其他防护措施，运输、装卸或者贮存能够散发有毒有害气体或者粉尘的物质。

第四十条　违反《环境噪声污染防治法》第三十四条的规定，船舶在城市市区的内河航道航行时，未按照规定使用声响装置的，依照《环境噪声污染防治法》第五十七条的规定，对其给予警告或者处以1万元以下的罚款。

第四十一条　拆船单位违反《防止拆船污染环境管理条例》的规定，有下列情形之一的，依照《防止拆船污染环境管理条例》第十七条的规定，除责令限期纠正外，还可以根据不同情节，处以1万元以上10万元以下的罚款：

（一）未持有经批准的环境影响报告书（表），擅自设置拆船厂进行拆船的；

（二）发生污染损害事故，不向监督拆船污染的海事管理机构报告，也不采取消除或者控制污染措施的；

（三）废油船未经洗舱、排污、清舱和测爆即进行拆解的；

（四）任意排放或者丢弃污染物造成严重污染的。

第四十二条　拆船单位违反《防止拆船污染环境管理条例》第七条、第十条、第十五条、第十六条的规定，有下列行为之一的，依照《防止拆船污染环境管理条例》第十八条的规定，除责令其限期纠正外，还可以根据不同情节，处以警告或者处以1万元以下的罚款：

（一）拒绝或者阻挠海事管理机构进行拆船现场检查或者在被检查时弄虚作假的；

（二）未按照规定要求配备和使用防污设施、设备和器材，造成水域污染的；

（三）发生污染事故，虽采取消除或者控制污染措施，但不向海事管理机构报告的；

（四）拆船单位关闭、搬迁后，原厂址的现场清理不合格的。

第三章　附　　则

第四十三条　内河海事行政处罚的适用和程序适用《海上海事行政处罚规定》中的相关规定。

第四十四条　海事管理机构办理海事行政处罚案件，应当使用交通运输部制订的统一格式的海事行政处罚文书。

第四十五条　本规定自2015年7月1日起施行。2004年12月7日以交通部令2004年第13号公布的《中华人民共和国内河海事行政处罚规定》同时废止。

中华人民共和国防治船舶污染内河水域环境管理规定

(2005年8月20日交通部令第11号公布,2015年12月15日交通运输部令第25号修订)

第一章 总 则

第一条 为防治船舶及其作业活动污染内河水域环境,保护内河水域环境,根据《中华人民共和国水污染防治法》《危险化学品安全管理条例》等法律、行政法规,制定本规定。

第二条 防治船舶及其作业活动污染中华人民共和国内河水域环境,适用本规定。

第三条 防治船舶及其作业活动污染内河水域环境,实行预防为主、防治结合、及时处置、综合治理的原则。

第四条 交通运输部主管全国防治船舶及其作业活动污染内河水域环境的管理。

国家海事管理机构统一负责全国防治船舶及其作业活动污染内河水域环境的监督管理工作。

各级海事管理机构依照各自的职责权限,具体负责管辖区域内防治船舶及其作业活动污染内河水域环境的监督管理工作。

第二章 一般规定

第五条 中国籍船舶防治污染的结构、设备、器材应当符合国家有关规范、标准,经海事管理机构或者其认可的船舶检验机构检验,并保持良好的技术状态。

外国籍船舶防治污染的结构、设备、器材应当符合中华人民共和国缔结或者加入的有关国际公约,经船旗国政府或者其认可的船舶检验机构检验,并保持良好的技术状态。

船舶经船舶检验机构检验可以免除配备相应的污染物处理装置的,应当在相应的船舶检验证书中予以注明。

第六条 船舶应当依照法律、行政法规、国务院交通运输主管部门的规定以及中华人民共和国缔结或者加入的国际条约、协定的要求,具备并随船携带相应的防治船舶污染内河水域环境的证书、文书。

第七条 船员应当具有相应的防治船舶污染内河水域环境的专业知识和技能,熟悉船舶防污染程序和要求,经过相应的专业培训,持有效的适任证书和合格证明。

从事有关作业活动的单位应当组织本单位作业人员进行防治污染操作技能、设备使用、作业程序、安全防护和应急反应等专业培训,确保作业人员具备相关防治污染的专业知识和技能。

第八条 港口、码头、装卸站以及从事船舶水上修造、水上拆解、打捞等作业活动的单位,应当按照国家有关规范和标准,配备相应的污染防治设施、设备和器材,并保持良好的技术状态。同一港口、港区、作业区或者相邻港口的单位,可以通过建立联防机制,实现污染防治设施、设备和器材的统一调配使用。

港口、码头、装卸站应当接收靠泊船舶生产经营过程中产生的船舶污染物。从事船舶水上修造、水上拆解、打捞等作业活动的单位,应当按照规定处理船舶修造、打捞、拆解过程中产生的污染物。

第九条 150 总吨及以上的油船、油驳和 400 总吨及以上的非油船、非油驳的拖驳船队应当制定《船上油污应急计划》。150 总吨以下油船应当制定油污应急程序。

150 总吨及以上载运散装有毒液体物质的船舶应当按照交通运输部的规定制定《船上有毒液体物质污染应急计划》和货物资料文书,明确应急管理程序与布置要求。

400 总吨及以上载运散装有毒液体物质的船舶可以制定《船上污染应急计划》,代替《船上有毒液体物质污染应急计划》和《船上油污应急计划》。

水路运输企业应当针对所运输的危险化学品的危险特性,制定运输船舶危险化学品事故应急救援预案,并为运输船舶配备充足、有效的应急救援器材和设备。

港口、码头、装卸站的经营人以及有关作业单位应当制定防治船舶及其作业活动污染内河水域环境的应急预案,每年至少组织一次应急演练,并做好记录。

第十条 依法设立特殊保护水域涉及防治船舶污染内河水域环境的,应当事先征求海事管理机构的意见,并由海事管理机构发布航行通(警)告。设立特殊保护水域的,应当同时设置船舶污染物接收及处理设施。

在特殊保护水域内航行、停泊、作业的船舶,应当遵守特殊保护水域有关防污染的规定、标准。

第十一条 船舶或者有关作业单位造成水域环境污染损害的,应当依法承担污染损害赔偿责任。

通过内河运输危险化学品的船舶,其所有人或者经营人应当投保船舶污染损害责任保险或者取得财务担保。船舶污染损害责任保险单证或者财务担保证明的副本应当随船携带。

通过内河运输危险化学品的中国籍船舶的所有人或者经营人,应当向在我国境内依法成立的商业性保险机构和互助性保险机构投保船舶污染损害责任保险。具体办法另行制定。

第十二条 船舶污染事故引起的污染损害赔偿争议,当事人可以申请海事管理机构调解。在调解过程中,当事人申请仲裁、向人民法院提起诉讼或者一方中途退出调解的,应当及时通知海事管理机构,海事管理机构应当终止调解,并通知其他当事人。

调解成功的,由各方当事人共同签署《船舶污染事故民事纠纷调解协议书》。调解不成或者在 3 个月内未达成调解协议的,应当终止调解。

第三章 船舶污染物的排放和接收

第十三条 在内河水域航行、停泊和作业的船舶,不得违反法律、行政法规、规范、标准和交通运输部的规定向内河水域排放污染物。不符合排放规定的船舶污染物应当交由港口、码头、装卸站或者有资质的单位接收处理。

禁止船舶向内河水体排放有毒液体物质及其残余物或者含有此类物质的压载水、洗舱水或者其他混合物。

禁止船舶在内河水域使用焚烧炉。

禁止在内河水域使用溢油分散剂。

第十四条 150 总吨及以上的油船、油驳和 400 总吨及以上的非油船、非油驳的拖驳船队应当将油类作业情况如实、规范地记录在经海事管理机构签注的《油类记录簿》中。

150 总吨以下的油船、油驳和 400 总吨以下的非油船、非油驳的拖驳船队应当将油类作业情况如实、规范地记录在《轮机日志》或者《航行日志》中。

载运散装有毒液体物质的船舶应当将有关作业情况如实、规范地记录在经海事管理机构签注的《货物记录簿》中。

船舶应当将使用完毕的《油类记录簿》《货物记录簿》在船上保留 3 年。

第十五条 船长 12 米及以上的船舶应当设置符合格式要求的垃圾告示牌,告知船员和旅客关于垃圾管理的要求。

100 总吨及以上的船舶以及经核准载运 15 名及以上人员且单次航程超过 2 公里或者航行时间超过 15 分钟的船舶,应当持有《船舶垃圾管理计划》和海事管理机构签注的《船舶垃圾记录簿》,并将有关垃圾收集处理情况如实、规范地记录于《船舶垃圾记录簿》中。《船舶垃圾记录簿》应当随时可供检查,使用完毕后在船上保留 2 年。

本条第二款规定以外的船舶应当将有关垃圾收集处理情况记录于《航行日志》中。

第十六条 禁止向内河水域排放船舶垃圾。船舶应当配备有盖、不渗漏、不外溢的垃圾储存容器或者实行袋装,按照《船舶垃圾管理计划》对所产生的垃圾进行分类、收集、存放。

船舶将含有有毒有害物质或者其他危险成分的垃圾排入港口接收设施或者委托船舶污染物接收单位接收的,应当提前向对方提供此类垃圾所含物质的名称、性质和数量等信息。

第十七条 船舶在内河航行时,应当按照规定使用声响装置,并符合环境噪声污染防治有关要求。

第十八条 船舶使用的燃料应当符合有关法律法规和标准要求,鼓励船舶使用清洁能源。

船舶不得超过相关标准向大气排放动力装置运转产生的废气以及船上产生的挥发性有机化合物。

第十九条 来自疫区船舶的船舶垃圾、压载水、生活污水等船舶污染物,应当经检疫部门检疫合格后,方可进行接收和处理。

第二十条 船舶污染物接收单位在污染物接收作业完毕后,应当向船舶出具污染物接收处理单证,并将接收的船舶污染物交由岸上相关单位按规定处理。

船舶污染物接收单证上应当注明作业双方名称、作业开始和结束的时间、地点,以及污染物种类、数量等内容,并由船方签字确认。船舶应当将船舶污染物接收单证与相关记录簿一并保存备查。

第四章 船舶作业活动的污染防治

第二十一条 从事水上船舶清舱、洗舱、污染物接收、燃料供受、修造、打捞、拆解、污染清除作业以及利用船舶进行其他水上水下活动的,应当遵守相关操作规程,采取必要的防治污染措施。

船舶在港从事前款所列相关作业的,在开始作业时,应当通过甚高频、电话或者信息系统等向海事管理机构报告作业时间、作业内容等信息。

第二十二条　托运人交付船舶载运具有污染危害性货物的,应当采取有效的防污染措施,确保货物状况符合船舶载运要求和防污染要求,并在运输单证上注明货物的正确名称、数量、污染类别、性质、预防和应急措施等内容。

曾经载运污染危害性货物的空容器和空运输组件,在未彻底清洗或者消除危害之前,应当按照原所装货物的要求进行运输。

交付船舶载运污染危害性质不明的货物,货物所有人或者其代理人应当委托具备相应技术能力的机构进行货物污染危害性评估分类,确定安全运输条件,方可交付船舶载运。

第二十三条　船舶载运污染危害性货物应当具备与所载货物危害性质相适应的防污染条件。

船舶不得载运污染危害性质不明的货物以及超过相关标准、规范规定的单船限制性数量要求的危险化学品。

第二十四条　船舶运输散发有毒有害气体或者粉尘物质等货物的,应当采取封闭或者其他防护措施。

从事前款货物的装卸和过驳作业,作业双方应当在作业过程中采取措施回收有毒有害气体。

第二十五条　从事散装液体污染危害性货物装卸作业的,作业双方应当在作业前对相关防污染措施进行确认,按照规定填写防污染检查表,并在作业过程中严格落实防污染措施。

第二十六条　船舶从事散装液体污染危害性货物水上过驳作业时,应当遵守有关作业规程,会同作业单位确定操作方案,合理配置和使用装卸管系及设备,按照规定填写防污染检查表,针对货物特性和作业方式制定并落实防污染措施。

第二十七条　船舶进行下列作业,在长江、珠江、黑龙江水系干线作业量超过300吨和其他内河水域超过150吨的,港口、码头、装卸站应当采取包括布设围油栏在内的防污染措施,其中过驳作业由过驳作业经营人负责:

(一)散装持久性油类的装卸和过驳作业,但船舶燃油供应作业除外;

(二)比重小于1(相对于水)、溶解度小于0.1%的散装有毒液体物质的装卸和过驳作业;

(三)其他可能造成水域严重污染的作业。

因自然条件等原因,不适合布设围油栏的,应当采取有效替代措施。

第二十八条　从事船舶燃料供应作业的单位应当建立有关防治污染的管理制度和应急预案,配备足够的防污染设备、器材和合格的人员。

从事船舶燃料供受作业,作业双方应当在作业前对相关防污染措施进行确认,按照规定填写防污染检查表,并在作业过程中严格落实防污染措施。

第二十九条　从事船舶燃料供受作业的水上燃料加注站应当满足国家规定的防污染技术标准要求。

水上燃料加注站接受燃料补给作业应当按照污染危害性货物过驳作业办理相关手续。

第三十条 水上船舶修造及其相关作业过程中产生的污染物应当及时清除,不得投弃入水。

船舶燃油舱、液货舱中的污染物需要通过过驳方式交付储存的,应当遵守污染危害性货物过驳作业管理要求。

船坞内进行的修造作业结束后,作业单位应当进行坞内清理和清洁,确认不会造成水域污染后,方可沉坞或者开启坞门。

第三十一条 从事船舶水上拆解的单位在船舶拆解作业前,应当按规定落实防污染措施,彻底清除船上留有的污染物,满足作业条件后,方可进行船舶拆解作业。

从事船舶水上拆解的单位在拆解作业结束后,应当及时清理船舶拆解现场,并按照国家有关规定处理船舶拆解产生的污染物。

禁止采取冲滩方式进行船舶拆解作业。

第五章 船舶污染事故应急处置

第三十二条 海事管理机构应当配合地方人民政府制定船舶污染事故应急预案,开展应急处置工作。

第三十三条 船舶发生污染事故,应当立即就近向海事管理机构如实报告,同时启动污染事故应急计划或者程序,采取相应措施控制和消除污染。在初始报告以后,船舶还应当根据污染事故的进展情况作出补充报告。

海事管理机构接到报告后应当立即核实有关情况,按规定向上级海事管理机构和县级以上地方人民政府报告。海事管理机构和有关单位应当在地方人民政府的统一领导和指挥下,按照职责分工,开展相应的应急处置工作。

第三十四条 发生船舶污染事故的船舶,应当在事故发生后24小时内向事故发生地的海事管理机构提交《船舶污染事故报告书》。因特殊情况不能在规定时间内提交《船舶污染事故报告书》的,经海事管理机构同意可以适当延迟,但最长不得超过48小时。

《船舶污染事故报告书》应当至少包括以下内容:

(一)船舶的名称、国籍、呼号或者编号;

(二)船舶所有人、经营人或者管理人的名称、地址;

(三)发生事故的时间、地点以及相关气象和水文情况;

(四)事故原因或者事故原因的初步判断;

(五)船上污染物的种类、数量、装载位置等概况;

(六)事故污染情况;

(七)应急处置情况;

(八)船舶污染损害责任保险情况。

第三十五条 船舶有沉没危险或者船员弃船的,应当尽可能地关闭所有液货舱或者油舱(柜)管系的阀门,堵塞相关通气孔,防止溢漏,并向海事管理机构报告船舶燃油、污染危害性货物以及其他污染物的性质、数量、种类、装载位置等情况。

第三十六条 船舶发生事故,造成或者可能造成内河水域污染的,船舶所有人或者经营人应当及时消除污染影响。不能及时消除污染影响的,海事管理机构可以采取清除、打捞、拖航、引航、过驳等必要措施,发生的费用由责任者承担。

依法应当承担前款规定费用的船舶及其所有人或者经营人应当在开航前缴清相关费用或者提供相应的财务担保。

第六章 船舶污染事故调查处理

第三十七条 船舶污染事故调查处理依照下列规定组织实施:

(一)重大以上船舶污染事故由交通运输部组织调查处理;

(二)重大船舶污染事故由国家海事管理机构组织调查处理;

(三)较大船舶污染事故由直属海事管理机构或者省级地方海事管理机构负责调查处理;

(四)一般等级及以下船舶污染事故由事故发生地海事管理机构负责调查处理。

较大及以下等级的船舶污染事故发生地不明的,由事故发现地海事管理机构负责调查处理。事故发生地或者事故发现地跨管辖区域或者相关海事管理机构对管辖权有争议的,由共同的上级海事管理机构确定调查处理机构。

第三十八条 事故调查机构应当及时、客观、公正地开展事故调查,勘验事故现场,检查相关船舶,询问相关人员,收集证据,查明事故原因,认定事故责任。

船舶污染事故调查应当由至少两名调查人员实施。

第三十九条 在证据可能灭失或者以后难以取得的情况下,事故调查机构可以依法先行登记保存相应的证件、文书、资料。

第四十条 船舶污染事故调查的证据种类包括:

(一)书证、物证、视听资料、电子数据;

(二)证人证言;

(三)当事人陈述;

(四)鉴定意见;

(五)勘验笔录、调查笔录、现场笔录;

(六)其他可以证明事实的证据。

第四十一条 船舶造成内河水域污染的,应当主动配合事故调查机构的调查。船舶污染事故的当事人和其他有关人员应当如实反映情况和提供资料,不得伪造、隐匿、毁灭证据或者以其他方式妨碍调查取证。

船舶污染事故的当事人和其他有关人员提供的书证、物证、视听资料应当是原件原物,不能提供原件原物而提供抄录件、复印件、照片等非原件原物的,应当签字确认;拒绝确认的,事故调查人员应当注明有关情况。

第四十二条 有下列情形的,事故调查机构可以按照规定程序组织各级海事管理机构和相关部门开展船舶污染事故协查:

(一)污染事故肇事船舶逃逸的;

(二)污染事故嫌疑船舶已经开航离港的;

(三)辖区发生污染事故但暂时无法确认污染来源,经分析过往船舶有事故嫌疑的。

第四十三条 事故调查处理需要委托有关机构进行技术鉴定或者检验、检测的,事故调查机构应当委托具备国家规定资质要求的机构进行。

第四十四条 事故调查机构应当自事故调查结案之日起20个工作日内制作船舶污染事故认定书,并送达当事人。

船舶污染事故认定书应当载明事故基本情况、事故原因和事故责任。

自海事管理机构接到船舶污染事故报告或者发现船舶污染事故之日起6个月内无法查明污染源或者无法找到造成污染船舶的,经船舶污染事故调查处理机构负责人批准可以终止事故调查,并在船舶污染事故认定书中注明终止调查的原因。

第七章 法 律 责 任

第四十五条 违反本规定,有下列情形之一的,由海事管理机构责令改正,并处以2万元以上3万元以下的罚款:

(一)船舶超过标准向内河水域排放生活污水、含油污水等;

(二)船舶超过标准向大气排放船舶动力装置运转产生的废气;

(三)船舶在内河水域排放有毒液体物质的残余物或者含有此类物质的压载水、洗舱水及其他混合物;

(四)船舶在内河水域使用焚烧炉;

(五)未按规定使用溢油分散剂。

第四十六条 违反本规定第十四条、第十五条、第二十一条有下列情形之一的,由海事管理机构责令改正,并处以3000元以上1万元以下的罚款:

(一)船舶未按规定如实记录油类作业、散装有毒液体物质作业、垃圾收集处理情况的;

(二)船舶未按规定保存《油类记录簿》《货物记录簿》和《船舶垃圾记录簿》的;

(三)船舶在港从事水上船舶清舱、洗舱、污染物接收、燃料供受、修造、打捞、污染清除作业活动,未按规定向海事管理机构报告的。

第四十七条 违反本规定第八条、第二十一条、第二十四条、第二十七条、第三十一条,有下列情形之一的,由海事管理机构责令改正,并处以1万元以上3万元以下的罚款:

(一)港口、码头、装卸站以及从事船舶修造、打捞等作业活动的单位未按规定配备污染防治设施、设备和器材的;

(二)从事水上船舶清舱、洗舱、污染物接收、燃料供受、修造、打捞、污染清除作业活动未遵守操作规程,未采取必要的防治污染措施的;

(三)运输及装卸、过驳散发有毒有害气体或者粉尘物质等货物,船舶未采取封闭或者其他防护措施,装卸和过驳作业双方未采取措施回收有毒有害气体的;

(四)未按规定采取布设围油栏或者其他防治污染替代措施的;

(五)采取冲滩方式进行船舶拆解作业的。

第四十八条 违反本规定第七条、第二十条、第二十五条、第二十六条,有下列情形之一的,由海事管理机构责令停止违法行为,并处以5000元以上1万元以下的罚款:

(一)从事有关作业活动的单位,未组织本单位相关作业人员进行专业培训的;

(二)船舶污染物接收单位未按规定向船方出具船舶污染物接收单证的;

（三）从事散装液体污染危害性货物装卸、过驳作业的,作业双方未按规定填写防污染检查表及落实防污染措施的。

第四十九条 违反本规定第十条,船舶未遵守特殊保护水域有关防污染的规定、标准的,由海事管理机构责令停止违法行为,并处以 1 万元以上 3 万元以下的罚款。

第五十条 船舶违反本规定第二十三条规定载运污染危害性质不明的货物的,由海事管理机构责令改正,并对船舶处以 5000 元以上 2 万元以下的罚款。

第五十一条 船舶发生污染事故,未按规定报告的或者未按规定提交《船舶污染事故报告书》的,由海事管理机构对船舶处以 2 万元以上 3 万元以下的罚款;对直接负责的主管人员和其他直接责任人员处以 1 万元以上 2 万元以下的罚款。

第五十二条 海事管理机构行政执法人员滥用职权、玩忽职守、徇私舞弊、违法失职的,依法给予行政处分;构成犯罪的,依法追究刑事责任。

第八章 附 则

第五十三条 本规定中下列用语的含义是:

（一）有毒液体物质,是指排入水体将对水资源或者人类健康产生危害或者对合法利用水资源造成损害的物质。包括在《国际散装运输危险化学品船舶构造和设备规则》的第 17 或 18 章的污染种类列表中标明的或者暂时被评定为 X、Y 或者 Z 类的任何物质。

（二）污染危害性货物,是指直接或者间接地进入水体,会损害水体质量和环境质量,对生物资源、人体健康等产生有害影响的货物。

（三）特殊保护水域,是指各级人民政府按照有关规定划定并公布的自然保护区、饮用水源保护区、渔业资源保护区、旅游风景名胜区等需要特别保护的水域。

（四）水上燃料加注站,是指固定于某一水域,具有燃料储存功能,给船舶供给燃料的趸船或者船舶。

第五十四条 本规定有关界河水域防治船舶污染的规定与我国缔结或者加入的国际公约、协定不符的,适用我国缔结或者加入的国际公约、协定。

防治军事船舶、渔业船舶污染内河水域环境的监督管理工作,不适用本规定。

第五十五条 本规定自 2016 年 5 月 1 日起施行。2005 年 8 月 20 日以交通部令 2005 年第 11 号公布的《中华人民共和国防治船舶污染内河水域环境管理规定》同时废止。

中华人民共和国海事行政许可条件规定

(2006年1月9日交通部令第1号公布,2015年5月29日交通运输部令第7号修订)

第一章 总 则

第一条 为依法实施海事行政许可,维护海事行政许可各方当事人的合法权益,根据《中华人民共和国行政许可法》和有关海事管理的法律、行政法规以及中华人民共和国缔结或者加入的有关国际海事公约,制定本规定。

第二条 申请及受理、审查、决定海事行政许可所依照的海事行政许可条件,应当遵守本规定。

本规定所称海事行政许可,是指依据有关水上交通安全、防治船舶污染水域等海事管理的法律、行政法规、国务院决定设定的,由海事管理机构实施,或者由交通运输部实施、海事管理机构具体办理的行政许可。

第三条 海事管理机构在审查、决定海事行政许可时,不得擅自增加、减少或者变更海事行政许可条件。不符合本规定相应条件的,不得做出准予的海事行政许可决定。

第四条 海事行政许可条件应当按照《交通行政许可实施程序规定》予以公示。申请人要求对海事行政许可条件予以说明的,海事管理机构应当予以说明。

第五条 国家海事管理机构应当根据海事行政许可条件,统一明确申请人应当提交的材料。有关海事管理机构应当将材料目录予以公示。

申请人申请海事行政许可时,应当按照规定提交申请书和相关的材料,并对所提交材料的真实性和有效性负责。

申请变更海事行政许可、延续海事行政许可期限的,申请人可以仅就发生变更的事项或者情况提交相关的材料;已提交过的材料情况未发生变化的可以不再提交。

第二章 海事行政许可条件

第六条 通航水域岸线安全使用许可的条件:
(一)涉及使用岸线的工程、作业、活动已完成可行性研究;
(二)已经岸线安全使用的技术评估,符合水上交通安全的技术规范和要求;
(三)对影响水上交通安全的因素,已制定足以消除影响的措施。

第七条 通航水域水上水下活动许可的条件:
(一)水上水下活动已依法办理了其他相关手续;
(二)水上水下活动的单位、人员、船舶、设施符合安全航行、停泊和作业的要求;

(三)已制定水上水下活动的方案,包括起止时间、地点和范围、进度安排等;

(四)对安全和防污染有重大影响的,已通过通航安全评估;

(五)已建立安全、防污染的责任制,并已制定符合水上交通安全和防污染要求的保障措施和应急预案。

第八条 打捞或者拆除沿海水域内沉船沉物审批的条件:

(一)参与打捞或者拆除的单位、人员具备相应能力;

(二)已依法签订沉船沉物打捞或者拆除协议;

(三)从事打捞或者拆除作业的船舶、设施符合安全航行、停泊和作业的要求;

(四)已制定打捞或者拆除作业计划和方案,包括起止时间、地点和范围、进度安排等;

(五)对安全和防污染有重大影响的,已通过通航安全评估;

(六)已建立安全和防污染责任制,并已制定符合水上交通安全和防污染要求的措施和应急预案。

第九条 沿海水域划定禁航区和安全作业区审批的条件:

(一)就划定水域的需求,有明确的事实和必要的理由;

(二)符合附近军用或者重要民用目标的保护要求;

(三)对水上交通安全和防污染有重大影响的,已通过通航安全和环境影响技术评估;

(四)用于设置航路和锚地的水域已进行勘测或者测量,水域的底质、水文、气象等要素满足通航安全的要求;

(五)符合水上交通安全与防污染要求,并已制定安全、防污染措施。

第十条 船舶进入或者穿越禁航区许可的条件:

(一)有因人命安全、防污染、保安等特殊需要进入和穿越禁航区的明确事实和必要理由;

(二)禁航区的安全和防污染条件适合船舶进入或者穿越;

(三)船舶满足禁航区水上交通安全和防污染的特殊要求,并已制定保障安全、防治污染和保护禁航区的措施和应急预案;

(四)进入或者穿越军事禁航区的,已经军事主管部门同意。

第十一条 大型设施、移动式平台、超限物体水上拖带审批的条件:

(一)确有拖带的需求和必要的理由;

(二)拖轮适航、适拖,船员适任;

(三)海上拖带已经拖航检验,在内河拖带超限物体的,已通过安全技术评估;

(四)已制定拖带计划和方案,有明确的拖带预计起止时间和地点及航经的水域;

(五)满足水上交通安全和防污染要求,并已制定保障水上交通安全、防污染的措施以及应急预案。

第十二条 外国籍船舶或飞机入境从事海上搜救审批的条件:

(一)入境是出于海上人命搜寻救助的目的;

(二)有明确的搜救计划、方案,包括时间、地点、范围以及投入搜救的船舶与飞机的基本情况;

(三)派遣的搜救飞机和船舶如为军用的,已经军事主管部门批准。

第十三条 专用航标的设置、撤除、位移和其他状况改变审批的条件：

（一）拟设置、撤除、位移和其他状况改变的航标属于依法由公民、法人或者其他组织自行设置且属于海事管理机构管理职责范围内的专用航标；

（二）航标的设置、撤除、位移和其他状况改变符合航行安全、经济、便利等要求及航标正常使用的要求；

（三）航标及其配布符合国家有关技术规范和标准；

（四）航标设计、施工方案，已经专门的技术评估或者专家论证；

（五）申请设置航标的，已制定航标维护方案，方案中确定的维护单位已建立航标维护质量保证体系。

第十四条 外国籍船舶进入或者临时进入非对外开放水域许可的条件：

（一）外国籍船舶临时进入非对外开放水域已经当地口岸检查机关、军事主管部门、地方人民政府同意；

（二）拟临时对外开放水域适合外国籍船舶进入，具备船舶航行、停泊、作业的安全、防污染和保安条件；

（三）船舶状况满足拟进入水域的水上交通安全、防污染和保安要求；

（四）船舶已制定保障水上交通安全、防污染和保安的措施以及应急预案。

第十五条 国际航行船舶进出口岸审批的条件：

国际航行船舶进口岸审批的条件：

（一）船舶具有齐备、有效的证书、文书与资料；

（二）船舶配员符合最低安全配员的要求，船员具备适任资格；

（三）船舶状况符合航行、停泊、作业的安全、防污染和保安等要求，并已制定各项安全、防污染和保安措施与应急预案。需要护航的，已经向海事管理机构申请；

（四）船舶拟进入、通过的水域为对国际航行船舶开放水域，停靠的码头、泊位、港外装卸点满足安全、防污染和保安要求；

（五）载运货物的船舶，符合安全积载和系固的要求，并且没有国家禁止入境的货物或者物品；载运危险货物的船舶按规定已办理船舶载运危险货物申报手续；

（六）核动力船舶或者其他特定的船舶，符合我国法律、行政法规、规章的相关规定。

国际航行船舶出口岸审批的条件：

（一）船舶具有齐备、有效的证书、文书与资料；

（二）船舶配员符合最低安全配员的要求，船员具备适任资格；

（三）船舶状况符合航行、停泊、作业的安全、防污染和保安等要求，并已制定各项安全、防污染和保安措施与应急预案。需要护航的，已经向海事管理机构申请；

（四）载运危险货物的船舶，已办妥适装许可，载运情况符合船舶载运危险货物的安全、防污染和保安管理要求；

（五）船舶船旗国或者港口国对船舶的安全检查情况和缺陷纠正情况符合规定的要求，对海事管理机构的警示，已经采取有效的措施；

（六）已依法缴纳税、费和其他应当在开航前交付的费用，或者已提供适当的担保；

（七）违反海事行政管理的行为已经依法予以处理；

（八）禁止船舶航行的司法或者行政强制措施已经依法解除；
（九）核动力船舶或者其他特定的船舶，符合我国法律、行政法规、规章的相关规定；
（十）已经其他口岸检查机关同意。

第十六条 国内航行船舶进出港签证的条件：
国内航行船舶进港签证的条件：
（一）船舶具有齐备、有效的证书、文书与资料；
（二）船舶配员符合最低安全配员的要求，船员具备适任资格；
（三）船舶状况符合航行、停泊、作业的安全和防污染等要求，并已制定各项安全和防污染措施与应急预案，需要护航的，已经向海事管理机构申请；
（四）船舶拟进入、通过的水域和停靠的码头、泊位均满足安全和防污染的要求；
（五）载运货物的船舶，符合安全积载和系固的要求，载运危险货物船舶按规定已办理船舶载运危险货物申报手续；
（六）核动力船舶或者其他特定种类的船舶，符合我国法律、行政法规、规章的相关规定。

国内航行船舶出港签证的条件：
（一）船舶具有齐备、有效的证书、文书与资料；
（二）船舶配员符合最低安全配员的要求，船员具备适任资格；
（三）船舶状况符合航行、停泊、作业的安全和防污染等要求，并已制定各项安全和防污染措施与应急预案，需要护航的，已经向海事管理机构申请；
（四）载运危险货物的船舶，已办妥适装许可，载运情况符合船舶载运危险货物的安全和防污染的管理要求；
（五）船舶的安全检查情况和缺陷纠正情况符合规定的要求，对海事管理机构的安全警示，已经采取有效的措施；
（六）已依法缴纳税、费和其他应当在开航前交付的费用，或者已提供适当的担保；
（七）违反海事行政管理的行为已经依法予以处理；
（八）禁止船舶航行的司法或者行政强制措施已经依法解除；
（九）核动力船舶或者其他特定种类的船舶，符合我国法律、行政法规、规章的相关规定。

第十七条 船舶国籍证书核发的条件：
船舶国籍证书签发的条件：
（一）船舶已依法办理船舶所有权登记；
（二）船舶具备适航技术条件，并经船舶检验机构检验合格；
（三）船舶不具有造成双重国籍或者两个及以上船籍港的情形；
（四）船舶国籍的登记人为船舶所有人、经营人。
船舶临时国籍证书签发的条件：
（一）申请签发临时国籍证书的船舶属于下列情形之一：
1. 向境外出售的船舶，或者由境外公民、法人、其他组织在中华人民共和国境内订造的新船，属于境外到岸交船的；
2. 中华人民共和国公民、法人、政府或其他组织从境外购买或者订造的船舶，属于境外离岸交船的；

3. 中华人民共和国公民、法人、政府或者其他组织以光船条件租赁的境外登记的船舶；

4. 需要办理临时国籍登记的境内新造船舶；

5. 境内新造船舶试航的。

（二）已取得船舶所有权或者签订了生效的光船租赁合同；

（三）船舶国籍的登记人为船舶所有人或者以光船租赁形式经营境外登记船舶的承租人；

（四）船舶具备相应的适航技术条件，并经船舶检验机构检验合格；

（五）船舶不具有造成双重国籍或者两个及以上船籍港的情形；

（六）船舶已取得经海事管理机构核定的船名和船舶识别号。

第十八条 国际船舶保安证书核发的条件：

船舶保安计划批准的条件：

（一）船舶已通过船舶保安评估；

（二）船舶保安计划由船公司或者规定的保安组织编制；

（三）船舶保安计划符合相应的编制规范和船舶的保安要求；

（四）已对船舶保安评估发现的缺陷予以纠正或者作出妥善的安排。

国际船舶保安证书的条件：

（一）船舶具备有效的船舶国籍证书和《连续概要记录》；

（二）船舶按照规定标注了永久识别号，并按规定配备了满足《1974年国际海上人命安全公约》要求的船舶保安报警系统；

（三）船舶按照规定配备了合格的船舶保安员；

（四）船舶具有经批准的《船舶保安计划》；

（五）船舶已通过保安核验。

临时国际船舶保安证书的条件：

（一）符合下列情形之一：

1. 船舶在交船时或者在投入营运、重新投入营运之前，尚未取得《国际船舶保安证书》；

2. 船舶的国籍从非中国籍变更为中国籍；

3. 船舶由以前未经营过这类船舶的公民、法人或者其他组织承担了经营责任。

（二）船舶已通过船舶保安评估；

（三）船上配有符合要求且已提交审核、报批并已付诸实施的《船舶保安计划》副本；

（四）船舶按照规定标注了永久识别号，并按规定配备了满足《1974年国际海上人命安全公约》要求的船舶保安报警系统；

（五）公司保安员对船舶保安核验工作已作计划与安排，并承诺船舶将在6个月内通过保安核验；

（六）船舶已配备符合保安要求的船舶保安员；

（七）船长、船舶保安员和承担具体保安职责的其他船舶人员熟悉保安职责和责任，熟悉《船舶保安计划》的有关规定。

第十九条 船舶油污损害民事责任保险或其他财务保证证书核发的条件：

（一）船舶为海事管理机构登记的本船籍港船舶；

(二)其所持的油污保险或其他财务保证证书,为具有相应赔偿能力的金融机构或者互助性保险机构办理;

(三)其保险金额不得低于《中华人民共和国船舶油污损害民事责任保险实施办法》的规定。

第二十条　船舶污染物接收单位从事船舶垃圾、残油、含油污水、含有毒有害物质污水接收作业审批的条件:

(一)作业单位具备相关作业的接收和处理能力;

(二)从事污染危害物接收作业的人员具备从事相关作业的能力;

(三)来自疫区的船舶污染物已经过检验检疫部门的处理;

(四)已制定相关作业的安全、防污染措施和应急反应预案;

(五)对污染危害物的处理方案符合防治水域污染的有关规定。

第二十一条　防止船舶污染港区水域作业许可的条件:

船舶、码头、设施使用化学消油剂的许可条件:

(一)申请使用的化学消油剂已经过专业机构的型式认可;

(二)符合规定的使用范围和规范的使用方法;

(三)申请使用的剂量与消油的数量相当,与防止水域环境污染的要求相符;

(四)有防止水域污染和保障安全的措施或应急预案。

船舶在沿海港口使用焚烧炉的许可条件:

(一)港口不具备相应污染物接收处理能力;

(二)船舶贮存设备不能满足下一航次的需要;

(三)焚烧炉已经专业机构的型式认可并检验合格;

(四)焚烧物为本船舶产生的船舶垃圾或残油;

(五)符合安全与防污染的有关要求;

(六)已制定防止水域污染和保障安全的措施或应急预案。

船舶在港区水域洗舱、清舱、驱气的许可条件:

(一)已制定符合安全与防污染要求的作业方案、保障措施和应急计划;

(二)使用的设备适用于相应用途并经检验合格;

(三)作业人员经过相应的安全和防污染培训;

(四)作业单位具有相应的能力;

(五)船舶驱气作业水域符合相应的水上交通安全、防污染条件;

(六)对作业产生的污染物处理方案符合防止水域污染的有关规定。

船舶在港区水域排放压载水、洗舱水、残油、含油污水的许可条件:

(一)排入接收船舶或接收设施的,接收船舶或接收设施具有相应的接收处理能力,从事污染危害物接收作业的人员已经过相应培训;

(二)排入水域的,符合相应的排放标准;

(三)来自疫区的压载水、洗舱水已经过检验检疫部门的处理,不造成水域污染;

(四)已制定相应作业的安全、防污染措施和应急反应预案;

(五)对洗舱水、残油、油污水等污染危害物的处理方案符合防止水域污染的有关规定。

沿海港口船舶舷外拷铲及油漆作业的许可条件：
（一）已制定相应的安全与防污染措施；
（二）船舶未进行危险货物装卸作业；
（三）进行拷铲作业的船舶未装载危险货物。
冲洗沾有污染物、有毒有害物质的甲板的许可条件：
（一）甲板上沾有的污染物、有毒有害物质已进行充分回收处理；
（二）排放入水的冲洗物符合排放标准；
（三）排放的水域不是海事管理机构公布的保护水域或者禁止排放水域；
（四）已制定相应的防污染措施和应急预案。
船舶水上拆解、海上修造船舶作业的许可条件：
（一）拆船、修造船作业地点符合防止污染的有关规定，并通过专业机构的评估；
（二）作业方案及保障措施符合水上交通安全与防污染的要求；
（三）拆船、船舶修造单位已按规定制定溢油污染应急计划和配备相应的设备和器材；
（四）需要测爆的，持有有效的测爆证书；
（五）拆船申请人已依法办理废钢船的所有权登记；
（六）船舶残油、污油水、生活污水、垃圾、货物残余物、臭氧消耗型物质等可在拆船前清除的船舶污染物已清除完毕。

第二十二条 载运危险货物和污染危害性货物进出港口审批的条件：
（一）船舶持有齐备、有效的证书、文书与资料；
（二）申报的危险货物、污染危害性货物符合船舶的适装要求，且不属于国家规定禁止通过水路运输的货物；
（三）船舶的设施、装备满足载运危险货物、污染危害性货物的要求，船舶的装载符合载运危险货物和污染危害性货物安全、防污染和保安的管理规定和技术规范；
（四）拟进行危险货物和污染危害性货物装卸作业的港口、码头、泊位，具备危险货物和污染危害性货物作业的法定资质，符合危险货物和污染危害性货物作业的安全和防污染要求；
（五）需要办理货物进出口手续的已按有关规定办理；船舶载运的污染危害性货物同时属于危险货物的，其货物所有人、承运人或者代理人可将污染危害性货物申报和危险货物申报合并办理；

对于过境停留的污染危害性货物，免予办理货物适运申报。

第二十三条 船舶进行散装液体危险货物水上过驳作业审批的条件：
（一）拟进行过驳作业的船舶或者浮动设施满足水上交通安全与防污染的要求；
（二）拟作业的货物适合过驳；
（三）参加过驳的人员具备从事过驳作业的能力；
（四）作业水域及其底质和周边环境适宜过驳作业的正常进行；
（五）过驳作业对水域环境、资源以及附近的军事目标、重要民用目标不构成威胁；
（六）已制定过驳作业方案、保障措施和应急预案，并符合水上交通安全与防污染的要求。

第二十四条　危险化学品水路运输人员资格注册认可的条件：
申报人员资格注册认可的条件：
（一）具有中华人民共和国国籍；
（二）年满18周岁，具有完全民事行为能力；
（三）已接受过能够满足《国际海运危险货物运输规则》第1.3章要求的培训，并通过危险货物申报人员资格考试，持有有效的合格证明；
（四）已与具有船舶代理、货运代理资格的申报单位签订合法有效的劳动合同关系。首次申请危险货物申报人员资格注册的，应当经过在同一个危险货物申报单位连续3个月的危险货物申报业务实习；
（五）无《危险货物申报员/装箱检查员资格证书》被停止使用的情形。
集装箱装箱现场检查员资格注册认可的条件：
（一）具有中华人民共和国国籍；
（二）年满18周岁，具有完全民事行为能力；
（三）具有正常辨色力：无红、绿、蓝色盲；
（四）已接受过能够满足《国际海运危险货物运输规则》第1.3章要求的培训，并通过危险货物装箱检查人员资格考试，持有有效的合格证明；
（五）已与装箱单位签订合法有效的劳动合同关系；首次申请危险货物装箱检查人员资格注册的，应当经过在同一个装箱单位连续3个月的危险货物装箱业务实习；
（六）无《危险货物申报员/装箱检查员资格证书》被停止使用的情形。
第二十五条　船舶所有人、经营人或者管理人防治船舶有关作业活动污染海洋环境应急预案审批的条件：
（一）应急预案审批的申请主体为船舶所有人、经营人或者管理人；
（二）船舶系150总吨及以上的油船或者400总吨及以上的非油船；
（三）应急预案内容符合防治污染海洋环境和船上油污应急计划编制的相关要求。
第二十六条　船员服务簿签发的条件：
（一）满足规定的年龄要求；
（二）经体检符合交通运输部公布的船员体检标准；
（三）已完成规定的船员基本安全培训，并通过海事管理机构的考试或者考核。
第二十七条　船员（引航员）适任证书核发的条件：
（一）已取得船员服务簿；
（二）满足规定的年龄要求，符合船员体检标准，海船船员需持有相应的健康证明；
（三）完成规定的适任培训并通过适任考试和评估以及已完成规定的船上培训或见（实）习，持有相应的培训合格证、特殊培训合格证；
（四）满足规定的服务资历，适任状况和安全记录良好。
第二十八条　海员证核发的条件：
（一）年满18周岁并享有中华人民共和国国籍的公民；
（二）已依法取得船员服务簿；
（三）符合规定的船员体检标准；

(四)有确定的海员出境任务;

(五)无法律、行政法规规定的禁止出境的情形。

第二十九条 从事海船船员服务业务审批的条件:

从事甲级海船船员服务业务的机构的条件:

(一)在中华人民共和国境内依法设立的法人;

(二)有不少于300平方米的固定办公场所;

(三)有2名以上具有海船无限航区高级船员任职资历的专职管理人员和5名以上专职业务人员;

(四)从事乙级海船船员服务业务3年以上,并且最近3年来为国内沿海船舶提供配员500人以上;

(五)按照中华人民共和国海事局的规定,建立船员服务质量管理制度、人员和资源保障制度、教育培训制度、应急处理制度和服务业务报告制度等海船船员服务管理制度。

从事乙级海船船员服务业务的机构的条件:

(一)在中华人民共和国境内依法设立的法人;

(二)有不少于150平方米的固定办公场所;

(三)有2名以上具有海船无限航区或者沿海航区高级船员任职资历的专职管理人员和2名以上专职业务人员;

(四)按照中华人民共和国海事局的规定,建立船员服务质量管理制度、人员和资源保障制度、教育培训制度、应急处理制度和服务业务报告制度等海船船员服务管理制度。

第三十条 培训机构从事船员(引航员)培训业务审批的条件:

培训机构从事海船船员培训业务的条件:

(一)有符合船员培训项目要求的场地、设施和设备;

(二)有符合要求的与船员培训项目相适应的教学人员,教学人员总数的80%应当通过国家海事管理机构组织的考试,并取得相应证明;

(三)有与船员培训项目相适应的管理人员:

1. 配备专职教学管理人员、教学设施设备管理人员、培训发证管理人员和档案管理人员;

2. 教学管理人员至少2人,具有航海类中专以上学历或者其他专业大专以上学历,熟悉相关法规,熟悉所管理的培训项目;

3. 教学设施设备管理人员至少1人,具有中专以上学历,能够熟练操作所管理的设施、设备;

(四)有健全的船员培训管理制度,具体包括学员管理制度、教学人员管理制度、培训证明发放制度、教学设施设备管理制度和档案管理制度;

(五)有健全的安全防护制度,具体包括人身安全防护制度和突发事件应急制度等;

(六)有符合交通运输部规定的船员培训质量控制体系。

培训机构从事内河船舶船员培训业务的条件:

(一)有符合船员培训项目要求的场地、设施和设备;

(二)有符合要求的与船员培训项目相适应的教学人员,教学人员总数的80%应当通过国家海事管理机构组织的考试,并取得相应证明;

(三)有与船员培训项目相适应的管理人员:
1.配备专职教学管理人员、教学设施设备管理人员、培训发证管理人员和档案管理人员;
2.教学管理人员至少 2 人,具有水运类中专以上学历,或者其他专业大专以上学历,熟悉相关国内法规,熟悉所管理的培训项目;
3.教学设施设备管理人员至少 1 人,具有中专以上学历,能够熟练操作所管理的设施、设备;
(四)有健全的船员培训管理制度,具体包括学员管理制度、教学人员管理制度、培训证明发放制度、教学设施设备管理制度、档案管理制度;
(五)有健全的安全防护制度,具体包括人身安全防护制度和突发事件应急制度等;
(六)有符合交通运输部规定的船员培训质量控制体系。

第三十一条 从事海员外派业务审批的条件:
(一)在中华人民共和国境内依法设立的法人;
(二)有与外派规模相适应的固定办公场所;
(三)有至少 2 名具有国际航行海船管理级船员任职资历的专职管理人员和至少 3 名具有两年以上海员外派相关从业经历的管理人员;
(四)具有进行外派海员任职前培训和岗位技能训练及处理海员外派相关法律事务的能力;
(五)按照国家海事管理机构的规定,建立船员服务质量管理制度、人员和资源保障制度、教育培训制度、应急处理制度和服务业务报告制度等海员外派管理制度;
(六)具有自有外派海员 100 人以上;
(七)注册资本不低于 600 万元人民币;
(八)具有足额交纳 100 万元人民币海员外派备用金的能力;
(九)机构及其法定代表人具有良好的商业信誉,最近 3 年内没有重大违约行为和重大违法记录。

第三十二条 航运公司安全营运与防污染能力符合证明核发的条件:
公司《临时符合证明》签发的条件:
(一)具有法人资格;
(二)新建立或者重新运行安全管理体系,或者在公司《临时符合证明》或者《符合证明》上增加新的船舶种类;
(三)已作出在取得《临时符合证明》后 6 个月内运行安全管理体系的计划安排;
(四)已通过相关机构对公司的安全管理体系审核;
(五)申请人如是《符合证明》或者《临时符合证明》失效的公司,还应当满足距前一《符合证明》或者《临时符合证明》失效日已超过 6 个月。
公司《符合证明》签发的条件:
(一)具有法人资格;
(二)安全管理体系已在岸基和每一船种至少 1 艘船上运行 3 个月;
(三)持有有效的《临时符合证明》;
(四)已通过相关机构对公司的安全管理体系审核。

船舶《临时安全管理证书》签发的条件：
（一）新纳入或者重新纳入公司安全管理体系进行管理；
（二）已配备公司制定的适用于本船的安全管理体系文件；
（三）公司已取得适用于该船舶种类的《临时符合证明》或《符合证明》；
（四）在船舶所有人未变更的情况下，前两次未连续持有《临时安全管理证书》；
（五）船舶委托管理的，负责管理船舶的公司与船舶所有人或者经营人签订了船舶管理书面协议；
（六）已通过相关机构对船舶的安全管理体系审核。

船舶《安全管理证书》签发的条件：
（一）已配备公司制定的适用于本船的安全管理体系文件；
（二）安全管理体系已在本船运行至少 3 个月；
（三）公司已取得适用于该船种的《符合证明》；
（四）持有有效的《临时安全管理证书》；
（五）已通过相关机构对船舶的安全管理体系审核。

第三十三条 设立验船机构审批的条件：
（一）具有与拟从事的船舶检验业务相适应的检验场所、设备、仪器、资料；
（二）具有拟从事的船舶检验业务的验船能力和责任能力；
（三）具有与拟从事的船舶检验业务相适应的执业验船人员；
（四）具有相应的检验工作制度和保证船舶检验质量的管理体系；
（五）拟从事的船舶检验业务范围符合交通运输部的规定；
（六）需要设立分支机构的，设置方案和管理制度符合船舶检验管理的要求；
（七）外国船舶检验机构在我国设立验船公司的，除满足上述条件外，验船公司雇佣的外国公民应当符合相应国家机关规定的资格和符合我国关于外国人从业的规定，并持有船旗国政府允许在华从事法定船舶检验业务的授权文件。

第三章 附　　则

第三十四条 本规定自 2015 年 7 月 1 日起施行。2006 年 1 月 9 日以交通部令 2006 年第 1 号公布的《中华人民共和国海事行政许可条件规定》同时废止。

中华人民共和国引航员管理办法

(2008年2月13日交通部令第2号公布,2013年12月24日交通运输部令第20号修正)

第一章 总 则

第一条 为加强引航员管理,提高引航员素质,保障水上交通安全,保护水域环境,根据《中华人民共和国船员条例》,制定本办法。

第二条 本办法适用于引航员任职、培训、考试和评估的管理活动。

第三条 交通运输部主管全国引航员管理工作。

中华人民共和国海事局依照本办法负责统一实施全国引航员管理工作。

负责管理中央管辖水域的海事管理机构和负责管理其他水域的地方海事管理机构(以下统称海事管理机构),依照本办法规定具体负责引航员管理工作。

第四条 本办法所称引航员,是指取得引航员任职资格并受聘于引航机构的人员,包括一级引航员、二级引航员、三级引航员。

第二章 引航员任职

第五条 按海港和内河两个系列,引航员任职资格分为一级引航员、二级引航员和三级引航员。

海港引航员的引领范围是沿海港口及附近水域,内河引航员的引领范围是内河港口和航线。

第六条 引航员按下列规定权限引领船舶:

(一)海港、内河一级引航员可以在各自的引领范围内引领任何船舶;

(二)海港二级引航员可以引领总长小于250米的船舶,内河二级引航员可以引领总长小于200米的船舶;但是总长等于或者大于180米的客船除外;

(三)海港三级引航员可以引领总长小于180米的船舶,内河三级引航员可以引领总长小于150米的船舶;但是客船和载运散装一级危险货物的船舶除外。

第七条 交通运输部直属海事管理机构或者省级交通主管部门所属的海事管理机构可以根据本辖区港口、航道、通航环境、特定类型船舶的实际情况以及引航员的任职年限等因素,在本办法第六条规定范围内制定各类别、等级引航员引领的船舶种类和尺度的具体规定。超出本办法第六条规定的引领船舶种类和尺度的,应当报经中华人民共和国海事局批准。

第八条 引航员应当依照本办法的规定取得引航员适任证书后,才可以引领相应种类和长度的船舶。

第九条 申请一、二、三级引航员适任证书，应当符合下列条件：

（一）持有船员服务簿；

（二）符合船舶驾驶员体检要求；

（三）经过相应的适任培训，并通过相应的考试和评估；

（四）具有本办法规定的水上服务资历和良好的安全记录。

第十条 申请引航员适任证书，应当向海事管理机构提出，并提交下列材料：

（一）引航员适任证书申请；

（二）船员服务簿；

（三）最近 12 个月内的船员体格检查表；

（四）近期直边正面 5 厘米免冠白底彩色照片 2 张；

（五）引航员适任考试、评估成绩单。

第十一条 海事管理机构应当自受理申请之日起 20 日内，作出行政许可决定。对于符合本办法第九条规定的，应当签发相应类别、等级和引领范围的引航员适任证书；不符合规定的，不予签发引航员适任证书，退回申请材料并书面说明理由。

第十二条 引航员适任证书应当载明下列内容：

（一）适任证书编号；

（二）持证人的姓名、出生日期、出生地点、持证人签名；

（三）适用范围：类别、等级、引领范围；

（四）签发机关名称和签发官员署名；

（五）签发日期和有效期截止日期。

第十三条 引航员适任证书有效期不超过 5 年，有效期截止日期不超过持证人 65 周岁生日。

第十四条 申请引航员适任证书再有效的，应当在引航员适任证书有效期截止日期之前 6 个月内提出申请，满足下列条件，并提交本办法第十条第（一）至（四）项规定的材料：

（一）完成规定的最低引领船舶艘次或者里程；

（二）具有良好的安全记录。

对于不满足前款第（一）、（二）项规定条件的，通过了发证机关按照本办法附件一《引航员适任考试科目、评估项目表》规定的抽查科目和项目的考试和评估的，也可以申请引航员适任证书再有效。

第十五条 海事管理机构在收到引航员适任证书再有效申请后，应当在 15 日内完成审核，对符合本办法第十四条规定条件的，换发相应的引航员适任证书。

第十六条 引航员适任证书损坏的，可以到海事管理机构办理换发证书事宜，并提交下列材料：

（一）换发引航员适任证书申请；

（二）近期直边正面 5 厘米免冠白底彩色照片 2 张；

（三）被损坏的引航员适任证书。

第十七条 引航员适任证书遗失的，可以到海事管理机构办理补发证书事宜，并提交下列材料：

（一）补发引航员适任证书申请；
（二）在原发证机关指定的媒体上刊登的引航员适任证书遗失公告；
（三）近期直边正面5厘米免冠白底彩色照片2张。

第十八条　交通运输部直属海事管理机构或者省级交通主管部门所属的海事管理机构应当根据本辖区港口、航道、通航环境等情况，确定引航员晋升等级、引领范围变更和保持引航员适任证书有效所需的最低引领船舶艘次或者里程，并报中华人民共和国海事局备案。

第三章　引航员培训、考试和评估

第十九条　申请引航员适任证书，应当完成引航员适任培训。
海事管理机构应当不定期对引航员进行知识更新培训。

第二十条　从事引航员培训业务的机构，应当按照《中华人民共和国船员条例》的规定，取得引航员培训许可证件。

第二十一条　引航员培训机构应当按照规定的引航员培训科目、大纲以及水上交通安全管理、防治船舶污染、船舶保安等要求，在核定的范围内开展引航员培训，确保引航员培训质量。

第二十二条　申请引航员考试、评估，应当向海事管理机构提出。
海事管理机构应当提前3个月公布引航员考试、评估计划。

第二十三条　申请各类别、等级引航员适任证书的考试科目和评估项目按本办法附件1执行。附件1规定的考试科目和评估项目按照有关法律、行政法规和我国缔结或者加入的有关国际公约规定的要求进行调整时，由中华人民共和国海事局公布。
引航员适任考试、评估和发证规则由中华人民共和国海事局另行制定并颁布。

第二十四条　海事管理机构收到书面考试申请和相关资料后，对于符合本办法第二十五条至第三十条规定条件的，于考试开始之日5日以前向申请人签发准考证。

第二十五条　持有海船甲类一等大副适任证书并且在相应等级船舶上实际任职不少于12个月的，同时具有不少于12个月的助理引航资历，可以参加海港三级引航员适任考试和评估。

持有海船甲类一等大副适任证书或者内河船舶一等大副适任证书并且在相应等级船舶上实际任职不少于12个月的，同时具有不少于12个月的助理引航资历，可以参加内河三级引航员适任考试和评估。

引航机构直接招收的船舶驾驶专业大专及以上应届毕业生，取得海船甲类一等或者内河船舶一等二副适任证书，同时具有不少于18个月的助理引航资历，可以参加相应类别的三级引航员适任考试和评估。

第二十六条　持有三级引航员适任证书，并且具有不少于36个月相应引航资历，达到规定的最低引领船舶艘次或者里程的，可以参加相应类别的二级引航员适任考试和评估。

持有海船甲类一等船长适任证书并且在相应等级船舶上实际任职不少于12个月的，同时具有不少于12个月的助理引航资历，可以参加海港二级引航员适任考试和评估。

持有海船甲类一等船长适任证书或者内河船舶一等船长适任证书并且在相应等级船舶上实际任职不少于12个月的，同时具有不少于12个月的助理引航资历，可以参加内河二级引航员适任考试和评估。

第二十七条 持有二级引航员适任证书，并且具有不少于 36 个月相应引航资历，达到规定的最低引领船舶艘次或者里程的，可以参加相应类别的一级引航员适任考试和评估。

持有海船甲类一等船长适任证书并且在相应等级船舶上实际任职不少于 60 个月的，同时具有不少于 12 个月的助理引航资历，可以参加海港一级引航员适任考试和评估。

持有海船甲类一等船长适任证书或者内河船舶一等船长适任证书并且在相应等级船舶上实际任职不少于 60 个月的，同时具有不少于 12 个月的助理引航资历，可以参加内河一级引航员适任考试和评估。

第二十八条 申请同类别适任证书变更引领范围考试和评估的，应当具有不少于 6 个月的申请引航范围的见习引航资历，同时达到规定的最低见习引领船舶艘次或者里程。

第二十九条 海港引航员可以申请相同等级的内河引航员适任证书。

海港引航员参加内河引航员适任考试和评估的，应当具有不少于 6 个月的申请引领范围见习引航资历，同时达到规定的最低见习引领船舶艘次或者里程。

第三十条 内河引航员可以申请海港三级引航员适任证书。

内河引航员参加海港三级引航员适任证书考试和评估的，应当具有不少于 3 个月的申请引领范围见习引航资历，同时达到规定的最低见习引领船舶艘次或者里程。

第三十一条 参加适任考试和评估的，经考试、评估后，有部分科目或者项目不及格的，可以在自初次考试、评估的准考证签发之日起 3 年内申请补考。逾期不能通过全部考试、评估的，所有已考科目和评估项目的成绩失效。

第三十二条 海事管理机构应当公布考试、评估成绩。

第四章 监督管理

第三十三条 引航机构应当建立引航员技术档案，记载引航员的培训、适任证书、引航资历、安全记录以及健康状况等信息，并保持连续有效。

第三十四条 引航机构应当加强引航员任职资格管理，如实记录引航资历和安全记录。

引航机构应当每年将引航员的引领船舶艘次或者里程数及安全记录情况报海事管理机构备案。

第三十五条 引航员在引领船舶期间应当携带引航员适任证书。

第三十六条 引航员中断引领船舶 12 个月及以上，重新引领船舶之前，应当完成不少于 1 个月的见习引航，通过引航机构组织的考核。

引航机构对上述过程应当保持完整的记录。

第三十七条 引航员在任职期间发生承担对等责任或者主要责任的重大及以上水上交通事故，海事管理机构应当对其进行适任评估。评估不合格的，海事管理机构可以根据评估的实际情况要求其重新培训和考试，考试不合格的，不得引领与其适任证书级别相适应的船舶。

发生上述事故后，引航员在发生事故前的本等级引航资历不能作为申请考试、评估的引航资历。引航资历自发生事故后重新开始计算。

第三十八条 被吊销适任证书的引航员，自被吊销证书之日起 5 年后，可以申请参加比其被吊销的引航员适任证书级别低一等级的引航员适任考试和评估。

第三十九条 除海事管理机构依法实施外,任何机构或者个人不得以任何理由扣留引航员适任证书。

第四十条 海事管理机构应当为每个引航员建立技术档案,反映引航员培训、考试、评估、适任证书、引航资历、安全记录、违法记录等信息,并保持信息的完整、连续和安全。

第五章 法律责任

第四十一条 违反本办法的规定,以欺骗、贿赂等不正当手段取得引航员适任证书、培训合格证的,由海事管理机构吊销有关证件,并处2000元以上2万元以下罚款。

第四十二条 违反本办法的规定,伪造、变造或者买卖引航员适任证书、培训合格证的,由海事管理机构收缴有关证件,处2万元以上10万元以下罚款,有违法所得的,还应当没收违法所得。

第四十三条 违反本办法的规定,引航员在引领船舶时,未持有相应的引航员适任证书的,由海事管理机构责令改正,可以处2000元以下罚款。

第四十四条 违反本办法的规定,引航员未按照水上交通安全和防治船舶污染操作规则引领船舶的,由海事管理机构处1000元以上1万元以下罚款;情节严重的,并给予暂扣引航员适任证书6个月以上2年以下直至吊销引航员适任证书的处罚。

第四十五条 违反本办法的规定,引航机构不如实记载引航员的培训、适任证书、引航资历、安全记录以及健康状况等信息并保持连续有效的,由海事管理机构责令改正,并处2000元以上2万元以下罚款。

第四十六条 海事管理机构工作人员有下列情形之一的,由所在单位或者其上级主管机关依法给予处分:

(一)违反规定签发引航员适任证书;

(二)不依法履行监督检查职责;

(三)不依法实施行政强制或者行政处罚;

(四)滥用职权、玩忽职守的其他行为。

第六章 附 则

第四十七条 本办法下列用语的含义为:

(一)引航是指持有有效适任证书的引航员,在引航机构的指派下,从事的引领相应船舶航行、靠泊、离泊、移泊、锚泊等活动;

(二)总长是指自船舶最前端至船尾最后端间的水平长度;

(三)一级危险货物是指《水路危险货物运输规则》中根据各类危险货物的危险程度划分为的一级危险货物;

(四)适任证书是指证明持证人具备引领证书所标明的引航范围内的相应类别、等级船舶的能力的资格证书;

(五)引航员适任培训是指引航员适任考试考前培训、雷达观测和模拟器培训;对于海港引航员,还包括自动雷达标绘仪培训;

（六）适任考试是指采用书面或者电子方式对引航员进行理论知识、概念、原理等内容的考察，以考核申请人的专业知识水平和应用能力；

（七）适任评估是指以考察引航员综合运用能力和实际操作能力为主要目标，通过相应设备或者实船操作、听力测验、口试以及水上服务资历和业绩考核等，对申请人进行的技能考核；

（八）引航资历，是指持有不同等级的引航员适任证书期间所引领船舶的艘次或者里程数；

（九）良好的安全记录，是指在截止申请引航员适任证书有效日期前5年内未发生承担对等责任或者主要责任的一般及以上等级的水上交通安全事故。

第四十八条　除本办法另有规定外，引航员任职的申请、受理和作出决定的程序，应当符合《交通行政许可实施程序规定》的规定。

第四十九条　海事管理机构受理引航员任职申请的权限按照本办法附件2的规定执行。中华人民共和国海事局可以根据工作需要对附件2作相应的调整并报交通运输部备案。

第五十条　引航员适任证书由中华人民共和国海事局统一印制。

第五十一条　引航员体格检查按照交通运输部制定的海船船员体检要求的有关规定执行。

第五十二条　本办法自2008年5月1日起施行。

附件 1

引航员适任考试科目、评估项目

申考证书	考试科目								评估项目		
	船舶操纵	船舶避碰	港口情况与水文气象	职务与法规	水上交通工程	引航英语	避碰与信号	航道与引航	引航实操	引航英语听力与会话	案例分析
海港三级引航员	☆	☆	☆	☆		☆			☆	☆	
海港二级引航员	☆	☆	☆①	☆①		☆			☆	☆	
海港一级引航员	☆	☆				☆			☆	☆	☆
海港引航员引领范围变更			☆	☆					☆		
内河引航员转海港引航员		☆	☆	☆		☆			☆		
海港引航员抽考	☆										
内河三级引航员	☆			☆		☆	☆	☆	☆		
内河二级引航员	☆			☆②		☆	☆	☆②	☆		
内河一级引航员	☆					☆			☆	☆	☆
内河引航员引领范围变更				☆				☆			
海港引航员转内河引航员				☆			☆	☆			
内河引航员抽考	☆							☆			

注:1. 表中标"☆①"对应的科目对持海港三级引航员适任证书者免;
　　2. 表中标"☆②"对应的科目对持内河三级引航员适任证书者免。

附件2

引航员任职资格管理分工

序号	单　位	管　辖　范　围
1	黑龙江海事局	黑龙江省
2	辽宁海事局	辽宁省、吉林省
3	河北海事局	河北省
4	天津海事局	天津市
5	山东海事局	山东省
6	江苏海事局	江苏省、安徽省、江西省、湖北省、重庆市
7	上海海事局	上海市
8	浙江海事局	浙江省
9	福建海事局	福建省
10	广东海事局	广东省(深圳市除外)
11	深圳海事局	深圳市
12	广西海事局	广西壮族自治区
13	海南海事局	海南省

中华人民共和国船员服务管理规定

(2008年7月22日交通运输部令第6号公布,2013年8月31日交通运输部令第10号修正)

第一章 总 则

第一条 为加强船员服务管理,规范船员服务行为,维护船员和船员服务机构的合法权益,根据《中华人民共和国劳动合同法》《中华人民共和国船员条例》等法律、行政法规,制定本规定。

第二条 在中华人民共和国境内提供船员服务,适用本规定。

本规定所称船员服务,是指代理船员办理申请培训、考试、申领证书(包括外国船员证书)等有关手续,代理船员用人单位管理船员事务,为船舶提供配员等相关活动。

第三条 交通运输部主管船员服务工作。

中华人民共和国海事局负责统一实施船员服务管理工作。

海船船员服务管理工作由交通运输部直属海事管理机构具体负责;内河船舶船员服务管理工作由交通运输部直属海事管理机构、地方海事管理机构具体负责。

第四条 国家鼓励成立船员服务行业协会,规范行业行为,提高行业服务水平,增强行业自律能力。

第二章 船员服务机构资质

第五条 船员服务机构分为内河船舶船员服务机构和海船船员服务机构;海船船员服务机构分为甲级、乙级两类。

内河船舶船员服务机构,是指为内河船舶船员提供船员服务的机构。

甲级海船船员服务机构,是指为国际航行和国内航行海船船员提供各项船员服务的机构。

乙级海船船员服务机构,是指为国内航行海船船员提供船员服务的机构。

第六条 从事内河船舶船员服务业务的机构,应当符合下列条件:

(一)在中华人民共和国境内依法设立的法人;

(二)有不少于100平方米的固定办公场所;

(三)有2名以上具有内河一等、二等船舶高级船员任职资历的专职管理人员和2名以上专职业务人员;

(四)按照中华人民共和国海事局的规定,建立船员服务质量管理制度、人员和资源保障制度、教育培训制度、应急处理制度和服务业务报告制度等内河船舶船员服务管理制度。

从事内河船舶船员服务业务的服务机构,应当自开业之日起15日内,持企业法人营业执照复印件、场地证明、人员资质证明和相应的管理制度向该机构工商注册地的交通运输部直属海事管理机构或者地方海事管理机构备案。

第七条 从事甲级海船船员服务业务的机构,应当符合下列条件:
(一)在中华人民共和国境内依法设立的法人;
(二)有不少于300平方米的固定办公场所;
(三)有2名以上具有海船甲类一等高级船员任职资历的专职管理人员和5名以上专职业务人员;
(四)从事乙级海船船员服务业务3年以上,并且最近3年来为国内沿海船舶提供配员500人以上;
(五)按照中华人民共和国海事局的规定,建立船员服务质量管理制度、人员和资源保障制度、教育培训制度、应急处理制度和服务业务报告制度等海船船员服务管理制度。

第八条 从事乙级海船船员服务业务的机构,应当符合下列条件:
(一)在中华人民共和国境内依法设立的法人;
(二)有不少于150平方米的固定办公场所;
(三)有2名以上具有海船甲类、乙类和丙类一等高级船员任职资历的专职管理人员和2名以上专职业务人员;
(四)按照中华人民共和国海事局的规定,建立船员服务质量管理制度、人员和资源保障制度、教育培训制度、应急处理制度和服务业务报告制度等海船船员服务管理制度。

第九条 申请从事海船船员服务业务的机构,应当提交下列材料:
(一)设立海船船员服务机构的申请文书;
(二)企业法人营业执照复印件;
(三)专职管理人员的船员适任证书复印件或者相关证明材料;
(四)拟设立机构的人员组成、职责等情况的说明材料;
(五)船员服务相关管理制度文件;
(六)为国内沿海船舶提供配员的证明材料(仅适用甲级海船船员服务机构申请人);
(七)其他相关证明材料。

申请人在提供企业法人营业执照和专职管理人员的船员适任证书复印件时,应当向海事管理机构出示原件。

第十条 海船船员服务机构的申请和受理工作应当按照《交通行政许可实施程序规定》的有关要求办理。

第十一条 申请甲级海船船员服务业务,应当向中华人民共和国海事局提出。
申请乙级海船船员服务业务,应当向该机构工商注册地的交通运输部直属海事管理机构提出,该机构工商注册地没有交通运输部直属海事管理机构的,应当向中华人民共和国海事局指定的交通运输部直属海事管理机构提出。

海事管理机构应当自受理申请之日起30日内作出批准或者不予批准的决定。予以批准的,发给《海船船员服务机构许可证》;不予批准的,书面通知申请人并说明理由。

第十二条 《海船船员服务机构许可证》上应当载明船员服务机构编号、名称、法定代表人姓名、地址、服务范围、有效期以及其他有关事项。

《海船船员服务机构许可证》的有效期为5年。

第十三条 《海船船员服务机构许可证》记载的事项发生变更的，船员服务机构应当到发证机构办理变更手续。变更服务范围的，应当重新提出申请。

第十四条 《海船船员服务机构许可证》实施中期核查制度。

中期核查应当自《海船船员服务机构许可证》发证之日起第2周年至第3周年之间进行。

申请《海船船员服务机构许可证》中期核查，船员服务机构应当提交下列材料：

（一）中期核查申请文书；

（二）船员服务机构的资质符合情况说明材料；

（三）开展船员服务业务的情况说明；

（四）其他证明材料。

中期核查合格的，海事管理机构应当在《海船船员服务机构许可证》上进行签注；中期核查不合格的，海事管理机构应当责令限期改正。

第十五条 船员服务机构应当在《海船船员服务机构许可证》届满之日30日以前申请办理《海船船员服务机构许可证》延续手续。

申请办理《海船船员服务机构许可证》延续手续，应当提交下列材料：

（一）《海船船员服务机构许可证》延续申请；

（二）本规定第九条第一款第（二）项至第（五）项、第二款规定的材料。

第十六条 有下列情形之一的，海事管理机构应当办理《海船船员服务机构许可证》注销手续：

（一）申请注销；

（二）法人依法终止；

（三）《海船船员服务机构许可证》被依法撤销或者吊销。

第三章　船员服务机构的权利与义务

第十七条 依法与船员签订劳动合同的单位，为船员用人单位。使用未与船员用人单位解除劳动合同船员的单位，为船员用工单位。

船员服务机构向船员用人单位或者船员用工单位提供船员服务，应当签订船舶配员服务协议或者劳务派遣协议。船舶配员服务协议应当明确船员的劳动报酬、工作时间和休息休假、遣返方式和费用、意外伤亡保险和社会保险、违反协议的责任等，并将船舶配员服务协议的内容告知有关船员。劳务派遣协议应当约定被派遣船员岗位和人员数量、派遣期限、劳动报酬、意外伤亡保险和社会保险费以及违反协议的责任等，并将船员劳务派遣协议的内容告知被派遣船员。

船员服务机构为已经与航运公司或者其他单位签订劳动合同的船员提供船舶配员服务的，应当事先经过船员用人单位同意。

船员服务机构提供船舶配员服务，应当督促船员用人单位与船员依法订立劳动合同。船员用人单位未与船员签订劳动合同的，船员服务机构应当终止向船员用人单位提供船员服务。

第十八条　船员服务机构向船员提供船员服务业务,应当与船员签订船员服务协议。

船员服务机构不得为未经船员注册的人员提供船舶配员服务。

船员服务机构不得克扣船员用人单位、船员用工单位按照船舶配员服务协议支付给船员的劳动报酬。

为与船员服务机构签订劳动合同的船员提供船舶配员服务的,船员服务机构为船员用人单位,船员服务机构应当同时履行船员用人单位的责任和义务。

第十九条　船员服务机构提供船员服务,应当遵守国家船员管理、劳动和社会保障的有关规定,履行诚实守信义务。

船员服务机构应当向社会公布服务内容和收费标准,不得重复或者超过标准收取费用。

船员服务机构在提供船舶配员服务时,应当向船员用人单位或者船员用工单位以及有关船员提供全面、真实的信息。不得提供虚假信息,不得损害船员的合法权益。

第二十条　船员服务机构应当为其服务的船员取得法定和约定的劳动和社会保障权利提供相应的支持。

船员发生失踪、死亡或者其他意外伤害的,船员服务机构应当配合船员用人单位做好相应的善后工作。

第二十一条　船员服务机构不得有下列行为:

(一)以欺骗、贿赂、提供虚假材料等非法手段取得《海船船员服务机构许可证》的;

(二)伪造、变造、倒卖、出租、出借《海船船员服务机构许可证》,或者以其他形式非法转让《海船船员服务机构许可证》;

(三)超出《海船船员服务机构许可证》服务范围提供船员服务;

(四)以虚假资历、虚假证明等手段向海事管理机构申请办理船员培训、考试、申领证书等有关业务;

(五)为未取得船员服务机构资质而从事船员服务的机构代办各类船员服务业务;

(六)严重侵害船员的合法权益,或者当所服务船员的合法权益受到严重侵害时不履行法定义务。

第二十二条　境外船员用人单位不得在中华人民共和国境内直接招用中国籍船员,应当通过符合本规定资质条件的船员服务机构办理。

第二十三条　船员服务机构应当建立船员服务信息档案,记载服务船员在船员服务期间发生的下列事宜,并保持船员服务信息记载的真实、连续和完整:

(一)船上任职资历;

(二)基本安全培训、适任培训和特殊培训情况;

(三)适任状况、安全记录和违章记录;

(四)劳动合同、船员服务协议、船舶配员服务协议。

船员服务机构应当建立船员名册,记载服务船员的姓名、所服务的船公司和船舶的名称、船籍港、所属国家等情况,并定期以书面或者电子方式向海事管理机构备案。

第四章　监督检查

第二十四条　海事管理机构应当建立健全船员服务机构监督检查制度,加强对船员服机构诚实守信以及保护船员合法权益等情况的监督检查。

第二十五条 海事管理机构应当建立船员服务机构管理档案,记载船员服务机构的名称、地址、法定代表人、服务范围、业务开展情况和遵纪守法情况等。

第二十六条 海事管理机构应当建立船员服务机构名单公布制度,对不依法履行相应职责和承担法律义务、侵害船员合法权益或者不诚实守信的船员服务机构,定期向社会公布。

第二十七条 船员服务机构不再具备规定条件的,由海事管理机构责令限期改正;逾期不改正的,海事管理机构应当撤销相应的船员服务机构许可决定,并依法办理《海船船员服务机构许可证》的注销手续。

第五章 法律责任

第二十八条 违反本规定,未经批准擅自从事海船船员服务的,由海事管理机构责令改正,处 5 万元以上 25 万元以下罚款;有违法所得的,还应当没收违法所得。

本规定所称"未经批准擅自从事海船船员服务",是指下列行为:

(一)未取得《海船船员服务机构许可证》擅自从事船员服务业务的;

(二)以欺骗、贿赂、提供虚假材料等非法手段取得《海船船员服务机构许可证》的;

(三)超出《海船船员服务机构许可证》服务范围提供海船船员服务的。

第二十九条 违反本规定,船员服务机构未将其机构信息、招用或者管理的船员的姓名、所服务的船公司和船舶的名称、所属国家等情况定期向海事管理机构备案的,由海事管理机构责令改正,处 5000 元以上 2 万元以下罚款。

第三十条 违反本规定,船员服务机构在提供船员服务时,提供虚假信息,欺诈船员的,由海事管理机构责令改正,处 3 万元以上 15 万元以下罚款;情节严重的,并给予暂停《海船船员服务机构许可证》6 个月以上 2 年以下直至吊销《海船船员服务机构许可证》的处罚。

本规定所称"提供虚假信息,欺诈船员",是指船员服务机构的下列行为:

(一)未向社会公布服务内容、收费项目和标准的;

(二)重复或者超过标准收取费用,或者在公布的收费项目之外收取费用;

(三)未将船舶配员服务协议的相关内容告知有关船员的;

(四)克扣按照船舶配员服务协议应当支付给船员的劳动报酬的;

(五)有其他欺诈船员行为的。

第三十一条 违反本规定的规定,船员服务机构在船员用人单位未与船员订立劳动合同的情况下,向船员用人单位提供船员的,由海事管理机构责令改正,处 5 万元以上 25 万元以下罚款;情节严重的,给予暂停《海船船员服务机构许可证》6 个月以上 2 年以下直至吊销《海船船员服务机构许可证》的处罚。

第三十二条 违反本规定的规定,船员服务机构有下列行为之一的,由海事管理机构责令改正,处 1 万元以上 3 万元以下罚款:

(一)为未经船员注册的人员提供船舶配员服务,或者未经船员用人单位同意,为尚未解除劳动合同关系的船员提供船舶配员服务;

(二)伪造、变造、倒卖、出租、出借《海船船员服务机构许可证》,或者以其他形式非法转让《海船船员服务机构许可证》;

（三）以虚假资历、虚假证明等手段向海事管理机构申请办理船员培训、考试、申领证书等有关业务；

（四）严重侵害船员的合法权益，或者当所服务船员的合法权益受到严重侵害时不履行法定义务。

第三十三条 海事管理机构工作人员有下列情形之一的，依法给予行政处分：

（一）违反规定给予船员服务机构许可；

（二）不依法履行监督检查职责；

（三）不依法实施行政强制或者行政处罚；

（四）滥用职权、玩忽职守的其他行为。

第六章 附 则

第三十四条 为航行于香港特别行政区、澳门特别行政区和台湾地区的船舶提供船员服务的，按照为国际航行船舶提供船员服务管理，应当取得《甲级海船船员服务机构许可证》。

第三十五条 本规定施行前已开展船员服务的机构，符合本规定第七条第（一）至第（三）项、第（五）项规定，并且最近3年来为外国籍船舶提供配员300人以上的，可以按照本规定申请甲级海船船员服务机构资质。

第三十六条 本规定自2008年10月1日起施行。

中华人民共和国船员培训管理规则

(2009年6月26日交通运输部令第10号公布,2013年12月24日交通运输部令第15号修正)

第一章 总 则

第一条 为加强船员培训管理,保证船员培训质量,提高船员素质,依据《中华人民共和国船员条例》以及中华人民共和国缔结或者加入的有关国际公约,制定本规则。

第二条 在中华人民共和国境内从事船员培训业务的,适用本规则。

第三条 船员培训实行社会化,从事船员培训业务应当依法经营,诚实信用,公平竞争。

船员培训管理应当公平、公正、公开和便民。

第四条 交通运输部主管全国船员培训工作。

中华人民共和国海事局负责统一实施船员培训管理工作。

各级海事管理机构依照各自职责具体负责船员培训的监督管理工作。

第五条 交通运输部应当按照国家有关法律、行政法规和我国缔结或者加入的有关国际公约的规定,确定船员培训的具体项目,制定相应的培训大纲,并向社会公布。

第六条 航运公司及相关机构应当为船员参加船员培训提供便利,组织开展船员船上培训和知识更新培训。

第二章 船员培训的种类和项目

第七条 船员培训按照培训内容分为船员基本安全培训、船员适任培训和特殊培训三类。

船员培训按照培训对象分为海船船员培训和内河船舶船员培训两类。

第八条 船员基本安全培训,指船员在上船任职前接受的个人求生技能、消防、基本急救以及个人安全和社会责任等方面的培训,包含以下培训项目:

(一)海船船员基本安全;

(二)内河船舶船员基本安全。

第九条 船员适任培训,指船员在取得适任证书前接受的使船员适应拟任岗位所需的专业技术知识和专业技能的培训,包括船员岗位适任培训和船员专业技能适任培训。

船员岗位适任培训分为海船船员岗位适任培训和内河船舶船员岗位适任培训。其中,海船船员岗位适任培训包含以下培训项目:

(一)船长;

(二)轮机长;

（三）大副；

（四）大管轮；

（五）三副；

（六）三管轮；

（七）电子电气员；

（八）高级值班水手；

（九）高级值班机工；

（十）普通值班机工；

（十一）普通值班水手；

（十二）电子技工；

（十三）全球海上遇险和安全系统(GMDSS)操作员；

（十四）引航员；

（十五）非自航船舶船员；

（十六）水上飞机驾驶员；

（十七）地效翼船船员；

（十八）游艇操作人员；

（十九）摩托艇驾驶员。

内河船舶船员岗位适任培训包含以下培训项目：

（一）驾驶岗位；

（二）轮机岗位。

船员专业技能适任培训仅针对海船船员，包含以下培训项目：

（一）精通救生艇筏和救助艇；

（二）精通快速救助艇；

（三）高级消防；

（四）精通急救；

（五）船上医护；

（六）保安意识；

（七）负有指定保安职责船员；

（八）船舶保安员。

第十条 特殊培训，指针对在危险品船、客船、大型船舶等特殊船舶上工作的船员所进行的培训，分为海船船员特殊培训和内河船舶船员特殊培训。其中，海船船员特殊培训包含以下培训项目：

（一）油船和化学品船货物操作基本培训；

（二）油船货物操作高级培训；

（三）化学品船货物操作高级培训；

（四）液化气船货物操作基本培训；

（五）液化气船货物操作高级培训；

（六）客船船员特殊培训；

（七）大型船舶操纵特殊培训；
（八）高速船船员特殊培训；
（九）船舶装载散装固体危险和有害物质作业特殊培训；
（十）船舶装载包装危险和有害物质作业特殊培训。
内河船舶船员特殊培训包含以下培训项目：
（一）油船；
（二）散装化学品船；
（三）液化气船；
（四）客船；
（五）高速船；
（六）滚装船；
（七）载运包装危险货物船舶；
（八）液化气燃料动力装置船。

第三章 船员培训的许可

第十一条 船员培训实行许可制度。

培训机构应当按照本规则的规定，针对不同的船员培训项目，申请并取得特定的船员培训许可，方可开展相应的船员培训业务。

前款培训机构指依法成立的院校、企事业单位或者社会团体。

任何国家机关以及船员培训和考试的主管部门均不得举办或者参与举办船员培训。

第十二条 培训机构从事船员培训业务，根据其开展培训的类别和项目，应当符合下列许可条件：

（一）有符合交通运输部按照国际公约规定的与培训类别和项目相匹配的具体技术要求的场地、设施和设备。

（二）有符合交通运输部按照国际公约规定的与培训类别和项目相匹配的具体技术要求的教学人员，教学人员的80%应当通过中华人民共和国海事局组织的考试，并取得相应证明。

（三）有与船员培训项目相适应的管理人员：

1. 配备专职教学管理人员、教学设施设备管理人员、培训发证管理人员和档案管理人员；

2. 教学管理人员至少2人，具有航海类中专以上学历或者其他专业大专以上学历，熟悉相关法规，熟悉所管理的培训项目；

3. 教学设施设备管理人员至少1人，具有中专以上学历，能够熟练操作所管理的设施、设备。

（四）有健全的船员培训管理制度，具体包括学员管理制度、教学人员管理制度、培训课程设置制度、培训证明发放制度、教学设施设备管理制度和档案管理制度。

（五）有健全的安全防护制度，具体包括人身安全防护制度和突发事件应急制度等。

（六）有符合交通运输部规定的船员培训质量控制体系。

第十三条 培训机构申请从事船员培训业务，应当向中华人民共和国海事局提出申请，并提交下列申请材料：

（一）开展船员培训申请；

（二）培训机构的法人代码证；

（三）培训场地、设施、设备的情况说明；

（四）教学人员的情况说明及证明材料；

（五）管理人员的情况说明及证明材料；

（六）法规、技术资料的配备情况说明；

（七）船员培训管理制度和安全防护制度文本；

（八）船员培训质量控制体系文件。

培训机构申请从事海船船员培训业务的，还应当同时将申请材料抄送注册地交通运输部直属海事管理机构。

培训机构申请从事内河船舶船员培训业务的，还应当同时将申请材料抄送注册地交通运输部直属海事管理机构或者省级地方海事管理机构。

第十四条　船员培训申请的受理工作应当按照《交通行政许可实施程序规定》的有关要求办理。

第十五条　中华人民共和国海事局应当自受理申请之日起30日内，做出批准或者不予批准的决定。予以批准的，发给《中华人民共和国船员培训许可证》（以下简称《船员培训许可证》）；不予批准的，书面通知申请人并说明理由。

中华人民共和国海事局在受理船员培训申请之后，可以委托交通运输部直属海事管理机构或者省级地方海事管理机构对培训机构进行现场核验。

现场核验是对培训机构是否具备许可条件所进行的全面、客观评价。现场核验的工作时间应当计入许可期限。

第十六条　《船员培训许可证》应当载明培训机构的名称、地址、法定代表人、准予开展的船员培训项目、地点、有效期及其他有关事项。

《船员培训许可证》的有效期为5年。

第十七条　《船员培训许可证》记载事项发生变更的，培训机构应当向中华人民共和国海事局申请办理变更手续。

增加培训项目的，应当按照本规则的规定重新提出申请。

第十八条　《船员培训许可证》实施中期核查制度。

中华人民共和国海事局应当自《船员培训许可证》发证之日起第二周年至第三周年之间对船员培训机构开展中期核查。

第十九条　中华人民共和国海事局在中期核查过程中，可以要求船员培训机构提交下列材料：

（一）船员培训机构符合培训许可条件的说明材料；

（二）开展船员培训活动的情况说明；

（三）其他相关材料。

中期核查合格的，中华人民共和国海事局应当在《船员培训许可证》上进行签注；中期核查不合格的，中华人民共和国海事局应当责令限期改正。培训机构在规定期限内未能改正的,中华人民共和国海事局应当依法撤销相应的《船员培训许可证》。

第二十条 船员培训机构应当在《船员培训许可证》有效期届满之日30日以前,向中华人民共和国海事局申请办理《船员培训许可证》延续手续。中华人民共和国海事局应当自受理延续申请之日起30日内,做出批准或者不予批准的决定。

申请办理《船员培训许可证》延续手续,应当提交下列材料:

(一)《船员培训许可证》延续申请;

(二)本规则第十三条第一款第(二)项至第(八)项规定的材料。

第二十一条 有下列情形之一的,中华人民共和国海事局应当办理《船员培训许可证》注销手续:

(一)培训机构自行申请注销的;

(二)法人依法终止的;

(三)《船员培训许可证》被依法撤销或者吊销的。

第四章 船员培训的实施

第二十二条 培训机构应当按照《船员培训许可证》载明的培训项目、地点和海事管理机构确定的培训规模开展船员培训。

船员应当在取得《船员培训许可证》的培训机构,完成规定项目的船员培训。

第二十三条 培训机构应当按照交通运输部规定的船员培训大纲和水上交通安全、防治船舶污染等要求设置培训课程、制定培训计划并开展培训。

培训机构开展培训的课程应当经过海事管理机构确认。

第二十四条 培训机构所有的培训场地、设施、设备应当处于良好的使用状态,并应当具备足够的备用品,培训的易耗品应当得到及时补充,以保障培训的正常进行。

第二十五条 从事船员培训的教员不得在两个以上的培训机构担任自有教员。

前款所称"自有教员"指与培训机构所订立劳动合同的期限在1年以上的教员。

第二十六条 培训机构应当将《船员培训许可证》悬挂在经营场所的醒目位置,公示其培训项目、收费项目、收费标准以及师资等情况。

培训机构不得采取欺骗学员等不正当竞争手段开展培训、经营活动。

第二十七条 培训机构在招生时应当向学员告知中华人民共和国海事局规定的有关培训项目中对船员年龄、持证情况、船上服务资历、见习资历、安全任职记录、身体健康状况等方面的要求。

第二十八条 培训机构应当按照中华人民共和国海事局的规定对培训活动如实做好记录。

第二十九条 培训机构应当在每期培训班开班3日前以书面或者电子方式将培训计划报海事管理机构备案,备案内容应当包括培训规模、教学计划和日程安排、承担本期培训教学的教员情况及培训设施、设备、教材等准备情况。

培训机构应当在每期培训班开班之日起3日内将学员名册向海事管理机构备案。

第三十条 培训机构应当保持船员培训质量控制体系的有效运行。

第三十一条 培训机构应当为在本机构参加培训的学员建立培训档案,并在培训结束后出具相应的《船员培训证明》。

对培训出勤率低于规定培训课时90%的学员,培训机构不得出具培训证明。

第三十二条 学员完成培训并取得培训证明后,可以向海事管理机构申请相应培训项目的考试、评估。

第三十三条 对已按照规定完成培训并且考试、评估合格的学员,由海事管理机构依据相关规定签发相应的考试、评估合格证明。

第三十四条 培训机构使用模拟器进行培训的,所使用的模拟器应当符合经修正的《1978年海员培训、发证和值班标准国际公约》以及模拟器功能和性能标准的要求。模拟器模拟功能和性能标准由中华人民共和国海事局制定。

使用模拟器培训前,培训机构应当充分进行测试以确保其与培训目标相适应。

第五章 监督检查

第三十五条 海事管理机构应当建立健全船员培训监督检查制度,督促培训机构落实船员培训管理制度和安全防护制度。

第三十六条 海事管理机构应当配备中华人民共和国海事局规定的符合培训管理、考试、评估、发证要求的设备、资料,建立辖区内培训机构档案,对培训机构实施日常监督管理和业务指导。

第三十七条 海事管理机构应当对每期培训至少进行一次检查,但对经评估确认质量体系运行、培训质量和社会声誉良好的培训机构,可以定期检查。检查应当包括以下重点内容:

(一)教学计划的执行情况;

(二)承担本期培训教学任务的教员情况和授课情况;

(三)培训设施、设备、教材的使用、补充情况;

(四)培训规模与师资配备要求的符合情况;

(五)学员的出勤情况。

第三十八条 海事管理机构实施监督检查时,应当有2名以上执法人员参加,并出示有效的执法证件。

第三十九条 海事管理机构实施监督检查,可以询问当事人,向有关培训机构或者个人了解情况,查阅、复制有关资料,并保守被调查培训机构的商业秘密或者个人隐私。

海事管理机构实施监督检查应当做好相关记录并予以保存。

第四十条 接受海事管理机构监督检查的培训机构或者个人,应当如实反映情况和提供资料。

第四十一条 海事管理机构实施监督检查发现培训机构不再具备许可条件的,由海事管理机构责令限期改正。

培训机构在规定期限内未能改正的,中华人民共和国海事局应当依法撤销相应的《船员培训许可证》。

第四十二条 海事管理机构应当公开船员培训的管理事项、办事程序、举报电话、通信地址、电子邮件信箱等信息,自觉接受社会监督。

第六章 法律责任

第四十三条 违反本规则的规定,未取得《船员培训许可证》擅自从事船员培训的,由海事管理机构处 5 万元以上 25 万元以下罚款,有违法所得的,还应当没收违法所得。

前款"未取得《船员培训许可证》擅自从事船员培训"包括下列情形:

(一)无《船员培训许可证》擅自从事船员培训的;

(二)以欺骗、贿赂等非法手段取得《船员培训许可证》的;

(三)未按照《船员培训许可证》载明的事项从事船员培训的。

第四十四条 违反本规则的规定,船员培训机构未按照交通运输部规定的培训大纲和水上交通安全、防治船舶污染等要求进行培训的,由海事管理机构责令改正,可以处 2 万元以上 10 万元以下罚款;情节严重的,给予暂扣《船员培训许可证》6 个月以上 2 年以下直至吊销《船员培训许可证》的处罚。

第四十五条 海事管理机构工作人员有下列情形之一的,依法给予行政处分:

(一)违反规定给予船员培训许可;

(二)不依法履行监督检查职责;

(三)不依法实施行政强制或者行政处罚;

(四)滥用职权、玩忽职守的其他行为。

第四十六条 违反本规则的规定,情节严重,构成犯罪的,依法追究刑事责任。

第七章 附 则

第四十七条 具有开展全日制航海中专、专科及以上学历教育资格的院校,经中华人民共和国海事局同意后,招收的全日制航海专业学生完成学校规定的教程并取得毕业证书,等同完成本规则规定的三副、三管轮岗位适任培训。

中华人民共和国海事局应当定期公布前款所述的院校名单。

第四十八条 持有经修正的《1978 年海员培训、发证和值班标准国际公约》其他缔约国签发的船员培训合格证的中国籍船员,经中华人民共和国海事局确认符合《1978 年海员培训、发证和值班标准国际公约》规定的有关最低适任标准后,可按规定申请换发相应的合格证明。

第四十九条 《船员培训许可证》由中华人民共和国海事局统一印制。

第五十条 本规则自 2009 年 10 月 1 日起施行。1997 年颁布的《中华人民共和国船员培训管理规则》(交通部 1997 年第十三号令)同时废止。

中华人民共和国内河船舶船员适任考试和发证规则

(2010年6月29日交通运输部令第1号公布,2015年11月11日交通运输部令第21号修订)

第一章 总 则

第一条 为规范内河船舶船员适任考试和发证管理,提高内河船舶船员素质,保障内河交通安全,根据《中华人民共和国船员条例》和《中华人民共和国内河交通安全管理条例》,制定本规则。

第二条 本规则适用于内河船舶船员的适任考试和《内河船舶船员适任证书》(以下简称《适任证书》)的签发。

第三条 国务院交通运输主管部门主管全国内河船舶船员适任考试和发证工作。

国家海事管理机构统一管理全国内河船舶船员适任考试和发证工作。

各级海事管理机构按照职责负责具体实施内河船舶船员适任考试和发证工作。

第四条 国家海事管理机构应当及时向社会公布各级海事管理机构的考试及发证权限。

第五条 内河船舶船员适任考试和发证应当遵循公平、公正、公开、便民的原则。

考试机构和发证机构应当建立健全适任考试和发证的各项制度,并及时向社会发布相关信息,为船员参加适任考试和办理《适任证书》提供便利。

第二章 《适任证书》申请、签发

第六条 参加航行和轮机值班的船长和高级船员应当取得与任职船舶吨位、主机功率、航区(线)和职务要求相对应的《适任证书》。

持证人任职不得高于《适任证书》所记载的类别和职务资格,也不得超出《适任证书》所记载的航区(线)。

第七条 《适任证书》包含以下基本内容:

(一)持证人姓名、性别、出生日期;

(二)证书类别、编号;

(三)持证人职务资格、适任的航区(线);

(四)证书签发日期和有效期截止日期;

(五)发证机构;

(六)其他需要规定的内容。

《适任证书》由国家海事管理机构统一印制。

第八条 在内河船舶担任船长和驾驶部职务船员的《适任证书》类别按照船舶总吨位确定,其中在拖轮担任船长和驾驶部职务船员的《适任证书》类别按照拖轮的主推进动力装置总功率确定,分为以下类别:

(一)一类《适任证书》:1000总吨及以上的内河船舶以及500千瓦及以上的内河拖轮;

(二)二类《适任证书》:300总吨及以上至1000总吨的内河船舶以及150千瓦及以上至500千瓦的内河拖轮;

(三)三类《适任证书》:300总吨以下的内河船舶以及150千瓦以下的内河拖轮。

第九条 担任轮机部职务船员的《适任证书》按照船舶主推进动力装置总功率确定,分为以下类别:

(一)一类《适任证书》:适用于500千瓦及以上的内河船舶;

(二)二类《适任证书》:适用于150千瓦及以上至500千瓦的内河船舶;

(三)三类《适任证书》:适用于150千瓦以下的内河船舶。

第十条 《适任证书》按照船员职务资格分为以下类别:

(一)一类《适任证书》:船长、大副、二副、三副;轮机长、大管轮、二管轮、三管轮;

(二)二类和三类《适任证书》:船长、驾驶员;轮机长、轮机员。

第十一条 取得《适任证书》,应当具备下列条件:

(一)已经取得船员服务簿;

(二)符合国家海事管理机构规定的内河船舶船员适任岗位健康标准;

(三)经过与所申请《适任证书》类别、职务资格相对应的内河船舶船员适任培训;

(四)通过国家海事管理机构规定科目的内河船舶船员适任考试;

(五)具备本规则附件规定的内河船舶船员有效水上服务资历,并且任职表现和安全记录良好。

第十二条 曾经在海船、军事船舶或者渔业船舶上任职的人员具备下列条件的,可以申请相应的《适任证书》:

(一)符合国家海事管理机构规定的内河船舶船员适任岗位健康标准;

(二)在海船、军事船舶或者渔业船舶上的水上服务资历能够与本规则规定的水上服务资历相对应,且任职表现和安全记录良好;

(三)通过国家海事管理机构规定科目的内河船舶船员适任考试。

第十三条 在内河危险品船、客船等特殊船舶上任职的船员,除应当具备第十一条或者第十二条规定的条件外,还应当完成相应的特殊培训并取得培训合格证明。

第十四条 在1000总吨及以上至3000总吨内河船舶任职的船长、驾驶部职务船员,满足以下条件后,才能在3000总吨及以上内河船舶上任职:

(一)在1000总吨及以上至3000总吨内河船舶实际担任相应职务不少于12个月;

(二)通过相应的实际操作考试。

第十五条 已经取得《适任证书》,申请延伸航区(线)的,应当通过所申请航区(线)的适任考试。

第十六条 《适任证书》的有效期不超过5年。

持证人在《适任证书》有效期届满前1年内向具有原《适任证书》发证权限的发证机构申

请《适任证书》重新签发的,除应当符合内河船舶船员适任岗位健康标准且任职表现和安全记录良好外,在《适任证书》有效期内的水上服务资历还应当符合下列情形之一:

(一)任职与其《适任证书》所载类别、职务资格相对应,累计不少于 12 个月;

(二)任职与其《适任证书》所载类别、职务资格相对应,自申请之日起向前计算 6 个月内累计不少于 3 个月;

(三)《适任证书》持证人的任职与其《适任证书》所载类别相对应,但职务低一级,或者与其《适任证书》所载职务资格相对应,但类别低一级,累计不少于 12 个月。

第十七条 有下列情形之一,持证人向具有原《适任证书》发证权限的发证机构申请《适任证书》重新签发的,除应当符合内河船舶船员适任岗位健康标准外,还应当通过国家海事管理机构规定的同类别同职务资格的内河船舶船员实际操作考试:

(一)持证人在《适任证书》有效期届满后 5 年内申请重新签发;

(二)持证人在《适任证书》有效期届满前 1 年内申请重新签发,但不具有规定的水上服务资历。

持证人在《适任证书》有效期届满 5 年后向具有原《适任证书》发证权限的发证机构申请《适任证书》重新签发,除应当符合内河船舶船员适任岗位健康标准外,还应当通过国家海事管理机构规定的同类别同职务资格的内河船舶船员适任考试。

第十八条 《适任证书》损坏、遗失需补发的,持证人应当向原发证机构申请。

《适任证书》被依法扣留期间,持证人不得申请补发《适任证书》。

第十九条 初次申请《适任证书》或者申请改变《适任证书》所载类别、职务资格的,可以向具有相应发证权限的发证机构提出申请,并提交下列材料:

(一)内河船舶船员适任证书申请表;

(二)申请人身份证明;

(三)船员服务簿;

(四)最近 2 年内的符合内河船舶船员适任岗位健康标准的体检证明;

(五)符合要求规格和数量的照片;

(六)内河船舶船员适任培训证明;

(七)内河船舶船员适任考试成绩证明。

按照第十二条规定申请《适任证书》的,可以向任何有相应类别《适任证书》发证权限的发证机构提交本条第一款第(一)、(二)、(三)、(四)、(五)、(七)项规定的材料,以及其在海船、军事船舶或者渔业船舶上的服务资历、任职表现和安全记录证明。

申请适任航区(线)扩大或者延伸的,应当向负责相应航区(线)发证工作的发证机构提交本条第一款第(一)、(二)、(七)项规定的材料。

第二十条 申请《适任证书》重新签发的,应当提交第十九条第一款第(一)、(二)、(三)、(四)、(五)项规定的材料;需要通过内河船舶船员适任考试的,还应当提交相应的考试成绩证明。

第二十一条 申请《适任证书》补发的,应当向原发证机构提交下列材料:

(一)内河船舶船员适任证书申请表;

(二)申请人身份证明;

(三)《适任证书》遗失申请补发的,应提交《适任证书》遗失情况说明;

(四)《适任证书》损坏申请补发的,应提交《适任证书》原件。

第二十二条 隐瞒有关情况或者提供虚假材料申请《适任证书》的,发证机构不予受理或者不予签发《适任证书》,并给予警告,申请人在 1 年内不得再次申请与前次申请类别、职务资格相同的《适任证书》。

第二十三条 被海事管理机构依法吊销《适任证书》的,自被吊销之日起 2 年内,不得申请《适任证书》。

第二十四条 考试机构、发证机构有下列情形之一的,由国家海事管理机构责令改正;情节严重的,限制或者取消其开展适任考试、发证工作的权限:

(一)违反规定程序开展适任考试、发证工作的;

(二)超越权限开展适任考试或者签发《适任证书》的;

(三)对不具备条件的申请人签发《适任证书》的。

第三章 适任考试

第二十五条 内河船舶船员的适任考试分为理论考试和实际操作考试。

理论考试应当以理论知识为主要考试内容,重点对内河船舶船员专业知识的掌握和理解程度进行测试。

实际操作考试应当通过对相应船舶、模拟器或者其他设备的操作等方式,对内河船舶船员专业知识综合运用、操作及应急等能力进行技能测评。

第二十六条 适任考试大纲、考试科目和考场规则由国家海事管理机构组织制定并公布。

第二十七条 申请参加适任考试的人员应当向具有相应考试权限的考试机构提交下列材料:

(一)适任考试报名表:主要包括考生基本情况、报考《适任证书》类别、职务资格、航区(线)、任职资历等内容;

(二)申请人身份证明;

(三)船员服务簿;

(四)符合要求规格和数量的照片。

第二十八条 考试机构应当于适任考试开始 5 日前向报名参加适任考试的人员发放考试通知书,告知考试的时间、地点以及查询考试成绩的途径等事项。

第二十九条 适任考试任一科目不合格的,可以自初次适任考试通知书签发之日起 3 年内申请补考;逾期不能通过全部科目理论考试和实际操作考试的,所有科目理论考试和实际操作考试成绩失效。

第三十条 考试机构应当在理论考试或者实际操作考试结束后 30 日内公布考试成绩。合格的适任考试成绩自初次适任考试通知书签发之日起 5 年内有效。

第四章 附 则

第三十一条 本规则下列用语的含义:

（一）"内河船舶"，是指符合内河船舶建造规范，仅在内河通航水域航行的各类船舶，但不包括军事船舶、渔业船舶和体育运动船舶；

（二）"考试机构"，是具体负责内河船舶船员适任考试的各级海事管理机构；

（三）"发证机构"，是具体负责内河船舶船员适任证书签发的各级海事管理机构；

（四）"驾驶员"，是指《中华人民共和国船员条例》第四条第三款规定的驾驶部高级船员；

（五）"轮机员"，是指《中华人民共和国船员条例》第四条第三款规定的轮机部高级船员；

（六）"任职表现和安全记录良好"，是指自申请之日起向前计算5年内未发生负有主要责任的较大及以上等级事故。

第三十二条 具有船员培训资质，且教学内容满足内河船舶船员适任考试大纲要求的全日制中等职业及以上的教育机构，其船舶驾驶类和轮机类专业毕业考试可以替代相应的内河船舶船员理论考试。

本条第一款规定的教育机构的船舶驾驶类和轮机类毕业生符合船员适任岗位健康标准，且具备本规则附件所规定相应的船舶水上服务资历，持有船员服务簿，并通过实际操作考试的，可以直接申请一类三副《适任证书》或者二、三类驾驶员《适任证书》以及一类三管轮《适任证书》或者二、三类轮机员《适任证书》。

第三十三条 本规则自2016年5月1日起施行。2010年6月29日以交通运输部令2010年第1号公布的《中华人民共和国内河船舶船员适任考试和发证规则》同时废止。

附件

内河船舶船员水上服务资历要求

船长和驾驶部职务

职务 类别	船长	大副	二副	三副	驾驶员	驾驶类毕业生申请初级职务证书
一类	持有一类大副或者二类船长（适任证书）并实际担任其职务不少于24个月。	持有一类二副（适任证书），并实际担任其职务不少于12个月，或者持有二类驾驶员（适任证书），并实际担任其职务不少于36个月。	持有一类三副（适任证书），并实际担任其职务不少于12个月，或者持有二类驾驶员（适任证书），并实际担任其职务不少于24个月。	在1000总吨及以上内河船舶或500千瓦及以上内河拖轮上的水上服务资历不少于24个月，或者持有二类驾驶员（适任证书）并实际担任其职务不少于12个月。	—	在1000总吨及以上内河船舶或500千瓦及以上内河拖轮上的水上服务资历不少于6个月。
二类	持有二类驾驶员（适任证书）并实际担任其职务不少于36个月，或者持有三类船长（适任证书）并实际担任其职务不少于48个月。	—	—	—	在300总吨及以上内河船舶或150千瓦及以上内河拖轮上的水上服务资历不少于12个月，或者持有三类驾驶员（适任证书）并实际担任其职务不少于6个月。	在300总吨及以上内河船舶或150千瓦及以上内河拖轮上的水上服务资历不少于6个月。
三类	持有三类驾驶员（适任证书）并实际担任其职务不少于12个月。	—	—	—	在任意内河船舶上的水上服务资历不少于6个月。	在任意内河船舶上的水上服务资历不少于6个月。

续上表

轮机部职务

职务类别	轮机长	大管轮	二管轮	三管轮	轮机员	轮机类毕业生申请初级职务证书
一类	持有二类大管轮或者二类轮机长《适任证书》并实际担任其职务不少于24个月。	持有一类二管轮《适任证书》并实际担任其职务不少于12个月,或者持有二类轮机员《适任证书》并实际担任其类职务不少于36个月。	持有一类三管轮《适任证书》并实际担任其职务不少于12个月,或者持有二类轮机员《适任证书》并实际担任其类职务不少于24个月。	在500千瓦及以上内河船舶上的水上服务资历不少于24个月,或者持有二类轮机员《适任证书》并实际担任其职务不少于12个月。	—	在500千瓦及以上内河船舶上的水上服务资历不少于6个月。
二类	持有二类轮机员《适任证书》并实际担任其职务不少于36个月,或者持有三类轮机长《适任证书》并实际担任其职务不少于48个月。	—	—	—	在150千瓦及以上内河船舶上的水上服务资历不少于12个月,或者持有三类轮机员《适任证书》并实际担任其职务不少于6个月。	在150千瓦及以上内河船舶上的水上服务资历不少于6个月。
三类	持有三类轮机员《适任证书》并实际担任其职务不少于12个月。	—	—	—	在任意内河船舶上的水上服务资历不少于6个月。	在任意内河船舶上的水上服务资历不少于6个月。

备注:1.内河船舶船员水上服务资历,包括内河船舶船员在内河船舶上实际任职时间和参加适任培训、特殊培训的时间,但参加适任培训和特殊培训的时间计算最多不超过3个月。
2.内河船舶船员水上服务资历应在申请相应职务的实际操作考试前取得。
3.内河船舶船员安全记录不良者,其水上职务资历从其负有主要责任的较大及以上等级事故发生之日起算。

中华人民共和国船舶及其有关作业活动污染海洋环境防治管理规定

(2010年11月16日交通运输部令第7号公布,2013年8月31日交通运输部令第12号第一次修正,2013年12月24日交通运输部令第17号第二次修正)

第一章 总 则

第一条 为了防治船舶及其有关作业活动污染海洋环境,根据《中华人民共和国海洋环境保护法》、《中华人民共和国防治船舶污染海洋环境管理条例》和中华人民共和国缔结或者加入的国际条约,制定本规定。

第二条 防治船舶及其有关作业活动污染中华人民共和国管辖海域适用本规定。

本规定所称有关作业活动,是指船舶装卸、过驳、清舱、洗舱、油料供受、修造、打捞、拆解、污染危害性货物装箱、充罐、污染清除以及其他水上水下船舶施工作业等活动。

第三条 国务院交通运输主管部门主管全国船舶及其有关作业活动污染海洋环境的防治工作。

国家海事管理机构负责监督管理全国船舶及其有关作业活动污染海洋环境的防治工作。

各级海事管理机构根据职责权限,具体负责监督管理本辖区船舶及其有关作业活动污染海洋环境的防治工作。

第二章 一 般 规 定

第四条 船舶的结构、设备、器材应当符合国家有关防治船舶污染海洋环境的船舶检验规范以及中华人民共和国缔结或者加入的国际条约的要求,并按照国家规定取得相应的合格证书。

第五条 船舶应当依照法律、行政法规、国务院交通运输主管部门的规定以及中华人民共和国缔结或者加入的国际条约的要求,取得并随船携带相应的防治船舶污染海洋环境的证书、文书。

海事管理机构应当向社会公布本条第一款规定的证书、文书目录,并及时更新。

第六条 中国籍船舶持有的防治船舶污染海洋环境的证书、文书由国家海事管理机构或者其认可的机构签发;外国籍船舶持有的防治船舶污染海洋环境的证书、文书应当符合中华人民共和国缔结或者加入的国际条约的要求。

第七条 船员应当具有相应的防治船舶污染海洋环境的专业知识和技能,并按照有关法律、行政法规、规章的规定参加相应的培训、考试,持有有效的适任证书或者相应的培训合格证明。

从事有关作业活动的单位应当组织本单位作业人员进行操作技能、设备使用、作业程序、安全防护和应急反应等专业培训，确保作业人员具备相关安全和防治污染的专业知识和技能。

第八条 港口、码头、装卸站和从事船舶修造作业的单位应当按照国家有关标准配备相应的污染监视设施和污染物接收设施。

港口、码头、装卸站以及从事船舶修造、打捞、拆解等有关作业活动的其他单位应当按照国家有关标准配备相应的防治污染设备和器材。

第九条 船舶从事下列作业活动，应当按照《中华人民共和国海事行政许可条件规定》的规定，取得海事管理机构的许可，并遵守相关操作规程，落实安全和防治污染措施：

（一）在沿海港口进行舷外拷铲、油漆作业或者使用焚烧炉的；

（二）在港区水域内洗舱、清舱、驱气以及排放压载水的；

（三）冲洗沾有污染物、有毒有害物质的甲板的；

（四）进行船舶水上拆解、打捞、修造和其他水上、水下船舶施工作业的。

第十条 海事管理机构在依法审批3万载重吨以上油轮的货舱清舱、1万吨以上散装液体污染危害性货物过驳以及沉船打捞、油轮拆解等存在较大污染风险的作业活动时，可以要求申请人进行作业方案可行性研究。

第十一条 任何单位和个人发现船舶及其有关作业活动造成或者可能造成海洋环境污染的，应当立即就近向海事管理机构报告。

第三章　船舶污染物的排放与接收

第十二条 在中华人民共和国管辖海域航行、停泊、作业的船舶排放船舶垃圾、生活污水、含油污水、含有毒有害物质污水、废气等污染物以及压载水，应当符合法律、行政法规、有关标准以及中华人民共和国缔结或者加入的国际条约的规定。

第十三条 船舶不得向依法划定的海洋自然保护区、海洋特别保护区、海滨风景名胜区、重要渔业水域以及其他需要特别保护的海域排放污染物。

依法设立本条第一款规定的需要特别保护的海域的，应当在适当的区域配套设置船舶污染物接收设施和应急设备器材。

第十四条 船舶应当将不符合第十二条规定排放要求以及依法禁止向海域排放的污染物，排入具备相应接收能力的港口接收设施或者委托具备相应接收能力的船舶污染物接收单位接收。

船舶委托船舶污染物接收单位进行污染物接收作业的，其船舶经营人应当在作业前明确指定所委托的船舶污染物接收单位。

第十五条 船舶污染物接收单位进行船舶垃圾、残油、含油污水、含有毒有害物质污水接收作业，应当具有与其作业风险相适应的预防和清除污染的能力，并经海事管理机构批准。

第十六条 船舶污染物接收作业单位应当落实安全与防污染管理制度。进行污染物接收作业的，应当遵守国家有关标准、规程，并采取有效的防污染措施，防止污染物溢漏。

第十七条 船舶污染物接收单位应当在污染物接收作业完毕后，向船舶出具污染物接收单证,如实填写所接收的污染物种类和数量,并由船长签字确认。船舶污染物接收单证上应当注明作业单位名称,作业双方船名,作业开始和结束的时间、地点,以及污染物种类、数量等内容。

船舶应当携带相应的记录簿和船舶污染物接收单证到海事管理机构办理船舶污染物接收证明,并将船舶污染物接收证明保存在相应的记录簿中。

第十八条 国际航行船舶在驶离国内港口前应当将船上污染物清理干净,并在办理出口岸手续时向海事管理机构出示有效的污染物接收证明。

第十九条 船舶进行涉及污染物处置的作业,应当在相应的记录簿内规范填写、如实记录,真实反映船舶运行过程中产生的污染物数量、处置过程和去向。按照法律、行政法规、国务院交通运输主管部门的规定以及中华人民共和国缔结或者加入的国际条约的要求,不需要配备记录簿的,应当将有关情况在作业当日的航海日志或者轮机日志中如实记载。

船舶应当将使用完毕的船舶垃圾记录簿在船舶上保留2年;将使用完毕的含油污水、含有毒有害物质污水记录簿在船舶上保留3年。

第二十条 船舶污染物接收单位应当将接收的污染物交由具有国家规定资质的污染物处理单位进行处理,并每月将船舶污染物的接收和处理情况报海事管理机构备案。

第二十一条 接收处理含有有毒有害物质或者其他危险成分的船舶污染物的,应当符合国家有关危险废物的管理规定。来自疫区船舶产生的污染物,应当经有关检疫部门检疫处理后方可进行接收和处理。

第二十二条 船舶应当配备有盖、不渗漏、不外溢的垃圾储存容器,或者对垃圾实行袋装。

船舶应当对垃圾进行分类收集和存放,对含有有毒有害物质或者其他危险成分的垃圾应当单独存放。

船舶将含有有毒有害物质或者其他危险成分的垃圾排入港口接收设施或者委托船舶污染物接收单位接收的,应当向对方说明此类垃圾所含物质的名称、性质和数量等情况。

第二十三条 船舶应当按照国家有关规定以及中华人民共和国缔结或者加入的国际条约的要求,设置与生活污水产生量相适应的处理装置或者储存容器。

第四章 船舶载运污染危害性货物及其有关作业

第二十四条 本规定所称污染危害性货物,是指直接或者间接进入水体,会损害水体质量和环境质量,从而产生损害生物资源、危害人体健康等有害影响的货物。

国家海事管理机构应当向社会公布污染危害性货物的名录,并根据需要及时更新。

第二十五条 船舶载运污染危害性货物进出港口,承运人或者代理人应当在进出港24小时前(航程不足24小时的,在驶离上一港口时)向海事管理机构办理船舶适载申报手续;货物所有人或者代理人应当在船舶适载申报之前向海事管理机构办理货物适运申报手续。

货物适运申报和船舶适载申报经海事管理机构审核同意后,船舶方可进出港口、过境停留或者进行装卸作业。

第二十六条 交付运输的污染危害性货物的特性、包装以及针对货物采取的风险防范和应急措施等应当符合国家有关标准、规定以及中华人民共和国缔结或者加入的国际条约的要求;需要经国家有关主管部门依法批准后方可载运的,还需要取得有关主管部门的批准。

船舶适载的条件按照《中华人民共和国海事行政许可条件规定》关于船舶载运危险货物的适载条件执行。

第二十七条 货物所有人或者代理人办理货物适运申报手续的,应当向海事管理机构提交下列材料:

(一)货物适运申报单,包括货物所有人或者代理人有关情况以及货物名称、种类、特性等基本信息;

(二)由代理人办理货物适运申报手续的,应当提供货物所有人出具的有效授权证明;

(三)相应的污染危害性货物安全技术说明书,安全作业注意事项、防范和应急措施等有关材料;

(四)需要经国家有关主管部门依法批准后方可载运的污染危害性货物,应当持有有效的批准文件;

(五)交付运输下列污染危害性货物的,还应当提交下列材料:

1. 载运包装污染危害性货物的,应当提供包装和中型散装容器检验合格证明或者压力容器检验合格证明;

2. 使用可移动罐柜装载污染危害性货物的,应当提供罐柜检验合格证明;

3. 载运放射性污染危害性货物的,应当提交放射性剂量证明;

4. 货物中添加抑止剂或者稳定剂的,应当提交抑止剂或者稳定剂的名称、数量、温度、有效期以及超过有效期时应当采取的措施;

5. 载运限量污染危害性货物的,应当提交限量危险货物证明;

6. 载运污染危害性不明货物的,应当提交符合第三十一条规定的污染危害性评估报告。

第二十八条 承运人或者代理人办理船舶适载申报手续的,应当向海事管理机构提交下列材料:

(一)船舶载运污染危害性货物申报单,包括承运人或者代理人有关情况以及货物名称、种类、特性等基本信息;

(二)海事管理机构批准的货物适运证明;

(三)由代理人办理船舶适载申报手续的,应当提供承运人出具的有效授权证明;

(四)防止油污证书、船舶适载证书、船舶油污损害民事责任保险或者其他财务保证证书;

(五)载运污染危害性货物的船舶在运输途中发生过意外情况的,还应当在船舶载运污染危害性货物申报单内扼要说明所发生意外情况的原因、已采取的控制措施和目前状况等有关情况,并于抵港后送交详细报告;

(六)列明实际装载情况的清单、舱单或者积载图;

(七)拟进行装卸作业的港口、码头、装卸站。

定船舶、定航线、定货种的船舶可以办理不超过一个月期限的船舶定期适载申报手续。办理船舶定期适载申报手续的,除应当提交本条第一款规定的材料外,还应当提交能够证明固定船舶在固定航线上运输固定污染危害性货物的有关材料。

第二十九条 海事管理机构收到货物适运申报、船舶适载申报后,应当根据第二十六条规定的条件在 24 小时内作出批准或者不批准的决定；办理船舶定期适载申报的，应当在 7 日内作出批准或者不批准的决定。

第三十条 货物所有人或者代理人交付船舶载运污染危害性货物，应当采取有效的防治污染措施，确保货物的包装与标志的规格、比例、色度、持久性等符合国家有关安全与防治污染的要求，并在运输单证上如实注明该货物的技术名称、数量、类别、性质、预防和应急措施等内容。

第三十一条 货物所有人或者代理人交付船舶载运污染危害性不明的货物，应当委托具备相应资质的技术机构对货物的污染危害性质和船舶载运技术条件进行评估。

第三十二条 曾经载运污染危害性货物的空容器和运输组件，应当彻底清洗并消除危害，取得由具有国家规定资质的检测机构出具的清洁证明后，方可按照普通货物交付船舶运输。在未彻底清洗并消除危害之前，应当按照原所装货物的要求进行运输。

第三十三条 海事管理机构认为交付船舶载运的货物应当按照污染危害性货物申报而未申报的，或者申报的内容不符合实际情况的，经海事管理机构负责人批准，可以采取开箱等方式查验。

海事管理机构在实施开箱查验时，货物所有人或者代理人应当到场，并负责搬移货物，开拆和重封货物的包装。海事管理机构认为必要时，可以径行开验、复验或者提取货样。有关单位和个人应当配合。

第三十四条 船舶不符合污染危害性货物适载要求的，不得载运污染危害性货物，码头、装卸站不得为其进行装卸作业。

发现船舶及其有关作业活动可能对海洋环境造成污染危害的，码头、装卸站、船舶应当立即采取相应的应急措施，并向海事管理机构报告。

第三十五条 从事污染危害性货物装卸作业的码头、装卸站，应当符合安全装卸和污染物处理的相关标准，并向海事管理机构提交安全装卸和污染物处理能力情况的有关材料。海事管理机构应当将具有相应安全装卸和污染物处理能力的码头、装卸站向社会公布。

载运污染危害性货物的船舶应当在海事管理机构公布的具有相应安全装卸和污染物处理能力的码头、装卸站进行装卸作业。

第三十六条 船舶进行散装液体污染危害性货物过驳作业的，应当符合国家海上交通安全和防治船舶海洋污染环境的管理规定和技术规范，选择缓流、避风、水深、底质等条件较好的水域，远离人口密集区、船舶通航密集区、航道、重要的民用目标或者设施、军用水域，制定安全和防治污染的措施和应急计划并保证有效实施。

第三十七条 进行散装液体污染危害性货物过驳作业的船舶，其承运人、货物所有人或者代理人应当向海事管理机构提交下列申请材料：

（一）船舶作业申请书，内容包括作业船舶资料、联系人、联系方式、作业时间、作业地点、过驳种类和数量等基本情况；

（二）船舶作业方案、拟采取的监护和防治污染措施；

（三）船舶作业应急预案；

（四）对船舶作业水域通航安全和污染风险的分析报告；

（五）与具有相应资质的污染清除作业单位签订的污染清除作业协议。

以过驳方式进行油料供受作业的,应当提交本条第一款第(一)、(二)、(三)、(五)项规定的材料。

海事管理机构应当自受理申请之日起2日内根据第三十六条规定的条件作出批准或者不予批准的决定。2日内无法作出决定的,经海事管理机构负责人批准,可以延长5日。

第三十八条 从事船舶油料供受作业的单位应当向海事管理机构备案,并提交下列备案材料:

(一)工商营业执照;

(二)安全与防治污染制度文件、应急预案、应急设备物资清单、输油软管耐压检测证明以及作业人员参加培训情况;

(三)通过船舶进行油料供受作业的,还应当提交船舶相关证书、船上油污应急计划、作业船舶油污责任保险凭证以及船员适任证书;

(四)燃油质量承诺书;从事成品油供受作业的单位应当同时提交有关部门依法批准的成品油批发或者零售经营的证书。

第三十九条 进行船舶油料供受作业的,作业双方应当采取满足安全和防治污染要求的供受油作业管理措施,同时应当遵守下列规定:

(一)作业前,应当做到:

1. 检查管路、阀门,做好准备工作,堵好甲板排水孔,关好有关通海阀;

2. 检查油类作业的有关设备,使其处于良好状态;

3. 对可能发生溢漏的地方,设置集油容器;

4. 供受油双方以受方为主商定联系信号,双方均应切实执行。

(二)作业中,要有足够人员值班,当班人员要坚守岗位,严格执行操作规程,掌握作业进度,防止跑油、漏油;

(三)停止作业时,必须有效关闭有关阀门;

(四)收解输油软管时,必须事先用盲板将软管有效封闭,或者采取其他有效措施,防止软管存油倒流入海。

海事管理机构应当对船舶油料供受作业进行监督检查,发现不符合安全和防治污染要求的,应当予以制止。

第四十条 船舶燃油供给单位应当如实填写燃油供受单证,并向船舶提供燃油供受单证和燃油样品。燃油供受单证应当包括受油船船名,船舶识别号或国际海事组织编号,作业时间、地点,燃油供应商的名称、地址和联系方式以及燃油种类、数量、密度和含硫量等内容。船舶和燃油供给单位应当将燃油供受单证保存3年,将燃油样品妥善保存1年。

燃油供给单位应当确保所供燃油的质量符合相关标准要求,并将所供燃油送交取得国家规定资质的燃油检测单位检测。燃油质量的检测报告应当留存在作业船舶上备查。

第四十一条 船舶从事300吨及以上的油类或者比重小于1且不溶、微溶于水的散装有毒液体物质的装卸、过驳作业,应当布设围油栏。

布设围油栏方案应当在作业前报海事管理机构备案。因受自然条件或其他原因限制,不适合布设围油栏的,可以采用其他防治污染替代措施,但应当将拟采取的替代措施和理由在作业前报海事管理机构同意。

第四十二条 载运污染危害性货物的船舶进出港口和通过桥区、交通管制区、通航密集区以及航行条件受限制的区域，或者载运剧毒、爆炸、放射性货物的船舶进出港口，应当遵守海事管理机构的特别规定，并采取必要的安全和防治污染保障措施。

第四十三条 船舶载运散发有毒有害气体或者粉尘物质等货物的，应当采取密闭或者其他防护措施。对有封闭作业要求的污染危害性货物，在运输和作业过程中应采取措施回收有毒有害气体。

第五章 船舶拆解、打捞、修造和其他水上水下船舶施工作业

第四十四条 禁止采取冲滩方式进行船舶拆解作业。

第四十五条 进行船舶拆解、打捞、修造和其他水上水下船舶施工作业的，应当遵守相关操作规程，并采取必要的安全和防治污染措施。

第四十六条 在进行船舶拆解和船舶油舱修理作业前，作业单位应当将船舶上的残余物和废弃物进行有效处置，将燃油舱、货油舱中的存油驳出，进行洗舱、清舱、测爆等工作，并按照规定取得船舶污染物接收证明和有效的测爆证书。

船舶燃油舱、货油舱中的存油需要通过过驳方式交付储存的，应当交由船舶污染物接收单位或者依法获得船舶油料供受作业资质的单位储存，并按照第三十七条的规定经过海事管理机构的批准。

第四十七条 在船坞内进行船舶修造作业的，修造船厂应当将坞内污染物清理完毕，确认不会造成水域污染后，方可沉起浮船坞或者开启坞门。

第四十八条 船舶拆解、打捞、修造或者其他水上水下船舶施工作业结束后，应当及时清除污染物，并将作业全过程产生的污染物的清除处理情况一并向海事管理机构报告，海事管理机构可以视情况进行现场核实。

第六章 法 律 责 任

第四十九条 海事管理机构发现船舶、有关作业单位存在违反本规定行为的，应当责令改正；拒不改正的，海事管理机构可以责令停止作业、强制卸载，禁止船舶进出港口、靠泊、过境停留，或者责令停航、改航、离境、驶向指定地点。

第五十条 违反本规定，船舶的结构不符合国家有关防治船舶污染海洋环境的船舶检验规范或者有关国际条约要求的，由海事管理机构处10万元以上30万元以下的罚款。

第五十一条 违反本规定，船舶、港口、码头和装卸站未配备防治污染设施、设备、器材，有下列情形之一的，由海事管理机构予以警告，或者处2万元以上10万元以下的罚款：

（一）配备的防治污染设施、设备、器材数量不能满足法律、行政法规、规章、有关标准以及我国缔结或者参加的国际条约要求的；

（二）配备的防治污染设施、设备、器材技术性能不能满足法律、行政法规、规章、有关标准以及我国缔结或者参加的国际条约要求的。

第五十二条 违反本规定，船舶未持有防治船舶污染海洋环境的证书、文书的，由海事管理机构予以警告，或者处2万元以下的罚款。

第五十三条 违反本规定，船舶向海域排放本规定禁止排放的污染物的，由海事管理机

构处 3 万元以上 20 万元以下的罚款。

第五十四条 违反本规定,船舶排放或者处置污染物,有下列情形之一的,由海事管理机构处 2 万元以上 10 万元以下的罚款:

(一)超过标准向海域排放污染物的;

(二)未按照规定在船上留存船舶污染物排放或者处置记录的;

(三)船舶污染物处置记录与船舶运行过程中产生的污染物数量不符合的。

第五十五条 违反本规定,船舶污染物接收单位未经海事管理机构批准,擅自进行船舶垃圾、残油、含油污水、含有毒有害物质污水接收作业的,由海事管理机构处 1 万元以上 5 万元以下的罚款;造成海洋环境污染的,处 5 万元以上 25 万元以下的罚款。

第五十六条 违反本规定,船舶、船舶污染物接收单位接收处理污染物,有下列第(一)项情形的,由海事管理机构予以警告,或者处 2 万元以下的罚款;有下列第(二)项、第(三)项情形的,由海事管理机构处 2 万元以下的罚款:

(一)船舶未如实记录污染物处置情况的;

(二)船舶未按照规定办理污染物接收证明的;

(三)船舶污染物接收单位未按照规定将船舶污染物的接收和处理情况报海事管理机构备案的。

第五十七条 违反本规定,未经海事管理机构批准,船舶载运污染危害性货物进出港口、过境停留、进行装卸的,由海事管理机构对其承运人、货物所有人或者代理人处 1 万元以上 5 万元以下的罚款;未经海事管理机构批准,船舶进行散装液体污染危害性货物过驳作业的,由海事管理机构对船舶处 1 万元以上 5 万元以下的罚款。

第五十八条 违反本规定,有下列第(一)项情形的,由海事管理机构予以警告,或者处 2 万元以上 10 万元以下的罚款;有下列第(二)项、第(三)项、第(四)项情形的,由海事管理机构处 2 万元以上 10 万元以下的罚款:

(一)船舶载运的污染危害性货物不具备适运条件的;

(二)载运污染危害性货物的船舶不符合污染危害性货物适载要求的;

(三)载运污染危害性货物的船舶未在具有相应安全装卸和污染物处理能力的码头、装卸站进行装卸作业的;

(四)货物所有人或者代理人未按照规定对污染危害性不明的货物进行污染危害性评估的。

第五十九条 违反本规定,有下列情形之一的,由海事管理机构处 2000 元以上 1 万元以下的罚款:

(一)船舶未按照规定保存污染物接收证明的;

(二)船舶油料供受单位未如实填写燃油供受单证的;

(三)船舶油料供受单位未按照规定向船舶提供燃油供受单证和燃油样品的;

(四)船舶和船舶油料供受单位未按照规定保存燃油供受单证和燃油样品的。

第六十条 违反本规定,进行船舶水上拆解、旧船改装、打捞和其他水上水下船舶施工作业,造成海洋环境污染损害的,由海事管理机构予以警告,或者处 5 万元以上 20 万元以下的罚款。

第七章 附 则

第六十一条 军事船舶以及国务院交通运输主管部门所辖港区水域外渔业船舶污染海洋环境的防治工作,不适用本规定。

第六十二条 本规定自2011年2月1日起施行。

中华人民共和国船舶污染海洋环境应急防备和应急处置管理规定

(2011年1月27日交通运输部令第4号公布,2013年12月24日交通运输部令第19号第一次修正,2014年9月5日交通运输部令第11号第二次修正,2015年5月12日交通运输部令第6号第三次修正)

第一章 总 则

第一条 为提高船舶污染事故应急处置能力,控制、减轻、消除船舶污染事故造成的海洋环境污染损害,依据《中华人民共和国防治船舶污染海洋环境管理条例》等有关法律、行政法规和中华人民共和国缔结或者加入的有关国际条约,制定本规定。

第二条 在中华人民共和国管辖海域内,防治船舶及其有关作业活动污染海洋环境的应急防备和应急处置,适用本规定。

船舶在中华人民共和国管辖海域外发生污染事故,造成或者可能造成中华人民共和国管辖海域污染的,其应急防备和应急处置,也适用本规定。

本规定所称"应急处置"是指在发生或者可能发生船舶污染事故时,为控制、减轻、消除船舶造成海洋环境污染损害而采取的响应行动;"应急防备"是指为应急处置的有效开展而预先采取的相关准备工作。

第三条 交通运输部主管全国防治船舶及其有关作业活动污染海洋环境的应急防备和应急处置工作。

国家海事管理机构负责统一实施船舶及其有关作业活动污染海洋环境应急防备和应急处置工作。

沿海各级海事管理机构依照各自职责负责具体实施防治船舶及其有关作业活动污染海洋环境的应急防备和应急处置工作。

第四条 船舶及其有关作业活动污染海洋环境应急防备和应急处置工作应当遵循统一领导、综合协调、分级负责、属地管理、责任共担的原则。

第二章 应急能力建设和应急预案

第五条 国家防治船舶及其有关作业活动污染海洋环境应急能力建设规划,应当根据全国防治船舶及其有关作业活动污染海洋环境的需要,由国务院交通运输主管部门组织编制,报国务院批准后公布实施。

沿海省级防治船舶及其有关作业活动污染海洋环境应急能力建设规划,应当根据国家防治船舶及其有关作业活动污染海洋环境应急能力建设规划和本地实际情况,由沿海省、自治区、直辖市人民政府组织编制并公布实施。

沿海市级防治船舶及其有关作业活动污染海洋环境应急能力建设规划,应当根据所在地省级人民政府防治船舶及其有关作业活动污染海洋环境应急能力建设规划和本地实际情况,由沿海设区的市级人民政府组织编制并公布实施。

编制防治船舶及其有关作业活动污染海洋环境应急能力建设规划,应当对污染风险和应急防备需求进行评估,合理规划应急力量建设布局。

沿海各级海事管理机构应当积极协助、配合相关地方人民政府完成应急能力建设规划的编制工作。

第六条 交通运输部、沿海设区的市级以上地方人民政府应当根据相应的防治船舶及其有关作业活动污染海洋环境应急能力建设规划,建立健全船舶污染事故应急防备和应急反应机制,建立专业应急队伍,建设船舶污染应急专用设施、设备和器材储备库。

第七条 沿海各级海事管理机构应当根据防治船舶及其有关作业活动污染海洋环境的需要,会同海洋主管部门建立健全船舶及其有关作业活动污染海洋环境的监测、监视机制,加强对船舶及其有关作业活动污染海洋环境的监测、监视。

港口、码头、装卸站以及从事船舶修造的单位应当配备与其装卸货物种类和吞吐能力或者修造船舶能力相适应的污染监视设施和污染物接收设施,并使其处于良好状态。

第八条 港口、码头、装卸站以及从事船舶修造、打捞、拆解等作业活动的单位应当按照交通运输部的要求制定有关安全营运和防治污染的管理制度,按照国家有关防治船舶及其有关作业活动污染海洋环境的规范和标准,配备必需的防治污染设备和器材,确保防治污染设备和器材符合防治船舶及其有关作业活动污染海洋环境的要求。

第九条 港口、码头、装卸站以及从事船舶修造、打捞、拆解等作业活动的单位应当编写报告,评价其具备的船舶污染防治能力是否与其装卸货物种类、吞吐能力或者船舶修造、打捞、拆解活动所必需的污染监视监测能力、船舶污染物接收处理能力以及船舶污染事故应急处置能力相适应。

交通运输主管部门依法开展港口、码头、装卸站的验收工作时应当对评价报告进行审查,确认其具备与其所从事的作业相应的船舶污染防治能力。

第十条 交通运输部应当根据国家突发公共事件总体应急预案,制定国家防治船舶及其有关作业活动污染海洋环境的专项应急预案。

沿海省、自治区、直辖市人民政府应当根据国家防治船舶及其有关作业活动污染海洋环境的专项应急预案,制定省级防治船舶及其有关作业活动污染海洋环境应急预案。

沿海设区的市级人民政府应当根据所在地省级防治船舶及其有关作业活动污染海洋环境的应急预案,制定市级防治船舶及其有关作业活动污染海洋环境应急预案。

交通运输部、沿海设区的市级以上地方人民政府应当定期组织防治船舶及其有关作业活动污染海洋环境应急预案的演练。

第十一条 中国籍船舶所有人、经营人、管理人应当按照国家海事管理机构制定的应急预案编制指南,制定或者修订防治船舶及其有关作业活动污染海洋环境的应急预案,并报海事管理机构批准。

港口、码头、装卸站的经营人以及有关作业单位应当制定防治船舶及其有关作业活动污染海洋环境的应急预案,并报海事管理机构和环境保护主管部门备案。

船舶以及有关作业单位应当按照制定的应急预案定期组织应急演练,根据演练情况对应急预案进行评估,按照实际需要和情势变化,适时修订应急预案,并对应急预案的演练情况、评估结果和修订情况如实记录。

第十二条 中国籍船舶防治污染设施、设备和器材应当符合国家有关标准,并按照国家有关要求通过型式和使用性能检验,其生产、供应单位应当将其所生产、销售的设施、设备和器材的种类及其检验证书向国家海事管理机构备案。

国家海事管理机构应当及时将符合国家有关标准的船舶防治污染设施、设备和器材及其生产单位向社会公布。

第三章 船舶污染清除单位

第十三条 船舶污染清除单位是指具备相应污染清除能力,为船舶提供污染事故应急防备和应急处置服务的单位。

根据服务区域和污染清除能力的不同,船舶污染清除单位的能力等级由高到低分为四级,其中:

(一)一级单位能够在我国管辖海域为船舶提供溢油和其他散装液体污染危害性货物泄漏污染事故应急服务;

(二)二级单位能够在距岸20海里以内的我国管辖海域为船舶提供溢油和其他散装液体污染危害性货物泄漏污染事故应急服务;

(三)三级单位能够在港区水域为船舶提供溢油应急服务;

(四)四级单位能够在港区水域内的一个作业区、独立码头附近水域为船舶提供溢油应急服务。

第十四条 从事船舶污染清除的单位应当具备以下条件,并接受海事管理机构的监督检查:

(一)应急清污能力符合《船舶污染清除单位应急清污能力要求》(见附件)的规定;

(二)制定的污染清除作业方案符合防治船舶及其有关作业活动污染海洋环境的要求;

(三)污染物处理方案符合国家有关防治污染规定。

第十五条 船舶污染清除单位应当将下列情况向社会公布,并报送服务区域所在地的海事管理机构:

(一)本单位的污染清除能力符合《船舶污染清除单位应急清污能力要求》相应能力等级和服务区域的报告;

(二)污染清除作业方案;

(三)污染物处理方案;

(四)船舶污染清除设施、设备、器材和应急人员情况;

(五)船舶污染清除协议的签订和履行情况以及参与船舶污染事故应急处置工作情况。

船舶污染清除单位的污染清除能力和服务区域发生变更的,应当及时将变更情况向社会公布,并报送服务区域所在地的海事管理机构。

第四章 船舶污染清除协议的签订

第十六条 载运散装油类货物的船舶,其经营人应当在船舶进港前或者港外装卸、过驳作业前,按照以下要求与相应的船舶污染清除单位签订船舶污染清除协议:

(一)600 总吨以下仅在港区水域航行或作业的船舶,应当与四级以上等级的船舶污染清除单位签订船舶污染清除协议;

(二)600 总吨以上 2000 总吨以下仅在港区水域航行或作业的船舶,应当与三级以上等级的船舶污染清除单位签订船舶污染清除协议;

(三)2000 总吨以上仅在港区水域航行或作业的船舶以及所有进出港口和从事过驳作业的船舶应当与二级以上等级的船舶污染清除单位签订船舶污染清除协议。

第十七条 载运油类之外的其他散装液体污染危害性货物的船舶,其经营人应当在船舶进港前或者港外装卸、过驳作业前,按照以下要求与相应的船舶污染清除单位签订船舶污染清除协议:

(一)进出港口的船舶以及在距岸 20 海里之内的我国管辖水域从事过驳作业的船舶应当与二级以上等级的船舶污染清除单位签订船舶污染清除协议;

(二)在距岸 20 海里以外的我国管辖水域从事过驳作业的载运其他散装液体污染危害性货物的船舶应当与一级船舶污染清除单位签订船舶污染清除协议。

第十八条 1 万总吨以上的载运非散装液体污染危害性货物的船舶,其经营人应当在船舶进港前或者港外装卸、过驳作业前,按照以下要求与相应的船舶污染清除单位签订船舶污染清除协议:

(一)进出港口的 2 万总吨以下的船舶应当与四级以上等级的船舶污染清除单位签订船舶污染清除协议;

(二)进出港口的 2 万总吨以上 3 万总吨以下的船舶应当与三级以上等级的船舶污染清除单位签订船舶污染清除协议;

(三)进出港口的 3 万总吨以上的船舶以及在我国管辖水域从事过驳作业的船舶应当与二级以上等级的船舶污染清除单位签订船舶污染清除协议。

第十九条 与一级、二级船舶污染清除单位签订污染清除协议的船舶划分标准由国家海事管理机构确定。

第二十条 国家海事管理机构应当制定并公布船舶污染清除协议样本,明确协议双方的权利和义务。

船舶和污染清除单位应当按照国家海事管理机构公布的协议样本签订船舶污染清除协议。

第二十一条 船舶应当将所签订的船舶污染清除协议留船备查,并在办理船舶进出港口手续或者作业申请时向海事管理机构出示。

船舶发现船舶污染清除单位存在违反本规定的行为,或者未履行船舶污染清除协议的,应当向船舶污染清除单位所在地的直属海事管理机构报告。

第五章 应急处置

第二十二条 船舶发生污染事故或者可能造成海洋环境污染的,船舶及有关作业单位应当立即启动相应的应急预案,按照有关规定的要求就近向海事管理机构报告,通知签订船舶污染清除协议的船舶污染清除单位,并根据应急预案采取污染控制和清除措施。

船舶在终止清污行动前应当向海事管理机构报告,经海事管理机构同意后方可停止应急处置措施。

第二十三条 船舶污染清除单位接到船舶污染事故通知后,应当根据船舶污染清除协议及时开展污染控制和清除作业,并及时向海事管理机构报告污染控制和清除工作的进展情况。

第二十四条 接到船舶造成或者可能造成海洋环境污染的报告后,海事管理机构应当立即核实有关情况,并加强监测、监视。

发生船舶污染事故的,海事管理机构应当立即组织对船舶污染事故的等级进行评估,并按照应急预案的要求进行报告和通报。

第二十五条 发生船舶污染事故后,应当根据《中华人民共和国防治船舶污染海洋环境管理条例》的规定,成立事故应急指挥机构。事故应急指挥机构应当根据船舶污染事故的等级和特点,启动相应的应急预案,有关部门、单位应当在事故应急指挥机构的统一组织和指挥下,按照应急预案的分工,开展相应的应急处置工作。

第二十六条 发生船舶污染事故或者船舶沉没,可能造成中华人民共和国管辖海域污染的,有关沿海设区的市级以上地方人民政府、海事管理机构根据应急处置的需要,可以征用有关单位和个人的船舶、防治污染设施、设备、器材以及其他物资。有关单位和个人应当予以配合。

有关单位和个人所提供的船舶和防治污染设施、设备、器材应当处于良好可用状态,有关物资质量符合国家有关技术标准、规范的要求。

被征用的船舶和防治污染设施、设备、器材以及其他物资使用完毕或者应急处置工作结束,应当及时返还。船舶和防治污染设施、设备、器材以及其他物资被征用或者征用后毁损、灭失的,应当给予补偿。

第二十七条 发生船舶污染事故,海事管理机构可以组织并采取海上交通管制、清除、打捞、拖航、引航、护航、过驳、水下抽油、爆破等必要措施。采取上述措施的相关费用由造成海洋环境污染的船舶、有关作业单位承担。

需要承担前款规定费用的船舶,应当在开航前缴清有关费用或者提供相应的财务担保。
本条规定的财务担保应当由境内银行或者境内保险机构出具。

第二十八条 船舶发生事故有沉没危险时,船员离船前,应当按照规定采取防止溢油措施,尽可能关闭所有货舱(柜)、油舱(柜)管系的阀门,堵塞货舱(柜)、油舱(柜)通气孔。

船舶沉没的,其所有人、经营人或者管理人应当及时向海事管理机构报告船舶燃油、污染危害性货物以及其他污染物的性质、数量、种类及装载位置等情况,委托具有资质的船舶污染清除单位采取污染监视和控制措施,并在必要的时候采取抽出、打捞等措施。

第二十九条 船舶应当在污染事故清除作业结束后,对污染清除行动进行评估,并将评

估报告报送当地直属海事管理机构,评估报告至少应当包括下列内容:

(一)事故概况和应急处置情况;

(二)设施、设备、器材以及人员的使用情况;

(三)回收污染物的种类、数量以及处置情况;

(四)污染损害情况;

(五)船舶污染应急预案存在的问题和修改情况。

事故应急指挥机构应当在污染事故清除作业结束后,组织对污染清除作业的总体效果和污染损害情况进行评估,并根据评估结果和实际需要修订相应的应急预案。

第六章 法 律 责 任

第三十条 海事管理机构应当建立、健全防治船舶污染应急防备和处置的监督检查制度,对船舶以及有关作业单位的防治船舶污染能力以及污染清除作业实施监督检查,并对监督检查情况予以记录。

海事管理机构实施监督检查时,有关单位和个人应当予以协助和配合,不得拒绝、妨碍或者阻挠。

第三十一条 海事管理机构发现船舶及其有关作业单位和个人存在违反本规定行为的,应当责令改正;拒不改正的,海事管理机构可以责令停止作业、强制卸载,禁止船舶进出港口、靠泊、过境停留,或者责令停航、改航、离境、驶向指定地点。

第三十二条 违反本规定,船舶未制定防治船舶及其有关作业活动污染海洋环境应急预案,或者应急预案未报海事管理机构批准的,由海事管理机构处2万元以下的罚款;港口、码头、装卸站的经营人未制定防治船舶及其有关作业活动污染海洋环境应急预案的,由海事管理机构予以警告,或者责令限期改正。

第三十三条 违反本规定,船舶和有关作业单位未配备防污设施、设备、器材的,或者配备的防污设施、设备、器材不符合国家有关规定和标准的,由海事管理机构予以警告,或者处2万元以上10万元以下的罚款。

第三十四条 违反本规定,有下列情形之一的,由海事管理机构处1万元以上5万元以下的罚款:

(一)载运散装液体污染危害性货物的船舶和1万总吨以上的其他船舶,其经营人未按照规定签订污染清除作业协议的;

(二)船舶污染清除单位超出能力等级或者服务区域签订船舶污染清除协议并从事污染清除作业的;

(三)船舶污染清除单位未按规定履行应急值守义务的。

第三十五条 违反本规定,有下列情形之一的,由海事管理机构处2万元以上10万元以下的罚款:

(一)船舶沉没后,其所有人、经营人未及时向海事管理机构报告船舶燃油、污染危害性货物以及其他污染物的性质、数量、种类及装载位置等情况的;

(二)船舶沉没后,其所有人、经营人未及时采取措施清除船舶燃油、污染危害性货物以及其他污染物的。

第三十六条　违反本规定,发生船舶污染事故,船舶、有关作业单位迟报、漏报事故的,对船舶、有关作业单位,由海事管理机构处 5 万元以上 25 万元以下的罚款;对直接负责的主管人员和其他直接责任人员,由海事管理机构处 1 万元以上 5 万元以下的罚款;直接负责的主管人员和其他直接责任人员属于船员的,给予暂扣适任证书或者其他有关证件 3 个月至 6 个月的处罚。瞒报、谎报事故的,对船舶、有关作业单位,由海事管理机构处 25 万元以上 50 万元以下的罚款;对直接负责的主管人员和其他直接责任人员,由海事管理机构处 5 万元以上 10 万元以下的罚款;直接负责的主管人员和其他直接责任人员属于船员的,并处给予吊销适任证书或者其他有关证件的处罚。

第三十七条　违反本规定,发生船舶污染事故,船舶、有关作业单位未立即启动应急预案的,对船舶、有关作业单位,由海事管理机构处 2 万元以上 10 万元以下的罚款;对直接负责的主管人员和其他直接责任人员,由海事管理机构处 1 万元以上 2 万元以下的罚款;直接负责的主管人员和其他直接责任人员属于船员的,并处给予暂扣适任证书或者其他适任证件 1 个月至 3 个月的处罚。

第七章　附　　则

第三十八条　本规定所称"以上"、"以内"包括本数,"以下"、"以外"不包括本数。

第三十九条　本规定自 2011 年 6 月 1 日起施行。

附件

船舶污染清除单位应急清污能力要求

项目	功能要求		一级	二级	三级	四级	具体要求
围油栏	开阔水域(m)	总高≥1500mm	≥2000	≥1000	—	—	1. 如果根据当地水域的特点，需要调整围油栏类型或高要求的，应当经过国家海事管理机构的认可。 2. 对防火围油栏的要求仅适用于为油轮及石油开采平台过驳提供污染清除服务的船舶污染清除单位。
	非开阔水域(m)	总高≥900mm	≥3000	≥1000	≥1000	≥1000	
	岸线防护(m)	总高≥600mm	≥4000	≥2000	≥1000	≥400	
	防火(m)	总高≥900mm	≥400	≥200	≥200	—	
收油机	回收能力 (m^3/h)	高黏度	≥300	≥150	≥30	≥15	1. 回收能力指单套或多套收油机每小时回收油水混合物的总量。 2. 高粘度收油机应具备回收以下油品的能力： (1)在15℃时密度大于等于900kg/m^3的原油； (2)在15℃时密度大于等于900kg/m^3或50℃时流动粘度大于180mm^2/s的燃油。 3. 中、低粘度收油机应具备回收以下油品的能力： (1)在15℃时密度小于900kg/m^3的原油； (2)在15℃时密度小于900kg/m^3或50℃时流动粘度小于180mm^2/s的燃油。
		中、低黏度	≥100	≥100	≥50	≥10	
喷洒装置	船上固定式(台)		≥4	≥2	—	—	1. 船上固定式喷洒装置应具有不低于135L/min/套的喷洒量。 2. 便捷式喷洒装置应具有不低于18L/min/套的喷洒量。
	便捷式(台)		≥8	≥4	≥2	≥1	

续上表

项目	功能要求	一级	二级	三级	四级	具体要求
清洁装置	热水（台）	≥4	≥2	≥1	≥1	1. 热水清洁装置温度应不低于80℃，压力至少达到8MPa。 2. 冷水清洁装置压力应至少达到8mpa。 3. 热水清洁装置可替代冷水清洁装置。 4. 如果根据服务水域的气候特点，需要调整冷热水清洁装置的比例和数量要求的，应当经过国家海事管理机构的认可。
清洁装置	冷水（台）	≥2	≥1	≥1	≥1	
吸油材料	吸油拖栏（m）	≥4000	≥1000	≥500	≥300	吸油拖栏直径大于等于200mm。
吸油材料	吸油毡（t）	≥12	≥6	≥3	≥1	
溢油分散剂	常规型（t）	≥20	≥10	≥2	≥1	1. 如配备浓缩型溢油分散剂，应按浓缩比例换算成常规型溢油分散剂的配备量。 2. 如配备溢油凝聚剂，可按照其处理能力替代相应数量的溢油分散剂。
卸载装置	总卸载能力（l/h）	≥300	≥200	≥100	≥25	1. 卸载能力指单套或多套卸载装置每小时卸载油品的总量。 2. 一级单位应至少配备1套150m³/h及以上卸载高黏度油品能力的卸载泵；二级单位应至少配备1套100m³/h及以上卸载高粘度油品能力的卸载泵；三级单位应至少配备1套50m³/h及以上卸载油品能力的卸载泵；四级单位应至少配备1套15m³/h及以上卸载高粘度油品能力的卸载泵。
临时储存装置	临时储存能力（m³）	≥1600	≥1000	≥400	≥100	临时储存能力指单套或多套临时储存装置的总存储量。

续上表

项目	功能要求	一级	二级	三级	四级	具体要求
污染物处置	液态污染物处置能力（t/d）	≥100	≥50	≥20	≥10	1. 污染物处置能力指能处理液态、固态污染物或者其他污染危害性货物的每天处理吨数。 2. 清污单位可拥有或协议拥有与清污能力相配套的污染物处置装置。
	固态污染物处置能力（t/d）	≥10	≥5	≥2	≥1	
船舶	溢油应急处置船（艘）	≥2	≥1	—	—	1. 溢油应急处置船是指具有溢油围控、回收与清除、临时储存、消油剂喷洒、应急辅助卸载和污油水舱储存等功能的专业船舶。 2. 溢油应急处置船设计航速应不低于12节，并至少满足沿海航区的适航要求。一级单位溢油应急处置船污油水舱储能力不低于500m³；二级单位溢油应急处置船污油水舱储能力不低于300m³。 3. 辅助船舶应满足围油栏拖带、布放，清污作业等功能需求。
	辅助船舶（艘）	≥8	≥6	≥3	≥2	
作业人员	高级指挥（人）	≥3	≥3	≥2	≥2	1. 高级指挥人员应当具备对船舶污染事故应急反应的宏观掌控能力，能够根据事故情形综合评估风险，及时作出应急反应决策，有效组织实施，并按国家海事管理机构的要求经过培训。 2. 现场指挥人员应根据指挥方案并能组织应急操作人员实施，并按国家海事管理机构的对策，结合现场情况，制定具体的清污方案的要求经过培训。 3. 应急操作人员应具备应急反应的基本知识和技能，正确使用应急设备和器材，实施清污作业，并按国家海事管理机构的要求经过培训。
	现场指挥（人）	≥8	≥6	≥4	≥3	
	应急操作（人）	≥40	≥30	≥20	≥15	

续上表

项目	功能要求	一级	二级	三级	四级	具 体 要 求
综合保障	应急反应时间(h)	≤4	≤4	≤2	≤2	1. 一、二级单位的应急反应时间是指从接到通知后,主要设备、人员到达距岸20海里的时间。 2. 三、四级单位的应急反应时间是指从接到通知后,主要设备、人员到达港区水域外边界的时间。
	通讯保障					具备多种通信手段,配备足够数量的通信设备,以确保通信畅通。
	后勤保障					提供应急设备储存地、运输方式,应急设备器材、安全防护用品、应急人员食宿、医疗救护等保障,确保应急行动的顺利实施。
除油类外其它污染危害性货物清除作业	1. 为载运液体散装危害性货物的船舶提供清污协议服务的一、二级污染清除作业单位,应当根据本表上述要求配备溢油应急设施、设备和器材。 2. 为载运非液体散装污染危害性货物的船舶提供清污协议服务的一、二级污染清除作业单位,还应当根据货物的特性和风险程度,配备相应的应急设施、设备和器材,其中,在专业化工码头服务的污染清除单位应当至少配备3吨化学吸收剂。					

注:1. 相关设备和器材应当符合国家有关标准。
2. 相关设备、器材和船舶如未明确说明可以协议拥有的,应当为自有。

中华人民共和国水上水下活动通航安全管理规定

(2011年1月17日交通运输部令第5号公布)

第一条 为了维护水上交通秩序,保障船舶航行、停泊和作业安全,保护水域环境,依据《中华人民共和国海上交通安全法》、《中华人民共和国内河交通安全管理条例》等法律法规,制定本规定。

第二条 公民、法人或者其他组织在中华人民共和国内河通航水域或者岸线上和国家管辖海域从事下列可能影响通航安全的水上水下活动,适用本规定:

(一)勘探、采掘、爆破;

(二)构筑、设置、维修、拆除水上水下构筑物或者设施;

(三)架设桥梁、索道;

(四)铺设、检修、拆除水上水下电缆或者管道;

(五)设置系船浮筒、浮趸、缆桩等设施;

(六)航道建设,航道、码头前沿水域疏浚;

(七)举行大型群众性活动、体育比赛;

(八)打捞沉船、沉物;

(九)在国家管辖海域内进行调查、测量、过驳、大型设施和移动式平台拖带、捕捞、养殖、科学试验等水上水下施工活动以及在港区、锚地、航道、通航密集区进行的其他有碍航行安全的活动;

(十)在内河通航水域进行的气象观测、测量、地质调查,航道日常养护、大面积清除水面垃圾和可能影响内河通航水域交通安全的其他行为。

第三条 水上水下活动通航安全管理应当遵循安全第一、预防为主、方便群众、依法管理的原则。

第四条 国务院交通运输主管部门主管全国水上水下活动通航安全管理工作。

国家海事管理机构在国务院交通运输主管部门的领导下,负责全国水上水下活动通航安全监督管理工作。

各级海事管理机构依照各自的职责权限,负责本辖区水上水下活动通航安全监督管理工作。

第五条 从事本规定第二条第(一)项至第(九)项的水上水下活动的建设单位、主办单位或者对工程总负责的施工作业者,应当按照《中华人民共和国海事行政许可条件规定》明确的相应条件向活动地的海事管理机构提出申请并报送相应的材料。在取得海事管理机构颁发的《中华人民共和国水上水下活动许可证》(以下简称许可证)后,方可进行相应的水上水下活动。

第六条 水上水下活动水域涉及两个以上海事管理机构的，许可证的申请应当向其共同的上一级海事管理机构或者共同的上一级海事管理机构指定的海事管理机构提出。

第七条 从事水上水下活动需要设置安全作业区的，应当经海事管理机构核准公告。

建设单位或者主办单位申请设置安全作业区，可以在向海事管理机构申请许可证时一并提出。

第八条 遇有紧急情况，需要对航道进行修复或者对航道、码头前沿水域进行疏浚的，作业单位可以边申请边施工。

第九条 许可证应当注明允许从事水上水下活动的单位名称、船名、时间、水域、活动内容、有效期等事项。

第十条 许可证的有效期由海事管理机构根据活动的期限及水域环境的特点确定，最长不得超过三年。许可证有效期届满不能结束施工作业的，申请人应当于许可证有效期届满20日前到海事管理机构办理延期手续，由海事管理机构在原证上签注延期期限后方能继续从事相应活动。

第十一条 许可证上注明的船舶在水上水下活动期间发生变更的，建设单位或者主办单位应当及时到作出许可决定的海事管理机构办理变更手续。在变更手续未办妥前，变更的船舶不得从事相应的水上水下活动。

许可证上注明的实施施工作业的单位、活动内容、水域发生变更的，建设单位或者主办单位应当重新申请许可证。

第十二条 有下列情形之一的，许可证的申请者应当及时向原发证的海事管理机构报告，并办理许可证注销手续：

（一）涉水工程及其设施中止的；

（二）三个月以上不开工的；

（三）提前完工的；

（四）因许可事项变更而重新办理了新的许可证的；

（五）因不可抗力导致批准的水上水下活动无法实施的；

（六）法律、行政法规规定的应当注销行政许可的其他情形。

第十三条 从事本规定第二条第（十）项列明的活动的，应当在活动前将作业或者活动方案报海事管理机构备案。

第十四条 从事按规定需要办理发布航行警告、航行通告的水上水下活动，应当在活动开始前办妥相关手续。

第十五条 按照国家规定需要立项的对通航安全可能产生影响的涉水工程，在工程立项前交通运输主管部门应当按照职责组织通航安全影响论证审查，论证审查意见作为工程立项审批的条件。

水上水下活动在建设期间或者活动期间对通航安全、防治船舶污染可能构成重大影响的，建设单位或者主办单位应当在申请海事管理机构水上水下活动许可之前进行通航安全评估。

第十六条 涉水工程建设单位、施工单位、业主单位和经营管理单位应当按照《中华人民共和国安全生产法》的要求,建立健全涉水工程水上交通安全制度和管理体系,严格履行涉水工程建设期和使用期水上交通安全有关职责。

第十七条 涉水工程建设单位应当在工程招投标前对参与施工作业的船舶、浮动设施明确应具备的安全标准和条件,在工程招投标后督促施工单位落实施工过程中各项安全保障措施,将施工作业船舶、浮动设施及人员和为施工作业或者活动服务的所有船舶纳入水上交通安全管理体系,并与其签订安全协议。

第十八条 涉水工程建设单位、业主单位应当加强安全生产管理,落实安全生产主体责任。根据国家有关法律、法规及规章要求,明确本单位和施工单位、经营管理单位安全责任人。督促施工单位落实水上交通安全和防治船舶污染的各项要求,并落实通航安全评估以及活动方案中提出的各项安全和防污染的措施。

第十九条 涉水工程建设单位、业主单位应当确保水上交通安全设施与主体工程同时设计、同时施工、同时投入生产和使用。

第二十条 涉水工程勘察设计单位、施工单位应当具备法律、法规规定的资质。

第二十一条 涉水工程施工单位应当落实国家安全作业和防火、防爆、防污染等有关法律法规,制定施工安全保障方案,完善安全生产条件,采取有效安全防范措施,制定水上应急预案,保障涉水工程的水域通航安全。

第二十二条 涉水工程业主单位、经营管理单位,应当采取有效安全措施,保证涉水工程试用期运行和竣工后的水上交通安全。

第二十三条 在水上水下活动进行过程中,施工单位和作业人员应当遵守以下规定:

(一)按照海事管理机构批准的作业内容、核定的水域范围和使用核准的船舶进行作业,不得妨碍其他船舶的正常航行;

(二)及时向海事管理机构通报施工进度及计划,并保持工程水域良好的通航环境;

(三)使船舶、浮动设施保持在适于安全航行、停泊或者从事有关活动的状态;

(四)实施施工作业或者活动的船舶、设施应当按照有关规定在明显处昼夜显示规定的号灯号型。在现场作业船舶或者警戒船上配备有效的通信设备,施工作业或者活动期间指派专人警戒,并在指定的频道上守听;

(五)制定、落实有效的防范措施,禁止随意倾倒废弃物,禁止违章向水体投弃施工建筑垃圾、船舶垃圾、排放船舶污染物、生活污水和其他有害物质;

(六)遵守有关水上交通安全和防治污染的相关规定,不得有超载等违法行为。

第二十四条 水上水下活动经海事管理机构核准公告设置安全作业区的,建设单位或者主办单位应当设置相关的安全警示标志和配备必要的安全设施或者警戒船,切实落实通航安全评估中提出的各项安全防范措施和对策,并做好施工与通航及其他有关水上交通安全的协调工作。

第二十五条 与批准的水上水下活动无关的船舶、设施不得进入安全作业区。

建设单位、主办单位或者施工单位不得擅自改变施工作业安全作业区的范围。需要改变的,应当报经海事管理机构重新核准公告。

第二十六条 对水上水下活动产生的可能影响航行安全的障碍物,建设单位或者主办单位应当将形状、尺寸、位置和深度准确地报告海事管理机构,按照海事管理机构的要求设置标志,并按照通航要求及有关规定的要求及时清除遗留物。

第二十七条 水上水下活动完成后,建设单位或者主办单位不得遗留任何妨碍航行的物体,并应当向海事管理机构提交通航安全报告。

海事管理机构收到通航安全报告后,应当及时予以核查。核查中发现存在着有碍航行和作业的安全隐患的,海事管理机构有权暂停或者限制涉水工程投入使用。

第二十八条 海事管理机构应当建立涉水工程施工作业或活动现场监督检查制度,依法检查有关建设单位和施工作业单位所属船舶、设施、人员水上通航安全作业条件和采取的通航保障措施落实情况。有关单位和人员应当予以配合。

第二十九条 有下列情形之一的,海事管理机构应当责令建设单位、施工单位立即停止施工作业,并采取安全防范措施。

(一)因恶劣自然条件严重影响安全的;

(二)施工作业水域内发生水上交通事故,危及周围人命、财产安全的;

(三)其他严重影响施工作业安全或通航安全的情形。

第三十条 有下列情形之一的,海事管理机构应当责令改正,拒不改正的,海事管理机构应当责令其停止作业:

(一)建设单位或者业主单位未履行安全管理主体责任;

(二)未落实通航安全评估提出的安全防范措施;

(三)未经批准擅自更换或者增加施工作业船舶的;

(四)未按规定采取安全和防污染措施进行水上水下活动的;

(五)雇佣不符合安全标准的船舶和设施进行水上水下活动的;

(六)其他不再满足安全生产的情形。

第三十一条 海事管理机构应当建立涉水工程施工单位水上交通安全诚信制度和奖惩机制。对在监督检查过程中对发生的下列情形予以通告:

(一)施工过程中发生水上交通事故和船舶污染事故,造成人员伤亡和重大水域污染的;

(二)以不正当手段取得许可证并违法施工的;

(三)不服从管理,未按规定落实水上交通安全保障措施,存在重大通航安全隐患,拒不改正而强行施工的。

第三十二条 违反本规定,隐瞒有关情况或者提供虚假材料,以欺骗或其他不正当手段取得许可证的,由海事管理机构撤销其水上水下施工作业许可,注销其许可证,并处以5000元以上3万元以下的罚款。

第三十三条 有下列行为或者情形之一的,海事管理机构应当责令施工作业单位、施工作业的船舶和设施立即停止施工作业,责令限期改正,并处以5000元以上3万元以下的罚款。属于内河通航水域水上水下活动的,处5000元以上5万元以下的罚款:

(一)应申请许可证而未取得,擅自进行水上水下活动的;

(二)许可证失效后仍进行水上水下活动的;

(三)使用涂改或者非法受让的许可证进行水上水下活动的;

(四)未按本规定报备水上水下活动的。

第三十四条 有下列行为或者情形之一的,海事管理机构应当责令改正,并可以处以

2000元以下的罚款;拒不改正的,海事管理机构应当责令施工作业单位、施工作业的船舶和设施停止作业。

(一)未按有关规定申请发布航行警告、航行通告即行实施水上水下活动的;

(二)水上水下活动与航行警告、航行通告中公告的内容不符的。

第三十五条　未按本规定取得许可证,擅自构筑、设置水上水下建筑物或设施的,禁止任何船舶进行靠泊作业。影响通航环境的,应当责令构筑、设置者限期搬迁或拆除,搬迁或拆除有关费用由构筑、设置者自行承担。

第三十六条　违反本规定,未妥善处理有碍航行和作业安全隐患并按照海事管理机构的要求采取清除、设置标志、显示信号等措施的,由海事管理机构责令改正,并处以5000元以上3万元以下的罚款。

第三十七条　海事管理机构工作人员不按法定的条件进行海事行政许可或者不依法履行职责进行监督检查,有滥用职权、徇私舞弊、玩忽职守等行为的,由其所在机构或上级机构依法给予行政处分;构成犯罪的,由司法机关依法追究刑事责任。

第三十八条　在军港、渔港内从事相关水上水下活动,按照国家有关规定执行。

第三十九条　本规定自2011年3月1日起施行。1999年10月8日原交通部发布的《中华人民共和国水上水下施工作业通航安全管理规定》(交通部令1999年第4号)同时废止。

中华人民共和国海上船舶污染事故调查处理规定

(2011年11月14日交通运输部令第10号公布,2013年12月24日交通运输部令第16号修正)

第一章 总 则

第一条 为了规范船舶污染事故调查处理工作,依据《中华人民共和国海洋环境保护法》、《中华人民共和国防治船舶污染海洋环境管理条例》等规定,制定本规定。

第二条 本规定适用于造成中华人民共和国管辖海域污染的船舶污染事故的调查处理。

第三条 国务院交通运输主管部门主管船舶污染事故调查处理工作。

国家海事管理机构负责指导、管理和实施船舶污染事故调查处理工作。

各级海事管理机构依照各自职责负责具体开展船舶污染事故调查处理工作。

第四条 船舶污染事故调查处理应当遵循及时、客观、公平、公正的原则,查明事故原因,认定事故责任。

第二章 事故报告

第五条 发现船舶及其有关水上交通事故、作业活动造成或者可能造成海洋环境污染的单位和个人,应当立即将有关情况向就近的海事管理机构报告。海事管理机构接到报告后,应当按照应急预案的要求进行报告和通报。

第六条 发生污染事故的船舶、有关作业单位,应当在采取应急措施的同时及时、妥善地保存相关事故信息,立即向就近的海事管理机构报告以下事项:

(一)船舶的名称、国籍、呼号、识别号或者编号;

(二)船舶所有人、经营人或者管理人、污染损害赔偿责任保险人的名称、地址和联系方式;

(三)相关水文和气象情况;

(四)污染物的种类、基本特性、数量、装载位置等情况;

(五)事故原因或者事故原因的初步判断;

(六)事故污染情况;

(七)已经采取或者准备采取的污染控制、清除措施以及救助要求;

(八)签订了船舶污染清除协议的,还应当报告船舶污染清除单位的名称和联系方式;

(九)船舶、有关作业单位认为需要报告的其他事项。

船舶、有关作业单位向海事管理机构报告后,经核实发现报告内容与事实情况不符的,应当立即对报告内容予以更正。

第七条 发生污染事故的船舶、有关作业单位,应当在事故发生后 24 小时内向就近的海事管理机构提交《船舶污染事故报告书》。因特殊情况不能在规定时间内提交《船舶污染事故报告书》的,经海事管理机构同意后可予适当延迟,但最长不得超过 48 小时。

《船舶污染事故报告书》至少应当包括以下内容:
(一)船舶及船舶所有人、经营人或者管理人的有关情况;
(二)污染事故概况;
(三)应急处置情况;
(四)污染损害赔偿责任保险情况;
(五)其他与事故有关的事项。

第八条 中国籍船舶在中华人民共和国管辖海域外发生的船舶污染事故,其所有人或经营人应当立即向船籍港所在地直属海事管理机构报告,并在 48 小时内提交《船舶污染事故报告书》;船舶应当在到达国内第一港口之前提前 24 小时向船籍港直属海事管理机构报告,并接受调查处理。

第九条 船舶污染事故报告后出现的新情况及污染事故的处置进展情况,船舶、有关单位应当及时补充报告。

第三章 事 故 调 查

第十条 船舶污染事故调查处理依照下列规定组织实施:
(一)特别重大船舶污染事故由国务院或者国务院授权国务院交通运输主管部门等部门组织事故调查处理;
(二)重大船舶污染事故由国家海事管理机构组织事故调查处理;
(三)较大船舶污染事故由事故发生地直属海事管理机构负责调查处理;
(四)一般船舶污染事故由事故发生地海事管理机构负责事故调查处理。

船舶污染事故发生地不明的,由事故发现地海事管理机构负责调查处理。事故发生地或者事故发现地跨管辖区域或者相关海事管理机构对管辖权有争议的,由共同的上级海事管理机构确定调查处理机构。

在中华人民共和国管辖海域外发生的船舶污染事故,造成中华人民共和国管辖海域污染的,调查处理机构由国家海事管理机构指定。

中国籍船舶在中华人民共和国管辖海域外发生重大及以上船舶污染事故造成或者可能造成严重影响的,国家海事管理机构可派员开展事故调查。

船舶污染事故给渔业造成损害的,应当吸收渔业主管部门参与调查处理;给军事港口水域造成损害的,应当吸收军队有关主管部门参与调查处理。

第十一条 船舶因发生海上交通事故造成海洋环境污染的,海事管理机构对船舶污染事故的调查应当与船舶交通事故的调查同时进行。

第十二条 海事管理机构接到船舶污染事故报告后,应当及时进行核查取证,开展现场调查工作。

经核实不属于船舶污染事故的,及时通报相关部门处理。

第十三条　船舶污染事故调查应当由至少两名船舶污染事故调查人员实施。

船舶污染事故调查人员应当经过国家海事管理机构组织的培训,具有相应的船舶污染事故调查处理能力。

第十四条　发生下列情况时,船舶污染事故调查处理机构可以组织开展国际、国内船舶污染事故协查:

（一）污染事故肇事船舶逃逸的;

（二）污染事故嫌疑船舶已经开航离港的;

（三）辖区发生污染事故但暂时无法确认污染来源,经分析可能为过往船舶所为的;

（四）其他需要组织协查的情况。

国际间的船舶污染事故协查,由国家海事管理机构统一组织协调。

第十五条　船舶污染事故调查处理机构调查船舶污染事故,应当勘验事故现场,检查相关船舶,询问相关人员,收集证据,查明事故原因。

第十六条　下列材料可以作为船舶污染事故调查的证据:

（一）书证、物证、视听资料;

（二）证人证言;

（三）当事人陈述;

（四）鉴定结论;

（五）勘验笔录、调查笔录、现场笔录;

（六）其他可以证明事实的证据。

第十七条　船舶污染事故的当事人和其他有关人员应当配合调查,如实反映情况和提供资料,不得伪造、隐匿、毁灭证据或者以其他方式妨碍调查取证。

船舶污染事故的当事人和其他有关人员提供的书证、物证、视听资料应当是原件原物,提供抄录件、复印件、照片等非原件原物的,应当签字确认;拒绝确认的,事故调查人员应当注明有关情况。

第十八条　船舶污染事故调查处理机构根据调查处理工作的需要可以行使以下职权:

（一）责令船舶污染事故当事人提供相关技术鉴定或者检验、检测报告;

（二）暂扣相应的证书、文书、资料;

（三）禁止船舶驶离港口或者责令停航、改航、驶往指定地点、停止作业、暂扣船舶。

第四章　事　故　处　理

第十九条　船舶污染事故调查处理机构应当根据船舶污染事故现场勘验、检查、调查情况和有关的技术鉴定、检验、检测报告,完成船舶污染事故调查。

第二十条　船舶污染事故调查处理机构应当自事故调查结束之日起20个工作日内制作《船舶污染事故认定书》,并送达当事人。

《船舶污染事故认定书》应当载明事故基本情况、事故原因和事故责任。

海事管理机构在接到船舶污染事故报告或者发现船舶污染事故之日起6个月内无法查明污染源或者无法找到造成污染船舶的,经船舶污染事故调查处理机构负责人批准可以终止事故调查,并在《船舶污染事故认定书》中注明终止调查的原因。

第二十一条 船舶污染事故当事人对事故认定不服的,可以在收到《船舶污染事故认定书》之日起 15 日内,向船舶污染事故调查处理机构或者其上级机构申请一次重新认定。

第二十二条 造成海洋环境污染的船舶应当在开航前缴清海事管理机构为减轻污染损害而采取的清除、打捞、拖航、引航过驳等应急处置措施的相关费用或者提供相应的财务担保。

财务担保应当是现金担保、由境内银行或者境内保险机构提供的信用担保。

第二十三条 重大以上船舶污染事故的调查处理报告应当向国务院交通运输主管部门备案。其中重大以上船舶海上溢油事故的调查处理情况,国务院交通运输主管部门应当向国家海上溢油应急处置部际联席会议通报。

第二十四条 海上船舶污染事故调查处理的信息发布应当及时、准确。

海上船舶污染事故调查处理信息,由负责组织调查处理工作的机构审核后按照新闻发布的相关规定发布。参与事故调查处理的单位或者个人不得擅自发布相关信息。

第二十五条 船舶污染事故引起的污染损害赔偿争议,当事人可以向海事管理机构申请调解,海事管理机构也可以主动调解。

当事人一方拒绝调解的,海事管理机构不得调解。

征得所有当事人同意后,调解可以邀请其他利害关系人参加。

第二十六条 调解人员应当按照有关法律、法规的规定,对船舶污染损害赔偿争议进行调解。调解成功的,由各方当事人共同签署《船舶污染事故民事纠纷调解协议书》。

《船舶污染事故民事纠纷调解协议书》由当事人各执一份,调查处理机构留存一份。

第二十七条 在调解过程中,当事人向人民法院提起诉讼或者申请仲裁的,应当及时通知海事管理机构,调解自动终止。

当事人中途退出调解的,应当向海事管理机构提交退出调解的书面申请,海事管理机构应当终止调解,并及时通知其他当事人。

海事管理机构调解不成,或者在 3 个月内未达成调解协议的,应当终止调解。

第五章 法 律 责 任

第二十八条 船舶、有关作业单位违反本规定的,海事管理机构应当责令改正;拒不改正的,海事管理机构可以责令停止作业、强制卸载,禁止船舶进出港口、靠泊、过境停留,或者责令停航、改航、离境、驶向指定地点。

第二十九条 违反本规定,船舶污染事故的当事人和其他有关人员有下列行为之一的,由海事管理机构处 1 万元以上 5 万元以下的罚款:

(一)未如实向组织事故调查处理的机关或者海事管理机构反映情况的;

(二)伪造、隐匿、毁灭证据或者以其他方式妨碍调查取证的。

第三十条 发生船舶污染事故,船舶、有关作业单位迟报、漏报事故的,对船舶、有关作业单位,由海事管理机构处 5 万元以上 25 万元以下的罚款;对直接负责的主管人员和其他直接责任人员,由海事管理机构处 1 万元以上 5 万元以下的罚款。直接负责的主管人员和其他直接责任人员属于船员的,并处给予暂扣适任证书或者其他有关证件 3 个月至 6 个月的处罚。

本条所称迟报、漏报包括下列情形:

（一）发生船舶污染事故后，未立即向就近的海事管理机构报告的，因不可抗力无法报告的除外；

（二）船舶污染事故报告的内容与事实情况不符，未及时对报告内容予以更正的；

（三）未在规定时限内向海事管理机构提交《船舶污染事故报告书》的；

（四）提交的《船舶污染事故报告书》内容不完整。

第三十一条 发生船舶污染事故，船舶、有关作业单位瞒报、谎报事故的，对船舶、有关作业单位，由海事管理机构处 25 万元以上 50 万元以下的罚款；对直接负责的主管人员和其他直接责任人员，由海事管理机构处 5 万元以上 10 万元以下的罚款。直接负责的主管人员和其他直接责任人员属于船舶的，并处给予吊销适任证书或者其他有关证件的处罚。

本条所称瞒报、谎报包括下列情形：

（一）发生船舶污染事故后，故意不向海事管理机构报告的；

（二）发现船舶污染事故报告的内容与事实情况不符，故意不对报告内容予以更正的；

（三）发生船舶污染事故后，编造虚假信息或者伪造、变造证据，不如实向海事管理机构报告的；

（四）提交《船舶污染事故报告书》弄虚作假的。

第三十二条 在事故调查结束后，海事管理机构对造成船舶污染事故的责任船舶、有关作业单位按照污染事故直接损失的百分之三十处以罚款，但最高不得超过 30 万元。负有直接责任的主管人员和其他直接责任人员属于国家工作人员的，依法给予行政处分。

直接经济损失是指与船舶污染事故有直接因果关系而造成的财产毁损、减少的实际价值。包括：

（一）为防止或者减轻船舶污染损害采取预防措施所发生的费用，以及预防措施造成的进一步灭失或者损害；

（二）船舶污染事故造成该船舶之外的财产损害；

（三）对受污染的环境已采取或将要采取合理恢复措施的费用。

第三十三条 船舶污染事故造成珊瑚礁、红树林等海洋生态系统及海洋水产资源、海洋保护区破坏的，海事管理机构应当责令相关责任船舶、作业单位限期改正和采取补救措施，并处 1 万元以上 10 万元以下的罚款；有违法所得的，没收其违法所得。

第六章 附 则

第三十四条 国务院交通运输主管部门所辖港区水域内军事船舶和港区水域外渔业船舶、军事船舶污染事故的调查处理，国家法律、行政法规另有规定的，从其规定。

第三十五条 《船舶污染事故报告书》、《船舶污染事故认定书》、《船舶污染事故民事纠纷调解协议书》及《船舶污染事故民事纠纷调解终止通知书》的格式由国家海事管理机构规定。

第三十六条 本规定自 2012 年 2 月 1 日起施行。

中华人民共和国海船船员适任考试和发证规则

(2011年12月27日交通运输部令第12号公布,2013年12月24日交通运输部令第18号修正)

第一章 总 则

第一条 为了提高海船船员素质,保障海上人命和财产安全,保护海洋环境,根据《中华人民共和国海上交通安全法》、《中华人民共和国船员条例》以及我国缔结或者加入的有关国际公约,制定本规则。

第二条 本规则适用于为取得中华人民共和国海船船员适任证书(以下简称适任证书)而进行的考试以及适任证书、适任证书特免证明和外国适任证书承认签证的签发与管理。

第三条 国务院交通运输主管部门主管全国海船船员适任考试和发证工作。

国家海事管理机构在国务院交通运输主管部门的领导下,对海船船员适任考试和发证工作进行统一管理。

国家海事管理机构所属的各级海事管理机构按照国家海事管理机构确定的职责范围具体负责海船船员适任考试和发证工作。

第四条 海船船员适任考试和发证应当遵循公平、公正、公开、便民的原则。

第二章 适任证书

第一节 适任证书基本信息

第五条 适任证书包含以下基本内容:

(一)持证人姓名、性别、出生日期、国籍、持证人签名及照片;

(二)证书等级、编号;

(三)有关国际公约的适用条款;

(四)持证人适任的航区、职务、职能;

(五)持证人适任的船舶种类、主推进动力装置、特殊设备操作等项目;

(六)发证日期和有效期截止日期;

(七)签发机关名称和签发官员署名;

(八)规定需要载明的其他内容。

第六条 持证人适任的航区分为无限航区和沿海航区,但无线电操作人员适任的航区分为A1、A2、A3和A4海区。

第七条 适任证书等级分为:

(一)船长、驾驶员、轮机长和轮机员适任证书等级分为:

1. 无限航区适任证书分为二个等级:
(1)一等适任证书:适用于3000总吨及以上或者主推进动力装置3000千瓦及以上的船舶;
(2)二等适任证书:适用于500总吨及以上至3000总吨或者主推进动力装置750千瓦及以上至3000千瓦的船舶。
2. 沿海航区适任证书分为三个等级:
(1)一等适任证书:适用于3000总吨及以上或者主推进动力装置3000千瓦及以上的船舶;
(2)二等适任证书:适用于500总吨及以上至3000总吨或者主推进动力装置750千瓦及以上至3000千瓦的船舶;
(3)三等适任证书:适用于未满500总吨或者主推进动力装置未满750千瓦的船舶。
(二)高级值班水手、高级值班机工适任证书适用于500总吨及以上或者主推进动力装置750千瓦及以上的船舶。
(三)值班水手、值班机工适任证书等级分为:
1. 无限航区适任证书适用于500总吨及以上或者主推进动力装置750千瓦及以上的船舶。
2. 沿海航区适任证书分为二个等级:
(1)一等适任证书:适用于500总吨及以上或者主推进动力装置750千瓦及以上的船舶;
(2)二等适任证书:适用于未满500总吨或者主推进动力装置未满750千瓦的船舶。
(四)电子电气员和电子技工适任证书适用于主推进动力装置750千瓦及以上的船舶。
在拖轮上任职的船长和甲板部船员所持适任证书等级与该拖轮的主推进动力装置功率的等级相对应。

第八条 船员职务根据服务部门分为:
(一)船长;
(二)甲板部船员:大副、二副、三副、高级值班水手、值班水手,其中大副、二副、三副统称为驾驶员;
(三)轮机部船员:轮机长、大管轮、二管轮、三管轮、电子电气员、高级值班机工、值班机工、电子技工,其中大管轮、二管轮、三管轮统称为轮机员;
(四)无线电操作人员:一级无线电电子员、二级无线电电子员、通用操作员、限用操作员。

第九条 船员职能根据分工分为:
(一)航行;
(二)货物操作和积载;
(三)船舶作业和人员管理;
(四)轮机工程;
(五)电气、电子和控制工程;
(六)维护和修理;
(七)无线电通信。

船员职能根据技术要求分为：

（一）管理级；

（二）操作级；

（三）支持级。

第十条 适任证书持有人应当在适任证书适用范围内担任职务或者担任低于适任证书适用范围的职务。但担任值班水手职务的船员必须持有值班水手或者高级值班水手适任证书，担任值班机工职务的船员必须持有值班机工或者高级值班机工适任证书。

第二节 适任证书的签发

第十一条 取得适任证书，应当具备下列条件：

（一）持有有效的船员服务簿；

（二）符合国家海事管理机构规定的海船船员任职岗位健康标准；

（三）完成本规则附件规定的适任培训；

（四）具备本规则附件规定的海上任职资历，并且任职表现和安全记录良好；

（五）通过相应的适任考试。

拟在油船、化学品船、液化气船、客船、高速船等特殊类型船舶上任职的船员，还应当具备本章第三节规定的培训、资历等特殊要求。

第十二条 申请海船船员适任证书的，应当提交下列材料：

（一）海船船员适任证书申请表；

（二）船员服务簿；

（三）海船船员健康证书；

（四）身份证件；

（五）符合海事管理机构要求的照片；

（六）岗位适任培训证明或者航海教育毕业证书；

（七）船上见习记录簿；

（八）现持有的适任证书；

（九）专业技能适任培训合格证；

（十）适任考试的合格证明。

持有三副、三管轮适任证书申请二副、二管轮适任证书者，免于向海事管理机构提交本条第一款第（六）、（七）、（九）、（十）项规定的材料。

按照本规则规定免于船上见习者，免于向海事管理机构提交本条第一款第（七）项规定的材料；

初次申请海船船员适任证书者，免于向海事管理机构提交本条第一款第（八）项规定的材料。

按照第二十条规定拟在特殊类型船舶上任职的，还应当提供相应的特殊培训合格证。

申请适任证书再有效的，还应当提交经过相应知识更新的材料，但按照第十五条规定申请适任证书再有效的，免提交本条第一款（六）、（七）、（九）、（十）项规定的材料，按照第十六条规定申请适任证书再有效的，免于提交本条第一款第（六）、（九）项规定的材料。

第十三条 海事管理机构对于发证申请，经审核符合本规则规定条件的，应当按照《行政许可法》、《交通行政许可实施程序规定》的要求签发相应的适任证书。

第十四条 适任证书有效期不超过5年,有效期截止日期不超过持证人65周岁生日。

第十五条 持有船长和高级船员适任证书者在证书有效期内,满足下列条件之一,并经过与其职务相适应的知识更新培训,可以在适任证书有效期届满前12个月内向有相应管理权限的海事管理机构申请适任证书再有效:

(一)从申请之日起向前计算5年内具有与其适任证书所记载范围相应的不少于12个月的海上服务资历,且任职表现和安全记录良好;

(二)从申请之日起向前计算6个月内具有与其适任证书所记载范围相应的累计不少于3个月的海上服务资历,且任职表现和安全记录良好。

第十六条 未满足本规则第十五条规定的船长和高级船员,申请适任证书再有效的,应当符合下列规定:

(一)未满足第十五条(一)、(二)项规定,或者适任证书过期5年以内的,应当参加模拟器培训和知识更新培训,并通过相应的抽查项目的评估;

(二)适任证书过期5年及以上10年以下的,应当参加模拟器培训和知识更新培训,并通过相应的抽查科目的理论考试和项目的评估;

(三)适任证书过期10年及以上的,应当参加模拟器培训和知识更新培训,通过相应的抽查科目的理论考试和项目的评估,并在适任证书记载的相应航区、等级范围内按照《船上见习记录簿》规定完成不少于3个月的船上见习。

第十七条 适任证书损坏或者遗失时,持证人除应当向原证书签发的海事管理机构提交补发申请及本规则第十二条第(一)、(四)、(五)项要求的材料外,还应当满足下列要求:

(一)适任证书损坏的,应当缴回被损坏的证书原件;

(二)适任证书遗失的,应当在发行范围覆盖全国的报纸上登载适任证书遗失公告,或者提交原证书签发海事管理机构所在地公证机关出具的公证书;登载适任证书遗失公告的,自公告之日起满30日后方可申请。

补发的适任证书的有效期截止日期与原适任证书的有效期截止日期相同。

第十八条 因违反海事行政管理规定被吊销适任证书者,自证书被吊销之日起2年后,通过低一职务的适任考试,可以按照本规则第十二条的规定提交相应材料,向原签发适任证书的海事管理机构申请低一职务的适任证书。

海事管理机构对通过适任考试,且安全记录良好的,应当签发其相应的适任证书。

第十九条 曾在内河船舶、海洋渔业船舶或者军事船舶上任职的人员,具备下列条件的,可以按照国家海事管理机构的规定申请相应的适任证书:

(一)拟申请证书的等级和职务不高于其在内河船舶、海洋渔业船舶或者军事船舶上相应的证书等级和职务,其中可以申请的职务最高为大副或者大管轮;

(二)在内河船舶、海洋渔业船舶或者军事船舶上的水上服务资历能够与本规则规定的海上服务资历相适应,且任职表现和安全记录良好;

(三)参加相应的岗位适任培训,并通过与申请职务相应的理论考试和评估。

第三节 特殊类型船舶船员的特殊要求

第二十条 拟在油船、化学品船、液化气船、客船、高速船等特殊类型船舶上任职的,还应当完成相应的特殊培训,并取得培训合格证。

第二十一条 在两港间航程 50 海里及以上的客船上服务的船长和高级船员应当持有适用于相应航区 3000 总吨及以上或者 3000 千瓦及以上船舶的适任证书。

第二十二条 申请适用于两港间航程 50 海里及以上客船驾驶员、船长适任证书的,应当具备下列条件:

(一)申请适用于客船三副适任证书者,应当在其他种类的 3000 总吨及以上海船上担任三副满 12 个月,任职表现和安全记录良好,并至少在客船上任见习三副 3 个月;或者通过三副适任考试,在客船上完成 18 个月的船上见习,任职表现和安全记录良好。

(二)申请适用于客船二副适任证书者,应当在其他种类的 3000 总吨及以上海船上担任二副满 12 个月,任职表现和安全记录良好,并至少在客船上任见习二副 3 个月;或者持有客船三副适任证书并在相应航区、船舶等级的海船上担任三副不少于 18 个月,任职表现和安全记录良好,其中曾经担任客船三副至少 6 个月。

(三)申请适用于客船大副适任证书者,应当在其他种类的 3000 总吨及以上海船上担任大副满 24 个月,任职表现和安全记录良好,并至少在客船上任见习大副 3 个月;或者持有客船二副适任证书并在相应航区、船舶等级的海船上担任二副不少于 12 个月,其中曾经担任客船二副至少 6 个月,通过大副考试,至少在客船上任见习大副 3 个月,任职表现和安全记录良好。

(四)申请适用于客船船长适任证书者,应当在其他种类的 3000 总吨及以上海船上担任船长满 24 个月,任职表现和安全记录良好,并至少在客船上任见习船长 3 个月;或者持有客船大副适任证书并在相应航区、船舶等级的海船上担任大副不少于 18 个月,任职表现和安全记录良好,其中曾经担任客船大副至少 6 个月,通过船长考试,且至少在客船上任见习船长 3 个月。

第二十三条 初次申请适用于两港间航程 50 海里及以上客船轮机长、轮机员适任证书者,应当在其他种类的 3000 千瓦及以上海船上担任相应职务满 12 个月,任职表现和安全记录良好,并在客船上任相应见习职务 3 个月。

通过三管轮适任考试者,在客船上完成规定的 18 个月船上见习,任职表现和安全记录良好,可以申请适用于客船的三管轮适任证书。

第三章 适 任 考 试

第二十四条 海船船员的适任考试包括理论考试和评估。

理论考试以理论知识为主要考试内容,重点对海船船员专业知识的掌握和理解程度进行测试。

评估通过对相应船舶、模拟器或者其他设备的操作,国际通用语言听力测验与口试等方式,重点对海船船员专业知识综合运用、操作及应急等能力进行技能测评。

第二十五条 适任考试科目、大纲由国家海事管理机构统一制定并公布。相关海事管理机构应当在职责范围内制定并公布适任考试具体计划,明确适任考试的时间、地点、申请程序等相关信息。

第二十六条 申请参加适任考试的,应当按照公布的申请程序向有相应权限的海事管理机构提供下列信息：

（一）身份证件；

（二）所申请考试的适任证书航区、等级、职务；

（三）符合海事管理机构要求的照片。

第二十七条 海事管理机构应当于适任考试开始5日前向申请人发放准考证，并告知申请人查询适任考试成绩的途径等事项。

第二十八条 适任考试有科目或者项目不及格的，可以在初次适任考试准考证签发之日起3年内申请5次补考。逾期不能通过全部适任考试的，所有适任考试成绩失效。

第二十九条 海事管理机构应当在考试结束后30日内公布成绩。适任考试成绩自全部理论考试和评估成绩均合格之日起5年内有效。

第四章 特免证明

第三十条 中国籍船舶在境外遇有不可抗力或者其他导致持证船员不能履行职务的特殊情况，无法满足船舶最低安全配员要求，需要由本船下一级船员临时担任上一级职务时，应当向签发该船员适任证书的海事管理机构申请出具特免证明。

第三十一条 申请船长、驾驶员、轮机长、轮机员特免证明的，应当符合下列条件：

（一）申请船长、轮机长特免证明的，应当持有大副或者大管轮适任证书并在自申请之日起前5年内，具有不少于12个月的不低于其适任证书所记载船舶、航区、职务的任职资历，任职表现和安全记录良好，且船长、轮机长不能履行职务的情况是因不可抗力原因造成；

（二）申请大副、大管轮特免证明的，应当持有二副、二管轮适任证书，并在自申请之日起前5年内，具有不少于12个月的不低于其适任证书所记载船舶、航区、职务的任职资历，且任职表现和安全记录良好；

（三）申请二副、二管轮特免证明的，应当持有三副、三管轮适任证书，并在自申请之日起前5年内，具有不少于12个月的不低于其适任证书所记载船舶、航区、职务的任职资历，且任职表现和安全记录良好；

（四）申请三副、三管轮特免证明的，应当持有高级值班水手、值班水手或者高级值班机工、值班机工适任证书，并在自申请之日起前5年内，具有不少于12个月的不低于其适任证书所记载船舶、航区、职务的任职资历，任职表现和安全记录良好。

本条第一款规定的船员以外的其他船员，不予出具特免证明。

第三十二条 申请特免证明的，应当向海事管理机构提交包含下列内容的申请报告：

（一）申请理由；

（二）船舶名称、航行区域、停泊港口；

（三）拟申请签发对象的资历情况；

（四）相关证明材料。

第三十三条 收到申请的海事管理机构应当核实有关情况，对符合第三十一条规定条件的，应当在3日内出具有效期不超过6个月的特免证明，但船长或者轮机长特免证明的有效期不超过3个月。不符合条件的，应当在3日内告知申请人不予出具特免证明的理由。

第三十四条 一艘船舶上同时持特免证明的船长和高级船员总共不得超过3名。

第三十五条 当事船舶抵达中国第一个港口后,特免证明自动失效。失效的特免证明应当及时缴回原出具的海事管理机构。

第五章 承认签证

第三十六条 持有经修正的《1978年海员培训、发证和值班标准国际公约》(以下简称STCW公约)缔约国签发的外国适任证书的船员在中国籍船舶上任职的,应当取得由国家海事管理机构签发的外国适任证书的承认签证。

第三十七条 申请承认签证的,应当向国家海事管理机构提交下列材料:
(一)所属缔约国签发的适任证书原件;
(二)表明申请人符合STCW公约和所属缔约国有关船员管理规定的证明文件;
(三)申请人的海船船员身份证件。

第三十八条 国家海事管理机构应当按照STCW公约和本规则规定的标准、条件等内容,对申请承认签证船员所属缔约国的有关船员管理制度从下列方面进行评价:
(一)有关船员适任培训、考试及发证制度是否符合STCW公约要求;
(二)是否按照STCW公约要求建立了有效的船员质量标准控制体系;
(三)船员适任条件等相关要求是否低于本规则规定的相关标准。

按照本条第一款进行评价的结果应当作为签发承认签证的依据,对于评价结果表明该缔约国的有关船员管理制度不低于STCW公约及本规则相关要求,且申请人按照第三十七条提供的材料真实、全面的,国家海事管理机构应当签发相应的承认签证。其中,签发船长、大副、轮机长、大管轮适任证书承认签证前,申请人还应当参加与申请职务相应的海上交通安全、环境保护等方面的培训,并经海事管理机构考核合格。

第三十九条 承认签证的有效期不得超过被承认适任证书的有效期,且最长不得超过5年。当被承认适任证书失效时,相应的承认签证自动失效。

第六章 航运公司及相关机构的责任

第四十条 航运公司及相关机构应当保证被指派任职的船员满足下列要求:
(一)持有适当、有效的适任证书,熟悉自身岗位职责;
(二)熟悉船舶的布置、装置、设备、工作程序、特性和局限性等相关情况;
(三)具有良好工作语言运用及沟通能力,确保在紧急情况下和执行安全、防污染和保安职能时,能够有效履行职责。

第四十一条 航运公司及相关机构应当建立并完善船员培训制度,按照以下要求加强对本公司、机构船员的培训:
(一)按照国家海事管理机构的规定制定并执行有关培训、见习等方面的培训计划,并在培训、见习记录簿内如实填写或者记载;
(二)采取有效措施,确保应当由本公司、机构负责的其他各类船员培训有效实施。

第四十二条 航运公司及相关机构应当备有完整、最新的船员管理法规和相关国际公约。

航运公司及相关机构应当建立船员档案,对船员录用、培训、资历、健康状况以及有关船员考试、证书持有情况等信息进行连续有效的记录和管理,并确保可以供随时查询。

第七章 监督管理

第四十三条 海事管理机构应当对船员履行职责、安全记录等情况进行监督检查,加强对船员适任能力的监管。

第四十四条 有下列情形之一的,海事管理机构可以组织对船员适任能力进行考核:

(一)船舶发生碰撞、搁浅或者触礁的;

(二)在航行、锚泊或者靠泊时,从船上非法排放物质的;

(三)违反航行规则的;

(四)以其他危及海上人命、财产安全和海洋环境的方式操作船舶的。

按照本条第一款对船员进行适任能力考核的,应当根据本规则规定的船员适任要求通过抽考、现场考核等方式进行。对于考核结果表明船员不再符合适任条件的,海事管理机构应当注销其适任证书或者承认签证。

第四十五条 按照第四十四条被注销适任证书的船员,可以按照海事管理机构的要求参加低等级、职务或者航区的评估,海事管理机构签发与其考核结果相适应的适任证书。

第四十六条 负责船员适任考试和发证的海事管理机构应当配备满足适任考试、发证要求的人员、设备、场地和资料,建立相关的质量管理体系并通过国家海事管理机构的审核。

第四十七条 海事管理机构应当加强对从事船员适任考试、发证工作人员岗位培训和考核。不符合上岗条件的,不得从事船员适任考试、发证工作。

第四十八条 海事管理机构应当建立船员信息数据库、船员证书电子登记系统等船员档案,并按照国家海事管理机构的规定具备相应信息的查询功能。

第四十九条 海事管理机构应当公开海船船员适任考试和发证管理的事项、办事程序、举报电话等信息,自觉接受社会的监督。

第五十条 除海事管理机构依法实施外,任何机构和个人不得以任何理由扣留或者吊销船员适任证书。

第八章 法律责任

第五十一条 隐瞒有关情况或者提供虚假材料申请适任证书、特免证明、承认签证的,海事管理机构不予受理或者不予签发适任证书、特免证明、承认签证,并给予警告;申请人在1年内不得再次申请与前次申请等级、职务资格、航区相同的适任证书、特免证明、承认签证。

第五十二条 以欺骗、贿赂等不正当手段取得适任证书、特免证明、承认签证的,由签发证书的海事管理机构或者其上级海事管理机构吊销有关证书,并处2000元以上2万元以下的罚款。

第五十三条 伪造、变造或者买卖适任证书、特免证明、承认签证的,由海事管理机构收缴有关证书,处2万元以上10万元以下罚款,有违法所得的,还应当没收违法所得。

第五十四条 船员未在培训、见习记录簿内作出如实填写或者记载的,由海事管理机构处1000元以上1万元以下罚款;情节严重的,并给予暂扣船员服务簿、船员适任证书6个月以上2年以下直至吊销船员服务簿、船员适任证书的处罚。

第五十五条 船长未在船员服务簿内如实记载船员的服务资历和任职表现,由海事管理机构处 2000 元以上 2 万元以下罚款;情节严重的,并给予暂扣适任证书 6 个月以上 2 年以下直至吊销适任证书的处罚。

第五十六条 因违反本规则或者其他水上交通安全法规的规定,被海事管理机构吊销适任证书的,自被吊销之日起 2 年内,不得申请适任证书。

第五十七条 海事管理机构有下列情形之一的,由国家海事管理机构责令改正;情节严重的,限制或者取消其开展适任考试和发证的权限:

(一)违反行政许可法规定的程序开展适任考试和发证工作的;

(二)超越权限开展适任考试或者签发适任证书的;

(三)对不具备条件的申请人签发适任证书的。

第九章 附 则

第五十八条 适任证书、特免证明、承认签证由国家海事管理机构统一印制。

船上培训、见习记录簿的具体格式和内容由国家海事管理机构统一规定。

第五十九条 本规则下列用语的含义:

(一)海船,是指航行于海上以及江海直达的各类船舶,但不包括军事船舶、渔业船舶、体育运动船舶和非营业性游艇;

(二)无限航区,是指海上任何通航水域,包括世界各国的开放港口和国际通航运河及河流;

(三)沿海航区,是指我国沿海的港口、内水和领海以及国家管辖的一切其他通航海域;

(四)A1 海区,是指至少由一个具有连续数字选择呼叫(即 DSC)报警能力的甚高频(VHF)岸台的无线电话所覆盖的区域;

(五)A2 海区,是指除 A1 海区以外,至少由一个具有连续 DSC 报警能力的中频(MF)岸台的无线电话所覆盖的区域;

(六)A3 海区,是指除 A1 和 A2 海区以外,由具有连续报警能力的国际海事卫星组织(INMARSAT)静止卫星所覆盖的区域;

(七)A4 海区,是指除 A1、A2 和 A3 海区以外的海区;

(八)非运输船,是指工程船舶、拖轮等不从事货物(或者旅客)运输的机动船舶;

(九)安全记录良好,是指自申请之日起向前计算 5 年内未发生负有主要责任的大事故及以上等级事故;

(十)实践教学,是指航海类院校或者培训机构组织实施的实验教学、工厂实习教学和船上实习。

(十一)航运公司,是指船舶所有人、经营人、管理人或者光船承租人;

(十二)相关机构,是指海船船员服务机构和海员外派机构。

第六十条 下列船舶船员的适任考试和发证不适用本规则,按照国家海事管理机构的相关规定执行:

(一)在两港间航程不足 50 海里的客船或者滚装客船上任职的船长和高级船员;

(二)在未满 100 总吨船舶上任职的船长和甲板部船员;

(三)在主推进动力装置未满 220 千瓦船舶上任职的轮机部船员;

(四)仅在船籍港和船籍港附近水域航行和作业的船舶上任职的船员;

(五)在公务船、水上飞机、地效翼船、非营业性游艇、摩托艇、非自航船上任职的船员。

第六十一条 海船在内河行驶,其船长、驾驶员应当按照国家海事管理机构规定取得相应航线的《海船船员内河航线行驶资格证明》证书,但申请引航的除外。

第六十二条 我国缔结或者加入的国际公约对普通船员适任证书有效期有特别规定的,按照其规定执行。

第六十三条 本规则施行前已经取得海船船员适任证书和正在接受海船船员教育、培训的人员的考试和发证工作,由国家海事管理机构在相关国际公约规定的时间内,采取相应的过渡措施,逐步进行规范。

第六十四条 本规则自 2012 年 3 月 1 日起施行。2004 年 8 月 1 日由原交通部颁布的《中华人民共和国海船船员适任考试、评估和发证规则》(交通部令 2004 年第 6 号)同时废止。

附件

申请海船船员适任证书的培训、海上任职资历和适任考试要求

申请职务	培训		海上任职资历		适任考试	特别规定
	基本安全和专业技能适任培训	岗位适任培训	海上服务资历	船上见习		
值班水手、值班机工	完成基本安全培训、精通救生艇筏和救助艇培训、保安意识培训和负有指定保安职责船员的培训	完成相应的值班水手、值班机工岗位适任培训		具有相应等级的船舶的不少于6个月的海上服务资历,其中至少有3个月是在船上合格的高级船员或合格的支持级船员的直接监督之下履行了值班职责	通过相应的值班水手、值班机工适任考试	未满500总吨或未满750千瓦的船舶(特殊类型船舶除外),免除精通救生艇筏和救助艇培训
高级值班水手、高级值班机工	同上	完成相应的高级值班水手、值班机工岗位适任培训	担任值班水手、值班机工满18个月		通过相应的高级值班水手、高级值班机工适任考试	

续上表

申请职务	培训		海上任职资历		适任考试	特别规定
	基本安全和专业技能适任培训	岗位适任培训	海上服务资历	船上见习		
三副、三管轮	完成基本安全培训、精通救生艇筏和救助艇培训、高级消防培训、精通急救培训、保安意识培训和负有指定保安职责船员的培训	完成相应的三副、三管轮岗位适任培训	担任值班水手、值班机工或者高级值班水手、高级值班机工合计不少于18个月	在相应航区相等级，或者低一航区级的船长或者合格的高级船员的指导下履行了不少于6个月的驾驶台或者机舱值班职责	通过三副、三管轮适任考试	未满500总吨或者750千瓦的船舶（特殊类型船舶除外），免除精通救生艇筏和救助艇培训、高级消防培训、精通急救培训
二副、二管轮	完成基本安全培训、精通救生艇筏和救助艇培训、高级消防培训、精通急救培训、保安意识培训和负有指定保安职责船员的培训	免除	担任三副、三管轮满18个月	免除	免除	未满500总吨或者750千瓦的船舶（特殊类型船舶除外），免除精通救生艇筏和救助艇培训、高级消防培训、精通急救培训

续上表

申请职务	培训		海上任职资历		适任考试	特别规定
	基本安全和专业技能适任培训	岗位适任培训	海上服务资历	船上见习		
大副、大管轮	完成基本安全培训,精通救生艇筏和救助艇培训,高级消防培训,船上医急救培训(仅限500总吨及以上大副),保安意识培训和负有指定保安职责船员的培训	完成相应的大副、大管轮岗位适任培训	担任二副、二管轮满12个月	在相应航区相应等级或者低一等级的船舶上完成不少于3个月的船上见习	通过大副、大管轮适任考试	未满500总吨或者750千瓦的船舶(特殊类型船舶除外),免除精通救生艇筏和救助艇培训,高级消防培训,精通急救培训
船长、轮机长	完成基本安全培训,精通救生艇筏和救助艇培训,高级消防培训,船上医急救培训(仅限500总吨及以上船长),保安意识培训和负有指定保安职责船员的培训	完成相应的船长、轮机长岗位适任培训	担任大副、大管轮满18个月	在相应航区相应等级的船舶上完成不少于3个月的船上见习	通过船长、轮机长适任考试	未满500总吨或者750千瓦的船舶(特殊类型船舶除外),免除精通救生艇筏和救助艇培训,高级消防培训,精通急救培训

续上表

申请职务	培训		海上任职资历		适任考试	特别规定
	专业技能适任培训	岗位适任培训	海上服务资历	船上见习		
电子技工	完成基本安全培训,精通救生艇筏和救助艇培训,保安意识培训和负有指定保安职责船员的培训	完成相应的电子技工岗位适任培训		具有不少于6个月的海上服务资历,其中至少有3个月是在船上合格的高级船员或者合格的支持级船员的直接监督之下履行了职责	通过电子技工适任考试	
电子电气员	完成基本安全培训,精通救生艇筏和救助艇培训,高级消防培训,精通急救培训,保安意识培训和负有指定保安职责船员的培训	完成相应的电子电气员岗位适任培训	担任电子技工满18个月	在相应等级的船舶上完成不少于6个月的船上见习	通过电子电气员适任考试	
GMDSS限用操作员	完成基本安全培训,保安意识培训和负有指定保安职责船员的培训	完成GMDSS限用操作员岗位适任培训			通过GMDSS限用操作员适任考试	特殊类型船舶上任职,还须完成精通救生艇筏和救助艇培训、精通急救培训

续上表

申请职务	培训		海上任职资历		适任考试	特别规定
	基本安全和专业技能适任培训	岗位适任培训	海上服务资历	船上见习		
GMDSS 通用操作员	完成基本安全培训、精通救生艇筏和救助艇培训、精通急救培训、保安意识培训和负有指定安全职责船员的培训	完成 GMDSS 通用操作员岗位适任培训			通过 GMDSS 通用操作员适任考试	
GMDSS 二级无线电电子员	同上	完成 GMDSS 二级无线电电子员岗位适任培训	担任 GMDSS 通用操作员满 12 个月		通过 GMDSS 二级无线电电子员适任考试	
GMDSS 一级无线电电子员	同上	完成 GMDSS 一级无线电电子员岗位适任培训	担任 GMDSS 二级无线电电子员满 18 个月		通过 GMDSS 一级无线电电子员适任考试	

注:1. 表中"海上服务资历"一列中规定的海上服务资历须在参加岗位适任培训前取得,其中申请无限航区适任证书职务晋升所要求的海上服务资历至少有6个月是在无限航区的船舶上任职,其余时间可以在沿海航区的船舶上任职;船长和高级船员船上见习需在适任考试所有科目和项目全部通过后进行,并在船上见习记录簿中记载;申请适任证书的海上见习的船员为各类非运输船舶的,吨位或者功率提高的,可以免予船上见习。

2. 已持有适用于货物运输船舶适任证书的船员上服务资历按照所持适任证书适用的海上服务资历;在两港间航程50海里及以上的客船上的船员上服务资历可以视为在货物运输船舶的海上服务资历;船舶等级确定。

3. 申请适任证书航区扩大者,应当持有有效的与所申请的沿海航区相同船舶等级和职务相应的吨位或者功率提高的与所申请的岗位适任证书,并完成相应的岗位适任培训;申请适任证书吨位或者功率提高者,应当持有有效的与所申请的吨位或者功率较低一级但航区和职务相同的适任证书,并实际担任其职务满12个月,并完成相同的适任培训。

4. 接受航海类教育和岗位适任培训的学员,可以按照以下情形参加适任考试:
(1)接受不少于2年的全日制航海类中职中专及以上教育的学生或者接受不少于2年三副、三管轮、电子电气员岗位适任培训的学员,完成全部理论和实践教学内容后,可以相应地申请沿海航区三副、三管轮、电子电气员适任考试,或者具备适任资历、电子电气员不少于12个月的海上服务资历后,电子电气员岗位适任培训。
(2)接受不少于2年的全日制航海类高职高专及以上教育的学生,或者完成全日制非航海类大专及以上教育并接受不少于18个月三副、三管轮、电子电气员岗位适任培训的学员,完成全部理论和实践教学内容后,可以相应地申请无限航区三副、三管轮、电子电气员适任考试。
(3)经国家海事管理机构认可、教育培训质量良好的航海院校的全日制航海类本科教育学生,完成全部理论和实践教学内容后,可以相应地申请无限航区三副、二管轮的适任考试。
(4)正在接受航海类教育或者岗位适任培训的学员,电子电气员岗位适任培训的学员,可以在毕业或者结业前6个月内相应地申请加入值班水手、值班机工、电子技工适任考试,免于参加相应的值班水手、三副、三管轮、二管轮适任考试的学员通过三副、二副、三管轮、二管轮适任考试或者高级船员指导丁驾驶台或者低一航区或者低一等级的船舶上见习的,其中至少应当有6个月是在船长或者相应等级的船舶上见习的指导下履行丁驾驶台或者机舱值班水手、值班机工、电子技工职务;接受航海类教育或者适任培训完成不少于12个月的船上见习,其中至少在相应等级的船舶上完成适任考试后,应当在船长或者相应等级的船舶上完成不少于12个月的适任考试。

5. 国家海事管理机构认可教育教育机构按照本规则开展的航海类教育机构可以完成教育教育良好的航海类船舶船员适任考试。

内河渡口渡船安全管理规定

(2014年8月1日交通运输部令第9号公布)

第一章 总 则

第一条 为加强内河渡口渡船安全管理,维护渡运秩序,保障人民群众生命、财产安全,根据《中华人民共和国内河交通安全管理条例》,制定本规定。

第二条 中华人民共和国内河水域的渡口渡船相关活动及安全监督管理适用本规定。

第三条 交通运输部主管全国内河交通安全管理工作。

县级地方人民政府依据《中华人民共和国内河交通安全管理条例》,负责设置和撤销渡口的审批,建立、健全渡口安全管理责任制,指定负责渡口和渡运安全管理的部门。乡镇人民政府依据《中华人民共和国内河交通安全管理条例》和国务院相关规定履行乡镇渡口渡船的安全管理职责。

县级人民政府指定的部门在职责范围内负责对渡口和渡运实施安全管理。

各级海事管理机构依据各自职责对所辖内河水域内渡船的水上交通安全实施监督管理。

第四条 县级以上地方人民政府应当加强对内河渡口渡船安全管理工作的组织领导。

渡口渡船安全管理坚持安全第一、预防为主、各负其责、服务民生的原则。

第二章 渡 口

第五条 县级人民政府在审批渡口的设置和撤销时应当充分考虑安全因素,明确渡运水域范围、渡运路线、渡运时段、渡口位置等主要内容。审批前应当征求渡口所在地海事管理机构的意见,涉及公路管理职责的,还应当征求公路管理机构的意见。

渡运水域涉及两个或者两个以上县级行政区域的,由渡口相关的人民政府协调处理,并征求相应的海事管理机构意见。

严禁非法设置渡口。

第六条 渡口的设置应当具备下列安全条件:

(一)选址应当在水流平缓、水深足够、坡岸稳定、视野开阔、适宜船舶停靠的地点,并且与危险物品生产、堆放场所之间的距离符合危险品管理相关规定;

(二)具备货物装卸、旅客上下的安全设施;

(三)配备必要的救生设备和专门管理人员。

新建、改建国道、省道,原则上不设置渡口。县道、乡道设置和撤销渡口应当征求公路管理机构的意见。

在通航密集区内有可供人、车通行桥梁、隧道的,应当避免在桥梁、隧道临近范围内设置渡口,但市区河道两岸供市民出行、上下班的渡口除外。

第七条 渡口应当根据其渡运对象的种类、数量、水域情况和过渡要求,合理设置码头、引道,配置必要的指示标志、船岸通讯和船舶助航、消防、安全救生等设施。渡口引道的宽度、纵坡和码头的设置应当满足相应的技术标准。

以渡运乘客为主的渡口应当有可供乘客安全上下的坡道,客运量较大的且具有相应陆域条件的渡口应当建有乘客候船亭等设施。

以渡运货车为主的渡口,应当安装、使用地磅等称重设备,如实记录称重情况。有条件的渡口,应当设置电子监控设施。

经批准运输超长、超宽、超高物品的车辆或者重型车辆过渡,应当采取有效保护措施后方可过渡,但超过渡船限载、限高、限宽、限长标准的车辆,不得渡运。渡运危险货物车辆的,渡口应当设置危险货物车辆专用通道。

第八条 设置和使用缆渡,不得影响他船航行。

第九条 渡口运营人应当在渡口明显位置设置公告牌,标明渡口名称、渡口区域、渡运路线、渡口守则、渡运安全注意事项以及安全责任单位和责任人、监督电话等内容。

梯级河段、库区下游以及水位变化较大的渡口水域,渡口应当标识警戒水位线和停航封渡水位线。

第十条 渡口运营人应当加强对渡口安全设施和渡船渡运的安全管理,根据国家有关规定建立渡口、渡船安全管理制度,落实安全管理责任制。

第十一条 在法定或者传统节日、重大集会、集市、农忙、学生放学放假等渡运高峰期间,县级人民政府应当加强组织协调。渡口运营人应当根据乘客、车辆的流量和渡运安全管理的需要,安排相应专门人员现场维持渡口渡运秩序与安全。

第十二条 渡口运营人应当结合船舶条件、气象条件和通航状况合理调度和使用渡船,不得指挥渡船违章作业、冒险航行。

第十三条 县级人民政府指定的部门应当加强对渡口运营人的安全教育和培训,并负责渡口工作人员的培训、考试、合格证书颁发。

渡口运营人应当对渡口工作人员、渡船船员、渡工定期开展安全教育培训。

第十四条 渡口运营人应当督促渡船清点并如实记录每航次渡船载客数量及车辆驾驶员等随船过渡人员,并开展定期或者不定期核查。

第十五条 日渡运量超过300人次渡口的运营人及载客定额超过12人的渡船应当编制渡口渡船安全应急预案,每月至少组织一次船岸应急演习。

日渡运量较少的渡口及载客定额12人以下的渡船,应当制定应急措施,每季度至少组织一次演练。

第三章 渡船和渡船船员、渡工

第十六条 海事管理机构负责渡船的登记、检验、发证工作。

渡船应当按照相关规定取得船舶检验证书和船舶登记证书。渡船检验证书应当标明船舶抗风等级。20米以上的渡船,应当持有船舶检验机构签发的载客定额证书;20米以下的渡船应当在相关证书中签注载客定额。船长小于15米的渡船按照省级交通运输主管部门制定的检验规则进行检验。省级交通运输主管部门未规定检验规则的,参照海事管理机构制定的《内河小型船舶法定检验技术规则》检验发证。

第十七条 渡船应当悬挂符合国家规定的渡船识别标志,并在明显位置标明载客(车)定额、抗风等级以及旅客乘船安全须知等有关安全注意事项。

第十八条 渡船夜航应当按照《内河船舶法定检验技术规则》、《内河小型船舶法定检验技术规则》配备夜间航行设备和信号设备。高速客船从事渡运服务以及不具备夜航技术条件的渡船,不得夜航。

第十九条 新建、改建渡船应当满足交通运输部或者省级交通运输主管部门公布的标准船型要求。

第二十条 渡船应当定期维护保养,确保处于适航状态,并按期申请检验。逾期未检验或者检验不合格的,不得从事渡运。

对船体或者车辆甲板出现局部严重变形的渡船,应当申请船舶检验机构按照实际装载情况进行强度复核。船龄十年以上未达到特别定期检验船龄要求的渡船应当在定期检验时着重加强对船体强度、稳性等方面的检验。

第二十一条 渡船载运危险货物或者载运装载危险货物的车辆的,应当持有船舶载运危险货物适装证书。

第二十二条 渡船应当按照规定配备消防救生设备,放置在易取处,保持其随时可用,并在规定的场所明显标识存放位置,张贴消防救生演示图和标示应急通道。

第二十三条 禁止水泥船、排筏、农用船舶、渔业船舶或者报废船舶从事渡运。

第二十四条 渡船船员应当按照相关规定具备船员资格,持有相应船员证书。

载客12人以下的渡船可仅配备渡工。渡工应当经过驾驶技术和安全培训,考核合格后取得海事管理机构颁发的渡工证书,方可驾驶渡船。

渡船船员、渡工每年应当参加由渡口运营人、乡镇人民政府或者相关主管部门组织的至少4小时的安全培训。

第二十五条 渡运时,船员、渡工应当遵守下列规定:

(一)遵守渡口、渡船管理制度和值班规定,按照水上交通安全操作规则操纵、控制和管理渡船;

(二)掌握渡船的适航状况,了解渡运水域的通航环境,以及有关水文、气象等必要的信息;

(三)不得酒后驾驶,不得疲劳值班;

(四)发现或者发生影响渡运安全的突发事件,应当及时报告并尽力救助遇险人员。

第四章 渡 运 安 全

第二十六条 渡船应当在渡运水域内按照核定的渡运路线航行。

在渡运水域内不得从事水上过驳、采砂、捕捞、养殖、设置永久性固定设施等可能危及渡船航行安全的作业或者活动。

第二十七条 渡船航行,应当以安全航速行驶,加强瞭望,谨慎操作,使用有效方式发布船舶动态和表明避让意图,主动避让过往船舶,不得抢航或者强行横越。

顺航道行驶的船舶驶近渡运水域时,应当加强瞭望,谨慎驾驶,采取有效措施协助避让。

第二十八条 渡船载客、载货应当符合乘客定额、装载技术要求及载重线规定,不得超载。渡运水域的水位超过警戒水位线但未达到停航封渡水位线的,渡船载客、载货数量不得超过核定的乘客定额和载重量的80%。

渡船应当按照规定控制荷载分布,保证装载平衡和稳性,采取安全措施防止车辆及货物移位。

第二十九条 渡船载客应当设置载客处所,实行车客分离。按照上船时先车后人、下船时先人后车的顺序上下船舶。

车辆渡运时除驾驶员外车内禁止留有人员。

乘客与大型牲畜不得混载。

第三十条 乘客、车辆过渡,应当遵守渡口渡船安全管理规定,听从渡口渡船工作人员指挥。

车辆在渡口区域内应当低速行驶,在指定的地点候渡,不得争道抢渡。制动、转向系统不良和有其他故障影响安全行车的车辆,不得驶上渡船。

第三十一条 装载危险货物的车辆过渡时,车辆驾驶员或者押运人员应当向渡口运营人主动告知所装载危险货物的种类和危害特征,以及需要采取的安全措施。

渡船载运装载危险货物车辆,应当检查车辆是否持有与运输的危险货物类别、项别或者品名相符的《道路运证》。车辆所载货物应当与船舶适装证书相符。渡船应当按照有关规定对危险货物积载隔离。

渡船不得同时渡运旅客和危险货物。渡船载运装载危险货物的车辆时,除船员以外,随车人员总数不得超过12人。

严禁任何人隐瞒、伪装、偷运各种危险品、污染危害性货物过渡。

渡船不得运输法律、法规以及交通运输部规定禁止运输的货物,不得载运装载有危险货物而未持有相应《道路运输证》的车辆。

第三十二条 有下列情形之一的,渡船不得开航:

(一)风力超过渡船抗风等级、能见度不良、水位超过停航封渡水位线等可能危及渡运安全的恶劣天气、水文条件的;

(二)渡船超载或者积载不当可能危及渡运安全的;

(三)渡船存在可能影响航行安全的缺陷,且未按规定纠正的;

(四)发现易燃、易爆等危险品和乘客同船混载,或者装运危险品的车辆和客运车辆同船混载的;

(五)发生乘客打架斗殴、寻衅滋事等可能危及渡运安全的;

(六)渡船船员、渡工配备不符合规定要求的。

第三十三条 渡船发生水上险情的,应当立即进行自救,并报告当地人民政府或者海事管理机构。当地人民政府和海事管理机构接到报告后,应当依照职责,组织搜寻救助。

渡口渡船应当服从指挥,在不危及自身安全的情况下,积极参与水上搜寻救助。

第三十四条 水电站、水库等管理单位因蓄放水作业可能导致渡口水位急剧变化影响渡运安全的,应当事先向当地海事管理机构通报水情信息。当地海事管理机构接到水情信息后应当及时通报相关渡口运营人。

第五章 监督检查

第三十五条 县级以上地方人民政府及其指定的有关部门、乡镇渡口所在地乡镇人民政府应当建立渡口渡运安全检查制度,并组织落实。在监督检查中发现渡口存在安全隐患的,应当责令立即消除安全隐患或者限期整改。

第三十六条 县级人民政府指定的有关部门应当督促指导渡运量较大且具备一定条件的乡镇渡口所在地乡镇人民政府建立乡镇渡口渡船签单发航制度,真实、准确地记录乘员数量及核查人、车、畜积载和开航条件等内容。

签单人员应当如实记录渡运情况,不得弄虚作假;发现渡运安全隐患或者违法行为,可能危及渡运安全时,应当报告乡镇人民政府。

乡镇人民政府应当定期对签单发航制度的实施情况进行检查。

第三十七条 渡口运营人应当建立渡口渡船安全渡运的安全管理制度,并组织开展内部安全检查。

第三十八条 海事管理机构应当建立渡船安全监督管理制度。

在监督管理中发现渡船存在重大安全隐患的,应当责令立即消除安全隐患或者限期整改,并及时通报当地县级以上人民政府及其相关部门。

第三十九条 鼓励运用视频监控等先进技术手段对渡运安全进行安全管理和监督检查。

第四十条 渡口运营人和渡船船员、渡工应当主动协助配合监督检查,不得拒绝、妨碍和阻挠。

第六章 法律责任

第四十一条 违反第五条规定未经批准擅自设置或者撤销渡口的,由渡口所在地县级人民政府指定的部门责令限期改正;逾期不改正的,予以强制拆除或者恢复,因强制拆除或者恢复发生的费用分别由设置人、撤销人承担。

第四十二条 违反第二十五条规定,渡船船员、渡工酒后驾船的,由海事管理机构对船员予以警告,情节严重的处500元以下罚款,并对渡船所有人或者经营人处2000元以下罚款。

第四十三条 违反第二十一条、第三十一条规定,有以下违法行为的,由海事管理机构责令改正,并对渡船所有人或者经营人处2000元以下的罚款:

(一)渡船未持有相应的危险货物适装证书载运危险货物的;

(二)渡船未持有相应的危险货物适装证书载装载危险货物车辆的;

(三)渡船载运应当持有而未持有《道路运输证》的车辆的;

(四)渡船同时载运旅客和危险货物过渡的。

第四十四条 违反第十八条规定,渡船不具备夜航条件擅自夜航的,由海事管理机构责令改正,并可对渡船所有人或者经营人处以2000元以下罚款。

第四十五条 违反第二十九条规定,渡船混载乘客与大型牲畜的,由海事管理机构对渡船所有人或者经营人予以警告,情节严重的,处1000元以下罚款。

第四十六条 违反第三十二条第(一)项规定擅自开航的,由海事管理机构责令改正,并根据情节轻重对渡船所有人或者经营人处 10000 元以下罚款。

第四十七条　违反第三十二条第(五)项规定,发生乘客打架斗殴、寻衅滋事等可能危及渡运安全的情形,渡船擅自开航的,由海事管理机构对渡船所有人或者经营人处以 500 元以下罚款。

第四十八条　对违反本规定的其他违法行为,本规定未作规定的,按照相关法规、规章予以处罚。

第四十九条　主管机关工作人员滥用职权、玩忽职守导致严重失职,由所在单位或者上级机关给予行政处分;构成犯罪的,依法追究刑事责任。

第七章　附　　则

第五十条　本规定下列用语的含义:

(一)渡口,是指在中华人民共和国江河、湖泊、水库、运河等内河水域设在两岸专供渡船渡运人员、车辆、货物的场所和设施,包括渡运所需的码头、水域及为渡运服务的其他设施。

(二)乡镇渡口,是指设于农村或者集镇,由乡镇、村集体或者个人运营,为当地群众生产生活服务的渡口。

(三)渡船,是指往返于内河渡口之间,按照核定的航线渡运乘客、车辆和货物的船舶。

(四)缆渡,是指利用横跨两岸的缆索将渡船固定在渡运水域,依靠人力或者其他动力牵引、推动渡船过渡的方式。

(五)渡口运营人是指负责渡口营运和安全管理的经营人或者管理人。

第五十一条　本规定自 2014 年 8 月 1 日起施行。《公路渡口管理规定》(交通部令〔1990〕11 号)自本规定施行之日起同时废止。

船舶检验管理规定

(2016年1月22日交通运输部令第2号公布)

第一章 总 则

第一条 为加强船舶检验管理,规范船舶检验服务,保障船舶检验质量,依据《中华人民共和国海上交通安全法》《中华人民共和国内河交通安全管理条例》《中华人民共和国船舶和海上设施检验条例》以及我国缔结或者加入的相关国际公约,制定本规定。

第二条 船舶检验活动及从事船舶检验活动的机构和人员的管理适用于本规定。

本规定所称船舶检验是指对船舶、水上设施、船用产品和船运货物集装箱的检验。

军用船舶、体育运动船艇、渔业船舶以及从事石油天然气生产的设施的检验,不适用本规定。

第三条 交通运输部主管全国船舶检验管理。

交通运输部海事局负责对船舶检验工作实施统一监督管理。

各级海事管理机构依据各自职责权限开展船舶检验监督工作。

第二章 船舶检验机构和人员

第四条 船舶检验机构是指实施船舶检验的机构,包括交通运输部和省、自治区、直辖市人民政府设置的船舶检验机构(以下简称国内船舶检验机构)和外国船舶检验机构在中华人民共和国境内设立的验船公司(以下简称外国验船公司)。

交通运输部和省、自治区、直辖市人民政府依法审批国内船舶检验机构或者外国验船公司时,应当依据《中华人民共和国海事行政许可条件规定》规定的验船机构审批条件作出是否予以审批的决定。予以审批的,同时应当明确国内船舶检验机构和外国验船公司的检验业务范围。

交通运输部海事局应当向社会公布船舶检验机构的检验业务范围。

第五条 国内船舶检验机构按照A、B、C、D四类从事船舶法定检验:

(一)A类船舶检验机构,可以从事包括国际航行船舶、国内航行船舶、水上设施、船运货物集装箱和相关船用产品的法定检验;

(二)B类船舶检验机构,可以从事国内航行船舶的法定检验和相关船用产品的法定检验;

(三)C类船舶检验机构,可以从事内河船舶的法定检验;

(四)D类船舶检验机构,可以从事内河小型船舶,以及封闭水域内船长不超过30米、主机功率不超过50千瓦的货船和船长不超过30米、主机功率不超过50千瓦的客船的法定检验。

第六条 外国验船公司的业务范围包括：

（一）依据船旗国政府授权，对悬挂该国国旗及拟悬挂该国国旗的船舶、海上设施实施法定检验和入级检验；

（二）对本款第（一）项规定的船舶、海上设施所使用的有关重要设备、部件和材料等船用产品实施检验；

（三）对外国企业所拥有的船运货物集装箱实施检验；

（四）经交通运输部海事局认可，在逐步开放的范围内对自由贸易区登记的中国籍国际航行船舶实施入级检验。

第七条 船舶检验机构应当在批准的业务范围内从事船舶检验活动。

第八条 船舶检验机构应当向交通运输部海事局报告年度船舶检验工作情况，包括质量体系运行、检验业务量、检验人员变化等情况。

第九条 船舶检验人员应当具备相应的专业知识和检验技能，满足国家有关船舶检验人员资质的要求。

交通运输部海事局负责统一组织船舶检验人员考试，并按照国家有关规定发放船舶检验人员资格证书。

第十条 国内船舶检验机构应当对船舶检验人员进行岗前培训和不定期持续知识更新培训。

第三章 法定检验

第十一条 法定检验是指船旗国政府或者其认可的船舶检验机构按照法律、行政法规、规章和法定检验技术规范，对船舶、水上设施、船用产品和船运货物集装箱的安全技术状况实施的强制性检验。

法定检验主要包括建造检验、定期检验、初次检验、临时检验、拖航检验、试航检验等。

第十二条 在中华人民共和国登记或者拟在中华人民共和国登记的船舶、水上设施的所有人或者经营人，有下列情形之一的，应当向国内船舶检验机构申请建造检验：

（一）建造船舶、水上设施的；

（二）改变船舶主尺度、船舶类型、分舱水平、承载能力、乘客居住处所、主推进系统、影响船舶稳性等涉及船舶主要性能及安全的重大改建，或者涉及水上设施安全重大改建的。

船舶、水上设施建造或者重大改建，应当向建造或者改建地船舶检验机构申请检验。

第十三条 营运中的中国籍船舶、水上设施的所有人或者经营人，应当向签发船舶检验证书的国内船舶检验机构申请定期检验。

定期检验可以委托营运地国内船舶检验机构代为进行。

第十四条 中国籍船舶、水上设施的所有人或者经营人，有下列情形之一的，应当向国内船舶检验机构申请初次检验：

（一）外国籍船舶、水上设施改为中国籍船舶、水上设施的；

（二）体育运动船艇、渔业船舶改为本规定适用的船舶的；

（三）营运船舶检验证书失效时间超过一个换证检验周期的；

(四)老旧营运运输船舶检验证书失效时间超过一个特别定期检验周期的。

有前款第(三)、(四)项所列情形之一的,新的检验周期按照原证书检验周期计算。

第十五条 中国籍船舶、水上设施的所有人或者经营人,有下列情形之一的,应当向国内船舶检验机构申请临时检验:

(一)因发生事故,影响船舶适航性能;

(二)改变证书所限定的航区或者用途;

(三)船舶检验机构签发的证书失效时间不超过一个换证周期;

(四)涉及船舶安全的修理或者改装,但重大改建除外;

(五)变更船舶检验机构;

(六)变更船名、船籍港;

(七)存在重大安全缺陷影响航行和环境安全,海事管理机构责成检验的。

对于前款第(三)项所列情形,船舶、水上设施申请检验时,国内船舶检验机构须对失效期内应当进行的所有检验项目进行检验,检验周期按照原证书检验周期计算。

在中华人民共和国管辖水域内的外国籍船舶,有第一款第(一)、(七)项所列情形之一的,应当向原签发检验证书的船舶检验机构申请临时检验。外国籍船舶的发证机构未在中华人民共和国境内设立验船公司的,应当向交通运输部海事局指定的船舶检验机构申请临时检验。

第十六条 中华人民共和国管辖水域内对移动式平台、浮船坞和其他大型船舶、水上设施进行拖带航行,起拖前应当申请拖航检验。

第十七条 船舶试航前,船舶所有人或者经营人应当向国内船舶检验机构申请试航检验,并取得试航检验证书。

国内船舶检验机构在签发试航检验证书前,应当按照相关技术检验要求进行检验,并确认船舶试航状态符合实施船舶图纸审查、建造检验的船舶检验机构批准的船舶配载及稳性状态。

第十八条 在中华人民共和国管辖水域内从事钻探、开发作业的外国籍钻井船、移动式平台的所有人或者经营人,应当向交通运输部海事局授权的船舶检验机构申请下列检验:

(一)作业前检验;

(二)作业期间的定期检验。

第十九条 中国籍船舶、水上设施所使用的有关水上交通安全和防止水域环境污染的重要设备、部件和材料应当进行船用产品检验。

应当进行法定检验的船用产品范围由交通运输部海事局公布。

第二十条 船舶检验机构应当按照船用产品法定检验技术要求,对纳入法定检验范围内的船用产品开展工厂认可、型式认可、产品检验。

第二十一条 船运货物集装箱的制造厂商或者所有人、经营人应当向船舶检验机构申请下列检验:

(一)船运货物集装箱制造时,申请工厂认可、定型设计认可和制造检验;

(二)使用中的船运货物集装箱,申请营运检验,采用定期检验或者按照经检验机构进行技术审核的连续检验计划进行检验。

第二十二条　国内船舶检验机构应当将船用产品和船运货物集装箱工厂认可、型式认可或者定型设计认可及单件产品的检验结果录入国家船舶检验数据库并对外公布。

第二十三条　中国籍国内航行船舶和水上设施、船用产品和船运货物集装箱经检验符合相关的法定检验技术要求后,国内船舶检验机构应当使用国家船舶法定检验发证系统签发相应的检验证书或者技术文件。

中国籍国际航行船舶经检验符合相关的法定检验技术要求后,国内船舶检验机构应当使用经交通运输部海事局认可的法定检验发证系统签发相应的检验证书或者技术文件,并由海事管理机构进行监督管理。

法定检验证书和国内航行船舶的检验报告和记录格式由交通运输部海事局统一制定并公布。

第二十四条　船舶检验机构应当建立和严格执行保证检验发证质量的控制程序和管理制度。

第二十五条　国内船舶检验机构根据船舶法定检验技术规范,对中国籍船舶、水上设施的法定检验要求实施等效、免除的,应当达到海事国际公约或者船舶法定检验技术规范要求的同等效能及安全水平,并向交通运输部海事局报告,船舶法定检验技术规范另有规定的除外。

第四章　入级检验

第二十六条　入级检验是指应船舶、水上设施的所有人和经营人自愿申请,按照拟入级的船舶检验机构的入级检验技术规范,对船舶、水上设施进行的检验,并取得入级船舶检验机构的入级标识。

第二十七条　除本规定第六条第(四)项规定的情形外,中国籍国际航行船舶加入船级的,应当向中国船级社申请入级检验。

第二十八条　下列中国籍国内航行船舶加入船级的,应当向中国船级社申请入级检验:

(一)在海上航行的乘客定额 100 人以上的客船;

(二)载重量 1000 吨以上的油船;

(三)滚装船、液化气体运输船和散装化学品运输船;

(四)船舶所有人或者经营人申请入级的其他船舶。

第二十九条　中国籍船舶、水上设施经入级检验符合相关的检验技术规范要求并取得法定检验证书的,船舶检验机构方可签发入级检验证书或者技术文件。

第三十条　从事中国籍船舶、水上设施入级检验业务的船舶检验机构应当将其入级检验技术规范和证书格式报交通运输部海事局备案。

第五章　船舶法定检验技术规范

第三十一条　船舶法定检验技术规范包括与船舶、水上设施、船用产品、船运货物集装箱相关的涉及航运安全及水域环境保护的检验制度、安全标准、检验规程等。

第三十二条　船舶法定检验技术规范,由交通运输部海事局组织制定,经交通运输部批准后公布施行。

限于省、自治区、直辖市内航行的下列船舶的法定检验技术规范,可由省、自治区、直辖市交通运输主管部门制定,并报交通运输部海事局备案;省、自治区、直辖市交通运输主管部门未制定的,参照交通运输部海事局制定的小型船舶法定检验技术规则检验发证:

(一)船长 15 米及以下的内河渡船;

(二)船长 20 米以下的普通货船;

(三)12 人及以下的载客船舶。

第三十三条 有下列情形之一的,船舶法定检验技术规范的制定机构应当组织开展船舶法定检验技术规范后评估:

(一)实施满 5 年的;

(二)上位法或者相关国际公约有重大修改或者调整的;

(三)水上交通安全管理环境发生重大变化,影响船舶法定检验技术规范适宜性的;

(四)其他应当进行后评估的情形。

第六章 检 验 管 理

第三十四条 船舶检验机构开展检验活动应当遵守中华人民共和国法律、法规、规章和相关国际公约的规定。

船舶检验机构应当严格按照检验业务范围开展检验工作,不得拒绝满足法定检验受理条件的申请。

船舶检验人员应当严格按照相关的法律、法规和检验技术规范的要求开展检验工作,恪守职业道德和执业纪律。

第三十五条 有下列情形之一的,船舶检验机构不得检验:

(一)船舶和水上设施的设计、建造与修造单位未建立质量自检制度;

(二)按照国家有关规定应当报废的船舶、水上设施;

(三)未提供真实技术资料;

(四)未按照规定取得新增运力审批的建造船舶;

(五)未能为船舶检验人员提供安全保障。

第三十六条 船舶检验机构应当在船舶、水上设施的建造或者重大改建开工前,对开工条件进行检查,经检查合格后,方可开展检验。

第三十七条 在中华人民共和国登记或者拟在中华人民共和国登记的船舶、水上设施未取得海事管理机构授予的船舶识别号的,船舶检验机构不得签发法定证书。

第三十八条 船舶和水上设施的所有人或者经营人,船用产品和船运货物集装箱制造厂商,船舶和水上设施的设计、建造与修造单位应当按照规定如实提交检验相关资料。

第三十九条 中国籍船舶、水上设施报废的,其所有人或者经营人应当报告国内船舶检验机构,国内船舶检验机构应当注销检验证书。

第四十条 中国籍船舶、水上设施变更船舶检验机构,新接受的船舶检验机构在发放检验证书时应当收回存档原检验证书。

按照省、自治区、直辖市交通运输主管部门制定的法定检验技术规范检验的船舶,船舶检验机构变更为其他省、自治区、直辖市的船舶检验机构的,新接受的船舶检验机构可以按照交通运输部海事局或者所在省、自治区、直辖市交通运输主管部门制定的法定检验技术规范重新进行检验。

第四十一条 外国籍船舶、水上设施因存在重大缺陷被强制取消船级的，新接受的境内设立的外国验船公司应当验证缺陷已改正后，方可受理检验。

第四十二条 有下列情形之一的，船舶检验机构应当停止检验或者撤销相关检验证书：

（一）违规建造、违规重大改建；

（二）提供虚假证明材料；

（三）未通过检验。

有前款第（一）项情形的还应当报告交通运输部海事局。

涂改检验证书或者以欺骗行为取得检验证书，船舶检验机构未撤销检验证书的，海事管理机构应当责令船舶检验机构撤销检验证书。

第四十三条 船舶检验机构应当建立船用产品法定检验质量监督机制，发现法定船用产品存在重大质量问题的，撤销检验证书或者禁止装船使用。

第四十四条 船舶检验机构应当对为其提供服务的检修、检测服务机构进行安全质量、技术条件的控制和监督。

第四十五条 船舶检验机构应当建立档案管理制度，妥善保管有关检验档案资料。

中国籍船舶、水上设施变更船舶检验机构的，原船舶检验机构应当将包含图纸的全部技术档案转交变更后的船舶检验机构。

第四十六条 交通运输部海事局应当组织对船舶检验机构检验能力和条件进行核查，对船舶检验机构检验质量进行监督。

第四十七条 海事管理机构发现涉及船舶检验重大质量问题或者有第十五条第一款第（一）、（七）项所列情形之一的，应当通报相关船舶检验机构。

涉及船舶检验重大质量问题的，应当报告交通运输部海事局组织调查处理。

相关船舶检验机构应当对检验质量问题进行分析整改，并将整改情况通报海事管理机构。

第四十八条 船舶检验机构应当配合海事管理机构开展船舶检验质量监督和调查。船舶检验机构对海事管理机构的监督和调查行为有异议的，可以向交通运输部海事局报告。

第四十九条 申请检验的单位或者个人对检验结论持有异议，可以向上一级船舶检验机构申请复验，接到复验申请的机构应当在7个工作日内作出是否予以复验的答复。

对复验结论仍有异议的，可以向交通运输部海事局提出再复验，由交通运输部海事局组织技术专家组进行检验、评议并作出最终结论。交通运输部海事局应当在接到再复验申请之日起15个工作日内作出是否予以再复验的答复。

第七章 法 律 责 任

第五十条 违反本规定第十六条，移动平台、浮船坞、大型船舶、水上设施拖带航行，未经船舶检验机构进行拖航检验，由海事管理机构责令其停止拖航，并对船舶、设施所有人或者经营人处以2000元以上2万元以下罚款，对船长处以1000元以上1万元以下罚款，并扣留船员适任证书6至12个月，对水上设施主要负责人处以1000元以上1万元以下罚款。

第五十一条 违反本规定第十七条规定,试航船舶未经试航检验并持有试航证书的,由海事管理机构责令停止试航,并对船舶所有人或者经营人处以2000元以上2万元以下罚款,对试航船长处以1000元以上1万元以下罚款并扣留船员适任证书6至12个月。

第五十二条 违反本规定第十八条规定,在中华人民共和国沿海水域从事钻探、开发作业的外国籍钻井船、移动式平台的所有人或者经营人未按规定申请作业前检验或者作业期间检验,由海事管理机构责令其停止作业,并处5000元以上3万元以下罚款。

第五十三条 违反本规定第三十九条,报废船舶的所有人或者经营人未向船舶检验机构报告,由海事管理机构对其所有人或者经营人处以5000元以上3万元以下罚款。

第五十四条 违反《中华人民共和国海上交通安全法》第四条的规定,船舶、水上设施和船上、设施上有关航行安全、防治污染等重要设备无相应的有效的检验证书的,依照《中华人民共和国海上交通安全法》第四十四条的规定,海事管理机构应当对船舶、水上设施所有人或者经营人处以2000元以上3万元以下的罚款。

违反《中华人民共和国内河交通安全管理条例》第六条第(一)项、第七条第(一)项的规定,船舶、水上设施未持有合格的检验证书擅自航行或者作业的,依照《中华人民共和国内河交通安全管理条例》第六十四条的规定,责令停止航行或者作业;拒不停止航行或者作业的,暂扣船舶、浮动设施;情节严重的,予以没收。

本条第一款、第二款所称无相应的有效的检验证书及未持有合格的检验证书,包括下列情形:

(一)没有取得相应的检验证书;

(二)持有的检验证书属于伪造、变造、转让、买卖或者租借的;

(三)持有的检验证书失效;

(四)检验证书损毁、遗失但不按照规定补办。

第五十五条 船舶检验机构有下列情形之一的,所签发的相应检验证书无效,由交通运输部海事局给予警告,责令限期整改,整改期间不得开展相关检验业务,并向社会公告:

(一)超越认可的业务范围开展检验业务;

(二)违反规定开展检验;

(三)使用不符合规定的船舶检验人员独立从事检验活动;

(四)违反检验规程受理检验;

(五)船舶、水上设施的建造或者重大改建开工前,未对开工条件进行检查或者在检查不合格的情况下开展检验;

(六)对未按照规定取得新增运力审批的建造船舶开展检验;

(七)未对向其提供服务的检修检测机构的安全质量、技术条件进行有效管控;

(八)在按规定取得船舶识别号前,签发法定检验证书;

(九)出现重大检验质量问题。

第五十六条 船舶检验机构有下列情形之一的,交通运输部海事局责令改正,并给予警告:

(一)国内船舶检验机构未对检验人员进行培训;

(二)外国验船公司未对外国籍检验人员按照公约要求进行培训;

（三）未按规定向交通运输部海事局报告有关事项；

（四）未建立档案管理制度。

第五十七条 船舶检验人员有下列情形之一的，依照《中华人民共和国船舶和海上设施检验条例》第二十八条的规定，海事管理机构可视情节给予警告、撤销其检验资格：

（一）未进行检验而签发相关检验证书；

（二）超出所持证书范围开展检验业务；

（三）未按照法定检验技术规范执行检验；

（四）未按规定的检验程序和项目进行检验；

（五）所签发的船舶检验证书或者检验报告与船舶、水上设施的实际情况不符；

（六）发生重大检验质量责任问题；

（七）不配合事故调查或者在调查过程中提供虚假证明。

第八章 附 则

第五十八条 本规定自 2016 年 5 月 1 日起施行。

中华人民共和国内河交通事故调查处理规定

(2006年12月4日交通部令第12号公布,2012年3月14日交通运输部令第3号修正)

第一章 总 则

第一条 为加强内河交通安全管理,规范内河交通事故调查处理行为,根据《中华人民共和国内河交通安全管理条例》,制定本规定。

第二条 本规定适用于船舶、浮动设施在中华人民共和国内河通航水域内发生的交通事故的调查处理。但是渔船之间、军事船舶之间发生的交通事故以及渔船、军事船舶单方交通事故的调查处理不适用本规定。

第三条 本规定所称内河交通事故是指船舶、浮动设施在内河通航水域内航行、停泊、作业过程中发生的下列事件:

(一)碰撞、触碰或者浪损;

(二)触礁或者搁浅;

(三)火灾或者爆炸;

(四)沉没(包括自沉);

(五)影响适航性能的机件或者重要属具的损坏或者灭失;

(六)其他引起财产损失或者人身伤亡的交通事件。

第四条 内河交通事故的调查处理由各级海事管理机构负责实施。

第五条 内河交通事故按照人员伤亡和直接经济损失情况,分为小事故、一般事故、大事故、重大事故和特大事故。小事故、一般事故、大事故、重大事故的具体标准按照交通部颁布的《水上交通事故统计办法》的有关规定执行。

第六条 内河交通事故的调查处理,应当遵守相关法律、行政法规的规定。特大事故的具体标准和调查处理按照国务院有关规定执行。

第二章 报 告

第七条 船舶、浮动设施发生内河交通事故,必须立即采取一切有效手段向事故发生地的海事管理机构报告。报告的主要内容包括:船舶、浮动设施的名称,事故发生的时间和地点,事故发生时水域的水文、气象、通航环境情况,船舶、浮动设施的损害情况,船员、旅客的伤亡情况,水域环境的污染情况以及事故简要经过等内容。

海事管理机构接到事故报告后,应当做好记录。接到事故报告的海事管理机构不是事故发生地的,应当及时通知事故发生地的海事管理机构,并告知当事人。

第八条　船舶、浮动设施发生内河交通事故，除应当按第七条规定进行报告外，还必须在事故发生后24小时内向事故发生地的海事管理机构提交《内河交通事故报告书》和必要的证书、文书资料。

引航员在引领船舶的过程中发生内河交通事故的，引航员也必须按前款规定提交有关材料。

特殊情况下，不能按上述规定的时间提交材料的，经海事管理机构同意，可以适当延迟。

第九条　《内河交通事故报告书》应当包括下列内容：

（一）船舶、浮动设施概况（包括其名称、主要技术数据、证书、船员及所载旅客、货物等）；

（二）船舶、浮动设施所属公司情况（包括其所有人、经营人或者管理人的名称、地址、联系电话等）；

（三）事故发生的时间和地点；

（四）事故发生时水域的水文、气象、通航环境情况；

（五）船舶、浮动设施的损害情况；

（六）船员、旅客的伤亡情况；

（七）水域环境的污染情况；

（八）事故发生的详细经过（碰撞事故应当附相对运动示意图）；

（九）船舶、浮动设施沉没的，其沉没概位；

（十）与事故有关的其他情况。

第十条　《内河交通事故报告书》内容必须真实，不得隐瞒事实或者提供虚假情况。

第三章　管　　辖

第十一条　内河交通事故由事故发生地的海事管理机构负责调查处理。

船舶、浮动设施发生事故后驶往事故发生地以外水域的，该水域海事管理机构应当协助事故发生地海事管理机构进行调查处理。

不影响船舶适航性能的小事故，经事故发生地的海事管理机构同意，可由船舶第一到达地的海事管理机构进行调查处理。

第十二条　内河交通事故管辖权限不明的，由最先接到事故报告的海事管理机构负责调查处理，并在管辖权限确定后向有管辖权的海事管理机构移送，同时通知当事人。

第十三条　对内河交通事故管辖权有争议的，由各方共同的上级海事管理机构指定管辖。

第十四条　一次死亡和失踪10人及以上的内河交通事故由中华人民共和国海事局负责组织调查处理。其他内河交通事故的调查权限由各直属海事管理机构或者省级地方海事管理机构确定，报中华人民共和国海事局备案。

根据调查的需要，上级海事管理机构可以直接调查处理由下级海事管理机构管辖的事故。

第四章　调　　查

第十五条　船舶、浮动设施发生内河交通事故，有关船舶、浮动设施、单位和人员必须严格保护事故现场。除因抢险等紧急原因外,未经海事管理机构调查人员的现场勘查,任何人不得移动现场物件。

第十六条 海事管理机构接到内河交通事故报告后,应当立即派员前往现场调查、取证,并对事故进行审查,认为确属内河交通事故的,应当立案。

对于经审查尚不能确定是否属于内河交通事故的,海事管理机构应当先予立案调查。经调查确认不属于内河交通事故的,应当予以撤销。

第十七条 调查人员执行调查任务时,应当出示证明其身份的行政执法证件。

执行调查任务的人员不得少于两人。

第十八条 海事管理机构进行调查和取证,应当全面、客观、公正。

当事人有权依法申请与本次交通事故有利害关系或者有其他关系、可能影响事故调查处理客观、公正的调查人员回避。

第十九条 发生内河交通事故的船舶、浮动设施及相关单位和人员应当接受和配合海事管理机构的调查、取证。有关人员应当如实陈述事故的有关情况和提供有关证据,不得谎报情况或者隐匿、毁灭证据。

其他知道事故情况的人也应当主动向海事管理机构提供有关情况和证据。

调查和取证工作需要其他海事管理机构协助、配合的,有关海事管理机构应当予以协助、配合。

第二十条 根据事故调查的需要,海事管理机构可以责令事故所涉及的船舶到指定地点接受调查。当事船舶在不危及自身安全的情况下,未经海事管理机构批准,不得驶离指定地点。

海事管理机构应当尽量避免对船舶造成不适当延误。船舶到指定地点接受调查的期限自船舶到达指定地点后起算,不得超过72小时;因特殊情况,期限届满不能结束调查的,经上一级海事管理机构批准可以适当延期,但延期不得超过72小时。

第二十一条 根据调查工作的需要,海事管理机构可以行使下列权力:

(一)勘查事故现场,搜集有关证据;

(二)询问当事人及其他有关人员并要求其提供书面材料和证明;

(三)要求当事人提供各种原始文书、航行资料、技术资料或者其影印件;

(四)检查船舶、浮动设施及有关设备、人员的证书,核实事故发生前船舶的适航状况、浮动设施及有关设备的技术状态、船舶的配员情况以及船员的适任状况等;

(五)对事故当事船舶、浮动设施、有关设备以及人员的各类证书、文书、日志、记录簿等相关违法证据可以依法先行登记保存;

(六)核查事故所导致的财产损失和人身伤亡情况。

海事管理机构在进行调查取证时,可以采用录音、录像、照相等法律、法规允许的调查手段。

第二十二条 调查人员勘查事故现场,应当制作现场勘查笔录。

勘查笔录制作完毕,应当由当事人在勘查笔录上签名。

当事人不在现场或者无能力签名的,应当由见证人签名。

无见证人或者当事人、见证人拒绝签名的,调查人员应当在勘查笔录上注明。

第二十三条 调查人员进行询问调查时,应当如实记录询问人的问话和被询问人的陈述。询问笔录上所列项目,应当按规定填写齐全。

询问笔录制作完毕,应当由被询问人核对或者向其宣读,如记录有差错或者遗漏,应当允许被询问人更正或者补充。

询问笔录经被询问人核对无误后,应当由其签名,拒绝签名的,调查人员应当在询问笔录上注明。

调查人员、翻译人员应当在询问笔录上签名。

第二十四条 调查人员进行询问调查,有权禁止他人旁听。

第二十五条 海事管理机构根据调查工作需要,可依法对事故当事船舶、浮动设施及有关设备进行检验、鉴定或者对有关人员进行测试,并取得书面检验、鉴定或者测试报告作为调查取得的证据。

对事故当事船舶、浮动设施及有关设备进行过检验或者鉴定的人员,不得在本次事故中作为检验、鉴定人员予以聘用。

第二十六条 有关单位、人员对事故所导致的财产损失应当如实向海事管理机构备案登记。

海事管理机构认为损失结果可能失实的,可以聘请有关专业机构进行认定。

第二十七条 海事管理机构应当在立案之日起3个月内完成事故调查、取证;期限届满不能完成的,经上一级海事管理机构批准可以延长3个月。事故调查必须经过沉船、沉物打捞、探摸,或者需要等待有关当事人员核实情况的,应当从有关工作完成之日起3个月内完成事故调查、取证。

第二十八条 事故调查、取证结束,应当通知当事人,并及时返还或者启封所扣留、封存的各类证书、文书、日志、记录簿等。

第二十九条 事故调查、取证结束后,海事管理机构应当制作《内河交通事故调查报告》。

《内河交通事故调查报告》应当包括下列内容:
(一)船舶、浮动设施概况(包括其名称、主要技术数据、证书、船员及所载旅客、货物等);
(二)船舶、浮动设施所属公司情况(包括其所有人、经营人或者管理人的名称、地址等);
(三)事故发生的时间和地点;
(四)事故发生时水域的水文、气象、通航环境情况;
(五)事故搜救情况;
(六)事故损失情况;
(七)事故经过;
(八)事故原因分析;
(九)事故当事人责任认定;
(十)安全管理建议;
(十一)其他有关情况。

经海事管理机构认定的案情简单、事实清楚、因果关系明确的小事故,海事管理机构可以简化调查程序。简化调查程序的具体规定由中华人民共和国海事局另行制定。

第三十条　为使有关各方吸取事故教训,避免类似事故的再次发生,海事管理机构应当依照规定的程序将查明的事故情况和原因向社会公开。

第三十一条　任何与事故有关的新证据被提出或者发现时,海事管理机构应当予以充分评估。该证据可能对事故原因和结论产生实质性影响的,应当对事故进行重新调查。

上级海事管理机构有权对原因不清、责任不明的已结案事故要求原调查的海事管理机构重新调查。重新调查适用本章规定的有关程序。

第三十二条　任何单位和个人不得干涉、阻挠海事管理机构依法对内河交通事故进行调查。

第五章　处　　理

第三十三条　海事管理机构应当在内河交通事故调查、取证结束后30日内作出《事故调查结论》,并书面告知当事船舶、浮动设施的所有人或者经营人。

第三十四条　《事故调查结论》应当包括以下内容:
(一)事故概况(包括事故简要经过、损失情况等);
(二)事故原因(事实与分析);
(三)事故当事人责任认定;
(四)安全管理建议;
(五)其他有关情况。

第三十五条　对内河交通事故发生负有责任的单位和人员,有关主管机关应当依据有关法律、法规和规章给予行政处罚。涉嫌构成犯罪的,移送司法机关处理。

行政处罚涉及外国籍船员的,应当将其违法行为通报外国有关主管机关。

第三十六条　根据内河交通事故发生的原因,海事管理机构可责令有关船舶、浮动设施的所有人、经营人或者管理人对其所属船舶、浮动设施加强安全管理。有关船舶、浮动设施的所有人、经营人或者管理人应当积极配合,认真落实。对拒不加强管理或者在期限内达不到安全要求的,海事管理机构有权采取责令其停航、停止作业等强制措施。

第三十七条　海事管理机构工作人员违反本规定,玩忽职守、滥用职权、徇私舞弊的,由其所在单位依法给予行政处分;构成犯罪的,由司法机关依法追究刑事责任。

第六章　附　　则

第三十八条　因内河交通事故造成水域环境污染事故的,对水域环境污染事故的调查、处理按照我国有关环境保护的法律、法规和有关规定执行。

第三十九条　本规定自2007年1月1日起施行。交通部1993年3月24日发布的《中华人民共和国内河交通事故调查处理规则》(交通部令1993年第1号)同时废止。

工程建设与质量监督

中华人民共和国招标投标法

(1999 年 8 月 30 日中华人民共和国主席令第 21 号公布)

第一章 总 则

第一条 为了规范招标投标活动,保护国家利益、社会公共利益和招标投标活动当事人的合法权益,提高经济效益,保证项目质量,制定本法。

第二条 在中华人民共和国境内进行招标投标活动,适用本法。

第三条 在中华人民共和国境内进行下列工程建设项目包括项目的勘察、设计、施工、监理以及与工程建设有关的重要设备、材料等的采购,必须进行招标:

(一)大型基础设施、公用事业等关系社会公共利益、公众安全的项目;

(二)全部或者部分使用国有资金投资或者国家融资的项目;

(三)使用国际组织或者外国政府贷款、援助资金的项目。

前款所列项目的具体范围和规模标准,由国务院发展计划部门会同国务院有关部门制订,报国务院批准。

法律或者国务院对必须进行招标的其他项目的范围有规定的,依照其规定。

第四条 任何单位和个人不得将依法必须进行招标的项目化整为零或者以其他任何方式规避招标。

第五条 招标投标活动应当遵循公开、公平、公正和诚实信用的原则。

第六条 依法必须进行招标的项目,其招标投标活动不受地区或者部门的限制。任何单位和个人不得违法限制或者排斥本地区、本系统以外的法人或者其他组织参加投标,不得以任何方式非法干涉招标投标活动。

第七条 招标投标活动及其当事人应当接受依法实施的监督。

有关行政监督部门依法对招标投标活动实施监督,依法查处招标投标活动中的违法行为。

对招标投标活动的行政监督及有关部门的具体职权划分,由国务院规定。

第二章 招 标

第八条 招标人是依照本法规定提出招标项目、进行招标的法人或者其他组织。

第九条 招标项目按照国家有关规定需要履行项目审批手续的,应当先履行审批手续,取得批准。

招标人应当有进行招标项目的相应资金或者资金来源已经落实,并应当在招标文件中如实载明。

第十条 招标分为公开招标和邀请招标。

公开招标,是指招标人以招标公告的方式邀请不特定的法人或者其他组织投标。

邀请招标,是指招标人以投标邀请书的方式邀请特定的法人或者其他组织投标。

第十一条 国务院发展计划部门确定的国家重点项目和省、自治区、直辖市人民政府确定的地方重点项目不适宜公开招标的,经国务院发展计划部门或者省、自治区、直辖市人民政府批准,可以进行邀请招标。

第十二条 招标人有权自行选择招标代理机构,委托其办理招标事宜。任何单位和个人不得以任何方式为招标人指定招标代理机构。

招标人具有编制招标文件和组织评标能力的,可以自行办理招标事宜。任何单位和个人不得强制其委托招标代理机构办理招标事宜。

依法必须进行招标的项目,招标人自行办理招标事宜的,应当向有关行政监督部门备案。

第十三条 招标代理机构是依法设立、从事招标代理业务并提供相关服务的社会中介组织。

招标代理机构应当具备下列条件:

(一)有从事招标代理业务的营业场所和相应资金;

(二)有能够编制招标文件和组织评标的相应专业力量;

(三)有符合本法第三十七条第三款规定条件、可以作为评标委员会成员人选的技术、经济等方面的专家库。

第十四条 从事工程建设项目招标代理业务的招标代理机构,其资格由国务院或者省、自治区、直辖市人民政府的建设行政主管部门认定。具体办法由国务院建设行政主管部门会同国务院有关部门制定。从事其他招标代理业务的招标代理机构,其资格认定的主管部门由国务院规定。

招标代理机构与行政机关和其他国家机关不得存在隶属关系或者其他利益关系。

第十五条 招标代理机构应当在招标人委托的范围内办理招标事宜,并遵守本法关于招标人的规定。

第十六条 招标人采用开招标方式的,应当发布招标公告。依法必须进行招标的项目的招标公告,应当通过国家指定的报刊、信息网络或者其他媒介发布。

招标公告应当载明招标人的名称和地址、招标项目的性质、数量、实施地点和时间以及获取招标文件的办法等事项。

第十七条 招标人采用邀请招标方式的,应当向三个以上具备承担招标项目的能力、资信良好的特定的法人或者其他组织发出投标邀请书。

投标邀请书应当载明本法第十六条第二款规定的事项。

第十八条 招标人可以根据招标项目本身的要求,在招标公告或者投标邀请书中,要求潜在投标人提供有关资质证明文件和业绩情况,并对潜在投标人进行资格审查;国家对投标人的资格条件有规定的,依照其规定。

招标人不得以不合理的条件限制或者排斥潜在投标人,不得对潜在投标人实行歧视待遇。

第十九条 招标人应当根据招标项目的特点和需要编制招标文件。招标文件应当包括招标项目的技术要求、对投标人资格审查的标准、投标报价要求和评标标准等所有实质性要求和条件以及拟签订合同的主要条款。

国家对招标项目的技术、标准有规定的,招标人应当按照其规定在招标文件中提出相应要求。

招标项目需要划分标段、确定工期的,招标人应当合理划分标段、确定工期,并在招标文件中载明。

第二十条 招标文件不得要求或者标明特定的生产供应者以及含有倾向或者排斥潜在投标人的其他内容。

第二十一条 招标人根据招标项目的具体情况,可以组织潜在投标人踏勘项目现场。

第二十二条 招标人不得向他人透露已获取招标文件的潜在投标人的名称、数量以及可能影响公平竞争的有关招标投标的其他情况。

招标人设有标底的,标底必须保密。

第二十三条 招标人对已发出的招标文件进行必要的澄清或者修改的,应当在招标文件要求提交投标文件截止时间至少15日前,以书面形式通知所有招标文件收受人。该澄清或者修改的内容为招标文件的组成部分。

第二十四条 招标人应当确定投标人编制投标文件所需要的合理时间;但是,依法必须进行招标的项目,自招标文件开始发出之日起至投标提交投标文件截止之日止,最短不得少于20日。

第三章 投 标

第二十五条 投标人是响应招标、参加投标竞争的法人或者其他组织。

依法招标的科研项目允许个人参加投标的,投标的个人适用本法有关投标人的规定。

第二十六条 投标人应当具备承担招标项目的能力;国家有关规定对投标人资格条件或者招标文件对投标人资格条件有规定的,投标人应当具备规定的资格条件。

第二十七条 投标人应当按照招标文件的要求编制投标文件。投标文件应当对招标文件提出的实质性要求和条件作出响应。

招标项目属于建设施工的,投标文件的内容应当包括拟派出的项目负责人与主要技术人员的简历、业绩和拟用于完成招标项目的机械设备等。

第二十八条 投标人应当在招标文件要求提交投标文件的截止时间前,将投标文件送达投标地点。招标人收到投标文件后,应当签收保存,不得开启。投标人少于三个的,招标人应当依照本法重新招标。

在招标文件要求提交投标文件的截止时间后送达的投标文件,招标人应当拒收。

第二十九条 投标人在招标文件要求提交投标文件的截止时间前,可以补充、修改或者撤回已提交的投标文件,并书面通知招标人。补充、修改的内容为投标文件的组成部分。

第三十条 投标人根据招标文件载明的项目实际情况,拟在中标后将中标项目的部分非主体、非关键性工作进行分包的,应当在投标文件中载明。

第三十一条 两个以上法人或者其他组织可以组成一个联合体,以一个投标人的身份共同投标。

联合体各方均应当具备承担招标项目的相应能力;国家有关规定或者招标文件对投标人资格条件有规定的,联合体各方均应当具备规定的相应资格条件。由同一专业的单位组成的联合体,按照资质等级较低的单位确定资质等级。

联合体各方应当签订共同投标协议,明确约定各方拟承担的工作和责任,并将共同投标协议连同投标文件一并提交招标人。联合体中标的,联合体各方应当共同与招标人签订合同,就中标项目向招标人承担连带责任。

招标人不得强制投标人组成联合体共同投标,不得限制投标人之间的竞争。

第三十二条 投标人不得相互串通投标报价,不得排挤其他投标人的公平竞争,损害招标人或者其他投标人的合法权益。

投标人不得与招标人串通投标,损害国家利益、社会公共利益或者他人的合法权益。

禁止投标人以向招标人或者评标委员会成员行贿的手段谋取中标。

第三十三条 投标人不得以低于成本的报价竞标,也不得以他人名义投标或者以其他方式弄虚作假,骗取中标。

第四章　开标、评标和中标

第三十四条 开标应当在招标文件确定的提交投标文件截止时间的同一时间公开进行;开标地点应当为招标文件中预先确定的地点。

第三十五条 开标由招标人主持,邀请所有投标人参加。

第三十六条 开标时,由投标人或者其推选的代表检查投标文件的密封情况,也可以由招标人委托的公证机构检查并公证;经确认无误后,由工作人员当众拆封,宣读投标人名称、投标价格和投标文件的其他主要内容。

招标人在招标文件要求提交投标文件的截止时间前收到的所有投标文件,开标时都应当当众予以拆封、宣读。

开标过程应当记录,并存档备查。

第三十七条 评标由招标人依法组建的评标委员会负责。

依法必须进行招标的项目,其评标委员会由招标人的代表和有关技术、经济等方面的专家组成,成员人数为5人以上单数,其中技术、经济等方面的专家不得少于成员总数的三分之二。

前款专家应当从事相关领域工作满八年并具有高级职称或者具有同等专业水平,由招标人从国务院有关部门或者省、自治区、直辖市人民政府有关部门提供的专家名册或者招标代理机构的专家库内的相关专业的专家名单中确定;一般招标项目可以采取随机抽取方式,特殊招标项目可以由招标人直接确定。

与投标人有利害关系的人不得进入相关项目的评标委员会;已经进入的应当更换。

评标委员会成员的名单在中标结果确定前应当保密。

第三十八条 招标人应当采取必要的措施,保证评标在严格保密的情况下进行。

任何单位和个人不得非法干预、影响评标的过程和结果。

第三十九条 评标委员会可以要求投标人对投标文件中含义不明确的内容作必要的澄清或者说明,但是澄清或者说明不得超出投标文件的范围或者改变投标文件的实质性内容。

第四十条 评标委员会应当按照招标文件确定的评标标准和方法,对投标文件进行评审和比较;设有标底的,应当参考标底。评标委员会完成评标后,应当向招标人提出书面评标报告,并推荐合格的中标候选人。

招标人根据评标委员会提出的书面评标报告和推荐的中标候选人确定中标人。招标人也可以授权评标委员会直接确定中标人。

国务院对特定招标项目的评标有特别规定的,从其规定。

第四十一条 中标人的投标应当符合下列条件:

(一)能够最大限度地满足招标文件中规定的各项综合评价标准;

(二)能够满足招标文件的实质性要求,并且经评审的投标价格最低;但是投标价格低于成本的除外。

第四十二条 评标委员会经评审,认为所有投标都不符合招标文件要求的,可以否决所有投标。

依法必须进行招标的项目的所有投标被否决的,招标人应当依照本法重新招标。

第四十三条 在确定中标人前,招标人不得与投标人就投标价格、投标方案等实质性内容进行谈判。

第四十四条 评标委员会成员应当客观、公正地履行职务,遵守职业道德,对所提出的评审意见承担个人责任。

评标委员会成员不得私下接触投标人,不得收受投标人的财物或者其他好处。

评标委员会成员和参与评标的有关工作人员不得透露对投标文件的评审和比较、中标候选人的推荐情况以及与评标有关的其他情况。

第四十五条 中标人确定后,招标人应当向中标人发出中标通知书,并同时将中标结果通知所有未中标的投标人。

中标通知书对招标人和中标人具有法律效力。中标通知书发出后,招标人改变中标结果的,或者中标人放弃中标项目的,应当依法承担法律责任。

第四十六条 招标人和中标人应当自中标通知书发出之日起 30 日内,按照招标文件和中标人的投标文件订立书面合同。招标人和中标人不得再行订立背离合同实质性内容的其他协议。

招标文件要求中标人提交履约保证金的,中标人应当提交。

第四十七条 依法必须进行招标的项目,招标人应当自确定中标人之日起 15 日内,向有关行政监督部门提交招标投标情况的书面报告。

第四十八条 中标人应当按照合同约定履行义务,完成中标项目。中标人不得向他人转让中标项目,也不得将中标项目肢解后分别向他人转让。

中标人按照合同约定或者经招标人同意,可以将中标项目的部分非主体、非关键性工作分包给他人完成。接受分包的人应当具备相应的资格条件,并不得再次分包。

中标人应当就分包项目向招标人负责,接受分包的人就分包项目承担连带责任。

第五章 法 律 责 任

第四十九条 违反本法规定,必须进行招标的项目而不招标的,将必须进行招标的项目化整为零或者以其他任何方式规避招标的,责令限期改正,可以处项目合同金额千分之五以上千分之十以下的罚款;对全部或者部分使用国有资金的项目,可以暂停项目执行或者暂停资金拨付;对单位直接负责的主管人员和其他直接责任人员依法给予处分。

第五十条 招标代理机构违反本法规定,泄露应当保密的与招标投标活动有关的情况和资料的,或者与招标人、投标人串通损害国家利益、社会公共利益或者他人合法权益的,处5万元以上25万元以下的罚款,对单位直接负责的主管人员和其他直接责任人员处单位罚款数额百分之五以上百分之十以下的罚款;有违法所得的,并处没收违法所得;情节严重的,暂停直至取消招标代理资格;构成犯罪的,依法追究刑事责任。给他人造成损失的,依法承担赔偿责任。

前款所列行为影响中标结果的,中标无效。

第五十一条 招标人以不合理的条件限制或者排斥潜在投标人的,对潜在投标人实行歧视待遇的,强制要求投标人组成联合体共同投标的,或者限制投标人之间竞争的,责令改正,可以处1万元以上5万元以下的罚款。

第五十二条 依法必须进行招标的项目的招标人向他人透露已获取招标文件的潜在投标人的名称、数量或者可能影响公平竞争的有关招标投标的其他情况的,或者泄露标底的,给予警告,可以并处1万元以上10万元以下的罚款;对单位直接负责的主管人员和其他直接责任人员依法给予处分;构成犯罪的,依法追究刑事责任。

前款所列行为影响中标结果的,中标无效。

第五十三条 投标人相互串通投标或者与招标人串通投标的,投标人以向招标人或者评标委员会成员行贿的手段谋取中标的,中标无效,处中标项目金额千分之五以上千分之十以下的罚款,对单位直接负责的主管人员和其他直接责任人员处单位罚款数额百分之五以上百分之十以下的罚款;有违法所得的,并处没收违法所得;情节严重的,取消其1年至2年内参加依法必须进行招标的项目的投标资格并予以公告,直至由工商行政管理机关吊销营业执照;构成犯罪的,依法追究刑事责任。给他人造成损失的,依法承担赔偿责任。

第五十四条 投标人以他人名义投标或者以其他方式弄虚作假,骗取中标的,中标无效,给招标人造成损失的,依法承担赔偿责任;构成犯罪的,依法追究刑事责任。

依法必须进行招标的项目的投标人有前款所列行为尚未构成犯罪的,处中标项目金额千分之五以上千分之十以下的罚款,对单位直接负责的主管人员和其他直接责任人员处单位罚款数额百分之五以上百分之十以下的罚款;有违法所得的,并处没收违法所得;情节严重的,取消其1年至3年内参加依法必须进行招标的项目的投标资格并予以公告,直至由工商行政管理机关吊销营业执照。

第五十五条 依法必须进行招标的项目,招标人违反本法规定,与投标人就投标价格、投标方案等实质性内容进行谈判的,给予警告,对单位直接负责的主管人员和其他直接责任人员依法给予处分。

前款所列行为影响中标结果的,中标无效。

第五十六条 评标委员会成员收受投标人的财物或者其他好处的,评标委员会成员或者参加评标的有关工作人员向他人透露对投标文件的评审和比较、中标候选人的推荐以及与评标有关的其他情况的,给予警告,没收收受的财物,可以并处3000元以上5万元以下的罚款,对有所列违法行为的评标委员会成员取消担任评标委员会成员的资格,不得再参加任何依法必须进行招标的项目的评标;构成犯罪的,依法追究刑事责任。

第五十七条　招标人在评标委员会依法推荐的中标候选人以外确定中标人的，依法必须进行招标的项目在所有投标被评标委员会否决后自行确定中标人的，中标无效。责令改正，可以处中标项目金额千分之五以上千分之十以下的罚款；对单位直接负责的主管人员和其他直接责任人员依法给予处分。

第五十八条　中标人将中标项目转让给他人的，将中标项目肢解后分别转让给他人的，违反本法规定将中标项目的部分主体、关键性工作分包给他人的，或者分包人再次分包的，转让、分包无效，处转让、分包项目金额千分之五以上千分之十以下的罚款；有违法所得的，并处没收违法所得；可以责令停业整顿；情节严重的，由工商行政管理机关吊销营业执照。

第五十九条　招标人与中标人不按照招标文件和中标人的投标文件订立合同的，或者招标人、中标人订立背离合同实质性内容的协议的，责令改正；可以处中标项目金额千分之五以上千分之十以下的罚款。

第六十条　中标人不履行与招标人订立的合同的，履约保证金不予退还，给招标人造成的损失超过履约保证金数额的，还应当对超过部分予以赔偿；没有提交履约保证金的，应当对招标人的损失承担赔偿责任。

中标人不按照与招标人订立的合同履行义务，情节严重的，取消其2年至5年内参加依法必须进行招标的项目的投标资格并予以公告，直至由工商行政管理机关吊销营业执照。

因不可抗力不能履行合同的，不适用前两款规定。

第六十一条　本章规定的行政处罚，由国务院规定的有关行政监督部门决定。本法已对实施行政处罚的机关作出规定的除外。

第六十二条　任何单位违反本法规定，限制或者排斥本地区、本系统以外的法人或者其他组织参加投标的，为招标人指定招标代理机构的，强制招标人委托招标代理机构办理招标事宜的，或者以其他方式干涉招标投标活动的，责令改正；对单位直接负责的主管人员和其他直接责任人员依法给予警告、记过、记大过的处分，情节较重的，依法给予降级、撤职、开除的处分。

个人利用职权进行前款违法行为的，依照前款规定追究责任。

第六十三条　对招标投标活动依法负有行政监督职责的国家机关工作人员徇私舞弊、滥用职权或者玩忽职守，构成犯罪的，依法追究刑事责任；不构成犯罪的，依法给予行政处分。

第六十四条　依法必须进行招标的项目违反本法规定，中标无效的，应当依照本法规定的中标条件从其余投标人中重新确定中标人或者依照本法重新进行招标。

第六章　附　　则

第六十五条　投标人和其他利害关系人认为招标投标活动不符合本法有关规定的，有权向招标人提出异议或者依法向有关行政监督部门投诉。

第六十六条　涉及国家安全、国家秘密、抢险救灾或者属于利用扶贫资金实行以工代赈、需要使用农民工等特殊情况，不适宜进行招标的项目，按照国家有关规定可以不进行招标。

第六十七条　使用国际组织或者外国政府贷款、援助资金的项目进行招标，贷款方、资金提供方对招标投标的具体条件和程序有不同规定的，可以适用其规定。但违背中华人民共和国的社会公共利益的除外。

第六十八条　本法自2000年1月1日起施行。

中华人民共和国招标投标法实施条例

(2011年11月30日国务院令第613号公布)

第一章 总 则

第一条 为了规范招标投标活动,根据《中华人民共和国招标投标法》(以下简称招标投标法),制定本条例。

第二条 招标投标法第三条所称工程建设项目,是指工程以及与工程建设有关的货物、服务。

前款所称工程,是指建设工程,包括建筑物和构筑物的新建、改建、扩建及其相关的装修、拆除、修缮等;所称与工程建设有关的货物,是指构成工程不可分割的组成部分,且为实现工程基本功能所必需的设备、材料等;所称与工程建设有关的服务,是指为完成工程所需的勘察、设计、监理等服务。

第三条 依法必须进行招标的工程建设项目的具体范围和规模标准,由国务院发展改革部门会同国务院有关部门制订,报国务院批准后公布施行。

第四条 国务院发展改革部门指导和协调全国招标投标工作,对国家重大建设项目的工程招标投标活动实施监督检查。国务院工业和信息化、住房城乡建设、交通运输、铁道、水利、商务等部门,按照规定的职责分工对有关招标投标活动实施监督。

县级以上地方人民政府发展改革部门指导和协调本行政区域的招标投标工作。县级以上地方人民政府有关部门按照规定的职责分工,对招标投标活动实施监督,依法查处招标投标活动中的违法行为。县级以上地方人民政府对其所属部门有关招标投标活动的监督职责分工另有规定的,从其规定。

财政部门依法对实行招标投标的政府采购工程建设项目的预算执行情况和政府采购政策执行情况实施监督。

监察机关依法对与招标投标活动有关的监察对象实施监察。

第五条 设区的市级以上地方人民政府可以根据实际需要,建立统一规范的招标投标交易场所,为招标投标活动提供服务。招标投标交易场所不得与行政监督部门存在隶属关系,不得以营利为目的。

国家鼓励利用信息网络进行电子招标投标。

第六条 禁止国家工作人员以任何方式非法干涉招标投标活动。

第二章 招 标

第七条 按照国家有关规定需要履行项目审批、核准手续的依法必须进行招标的项目,其招标范围、招标方式、招标组织形式应当报项目审批、核准部门审批、核准。项目审批、核准部门应当及时将审批、核准确定的招标范围、招标方式、招标组织形式通报有关行政监督部门。

第八条 国有资金占控股或者主导地位的依法必须进行招标的项目,应当公开招标;但有下列情形之一的,可以邀请招标:

(一)技术复杂、有特殊要求或者受自然环境限制,只有少量潜在投标人可供选择;

(二)采用公开招标方式的费用占项目合同金额的比例过大。

有前款第二项所列情形,属于本条例第七条规定的项目,由项目审批、核准部门在审批、核准项目时作出认定;其他项目由招标人申请有关行政监督部门作出认定。

第九条 除招标投标法第六十六条规定的可以不进行招标的特殊情况外,有下列情形之一的,可以不进行招标:

(一)需要采用不可替代的专利或者专有技术;

(二)采购人依法能够自行建设、生产或者提供;

(三)已通过招标方式选定的特许经营项目投资人依法能够自行建设、生产或者提供;

(四)需要向原中标人采购工程、货物或者服务,否则将影响施工或者功能配套要求;

(五)国家规定的其他特殊情形。

招标人为适用前款规定弄虚作假的,属于招标投标法第四条规定的规避招标。

第十条 招标投标法第十二条第二款规定的招标人具有编制招标文件和组织评标能力,是指招标人具有与招标项目规模和复杂程度相适应的技术、经济等方面的专业人员。

第十一条 招标代理机构的资格依照法律和国务院的规定由有关部门认定。

国务院住房城乡建设、商务、发展改革、工业和信息化等部门,按照规定的职责分工对招标代理机构依法实施监督管理。

第十二条 招标代理机构应当拥有一定数量的取得招标职业资格的专业人员。取得招标职业资格的具体办法由国务院人力资源社会保障部门会同国务院发展改革部门制定。

第十三条 招标代理机构在其资格许可和招标人委托的范围内开展招标代理业务,任何单位和个人不得非法干涉。

招标代理机构代理招标业务,应当遵守招标投标法和本条例关于招标人的规定。招标代理机构不得在所代理的招标项目中投标或者代理投标,也不得为所代理的招标项目的投标人提供咨询。

招标代理机构不得涂改、出租、出借、转让资格证书。

第十四条 招标人应当与被委托的招标代理机构签订书面委托合同,合同约定的收费标准应当符合国家有关规定。

第十五条 公开招标的项目,应当依照招标投标法和本条例的规定发布招标公告、编制招标文件。

招标人采用资格预审办法对潜在投标人进行资格审查的,应当发布资格预审公告、编制资格预审文件。

依法必须进行招标的项目的资格预审公告和招标公告,应当在国务院发展改革部门依法指定的媒介发布。在不同媒介发布的同一招标项目的资格预审公告或者招标公告的内容应当一致。指定媒介发布依法必须进行招标的项目的境内资格预审公告、招标公告，不得收取费用。

编制依法必须进行招标的项目的资格预审文件和招标文件，应当使用国务院发展改革部门会同有关行政监督部门制定的标准文本。

第十六条　招标人应当按照资格预审公告、招标公告或者投标邀请书规定的时间、地点发售资格预审文件或者招标文件。资格预审文件或者招标文件的发售期不得少于5日。

招标人发售资格预审文件、招标文件收取的费用应当限于补偿印刷、邮寄的成本支出，不得以营利为目的。

第十七条　招标人应当合理确定提交资格预审申请文件的时间。依法必须进行招标的项目提交资格预审申请文件的时间，自资格预审文件停止发售之日起不得少于5日。

第十八条　资格预审应当按照资格预审文件载明的标准和方法进行。

国有资金占控股或者主导地位的依法必须进行招标的项目，招标人应当组建资格审查委员会审查资格预审申请文件。资格审查委员会及其成员应当遵守招标投标法和本条例有关评标委员会及其成员的规定。

第十九条　资格预审结束后，招标人应当及时向资格预审申请人发出资格预审结果通知书。未通过资格预审的申请人不具有投标资格。

通过资格预审的申请人少于3个的，应当重新招标。

第二十条　招标人采用资格后审办法对投标人进行资格审查的，应当在开标后由评标委员会按照招标文件规定的标准和方法对投标人的资格进行审查。

第二十一条　招标人可以对已发出的资格预审文件或者招标文件进行必要的澄清或者修改。澄清或者修改的内容可能影响资格预审申请文件或者投标文件编制的，招标人应当在提交资格预审申请文件截止时间至少3日前，或者投标截止时间至少15日前，以书面形式通知所有获取资格预审文件或者招标文件的潜在投标人；不足3日或者15日的，招标人应当顺延提交资格预审申请文件或者投标文件的截止时间。

第二十二条　潜在投标人或者其他利害关系人对资格预审文件有异议的，应当在提交资格预审申请文件截止时间2日前提出；对招标文件有异议的，应当在投标截止时间10日前提出。招标人应当自收到异议之日起3日内作出答复；作出答复前，应当暂停招标投标活动。

第二十三条　招标人编制的资格预审文件、招标文件的内容违反法律、行政法规的强制性规定，违反公开、公平、公正和诚实信用原则，影响资格预审结果或者潜在投标人投标的，依法必须进行招标的项目的招标人应当在修改资格预审文件或者招标文件后重新招标。

第二十四条　招标人对招标项目划分标段的，应当遵守招标投标法的有关规定，不得利用划分标段限制或者排斥潜在投标人。依法必须进行招标的项目的招标人不得利用划分标段规避招标。

第二十五条　招标人应当在招标文件中载明投标有效期。投标有效期从提交投标文件的截止之日起算。

第二十六条　招标人在招标文件中要求投标人提交投标保证金的，投标保证金不得超过招标项目估算价的2%。投标保证金有效期应当与投标有效期一致。

依法必须进行招标的项目的境内投标单位，以现金或者支票形式提交的投标保证金应当从其基本账户转出。

招标人不得挪用投标保证金。

第二十七条 招标人可以自行决定是否编制标底。一个招标项目只能有一个标底。标底必须保密。

接受委托编制标底的中介机构不得参加受托编制标底项目的投标,也不得为该项目的投标人编制投标文件或者提供咨询。

招标人设有最高投标限价的,应当在招标文件中明确最高投标限价或者最高投标限价的计算方法。招标人不得规定最低投标限价。

第二十八条 招标人不得组织单个或者部分潜在投标人踏勘项目现场。

第二十九条 招标人可以依法对工程以及与工程建设有关的货物、服务全部或者部分实行总承包招标。以暂估价形式包括在总承包范围内的工程、货物、服务属于依法必须进行招标的项目范围且达到国家规定规模标准的,应当依法进行招标。

前款所称暂估价,是指总承包招标时不能确定价格而由招标人在招标文件中暂时估定的工程、货物、服务的金额。

第三十条 对技术复杂或者无法精确拟定技术规格的项目,招标人可以分两阶段进行招标。

第一阶段,投标人按照招标公告或者投标邀请书的要求提交不带报价的技术建议,招标人根据投标人提交的技术建议确定技术标准和要求,编制招标文件。

第二阶段,招标人向在第一阶段提交技术建议的投标人提供招标文件,投标人按照招标文件的要求提交包括最终技术方案和投标报价的投标文件。

招标人要求投标人提交投标保证金的,应当在第二阶段提出。

第三十一条 招标人终止招标的,应当及时发布公告,或者以书面形式通知被邀请的或者已经获取资格预审文件、招标文件的潜在投标人。已经发售资格预审文件、招标文件或者已经收取投标保证金的,招标人应当及时退还所收取的资格预审文件、招标文件的费用,以及所收取的投标保证金及银行同期存款利息。

第三十二条 招标人不得以不合理的条件限制、排斥潜在投标人或者投标人。

招标人有下列行为之一的,属于以不合理条件限制、排斥潜在投标人或者投标人:

(一)就同一招标项目向潜在投标人或者投标人提供有差别的项目信息;

(二)设定的资格、技术、商务条件与招标项目的具体特点和实际需要不相适应或者与合同履行无关;

(三)依法必须进行招标的项目以特定行政区域或者特定行业的业绩、奖项作为加分条件或者中标条件;

(四)对潜在投标人或者投标人采取不同的资格审查或者评标标准;

(五)限定或者指定特定的专利、商标、品牌、原产地或者供应商;

(六)依法必须进行招标的项目非法限定潜在投标人或者投标人的所有制形式或者组织形式;

(七)以其他不合理条件限制、排斥潜在投标人或者投标人。

第三章 投　　标

第三十三条 投标人参加依法必须进行招标的项目的投标,不受地区或者部门的限制,任何单位和个人不得非法干涉。

第三十四条 与招标人存在利害关系可能影响招标公正性的法人、其他组织或者个人,不得参加投标。

单位负责人为同一人或者存在控股、管理关系的不同单位,不得参加同一标段投标或者未划分标段的同一招标项目投标。

违反前两款规定的,相关投标均无效。

第三十五条 投标人撤回已提交的投标文件,应当在投标截止时间前书面通知招标人。招标人已收取投标保证金的,应当自收到投标人书面撤回通知之日起5日内退还。

投标截止后投标人撤销投标文件的,招标人可以不退还投标保证金。

第三十六条 未通过资格预审的申请人提交的投标文件,以及逾期送达或者不按照招标文件要求密封的投标文件,招标人应当拒收。

招标人应当如实记载投标文件的送达时间和密封情况,并存档备查。

第三十七条 招标人应当在资格预审公告、招标公告或者投标邀请书中载明是否接受联合体投标。

招标人接受联合体投标并进行资格预审的,联合体应当在提交资格预审申请文件前组成。资格预审后联合体增减、更换成员的,其投标无效。

联合体各方在同一招标项目中以自己名义单独投标或者参加其他联合体投标的,相关投标均无效。

第三十八条 投标人发生合并、分立、破产等重大变化的,应当及时书面告知招标人。投标人不再具备资格预审文件、招标文件规定的资格条件或者其投标影响招标公正性的,其投标无效。

第三十九条 禁止投标人相互串通投标。

有下列情形之一的,属于投标人相互串通投标:

(一)投标人之间协商投标报价等投标文件的实质性内容;

(二)投标人之间约定中标人;

(三)投标人之间约定部分投标人放弃投标或者中标;

(四)属于同一集团、协会、商会等组织成员的投标人按照该组织要求协同投标;

(五)投标人之间为谋取中标或者排斥特定投标人而采取的其他联合行动。

第四十条 有下列情形之一的,视为投标人相互串通投标:

(一)不同投标人的投标文件由同一单位或者个人编制;

(二)不同投标人委托同一单位或者个人办理投标事宜;

(三)不同投标人的投标文件载明的项目管理成员为同一人;

(四)不同投标人的投标文件异常一致或者投标报价呈规律性差异;

(五)不同投标人的投标文件相互混装;

(六)不同投标人的投标保证金从同一单位或者个人的账户转出。

第四十一条 禁止招标人与投标人串通投标。

有下列情形之一的,属于招标人与投标人串通投标:

(一)招标人在开标前开启投标文件并将有关信息泄露给其他投标人;

(二)招标人直接或者间接向投标人泄露标底、评标委员会成员等信息;

(三)招标人明示或者暗示投标人压低或者抬高投标报价;

(四)招标人授意投标人撤换、修改投标文件;

(五)招标人明示或者暗示投标人为特定投标人中标提供方便;

(六)招标人与投标人为谋求特定投标人中标而采取的其他串通行为。

第四十二条 使用通过受让或者租借等方式获取的资格、资质证书投标的,属于招标投标法第三十三条规定的以他人名义投标。

投标人有下列情形之一的,属于招标投标法第三十三条规定的以其他方式弄虚作假的行为:

(一)使用伪造、变造的许可证件;

(二)提供虚假的财务状况或者业绩;

(三)提供虚假的项目负责人或者主要技术人员简历、劳动关系证明;

(四)提供虚假的信用状况;

(五)其他弄虚作假的行为。

第四十三条 提交资格预审申请文件的申请人应当遵守招标投标法和本条例有关投标人的规定。

第四章 开标、评标和中标

第四十四条 招标人应当按照招标文件规定的时间、地点开标。

投标人少于3个的,不得开标;招标人应当重新招标。

投标人对开标有异议的,应当在开标现场提出,招标人应当当场作出答复,并制作记录。

第四十五条 国家实行统一的评标专家专业分类标准和管理办法。具体标准和办法由国务院发展改革部门会同国务院有关部门制定。

省级人民政府和国务院有关部门应当组建综合评标专家库。

第四十六条 除招标投标法第三十七条第三款规定的特殊招标项目外,依法必须进行招标的项目,其评标委员会的专家成员应当从评标专家库内相关专业的专家名单中以随机抽取方式确定。任何单位和个人不得以明示、暗示等任何方式指定或者变相指定参加评标委员会的专家成员。

依法必须进行招标的项目的招标人非因招标投标法和本条例规定的事由,不得更换依法确定的评标委员会成员。更换评标委员会的专家成员应当依照前款规定进行。

评标委员会成员与投标人有利害关系的,应当主动回避。

有关行政监督部门应当按照规定的职责分工,对评标委员会成员的确定方式、评标专家的抽取和评标活动进行监督。行政监督部门的工作人员不得担任本部门负责监督项目的评标委员会成员。

第四十七条 招标投标法第三十七条第三款所称特殊招标项目,是指技术复杂、专业性强或者国家有特殊要求,采取随机抽取方式确定的专家难以保证胜任评标工作的项目。

第四十八条 招标人应当向评标委员会提供评标所必需的信息,但不得明示或者暗示其倾向或者排斥特定投标人。

招标人应当根据项目规模和技术复杂程度等因素合理确定评标时间。超过三分之一的评标委员会成员认为评标时间不够的,招标人应当适当延长。

评标过程中,评标委员会成员有回避事由、擅离职守或者因健康等原因不能继续评标的,应当及时更换。被更换的评标委员会成员作出的评审结论无效,由更换后的评标委员会成员重新进行评审。

第四十九条 评标委员会成员应当依照招标投标法和本条例的规定,按照招标文件规定的评标标准和方法,客观、公正地对投标文件提出评审意见。招标文件没有规定的评标标准和方法不得作为评标的依据。

评标委员会成员不得私下接触投标人,不得收受投标人给予的财物或者其他好处,不得向招标人征询确定中标人的意向,不得接受任何单位或者个人明示或者暗示提出的倾向或者排斥特定投标人的要求,不得有其他不客观、不公正履行职务的行为。

第五十条 招标项目设有标底的,招标人应当在开标时公布。标底只能作为评标的参考,不得以投标报价是否接近标底作为中标条件,也不得以投标报价超过标底上下浮动范围作为否决投标的条件。

第五十一条 有下列情形之一的,评标委员会应当否决其投标:

(一)投标文件未经投标单位盖章和单位负责人签字;

(二)投标联合体没有提交共同投标协议;

(三)投标人不符合国家或者招标文件规定的资格条件;

(四)同一投标人提交两个以上不同的投标文件或者投标报价,但招标文件要求提交备选投标的除外;

(五)投标报价低于成本或者高于招标文件设定的最高投标限价;

(六)投标文件没有对招标文件的实质性要求和条件作出响应;

(七)投标人有串通投标、弄虚作假、行贿等违法行为。

第五十二条 投标文件中有含义不明确的内容、明显文字或者计算错误,评标委员会认为需要投标人作出必要澄清、说明的,应当书面通知该投标人。投标人的澄清、说明应当采用书面形式,并不得超出投标文件的范围或者改变投标文件的实质性内容。

评标委员会不得暗示或者诱导投标人作出澄清、说明,不得接受投标人主动提出的澄清、说明。

第五十三条 评标完成后,评标委员会应当向招标人提交书面评标报告和中标候选人名单。中标候选人应当不超过3个,并标明排序。

评标报告应当由评标委员会全体成员签字。对评标结果有不同意见的评标委员会成员应当以书面形式说明其不同意见和理由,评标报告应当注明该不同意见。评标委员会成员拒绝在评标报告上签字又不书面说明其不同意见和理由的,视为同意评标结果。

第五十四条 依法必须进行招标的项目,招标人应当自收到评标报告之日起3日内公示中标候选人,公示期不得少于3日。

投标人或者其他利害关系人对依法必须进行招标的项目的评标结果有异议的,应当在中标候选人公示期间提出。招标人应当自收到异议之日起3日内作出答复;作出答复前,应当暂停招标投标活动。

第五十五条　国有资金占控股或者主导地位的依法必须进行招标的项目,招标人应当确定排名第一的中标候选人为中标人。排名第一的中标候选人放弃中标、因不可抗力不能履行合同、不按照招标文件要求提交履约保证金,或者被查实存在影响中标结果的违法行为等情形,不符合中标条件的,招标人可以按照评标委员会提出的中标候选人名单排序依次确定其他中标候选人为中标人,也可以重新招标。

第五十六条　中标候选人的经营、财务状况发生较大变化或者存在违法行为,招标人认为可能影响其履约能力的,应当在发出中标通知书前由原评标委员会按照招标文件规定的标准和方法审查确认。

第五十七条　招标人和中标人应当依照招标投标法和本条例的规定签订书面合同,合同的标的、价款、质量、履行期限等主要条款应当与招标文件和中标人的投标文件的内容一致。招标人和中标人不得再行订立背离合同实质性内容的其他协议。

招标人最迟应当在书面合同签订后5日内向中标人和未中标的投标人退还投标保证金及银行同期存款利息。

第五十八条　招标文件要求中标人提交履约保证金的,中标人应当按照招标文件的要求提交。履约保证金不得超过中标合同金额的10%。

第五十九条　中标人应当按照合同约定履行义务,完成中标项目。中标人不得向他人转让中标项目,也不得将中标项目肢解后分别向他人转让。

中标人按照合同约定或者经招标人同意,可以将中标项目的部分非主体、非关键性工作分包给他人完成。接受分包的人应当具备相应的资格条件,并不得再次分包。

中标人应当就分包项目向招标人负责,接受分包的人就分包项目承担连带责任。

第五章　投诉与处理

第六十条　投标人或者其他利害关系人认为招标投标活动不符合法律、行政法规规定的,可以自知道或者应当知道之日起10日内向有关行政监督部门投诉。投诉应当有明确的请求和必要的证明材料。

就本条例第二十二条、第四十四条、第五十四条规定事项投诉的,应当先向招标人提出异议,异议答复期间不计算在前款规定的期限内。

第六十一条　投诉人就同一事项向两个以上有权受理的行政监督部门投诉的,由最先收到投诉的行政监督部门负责处理。

行政监督部门应当自收到投诉之日起3个工作日内决定是否受理投诉,并自受理投诉之日起30个工作日内作出书面处理决定;需要检验、检测、鉴定、专家评审的,所需时间不计算在内。

投诉人捏造事实、伪造材料或者以非法手段取得证明材料进行投诉的,行政监督部门应当予以驳回。

第六十二条　行政监督部门处理投诉,有权查阅、复制有关文件、资料,调查有关情况,相关单位和人员应当予以配合。必要时,行政监督部门可以责令暂停招标投标活动。

行政监督部门的工作人员对监督检查过程中知悉的国家秘密、商业秘密,应当依法予以保密。

第六章 法律责任

第六十三条 招标人有下列限制或者排斥潜在投标人行为之一的,由有关行政监督部门依照招标投标法第五十一条的规定处罚:

(一)依法应当公开招标的项目不按照规定在指定媒介发布资格预审公告或者招标公告;

(二)在不同媒介发布的同一招标项目的资格预审公告或者招标公告的内容不一致,影响潜在投标人申请资格预审或者投标。

依法必须进行招标的项目的招标人不按照规定发布资格预审公告或者招标公告,构成规避招标的,依照招标投标法第四十九条的规定处罚。

第六十四条 招标人有下列情形之一的,由有关行政监督部门责令改正,可以处10万元以下的罚款:

(一)依法应当公开招标而采用邀请招标;

(二)招标文件、资格预审文件的发售、澄清、修改的时限,或者确定的提交资格预审申请文件、投标文件的时限不符合招标投标法和本条例规定;

(三)接受未通过资格预审的单位或者个人参加投标;

(四)接受应当拒收的投标文件。

招标人有前款第一项、第三项、第四项所列行为之一的,对单位直接负责的主管人员和其他直接责任人员依法给予处分。

第六十五条 招标代理机构在所代理的招标项目中投标、代理投标或者向该项目投标人提供咨询的,接受委托编制标底的中介机构参加受托编制标底项目的投标或者为该项目的投标人编制投标文件、提供咨询的,依照招标投标法第五十条的规定追究法律责任。

第六十六条 招标人超过本条例规定的比例收取投标保证金、履约保证金或者不按照规定退还投标保证金及银行同期存款利息的,由有关行政监督部门责令改正,可以处5万元以下的罚款;给他人造成损失的,依法承担赔偿责任。

第六十七条 投标人相互串通投标或者与招标人串通投标的,投标人向招标人或者评标委员会成员行贿谋取中标的,中标无效,构成犯罪的,依法追究刑事责任;尚不构成犯罪的,依照招标投标法第五十三条的规定处罚。投标人未中标的,对单位的罚款金额按照招标项目合同金额依照招标投标法规定的比例计算。

投标人有下列行为之一的,属于招标投标法第五十三条规定的情节严重行为,由有关行政监督部门取消其1年至2年内参加依法必须进行招标的项目的投标资格:

(一)以行贿谋取中标;

(二)3年内2次以上串通投标;

(三)串通投标行为损害招标人、其他投标人或者国家、集体、公民的合法利益,造成直接经济损失30万元以上;

(四)其他串通投标情节严重的行为。

投标人自本条第二款规定的处罚执行期限届满之日起3年内又有该款所列违法行为之一的,或者串通投标、以行贿谋取中标情节特别严重的,由工商行政管理机关吊销营业执照。

法律、行政法规对串通投标报价行为的处罚另有规定的,从其规定。

第六十八条 投标人以他人名义投标或者以其他方式弄虚作假骗取中标的,中标无效;构成犯罪的,依法追究刑事责任;尚不构成犯罪的,依照招标投标法第五十四条的规定处罚。依法必须进行招标的项目的投标人未中标的,对单位的罚款金额按照招标项目合同金额依照招标投标法规定的比例计算。

投标人有下列行为之一的,属于招标投标法第五十四条规定的情节严重行为,由有关行政监督部门取消其1年至3年内参加依法必须进行招标的项目的投标资格:

(一)伪造、变造资格、资质证书或者其他许可证件骗取中标的;

(二)3年内2次以上使用他人名义投标的;

(三)弄虚作假骗取中标给招标人造成直接经济损失30万元以上的;

(四)其他弄虚作假骗取中标情节严重的行为。

投标人自本条第二款规定的处罚执行期限届满之日起3年内又有该款所列违法行为之一的,或者弄虚作假骗取中标情节特别严重的,由工商行政管理机关吊销营业执照。

第六十九条 出让或者出租资格、资质证书供他人投标的,依照法律、行政法规的规定给予行政处罚;构成犯罪的,依法追究刑事责任。

第七十条 依法必须进行招标的项目的招标人不按照规定组建评标委员会,或者确定、更换评标委员会成员违反招标投标法和本条例规定的,由有关行政监督部门责令改正,可以处10万元以下的罚款,对单位直接负责的主管人员和其他直接责任人员依法给予处分;违法确定或者更换的评标委员会成员作出的评审结论无效,依法重新进行评审。

国家工作人员以任何方式非法干涉选取评标委员会成员的,依照本条例第八十一条的规定追究法律责任。

第七十一条 评标委员会成员有下列行为之一的,由有关行政监督部门责令改正;情节严重的,禁止其在一定期限内参加依法必须进行招标的项目的评标;情节特别严重的,取消其担任评标委员会成员的资格:

(一)应当回避而不回避的;

(二)擅离职守的;

(三)不按照招标文件规定的评标标准和方法评标的;

(四)私下接触投标人的;

(五)向招标人征询确定中标人的意向或者接受任何单位或者个人明示或者暗示提出的倾向或者排斥特定投标人的要求的;

(六)对依法应当否决的投标不提出否决意见的;

(七)暗示或者诱导投标人作出澄清、说明或者接受投标人主动提出的澄清、说明的;

(八)其他不客观、不公正履行职务的行为。

第七十二条 评标委员会成员收受投标人的财物或者其他好处的,没收收受的财物,处3000元以上5万元以下的罚款,取消担任评标委员会成员的资格,不得再参加依法必须进行招标的项目的评标;构成犯罪的,依法追究刑事责任。

第七十三条 依法必须进行招标的项目的招标人有下列情形之一的,由有关行政监督部门责令改正,可以处中标项目金额10‰以下的罚款;给他人造成损失的,依法承担赔偿责任;对单位直接负责的主管人员和其他直接责任人员依法给予处分:

(一)无正当理由不发出中标通知书;

(二)不按照规定确定中标人;

(三)中标通知书发出后无正当理由改变中标结果;

(四)无正当理由不与中标人订立合同;

(五)在订立合同时向中标人提出附加条件。

第七十四条 中标人无正当理由不与招标人订立合同,在签订合同时向招标人提出附加条件,或者不按照招标文件要求提交履约保证金的,取消其中标资格,投标保证金不予退还。对依法必须进行招标的项目的中标人,由有关行政监督部门责令改正,可以处中标项目金额10‰以下的罚款。

第七十五条 招标人和中标人不按照招标文件和中标人的投标文件订立合同,合同的主要条款与招标文件、中标人的投标文件的内容不一致,或者招标人、中标人订立背离合同实质性内容的协议的,由有关行政监督部门责令改正,可以处中标项目金额5‰以上10‰以下的罚款。

第七十六条 中标人将中标项目转让给他人的,将中标项目肢解后分别转让给他人的,违反招标投标法和本条例规定将中标项目的部分主体、关键性工作分包给他人的,或者分包人再次分包的,转让、分包无效,处转让、分包项目金额5‰以上10‰以下的罚款;有违法所得的,并处没收违法所得;可以责令停业整顿;情节严重的,由工商行政管理机关吊销营业执照。

第七十七条 投标人或者其他利害关系人捏造事实、伪造材料或者以非法手段取得证明材料进行投诉,给他人造成损失的,依法承担赔偿责任。

招标人不按照规定对异议作出答复,继续进行招标投标活动的,由有关行政监督部门责令改正,拒不改正或者不能改正并影响中标结果的,依照本条例第八十二条的规定处理。

第七十八条 取得招标职业资格的专业人员违反国家有关规定办理招标业务的,责令改正,给予警告;情节严重的,暂停一定期限内从事招标业务;情节特别严重的,取消招标职业资格。

第七十九条 国家建立招标投标信用制度。有关行政监督部门应当依法公告对招标人、招标代理机构、投标人、评标委员会成员等当事人违法行为的行政处理决定。

第八十条 项目审批、核准部门不依法审批、核准项目招标范围、招标方式、招标组织形式的,对单位直接负责的主管人员和其他直接责任人员依法给予处分。

有关行政监督部门不依法履行职责,对违反招标投标法和本条例规定的行为不依法查处,或者不按照规定处理投诉、不依法公告对招标投标当事人违法行为的行政处理决定的,对直接负责的主管人员和其他直接责任人员依法给予处分。

项目审批、核准部门和有关行政监督部门的工作人员徇私舞弊、滥用职权、玩忽职守,构成犯罪的,依法追究刑事责任。

第八十一条 国家工作人员利用职务便利,以直接或者间接、明示或者暗示等任何方式非法干涉招标投标活动,有下列情形之一的,依法给予记过或者记大过处分;情节严重的,依法给予降级或者撤职处分;情节特别严重的,依法给予开除处分;构成犯罪的,依法追究刑事责任:

(一)要求对依法必须进行招标的项目不招标,或者要求对依法应当公开招标的项目不公开招标;

(二)要求评标委员会成员或者招标人以其指定的投标人作为中标候选人或者中标人,或者以其他方式非法干涉评标活动,影响中标结果;

(三)以其他方式非法干涉招标投标活动。

第八十二条 依法必须进行招标的项目的招标投标活动违反招标投标法和本条例的规定,对中标结果造成实质性影响,且不能采取补救措施予以纠正的,招标、投标、中标无效,应当依法重新招标或者评标。

第七章 附 则

第八十三条 招标投标协会按照依法制定的章程开展活动,加强行业自律和服务。

第八十四条 政府采购的法律、行政法规对政府采购货物、服务的招标投标另有规定的,从其规定。

第八十五条 本条例自2012年2月1日起施行。

中华人民共和国安全生产法

(2002年6月29日中华人民共和国主席令第70号公布,2014年8月31日中华人民共和国主席令第13号修订)

第一章 总 则

第一条 为了加强安全生产工作,防止和减少生产安全事故,保障人民群众生命和财产安全,促进经济社会持续健康发展,制定本法。

第二条 在中华人民共和国领域内从事生产经营活动的单位(以下统称生产经营单位)的安全生产,适用本法;有关法律、行政法规对消防安全和道路交通安全、铁路交通安全、水上交通安全、民用航空安全以及核与辐射安全、特种设备安全另有规定的,适用其规定。

第三条 安全生产工作应当以人为本,坚持安全发展,坚持安全第一、预防为主、综合治理的方针,强化和落实生产经营单位的主体责任,建立生产经营单位负责、职工参与、政府监管、行业自律和社会监督的机制。

第四条 生产经营单位必须遵守本法和其他有关安全生产的法律、法规,加强安全生产管理,建立、健全安全生产责任制和安全生产规章制度,改善安全生产条件,推进安全生产标准化建设,提高安全生产水平,确保安全生产。

第五条 生产经营单位的主要负责人对本单位的安全生产工作全面负责。

第六条 生产经营单位的从业人员有依法获得安全生产保障的权利,并应当依法履行安全生产方面的义务。

第七条 工会依法对安全生产工作进行监督。

生产经营单位的工会依法组织职工参加本单位安全生产工作的民主管理和民主监督,维护职工在安全生产方面的合法权益。生产经营单位制定或者修改有关安全生产的规章制度,应当听取工会的意见。

第八条 国务院和县级以上地方各级人民政府应当根据国民经济和社会发展规划制定安全生产规划,并组织实施。安全生产规划应当与城乡规划相衔接。

国务院和县级以上地方各级人民政府应当加强对安全生产工作的领导,支持、督促各有关部门依法履行安全生产监督管理职责,建立健全安全生产工作协调机制,及时协调、解决安全生产监督管理中存在的重大问题。

乡、镇人民政府以及街道办事处、开发区管理机构等地方人民政府的派出机关应当按照职责,加强对本行政区域内生产经营单位安全生产状况的监督检查,协助上级人民政府有关部门依法履行安全生产监督管理职责。

第九条 国务院安全生产监督管理部门依照本法,对全国安全生产工作实施综合监督管理;县级以上地方各级人民政府安全生产监督管理部门依照本法,对本行政区域内安全生产工作实施综合监督管理。

国务院有关部门依照本法和其他有关法律、行政法规的规定,在各自的职责范围内对有关行业、领域的安全生产工作实施监督管理;县级以上地方各级人民政府有关部门依照本法和其他有关法律、法规的规定,在各自的职责范围内对有关行业、领域的安全生产工作实施监督管理。

安全生产监督管理部门和对有关行业、领域的安全生产工作实施监督管理的部门,统称负有安全生产监督管理职责的部门。

第十条 国务院有关部门应当按照保障安全生产的要求,依法及时制定有关的国家标准或者行业标准,并根据科技进步和经济发展适时修订。

生产经营单位必须执行依法制定的保障安全生产的国家标准或者行业标准。

第十一条 各级人民政府及其有关部门应当采取多种形式,加强对有关安全生产的法律、法规和安全生产知识的宣传,增强全社会的安全生产意识。

第十二条 有关协会组织依照法律、行政法规和章程,为生产经营单位提供安全生产方面的信息、培训等服务,发挥自律作用,促进生产经营单位加强安全生产管理。

第十三条 依法设立的为安全生产提供技术、管理服务的机构,依照法律、行政法规和执业准则,接受生产经营单位的委托为其安全生产工作提供技术、管理服务。

生产经营单位委托前款规定的机构提供安全生产技术、管理服务的,保证安全生产的责任仍由本单位负责。

第十四条 国家实行生产安全事故责任追究制度,依照本法和有关法律、法规的规定,追究生产安全事故责任人员的法律责任。

第十五条 国家鼓励和支持安全生产科学技术研究和安全生产先进技术的推广应用,提高安全生产水平。

第十六条 国家对在改善安全生产条件、防止生产安全事故、参加抢险救护等方面取得显著成绩的单位和个人,给予奖励。

第二章 生产经营单位的安全生产保障

第十七条 生产经营单位应当具备本法和有关法律、行政法规和国家标准或者行业标准规定的安全生产条件;不具备安全生产条件的,不得从事生产经营活动。

第十八条 生产经营单位的主要负责人对本单位安全生产工作负有下列职责:

(一)建立、健全本单位安全生产责任制;

(二)组织制定本单位安全生产规章制度和操作规程;

(三)组织制定并实施本单位安全生产教育和培训计划;

(四)保证本单位安全生产投入的有效实施;

(五)督促、检查本单位的安全生产工作,及时消除生产安全事故隐患;

(六)组织制定并实施本单位的生产安全事故应急救援预案;

(七)及时、如实报告生产安全事故。

第十九条 生产经营单位的安全生产责任制应当明确各岗位的责任人员、责任范围和考核标准等内容。

生产经营单位应当建立相应的机制,加强对安全生产责任制落实情况的监督考核,保证安全生产责任制的落实。

第二十条 生产经营单位应当具备的安全生产条件所必需的资金投入,由生产经营单位的决策机构、主要负责人或者个人经营的投资人予以保证,并对由于安全生产所必需的资金投入不足导致的后果承担责任。

有关生产经营单位应当按照规定提取和使用安全生产费用,专门用于改善安全生产条件。安全生产费用在成本中据实列支。安全生产费用提取、使用和监督管理的具体办法由国务院财政部门会同国务院安全生产监督管理部门征求国务院有关部门意见后制定。

第二十一条 矿山、金属冶炼、建筑施工、道路运输单位和危险物品的生产、经营、储存单位,应当设置安全生产管理机构或者配备专职安全生产管理人员。

前款规定以外的其他生产经营单位,从业人员超过一百人的,应当设置安全生产管理机构或者配备专职安全生产管理人员;从业人员在一百人以下的,应当配备专职或者兼职的安全生产管理人员。

第二十二条 生产经营单位的安全生产管理机构以及安全生产管理人员履行下列职责:

(一)组织或者参与拟订本单位安全生产规章制度、操作规程和生产安全事故应急救援预案;

(二)组织或者参与本单位安全生产教育和培训,如实记录安全生产教育和培训情况;

(三)督促落实本单位重大危险源的安全管理措施;

(四)组织或者参与本单位应急救援演练;

(五)检查本单位的安全生产状况,及时排查生产安全事故隐患,提出改进安全生产管理的建议;

(六)制止和纠正违章指挥、强令冒险作业、违反操作规程的行为;

(七)督促落实本单位安全生产整改措施。

第二十三条 生产经营单位的安全生产管理机构以及安全生产管理人员应当恪尽职守,依法履行职责。

生产经营单位作出涉及安全生产的经营决策,应当听取安全生产管理机构以及安全生产管理人员的意见。

生产经营单位不得因安全生产管理人员依法履行职责而降低其工资、福利等待遇或者解除与其订立的劳动合同。

危险物品的生产、储存单位以及矿山、金属冶炼单位的安全生产管理人员的任免,应当告知主管的负有安全生产监督管理职责的部门。

第二十四条 生产经营单位的主要负责人和安全生产管理人员必须具备与本单位所从事的生产经营活动相应的安全生产知识和管理能力。

危险物品的生产、经营、储存单位以及矿山、金属冶炼、建筑施工、道路运输单位的主要负责人和安全生产管理人员,应当由主管的负有安全生产监督管理职责的部门对其安全生产知识和管理能力考核合格。考核不得收费。

危险物品的生产、储存单位以及矿山、金属冶炼单位应当有注册安全工程师从事安全生产管理工作。鼓励其他生产经营单位聘用注册安全工程师从事安全生产管理工作。注册安全工程师按专业分类管理，具体办法由国务院人力资源和社会保障部门、国务院安全生产监督管理部门会同国务院有关部门制定。

第二十五条 生产经营单位应当对从业人员进行安全生产教育和培训，保证从业人员具备必要的安全生产知识，熟悉有关的安全生产规章制度和安全操作规程，掌握本岗位的安全操作技能，了解事故应急处理措施，知悉自身在安全生产方面的权利和义务。未经安全生产教育和培训合格的从业人员，不得上岗作业。

生产经营单位使用被派遣劳动者的，应当将被派遣劳动者纳入本单位从业人员统一管理，对被派遣劳动者进行岗位安全操作规程和安全操作技能的教育和培训。劳务派遣单位应当对被派遣劳动者进行必要的安全生产教育和培训。

生产经营单位接收中等职业学校、高等学校学生实习的，应当对实习学生进行相应的安全生产教育和培训，提供必要的劳动防护用品。学校应当协助生产经营单位对实习学生进行安全生产教育和培训。

生产经营单位应当建立安全生产教育和培训档案，如实记录安全生产教育和培训的时间、内容、参加人员以及考核结果等情况。

第二十六条 生产经营单位采用新工艺、新技术、新材料或者使用新设备，必须了解、掌握其安全技术特性，采取有效的安全防护措施，并对从业人员进行专门的安全生产教育和培训。

第二十七条 生产经营单位的特种作业人员必须按照国家有关规定经专门的安全作业培训，取得相应资格，方可上岗作业。

特种作业人员的范围由国务院安全生产监督管理部门会同国务院有关部门确定。

第二十八条 生产经营单位新建、改建、扩建工程项目（以下统称建设项目）的安全设施，必须与主体工程同时设计、同时施工、同时投入生产和使用。安全设施投资应当纳入建设项目概算。

第二十九条 矿山、金属冶炼建设项目和用于生产、储存、装卸危险物品的建设项目，应当按照国家有关规定进行安全评价。

第三十条 建设项目安全设施的设计人、设计单位应当对安全设施设计负责。

矿山、金属冶炼建设项目和用于生产、储存、装卸危险物品的建设项目的安全设施设计应当按照国家有关规定报经有关部门审查，审查部门及其负责审查的人员对审查结果负责。

第三十一条 矿山、金属冶炼建设项目和用于生产、储存、装卸危险物品的建设项目的施工单位必须按照批准的安全设施设计施工，并对安全设施的工程质量负责。

矿山、金属冶炼建设项目和用于生产、储存危险物品的建设项目竣工投入生产或者使用前，应当由建设单位负责组织对安全设施进行验收；验收合格后，方可投入生产和使用。安全生产监督管理部门应当加强对建设单位验收活动和验收结果的监督核查。

第三十二条 生产经营单位应当在有较大危险因素的生产经营场所和有关设施、设备上，设置明显的安全警示标志。

第三十三条 安全设备的设计、制造、安装、使用、检测、维修、改造和报废，应当符合国家标准或者行业标准。

生产经营单位必须对安全设备进行经常性维护、保养,并定期检测,保证正常运转。维护、保养、检测应当做好记录,并由有关人员签字。

第三十四条 生产经营单位使用的危险物品的容器、运输工具,以及涉及人身安全、危险性较大的海洋石油开采特种设备和矿山井下特种设备,必须按照国家有关规定,由专业生产单位生产,并经具有专业资质的检测、检验机构检测、检验合格,取得安全使用证或者安全标志,方可投入使用。检测、检验机构对检测、检验结果负责。

第三十五条 国家对严重危及生产安全的工艺、设备实行淘汰制度,具体目录由国务院安全生产监督管理部门会同国务院有关部门制定并公布。法律、行政法规对目录的制定另有规定的,适用其规定。

省、自治区、直辖市人民政府可以根据本地区实际情况制定并公布具体目录,对前款规定以外的危及生产安全的工艺、设备予以淘汰。

生产经营单位不得使用应当淘汰的危及生产安全的工艺、设备。

第三十六条 生产、经营、运输、储存、使用危险物品或者处置废弃危险物品的,由有关主管部门依照有关法律、法规的规定和国家标准或者行业标准审批并实施监督管理。

生产经营单位生产、经营、运输、储存、使用危险物品或者处置废弃危险物品,必须执行有关法律、法规和国家标准或者行业标准,建立专门的安全管理制度,采取可靠的安全措施,接受有关主管部门依法实施的监督管理。

第三十七条 生产经营单位对重大危险源应当登记建档,进行定期检测、评估、监控,并制定应急预案,告知从业人员和相关人员在紧急情况下应当采取的应急措施。

生产经营单位应当按照国家有关规定将本单位重大危险源及有关安全措施、应急措施报有关地方人民政府安全生产监督管理部门和有关部门备案。

第三十八条 生产经营单位应当建立健全生产安全事故隐患排查治理制度,采取技术、管理措施,及时发现并消除事故隐患。事故隐患排查治理情况应当如实记录,并向从业人员通报。

县级以上地方各级人民政府负有安全生产监督管理职责的部门应当建立健全重大事故隐患治理督办制度,督促生产经营单位消除重大事故隐患。

第三十九条 生产、经营、储存、使用危险物品的车间、商店、仓库不得与员工宿舍在同一座建筑物内,并应当与员工宿舍保持安全距离。

生产经营场所和员工宿舍应当设有符合紧急疏散要求、标志明显、保持畅通的出口。禁止锁闭、封堵生产经营场所或者员工宿舍的出口。

第四十条 生产经营单位进行爆破、吊装以及国务院安全生产监督管理部门会同国务院有关部门规定的其他危险作业,应当安排专门人员进行现场安全管理,确保操作规程的遵守和安全措施的落实。

第四十一条 生产经营单位应当教育和督促从业人员严格执行本单位的安全生产规章制度和安全操作规程;并向从业人员如实告知作业场所和工作岗位存在的危险因素、防范措施以及事故应急措施。

第四十二条 生产经营单位必须为从业人员提供符合国家标准或者行业标准的劳动防护用品,并监督、教育从业人员按照使用规则佩戴、使用。

第四十三条 生产经营单位的安全生产管理人员应当根据本单位的生产经营特点，对安全生产状况进行经常性检查；对检查中发现的安全问题，应当立即处理；不能处理的，应当及时报告本单位有关负责人，有关负责人应当及时处理。检查及处理情况应当如实记录在案。

生产经营单位的安全生产管理人员在检查中发现重大事故隐患，依照前款规定向本单位有关负责人报告，有关负责人不及时处理的，安全生产管理人员可以向主管的负有安全生产监督管理职责的部门报告，接到报告的部门应当依法及时处理。

第四十四条 生产经营单位应当安排用于配备劳动防护用品、进行安全生产培训的经费。

第四十五条 两个以上生产经营单位在同一作业区域内进行生产经营活动，可能危及对方生产安全的，应当签订安全生产管理协议，明确各自的安全生产管理职责和应当采取的安全措施，并指定专职安全生产管理人员进行安全检查与协调。

第四十六条 生产经营单位不得将生产经营项目、场所、设备发包或者出租给不具备安全生产条件或者相应资质的单位或者个人。

生产经营项目、场所发包或者出租给其他单位的，生产经营单位应当与承包单位、承租单位签订专门的安全生产管理协议，或者在承包合同、租赁合同中约定各自的安全生产管理职责；生产经营单位对承包单位、承租单位的安全生产工作统一协调、管理，定期进行安全检查，发现安全问题的，应当及时督促整改。

第四十七条 生产经营单位发生生产安全事故时，单位的主要负责人应当立即组织抢救，并不得在事故调查处理期间擅离职守。

第四十八条 生产经营单位必须依法参加工伤保险，为从业人员缴纳保险费。

国家鼓励生产经营单位投保安全生产责任保险。

第三章 从业人员的安全生产权利义务

第四十九条 生产经营单位与从业人员订立的劳动合同，应当载明有关保障从业人员劳动安全、防止职业危害的事项，以及依法为从业人员办理工伤保险的事项。

生产经营单位不得以任何形式与从业人员订立协议，免除或者减轻其对从业人员因生产安全事故伤亡依法应承担的责任。

第五十条 生产经营单位的从业人员有权了解其作业场所和工作岗位存在的危险因素、防范措施及事故应急措施，有权对本单位的安全生产工作提出建议。

第五十一条 从业人员有权对本单位安全生产工作中存在的问题提出批评、检举、控告；有权拒绝违章指挥和强令冒险作业。

生产经营单位不得因从业人员对本单位安全生产工作提出批评、检举、控告或者拒绝违章指挥、强令冒险作业而降低其工资、福利等待遇或者解除与其订立的劳动合同。

第五十二条 从业人员发现直接危及人身安全的紧急情况时，有权停止作业或者在采取可能的应急措施后撤离作业场所。

生产经营单位不得因从业人员在前款紧急情况下停止作业或者采取紧急撤离措施而降低其工资、福利等待遇或者解除与其订立的劳动合同。

第五十三条 因生产安全事故受到损害的从业人员，除依法享有工伤保险外，依照有关民事法律尚有获得赔偿的权利的,有权向本单位提出赔偿要求。

第五十四条 从业人员在作业过程中,应当严格遵守本单位的安全生产规章制度和操作规程,服从管理,正确佩戴和使用劳动防护用品。

第五十五条 从业人员应当接受安全生产教育和培训,掌握本职工作所需的安全生产知识,提高安全生产技能,增强事故预防和应急处理能力。

第五十六条 从业人员发现事故隐患或者其他不安全因素,应当立即向现场安全生产管理人员或者本单位负责人报告;接到报告的人员应当及时予以处理。

第五十七条 工会有权对建设项目的安全设施与主体工程同时设计、同时施工、同时投入生产和使用进行监督,提出意见。

工会对生产经营单位违反安全生产法律、法规,侵犯从业人员合法权益的行为,有权要求纠正;发现生产经营单位违章指挥、强令冒险作业或者发现事故隐患时,有权提出解决的建议,生产经营单位应当及时研究答复;发现危及从业人员生命安全的情况时,有权向生产经营单位建议组织从业人员撤离危险场所,生产经营单位必须立即作出处理。

工会有权依法参加事故调查,向有关部门提出处理意见,并要求追究有关人员的责任。

第五十八条 生产经营单位使用被派遣劳动者的,被派遣劳动者享有本法规定的从业人员的权利,并应当履行本法规定的从业人员的义务。

第四章 安全生产的监督管理

第五十九条 县级以上地方各级人民政府应当根据本行政区域内的安全生产状况,组织有关部门按照职责分工,对本行政区域内容易发生重大生产安全事故的生产经营单位进行严格检查。

安全生产监督管理部门应当按照分类分级监督管理的要求,制定安全生产年度监督检查计划,并按照年度监督检查计划进行监督检查,发现事故隐患,应当及时处理。

第六十条 负有安全生产监督管理职责的部门依照有关法律、法规的规定,对涉及安全生产的事项需要审查批准(包括批准、核准、许可、注册、认证、颁发证照等,下同)或者验收的,必须严格依照有关法律、法规和国家标准或者行业标准规定的安全生产条件和程序进行审查;不符合有关法律、法规和国家标准或者行业标准规定的安全生产条件的,不得批准或者验收通过。对未依法取得批准或者验收合格的单位擅自从事有关活动的,负责行政审批的部门发现或者接到举报后应当立即予以取缔,并依法予以处理。对已经依法取得批准的单位,负责行政审批的部门发现其不再具备安全生产条件的,应当撤销原批准。

第六十一条 负有安全生产监督管理职责的部门对涉及安全生产的事项进行审查、验收,不得收取费用;不得要求接受审查、验收的单位购买其指定品牌或者指定生产、销售单位的安全设备、器材或者其他产品。

第六十二条 安全生产监督管理部门和其他负有安全生产监督管理职责的部门依法开展安全生产行政执法工作,对生产经营单位执行有关安全生产的法律、法规和国家标准或者行业标准的情况进行监督检查,行使以下职权:

(一)进入生产经营单位进行检查,调阅有关资料,向有关单位和人员了解情况;

(二)对检查中发现的安全生产违法行为,当场予以纠正或者要求限期改正;对依法应当给予行政处罚的行为，依照本法和其他有关法律、行政法规的规定作出行政处罚决定；

（三）对检查中发现的事故隐患，应当责令立即排除；重大事故隐患排除前或者排除过程中无法保证安全的，应当责令从危险区域内撤出作业人员，责令暂时停产停业或者停止使用相关设施、设备；重大事故隐患排除后，经审查同意，方可恢复生产经营和使用；

（四）对有根据认为不符合保障安全生产的国家标准或者行业标准的设施、设备、器材以及违法生产、储存、使用、经营、运输的危险物品予以查封或者扣押，对违法生产、储存、使用、经营危险物品的作业场所予以查封，并依法作出处理决定。

监督检查不得影响被检查单位的正常生产经营活动。

第六十三条　生产经营单位对负有安全生产监督管理职责的部门的监督检查人员（以下统称安全生产监督检查人员）依法履行监督检查职责，应当予以配合，不得拒绝、阻挠。

第六十四条　安全生产监督检查人员应当忠于职守，坚持原则，秉公执法。

安全生产监督检查人员执行监督检查任务时，必须出示有效的监督执法证件；对涉及被检查单位的技术秘密和业务秘密，应当为其保密。

第六十五条　安全生产监督检查人员应当将检查的时间、地点、内容、发现的问题及其处理情况，作出书面记录，并由检查人员和被检查单位的负责人签字；被检查单位的负责人拒绝签字的，检查人员应当将情况记录在案，并向负有安全生产监督管理职责的部门报告。

第六十六条　负有安全生产监督管理职责的部门在监督检查中，应当互相配合，实行联合检查；确需分别进行检查的，应当互通情况，发现存在的安全问题应当由其他有关部门进行处理的，应当及时移送其他有关部门并形成记录备查，接受移送的部门应当及时进行处理。

第六十七条　负有安全生产监督管理职责的部门依法对存在重大事故隐患的生产经营单位作出停产停业、停止施工、停止使用相关设施或者设备的决定，生产经营单位应当依法执行，及时消除事故隐患。生产经营单位拒不执行，有发生生产安全事故的现实危险的，在保证安全的前提下，经本部门主要负责人批准，负有安全生产监督管理职责的部门可以采取通知有关单位停止供电、停止供应民用爆炸物品等措施，强制生产经营单位履行决定。通知应当采用书面形式，有关单位应当予以配合。

负有安全生产监督管理职责的部门依照前款规定采取停止供电措施，除有危及生产安全的紧急情形外，应当提前二十四小时通知生产经营单位。生产经营单位依法履行行政决定、采取相应措施消除事故隐患的，负有安全生产监督管理职责的部门应当及时解除前款规定的措施。

第六十八条　监察机关依照行政监察法的规定，对负有安全生产监督管理职责的部门及其工作人员履行安全生产监督管理职责实施监察。

第六十九条　承担安全评价、认证、检测、检验的机构应当具备国家规定的资质条件，并对其作出的安全评价、认证、检测、检验的结果负责。

第七十条　负有安全生产监督管理职责的部门应当建立举报制度，公开举报电话、信箱或者电子邮件地址，受理有关安全生产的举报；受理的举报事项经调查核实后，应当形成书面材料；需要落实整改措施的，报经有关负责人签字并督促落实。

第七十一条　任何单位或者个人对事故隐患或者安全生产违法行为，均有权向负有安全生产监督管理职责的部门报告或者举报。

第七十二条　居民委员会、村民委员会发现其所在区域内的生产经营单位存在事故隐患或者安全生产违法行为时,应当向当地人民政府或者有关部门报告。

第七十三条 县级以上各级人民政府及其有关部门对报告重大事故隐患或者举报安全生产违法行为的有功人员,给予奖励。具体奖励办法由国务院安全生产监督管理部门会同国务院财政部门制定。

第七十四条 新闻、出版、广播、电影、电视等单位有进行安全生产公益宣传教育的义务,有对违反安全生产法律、法规的行为进行舆论监督的权利。

第七十五条 负有安全生产监督管理职责的部门应当建立安全生产违法行为信息库,如实记录生产经营单位的安全生产违法行为信息;对违法行为情节严重的生产经营单位,应当向社会公告,并通报行业主管部门、投资主管部门、国土资源主管部门、证券监督管理机构以及有关金融机构。

第五章 生产安全事故的应急救援与调查处理

第七十六条 国家加强生产安全事故应急能力建设,在重点行业、领域建立应急救援基地和应急救援队伍,鼓励生产经营单位和其他社会力量建立应急救援队伍,配备相应的应急救援装备和物资,提高应急救援的专业化水平。

国务院安全生产监督管理部门建立全国统一的生产安全事故应急救援信息系统,国务院有关部门建立健全相关行业、领域的生产安全事故应急救援信息系统。

第七十七条 县级以上地方各级人民政府应当组织有关部门制定本行政区域内生产安全事故应急救援预案,建立应急救援体系。

第七十八条 生产经营单位应当制定本单位生产安全事故应急救援预案,与所在地县级以上地方人民政府组织制定的生产安全事故应急救援预案相衔接,并定期组织演练。

第七十九条 危险物品的生产、经营、储存单位以及矿山、金属冶炼、城市轨道交通运营、建筑施工单位应当建立应急救援组织;生产经营规模较小的,可以不建立应急救援组织,但应当指定兼职的应急救援人员。

危险物品的生产、经营、储存、运输单位以及矿山、金属冶炼、城市轨道交通运营、建筑施工单位应当配备必要的应急救援器材、设备和物资,并进行经常性维护、保养,保证正常运转。

第八十条 生产经营单位发生生产安全事故后,事故现场有关人员应当立即报告本单位负责人。

单位负责人接到事故报告后,应当迅速采取有效措施,组织抢救,防止事故扩大,减少人员伤亡和财产损失,并按照国家有关规定立即如实报告当地负有安全生产监督管理职责的部门,不得隐瞒不报、谎报或者迟报,不得故意破坏事故现场、毁灭有关证据。

第八十一条 负有安全生产监督管理职责的部门接到事故报告后,应立即按照国家有关规定上报事故情况。负有安全生产监督管理职责的部门和有关地方人民政府对事故情况不得隐瞒不报、谎报或者迟报。

第八十二条 有关地方人民政府和负有安全生产监督管理职责的部门的负责人接到生产安全事故报告后,应当按照生产安全事故应急救援预案的要求立即赶到事故现场,组织事故抢救。

参与事故抢救的部门和单位应当服从统一指挥,加强协同联动,采取有效的应急救援措施,并根据事故救援的需要采取警戒、疏散等措施,防止事故扩大和次生灾害的发生,减少人员伤亡和财产损失。

事故抢救过程中应当采取必要措施,避免或者减少对环境造成的危害。

任何单位和个人都应当支持、配合事故抢救,并提供一切便利条件。

第八十三条 事故调查处理应当按照科学严谨、依法依规、实事求是、注重实效的原则,及时、准确地查清事故原因,查明事故性质和责任,总结事故教训,提出整改措施,并对事故责任者提出处理意见。事故调查报告应当依法及时向社会公布。事故调查和处理的具体办法由国务院制定。

事故发生单位应当及时全面落实整改措施,负有安全生产监督管理职责的部门应当加强监督检查。

第八十四条 生产经营单位发生生产安全事故,经调查确定为责任事故的,除了应当查明事故单位的责任并依法予以追究外,还应当查明对安全生产的有关事项负有审查批准和监督职责的行政部门的责任,对有失职、渎职行为的,依照本法第八十七条的规定追究法律责任。

第八十五条 任何单位和个人不得阻挠和干涉对事故的依法调查处理。

第八十六条 县级以上地方各级人民政府安全生产监督管理部门应当定期统计分析本行政区域内发生生产安全事故的情况,并定期向社会公布。

第六章 法 律 责 任

第八十七条 负有安全生产监督管理职责的部门的工作人员,有下列行为之一的,给予降级或者撤职的处分;构成犯罪的,依照刑法有关规定追究刑事责任:

(一)对不符合法定安全生产条件的涉及安全生产的事项予以批准或者验收通过的;

(二)发现未依法取得批准、验收的单位擅自从事有关活动或者接到举报后不予取缔或者不依法予以处理的;

(三)对已经依法取得批准的单位不履行监督管理职责,发现其不再具备安全生产条件而不撤销原批准或者发现安全生产违法行为不予查处的;

(四)在监督检查中发现重大事故隐患,不依法及时处理的。

负有安全生产监督管理职责的部门的工作人员有前款规定以外的滥用职权、玩忽职守、徇私舞弊行为的,依法给予处分;构成犯罪的,依照刑法有关规定追究刑事责任。

第八十八条 负有安全生产监督管理职责的部门,要求被审查、验收的单位购买其指定的安全设备、器材或者其他产品的,在对安全生产事项的审查、验收中收取费用的,由其上级机关或者监察机关责令改正,责令退还收取的费用;情节严重的,对直接负责的主管人员和其他直接责任人员依法给予处分。

第八十九条 承担安全评价、认证、检测、检验工作的机构,出具虚假证明的,没收违法所得;违法所得在十万元以上的,并处违法所得二倍以上五倍以下的罚款;没有违法所得或者违法所得不足十万元的,单处或者并处十万元以上二十万元以下的罚款;对其直接负责的主管人员和其他直接责任人员处二万元以上五万元以下的罚款;给他人造成损害的,与生产经营单位承担连带赔偿责任;构成犯罪的,依照刑法有关规定追究刑事责任。

对有前款违法行为的机构,吊销其相应资质。

第九十条 生产经营单位的决策机构、主要负责人或者个人经营的投资人不依照本法规定保证安全生产所必需的资金投入,致使生产经营单位不具备安全生产条件的,责令限期改正,提供必需的资金;逾期未改正的,责令生产经营单位停产停业整顿。

有前款违法行为,导致发生生产安全事故的,对生产经营单位的主要负责人给予撤职处分,对个人经营的投资人处二万元以上二十万元以下的罚款;构成犯罪的,依照刑法有关规定追究刑事责任。

第九十一条 生产经营单位的主要负责人未履行本法规定的安全生产管理职责的,责令限期改正;逾期未改正的,处二万元以上五万元以下的罚款,责令生产经营单位停产停业整顿。

生产经营单位的主要负责人有前款违法行为,导致发生生产安全事故的,给予撤职处分;构成犯罪的,依照刑法有关规定追究刑事责任。

生产经营单位的主要负责人依照前款规定受刑事处罚或者撤职处分的,自刑罚执行完毕或者受处分之日起,五年内不得担任任何生产经营单位的主要负责人;对重大、特别重大生产安全事故负有责任的,终身不得担任本行业生产经营单位的主要负责人。

第九十二条 生产经营单位的主要负责人未履行本法规定的安全生产管理职责,导致发生生产安全事故的,由安全生产监督管理部门依照下列规定处以罚款:

(一)发生一般事故的,处上一年年收入百分之三十的罚款;

(二)发生较大事故的,处上一年年收入百分之四十的罚款;

(三)发生重大事故的,处上一年年收入百分之六十的罚款;

(四)发生特别重大事故的,处上一年年收入百分之八十的罚款。

第九十三条 生产经营单位的安全生产管理人员未履行本法规定的安全生产管理职责的,责令限期改正;导致发生生产安全事故的,暂停或者撤销其与安全生产有关的资格;构成犯罪的,依照刑法有关规定追究刑事责任。

第九十四条 生产经营单位有下列行为之一的,责令限期改正,可以处五万元以下的罚款;逾期未改正的,责令停产停业整顿,并处五万元以上十万元以下的罚款,对其直接负责的主管人员和其他直接责任人员处一万元以上二万元以下的罚款:

(一)未按照规定设置安全生产管理机构或者配备安全生产管理人员的;

(二)危险物品的生产、经营、储存单位以及矿山、金属冶炼、建筑施工、道路运输单位的主要负责人和安全生产管理人员未按照规定经考核合格的;

(三)未按照规定对从业人员、被派遣劳动者、实习学生进行安全生产教育和培训,或者未按照规定如实告知有关的安全生产事项的;

(四)未如实记录安全生产教育和培训情况的;

(五)未将事故隐患排查治理情况如实记录或者未向从业人员通报的;

(六)未按照规定制定生产安全事故应急救援预案或者未定期组织演练的;

(七)特种作业人员未按照规定经专门的安全作业培训并取得相应资格,上岗作业的。

第九十五条 生产经营单位有下列行为之一的,责令停止建设或者停产停业整顿,限期改正;逾期未改正的,处五十万元以上一百万元以下的罚款,对其直接负责的主管人员和其他直接责任人员处二万元以上五万元以下的罚款；构成犯罪的，依照刑法有关规定追究刑事责任：

（一）未按照规定对矿山、金属冶炼建设项目或者用于生产、储存、装卸危险物品的建设项目进行安全评价的；

（二）矿山、金属冶炼建设项目或者用于生产、储存、装卸危险物品的建设项目没有安全设施设计或者安全设施设计未按照规定报经有关部门审查同意的；

（三）矿山、金属冶炼建设项目或者用于生产、储存、装卸危险物品的建设项目的施工单位未按照批准的安全设施设计施工的；

（四）矿山、金属冶炼建设项目或者用于生产、储存危险物品的建设项目竣工投入生产或者使用前，安全设施未经验收合格的。

第九十六条 生产经营单位有下列行为之一的，责令限期改正，可以处五万元以下的罚款；逾期未改正的，处五万元以上二十万元以下的罚款，对其直接负责的主管人员和其他直接责任人员处一万元以上二万元以下的罚款；情节严重的，责令停产停业整顿；构成犯罪的，依照刑法有关规定追究刑事责任：

（一）未在有较大危险因素的生产经营场所和有关设施、设备上设置明显的安全警示标志的；

（二）安全设备的安装、使用、检测、改造和报废不符合国家标准或者行业标准的；

（三）未对安全设备进行经常性维护、保养和定期检测的；

（四）未为从业人员提供符合国家标准或者行业标准的劳动防护用品的；

（五）危险物品的容器、运输工具，以及涉及人身安全、危险性较大的海洋石油开采特种设备和矿山井下特种设备未经具有专业资质的机构检测、检验合格，取得安全使用证或者安全标志，投入使用的；

（六）使用应当淘汰的危及生产安全的工艺、设备的。

第九十七条 未经依法批准，擅自生产、经营、运输、储存、使用危险物品或者处置废弃危险物品的，依照有关危险物品安全管理的法律、行政法规的规定予以处罚；构成犯罪的，依照刑法有关规定追究刑事责任。

第九十八条 生产经营单位有下列行为之一的，责令限期改正，可以处十万元以下的罚款；逾期未改正的，责令停产停业整顿，并处十万元以上二十万元以下的罚款，对其直接负责的主管人员和其他直接责任人员处二万元以上五万元以下的罚款；构成犯罪的，依照刑法有关规定追究刑事责任：

（一）生产、经营、运输、储存、使用危险物品或者处置废弃危险物品，未建立专门安全管理制度、未采取可靠的安全措施的；

（二）对重大危险源未登记建档，或者未进行评估、监控，或者未制定应急预案的；

（三）进行爆破、吊装以及国务院安全生产监督管理部门会同国务院有关部门规定的其他危险作业，未安排专门人员进行现场安全管理的；

（四）未建立事故隐患排查治理制度的。

第九十九条 生产经营单位未采取措施消除事故隐患的，责令立即消除或者限期消除；生产经营单位拒不执行的，责令停产停业整顿，并处十万元以上五十万元以下的罚款，对其直接负责的主管人员和其他直接责任人员处二万元以上五万元以下的罚款。

第一百条 生产经营单位将生产经营项目、场所、设备发包或者出租给不具备安全生产条件或者相应资质的单位或者个人的,责令限期改正,没收违法所得;违法所得十万元以上的,并处违法所得二倍以上五倍以下的罚款;没有违法所得或者违法所得不足十万元的,单处或者并处十万元以上二十万元以下的罚款;对其直接负责的主管人员和其他直接责任人员处一万元以上二万元以下的罚款;导致发生生产安全事故给他人造成损害的,与承包方、承租方承担连带赔偿责任。

生产经营单位未与承包单位、承租单位签订专门的安全生产管理协议或者未在承包合同、租赁合同中明确各自的安全生产管理职责,或者未对承包单位、承租单位的安全生产统一协调、管理的,责令限期改正,可以处五万元以下的罚款,对其直接负责的主管人员和其他直接责任人员可以处一万元以下的罚款;逾期未改正的,责令停产停业整顿。

第一百零一条 两个以上生产经营单位在同一作业区域内进行可能危及对方安全生产的生产经营活动,未签订安全生产管理协议或者未指定专职安全生产管理人员进行安全检查与协调的,责令限期改正,可以处五万元以下的罚款,对其直接负责的主管人员和其他直接责任人员可以处一万元以下的罚款;逾期未改正的,责令停产停业。

第一百零二条 生产经营单位有下列行为之一的,责令限期改正,可以处五万元以下的罚款,对其直接负责的主管人员和其他直接责任人员可以处一万元以下的罚款;逾期未改正的,责令停产停业整顿;构成犯罪的,依照刑法有关规定追究刑事责任:

(一)生产、经营、储存、使用危险物品的车间、商店、仓库与员工宿舍在同一座建筑内,或者与员工宿舍的距离不符合安全要求的;

(二)生产经营场所和员工宿舍未设有符合紧急疏散需要、标志明显、保持畅通的出口,或者锁闭、封堵生产经营场所或者员工宿舍出口的。

第一百零三条 生产经营单位与从业人员订立协议,免除或者减轻其对从业人员因生产安全事故伤亡依法应承担的责任的,该协议无效;对生产经营单位的主要负责人、个人经营的投资人处二万元以上十万元以下的罚款。

第一百零四条 生产经营单位的从业人员不服从管理,违反安全生产规章制度或者操作规程的,由生产经营单位给予批评教育,依照有关章程制度给予处分;构成犯罪的,依照刑法有关规定追究刑事责任。

第一百零五条 违反本法规定,生产经营单位拒绝、阻碍负有安全生产监督管理职责的部门依法实施监督检查的,责令改正;拒不改正的,处二万元以上二十万元以下的罚款;对其直接负责的主管人员和其他直接责任人员处一万元以上二万元以下的罚款;构成犯罪的,依照刑法有关规定追究刑事责任。

第一百零六条 生产经营单位的主要负责人在本单位发生生产安全事故时,不立即组织抢救或者在事故调查处理期间擅离职守或者逃匿的,给予降级、撤职的处分,并由安全生产监督管理部门处上一年年收入百分之六十至百分之一百的罚款;对逃匿的处十五日以下拘留;构成犯罪的,依照刑法有关规定追究刑事责任。

生产经营单位的主要负责人对生产安全事故隐瞒不报、谎报或者迟报的,依照前款规定处罚。

第一百零七条 有关地方人民政府、负有安全生产监督管理职责的部门,对生产安全事故隐瞒不报、谎报或者迟报的,对直接负责的主管人员和其他直接责任人员依法给予处分;构成犯罪的,依照刑法有关规定追究刑事责任。

第一百零八条 生产经营单位不具备本法和其他有关法律、行政法规和国家标准或者行业标准规定的安全生产条件,经停产停业整顿仍不具备安全生产条件的,予以关闭;有关部门应当依法吊销其有关证照。

第一百零九条 发生生产安全事故,对负有责任的生产经营单位除要求其依法承担相应的赔偿等责任外,由安全生产监督管理部门依照下列规定处以罚款:

(一)发生一般事故的,处二十万元以上五十万元以下的罚款;

(二)发生较大事故的,处五十万元以上一百万元以下的罚款;

(三)发生重大事故的,处一百万元以上五百万元以下的罚款;

(四)发生特别重大事故的,处五百万元以上一千万元以下的罚款;情节特别严重的,处一千万元以上二千万元以下的罚款。

第一百一十条 本法规定的行政处罚,由安全生产监督管理部门和其他负有安全生产监督管理职责的部门按照职责分工决定。予以关闭的行政处罚由负有安全生产监督管理职责的部门报请县级以上人民政府按照国务院规定的权限决定;给予拘留的行政处罚由公安机关依照治安管理处罚法的规定决定。

第一百一十一条 生产经营单位发生生产安全事故造成人员伤亡、他人财产损失的,应当依法承担赔偿责任;拒不承担或者其负责人逃匿的,由人民法院依法强制执行。

生产安全事故的责任人未依法承担赔偿责任,经人民法院依法采取执行措施后,仍不能对受害人给予足额赔偿的,应当继续履行赔偿义务;受害人发现责任人有其他财产的,可以随时请求人民法院执行。

第七章 附 则

第一百一十二条 本法下列用语的含义:

危险物品,是指易燃易爆物品、危险化学品、放射性物品等能够危及人身安全和财产安全的物品。

重大危险源,是指长期地或者临时地生产、搬运、使用或者储存危险物品,且危险物品的数量等于或者超过临界量的单元(包括场所和设施)。

第一百一十三条 本法规定的生产安全一般事故、较大事故、重大事故、特别重大事故的划分标准由国务院规定。

国务院安全生产监督管理部门和其他负有安全生产监督管理职责的部门应当根据各自的职责分工,制定相关行业、领域重大事故隐患的判定标准。

第一百一十四条 本法自 2002 年 11 月 1 日起施行。

建设工程质量管理条例

(2000年1月30日国务院令第279号公布)

第一章 总 则

第一条 为了加强对建设工程质量的管理,保证建设工程质量,保护人民生命和财产安全,根据《中华人民共和国建筑法》,制定本条例。

第二条 凡在中华人民共和国境内从事建设工程的新建、扩建、改建等有关活动及实施对建设工程质量监督管理的,必须遵守本条例。

本条例所称建设工程,是指土木工程、建筑工程、线路管道和设备安装工程及装修工程。

第三条 建设单位、勘察单位、设计单位、施工单位、工程监理单位依法对建设工程质量负责。

第四条 县级以上人民政府建设行政主管部门和其他有关部门应当加强对建设工程质量的监督管理。

第五条 从事建设工程活动,必须严格执行基本建设程序,坚持先勘察、后设计、再施工的原则。

县级以上人民政府及其有关部门不得超越权限审批建设项目或者擅自简化基本建设程序。

第六条 国家鼓励采用先进的科学技术和管理方法,提高建设工程质量。

第二章 建设单位的质量责任和义务

第七条 建设单位应当将工程发包给具有相应资质等级的单位。

建设单位不得将建设工程肢解发包。

第八条 建设单位应当依法对工程建设项目的勘察、设计、施工、监理以及与工程建设有关的重要设备、材料等的采购进行招标。

第九条 建设单位必须向有关的勘察、设计、施工、工程监理等单位提供与建设工程有关的原始资料。

原始资料必须真实、准确、齐全。

第十条 建设工程发包单位不得迫使承包方以低于成本的价格竞标,不得任意压缩合理工期。

建设单位不得明示或者暗示设计单位或者施工单位违反工程建设强制性标准,降低建设工程质量。

第十一条 建设单位应当将施工图设计文件报县级以上人民政府建设行政主管部门或

者其他有关部门审查。施工图设计文件审查的具体办法,由国务院建设行政主管部门会同国务院其他有关部门制定。

施工图设计文件未经审查批准的,不得使用。

第十二条 实行监理的建设工程,建设单位应当委托具有相应资质等级的工程监理单位进行监理,也可以委托具有工程监理相应资质等级并与被监理工程的施工承包单位没有隶属关系或者其他利害关系的该工程的设计单位进行监理。

下列建设工程必须实行监理:

(一)国家重点建设工程;

(二)大中型公用事业工程;

(三)成片开发建设的住宅小区工程;

(四)利用外国政府或者国际组织贷款、援助资金的工程;

(五)国家规定必须实行监理的其他工程。

第十三条 建设单位在领取施工许可证或者开工报告前,应当按照国家有关规定办理工程质量监督手续。

第十四条 按照合同约定,由建设单位采购建筑材料、建筑构配件和设备的,建设单位应当保证建筑材料、建筑构配件和设备符合设计文件和合同要求。

建设单位不得明示或者暗示施工单位使用不合格的建筑材料、建筑构配件和设备。

第十五条 涉及建筑主体和承重结构变动的装修工程,建设单位应当在施工前委托原设计单位或者具有相应资质等级的设计单位提出设计方案;没有设计方案的,不得施工。

房屋建筑使用者在装修过程中,不得擅自变动房屋建筑主体和承重结构。

第十六条 建设单位收到建设工程竣工报告后,应当组织设计、施工、工程监理等有关单位进行竣工验收。

建设工程竣工验收应当具备下列条件:

(一)完成建设工程设计和合同约定的各项内容;

(二)有完整的技术档案和施工管理资料;

(三)有工程使用的主要建筑材料、建筑构配件和设备的进场试验报告;

(四)有勘察、设计、施工、工程监理等单位分别签署的质量合格文件;

(五)有施工单位签署的工程保修书。

建设工程经验收合格的,方可交付使用。

第十七条 建设单位应当严格按照国家有关档案管理的规定,及时收集、整理建设项目各环节的文件资料,建立、健全建设项目档案,并在建设工程竣工验收后,及时向建设行政主管部门或者其他有关部门移交建设项目档案。

第三章 勘察、设计单位的质量责任和义务

第十八条 从事建设工程勘察、设计的单位应当依法取得相应等级的资质证书,并在其资质等级许可的范围内承揽工程。

禁止勘察、设计单位超越其资质等级许可的范围或者以其他勘察、设计单位的名义承揽工程。禁止勘察、设计单位允许其他单位或者个人以本单位的名义承揽工程。

勘察、设计单位不得转包或者违法分包所承揽的工程。

第十九条 勘察、设计单位必须按照工程建设强制性标准进行勘察、设计,并对其勘察、设计的质量负责。

注册建筑师、注册结构工程师等注册执业人员应当在设计文件上签字,对设计文件负责。

第二十条 勘察单位提供的地质、测量、水文等勘察成果必须真实、准确。

第二十一条 设计单位应当根据勘察成果文件进行建设工程设计。

设计文件应当符合国家规定的设计深度要求,注明工程合理使用年限。

第二十二条 设计单位在设计文件中选用的建筑材料、建筑构配件和设备,应当注明规格、型号、性能等技术指标,其质量要求必须符合国家规定的标准。

除有特殊要求的建筑材料、专用设备、工艺生产线等外,设计单位不得指定生产厂、供应商。

第二十三条 设计单位应当就审查合格的施工图设计文件向施工单位作出详细说明。

第二十四条 设计单位应当参与建设工程质量事故分析,并对因设计造成的质量事故,提出相应的技术处理方案。

第四章 施工单位的质量责任和义务

第二十五条 施工单位应当依法取得相应等级的资质证书,并在其资质等级许可的范围内承揽工程。

禁止施工单位超越本单位资质等级许可的业务范围或者以其他施工单位的名义承揽工程。禁止施工单位允许其他单位或者个人以本单位的名义承揽工程。

施工单位不得转包或者违法分包工程。

第二十六条 施工单位对建设工程的施工质量负责。

施工单位应当建立质量责任制,确定工程项目的项目经理、技术负责人和施工管理负责人。

建设工程实行总承包的,总承包单位应当对全部建设工程质量负责;建设工程勘察、设计、施工、设备采购的一项或者多项实行总承包的,总承包单位应当对其承包的建设工程或者采购的设备的质量负责。

第二十七条 总承包单位依法将建设工程分包给其他单位的,分包单位应当按照分包合同的约定对其分包工程的质量向总承包单位负责,总承包单位与分包单位对分包工程的质量承担连带责任。

第二十八条 施工单位必须按照工程设计图纸和施工技术标准施工,不得擅自修改工程设计,不得偷工减料。

施工单位在施工过程中发现设计文件和图纸有差错的,应当及时提出意见和建议。

第二十九条 施工单位必须按照工程设计要求、施工技术标准和合同约定,对建筑材料、建筑构配件、设备和商品混凝土进行检验,检验应当有书面记录和专人签字;未经检验或者检验不合格的,不得使用。

第三十条 施工单位必须建立、健全施工质量的检验制度,严格工序管理,作好隐蔽工程的质量检查和记录。隐蔽工程在隐蔽前,施工单位应当通知建设单位和建设工程质量监督机构。

第三十一条 施工人员对涉及结构安全的试块、试件以及有关材料,应当在建设单位或者工程监理单位监督下现场取样,并送具有相应资质等级的质量检测单位进行检测。

第三十二条 施工单位对施工中出现质量问题的建设工程或者竣工验收不合格的建设工程,应当负责返修。

第三十三条 施工单位应当建立、健全教育培训制度,加强对职工的教育培训;未经教育培训或者考核不合格的人员,不得上岗作业。

第五章 工程监理单位的质量责任和义务

第三十四条 工程监理单位应当依法取得相应等级的资质证书,并在其资质等级许可的范围内承担工程监理业务。

禁止工程监理单位超越本单位资质等级许可的范围或者以其他工程监理单位的名义承担工程监理业务。禁止工程监理单位允许其他单位或者个人以本单位的名义承担工程监理业务。

工程监理单位不得转让工程监理业务。

第三十五条 工程监理单位与被监理工程的施工承包单位以及建筑材料、建筑构配件和设备供应单位有隶属关系或者其他利害关系的,不得承担该项建设工程的监理业务。

第三十六条 工程监理单位应当依照法律、法规以及有关技术标准、设计文件和建设工程承包合同,代表建设单位对施工质量实施监理,并对施工质量承担监理责任。

第三十七条 工程监理单位应当选派具备相应资格的总监理工程师和监理工程师进驻施工现场。

未经监理工程师签字,建筑材料、建筑构配件和设备不得在工程上使用或者安装,施工单位不得进行下一道工序的施工。未经总监理工程师签字,建设单位不拨付工程款,不进行竣工验收。

第三十八条 监理工程师应当按照工程监理规范的要求,采取旁站、巡视和平行检验等形式,对建设工程实施监理。

第六章 建设工程质量保修

第三十九条 建设工程实行质量保修制度。

建设工程承包单位在向建设单位提交工程竣工验收报告时,应当向建设单位出具质量保修书。质量保修书中应当明确建设工程的保修范围、保修期限和保修责任等。

第四十条 在正常使用条件下,建设工程的最低保修期限为:

(一)基础设施工程、房屋建筑的地基基础工程和主体结构工程,为设计文件规定的该工程的合理使用年限;

(二)屋面防水工程、有防水要求的卫生间、房间和外墙面的防渗漏,为5年;

(三)供热与供冷系统,为2个采暖期、供冷期;

(四)电气管线、给排水管道、设备安装和装修工程,为2年。

其他项目的保修期限由发包方与承包方约定。

建设工程的保修期,自竣工验收合格之日起计算。

第四十一条 建设工程在保修范围和保修期限内发生质量问题的,施工单位应当履行保修义务,并对造成的损失承担赔偿责任。

第四十二条 建设工程在超过合理使用年限后需要继续使用的,产权所有人应当委托具有相应资质等级的勘察、设计单位鉴定,并根据鉴定结果采取加固、维修等措施,重新界定使用期。

第七章 监督管理

第四十三条 国家实行建设工程质量监督管理制度。

国务院建设行政主管部门对全国的建设工程质量实施统一监督管理。国务院铁路、交通、水利等有关部门按照国务院规定的职责分工,负责对全国的有关专业建设工程质量的监督管理。

县级以上地方人民政府建设行政主管部门对本行政区域内的建设工程质量实施监督管理。县级以上地方人民政府交通、水利等有关部门在各自的职责范围内,负责对本行政区域内的专业建设工程质量的监督管理。

第四十四条 国务院建设行政主管部门和国务院铁路、交通、水利等有关部门应当加强对有关建设工程质量的法律、法规和强制性标准执行情况的监督检查。

第四十五条 国务院发展计划部门按照国务院规定的职责,组织稽查特派员,对国家出资的重大建设项目实施监督检查。

国务院经济贸易主管部门按照国务院规定的职责,对国家重大技术改造项目实施监督检查。

第四十六条 建设工程质量监督管理,可以由建设行政主管部门或者其他有关部门委托的建设工程质量监督机构具体实施。

从事房屋建筑工程和市政基础设施工程质量监督的机构,必须按照国家有关规定经国务院建设行政主管部门或者省、自治区、直辖市人民政府建设行政主管部门考核;从事专业建设工程质量监督的机构,必须按照国家有关规定经国务院有关部门或者省、自治区、直辖市人民政府有关部门考核。经考核合格后,方可实施质量监督。

第四十七条 县级以上地方人民政府建设行政主管部门和其他有关部门应当加强对有关建设工程质量的法律、法规和强制性标准执行情况的监督检查。

第四十八条 县级以上人民政府建设行政主管部门和其他有关部门履行监督检查职责时,有权采取下列措施:

(一)要求被检查的单位提供有关工程质量的文件和资料;

(二)进入被检查单位的施工现场进行检查;

(三)发现有影响工程质量的问题时,责令改正。

第四十九条 建设单位应当自建设工程竣工验收合格之日起15日内,将建设工程竣工验收报告和规划、公安消防、环保等部门出具的认可文件或者准许使用文件报建设行政主管部门或者其他有关部门备案。

建设行政主管部门或者其他有关部门发现建设单位在竣工验收过程中有违反国家有关

建设工程质量管理规定行为的,责令停止使用,重新组织竣工验收。

第五十条 有关单位和个人对县级以上人民政府建设行政主管部门和其他有关部门进行的监督检查应当支持与配合,不得拒绝或者阻碍建设工程质量监督检查人员依法执行职务。

第五十一条 供水、供电、供气、公安消防等部门或者单位不得明示或者暗示建设单位、施工单位购买其指定的生产供应单位的建筑材料、建筑构配件和设备。

第五十二条 建设工程发生质量事故,有关单位应当在24小时内向当地建设行政主管部门和其他有关部门报告。对重大质量事故,事故发生地的建设行政主管部门和其他有关部门应当按照事故类别和等级向当地人民政府和上级建设行政主管部门和其他有关部门报告。

特别重大质量事故的调查程序按照国务院有关规定办理。

第五十三条 任何单位和个人对建设工程的质量事故、质量缺陷都有权检举、控告、投诉。

第八章 罚 则

第五十四条 违反本条例规定,建设单位将建设工程发包给不具有相应资质等级的勘察、设计、施工单位或者委托给不具有相应资质等级的工程监理单位的,责令改正,处50万元以上100万元以下的罚款。

第五十五条 违反本条例规定,建设单位将建设工程肢解发包的,责令改正,处工程合同价款百分之零点五以上百分之一以下的罚款;对全部或者部分使用国有资金的项目,并可以暂停项目执行或者暂停资金拨付。

第五十六条 违反本条例规定,建设单位有下列行为之一的,责令改正,处20万元以上50万元以下的罚款:

(一)迫使承包方以低于成本的价格竞标的;

(二)任意压缩合理工期的;

(三)明示或者暗示设计单位或者施工单位违反工程建设强制性标准,降低工程质量的;

(四)施工图设计文件未经审查或者审查不合格,擅自施工的;

(五)建设项目必须实行工程监理而未实行工程监理的;

(六)未按照国家规定办理工程质量监督手续的;

(七)明示或者暗示施工单位使用不合格的建筑材料、建筑构配件和设备的;

(八)未按照国家规定将竣工验收报告、有关认可文件或者准许使用文件报送备案的。

第五十七条 违反本条例规定,建设单位未取得施工许可证或者开工报告未经批准,擅自施工的,责令停止施工,限期改正,处工程合同价款百分之一以上百分之二以下的罚款。

第五十八条 违反本条例规定,建设单位有下列行为之一的,责令改正,处工程合同价款百分之二以上百分之四以下的罚款;造成损失的,依法承担赔偿责任:

(一)未组织竣工验收,擅自交付使用的;

(二)验收不合格,擅自交付使用的;

(三)对不合格的建设工程按照合格工程验收的。

第五十九条 违反本条例规定,建设工程竣工验收后,建设单位未向建设行政主管部门或者其他有关部门移交建设项目档案的,责令改正,处1万元以上10万元以下的罚款。

第六十条 违反本条例规定,勘察、设计、施工、工程监理单位超越本单位资质等级承揽工程的,责令停止违法行为,对勘察、设计单位或者工程监理单位处合同约定的勘察费、设计费或者监理酬金1倍以上2倍以下的罚款;对施工单位处工程合同价款百分之二以上百分之四以下的罚款,可以责令停业整顿,降低资质等级;情节严重的,吊销资质证书;有违法所得的,予以没收。

未取得资质证书承揽工程的,予以取缔,依照前款规定处以罚款;有违法所得的,予以没收。

以欺骗手段取得资质证书承揽工程的,吊销资质证书,依照本条第一款规定处以罚款;有违法所得的,予以没收。

第六十一条 违反本条例规定,勘察、设计、施工、工程监理单位允许其他单位或者个人以本单位名义承揽工程的,责令改正,没收违法所得,对勘察、设计单位和工程监理单位处合同约定的勘察费、设计费和监理酬金1倍以上2倍以下的罚款;对施工单位处工程合同价款百分之二以上百分之四以下的罚款;可以责令停业整顿,降低资质等级;情节严重的,吊销资质证书。

第六十二条 违反本条例规定,承包单位将承包的工程转包或者违法分包的,责令改正,没收违法所得,对勘察、设计单位处合同约定的勘察费、设计费百分之二十五以上百分之五十以下的罚款;对施工单位处工程合同价款百分之零点五以上百分之一以下的罚款;可以责令停业整顿,降低资质等级;情节严重的,吊销资质证书。

工程监理单位转让工程监理业务的,责令改正,没收违法所得,处合同约定的监理酬金百分之二十五以上百分之五十以下的罚款;可以责令停业整顿,降低资质等级;情节严重的,吊销资质证书。

第六十三条 违反本条例规定,有下列行为之一的,责令改正,处10万元以上30万元以下的罚款:

(一)勘察单位未按照工程建设强制性标准进行勘察的;
(二)设计单位未根据勘察成果文件进行工程设计的;
(三)设计单位指定建筑材料、建筑构配件的生产厂、供应商的;
(四)设计单位未按照工程建设强制性标准进行设计的。

有前款所列行为,造成工程质量事故的,责令停业整顿,降低资质等级;情节严重的,吊销资质证书;造成损失的,依法承担赔偿责任。

第六十四条 违反本条例规定,施工单位在施工中偷工减料的,使用不合格的建筑材料、建筑构配件和设备的,或者有不按照工程设计图纸或者施工技术标准施工的其他行为的,责令改正,处工程合同价款百分之二以上百分之四以下的罚款;造成建设工程质量不符合规定的质量标准的,负责返工、修理,并赔偿因此造成的损失;情节严重的,责令停业整顿,降低资质等级或者吊销资质证书。

第六十五条 违反本条例规定,施工单位未对建筑材料、建筑构配件、设备和商品混凝土进行检验,或者未对涉及结构安全的试块、试件以及有关材料取样检测的,责令改正,处10万元以上20万元以下的罚款;情节严重的,责令停业整顿,降低资质等级或者吊销资质证书;造成损失的,依法承担赔偿责任。

第六十六条 违反本条例规定,施工单位不履行保修义务或者拖延履行保修义务的,责令改正,处10万元以上20万元以下的罚款,并对在保修期内因质量缺陷造成的损失承担赔偿责任。

第六十七条 工程监理单位有下列行为之一的,责令改正,处50万元以上100万元以下的罚款,降低资质等级或者吊销资质证书;有违法所得的,予以没收;造成损失的,承担连带赔偿责任:

(一)与建设单位或者施工单位串通,弄虚作假、降低工程质量的;

(二)将不合格的建设工程、建筑材料、建筑构配件和设备按照合格签字的。

第六十八条 违反本条例规定,工程监理单位与被监理工程的施工承包单位以及建筑材料、建筑构配件和设备供应单位有隶属关系或者其他利害关系承担该项建设工程的监理业务的,责令改正,处5万元以上10万元以下的罚款,降低资质等级或者吊销资质证书;有违法所得的,予以没收。

第六十九条 违反本条例规定,涉及建筑主体或者承重结构变动的装修工程,没有设计方案擅自施工的,责令改正,处50万元以上100万元以下的罚款;房屋建筑使用者在装修过程中擅自变动房屋建筑主体和承重结构的,责令改正,处5万元以上10万元以下的罚款。

有前款所列行为,造成损失的,依法承担赔偿责任。

第七十条 发生重大工程质量事故隐瞒不报、谎报或者拖延报告期限的,对直接负责的主管人员和其他责任人员依法给予行政处分。

第七十一条 违反本条例规定,供水、供电、供气、公安消防等部门或者单位明示或者暗示建设单位或者施工单位购买其指定的生产供应单位的建筑材料、建筑构配件和设备的,责令改正。

第七十二条 违反本条例规定,注册建筑师、注册结构工程师、监理工程师等注册执业人员因过错造成质量事故的,责令停止执业1年;造成重大质量事故的,吊销执业资格证书,5年以内不予注册;情节特别恶劣的,终身不予注册。

第七十三条 依照本条例规定,给予单位罚款处罚的,对单位直接负责的主管人员和其他直接责任人员处单位罚款数额百分之五以上百分之十以下的罚款。

第七十四条 建设单位、设计单位、施工单位、工程监理单位违反国家规定,降低工程质量标准,造成重大安全事故,构成犯罪的,对直接责任人员依法追究刑事责任。

第七十五条 本条例规定的责令停业整顿、降低资质等级和吊销资质证书的行政处罚,由颁发资质证书的机关决定;其他行政处罚,由建设行政主管部门或者其他有关部门依照法定职权决定。

依照本条例规定被吊销资质证书的,由工商行政管理部门吊销其营业执照。

第七十六条 国家机关工作人员在建设工程质量监督管理工作中玩忽职守、滥用职权、徇私舞弊,构成犯罪的,依法追究刑事责任;尚不构成犯罪的,依法给予行政处分。

第七十七条 建设、勘察、设计、施工、工程监理单位的工作人员因调动工作、退休等原因离开该单位后,被发现在该单位工作期间违反国家有关建设工程质量管理规定,造成重大工程质量事故的,仍应当依法追究法律责任。

第九章 附 则

第七十八条 本条例所称肢解发包,是指建设单位将应当由一个承包单位完成的建设工程分解成若干部分发包给不同的承包单位的行为。

本条例所称违法分包,是指下列行为:

(一)总承包单位将建设工程分包给不具备相应资质条件的单位的;

(二)建设工程总承包合同中未有约定,又未经建设单位认可,承包单位将其承包的部分建设工程交由其他单位完成的;

(三)施工总承包单位将建设工程主体结构的施工分包给其他单位的;

(四)分包单位将其承包的建设工程再分包的。

本条例所称转包,是指承包单位承包建设工程后,不履行合同约定的责任和义务,将其承包的全部建设工程转给他人或者将其承包的全部建设工程肢解以后以分包的名义分别转给其他单位承包的行为。

第七十九条 本条例规定的罚款和没收的违法所得,必须全部上缴国库。

第八十条 抢险救灾及其他临时性房屋建筑和农民自建低层住宅的建设活动,不适用本条例。

第八十一条 军事建设工程的管理,按照中央军事委员会的有关规定执行。

第八十二条 本条例自发布之日起施行。

附:刑法有关条款

第一百三十七条 建设单位、设计单位、施工单位、工程监理单位违反国家规定,降低工程质量标准,造成重大安全事故的,对直接责任人员处 5 年以下有期徒刑或者拘役,并处罚金;后果特别严重的,处 5 年以上 10 年以下有期徒刑,并处罚金。

建设工程勘查设计管理条例

（2000年9月25日国务院令第293号公布，2015年6月12日国务院令第662号修订）

第一章 总 则

第一条 为了加强对建设工程勘察、设计活动的管理，保证建设工程勘察、设计质量，保护人民生命和财产安全，制定本条例。

第二条 从事建设工程勘察、设计活动，必须遵守本条例。

本条例所称建设工程勘察，是指根据建设工程的要求，查明、分析、评价建设场地的地质、地理环境特征和岩土工程条件，编制建设工程勘察文件的活动。

本条例所称建设工程设计，是指根据建设工程的要求，对建设工程所需的技术、经济、资源、环境等条件进行综合分析、论证，编制建设工程设计文件的活动。

第三条 建设工程勘察、设计应当与社会、经济发展水平相适应，做到经济效益、社会效益和环境效益相统一。

第四条 从事建设工程勘察、设计活动，应当坚持先勘察、后设计、再施工的原则。

第五条 县级以上人民政府建设行政主管部门和交通、水利等有关部门应当依照本条例的规定，加强对建设工程勘察、设计活动的监督管理。

建设工程勘察、设计单位必须依法进行建设工程勘察、设计，严格执行工程建设强制性标准，并对建设工程勘察、设计的质量负责。

第六条 国家鼓励在建设工程勘察、设计活动中采用先进技术、先进工艺、先进设备、新型材料和现代管理方法。

第二章 资质资格管理

第七条 国家对从事建设工程勘察、设计活动的单位，实行资质管理制度。具体办法由国务院建设行政主管部门商国务院有关部门制定。

第八条 建设工程勘察、设计单位应当在其资质等级许可的范围内承揽建设工程勘察、设计业务。

禁止建设工程勘察、设计单位超越其资质等级许可的范围或者以其他建设工程勘察、设计单位的名义承揽建设工程勘察、设计业务。禁止建设工程勘察、设计单位允许其他单位或者个人以本单位的名义承揽建设工程勘察、设计业务。

第九条 国家对从事建设工程勘察、设计活动的专业技术人员，实行执业资格注册管理制度。

未经注册的建设工程勘察、设计人员，不得以注册执业人员的名义从事建设工程勘察、设计活动。

第十条 建设工程勘察、设计注册执业人员和其他专业技术人员只能受聘于一个建设工程勘察、设计单位；未受聘于建设工程勘察、设计单位的，不得从事建设工程的勘察、设计活动。

第十一条 建设工程勘察、设计单位资质证书和执业人员注册证书，由国务院建设行政主管部门统一制作。

第三章 建设工程勘察设计发包与承包

第十二条 建设工程勘察、设计发包依法实行招标发包或者直接发包。

第十三条 建设工程勘察、设计应当依照《中华人民共和国招标投标法》的规定，实行招标发包。

第十四条 建设工程勘察、设计方案评标，应当以投标人的业绩、信誉和勘察、设计人员的能力以及勘察、设计方案的优劣为依据，进行综合评定。

第十五条 建设工程勘察、设计的招标人应当在评标委员会推荐的候选方案中确定中标方案。但是，建设工程勘察、设计的招标人认为评标委员会推荐的候选方案不能最大限度满足招标文件规定的要求的，应当依法重新招标。

第十六条 下列建设工程的勘察、设计，经有关主管部门批准，可以直接发包：

（一）采用特定的专利或者专有技术的；

（二）建筑艺术造型有特殊要求的；

（三）国务院规定的其他建设工程的勘察、设计。

第十七条 发包方不得将建设工程勘察、设计业务发包给不具有相应勘察、设计资质等级的建设工程勘察、设计单位。

第十八条 发包方可以将整个建设工程的勘察、设计发包给一个勘察、设计单位；也可以将建设工程的勘察、设计分别发包给几个勘察、设计单位。

第十九条 除建设工程主体部分的勘察、设计外，经发包方书面同意，承包方可以将建设工程其他部分的勘察、设计再分包给其他具有相应资质等级的建设工程勘察、设计单位。

第二十条 建设工程勘察、设计单位不得将所承揽的建设工程勘察、设计转包。

第二十一条 承包方必须在建设工程勘察、设计资质证书规定的资质等级和业务范围内承揽建设工程的勘察、设计业务。

第二十二条 建设工程勘察、设计的发包方与承包方，应当执行国家规定的建设工程勘察、设计程序。

第二十三条 建设工程勘察、设计的发包方与承包方应当签订建设工程勘察、设计合同。

第二十四条 建设工程勘察、设计发包方与承包方应当执行国家有关建设工程勘察费、设计费的管理规定。

第四章 建设工程勘察设计文件的编制与实施

第二十五条 编制建设工程勘察、设计文件，应当以下列规定为依据：

(一)项目批准文件;
(二)城乡规划;
(三)工程建设强制性标准;
(四)国家规定的建设工程勘察、设计深度要求。

铁路、交通、水利等专业建设工程,还应当以专业规划的要求为依据。

第二十六条 编制建设工程勘察文件,应当真实、准确,满足建设工程规划、选址、设计、岩土治理和施工的需要。

编制方案设计文件,应当满足编制初步设计文件和控制概算的需要。

编制初步设计文件,应当满足编制施工招标文件、主要设备材料订货和编制施工图设计文件的需要。

编制施工图设计文件,应当满足设备材料采购、非标准设备制作和施工的需要,并注明建设工程合理使用年限。

第二十七条 设计文件中选用的材料、构配件、设备,应当注明其规格、型号、性能等技术指标,其质量要求必须符合国家规定的标准。

除有特殊要求的建筑材料、专用设备和工艺生产线等外,设计单位不得指定生产厂、供应商。

第二十八条 建设单位、施工单位、监理单位不得修改建设工程勘察、设计文件;确需修改建设工程勘察、设计文件的,应当由原建设工程勘察、设计单位修改。经原建设工程勘察、设计单位书面同意,建设单位也可以委托其他具有相应资质的建设工程勘察、设计单位修改。修改单位对修改的勘察、设计文件承担相应责任。

施工单位、监理单位发现建设工程勘察、设计文件不符合工程建设强制性标准、合同约定的质量要求的,应当报告建设单位,建设单位有权要求建设工程勘察、设计单位对建设工程勘察、设计文件进行补充、修改。

建设工程勘察、设计文件内容需要作重大修改的,建设单位应当报经原审批机关批准后,方可修改。

第二十九条 建设工程勘察、设计文件中规定采用的新技术、新材料,可能影响建设工程质量和安全,又没有国家技术标准的,应当由国家认可的检测机构进行试验、论证,出具检测报告,并经国务院有关部门或者省、自治区、直辖市人民政府有关部门组织的建设工程技术专家委员会审定后,方可使用。

第三十条 建设工程勘察、设计单位应当在建设工程施工前,向施工单位和监理单位说明建设工程勘察、设计意图,解释建设工程勘察、设计文件。

建设工程勘察、设计单位应当及时解决施工中出现的勘察、设计问题。

第五章 监督管理

第三十一条 国务院建设行政主管部门对全国的建设工程勘察、设计活动实施统一监督管理。国务院铁路、交通、水利等有关部门按照国务院规定的职责分工,负责对全国的有关专业建设工程勘察、设计活动的监督管理。

县级以上地方人民政府建设行政主管部门对本行政区域内的建设工程勘察、设计活动实施监督管理。县级以上地方人民政府交通、水利等有关部门在各自的职责范围内,负责对本行政区域内的有关专业建设工程勘察、设计活动的监督管理。

第三十二条　建设工程勘察、设计单位在建设工程勘察、设计资质证书规定的业务范围内跨部门、跨地区承揽勘察、设计业务的,有关地方人民政府及其所属部门不得设置障碍,不得违反国家规定收取任何费用。

第三十三条　县级以上人民政府建设行政主管部门或者交通、水利等有关部门应当对施工图设计文件中涉及公共利益、公众安全、工程建设强制性标准的内容进行审查。

施工图设计文件未经审查批准的,不得使用。

第三十四条　任何单位和个人对建设工程勘察、设计活动中的违法行为都有权检举、控告、投诉。

第六章　罚　则

第三十五条　违反本条例第八条规定的,责令停止违法行为,处合同约定的勘察费、设计费1倍以上2倍以下的罚款,有违法所得的,予以没收;可以责令停业整顿,降低资质等级;情节严重的,吊销资质证书。

未取得资质证书承揽工程的,予以取缔,依照前款规定处以罚款;有违法所得的,予以没收。

以欺骗手段取得资质证书承揽工程的,吊销资质证书,依照本条第一款规定处以罚款;有违法所得的,予以没收。

第三十六条　违反本条例规定,未经注册,擅自以注册建设工程勘察、设计人员的名义从事建设工程勘察、设计活动的,责令停止违法行为,没收违法所得,处违法所得2倍以上5倍以下罚款;给他人造成损失的,依法承担赔偿责任。

第三十七条　违反本条例规定,建设工程勘察、设计注册执业人员和其他专业技术人员未受聘于一个建设工程勘察、设计单位或者同时受聘于两个以上建设工程勘察、设计单位,从事建设工程勘察、设计活动的,责令停止违法行为,没收违法所得,处违法所得2倍以上5倍以下的罚款;情节严重的,可以责令停止执行业务或者吊销资格证书;给他人造成损失的,依法承担赔偿责任。

第三十八条　违反本条例规定,发包方将建设工程勘察、设计业务发包给不具有相应资质等级的建设工程勘察、设计单位的,责令改正,处50万元以上100万元以下的罚款。

第三十九条　违反本条例规定,建设工程勘察、设计单位将所承揽的建设工程勘察、设计转包的,责令改正,没收违法所得,处合同约定的勘察费、设计费25%以上50%以下的罚款,可以责令停业整顿,降低资质等级;情节严重的,吊销资质证书。

第四十条　违反本条例规定,勘察、设计单位未依据项目批准文件,城乡规划及专业规划,国家规定的建设工程勘察、设计深度要求编制建设工程勘察、设计文件的,责令限期改正;逾期不改正的,处10万元以上30万元以下的罚款;造成工程质量事故或者环境污染和生态破坏的,责令停业整顿,降低资质等级;情节严重的,吊销资质证书;造成损失的,依法承担赔偿责任。

第四十一条　违反本条例规定,有下列行为之一的,依照《建设工程质量管理条例》第六十三条的规定给予处罚：

（一）勘察单位未按照工程建设强制性标准进行勘察的；

（二）设计单位未根据勘察成果文件进行工程设计的；

（三）设计单位指定建筑材料、建筑构配件的生产厂、供应商的；

（四）设计单位未按照工程建设强制性标准进行设计的。

第四十二条 本条例规定的责令停业整顿、降低资质等级和吊销资质证书、资格证书的行政处罚，由颁发资质证书、资格证书的机关决定；其他行政处罚，由建设行政主管部门或者其他有关部门依据法定职权范围决定。

依照本条例规定被吊销资质证书的，由工商行政管理部门吊销其营业执照。

第四十三条 国家机关工作人员在建设工程勘察、设计活动的监督管理工作中玩忽职守、滥用职权、徇私舞弊，构成犯罪的，依法追究刑事责任；尚不构成犯罪的，依法给予行政处分。

第七章 附 则

第四十四条 抢险救灾及其他临时性建筑和农民自建两层以下住宅的勘察、设计活动，不适用本条例。

第四十五条 军事建设工程勘察、设计的管理，按照中央军事委员会的有关规定执行。

第四十六条 本条例自公布之日起施行。

建设工程安全生产管理条例

(2003年11月24日国务院令第393号公布)

第一章 总 则

第一条 为了加强建设工程安全生产监督管理,保障人民群众生命和财产安全,根据《中华人民共和国建筑法》、《中华人民共和国安全生产法》,制定本条例。

第二条 在中华人民共和国境内从事建设工程的新建、扩建、改建和拆除等有关活动及实施对建设工程安全生产的监督管理,必须遵守本条例。

本条例所称建设工程,是指土木工程、建筑工程、线路管道和设备安装工程及装修工程。

第三条 建设工程安全生产管理,坚持安全第一、预防为主的方针。

第四条 建设单位、勘察单位、设计单位、施工单位、工程监理单位及其他与建设工程安全生产有关的单位,必须遵守安全生产法律、法规的规定,保证建设工程安全生产,依法承担建设工程安全生产责任。

第五条 国家鼓励建设工程安全生产的科学技术研究和先进技术的推广应用,推进建设工程安全生产的科学管理。

第二章 建设单位的安全责任

第六条 建设单位应当向施工单位提供施工现场及毗邻区域内供水、排水、供电、供气、供热、通信、广播电视等地下管线资料,气象和水文观测资料,相邻建筑物和构筑物、地下工程的有关资料,并保证资料的真实、准确、完整。

建设单位因建设工程需要,向有关部门或者单位查询前款规定的资料时,有关部门或者单位应当及时提供。

第七条 建设单位不得对勘察、设计、施工、工程监理等单位提出不符合建设工程安全生产法律、法规和强制性标准规定的要求,不得压缩合同约定的工期。

第八条 建设单位在编制工程概算时,应当确定建设工程安全作业环境及安全施工措施所需费用。

第九条 建设单位不得明示或者暗示施工单位购买、租赁、使用不符合安全施工要求的安全防护用具、机械设备、施工机具及配件、消防设施和器材。

第十条 建设单位在申请领取施工许可证时,应当提供建设工程有关安全施工措施的资料。

依法批准开工报告的建设工程,建设单位应当自开工报告批准之日起15日内,将保证安全施工的措施报送建设工程所在地的县级以上地方人民政府建设行政主管部门或者其他有关部门备案。

第十一条 建设单位应当将拆除工程发包给具有相应资质等级的施工单位。

建设单位应当在拆除工程施工 15 日前,将下列资料报送建设工程所在地的县级以上地方人民政府建设行政主管部门或者其他有关部门备案:

(一)施工单位资质等级证明;

(二)拟拆除建筑物、构筑物及可能危及毗邻建筑的说明;

(三)拆除施工组织方案;

(四)堆放、清除废弃物的措施。

实施爆破作业的,应当遵守国家有关民用爆炸物品管理的规定。

第三章　勘察、设计、工程监理及其他有关单位的安全责任

第十二条 勘察单位应当按照法律、法规和工程建设强制性标准进行勘察,提供的勘察文件应当真实、准确,满足建设工程安全生产的需要。

勘察单位在勘察作业时,应当严格执行操作规程,采取措施保证各类管线、设施和周边建筑物、构筑物的安全。

第十三条 设计单位应当按照法律、法规和工程建设强制性标准进行设计,防止因设计不合理导致生产安全事故的发生。

设计单位应当考虑施工安全操作和防护的需要,对涉及施工安全的重点部位和环节在设计文件中注明,并对防范生产安全事故提出指导意见。

采用新结构、新材料、新工艺的建设工程和特殊结构的建设工程,设计单位应当在设计中提出保障施工作业人员安全和预防生产安全事故的措施建议。

设计单位和注册建筑师等注册执业人员应当对其设计负责。

第十四条 工程监理单位应当审查施工组织设计中的安全技术措施或者专项施工方案是否符合工程建设强制性标准。

工程监理单位在实施监理过程中,发现存在安全事故隐患的,应当要求施工单位整改;情况严重的,应当要求施工单位暂时停止施工,并及时报告建设单位。施工单位拒不整改或者不停止施工的,工程监理单位应当及时向有关主管部门报告。

工程监理单位和监理工程师应当按照法律、法规和工程建设强制性标准实施监理,并对建设工程安全生产承担监理责任。

第十五条 为建设工程提供机械设备和配件的单位,应当按照安全施工的要求配备齐全有效的保险、限位等安全设施和装置。

第十六条 出租的机械设备和施工机具及配件,应当具有生产(制造)许可证、产品合格证。

出租单位应当对出租的机械设备和施工机具及配件的安全性能进行检测,在签订租赁协议时,应当出具检测合格证明。

禁止出租检测不合格的机械设备和施工机具及配件。

第十七条 在施工现场安装、拆卸施工起重机械和整体提升脚手架、模板等自升式架设设施,必须由具有相应资质的单位承担。

安装、拆卸施工起重机械和整体提升脚手架、模板等自升式架设设施,应当编制拆装方案、制定安全施工措施,并由专业技术人员现场监督。

施工起重机械和整体提升脚手架、模板等自升式架设设施安装完毕后,安装单位应当自检,出具自检合格证明,并向施工单位进行安全使用说明,办理验收手续并签字。

第十八条 施工起重机械和整体提升脚手架、模板等自升式架设设施的使用达到国家规定的检验检测期限的,必须经具有专业资质的检验检测机构检测。经检测不合格的,不得继续使用。

第十九条 检验检测机构对检测合格的施工起重机械和整体提升脚手架、模板等自升式架设设施,应当出具安全合格证明文件,并对检测结果负责。

第四章 施工单位的安全责任

第二十条 施工单位从事建设工程的新建、扩建、改建和拆除等活动,应当具备国家规定的注册资本、专业技术人员、技术装备和安全生产等条件,依法取得相应等级的资质证书,并在其资质等级许可的范围内承揽工程。

第二十一条 施工单位主要负责人依法对本单位的安全生产工作全面负责。施工单位应当建立健全安全生产责任制度和安全生产教育培训制度,制定安全生产规章制度和操作规程,保证本单位安全生产条件所需资金的投入,对所承担的建设工程进行定期和专项安全检查,并做好安全检查记录。

施工单位的项目负责人应当由取得相应执业资格的人员担任,对建设工程项目的安全施工负责,落实安全生产责任制度、安全生产规章制度和操作规程,确保安全生产费用的有效使用,并根据工程的特点组织制定安全施工措施,消除安全事故隐患,及时、如实报告生产安全事故。

第二十二条 施工单位对列入建设工程概算的安全作业环境及安全施工措施所需费用,应当用于施工安全防护用具及设施的采购和更新、安全施工措施的落实、安全生产条件的改善,不得挪作他用。

第二十三条 施工单位应当设立安全生产管理机构,配备专职安全生产管理人员。

专职安全生产管理人员负责对安全生产进行现场监督检查。发现安全事故隐患,应当及时向项目负责人和安全生产管理机构报告;对违章指挥、违章操作的,应当立即制止。

专职安全生产管理人员的配备办法由国务院建设行政主管部门会同国务院其他有关部门制定。

第二十四条 建设工程实行施工总承包的,由总承包单位对施工现场的安全生产负总责。

总承包单位应当自行完成建设工程主体结构的施工。

总承包单位依法将建设工程分包给其他单位的,分包合同中应当明确各自的安全生产方面的权利、义务。总承包单位和分包单位对分包工程的安全生产承担连带责任。

分包单位应当服从总承包单位的安全生产管理,分包单位不服从管理导致生产安全事故的,由分包单位承担主要责任。

第二十五条 垂直运输机械作业人员、安装拆卸工、爆破作业人员、起重信号工、登高架设作业人员等特种作业人员,必须按照国家有关规定经过专门的安全作业培训,并取得特种作业操作资格证书后,方可上岗作业。

第二十六条 施工单位应当在施工组织设计中编制安全技术措施和施工现场临时用电方案,对下列达到一定规模的危险性较大的分部分项工程编制专项施工方案,并附具安全验算结果,经施工单位技术负责人、总监理工程师签字后实施,由专职安全生产管理人员进行现场监督:

(一)基坑支护与降水工程;

(二)土方开挖工程;

(三)模板工程;

(四)起重吊装工程;

(五)脚手架工程;

(六)拆除、爆破工程;

(七)国务院建设行政主管部门或者其他有关部门规定的其他危险性较大的工程。

对前款所列工程中涉及深基坑、地下暗挖工程、高大模板工程的专项施工方案,施工单位还应当组织专家进行论证、审查。

本条第一款规定的达到一定规模的危险性较大工程的标准,由国务院建设行政主管部门会同国务院其他有关部门制定。

第二十七条 建设工程施工前,施工单位负责项目管理的技术人员应当对有关安全施工的技术要求向施工作业班组、作业人员作出详细说明,并由双方签字确认。

第二十八条 施工单位应当在施工现场入口处、施工起重机械、临时用电设施、脚手架、出入通道口、楼梯口、电梯井口、孔洞口、桥梁口、隧道口、基坑边沿、爆破物及有害危险气体和液体存放处等危险部位,设置明显的安全警示标志。安全警示标志必须符合国家标准。

施工单位应当根据不同施工阶段和周围环境及季节、气候的变化,在施工现场采取相应的安全施工措施。施工现场暂时停止施工的,施工单位应当做好现场防护,所需费用由责任方承担,或者按照合同约定执行。

第二十九条 施工单位应当将施工现场的办公、生活区与作业区分开设置,并保持安全距离;办公、生活区的选址应当符合安全性要求。职工的膳食、饮水、休息场所等应当符合卫生标准。施工单位不得在尚未竣工的建筑物内设置员工集体宿舍。

施工现场临时搭建的建筑物应当符合安全使用要求。施工现场使用的装配式活动房屋应当具有产品合格证。

第三十条 施工单位对因建设工程施工可能造成损害的毗邻建筑物、构筑物和地下管线等,应当采取专项防护措施。

施工单位应当遵守有关环境保护法律、法规的规定,在施工现场采取措施,防止或者减少粉尘、废气、废水、固体废物、噪声、振动和施工照明对人和环境的危害和污染。

在城市市区内的建设工程,施工单位应当对施工现场实行封闭围挡。

第三十一条 施工单位应当在施工现场建立消防安全责任制度,确定消防安全责任人,制定用火、用电、使用易燃易爆材料等各项消防安全管理制度和操作规程,设置消防通道、消防水源,配备消防设施和灭火器材,并在施工现场入口处设置明显标志。

第三十二条 施工单位应当向作业人员提供安全防护用具和安全防护服装,并书面告知危险岗位的操作规程和违章操作的危害。

作业人员有权对施工现场的作业条件、作业程序和作业方式中存在的安全问题提出批评、检举和控告,有权拒绝违章指挥和强令冒险作业。

在施工中发生危及人身安全的紧急情况时,作业人员有权立即停止作业或者在采取必要的应急措施后撤离危险区域。

第三十三条 作业人员应当遵守安全施工的强制性标准、规章制度和操作规程,正确使用安全防护用具、机械设备等。

第三十四条 施工单位采购、租赁的安全防护用具、机械设备、施工机具及配件,应当具有生产(制造)许可证、产品合格证,并在进入施工现场前进行查验。

施工现场的安全防护用具、机械设备、施工机具及配件必须由专人管理,定期进行检查、维修和保养,建立相应的资料档案,并按照国家有关规定及时报废。

第三十五条 施工单位在使用施工起重机械和整体提升脚手架、模板等自升式架设设施前,应当组织有关单位进行验收,也可以委托具有相应资质的检验检测机构进行验收;使用承租的机械设备和施工机具及配件的,由施工总承包单位、分包单位、出租单位和安装单位共同进行验收。验收合格的方可使用。

《特种设备安全监察条例》规定的施工起重机械,在验收前应当经有相应资质的检验检测机构监督检验合格。

施工单位应当自施工起重机械和整体提升脚手架、模板等自升式架设设施验收合格之日起30日内,向建设行政主管部门或者其他有关部门登记。登记标志应当置于或者附着于该设备的显著位置。

第三十六条 施工单位的主要负责人、项目负责人、专职安全生产管理人员应当经建设行政主管部门或者其他有关部门考核合格后方可任职。

施工单位应当对管理人员和作业人员每年至少进行一次安全生产教育培训,其教育培训情况记入个人工作档案。安全生产教育培训考核不合格的人员,不得上岗。

第三十七条 作业人员进入新的岗位或者新的施工现场前,应当接受安全生产教育培训。未经教育培训或者教育培训考核不合格的人员,不得上岗作业。

施工单位在采用新技术、新工艺、新设备、新材料时,应当对作业人员进行相应的安全生产教育培训。

第三十八条 施工单位应当为施工现场从事危险作业的人员办理意外伤害保险。

意外伤害保险费由施工单位支付。实行施工总承包的,由总承包单位支付意外伤害保险费。意外伤害保险期限自建设工程开工之日起至竣工验收合格止。

第五章 监督管理

第三十九条 国务院负责安全生产监督管理的部门依照《中华人民共和国安全生产法》的规定,对全国建设工程安全生产工作实施综合监督管理。

县级以上地方人民政府负责安全生产监督管理的部门依照《中华人民共和国安全生产法》的规定,对本行政区域内建设工程安全生产工作实施综合监督管理。

第四十条 国务院建设行政主管部门对全国的建设工程安全生产实施监督管理。国务院铁路、交通、水利等有关部门按照国务院规定的职责分工,负责有关专业建设工程安全生产的监督管理。

县级以上地方人民政府建设行政主管部门对本行政区域内的建设工程安全生产实施监督管理。县级以上地方人民政府交通、水利等有关部门在各自的职责范围内,负责本行政区域内的专业建设工程安全生产的监督管理。

第四十一条 建设行政主管部门和其他有关部门应当将本条例第十条、第十一条规定的有关资料的主要内容抄送同级负责安全生产监督管理的部门。

第四十二条 建设行政主管部门在审核发放施工许可证时,应当对建设工程是否有安全施工措施进行审查,对没有安全施工措施的,不得颁发施工许可证。

建设行政主管部门或者其他有关部门对建设工程是否有安全施工措施进行审查时,不得收取费用。

第四十三条 县级以上人民政府负有建设工程安全生产监督管理职责的部门在各自的职责范围内履行安全监督检查职责时,有权采取下列措施:

(一)要求被检查单位提供有关建设工程安全生产的文件和资料;

(二)进入被检查单位施工现场进行检查;

(三)纠正施工中违反安全生产要求的行为;

(四)对检查中发现的安全事故隐患,责令立即排除;重大安全事故隐患排除前或者排除过程中无法保证安全的,责令从危险区域内撤出作业人员或者暂时停止施工。

第四十四条 建设行政主管部门或者其他有关部门可以将施工现场的监督检查委托给建设工程安全监督机构具体实施。

第四十五条 国家对严重危及施工安全的工艺、设备、材料实行淘汰制度。具体目录由国务院建设行政主管部门会同国务院其他有关部门制定并公布。

第四十六条 县级以上人民政府建设行政主管部门和其他有关部门应当及时受理对建设工程生产安全事故及安全事故隐患的检举、控告和投诉。

第六章 生产安全事故的应急救援和调查处理

第四十七条 县级以上地方人民政府建设行政主管部门应当根据本级人民政府的要求,制定本行政区域内建设工程特大生产安全事故应急救援预案。

第四十八条 施工单位应当制定本单位生产安全事故应急救援预案,建立应急救援组织或者配备应急救援人员,配备必要的应急救援器材、设备,并定期组织演练。

第四十九条 施工单位应当根据建设工程施工的特点、范围,对施工现场易发生重大事故的部位、环节进行监控,制定施工现场生产安全事故应急救援预案。实行施工总承包的,由总承包单位统一组织编制建设工程生产安全事故应急救援预案,工程总承包单位和分包单位按照应急救援预案,各自建立应急救援组织或者配备应急救援人员,配备救援器材、设备,并定期组织演练。

第五十条 施工单位发生生产安全事故,应当按照国家有关伤亡事故报告和调查处理的规定,及时、如实地向负责安全生产监督管理的部门、建设行政主管部门或者其他有关部门报告;特种设备发生事故的,还应当同时向特种设备安全监督管理部门报告。接到报告的部门应当按照国家有关规定,如实上报。

实行施工总承包的建设工程,由总承包单位负责上报事故。

第五十一条 发生生产安全事故后,施工单位应当采取措施防止事故扩大,保护事故现场。需要移动现场物品时,应当做出标记和书面记录,妥善保管有关证物。

第五十二条 建设工程生产安全事故的调查、对事故责任单位和责任人的处罚与处理,按照有关法律、法规的规定执行。

第七章 法 律 责 任

第五十三条 违反本条例的规定,县级以上人民政府建设行政主管部门或者其他有关行政管理部门的工作人员,有下列行为之一的,给予降级或者撤职的行政处分;构成犯罪的,依照刑法有关规定追究刑事责任:

(一)对不具备安全生产条件的施工单位颁发资质证书的;

(二)对没有安全施工措施的建设工程颁发施工许可证的;

(三)发现违法行为不予查处的;

(四)不依法履行监督管理职责的其他行为。

第五十四条 违反本条例的规定,建设单位未提供建设工程安全生产作业环境及安全施工措施所需费用的,责令限期改正;逾期未改正的,责令该建设工程停止施工。

建设单位未将保证安全施工的措施或者拆除工程的有关资料报送有关部门备案的,责令限期改正,给予警告。

第五十五条 违反本条例的规定,建设单位有下列行为之一的,责令限期改正,处20万元以上50万元以下的罚款;造成重大安全事故,构成犯罪的,对直接责任人员,依照刑法有关规定追究刑事责任;造成损失的,依法承担赔偿责任:

(一)对勘察、设计、施工、工程监理等单位提出不符合安全生产法律、法规和强制性标准规定的要求的;

(二)要求施工单位压缩合同约定的工期的;

(三)将拆除工程发包给不具有相应资质等级的施工单位的。

第五十六条 违反本条例的规定,勘察单位、设计单位有下列行为之一的,责令限期改正,处10万元以上30万元以下的罚款;情节严重的,责令停业整顿,降低资质等级,直至吊销资质证书;造成重大安全事故,构成犯罪的,对直接责任人员,依照刑法有关规定追究刑事责任;造成损失的,依法承担赔偿责任:

(一)未按照法律、法规和工程建设强制性标准进行勘察、设计的;

(二)采用新结构、新材料、新工艺的建设工程和特殊结构的建设工程,设计单位未在设计中提出保障施工作业人员安全和预防生产安全事故的措施建议的。

第五十七条 违反本条例的规定,工程监理单位有下列行为之一的,责令限期改正;逾期未改正的,责令停业整顿,并处10万元以上30万元以下的罚款;情节严重的,降低资质等级,直至吊销资质证书;造成重大安全事故,构成犯罪的,对直接责任人员,依照刑法有关规定追究刑事责任;造成损失的,依法承担赔偿责任:

（一）未对施工组织设计中的安全技术措施或者专项施工方案进行审查的；
（二）发现安全事故隐患未及时要求施工单位整改或者暂时停止施工的；
（三）施工单位拒不整改或者不停止施工，未及时向有关主管部门报告的；
（四）未依照法律、法规和工程建设强制性标准实施监理的。

第五十八条 注册执业人员未执行法律、法规和工程建设强制性标准的，责令停止执业3个月以上1年以下；情节严重的，吊销执业资格证书，5年内不予注册；造成重大安全事故的，终身不予注册；构成犯罪的，依照刑法有关规定追究刑事责任。

第五十九条 违反本条例的规定，为建设工程提供机械设备和配件的单位，未按照安全施工的要求配备齐全有效的保险、限位等安全设施和装置的，责令限期改正，处合同价款1倍以上3倍以下的罚款；造成损失的，依法承担赔偿责任。

第六十条 违反本条例的规定，出租单位出租未经安全性能检测或者经检测不合格的机械设备和施工机具及配件的，责令停业整顿，并处5万元以上10万元以下的罚款；造成损失的，依法承担赔偿责任。

第六十一条 违反本条例的规定，施工起重机械和整体提升脚手架、模板等自升式架设设施安装、拆卸单位有下列行为之一的，责令限期改正，处5万元以上10万元以下的罚款；情节严重的，责令停业整顿，降低资质等级，直至吊销资质证书；造成损失的，依法承担赔偿责任：
（一）未编制拆装方案、制定安全施工措施的；
（二）未由专业技术人员现场监督的；
（三）未出具自检合格证明或者出具虚假证明的；
（四）未向施工单位进行安全使用说明，办理移交手续的。

施工起重机械和整体提升脚手架、模板等自升式架设设施安装、拆卸单位有前款规定的第（一）项、第（三）项行为，经有关部门或者单位职工提出后，对事故隐患仍不采取措施，因而发生重大伤亡事故或者造成其他严重后果，构成犯罪的，对直接责任人员，依照刑法有关规定追究刑事责任。

第六十二条 违反本条例的规定，施工单位有下列行为之一的，责令限期改正；逾期未改正的，责令停业整顿，依照《中华人民共和国安全生产法》的有关规定处以罚款；造成重大安全事故，构成犯罪的，对直接责任人员，依照刑法有关规定追究刑事责任：
（一）未设立安全生产管理机构、配备专职安全生产管理人员或者分部分项工程施工时无专职安全生产管理人员现场监督的；
（二）施工单位的主要负责人、项目负责人、专职安全生产管理人员、作业人员或者特种作业人员，未经安全教育培训或者经考核不合格即从事相关工作的；
（三）未在施工现场的危险部位设置明显的安全警示标志，或者未按照国家有关规定在施工现场设置消防通道、消防水源、配备消防设施和灭火器材的；
（四）未向作业人员提供安全防护用具和安全防护服装的；
（五）未按照规定在施工起重机械和整体提升脚手架、模板等自升式架设设施验收合格后登记的；
（六）使用国家明令淘汰、禁止使用的危及施工安全的工艺、设备、材料的。

第六十三条 违反本条例的规定,施工单位挪用列入建设工程概算的安全生产作业环境及安全施工措施所需费用的,责令限期改正,处挪用费用20%以上50%以下的罚款;造成损失的,依法承担赔偿责任。

第六十四条 违反本条例的规定,施工单位有下列行为之一的,责令限期改正;逾期未改正的,责令停业整顿,并处5万元以上10万元以下的罚款;造成重大安全事故,构成犯罪的,对直接责任人员,依照刑法有关规定追究刑事责任:

(一)施工前未对有关安全施工的技术要求作出详细说明的;

(二)未根据不同施工阶段和周围环境及季节、气候的变化,在施工现场采取相应的安全施工措施,或者在城市市区内的建设工程的施工现场未实行封闭围挡的;

(三)在尚未竣工的建筑物内设置员工集体宿舍的;

(四)施工现场临时搭建的建筑物不符合安全使用要求的;

(五)未对因建设工程施工可能造成损害的毗邻建筑物、构筑物和地下管线等采取专项防护措施的。

施工单位有前款规定第(四)项、第(五)项行为,造成损失的,依法承担赔偿责任。

第六十五条 违反本条例的规定,施工单位有下列行为之一的,责令限期改正;逾期未改正的,责令停业整顿,并处10万元以上30万元以下的罚款;情节严重的,降低资质等级,直至吊销资质证书;造成重大安全事故,构成犯罪的,对直接责任人员,依照刑法有关规定追究刑事责任;造成损失的,依法承担赔偿责任:

(一)安全防护用具、机械设备、施工机具及配件在进入施工现场前未经查验或者查验不合格即投入使用的;

(二)使用未经验收或者验收不合格的施工起重机械和整体提升脚手架、模板等自升式架设设施的;

(三)委托不具有相应资质的单位承担施工现场安装、拆卸施工起重机械和整体提升脚手架、模板等自升式架设设施的;

(四)在施工组织设计中未编制安全技术措施、施工现场临时用电方案或者专项施工方案的。

第六十六条 违反本条例的规定,施工单位的主要负责人、项目负责人未履行安全生产管理职责的,责令限期改正;逾期未改正的,责令施工单位停业整顿;造成重大安全事故、重大伤亡事故或者其他严重后果,构成犯罪的,依照刑法有关规定追究刑事责任。

作业人员不服管理、违反规章制度和操作规程冒险作业造成重大伤亡事故或者其他严重后果,构成犯罪的,依照刑法有关规定追究刑事责任。

施工单位的主要负责人、项目负责人有前款违法行为,尚不够刑事处罚的,处2万元以上20万元以下的罚款或者按照管理权限给予撤职处分;自刑罚执行完毕或者受处分之日起,5年内不得担任任何施工单位的主要负责人、项目负责人。

第六十七条 施工单位取得资质证书后,降低安全生产条件的,责令限期改正;经整改仍未达到与其资质等级相适应的安全生产条件的,责令停业整顿,降低其资质等级直至吊销资质证书。

第六十八条 本条例规定的行政处罚,由建设行政主管部门或者其他有关部门依照法定职权决定。

违反消防安全管理规定的行为,由公安消防机构依法处罚。

有关法律、行政法规对建设工程安全生产违法行为的行政处罚决定机关另有规定的,从其规定。

第八章 附 则

第六十九条 抢险救灾和农民自建低层住宅的安全生产管理,不适用本条例。

第七十条 军事建设工程的安全生产管理,按照中央军事委员会的有关规定执行。

第七十一条 本条例自2004年2月1日起施行。

公路建设市场管理办法

(2004年12月21日交通部令第14号公布,2015年6月26日交通运输部令第11号修正)

第一章 总 则

第一条 为加强公路建设市场管理,规范公路建设市场秩序,保证公路工程质量,促进公路建设市场健康发展,根据《中华人民共和国公路法》、《中华人民共和国招标投标法》、《建设工程质量管理条例》,制定本办法。

第二条 本办法适用于各级交通运输主管部门对公路建设市场的监督管理活动。

第三条 公路建设市场遵循公平、公正、公开、诚信的原则。

第四条 国家建立和完善统一、开放、竞争、有序的公路建设市场,禁止任何形式的地区封锁。

第五条 本办法中下列用语的含义是指:

公路建设市场主体是指公路建设的从业单位和从业人员。

从业单位是指从事公路建设的项目法人,项目建设管理单位,咨询、勘察、设计、施工、监理、试验检测单位,提供相关服务的社会中介机构以及设备和材料的供应单位。

从业人员是指从事公路建设活动的人员。

第二章 管 理 职 责

第六条 公路建设市场管理实行统一管理、分级负责。

第七条 国务院交通运输主管部门负责全国公路建设市场的监督管理工作,主要职责是:

(一)贯彻执行国家有关法律、法规,制定全国公路建设市场管理的规章制度;

(二)组织制定和监督执行公路建设的技术标准、规范和规程;

(三)依法实施公路建设市场准入管理、市场动态管理,并依法对全国公路建设市场进行监督检查;

(四)建立公路建设行业评标专家库,加强评标专家管理;

(五)发布全国公路建设市场信息;

(六)指导和监督省级地方人民政府交通运输主管部门的公路建设市场管理工作;

(七)依法受理举报和投诉,依法查处公路建设市场违法行为;

(八)法律、行政法规规定的其他职责。

第八条 省级人民政府交通运输主管部门负责本行政区域内公路建设市场的监督管理

工作,主要职责是:

(一)贯彻执行国家有关法律、法规、规章和公路建设技术标准、规范和规程,结合本行政区域内的实际情况,制定具体的管理制度;

(二)依法实施公路建设市场准入管理,对本行政区域内公路建设市场实施动态管理和监督检查;

(三)建立本地区公路建设招标评标专家库,加强评标专家管理;

(四)发布本行政区域公路建设市场信息,并按规定向国务院交通运输主管部门报送本行政区域公路建设市场的信息;

(五)指导和监督下级交通运输主管部门的公路建设市场管理工作;

(六)依法受理举报和投诉,依法查处本行政区域内公路建设市场违法行为;

(七)法律、法规、规章规定的其他职责。

第九条 省级以下地方人民政府交通运输主管部门负责本行政区域内公路建设市场的监督管理工作,主要职责是:

(一)贯彻执行国家有关法律、法规、规章和公路建设技术标准、规范和规程;

(二)配合省级地方人民政府交通运输主管部门进行公路建设市场准入管理和动态管理;

(三)对本行政区域内公路建设市场进行监督检查;

(四)依法受理举报和投诉,依法查处本行政区域内公路建设市场违法行为;

(五)法律、法规、规章规定的其他职责。

第三章 市场准入管理

第十条 凡符合法律、法规规定的市场准入条件的从业单位和从业人员均可进入公路建设市场,任何单位和个人不得对公路建设市场实行地方保护,不得对符合市场准入条件的从业单位和从业人员实行歧视待遇。

第十一条 公路建设项目依法实行项目法人负责制。项目法人可自行管理公路建设项目,也可委托具备法人资格的项目建设管理单位进行项目管理。

项目法人或者其委托的项目建设管理单位的组织机构、主要负责人的技术和管理能力应当满足拟建项目的管理需要,符合国务院交通运输主管部门有关规定的要求。

第十二条 收费公路建设项目法人和项目建设管理单位进入公路建设市场实行备案制度。

收费公路建设项目可行性研究报告批准或依法核准后,项目投资主体应当成立或者明确项目法人。项目法人应当按照项目管理的隶属关系将其或者其委托的项目建设管理单位的有关情况报交通运输主管部门备案。

对不符合规定要求的项目法人或者项目建设管理单位,交通运输主管部门应当提出整改要求。

第十三条 公路工程勘察、设计、施工、监理、试验检测等从业单位应当按照法律、法规的规定,取得有关管理部门颁发的相应资质后,方可进入公路建设市场。

第十四条 法律、法规对公路建设从业人员的执业资格作出规定的,从业人员应当依法取得相应的执业资格后,方可进入公路建设市场。

第四章 市场主体行为管理

第十五条 公路建设从业单位和从业人员在公路建设市场中必须严格遵守国家有关法律、法规和规章,严格执行公路建设行业的强制性标准、各类技术规范及规程的要求。

第十六条 公路建设项目法人必须严格执行国家规定的基本建设程序,不得违反或者擅自简化基本建设程序。

第十七条 公路建设项目法人负责组织有关专家或者委托有相应工程咨询或者设计资质的单位,对施工图设计文件进行审查。施工图设计文件审查的主要内容包括:

(一)是否采纳工程可行性研究报告、初步设计批复意见;

(二)是否符合公路工程强制性标准、有关技术规范和规程要求;

(三)施工图设计文件是否齐全,是否达到规定的技术深度要求;

(四)工程结构设计是否符合安全和稳定性要求。

第十八条 公路建设项目法人应当按照项目管理隶属关系将施工图设计文件报交通运输主管部门审批。施工图设计文件未经审批的,不得使用。

第十九条 申请施工图设计文件审批应当向相关的交通运输主管部门提交以下材料:

(一)施工图设计的全套文件;

(二)专家或者委托的审查单位对施工图设计文件的审查意见;

(三)项目法人认为需要提交的其他说明材料。

第二十条 交通运输主管部门应当自收到完整齐备的申请材料之日起20日内审查完毕。经审查合格的,批准使用,并将许可决定及时通知申请人。审查不合格的,不予批准使用,应当书面通知申请人并说明理由。

第二十一条 公路建设项目法人应当按照公开、公平、公正的原则,依法组织公路建设项目的招标投标工作。不得规避招标,不得对潜在投标人和投标人实行歧视政策,不得实行地方保护和暗箱操作。

第二十二条 公路工程的勘察、设计、施工、监理单位和设备、材料供应单位应当依法投标,不得弄虚作假,不得串通投标,不得以行贿等不合法手段谋取中标。

第二十三条 公路建设项目法人与中标人应当根据招标文件和投标文件签订合同,不得附加不合理、不公正条款,不得签订虚假合同。

国家投资的公路建设项目,项目法人与施工、监理单位应当按照国务院交通运输主管部门的规定,签订廉政合同。

第二十四条 公路建设项目依法实行施工许可制度。国家和国务院交通运输主管部门确定的重点公路建设项目的施工许可由省级人民政府交通运输主管部门实施,其他公路建设项目的施工许可按照项目管理权限由县级以上地方人民政府交通运输主管部门实施。

第二十五条 项目施工应当具备以下条件:

(一)项目已列入公路建设年度计划;

(二)施工图设计文件已经完成并经审批同意;

(三)建设资金已经落实,并经交通运输主管部门审计;

（四）征地手续已办理，拆迁基本完成；
（五）施工、监理单位已依法确定；
（六）已办理质量监督手续，已落实保证质量和安全的措施。

第二十六条 项目法人在申请施工许可时应当向相关的交通运输主管部门提交以下材料：
（一）施工图设计文件批复；
（二）交通运输主管部门对建设资金落实情况的审计意见；
（三）国土资源部门关于征地的批复或者控制性用地的批复；
（四）建设项目各合同段的施工单位和监理单位名单、合同价情况；
（五）应当报备的资格预审报告、招标文件和评标报告；
（六）已办理的质量监督手续材料；
（七）保证工程质量和安全措施的材料。

第二十七条 交通运输主管部门应当自收到完整齐备的申请材料之日起20日内作出行政许可决定。予以许可的，应当将许可决定及时通知申请人；不予许可的，应当书面通知申请人并说明理由。

第二十八条 公路建设从业单位应当按照合同约定全面履行义务：
（一）项目法人应当按照合同约定履行相应的职责，为项目实施创造良好的条件；
（二）勘察、设计单位应当按照合同约定，按期提供勘察设计资料和设计文件。工程实施过程中，应当按照合同约定派驻设计代表，提供设计后续服务；
（三）施工单位应当按照合同约定组织施工，管理和技术人员及施工设备应当及时到位，以满足工程需要。要均衡组织生产，加强现场管理，确保工程质量和进度，做到文明施工和安全生产；
（四）监理单位应当按照合同约定配备人员和设备，建立相应的现场监理机构，健全监理管理制度，保持监理人员稳定，确保对工程的有效监理；
（五）设备和材料供应单位应当按照合同约定，确保供货质量和时间，做好售后服务工作；
（六）试验检测单位应当按照试验规程和合同约定进行取样、试验和检测，提供真实、完整的试验检测资料。

第二十九条 公路工程实行政府监督、法人管理、社会监理、企业自检的质量保证体系。交通运输主管部门及其所属的质量监督机构对工程质量负监督责任，项目法人对工程质量负管理责任，勘察设计单位对勘察设计质量负责，施工单位对施工质量负责，监理单位对工程质量负现场管理责任，试验检测单位对试验检测结果负责，其他从业单位和从业人员按照有关规定对其产品或者服务质量负相应责任。

第三十条 各级交通运输主管部门及其所属的质量监督机构对工程建设项目进行监督检查时，公路建设从业单位和从业人员应当积极配合，不得拒绝和阻挠。

第三十一条 公路建设从业单位和从业人员应当严格执行国家有关安全生产的法律、法规、国家标准及行业标准，建立健全安全生产的各项规章制度，明确安全责任，落实安全措施，履行安全管理的职责。

第三十二条 发生工程质量、安全事故后,从业单位应当按照有关规定及时报有关主管部门,不得拖延和隐瞒。

第三十三条 公路建设项目法人应当合理确定建设工期,严格按照合同工期组织项目建设。项目法人不得随意要求更改合同工期。如遇特殊情况,确需缩短合同工期的,经合同双方协商一致,可以缩短合同工期,但应当采取措施,确保工程质量,并按照合同规定给予经济补偿。

第三十四条 公路建设项目法人应当按照国家有关规定管理和使用公路建设资金,做到专款专用,专户储存;按照工程进度,及时支付工程款;按照规定的期限及时退还保证金、办理工程结算。不得拖欠工程款和征地拆迁款,不得挤占挪用建设资金。

施工单位应当加强工程款管理,做到专款专用,不得拖欠分包人的工程款和农民工工资;项目法人对工程款使用情况进行监督检查时,施工单位应当积极配合,不得阻挠和拒绝。

第三十五条 公路建设从业单位和从业人员应当严格执行国家和地方有关环境保护和土地管理的规定,采取有效措施保护环境和节约用地。

第三十六条 公路建设项目法人、监理单位和施工单位对勘察设计中存在的问题应当及时提出设计变更的意见,并依法履行审批手续。设计变更应当符合国家制定的技术标准和设计规范要求。

任何单位和个人不得借设计变更虚报工程量或者提高单价。

重大工程变更设计应当按有关规定报原初步设计审批部门批准。

第三十七条 勘察、设计单位经项目法人批准,可以将工程设计中跨专业或者有特殊要求的勘察、设计工作委托给有相应资质条件的单位,但不得转包或者二次分包。

监理工作不得分包或者转包。

第三十八条 施工单位可以将非关键性工程或者适合专业化队伍施工的工程分包给具有相应资格条件的单位,并对分包工程负连带责任。允许分包的工程范围应当在招标文件中规定。分包工程不得再次分包,严禁转包。

任何单位和个人不得违反规定指定分包、指定采购或者分割工程。

项目法人应当加强对施工单位工程分包的管理,所有分包合同须经监理审查,并报项目法人备案。

第三十九条 施工单位可以直接招用农民工或者将劳务作业发包给具有劳务分包资质的劳务分包人。施工单位招用农民工的,应当依法签订劳动合同,并将劳动合同报项目监理工程师和项目法人备案。

施工单位和劳务分包人应当按照合同按时支付劳务工资,落实各项劳动保护措施,确保农民工安全。

劳务分包人应当接受施工单位的管理,按照技术规范要求进行劳务作业。劳务分包人不得将其分包的劳务作业再次分包。

第四十条 项目法人和监理单位应当加强对施工单位使用农民工的管理,对不签订劳动合同、非法使用农民工的,或者拖延和克扣农民工工资的,要予以纠正。拒不纠正的,项目法人要及时将有关情况报交通运输主管部门调查处理。

第四十一条 项目法人应当按照交通部《公路工程竣(交)工验收办法》的规定及时组织

项目的交工验收,并报请交通运输主管部门进行竣工验收。

第五章 动态管理

第四十二条 各级交通运输主管部门应当加强对公路建设从业单位和从业人员的市场行为的动态管理。应当建立举报投诉制度,查处违法行为,对有关责任单位和责任人依法进行处理。

第四十三条 国务院交通运输主管部门和省级地方人民政府交通运输主管部门应当建立公路建设市场的信用管理体系,对进入公路建设市场的从业单位和主要从业人员在招投标活动、签订合同和履行合同中的信用情况进行记录并向社会公布。

第四十四条 公路工程勘察、设计、施工、监理等从业单位应当按照项目管理的隶属关系,向交通运输主管部门提供本单位的基本情况、承接任务情况和其他动态信息,并对所提供信息的真实性、准确性和完整性负责。项目法人应当将其他从业单位在建设项目中的履约情况,按照项目管理的隶属关系报交通运输主管部门,由交通运输主管部门核实后记入从业单位信用记录中。

第四十五条 从业单位和主要从业人员的信用记录应当作为公路建设项目招标资格审查和评标工作的重要依据。

第六章 法律责任

第四十六条 对公路建设从业单位和从业人员违反本办法规定进行的处罚,国家有关法律、法规和交通运输部规章已有规定的,适用其规定;没有规定的,由交通运输主管部门根据各自的职责按照本办法规定进行处罚。

第四十七条 项目法人违反本办法规定,实行地方保护的或者对公路建设从业单位和从业人员实行歧视待遇的,由交通运输主管部门责令改正。

第四十八条 从业单位违反本办法规定,在申请公路建设从业许可时,隐瞒有关情况或者提供虚假材料的,行政机关不予受理或者不予行政许可,并给予警告;行政许可申请人在1年内不得再次申请该行政许可。

被许可人以欺骗、贿赂等不正当手段取得从业许可的,行政机关应当依照法律、法规给予行政处罚;申请人在3年内不得再次申请该行政许可;构成犯罪的,依法追究刑事责任。

第四十九条 投标人相互串通投标或者与招标人串通投标的,投标人以向招标人或者评标委员会成员行贿的手段谋取中标的,中标无效,处中标项目金额5‰以上10‰以下的罚款,对单位直接负责的主管人员和其他直接责任人员处单位罚款数额5‰以上10‰以下的罚款;有违法所得的,并处没收违法所得;情节严重的,取消其1年至2年内参加依法必须进行招标的项目的投标资格并予以公告;构成犯罪的,依法追究刑事责任。给他人造成损失的,依法承担赔偿责任。

第五十条 投标人以他人名义投标或者以其他方式弄虚作假,骗取中标的,中标无效,给招标人造成损失的,依法承担赔偿责任;构成犯罪的,依法追究刑事责任。

依法必须进行招标的项目的投标人有前款所列行为尚未构成犯罪的,处中标项目金额5‰以上10‰以下的罚款,对单位直接负责的主管人员和其他直接责任人员处单位罚款数额

5%以上10%以下的罚款;有违法所得的,并处没收违法所得;情节严重的,取消其1年至3年内参加依法必须进行招标的项目的投标资格并予以公告。

第五十一条 项目法人违反本办法规定,拖欠工程款和征地拆迁款的,由交通运输主管部门责令改正,并由有关部门依法对有关责任人员给予行政处分。

第五十二条 除因不可抗力不能履行合同的,中标人不按照与招标人订立的合同履行施工质量、施工工期等义务,造成重大或者特大质量和安全事故,或者造成工期延误的,取消其2年至5年内参加依法必须进行招标的项目的投标资格并予以公告。

第五十三条 施工单位有以下违法违规行为的,由交通运输主管部门责令改正,并由有关部门依法对有关责任人员给予行政处分。

(一)违反本办法规定,拖欠分包人工程款和农民工工资的;

(二)违反本办法规定,造成生态环境破坏和乱占土地的;

(三)违反本办法规定,在变更设计中弄虚作假的;

(四)违反本办法规定,不按规定签订劳动合同的。

第五十四条 违反本办法规定,承包单位将承包的工程转包或者违法分包的,责令改正,没收违法所得,对勘察、设计单位处合同约定的勘察费、设计费25%以上50%以下的罚款;对施工单位处工程合同价款5‰以上10‰以下的罚款;可以责令停业整顿,降低资质等级;情节严重的,吊销资质证书。

工程监理单位转让工程监理业务的,责令改正,没收违法所得,处合同约定的监理酬金25%以上50%以下的罚款;可以责令停业整顿,降低资质等级;情节严重的,吊销资质证书。

第五十五条 公路建设从业单位违反本办法规定,在向交通运输主管部门填报有关市场信息时弄虚作假的,由交通运输主管部门责令改正。

第五十六条 各级交通运输主管部门和其所属的质量监督机构的工作人员违反本办法规定,在建设市场管理中徇私舞弊、滥用职权或者玩忽职守的,按照国家有关规定处理。构成犯罪的,由司法部门依法追究刑事责任。

第七章 附 则

第五十七条 本办法由交通运输部负责解释。

第五十八条 本办法自2005年3月1日起施行。交通部1996年7月11日公布的《公路建设市场管理办法》同时废止。

公路工程质量监督规定

(2005年5月8日交通部令第4号公布)

第一条 为加强公路工程质量监督,保证公路工程质量,保护人民生命和财产安全,根据《中华人民共和国公路法》、《建设工程质量管理条例》,制定本规定。

第二条 从事公路工程建设活动,对公路工程质量实施监督,应当遵守本规定。

本规定所称公路工程,是指公路的新建、改建以及养护大修等工程。

本规定所称公路工程质量监督,是指依据有关法律、法规、规章、技术标准和规范,对公路工程质量进行监督的行政行为。

第三条 国家实行公路工程质量监督管理制度。

公路工程质量监督应当遵循科学、客观、公开、公平、公正的原则。

第四条 公路工程从业单位依法承担公路工程质量责任,接受、配合交通主管部门和其所属的质量监督机构(以下简称质监机构)的监督检查,不得拒绝或者阻碍。

前款所称从业单位,是指从事公路工程建设的建设单位、勘察、设计单位、施工单位、监理单位、试验检测单位以及相关设备、材料的供应单位。

第五条 交通部主管全国公路工程质量监督管理工作。

县级以上地方人民政府交通主管部门负责本行政区域内公路工程质量监督管理工作。

第六条 公路工程质量监督主要包括以下内容:

(一)工程质量管理的法律、法规、规章、技术标准和规范的执行情况;

(二)从业单位的质量保证体系及其运转情况;

(三)勘察、设计质量情况,工程质量情况,使用的材料、设备质量情况;

(四)工程试验检测工作情况;

(五)工程质量资料的真实性、完整性、规范性、合法性情况;

(六)从业单位在工程实施过程中的质量行为。

第七条 交通主管部门对公路工程质量监督的职责主要是:

(一)监督检查从业单位是否具有依法取得的相应等级的资质证书,从业人员是否按照国家规定经考试合格,取得上岗资格;

(二)监督检查建设、勘察、设计单位、施工和监理单位质量保证体系的针对性、严密性和运行的有效性,以及各单位质量保证体系之间的协调性和一致性;

(三)监督检查勘察、设计文件是否符合国家规定的技术标准和规范要求,设计文件是否达到国家规定的编制要求;

(四)监督检查施工、监理和设备、材料供应单位是否严格按照有关质量标准和技术规范进行施工、监理和供应设备、材料;

(五)监督检查监理单位的质量管理和现场质量控制情况,以及对公路工程关键部位和隐蔽工程的旁站情况、对各施工工序的质量检查情况;

(六)监督检查试验检测设备是否合格,试验方法是否规范,试验数据是否准确,试验检测频率是否符合有关规定;

(七)监督检查材料采购、进场和使用等环节的质量情况,并公布抽查样品的质量检测结果,检查关键设备的性能情况;

(八)对公路工程质量情况进行抽检,分析主要质量指标的变化情况,评估总体质量状况和存在的主要问题,提出加强质量管理的政策措施和指导性意见,定期发布质量动态信息;

(九)对完工项目进行质量检测和质量鉴定。

第八条 交通部、省级人民政府交通主管部门、有条件的设区的市级地方人民政府交通主管部门委托所属的质量监督机构具体实施公路工程质量监督工作。

县级人民政府交通主管部门和未设置专职质监机构的设区的市级人民政府交通主管部门应有专职或者兼职质量监督人员,并接受上一级质监机构的业务指导。

质监机构应当在交通主管部门委托事项的范围内实施公路工程质量监督工作。

第九条 质监机构应具备以下基本条件:

(一)从事质量监督工作的专业技术人员结构合理,其数量不少于职工总数的70%;

(二)从事质量监督工作的专业技术人员具有本专业大专以上学历或本专业中级以上专业技术职务任职资格;

(三)行政负责人和技术负责人具有10年以上公路专业工作经历和高级专业技术职务任职资格;

(四)具备与质量监督工作相适应的试验检测条件;

(五)有健全的质量监督和组织管理制度;

(六)经省级以上交通主管部门考核合格。

第十条 建设单位或者项目法人在完成开工前各项准备工作之后,应当在办理施工许可证前三十日,按照交通部的有关规定到质监机构办理公路工程施工质量监督手续。

第十一条 建设单位办理公路工程质量监督手续,应当向公路工程项目所在地的质监机构提出申请,并提交以下材料:

(一)公路工程质量监督申请书。包括公路工程项目名称及地点、建设单位、联系方式、提出工程质量监督的申请等;

(二)公路工程项目审批文件;

(三)公路工程项目设计、施工、监理等合同文件;

(四)公路工程项目从业单位的资质证明材料;

(五)交通主管部门要求的其他相关材料。

第十二条 多个农村公路工程项目可集中统一申请工程质量监督手续。

第十三条 质监机构自收到质量监督申请资料之日起二十日内,对符合基本建设程序的公路工程项目,出具质量监督通知书;对不符合基本建设程序的项目,书面通知申请人不予受理质量监督申请并告知原因,同时向本级交通主管部门报告。交通主管部门应当依据有关规定责令建设单位完善基本建设程序。

公路工程项目符合基本建设程序后,建设单位应当重新提出工程质量监督申请。

第十四条 勘察、设计单位必须按照公路工程建设强制性标准进行勘察、设计,并对其勘察、设计的质量负责。

第十五条 交通主管部门及其委托的质监机构履行监督检查职责时,有权采取下列措施:

(一)要求被检查的单位提供有关工程质量的文件和资料;

(二)进入被检查单位的施工现场进行检查;

(三)发现有影响工程质量的问题时,责令改正。

第十六条 交通主管部门及其委托的质监机构对工程实体质量进行现场监督检查时,应当重点检查质量薄弱环节和涉及结构强度及稳定性的重要指标。

第十七条 交通主管部门及其委托的质监机构对检查中发现的问题,应当及时以书面方式通报有关单位。对一般质量管理问题和一般质量缺陷,责令限期整改;对不合格工程,责令限期返修;对违法的质量行为依法予以纠正。

存在问题的单位应当按要求进行整改、返修,并提交整改报告。

第十八条 建设单位应当按照现行的国家标准、行业标准规定的质量要求进行交工验收,未经交工验收或者交工验收不合格的工程不得交付使用。

第十九条 公路工程交工验收前,质监机构应当按照有关规定对工程质量进行检测并出具检测意见。

第二十条 公路工程竣工验收前,质监机构对工程质量进行质量鉴定并出具质量鉴定报告。未经质量鉴定或质量鉴定不合格的项目,不得组织竣工验收。

质监机构对质量鉴定结果负责。

第二十一条 质监机构可以通过招标投标方式委托具备资格的试验检测单位对公路工程质量进行检测。

对国家重大公路工程建设项目质量鉴定中的检测工作,交通部可以委托质监机构跨地区选择试验检测机构进行。

试验检测单位对所检测的数据负责。

第二十二条 交通主管部门应当为质监机构提供必要的工作条件和经费。

第二十三条 建设单位应当按国家有关规定缴纳项目质量监督费。

质量监督费应当由质监机构在公路工程所在地银行开设专户,单独立账,专款专用。任何单位和个人不得挤占和挪用。

第二十四条 质监机构因工作需要对工程实体进行非常规试验检测和交工、竣工验收检测依法发生的试验检测费用,由建设单位承担。

第二十五条 公路工程发生质量事故,有关单位应当在二十四小时内向当地交通主管部门和质监机构报告。对重大质量事故,当地交通主管部门应当向上级交通主管部门报告。特大质量事故的调查处理按照国务院有关规定办理。

第二十六条 质量监督人员应恪尽职守、秉公办事、清正廉洁。与被监督对象有利害关系的监督人员,应当回避。

第二十七条 交通主管部门应当加强对质监机构的监督管理。质监机构应当加强对质监人员的监督管理。

第二十八条 任何单位和个人有权对公路工程的质量缺陷、质量事故以及质监机构及其人员的违法行为向交通主管部门投诉和举报。

第二十九条 交通主管部门对公路工程质量违法行为实施行政处罚。

质监机构在委托事项的权限内对公路工程质量违法行为实施行政处罚。

第三十条 建设单位未办理工程质量监督手续的,责令限期补办手续,并处20万元以上50万元以下的罚款。

第三十一条 建设单位对未经工程质量检测或者质量检测不合格的工程,按照合格工程组织交工验收的,责令改正,处工程合同价款百分之二以上百分之四以下的罚款。

第三十二条 勘察、设计单位未按照工程建设强制性标准进行勘察、设计的,责令改正,处10万元以上30万元以下的罚款。

第三十三条 对单位处以罚款的,对单位直接负责的主管人员和其他责任人员处单位罚款数额百分之五以上百分之十以下的罚款。

第三十四条 发生重大公路工程质量事故隐瞒不报、谎报或者拖延报告期限的,对有行政隶属关系的直接负责的主管人员和其他责任人员依法给予行政处分。

第三十五条 质监机构违反本规定,对不合格的公路工程出具质量合格文件的,由交通主管部门责令改正;构成犯罪的,依法追究刑事责任。

第三十六条 试验检测单位违反本规定,对不合格的公路工程出具不真实的试验检测数据及意见的,由交通主管部门责令改正;构成犯罪的,依法追究刑事责任;造成损失的,应承担相应的赔偿责任。

第三十七条 交通主管部门及其委托的质监机构工作人员在公路工程质量监督管理工作中玩忽职守、滥用职权、徇私舞弊,构成犯罪的,依法追究刑事责任;尚不构成犯罪的,由交通主管部门或者质监机构依法给予行政处分。

第三十八条 质监机构不按照本规定履行公路工程质量监督职责、承担质量监督责任的,由交通主管部门视情节轻重,责令整改或者给予警告。

第三十九条 本规定自2005年6月1日起施行。《公路工程质量监督暂行规定》(交公路发〔1992〕443号)同时废止。本规定施行前公布的有关规定与本规定有抵触的,自本规定施行之日起停止执行。

农村公路建设管理办法

(2006年1月27日交通部令第3号公布)

第一章 总 则

第一条 为加强农村公路建设管理,促进农村公路健康、持续发展,适应建设社会主义新农村需要,根据《中华人民共和国公路法》,制定本办法。

第二条 本办法适用于各级人民政府和有关部门投资的农村公路新建和改建工程的建设管理。

本办法所称农村公路,包括县道、乡道和村道。

第三条 农村公路建设应当遵循统筹规划、分级负责、因地制宜、经济实用、注重环保、确保质量的原则。

第四条 农村公路建设应当由地方人民政府负责。其中,乡道由所在乡(镇)人民政府负责建设;在当地人民政府的指导下,村道由村民委员会按照村民自愿、民主决策、一事一议的方式组织建设。

第五条 农村公路建设项目应当依据农村公路建设规划和分阶段建设重点,按照简便适用、切合实际的原则和国家规定的程序组织建设。

第六条 农村公路建设应当保证质量,降低建设成本,节能降耗,节约用地,保护生态环境。

国家鼓励农村公路建设应用新技术、新材料、新工艺。

第七条 交通部负责全国农村公路建设的行业管理。

省级人民政府交通主管部门依据职责负责本行政区域内农村公路建设的管理。

设区的市和县级人民政府交通主管部门依据职责负责本行政区域内农村公路建设的组织和管理。

第二章 标准与设计

第八条 各级人民政府交通主管部门应当按照因地制宜、实事求是的原则,合理确定农村公路的建设标准。

县道和乡道一般应当按照等级公路建设标准建设;村道的建设标准,特别是路基、路面宽度,应当根据当地实际需要和经济条件确定。

第九条 农村公路建设的技术指标应当根据实际情况合理确定。对于工程艰巨、地质复杂路段,在确保安全的前提下,平纵指标可适当降低,路基宽度可适当减窄。

第十条 农村公路建设应当充分利用现有道路进行改建或扩建。桥涵工程应当采用经济适用、施工方便的结构形式。路面应当选择能够就地取材、易于施工、有利于后期养护的结构。

第十一条 农村公路建设应当重视排水和防护工程的设置,提高公路抗灾能力。在陡岩、急弯、沿河路段应当设置必要的安全、防护设施和警示标志,提高行车安全性。

第十二条 二级以上的公路或中型以上的桥梁、隧道工程项目应当按照国家有关规定,分初步设计和施工图设计两个阶段进行;其他工程项目可以直接采用施工图一阶段设计。

第十三条 四级以上农村公路工程和大桥、特大桥、隧道工程的设计,应当由具有相应资质的设计单位承担;其他农村公路工程的设计,可以由县级以上地方人民政府交通主管部门组织有经验的技术人员承担。

第十四条 农村公路建设的工程设计,应当按照有关规定报县级以上人民政府交通主管部门审批。

第三章 建设资金与管理

第十五条 农村公路建设资金应当按照国家有关规定,列入地方人民政府的财政预算。

第十六条 农村公路建设逐步实行政府投资为主、农村社区为辅、社会各界共同参与的多渠道筹资机制。

鼓励农村公路沿线受益单位捐助农村公路建设;鼓励利用冠名权、路边资源开发权、绿化权等方式筹集社会资金投资农村公路建设,鼓励企业和个人捐款用于农村公路建设。

第十七条 农村公路建设不得增加农民负担,不得损害农民利益,不得采用强制手段向单位和个人集资,不得强行让农民出工、备料。确需农民出资、投入劳动力的,应当由村民委员会征得农民同意。

第十八条 中央政府对农村公路建设的补助资金应当全部用于农村公路建设工程项目,并严格执行国家对农村公路补助资金使用的有关规定,不得从中提取咨询、审查、管理、监督等费用。补助资金可以采用以奖代补的办法支付或者先预拨一部分,待工程验收合格后再全部支付。

地方政府安排的建设资金应当按时到位,并按照工程进度分期支付。

第十九条 农村公路建设不得拖欠工程款和农民工工资,不得拖欠征地拆迁款。

第二十条 各级地方人民政府交通主管部门应当依据职责,建立健全农村公路建设资金管理制度,加强对资金使用情况的监管。

农村公路建设资金使用应当接受审计、财政和上级财务部门审计检查。

任何单位、组织和个人不得截留、挤占和挪用农村公路建设资金。

第二十一条 各级人民政府和村民委员会应当将农村公路建设资金使用情况,向公路沿线乡(镇)、村定期进行公示,加强资金使用的社会监督。

第四章 建设组织与管理

第二十二条 农村公路建设用地依法应当列入农用地范围的,按照国家有关规定执行。

第二十三条 农村公路建设需要拆迁的,应当按照当地政府确定的补偿标准给予补偿,补偿标准应当公开。

第二十四条 农村公路建设项目符合法定招标条件的,应当依法进行招标。

含群众集资、农民投劳或利用扶贫资金的农村公路建设项目,以及未达到法定招标条件的项目,可以不进行招标。

第二十五条 县级以上地方人民政府交通主管部门应当加强对农村公路建设项目招标投标工作的指导和监督。

省级人民政府交通主管部门可以编制符合农村公路建设实际的招标文件范本。

第二十六条 对于规模较大、技术复杂的农村公路建设项目以及大桥、特大桥和隧道工程应当单独招标,其他农村公路建设项目可以在同一乡(镇)范围内多项目一并招标。

第二十七条 县道建设项目的招标由县级以上地方人民政府交通主管部门负责组织。乡道、村道建设项目的招标,可以由县级人民政府交通主管部门统一组织,也可以在县级人民政府交通主管部门的指导下由乡(镇)人民政府组织。

招标结果应当在当地进行公示。

第二十八条 沥青(水泥)混凝土路面、桥梁、隧道等工程,应当选择持有国家规定的资质证书的专业队伍施工。路基改建和公路附属工程在保证工程质量的条件下,可以在专业技术人员的指导下组织当地农民参加施工。

第二十九条 二级以上公路或中型以上桥梁、隧道工程项目应当依法办理施工许可;其他列入年度建设计划的农村公路建设项目,完成相应准备工作并经县级以上地方人民政府交通主管部门认可的,即视同批准开工建设。

第三十条 农村公路路面和桥梁、隧道工程应当主要采用机械化施工。

第三十一条 农村公路建设单位对工程质量负管理责任。施工单位对施工质量负责。

建设单位和施工单位要依据职责,明确质量责任,落实质量保证措施,加强质量与技术管理。

第三十二条 农村公路建设项目应当建立工程质量责任追究制和安全生产责任制。

第三十三条 铺筑沥青(水泥)混凝土路面的公路、大桥、特大桥及隧道工程应当设定质量缺陷责任期和质量保证金。质量缺陷责任期一般为1年,质量保证金一般为施工合同额的5%。

质量保证金由施工单位交付,由建设单位设立专户保管。质量缺陷责任期满、质量缺陷得到有效处置后,质量保证金应当返还施工单位。

第三十四条 农村公路建设过程中,发生工程质量或者安全事故,应当按照有关规定及时上报,不得隐瞒。

第三十五条 县级以上人民政府交通主管部门要加强对农村公路建设质量和安全生产的监督管理。

第三十六条 省级人民政府交通主管部门所属的质量监督机构应当加强对农村公路建设质量监督工作的指导。

设区的市级地方人民政府交通主管部门可以委托所属的质量监督机构负责组织农村公路建设的质量监督工作。未设置质量监督机构的,可以成立专门小组负责组织农村公路建设的质量监督工作。

第三十七条 地方人民政府交通主管部门可以聘请技术专家或群众代表参与监督工作。

农村公路施工现场应当设立工程质量主要控制措施的告示牌,以便社会监督和质量问题举报。

第三十八条 农村公路工程监理可以由县级人民政府交通主管部门以县为单位组建一个或几个监理组进行监理。有条件的,可通过招标方式,委托社会监理机构监理。

农村公路工程监理工作应当注重技术服务和指导,配备必要的检测设备和检测人员,加强现场质量抽检,确保质量,避免返工。

第五章 工程验收

第三十九条 农村公路建设项目中的县道、大桥、特大桥、隧道工程完工后,由设区的市级人民政府交通主管部门组织验收;其他农村公路建设项目由县级人民政府交通主管部门组织验收。

省级人民政府交通主管部门应当对农村公路工程验收工作进行抽查。

第四十条 农村公路建设项目的交工、竣工验收可以合并进行。

县道一般按项目验收;乡道和村道可以乡(镇)为单位,分批组织验收。

第四十一条 农村公路建设项目验收合格后,方可正式开放交通,并按规定要求开通客运班车。

第四十二条 农村公路建设项目验收合格后,应当落实养护责任和养护资金,加强养护管理,确保安全畅通。

第四十三条 省级人民政府交通主管部门可以根据交通部颁布的《公路工程竣(交)工验收办法》和《公路工程质量检验评定标准》,规定具体的农村公路建设项目验收办法与程序。

第六章 法律责任

第四十四条 违反本办法规定,在筹集农村公路建设资金过程中,强制向单位和个人集资,强迫农民出工、备料的,由上一级人民政府交通主管部门或者本级人民政府对责任单位进行通报批评,限期整改;情节严重的,对责任人依法给予行政处分。

第四十五条 违反本办法规定,农村公路建设资金不按时到位或者截留、挤占和挪用建设资金的,由上一级人民政府交通主管部门或者本级人民政府对责任单位进行通报批评,限期整改;情节严重的,停止资金拨付,对责任人依法给予行政处分。

第四十六条 违反本办法规定,擅自降低征地补偿标准,拖欠工程款、征地拆迁款和农民工工资的,由上一级人民政府交通主管部门或者本级人民政府对责任单位进行通报批评,限期整改;情节严重的,对责任人依法给予行政处分。

第四十七条 违反本办法规定,未经验收或者质量鉴定不合格即开放交通的,由上一级人民政府交通主管部门责令停止使用,限期改正。

第四十八条 农村公路建设项目发生质量和安全事故隐瞒不报、谎报或拖延报告期限的,由上一级人民政府交通主管部门对责任单位给予警告,对责任人依法给予行政处分。

第四十九条 农村公路建设项目未依法招标的,依据《中华人民共和国招标投标法》、《公路工程施工招标投标管理办法》等有关规定,对相关责任单位和责任人给予处罚。

第五十条 农村公路建设发生质量违法行为的,依据《建设工程质量管理条例》《公路建设市场管理办法》《公路工程质量监督规定》等有关规定对相关责任单位和责任人给予处罚。

第七章 附 则

第五十一条 本办法自 2006 年 3 月 1 日起施行。

公路建设监督管理办法

(2006年6月8日交通部令第6号公布)

第一章 总 则

第一条 为促进公路事业持续、快速、健康发展,加强公路建设监督管理,维护公路建设市场秩序,根据《中华人民共和国公路法》、《建设工程质量管理条例》和国家有关法律、法规,制定本办法。

第二条 在中华人民共和国境内从事公路建设的单位和人员必须遵守本办法。

本办法所称公路建设是指公路、桥梁、隧道、交通工程及沿线设施和公路渡口的项目建议书、可行性研究、勘察、设计、施工、竣(交)工验收和后评价全过程的活动。

第三条 公路建设监督管理实行统一领导,分级管理。

交通部主管全国公路建设监督管理;县级以上地方人民政府交通主管部门主管本行政区域内公路建设监督管理。

第四条 县级以上人民政府交通主管部门必须依照法律、法规及本办法的规定对公路建设实施监督管理。

有关单位和个人应当接受县级以上人民政府交通主管部门依法进行的公路建设监督检查,并给予支持与配合,不得拒绝或阻碍。

第二章 监督部门的职责与权限

第五条 公路建设监督管理的职责包括:

(一)监督国家有关公路建设工作方针、政策和法律、法规、规章、强制性技术标准的执行;

(二)监督公路建设项目建设程序的履行;

(三)监督公路建设市场秩序;

(四)监督公路工程质量和工程安全;

(五)监督公路建设资金的使用;

(六)指导、检查下级人民政府交通主管部门的监督管理工作;

(七)依法查处公路建设违法行为。

第六条 交通部对全国公路建设项目进行监督管理,依据职责负责国家高速公路网建设项目和交通部确定的其他重点公路建设项目前期工作、施工许可、招标投标、工程质量、工程进度、资金、安全管理的监督和竣工验收工作。

除应当由交通部实施的监督管理职责外,省级人民政府交通主管部门依据职责负责本行政区域内公路建设项目的监督管理,具体负责本行政区域内的国家高速公路网建设项目、交通部和省级人民政府确定的其他重点公路建设项目的监督管理。

设区的市和县级人民政府交通主管部门按照有关规定负责本行政区域内公路建设项目的监督管理。

第七条 县级以上人民政府交通主管部门在履行公路建设监督管理职责时,有权要求:

(一)被检查单位提供有关公路建设的文件和资料;

(二)进入被检查单位的工作现场进行检查;

(三)对发现的工程质量和安全问题以及其他违法行为依法处理。

第三章 建设程序的监督管理

第八条 公路建设应当按照国家规定的建设程序和有关规定进行。

政府投资公路建设项目实行审批制,企业投资公路建设项目实行核准制。县级以上人民政府交通主管部门应当按职责权限审批或核准公路建设项目,不得越权审批、核准项目或擅自简化建设程序。

第九条 政府投资公路建设项目的实施,应当按照下列程序进行:

(一)根据规划,编制项目建议书;

(二)根据批准的项目建议书,进行工程可行性研究,编制可行性研究报告;

(三)根据批准的可行性研究报告,编制初步设计文件;

(四)根据批准的初步设计文件,编制施工图设计文件;

(五)根据批准的施工图设计文件,组织项目招标;

(六)根据国家有关规定,进行征地拆迁等施工前准备工作,并向交通主管部门申报施工许可;

(七)根据批准的项目施工许可,组织项目实施;

(八)项目完工后,编制竣工图表、工程决算和竣工财务决算,办理项目交、竣工验收和财产移交手续;

(九)竣工验收合格后,组织项目后评价。

国务院对政府投资公路建设项目建设程序另有简化规定的,依照其规定执行。

第十条 企业投资公路建设项目的实施,应当按照下列程序进行:

(一)根据规划,编制工程可行性研究报告;

(二)组织投资人招标工作,依法确定投资人;

(三)投资人编制项目申请报告,按规定报项目审批部门核准;

(四)根据核准的项目申请报告,编制初步设计文件,其中涉及公共利益、公众安全、工程建设强制性标准的内容应当按项目隶属关系报交通主管部门审查;

(五)根据初步设计文件编制施工图设计文件;

(六)根据批准的施工图设计文件组织项目招标;

(七)根据国家有关规定,进行征地拆迁等施工前准备工作,并向交通主管部门申报施工许可;

(八)根据批准的项目施工许可,组织项目实施;

(九)项目完工后,编制竣工图表、工程决算和竣工财务决算,办理项目交、竣工验收;

(十)竣工验收合格后,组织项目后评价。

第十一条 县级以上人民政府交通主管部门根据国家有关规定,按照职责权限负责组织公路建设项目的项目建议书、工程可行性研究工作、编制设计文件、经营性项目的投资人招标、竣工验收和项目后评价工作。

公路建设项目的项目建议书、工程可行性研究报告、设计文件、招标文件、项目申请报告等应按照国家颁发的编制办法或有关规定编制,并符合国家规定的工作质量和深度要求。

第十二条 公路建设项目法人应当依法选择勘察、设计、施工、咨询、监理单位,采购与工程建设有关的重要设备、材料,办理施工许可,组织项目实施,组织项目交工验收,准备项目竣工验收和后评价。

第十三条 公路建设项目应当按照国家有关规定实行项目法人责任制度、招标投标制度、工程监理制度和合同管理制度。

第十四条 公路建设项目必须符合公路工程技术标准。施工单位必须按批准的设计文件施工,任何单位和人员不得擅自修改工程设计。

已批准的公路工程设计,原则上不得变更。确需设计变更的,应当按照交通部制定的《公路工程设计变更管理办法》的规定履行审批手续。

第十五条 公路建设项目验收分为交工验收和竣工验收两个阶段。项目法人负责组织对各合同段进行交工验收,并完成项目交工验收报告报交通主管部门备案。交通主管部门在15天内没有对备案项目的交工验收报告提出异议,项目法人可开放交通进入试运营期。试运营期不得超过3年。

通车试运营2年后,交通主管部门应组织竣工验收,经竣工验收合格的项目可转为正式运营。对未进行交工验收、交工验收不合格或没有备案的工程开放交通进行试运营的,由交通主管部门责令停止试运营。

公路建设项目验收工作应当符合交通部制定的《公路工程竣(交)工验收办法》的规定。

第四章 建设市场的监督管理

第十六条 县级以上人民政府交通主管部门依据职责,负责对公路建设市场的监督管理,查处建设市场中的违法行为。对经营性公路建设项目投资人、公路建设从业单位和主要从业人员的信用情况应进行记录并及时向社会公布。

第十七条 公路建设市场依法实行准入管理。公路建设项目法人或其委托的项目建设管理单位的项目建设管理机构、主要负责人的技术和管理能力应当满足拟建项目的管理需要,符合交通部有关规定的要求。公路工程勘察、设计、施工、监理、试验检测等从业单位应当依法取得有关部门许可的相应资质后,方可进入公路建设市场。

公路建设市场必须开放,任何单位和个人不得对公路建设市场实行地方保护,不得限制符合市场准入条件的从业单位和从业人员依法进入公路建设市场。

第十八条 公路建设从业单位从事公路建设活动,必须遵守国家有关法律、法规、规章和公路工程技术标准,不得损害社会公共利益和他人合法权益。

第十九条 公路建设项目法人应当承担公路建设相关责任和义务,对建设项目质量、投资和工期负责。

公路建设项目法人必须依法开展招标活动,不得接受投标人低于成本价的投标,不得随意压缩建设工期,禁止指定分包和指定采购。

第二十条 公路建设从业单位应当依法取得公路工程资质证书并按照资质管理有关规定,在其核定的业务范围内承揽工程,禁止无证或越级承揽工程。

公路建设从业单位必须按合同规定履行其义务,禁止转包或违法分包。

第五章 质量与安全的监督管理

第二十一条 县级以上人民政府交通主管部门应当加强对公路建设从业单位的质量与安全生产管理机构的建立、规章制度落实情况的监督检查。

第二十二条 公路建设实行工程质量监督管理制度。公路工程质量监督机构应当根据交通主管部门的委托依法实施工程质量监督,并对监督工作质量负责。

第二十三条 公路建设项目实施过程中,监理单位应当依照法律、法规、规章以及有关技术标准、设计文件、合同文件和监理规范的要求,采用旁站、巡视和平行检验形式对工程实施监理,对不符合工程质量与安全要求的工程应当责令施工单位返工。

未经监理工程师签认,施工单位不得将建筑材料、构件和设备在工程上使用或安装,不得进行下一道工序施工。

第二十四条 公路工程质量监督机构应当具备与质量监督工作相适应的试验检测条件,根据国家有关工程质量的法律、法规、规章和交通部制定的技术标准、规范、规程以及质量检验评定标准等,对工程质量进行监督、检查和鉴定。任何单位和个人不得干预或阻挠质量监督机构的质量鉴定工作。

第二十五条 公路建设从业单位应当对工程质量和安全负责。工程实施中应当加强对职工的教育与培训,按照国家有关规定建立健全质量和安全保证体系,落实质量和安全生产责任制,保证工程质量和工程安全。

第二十六条 公路建设项目发生工程质量事故,项目法人应在24小时内按项目管理隶属关系向交通主管部门报告,工程质量事故同时报公路工程质量监督机构。

省级人民政府交通主管部门或受委托的公路工程质量监督机构负责调查处理一般工程质量事故;交通部会同省级人民政府交通主管部门负责调查处理重大工程质量事故;特别重大工程质量事故和安全事故的调查处理按照国家有关规定办理。

第六章 建设资金的监督管理

第二十七条 对于使用财政性资金安排的公路建设项目,县级以上人民政府交通主管部门必须对公路建设资金的筹集、使用和管理实行全过程监督检查,确保建设资金的安全。

公路建设项目法人必须按照国家有关法律、法规、规章的规定,合理安排和使用公路建设资金。

第二十八条 对于企业投资公路建设项目,县级以上人民政府交通主管部门要依法对资金到位情况、使用情况进行监督检查。

第二十九条 公路建设资金监督管理的主要内容:

(一)是否严格执行建设资金专款专用、专户存储、不准侵占、挪用等有关管理规定;

(二)是否严格执行概预算管理规定,有无将建设资金用于计划外工程;

(三)资金来源是否符合国家有关规定,配套资金是否落实、及时到位;

(四)是否按合同规定拨付工程进度款,有无高估冒算,虚报冒领情况,工程预备费使用是否符合有关规定;

(五)是否在控制额度内按规定使用建设管理费,按规定的比例预留工程质量保证金,有无非法扩大建设成本的问题;

(六)是否按规定编制项目竣工财务决算,办理财产移交手续,形成的资产是否及时登记入账管理;

(七)财会机构是否建立健全,并配备相适应的财会人员。各项原始记录、统计台账、凭证账册、会计核算、财务报告、内部控制制度等基础性工作是否健全、规范。

第三十条 县级以上人民政府交通主管部门对公路建设资金监督管理的主要职责:

(一)制定公路建设资金管理制度;

(二)按规定审核、汇总、编报、批复年度公路建设支出预算、财务决算和竣工财务决算;

(三)合理安排资金,及时调度、拨付和使用公路建设资金;

(四)监督管理建设项目工程概预算、年度投资计划安排与调整、财务决算;

(五)监督检查公路建设项目资金筹集、使用和管理,及时纠正违法问题,对重大问题提出意见报上级交通主管部门;

(六)收集、汇总、报送公路建设资金管理信息,审查、编报公路建设项目投资效益分析报告;

(七)督促项目法人及时编报工程财务决算,做好竣工验收准备工作;

(八)督促项目法人及时按规定办理财产移交手续,规范资产管理。

第七章 社会监督

第三十一条 县级以上人民政府交通主管部门应定期向社会公开发布公路建设市场管理、工程进展、工程质量情况、工程质量和安全事故处理等信息,接受社会监督。

第三十二条 公路建设施工现场实行标示牌管理。标示牌应当标明该项工程的作业内容,项目法人、勘察、设计、施工、监理单位名称和主要负责人姓名,接受社会监督。

第三十三条 公路建设实行工程质量举报制度,任何单位和个人对公路建设中违反国家法律、法规的行为,工程质量事故和质量缺陷都有权向县级以上人民政府交通主管部门或质量监督机构检举和投诉。

第三十四条 县级以上人民政府交通主管部门可聘请社会监督员对公路建设活动和工程质量进行监督。

第三十五条 对举报内容属实的单位和个人,县级以上人民政府交通主管部门可予以表彰或奖励。

第八章 罚 则

第三十六条 违反本办法第四条规定,拒绝或阻碍依法进行公路建设监督检查工作的,责令改正，构成犯罪的，依法追究刑事责任。

第三十七条 违反本办法第八条规定，越权审批、核准或擅自简化基本建设程序的，责令限期补办手续，可给予警告处罚；造成严重后果的，对全部或部分使用财政性资金的项目，可暂停项目执行或暂缓资金拨付，对直接责任人依法给予行政处分。

第三十八条 违反本办法第十二条规定，项目法人将工程发包给不具有相应资质等级的勘察、设计、施工和监理单位的，责令改正，处50万元以上100万元以下的罚款；未按规定办理施工许可擅自施工的，责令停止施工、限期改正，视情节可处工程合同价款1%以上2%以下罚款。

第三十九条 违反本办法第十四条规定，未经批准擅自修改工程设计，责令限期改正，可给予警告处罚；情节严重的，对全部或部分使用财政性资金的项目，可暂停项目执行或暂缓资金拨付。

第四十条 违反本办法第十五条规定，未组织项目交工验收或验收不合格擅自交付使用的，责令改正并停止使用，处工程合同价款2%以上4%以下的罚款；对收费公路项目应当停止收费。

第四十一条 违反本办法第十九条规定，项目法人指定分包和指定采购，随意压缩工期，侵犯他人合法权益的，责令限期改正，可处20万元以上50万元以下的罚款；造成严重后果的，对全部或部分使用财政性资金的项目，可暂停项目执行或暂缓资金拨付。

第四十二条 违反本办法第二十条规定，承包单位弄虚作假、无证或越级承揽工程任务的，责令停止违法行为，对勘察、设计单位或工程监理单位处合同约定的勘察费、设计费或监理酬金1倍以上2倍以下的罚款；对施工单位处工程合同价款2%以上4%以下的罚款，可以责令停业整顿，降低资质等级；情节严重的，吊销资质证书；有违法所得的，予以没收。承包单位转包或违法分包工程的，责令改正，没收违法所得，对勘察、设计、监理单位处合同约定的勘察费、设计费、监理酬金的25%以上50%以下的罚款；对施工单位处工程合同价款0.5%以上1%以下的罚款。

第四十三条 违反本办法第二十二条规定，公路工程质量监督机构不履行公路工程质量监督职责、不承担质量监督责任的，由交通主管部门视情节轻重，责令整改或者给予警告。公路工程质量监督机构工作人员在公路工程质量监督管理工作中玩忽职守、滥用职权、徇私舞弊的，由交通主管部门或者公路工程质量监督机构依法给予行政处分；构成犯罪的，依法追究刑事责任。

第四十四条 违反本办法第二十三条规定，监理单位将不合格的工程、建筑材料、构件和设备按合格予以签认的，责令改正，可给予警告处罚，情节严重的，处50万元以上100万元以下的罚款；施工单位在工程上使用或安装未经监理签认的建筑材料、构件和设备的，责令改正，可给予警告处罚，情节严重的，处工程合同价款2%以上4%以下的罚款。

第四十五条 违反本办法第二十五条规定，公路建设从业单位忽视工程质量和安全管理，造成质量或安全事故的，对项目法人给予警告、限期整改，情节严重的，暂停资金拨付；对勘察、设计、施工和监理等单位视情节轻重给予警告、取消其2年至5年内参加依法必须进行招标项目的投标资格的处罚；对情节严重的监理单位，还可给予责令停业整顿、降低资质等级和吊销资质证书的处罚。

第四十六条 违反本办法第二十六条规定,项目法人对工程质量事故隐瞒不报、谎报或拖延报告期限的,给予警告处罚,对直接责任人依法给予行政处分。

第四十七条 违反本办法第二十九条规定,项目法人侵占、挪用公路建设资金,非法扩大建设成本,责令限期整改,可给予警告处罚;情节严重的,对全部或部分使用财政性资金的项目,可暂停项目执行或暂缓资金拨付,对直接责任人依法给予行政处分。

第四十八条 公路建设从业单位有关人员,具有行贿、索贿、受贿行为,损害国家、单位合法权益,构成犯罪的,依法追究刑事责任。

第四十九条 政府交通主管部门工作人员玩忽职守、滥用职权、徇私舞弊的,依法给予行政处分;构成犯罪的,依法追究刑事责任。

第九章 附 则

第五十条 本办法由交通部负责解释。

第五十一条 本办法自2006年8月1日起施行。交通部2000年8月28日公布的《公路建设监督管理办法》(交通部令2000年第8号)同时废止。

公路水运工程安全生产监督管理办法

(2007年2月14日交通部令第1号公布,2016年3月7日交通运输部令第9号修正)

第一章 总 则

第一条 为加强公路水运工程安全生产监督管理工作,保障人身及财产安全,根据《中华人民共和国安全生产法》、《建设工程安全生产管理条例》、《安全生产许可证条例》,制定本办法。

第二条 公路水运工程建设活动的安全生产行为及对其实施监督管理,应当遵守本办法。

第三条 本办法所称公路水运工程,是指列入国家和地方基本建设计划的公路、水运基础设施新建、改建、扩建以及拆除、加固等建设项目。

本办法所称从业单位,是指从事公路水运工程建设、勘察、设计、监理、施工、检验检测、安全评价等工作的单位。

第四条 公路水运工程安全生产监督管理应当坚持安全第一、预防为主、综合治理的方针。

第五条 公路水运工程安全生产监督管理实行统一监管、分级负责。

交通运输部负责全国公路水运工程安全生产的监督管理工作。

县级以上地方人民政府交通运输主管部门负责本行政区域内的公路水运工程安全生产监督管理工作,但长江干流航道工程安全生产监督管理工作由交通运输部设在长江干流的航务管理机构负责。

交通运输部和县级以上地方人民政府交通运输主管部门,可以委托其设置的安全监督机构负责具体工作,法律、行政法规规定不能委托的事项除外。

依照本条规定承担公路水运工程安全生产监督管理职能的部门或者机构,统称为公路水运工程安全生产监督管理部门。

第六条 公路水运工程安全生产监督管理部门的主要职责:

(一)宣传、贯彻、执行有关安全生产的法律、法规,按照法定权限制定公路水运工程安全生产管理规章和技术标准;

(二)依法对公路水运工程从业单位安全生产条件实施监督管理,组织施工单位的主要负责人、项目负责人、专职安全生产管理人员的考核管理工作;

(三)建立公路水运工程安全生产应急管理机制,制定重大生产安全事故应急预案;

(四)建立公路水运工程从业单位安全生产信用体系,作为交通行业信用体系建设的一

部分,对从业单位和人员实施安全生产动态管理;

(五)受理公路水运工程安全生产方面的举报和投诉,依法对公路水运工程安全生产实施监督检查和相应的行政处罚;

(六)依法组织或者参与调查处理生产安全事故,按照职责权限对公路水运工程生产安全事故进行统计分析,发布公路水运工程安全生产动态信息。省级交通运输主管部门负责向交通运输部和国务院其他有关部门报送事故信息;

(七)指导下级交通运输主管部门开展公路水运工程安全生产监督管理工作;

(八)组织公路水运工程安全生产技术研究和先进技术推广应用;

(九)开展公路水运工程安全生产经验交流,普及安全生产知识;

(十)法律、法规规定的其他职责。

第二章 安全生产条件

第七条 从业单位从事公路水运工程建设活动,应当具备法律、行政法规规定的安全生产条件。任何单位和个人不得降低安全生产条件。

第八条 施工单位应当取得安全生产许可证,施工单位的主要负责人、项目负责人、专职安全生产管理人员(以下简称安全生产三类人员)必须取得考核合格证书,方可参加公路水运工程投标及施工。

施工单位主要负责人,是指对本企业日常生产经营活动和安全生产工作全面负责、有生产经营决策权的人员,包括企业法定代表人、企业安全生产工作的负责人等。

项目负责人,是指由企业法定代表人授权,负责公路水运工程项目施工管理的负责人。包括项目经理、项目副经理和项目总工。

专职安全生产管理人员,是指在企业专职从事安全生产管理工作的人员,包括企业安全生产管理机构的负责人及其工作人员和施工现场专职安全员。

第九条 省级交通运输主管部门负责组织公路水运工程施工单位安全生产三类人员的考核发证工作。

第十条 施工单位安全生产三类人员考核分为安全生产知识考试和安全管理能力考核两部分。考核合格的,由省级交通运输主管部门颁发《安全生产考核合格证书》。

第十一条 施工单位的垂直运输机械作业人员、施工船舶作业人员、爆破作业人员、安装拆卸工、起重信号工、电工、焊工等国家规定的特种作业人员,必须按照国家规定经过专门的安全作业培训,并取得特种作业操作资格证书后,方可上岗作业。

第十二条 施工单位在工程中使用施工起重机械和整体提升式脚手架、滑模爬模、架桥机等自行式架设设施前,应当组织有关单位进行验收,或者委托具有相应资质的检验检测机构进行验收。使用承租的机械设备和施工机具及配件的,由承租单位、出租单位和安装单位共同进行验收,验收合格的方可使用。验收合格后30日内,应当向当地交通运输主管部门登记。

第十三条 从业单位应当对从业人员进行安全生产教育和培训,保证从业人员具备必要的安全生产知识,熟悉有关的安全生产规章制度和安全操作规程,掌握本岗位的安全操作技能。未经安全生产教育和培训合格的从业人员,不得上岗作业。

第三章 安 全 责 任

第十四条 建设单位在编制工程招标文件时,应当确定公路水运工程项目安全作业环境及安全施工措施所需的安全生产费用。

安全生产费用由建设单位根据监理工程师对工程安全生产情况的签字确认进行支付。

第十五条 建设单位在公路水运工程施工招标文件中应当按照法律、法规的规定对施工单位的安全生产条件、安全生产信用情况、安全生产的保障措施等提出明确要求。

建设单位不得对咨询、勘察、设计、监理、施工、设备租赁、材料供应、检测等单位提出不符合工程安全生产法律、法规和工程建设强制性标准规定的要求。不得随意压缩合同规定的工期。

第十六条 勘察单位应当按照法律、法规和工程建设强制性标准进行勘察,重视地质环境对安全的影响,提交的勘察文件应当真实、准确,满足公路水运工程安全生产的需要。

勘察单位应当对有可能引发公路水运工程安全隐患的地质灾害提出防治建议。

勘察单位及勘察人员对勘察结论负责。

第十七条 设计单位应当按照法律、法规和工程建设强制性标准进行设计,防止因设计不合理导致安全生产隐患或者生产安全事故的发生。

采用新结构、新材料、新工艺的工程和特殊结构的工程,设计单位应当在设计文件中提出保障施工作业人员安全和预防生产安全事故的措施建议。

设计单位和设计人员应当对其设计负责。

第十八条 监理单位应当按照法律、法规和工程建设强制性标准进行监理,对工程安全生产承担监理责任。应当编制安全生产监理计划,明确监理人员的岗位职责、监理内容和方法等。对危险性较大的工程作业应当加强巡视检查。

监理单位应当审查施工组织设计中的安全技术措施或者专项施工方案是否符合工程建设强制性标准。监理单位在实施监理过程中,发现存在安全事故隐患的,应当要求施工单位整改,必要时,可下达施工暂停指令并向建设单位和有关部门报告。

监理单位应当填报安全监理日志和监理月报。

第十九条 为公路水运工程提供施工机械设备、设施和产品的单位,应确保配备齐全有效的保险、限位等安全装置,提供有关安全操作的说明,保证其提供的机械设备和设施等产品的质量和安全性能达到国家有关标准。所提供的机械设备、设施和产品应当具有生产(制造)许可证、产品合格证或者法定检验检测合格证明。对于尚无相关国家标准或者行业标准的设备和设施,应当保障其质量和安全性能。

第二十条 施工单位应当对施工安全生产承担责任。

施工单位主要负责人依法对本单位的安全生产工作全面负责。施工单位应当建立健全安全生产责任制度和安全生产教育培训制度及安全生产技术交底制度,制定安全生产规章制度和操作规程,保证本单位安全生产条件所需资金的投入,对所承担的公路水运工程进行定期和专项安全检查,并做好安全检查记录。

施工单位的项目负责人依法对项目的安全施工负责,落实安全生产各项制度,确保安全生产费用的有效使用,并根据工程特点组织制定安全施工措施,消除安全事故隐患,及时、如实报告生产安全事故。

本条所称安全生产技术交底制度,是指公路水运工程每项工程实施前,施工单位负责项目管理的技术人员对有关安全施工的技术要求向施工作业班组、作业人员详细说明,并由双方签字确认的制度。

第二十一条 施工单位应当设立安全生产管理机构,配备专职安全生产管理人员。施工现场应当按照每5000万元施工合同额配备一名的比例配备专职安全生产管理人员,不足5000万元的至少配备一名。

专职安全生产管理人员负责对安全生产进行现场监督检查,并做好检查记录,发现生产安全事故隐患,应当及时向项目负责人和安全生产管理机构报告;对违章指挥、违章操作和违反劳动纪律的,应当立即制止。

第二十二条 施工单位在工程报价中应当包含安全生产费用,一般不得低于投标价的1%,且不得作为竞争性报价。

安全生产费用,应当用于施工安全防护用具及设施的采购和更新、安全施工措施的落实、安全生产条件的改善,不得挪作他用。

第二十三条 施工单位应当在施工组织设计中编制安全技术措施和施工现场临时用电方案,对下列危险性较大的工程应当编制专项施工方案,并附安全验算结果,经施工单位技术负责人、监理工程师审查同意签字后实施,由专职安全生产管理人员进行现场监督:

(一)不良地质条件下有潜在危险性的土方、石方开挖;

(二)滑坡和高边坡处理;

(三)桩基础、挡墙基础、深水基础及围堰工程;

(四)桥梁工程中的梁、拱、柱等构件施工等;

(五)隧道工程中的不良地质隧道、高瓦斯隧道、水底海底隧道等;

(六)水上工程中的打桩船作业、施工船作业、外海孤岛作业、边通航边施工作业等;

(七)水下工程中的水下焊接、混凝土浇筑、爆破工程等;

(八)爆破工程;

(九)大型临时工程中的大型支架、模板、便桥的架设与拆除;桥梁、码头的加固与拆除;

(十)其他危险性较大的工程。

必要时,施工单位对前款所列工程的专项施工方案,还应当组织专家进行论证、审查。

第二十四条 施工单位应当在施工现场出入口或者沿线各交叉口、施工起重机械、拌和场、临时用电设施、爆破物及有害危险气体和液体存放处以及孔洞口、隧道口、基坑边沿、脚手架、码头边沿、桥梁边沿等危险部位,设置明显的安全警示标志或者必要的安全防护设施。

施工单位应当根据不同施工阶段和周围环境及季节、气候的变化,在施工现场采取相应的安全施工措施。施工现场暂时停止施工的,施工单位应当做好现场防护。因施工单位安全生产隐患原因造成工程停工的,所需费用由施工单位承担,其他原因按照合同约定执行。

第二十五条 施工单位应当将施工现场的办公、生活区与作业区分开设置,并保持安全距离;办公、生活区的选址应当符合安全性要求。职工的膳食、饮水、休息场所、医疗救助设施等应当符合卫生标准。

施工现场临时搭建的建筑物应当符合安全使用要求。施工现场使用的装配式活动房屋应当具有生产(制造)许可证、产品合格证。

第二十六条 施工单位应当在施工现场建立消防安全责任制度,确定消防安全责任人,制定用火、用电、使用易燃易爆材料等各项消防管理制度和操作规程,设置消防通道,配备相应的消防设施和灭火器材。

第二十七条 施工单位应当向作业人员提供必需的安全防护用具和安全防护服装,书面告知危险岗位的操作规程并确保其熟悉和掌握有关内容和违章操作的危害。

作业人员有权对施工现场的作业条件、作业程序和作业方式中存在的安全问题提出批评、检举和控告,有权拒绝违章指挥和强令冒险作业。

在施工中发生可能危及人身安全的紧急情况时,作业人员有权立即停止作业或者在采取必要的应急措施后撤离危险区域。

第二十八条 作业人员应当遵守安全施工的工程建设强制性标准、规章制度,正确使用安全防护用具、机械设备等。

第二十九条 施工单位采购、租赁的安全防护用具、机械设备、施工机具及配件,应当具有生产(制造)许可证、产品合格证,并在进入施工现场前由专职安全管理人员进行查验。

施工现场的安全防护用具、机械设备、施工机具及配件必须由专人管理,定期进行检查、维修和保养,建立相应的资料档案,并按照国家有关规定及时报废。

第三十条 施工单位应当对管理人员和作业人员进行每年不少于两次的安全生产教育培训,其教育培训情况记入个人工作档案。

施工单位在采用新技术、新工艺、新设备、新材料时,应当对作业人员进行相应的安全生产教育培训。

新进人员和作业人员进入新的施工现场或者转入新的岗位前,施工单位应当对其进行安全生产培训考核。

未经安全生产教育培训考核或者培训考核不合格的人员,不得上岗作业。

第三十一条 施工单位应当为施工现场的人员办理意外伤害保险,意外伤害保险费应由施工单位支付。实行施工总承包的,由总承包单位支付意外伤害保险费。

第三十二条 建设工程实行施工总承包的,由总承包单位对施工现场的安全生产负总责。总承包单位依法将建设工程分包给其他单位的,分包合同中应当明确各自的安全生产方面的权利、义务。总承包单位对分包工程的安全生产承担连带责任。

分包单位应当服从总承包单位的安全生产管理,分包单位不服从管理导致生产安全事故的,由分包单位承担主要责任。

第三十三条 建设单位、施工单位应当针对本工程项目特点制定生产安全事故应急预案,定期组织演练。发生生产安全事故,施工单位应当立即向建设单位、监理单位和事故发生地的公路水运工程安全生产监督管理部门以及地方安全监督部门报告。建设单位、施工单位应当立即启动事故应急预案,组织力量抢救,保护好事故现场。

第四章 监督检查

第三十四条 公路水运工程安全生产监督管理部门在职责范围内履行安全生产监督检查职责时,有权采取下列措施:

(一)要求被检查单位提供有关安全生产的文件和资料；
(二)进入被检查单位施工现场进行检查；
(三)纠正施工中违反安全生产要求的行为，依法实施行政处罚。

第三十五条 公路水运工程安全生产监督管理部门对从业单位安全生产监督检查的内容主要有：
(一)从业单位安全生产条件的符合情况；
(二)施工单位安全生产三类人员和特种作业人员具备上岗资格情况；
(三)从业单位执行安全生产法律、法规、规章和工程建设强制性标准的情况；
(四)从业单位对安全生产管理制度、安全责任制度和各项应急预案的建立和落实情况；
(五)安全生产管理机构或者专职安全生产管理人员的设置和履行职责情况；
(六)员工的安全教育培训情况；
(七)其他应当监督检查的情况。

第三十六条 公路水运工程安全生产监督管理部门应当对公路水运工程下列施工现场的安全生产情况进行监督检查：
(一)现场驻地；
(二)施工作业点(面)；
(三)危险品存放地；
(四)预制厂、半成品加工厂；
(五)非标施工设备组装厂。
公路水运工程安全生产监督管理部门对易发生生产安全事故的危险工程及施工作业环节应当进行重点监督检查。

第三十七条 公路水运工程安全生产监督管理部门对监督检查中发现的安全问题，应当作出如下处理：
(一)从业单位存在安全管理问题需要整改的，以书面方式通知存在问题单位限期整改；
(二)从业单位存在严重安全事故隐患的，责令立即排除；
(三)重大安全事故隐患在排除前或者在排除过程中无法保证安全的，责令其从危险区域内撤出作业人员或者暂时停止施工；
(四)建设单位违反安全管理规定造成重大生产安全事故的，对全部或者部分使用国有资金的建设项目，暂停资金拨付；
(五)建设单位未列建设工程安全生产费用的，责令其限期改正并不得办理监督手续；逾期未改正的，责令该建设工程停止施工并通报批评。
被检查单位应当立即落实处理决定，并将整改结果书面报检查单位。责令停工的，应当经复查合格后，方可复工。

第三十八条 公路水运工程安全生产监督管理部门应当建立从业单位信用档案，并将监督检查情况和处理结果及时登录在安全生产信用管理系统中。

第三十九条 从业单位整改不力，多次整改仍然存在安全问题的，公路水运工程安全生产监督管理部门将其列入安全监督检查重点名单，登录在安全生产信用管理系统中，并向有关部门通报。

对存在重大安全事故隐患但拒绝整改或者整改效果不明显或者发生重特大安全事故等不再具备安全生产条件的,公路水运工程安全生产监督管理部门应当向安全生产许可证颁发部门通报,建议暂扣或者吊销安全生产许可证,同时向有关资质证书颁发部门建议降低资质等级。

第四十条 公路水运工程安全生产监督管理部门可委托具备国家规定资质条件的机构对容易发生重特大生产安全事故的工程项目和危险性较大的工程施工进行安全评价和监测。

第四十一条 公路水运工程安全生产监督管理部门应当健全内部管理制度,加强对监督管理人员的教育培训,提高执法水平。监督管理人员应当忠于职守,秉公办事,坚持原则,清正廉洁。与监督检查对象有利害关系的监督人员,应当回避。

第四十二条 公路水运工程安全生产监督管理部门应当建立举报制度,及时受理对公路水运工程生产安全事故或者事故隐患以及监督检查人员违法行为的检举、控告和投诉。

第五章 附 则

第四十三条 违反本办法规定,按照《中华人民共和国安全生产法》、《建设工程安全生产管理条例》、《安全生产许可证条例》的相关规定,给予行政处罚。

第四十四条 本办法自2007年3月1日起施行。

经营性公路建设项目投资人招标投标管理规定

(2007年10月16日交通部令第8号公布,2015年6月24日交通运输部令第13号修正)

第一章 总 则

第一条 为规范经营性公路建设项目投资人招标投标活动,根据《中华人民共和国公路法》、《中华人民共和国招标投标法》和《收费公路管理条例》,制定本规定。

第二条 在中华人民共和国境内的经营性公路建设项目投资人招标投标活动,适用本规定。

本规定所称经营性公路是指符合《收费公路管理条例》的规定,由国内外经济组织投资建设,经批准依法收取车辆通行费的公路(含桥梁和隧道)。

第三条 经营性公路建设项目投资人招标投标活动应当遵循公开、公平、公正、诚信、择优的原则。

任何单位和个人不得非法干涉招标投标活动。

第四条 国务院交通主管部门负责全国经营性公路建设项目投资人招标投标活动的监督管理工作。主要职责是:

(一)根据有关法律、行政法规,制定相关规章和制度,规范和指导全国经营性公路建设项目投资人招标投标活动;

(二)监督全国经营性公路建设项目投资人招标投标活动,依法受理举报和投诉,查处招标投标活动中的违法行为;

(三)对全国经营性公路建设项目投资人进行动态管理,定期公布投资人信用情况。

第五条 省级人民政府交通主管部门负责本行政区域内经营性公路建设项目投资人招标投标活动的监督管理工作。主要职责是:

(一)贯彻执行有关法律、行政法规、规章,结合本行政区域内的实际情况,制定具体管理制度;

(二)确定下级人民政府交通主管部门对经营性公路建设项目投资人招标投标活动的监督管理职责;

(三)发布本行政区域内经营性公路建设项目投资人招标信息;

(四)负责组织对列入国家高速公路网规划和省级人民政府确定的重点经营性公路建设项目的投资人招标工作;

(五)指导和监督本行政区域内的经营性公路建设项目投资人招标投标活动,依法受理举报和投诉,查处招标投标活动中的违法行为。

第六条 省级以下人民政府交通主管部门的主要职责是：

（一）贯彻执行有关法律、行政法规、规章和相关制度；

（二）负责组织本行政区域内除第五条第（四）项规定以外的经营性公路建设项目投资人招标工作；

（三）按照省级人民政府交通主管部门的规定，对本行政区域内的经营性公路建设项目投资人招标投标活动进行监督管理。

第二章 招　标

第七条 需要进行投资人招标的经营性公路建设项目应当符合下列条件：

（一）符合国家和省、自治区、直辖市公路发展规划；

（二）符合《收费公路管理条例》第十八条规定的技术等级和规模；

（三）已经编制项目可行性研究报告。

第八条 招标人是依照本规定提出经营性公路建设项目、组织投资人招标工作的交通主管部门。

招标人可以自行组织招标或委托具有相应资格的招标代理机构代理有关招标事宜。

第九条 经营性公路建设项目投资人招标应当采用公开招标方式。

第十条 经营性公路建设项目投资人招标实行资格审查制度。资格审查方式采取资格预审或资格后审。

资格预审，是指招标人在投标前对潜在投标人进行资格审查。

资格后审，是指招标人在开标后对投标人进行资格审查。

实行资格预审的，一般不再进行资格后审，但招标文件另有规定的除外。

第十一条 资格审查的基本内容应当包括投标人的财务状况、注册资本、净资产、投融资能力、初步融资方案、从业经验和商业信誉等情况。

第十二条 经营性公路建设项目招标工作应当按照以下程序进行：

（一）发布招标公告；

（二）潜在投标人提出投资意向；

（三）招标人向提出投资意向的潜在投标人推介投资项目；

（四）潜在投标人提出投资申请；

（五）招标人向提出投资申请的潜在投标人详细介绍项目情况，可以组织潜在投标人踏勘项目现场并解答有关问题；

（六）实行资格预审的，由招标人向提出投资申请的潜在投标人发售资格预审文件；实行资格后审的，由招标人向提出投资申请的投标人发售招标文件；

（七）实行资格预审的，潜在投标人编制资格预审申请文件，并递交招标人；招标人应当对递交资格预审申请文件的潜在投标人进行资格审查，并向资格预审合格的潜在投标人发售招标文件；

（八）投标人编制投标文件，并提交招标人；

（九）招标人组织开标，组建评标委员会；

（十）实行资格后审的，评标委员会应当在开标后首先对投标人进行资格审查；

（十一）评标委员会进行评标，推荐中标候选人；
（十二）招标人确定中标人，并发出中标通知书；
（十三）招标人与中标人签订投资协议。
第十三条 招标人应通过国家指定的全国性报刊、信息网络等媒介发布招标公告。
采用国际招标的，应通过相关国际媒介发布招标公告。
第十四条 招标人应当参照国务院交通主管部门制定的经营性公路建设项目投资人招标资格预审文件范本编制资格预审文件，并结合项目特点和需要确定资格审查标准。
招标人应当组建资格预审委员会对递交资格预审申请文件的潜在投标人进行资格审查。资格预审委员会由招标人代表和公路、财务、金融等方面的专家组成，成员人数为七人以上单数。
第十五条 招标人应当参照国务院交通主管部门制定的经营性公路建设项目投资人招标文件范本，并结合项目特点和需要编制招标文件。
招标人编制招标文件时，应当充分考虑项目投资回收能力和预期收益的不确定性，合理分配项目的各类风险，并对特许权内容、最长收费期限、相关政策等予以说明。招标人编制的可行性研究报告应当作为招标文件的组成部分。
第十六条 招标人应当合理确定资格预审申请文件和投标文件的编制时间。
编制资格预审申请文件时间，自资格预审文件开始发售之日起至潜在投标人提交资格预审申请文件截止之日止，不得少于三十个工作日。
编制投标文件的时间，自招标文件开始发售之日起至投标人提交投标文件截止之日止，不得少于四十五个工作日。
第十七条 列入国家高速公路网规划和需经国务院投资主管部门核准的经营性公路建设项目投资人招标投标活动，应当按照招标工作程序，及时将招标文件、资格预审结果、评标报告报国务院交通主管部门备案。国务院交通主管部门应当在收到备案文件七个工作日内，对不符合法律、法规规定的内容提出处理意见，及时行使监督职责。
其他经营性公路建设项目投资人招标投标活动的备案工作按照省级人民政府交通主管部门的有关规定执行。

第三章 投　　标

第十八条 投标人是响应招标、参加投标竞争的国内外经济组织。
采用资格预审方式招标的，潜在投标人通过资格预审后，方可参加投标。
第十九条 投标人应当具备以下基本条件：
（一）总资产六亿元人民币以上，净资产二亿五千万元人民币以上；
（二）最近连续三年每年均为盈利，且年度财务报告应当经具有法定资格的中介机构审计；
（三）具有不低于项目估算的投融资能力，其中净资产不低于项目估算投资的百分之三十五；
（四）商业信誉良好，无重大违法行为。
招标人可以根据招标项目的实际情况，提高对投标人的条件要求。

第二十条 两个以上的国内外经济组织可以组成一个联合体,以一个投标人的身份共同投标。联合体各方均应符合招标人对投标人的资格审查标准。

以联合体形式参加投标的,应提交联合体各方签订的共同投标协议。共同投标协议应当明确约定联合体各方的出资比例、相互关系、拟承担的工作和责任。联合体中标的,联合体各方应当共同与招标人签订项目投资协议,并向招标人承担连带责任。

联合体的控股方为联合体主办人。

第二十一条 投标人应当按照招标文件的要求编制投标文件,投标文件应当对招标文件提出的实质性要求和条件作出响应。

第二十二条 招标文件明确要求提交投标担保的,投标人应按照招标文件要求的额度、期限和形式提交投标担保。投标人未按照招标文件的要求提交投标担保的,其提交的投标文件为废标。

投标担保的额度一般为项目投资的千分之三,但最高不得超过五百万元人民币。

第二十三条 投标人参加投标,不得弄虚作假,不得与其他投标人串通投标,不得采取商业贿赂以及其他不正当手段谋取中标,不得妨碍其他投标人投标。

第四章 开标与评标

第二十四条 开标应当在招标文件确定的提交投标文件截止时间的同一时间公开进行。

开标由招标人主持,邀请所有投标人代表参加。招标人对开标过程应当记录,并存档备查。

第二十五条 评标由招标人依法组建的评标委员会负责。评标委员会由招标人代表和公路、财务、金融等方面的专家组成,成员人数为七人以上单数。招标人代表的人数不得超过评标委员会总人数的三分之一。

与投标人有利害关系以及其他可能影响公正评标的人员不得进入相关项目的评标委员会,已经进入的应当更换。

评标委员会成员的名单在中标结果确定前应当保密。

第二十六条 评标委员会可以直接或者通过招标人以书面方式要求投标人对投标文件中含义不明确、对同类问题表述不一致或者有明显文字错误的内容作出必要的澄清或者说明,但是澄清或者说明不得超出或者改变投标文件的范围或者改变投标文件的实质性内容。

第二十七条 经营性公路建设项目投资人招标的评标办法应当采用综合评估法或者最短收费期限法。

采用综合评估法的,应当在招标文件中载明对收费期限、融资能力、资金筹措方案、融资经验、项目建设方案、项目运营、移交方案等评价内容的评分权重,根据综合得分由高到低推荐中标候选人。

采用最短收费期限法的,应当在投标人实质性响应招标文件的前提下,推荐经评审的收费期限最短的投标人为中标候选人,但收费期限不得违反国家有关法规的规定。

第二十八条 评标委员会完成评标后,应当向招标人提出书面评标报告,推荐一至三名中标候选人,并标明排名顺序。

评标报告需要由评标委员会全体成员签字。

第五章　中标与协议的签订

第二十九条　招标人应当确定排名第一的中标候选人为中标人。招标人也可以授权评标委员会直接确定中标人。

排名第一的中标候选人有下列情形之一的,招标人可以确定排名第二的中标候选人为中标人:

(一)自动放弃中标;

(二)因不可抗力提出不能履行合同;

(三)不能按照招标文件要求提交履约保证金;

(四)存在违法行为被有关部门依法查处,且其违法行为影响中标结果的。

如果排名第二的中标候选人存在上述情形之一,招标人可以确定排名第三的中标候选人为中标人。

三个中标候选人都存在本条第二款所列情形的,招标人应当依法重新招标。

招标人不得在评标委员会推荐的中标候选人之外确定中标人。

第三十条　提交投标文件的投标人少于三个或者因其他原因导致招标失败的,招标人应当依法重新招标。重新招标前,应当根据前次的招标情况,对招标文件进行适当调整。

第三十一条　招标人确定中标人后,应当在十五个工作日内向中标人发出中标通知书,同时通知所有未中标的投标人。

第三十二条　招标文件要求中标人提供履约担保的,中标人应当提供。担保的金额一般为项目资本金出资额的百分之十。

履约保证金应当在中标人履行项目投资协议后三十日内予以退还。其他形式的履约担保,应当在中标人履行项目投资协议后三十日内予以撤销。

第三十三条　招标人和中标人应当自中标通知书发出之日起三十个工作日内按照招标文件和中标人的投标文件订立书面投资协议。投资协议应包括以下内容:

(一)招标人与中标人的权利义务;

(二)履约担保的有关要求;

(三)违约责任;

(四)免责事由;

(五)争议的解决方式;

(六)双方认为应当规定的其他事项。

招标人应当在与中标人签订投资协议后五个工作日内向所有投标人退回投标担保。

第三十四条　中标人应在签订项目投资协议后九十日内到工商行政管理部门办理项目法人的工商登记手续,完成项目法人组建。

第三十五条　招标人与项目法人应当在完成项目核准手续后签订项目特许权协议。特许权协议应当参照国务院交通主管部门制定的特许权协议示范文本并结合项目的特点和需要制定。特许权协议应当包括以下内容:

(一)特许权的内容及期限;

(二)双方的权利及义务;

(三)项目建设要求;
(四)项目运营管理要求;
(五)有关担保要求;
(六)特许权益转让要求;
(七)违约责任;
(八)协议的终止;
(九)争议的解决;
(十)双方认为应规定的其他事项。

第六章 附 则

第三十六条 对招投标活动中的违法行为,应当按照国家有关法律、法规的规定予以处罚。

第三十七条 招标人违反本办法规定,以不合理的条件限制或者排斥潜在投标人,对潜在投标人实行歧视待遇的,由上级交通主管部门责令改正。

第三十八条 本规定自2008年1月1日起施行。

水运工程建设项目招标投标管理办法

(2012年12月20日交通运输部令第11号公布)

第一章 总 则

第一条 为了规范水运工程建设项目招标投标活动,保护招标投标活动当事人的合法权益,保证水运工程建设项目的质量,根据《中华人民共和国招标投标法》《中华人民共和国招标投标法实施条例》等法律法规,制定本办法。

第二条 在中华人民共和国境内依法必须进行的水运工程建设项目招标投标活动适用本办法。

水运工程建设项目是指水运工程以及与水运工程建设有关的货物、服务。

前款所称水运工程包括港口工程、航道整治、航道疏浚、航运枢纽、过船建筑物、修造船水工建筑物等及其附属建筑物和设施的新建、改建、扩建及其相关的装修、拆除、修缮等工程;货物是指构成水运工程不可分割的组成部分,且为实现工程基本功能所必需的设备、材料等;服务是指为完成水运工程所需的勘察、设计、监理等服务。

第三条 水运工程建设项目招标投标活动,应遵循公开、公平、公正和诚实信用的原则。

第四条 水运工程建设项目招标投标活动不受地区或者部门的限制。

任何单位和个人不得以任何方式非法干涉招标投标活动,不得将依法必须进行招标的项目化整为零或者以其他任何方式规避招标。

第五条 水运工程建设项目招标投标工作实行统一领导、分级管理。

交通运输部主管全国水运工程建设项目招标投标活动,并具体负责经国家发展和改革委员会等部门审批、核准和经交通运输部审批的水运工程建设项目招标投标活动的监督管理工作。

省级交通运输主管部门主管本行政区域内的水运工程建设项目招标投标活动,并具体负责省级人民政府有关部门审批、核准的水运工程建设项目招标投标活动的监督管理工作。

省级以下交通运输主管部门按照各自职责对水运工程建设项目招标投标活动实施监督管理。

第六条 水运工程建设项目应当按照国家有关规定,进入项目所在地设区的市级以上人民政府设立的公共资源交易场所或者授权的其他招标投标交易场所开展招标投标活动。

鼓励利用依法建立的招标投标网络服务平台及现代信息技术进行水运工程建设项目电子招标投标。

第二章 招 标

第七条 水运工程建设项目招标的具体范围及规模标准执行国务院的有关规定。

鼓励水运工程建设项目的招标代理机构、专项科学试验研究项目、监测等承担单位的选取采用招标或者竞争性谈判等其他竞争性方式确定。

第八条 水运工程建设项目招标人是指提出招标项目并进行招标的水运工程建设项目法人。

第九条 按照国家有关规定需要履行项目立项审批、核准手续的水运工程建设项目，在取得批准后方可开展勘察、设计招标。

水运工程建设项目通过初步设计审批后，方可开展监理、施工、设备、材料等招标。

第十条 水运工程建设项目招标分为公开招标和邀请招标。

按照国家有关规定需要履行项目立项审批、核准手续的水运工程建设项目，招标人应当按照项目审批、核准时确定的招标范围、招标方式、招标组织形式开展招标；没有确定招标范围、招标方式、招标组织形式的，依据国家有关规定确定。

不需要履行项目立项审批、核准手续的水运工程建设项目，其招标范围、招标方式、招标组织形式，依据国家有关规定确定。

第十一条 招标人应当合理划分标段、确定工期，并在招标文件中载明。不得利用划分标段规避招标、虚假招标、限制或者排斥潜在投标人。

第十二条 国有资金占控股或者主导地位的水运工程建设项目，应当公开招标。但有下列情形之一的，可以进行邀请招标：

（一）技术复杂、有特殊要求或者受自然环境限制，只有少量潜在投标人可供选择；

（二）采用公开招标方式的费用占项目合同金额的比例过大。

本条所规定的水运工程建设项目，需要按照国家有关规定履行项目审批、核准手续的，由项目审批、核准部门对该项目是否具有前款第（二）项所列情形予以认定；其他项目由招标人向对项目负有监管职责的交通运输主管部门申请作出认定。

第十三条 有下列情形之一的水运工程建设项目，可以不进行招标：

（一）涉及国家安全、国家秘密、抢险救灾或者属于利用扶贫资金实行以工代赈、需要使用农民工等特殊情况，不适宜进行招标的；

（二）需要采用不可替代的专利或者专有技术的；

（三）采购人自身具有工程建设、货物生产或者服务提供的资格和能力，且符合法定要求的；

（四）已通过招标方式选定的特许经营项目投资人依法能够自行建设、生产或者提供的；

（五）需要向原中标人采购工程、货物或者服务，否则将影响施工或者功能配套要求的；

（六）国家规定的其他特殊情形。

招标人为适用前款规定弄虚作假的，属于招标投标法第四条规定的规避招标。

第十四条 水运工程建设项目设计招标可采用设计方案招标或设计组织招标。

第十五条 招标人可以依法对工程以及与工程建设有关的货物、服务全部或者部分实行总承包招标。

以暂估价形式包括在总承包范围内的工程、货物、服务，属于依法必须进行招标的项目范围且达到国家规定规模标准的，应当依法进行招标，其招标实施主体应当在总承包合同中约定，并统一由总承包发包的招标人按照第十八条的规定履行招标及备案手续。

前款所称暂估价,是指总承包招标时不能确定价格而由招标人在招标文件中暂时估定的工程、货物、服务的金额。

第十六条 招标人自行办理招标事宜的,应当具备下列条件:

(一)招标人应当是该水运工程建设项目的项目法人;

(二)具有与招标项目规模和复杂程度相适应的水运工程建设项目技术、经济等方面的专业人员;

(三)具有能够承担编制招标文件和组织评标的组织机构或者专职业务人员;

(四)熟悉和掌握招标投标的程序及相关法规。

招标人自行办理招标事宜的,应当向具有监督管理职责的交通运输主管部门备案。

招标人不具备本条前款规定条件的,应当委托招标代理机构办理水运工程建设项目招标事宜。任何单位和个人不得为招标人指定招标代理机构。

第十七条 招标人采用招标或其他竞争性方式选择招标代理机构的,应当从业绩、信誉、从业人员素质、服务方案等方面进行考查。招标人与招标代理机构应当签订书面委托合同。合同约定的收费标准应当符合国家有关规定。

招标代理机构在其资格许可和招标人委托的范围内开展招标代理业务,不受任何单位、个人的非法干预或者限制。

第十八条 水运工程建设项目采用资格预审方式公开招标的,招标人应当按下列程序开展招标投标活动:

(一)编制资格预审文件和招标文件,报交通运输主管部门备案。

(二)发布资格预审公告并发售资格预审文件。

(三)对提出投标申请的潜在投标人进行资格预审,资格审查结果报交通运输主管部门备案。

国有资金占控股或者主导地位的依法必须进行招标的水运工程建设项目,招标人应当组建资格审查委员会审查资格预审申请文件。

(四)向通过资格预审的潜在投标人发出投标邀请书;向未通过资格预审的潜在投标人发出资格预审结果通知书。

(五)发售招标文件。

(六)需要时组织潜在投标人踏勘现场,并进行答疑。

(七)接收投标人的投标文件,公开开标。

(八)组建评标委员会评标,推荐中标候选人。

(九)公示中标候选人,确定中标人。

(十)编制招标投标情况书面报告报交通运输主管部门备案。

(十一)发出中标通知书。

(十二)与中标人签订合同。

第十九条 水运工程建设项目采用资格后审方式公开招标的,应当参照第十八条规定的程序进行,并应当在开标后由评标委员会按照招标文件规定的标准和方法对投标人的资格进行审查。

第二十条 水运工程建设项目实行邀请招标的,招标文件应当报有监督管理权限的交通运输主管部门备案。

第二十一条 招标人编制的资格预审文件、招标文件的内容违反法律、行政法规的强制性规定，违反公开、公平、公正和诚实信用原则，影响资格预审结果或者潜在投标人投标的，依法必须进行招标的项目的招标人应当在修改资格预审文件或者招标文件后重新招标。

依法必须进行招标的水运工程建设项目的资格预审文件和招标文件的编制，应当使用国务院发展改革部门会同有关行政监督部门制定的标准文本以及交通运输部发布的行业标准文本。

招标人在制定资格审查条件、评标标准和方法时，应利用水运工程建设市场信用信息成果以及招标投标违法行为记录公告平台发布的信息，对潜在投标人或投标人进行综合评价。

第二十二条 资格预审公告和招标公告除按照规定在指定的媒体发布外，招标人可以同时在交通运输行业主流媒体或者建设等相关单位的门户网站发布。

资格预审公告和招标公告的发布应当充分公开，任何单位和个人不得非法干涉、限制发布地点、发布范围或发布方式。

在网络上发布的资格预审公告和招标公告，至少应当持续到资格预审文件和招标文件发售截止时间为止。

第二十三条 招标人应当按资格预审公告、招标公告或者投标邀请书规定的时间、地点发售资格预审文件或者招标文件。资格预审文件或者招标文件的发售期不得少于5日。资格预审文件或者招标文件售出后，不予退还。

第二十四条 自资格预审文件停止发售之日起至提交资格预审申请文件截止之日止，不得少于5日。

对资格预审文件的澄清或修改可能影响资格预审申请文件编制的，应当在提交资格预审申请文件截止时间至少3日前以书面形式通知所有获取资格预审文件的潜在投标人。不足3日的，招标人应当顺延提交资格预审申请文件的截止时间。

依法必须招标的项目在资格预审文件停止发售之日止，获取资格预审文件的潜在投标人少于3个的，应当重新招标。

第二十五条 潜在投标人或者其他利害关系人对资格预审文件有异议的，应当在提交资格预审申请文件截止时间2日前提出。招标人应当自收到异议之日起3日内作出答复；作出答复前，应当暂停招标投标活动。对异议作出的答复如果实质性影响资格预审申请文件的编制，则相应顺延提交资格预审申请文件的截止时间。

第二十六条 资格预审审查方法分为合格制和有限数量制。一般情况下应当采用合格制，凡符合资格预审文件规定资格条件的资格预审申请人，均通过资格预审。潜在投标人过多的，可采用有限数量制，但该数额不得少于7个；符合资格条件的申请人不足该数额的，均视为通过资格预审。

通过资格预审的申请人少于3个的，应当重新招标。

资格预审应当按照资格预审文件载明的标准和方法进行。资格预审文件未载明的标准和方法，不得作为资格审查的依据。

第二十七条 自招标文件开始发售之日起至潜在投标人提交投标文件截止之日止，最短不得少于20日。

对招标文件的澄清或修改可能影响投标文件编制的,应当在提交投标文件截止时间至少15日前,以书面形式通知所有获取招标文件的潜在投标人;不足15日的,招标人应当顺延提交投标文件的截止时间。

获取招标文件的潜在投标人少于3个的,应当重新招标。

第二十八条 潜在投标人或者其他利害关系人对招标文件有异议的,应当在提交投标文件截止时间10日前提出;招标人应当自收到异议之日起3日内作出答复;作出答复前,应当暂停招标投标活动。对异议作出的答复如果实质性影响投标文件的编制,则相应顺延提交投标文件截止时间。

第二十九条 招标人应当在招标文件中载明投标有效期。投标有效期从提交投标文件的截止之日起算。

第三十条 招标人在招标文件中要求投标人提交投标保证金的,投标保证金不得超过招标项目估算价的2%,投标保证金有效期应当与投标有效期一致。

投标保证金的额度和支付形式应当在招标文件中确定。境内投标单位如果采用现金或者支票形式提交投标保证金的,应当从投标人的基本账户转出。

投标保证金不得挪用。

第三十一条 招标人可以自行决定是否编制标底。一个招标项目只能有一个标底。开标前标底必须保密。

接受委托编制标底的中介机构不得参加受托编制标底项目的投标,也不得为该项目的投标人编制投标文件或者提供咨询等相关的服务。

招标人设有最高投标限价的,应当在招标文件中明确最高投标限价或者最高投标限价的计算方法。招标人不得规定最低投标限价。

第三十二条 招标人组织踏勘项目现场的,应通知所有潜在投标人参与,不得组织单个或者部分潜在投标人踏勘项目现场。潜在投标人因自身原因不参与踏勘现场的,不得提出异议。

第三十三条 招标人在发布资格预审公告、招标公告、发出投标邀请书或者售出资格预审文件、招标文件后,无正当理由不得随意终止招标。招标人因特殊原因需要终止招标的,应当及时发布公告,或者以书面形式通知被邀请的或者已经获取资格预审文件、招标文件的潜在投标人。已经发售资格预审文件、招标文件或者已经收取投标保证金的,招标人应当及时退还所收取的购买资格预审文件、招标文件的费用,以及所收取的投标保证金及银行同期存款利息。利息的计算方法应当在招标文件中载明。

第三十四条 招标人不得以不合理的条件限制、排斥潜在投标人或者投标人。招标人有下列行为之一的,属于以不合理条件限制、排斥潜在投标人或者投标人:

(一)就同一招标项目向潜在投标人或者投标人提供有差别的项目信息;

(二)设定的资格、技术、商务条件与招标项目的具体特点和实际需要不相适应或者与合同履行无关;

(三)依法必须进行招标的项目以特定行政区域或者特定行业的业绩、奖项作为加分条件或者中标条件;

(四)对潜在投标人或者投标人采取不同的资格审查或者评标标准;

（五）限定或者指定特定的专利、商标、品牌、原产地或者供应商；

（六）依法必须进行招标的项目非法限定潜在投标人或者投标人的所有制形式或者组织形式；

（七）以其他不合理条件限制、排斥潜在投标人或者投标人。

第三章 投　　标

第三十五条 与招标人存在利害关系可能影响招标公正性的法人、其他组织或者个人，不得参加投标。

单位负责人为同一人或者存在控股、管理关系的不同单位，不得参加同一标段投标或者未划分标段的同一招标项目投标。

施工投标人与本标段的设计人、监理人、代建人或招标代理机构不得为同一个法定代表人、存在相互控股或参股或法定代表人相互任职、工作。

违反上述规定的，相关投标均无效。

第三十六条 投标人可以按照招标文件的要求由2个以上法人或者其他组织组成一个联合体，以一个投标人的身份共同投标。国家有关规定或者招标文件对投标人资格条件有规定的，联合体各方均应当具备规定的相应资格条件，资格条件考核以联合体协议书中约定的分工为依据。由同一专业的单位组成的联合体，按照资质等级较低的单位确定资质等级。

联合体成员间应签订共同投标协议，明确牵头人以及各方的责任、权利和义务，并将协议连同资格预审申请文件、投标文件一并提交招标人。联合体各方签署联合体协议后，不得再以自己名义单独或者参加其他联合体在同一招标项目中投标。联合体中标的，联合体各方应当共同与招标人签订合同，就中标项目向招标人承担连带责任。

招标人不得强制投标人组成联合体共同投标。

第三十七条 投标人发生合并、分立、破产等重大变化的，应当及时书面告知招标人。投标人不再具备资格预审文件、招标文件规定的资格条件或者投标影响公正性的，其投标无效。

招标人接受联合体投标并进行资格预审的，联合体应当在提交资格预审申请文件前组成。资格预审后联合体增减、更换成员的，其投标无效。

第三十八条 资格预审申请文件或投标文件按要求送达后，在资格预审文件、招标文件规定的截止时间前，招标人应允许潜在投标人或投标人对已提交的资格预审申请文件、投标文件进行撤回或补充、修改。潜在投标人或投标人如需撤回或者补充、修改资格预审申请文件、投标文件，应当以正式函件向招标人提出并做出说明。

修改资格预审申请文件、投标文件的函件是资格预审申请文件、投标文件的组成部分，其形式要求、密封方式、送达时间，适用本办法有关投标文件的规定。

第三十九条 招标人接收资格预审申请文件和投标文件，应当如实记载送达时间和密封情况，签收保存，不得开启。

资格预审申请文件、投标文件有下列情形之一的，招标人应当拒收：

（一）逾期送达的；

（二）未送达指定地点的；

（三）未按资格预审文件、招标文件要求密封的。

招标人拒收资格预审申请文件、投标文件的，应当如实记载送达时间和拒收情况，并将该记录签字存档。

第四十条 投标人在投标截止时间之前撤回已提交投标文件的，招标人应当自收到投标人书面撤回通知之日起5日内退还已收取的投标保证金。

投标截止后投标人撤销投标文件的，招标人可以不退还投标保证金。

出现特殊情况需要延长投标有效期的，招标人以书面形式通知所有投标人延长投标有效期。投标人同意延长的，应当延长其投标保证金的有效期，但不得要求或被允许修改其投标文件；投标人拒绝延长的，其投标失效，投标人有权撤销其投标文件，并收回投标保证金。

第四十一条 禁止投标人相互串通投标、招标人与投标人串通投标、以他人名义投标以及以其他方式弄虚作假的行为，认定标准执行《中华人民共和国招标投标法实施条例》有关规定。

第四章　开标、评标和定标

第四十二条 招标人应当按照招标文件中规定的时间、地点开标。

投标人少于3个的，不得开标，招标人应当重新招标。

第四十三条 开标由招标人或招标代理组织并主持。

开标应按照招标文件确定的程序进行，开标过程应当场记录，招标人、招标代理机构、投标人、参加开标的公证和监督机构等单位的代表应签字，并存档备查。开标记录应包括投标人名称、投标保证金、投标报价、工期、密封情况以及招标文件确定的其他内容。

投标人对开标有异议的，应当在开标现场提出，招标人或招标代理应当场作出答复，并制作记录。

第四十四条 招标人开标时，邀请所有投标人的法定代表人或其委托代理人准时参加。投标人未参加开标的，视为承认开标记录，事后对开标结果提出的任何异议无效。

第四十五条 评标由招标人依法组建的评标委员会负责。

依法必须进行招标的水运工程建设项目，其评标委员会成员由招标人的代表及有关技术、经济等方面的专家组成，人数为5人以上单数，其中技术、经济等方面的专家不得少于成员总数的2/3。招标人的代表应具有相关专业知识和工程管理经验。

与投标人有利害关系的人员不得进入评标委员会。任何单位和个人不得以明示、暗示等任何方式指定或者变相指定参加评标委员会的专家成员。行政监督部门的工作人员不得担任本部门负责监督项目的评标委员会成员。

交通运输部具体负责监督管理的水运工程建设项目，其评标专家从交通运输部水运工程和交通支持系统综合评标专家库中随机抽取确定，其他水运工程建设项目的评标专家从省级交通运输主管部门建立的评标专家库或其他依法组建的综合评标专家库中随机抽取确定。

评标委员会成员名单在中标结果确定前应当保密。评标结束后，招标人应当按照交通运输主管部门的要求及时对评标专家的能力、履行职责等进行评价。

第四十六条 招标人设有标底的，应在开标时公布。标底只能作为评标的参考，不得以投标报价是否接近标底作为中标条件，也不得以投标报价超过标底上下浮动范围作为否决投标的条件。

第四十七条 招标人应当向评标委员会提供评标所必需的信息和数据,并根据项目规模和技术复杂程度等确定合理的评标时间;必要时可向评标委员会说明招标文件有关内容,但不得明示或者暗示其倾向或者排斥特定投标人。

在评标过程中,评标委员会成员因存在回避事由、健康等原因不能继续评标,或者擅离职守的,应当及时更换。被更换的评标委员会成员已作出的评审结论无效,由更换后的评标专家重新进行评审。已形成评标报告的,应当作相应修改。

第四十八条 有下列情形之一的,评标委员会应当否决其投标:

(一)投标文件未按招标文件要求盖章并由法定代表人或其书面授权的代理人签字的;

(二)投标联合体没有提交共同投标协议的;

(三)未按照招标文件要求提交投标保证金的;

(四)投标函未按照招标文件规定的格式填写,内容不全或者关键字迹模糊无法辨认的;

(五)投标人不符合国家或者招标文件规定的资格条件的;

(六)投标人名称或者组织结构与资格预审时不一致且未提供有效证明的;

(七)投标人提交两份或者多份内容不同的投标文件,或者在同一份投标文件中对同一招标项目有两个或者多个报价,且未声明哪一个为最终报价,但按招标文件要求提交备选投标的除外;

(八)串通投标、以行贿手段谋取中标、以他人名义或者其他弄虚作假方式投标的;

(九)报价明显低于成本或者高于招标文件中设定的最高限价的;

(十)无正当理由不按照评标委员会的要求对投标文件进行澄清或说明的;

(十一)没有对招标文件提出的实质性要求和条件做出响应的;

(十二)招标文件明确规定废标的其他情形。

第四十九条 投标文件在实质上响应招标文件要求,但存在含义不明确的内容、明显文字或者计算错误,评标委员会不得随意否决投标,评标委员会认为需要投标人做出必要澄清、说明的,应当书面通知该投标人。投标人的澄清、说明应当采用书面形式,并不得超出投标文件的范围或者改变投标文件的实质性内容。

评标委员会不得暗示或者诱导投标人做出澄清、说明,不得接受投标人主动提出的澄清、说明。

第五十条 评标委员会经评审,认为所有投标都不符合招标文件要求的,或者否决不合格投标后,因有效投标不足3个使得投标明显缺乏竞争的,可以否决全部投标。

所有投标被否决的,招标人应当依法重新招标。

第五十一条 评标委员会应当遵循公平、公正、科学、择优的原则,按照招标文件规定的标准和方法,对投标文件进行评审和比较。

招标文件没有规定的评标标准和方法,不得作为评标的依据。

第五十二条 根据本办法第二十四条、第二十六条、第二十七条、第四十二条、第五十条规定重新进行了资格预审或招标,再次出现了需要重新资格预审或者重新招标的情形之一的,经书面报告交通运输主管部门后,招标人可不再招标,并可通过与已提交资格预审申请文件或投标文件的潜在投标人进行谈判确定中标人,将谈判情况书面报告交通运输主管部门备案。

第五十三条 中标人的投标应当符合下列条件之一：

（一）能够最大限度地满足招标文件规定的各项综合评价标准；

（二）能够满足招标文件的实质性要求，并且经评审的投标价格最低，但是投标价格低于成本的除外。

第五十四条 评标委员会完成评标后，应当向招标人提交书面评标报告并推荐中标候选人。中标候选人应当不超过3个，并标明排序。

评标报告由评标委员会全体成员签字。对评标结论持有异议的评标委员会成员可以书面方式阐述其不同意见和理由，评标报告应当注明该不同意见。评标委员会成员拒绝在评标报告上签字又不书面说明其不同意见和理由的，视为同意评标结论，评标委员会应当对此做出书面说明并记录。

第五十五条 评标报告应包括以下内容：

（一）评标委员会成员名单；

（二）对投标文件的符合性评审情况；

（三）否决投标情况；

（四）评标标准、评标方法或者评标因素一览表；

（五）经评审的投标价格或者评分比较一览表；

（六）经评审的投标人排序；

（七）推荐的中标候选人名单与签订合同前需要处理的事宜；

（八）澄清、说明、补正事项纪要。

第五十六条 依法必须进行招标的项目，招标人应当自收到书面评标报告之日起3日内按照国家有关规定公示中标候选人，公示期不得少于3日。

投标人或者其他利害关系人对评标结果有异议的，应当在中标候选人公示期间提出。招标人应当自收到异议之日起3日内作出答复；作出答复前，应当暂停招标投标活动。

第五十七条 公示期间没有异议、异议不成立、没有投诉或者投诉处理后没有发现问题的，招标人应当从评标委员会推荐的中标候选人中确定中标人。异议成立或者投诉发现问题的，应当及时更正。

国有资金占控股或者主导地位的水运工程建设项目，招标人应当确定排名第一的中标候选人为中标人。排名第一的中标候选人放弃中标、因不可抗力不能履行合同、不按照招标文件要求提交履约保证金，或者被查实存在影响中标结果的违法行为等情形，不符合中标条件的，招标人可以按照评标委员会提出的中标候选人名单排序依次确定其他中标候选人为中标人，也可以重新招标。

第五十八条 中标人确定后，招标人应当及时向中标人发出中标通知书，并同时将中标结果通知所有未中标的投标人。

第五十九条 招标人和中标人应当自中标通知书发出之日起30日内，按照招标文件和中标人的投标文件订立书面合同，合同的标的、价款、质量、履行期限等主要条款应当与招标文件和中标人的投标文件的内容一致。招标人和中标人不得再行订立背离合同实质性内容的其他协议。

招标文件要求中标人提交履约保证金的，中标人应当按照招标文件的要求提交。履约保证金不得超过中标金额的10%。

招标人最迟应当在书面合同签订后5日内向中标人和未中标的投标人退还投标保证金及银行同期存款利息。

第六十条 中标候选人的经营、财务状况发生较大变化或者存在违法行为,招标人认为可能影响其履约能力的,应当在发出中标通知书前由原评标委员会按照招标文件规定的标准和方法审查确认。

第六十一条 招标人应当自确定中标人之日起15日内,向具体负责本项目招标活动监督管理的交通运输主管部门提交招标投标情况的书面报告。

招标投标情况书面报告主要内容包括:招标项目基本情况、投标人开标签到表、开标记录、监督人员名单、评标标准和方法、评标委员会评分表和汇总表、评标委员会推荐的中标候选人名单、中标人、经评标委员会签字的评标报告、评标结果公示、投诉处理情况等。

第六十二条 中标人应当按照合同约定履行义务,完成中标项目。中标人不得向他人转让中标项目,也不得将中标项目肢解后分别向他人转让。

中标人按照合同约定或者经招标人同意,可以将中标项目的部分非主体、非关键性工作分包给他人完成。接受分包的人应当具备相应的资格条件,并不得再次分包。

中标人应当就分包项目向招标人负责,接受分包的人就分包项目承担连带责任。

第五章 投诉与处理

第六十三条 投标人或者其他利害关系人认为招标投标活动不符合法律、行政法规规定的,可以自知道或者应当知道之日起10日内向交通运输主管部门投诉。投诉应当有明确的请求和必要的证明材料。

就本办法第二十五条、第二十八条、第四十三条、第五十六条规定事项投诉的,应当先向招标人提出异议,异议答复期间不计算在前款规定的期限内。

第六十四条 投诉人就同一招标事项向两个以上交通运输主管部门投诉的,由具体承担该项目招标活动监督管理职责的交通运输主管部门负责处理。

交通运输主管部门应当自收到投诉之日起3个工作日内决定是否受理投诉,并自受理投诉之日起30个工作日内作出书面处理决定;需要检验、检测、鉴定、专家评审的,所需时间不计算在内。

投诉人捏造事实、伪造材料或者以非法手段取得证明材料进行投诉的,交通运输主管部门应当予以驳回。

第六十五条 交通运输主管部门处理投诉,有权查阅、复制有关文件、资料,调查有关情况,相关单位和人员应当予以配合。必要时,交通运输主管部门责令暂停该项目的招标投标活动。

交通运输主管部门的工作人员对监督检查过程中知悉的国家秘密、商业秘密,应当依法予以保密。

第六章 法律责任

第六十六条 违反本办法第九条规定,水运工程建设项目未履行相关审批、核准手续开展招标活动的,由交通运输主管部门责令改正,可处3万元以下罚款。

第六十七条 违反本办法第十六条规定,招标人不具备自行招标条件而自行招标的,由交通运输主管部门责令改正,可处2万元以下罚款。

第六十八条 违反本办法第二十一条规定,资格预审文件和招标文件的编制,未使用国务院发展改革部门会同有关行政监督部门制定的标准文本或者交通运输部发布的行业标准文本的,由交通运输主管部门责令改正,可处5000元以下罚款。

第六十九条 交通运输主管部门应当按照《中华人民共和国招标投标法》、《中华人民共和国招标投标法实施条例》等规定,对水运工程建设项目招标投标活动中的违法行为进行处理。

第七十条 交通运输主管部门应当建立健全水运工程建设项目招标投标信用制度,并应当对招标人、招标代理机构、投标人、评标委员会成员等当事人的违法行为及处理情况予以公告。

第七章 附 则

第七十一条 使用国际金融组织或者外国政府贷款、援助资金的项目进行招标,贷款方、资金提供方对招标投标的具体条件和程序有特殊要求的,可以适用其要求,但有损我国社会公共利益的除外。

第七十二条 水运工程建设项目机电产品国际招标投标活动,依照国家相关规定办理。

第七十三条 交通支持系统建设项目招标投标活动参照本办法执行。

第七十四条 本办法自2013年2月1日起施行,《水运工程施工招标投标管理办法》(交通部令2000年第4号)、《水运工程施工监理招标投标管理办法》(交通部令2002年第3号)、《水运工程勘察设计招标投标管理办法》(交通部令2003年第4号)、《水运工程机电设备招标投标管理办法》(交通部令2004年第9号)同时废止。

公路工程建设项目招标投标管理办法

(2015年12月8日交通运输部令第24号公布)

第一章 总 则

第一条 为规范公路工程建设项目招标投标活动,完善公路工程建设市场管理体系,根据《中华人民共和国公路法》《中华人民共和国招标投标法》《中华人民共和国招标投标法实施条例》等法律、行政法规,制定本办法。

第二条 在中华人民共和国境内从事公路工程建设项目勘察设计、施工、施工监理等的招标投标活动,适用本办法。

第三条 交通运输部负责全国公路工程建设项目招标投标活动的监督管理工作。

省级人民政府交通运输主管部门负责本行政区域内公路工程建设项目招标投标活动的监督管理工作。

第四条 各级交通运输主管部门应当按照国家有关规定,推进公路工程建设项目招标投标活动进入统一的公共资源交易平台进行。

第五条 各级交通运输主管部门应当按照国家有关规定,推进公路工程建设项目电子招标投标工作。招标投标活动信息应当公开,接受社会公众监督。

第六条 公路工程建设项目的招标人或者其指定机构应当对资格审查、开标、评标等过程录音录像并存档备查。

第二章 招 标

第七条 公路工程建设项目招标人是提出招标项目、进行招标的项目法人或者其他组织。

第八条 对于按照国家有关规定需要履行项目审批、核准手续的依法必须进行招标的公路工程建设项目,招标人应当按照项目审批、核准部门确定的招标范围、招标方式、招标组织形式开展招标。

公路工程建设项目履行项目审批或者核准手续后,方可开展勘察设计招标;初步设计文件批准后,方可开展施工监理、设计施工总承包招标;施工图设计文件批准后,方可开展施工招标。

施工招标采用资格预审方式的,在初步设计文件批准后,可以进行资格预审。

第九条 有下列情形之一的公路工程建设项目,可以不进行招标:

(一)涉及国家安全、国家秘密、抢险救灾或者属于利用扶贫资金实行以工代赈、需要使用农民工等特殊情况;

(二)需要采用不可替代的专利或者专有技术;
(三)采购人自身具有工程施工或者提供服务的资格和能力,且符合法定要求;
(四)已通过招标方式选定的特许经营项目投资人依法能够自行施工或者提供服务;
(五)需要向原中标人采购工程或者服务,否则将影响施工或者功能配套要求;
(六)国家规定的其他特殊情形。
招标人不得为适用前款规定弄虚作假,规避招标。

第十条 公路工程建设项目采用公开招标方式的,原则上采用资格后审办法对投标人进行资格审查。

第十一条 公路工程建设项目采用资格预审方式公开招标的,应当按照下列程序进行:
(一)编制资格预审文件;
(二)发布资格预审公告,发售资格预审文件,公开资格预审文件关键内容;
(三)接收资格预审申请文件;
(四)组建资格审查委员会对资格预审申请人进行资格审查,资格审查委员会编写资格审查报告;
(五)根据资格审查结果,向通过资格预审的申请人发出投标邀请书;向未通过资格预审的申请人发出资格预审结果通知书,告知未通过的依据和原因;
(六)编制招标文件;
(七)发售招标文件,公开招标文件的关键内容;
(八)需要时,组织潜在投标人踏勘项目现场,召开投标预备会;
(九)接收投标文件,公开开标;
(十)组建评标委员会评标,评标委员会编写评标报告、推荐中标候选人;
(十一)公示中标候选人相关信息;
(十二)确定中标人;
(十三)编制招标投标情况的书面报告;
(十四)向中标人发出中标通知书,同时将中标结果通知所有未中标的投标人;
(十五)与中标人订立合同。

采用资格后审方式公开招标的,在完成招标文件编制并发布招标公告后,按照前款程序第(七)项至第(十五)项进行。

采用邀请招标的,在完成招标文件编制并发出投标邀请书后,按照前款程序第(七)项至第(十五)项进行。

第十二条 国有资金占控股或者主导地位的依法必须进行招标的公路工程建设项目,采用资格预审的,招标人应当按照有关规定组建资格审查委员会审查资格预审申请文件。资格审查委员会的专家抽取以及资格审查工作要求,应当适用本办法关于评标委员会的规定。

第十三条 资格预审审查办法原则上采用合格制。
资格预审审查办法采用合格制的,符合资格预审文件规定审查标准的申请人均应当通过资格预审。

第十四条 资格预审审查工作结束后,资格审查委员会应当编制资格审查报告。资格审查报告应当载明下列内容:

(一)招标项目基本情况；
(二)资格审查委员会成员名单；
(三)监督人员名单；
(四)资格预审申请文件递交情况；
(五)通过资格审查的申请人名单；
(六)未通过资格审查的申请人名单以及未通过审查的理由；
(七)评分情况；
(八)澄清、说明事项纪要；
(九)需要说明的其他事项；
(十)资格审查附表。

除前款规定的第(一)、(三)、(四)项内容外,资格审查委员会所有成员应当在资格审查报告上逐页签字。

第十五条 资格预审申请人对资格预审审查结果有异议的,应当自收到资格预审结果通知书后3日内提出。招标人应当自收到异议之日起3日内作出答复;作出答复前,应当暂停招标投标活动。

招标人未收到异议或者收到异议并已作出答复的,应当及时向通过资格预审的申请人发出投标邀请书。未通过资格预审的申请人不具有投标资格。

第十六条 对依法必须进行招标的公路工程建设项目,招标人应当根据交通运输部制定的标准文本,结合招标项目具体特点和实际需要,编制资格预审文件和招标文件。

资格预审文件和招标文件应当载明详细的评审程序、标准和方法,招标人不得另行制定评审细则。

第十七条 招标人应当按照省级人民政府交通运输主管部门的规定,将资格预审文件及其澄清、修改,招标文件及其澄清、修改报相应的交通运输主管部门备案。

第十八条 招标人应当自资格预审文件或者招标文件开始发售之日起,将其关键内容上传至具有招标监督职责的交通运输主管部门政府网站或者其指定的其他网站上进行公开,公开内容包括项目概况、对申请人或者投标人的资格条件要求、资格审查办法、评标办法、招标人联系方式等,公开时间至提交资格预审申请文件截止时间2日前或者投标截止时间10日前结束。

招标人发出的资格预审文件或者招标文件的澄清或者修改涉及到前款规定的公开内容的,招标人应当在向交通运输主管部门备案的同时,将澄清或者修改的内容上传至前款规定的网站。

第十九条 潜在投标人或者其他利害关系人可以按照国家有关规定对资格预审文件或者招标文件提出异议。招标人应当对异议作出书面答复。未在规定时间内作出书面答复的,应当顺延提交资格预审申请文件截止时间或者投标截止时间。

招标人书面答复内容涉及影响资格预审申请文件或者投标文件编制的,应当按照有关澄清或者修改的规定,调整提交资格预审申请文件截止时间或者投标截止时间,并以书面形式通知所有获取资格预审文件或者招标文件的潜在投标人。

第二十条 招标人应当合理划分标段、确定工期,提出质量、安全目标要求,并在招标文件中载明。标段的划分应当有利于项目组织和施工管理、各专业的衔接与配合,不得利用划分标段规避招标、限制或者排斥潜在投标人。

招标人可以实行设计施工总承包招标、施工总承包招标或者分专业招标。

第二十一条 招标人结合招标项目的具体特点和实际需要,设定潜在投标人或者投标人的资质、业绩、主要人员、财务能力、履约信誉等资格条件,不得以不合理的条件限制、排斥潜在投标人或者投标人。

除《中华人民共和国招标投标法实施条例》第三十二条规定的情形外,招标人有下列行为之一的,属于以不合理的条件限制、排斥潜在投标人或者投标人:

(一)设定的资质、业绩、主要人员、财务能力、履约信誉等资格、技术、商务条件与招标项目的具体特点和实际需要不相适应或者与合同履行无关;

(二)强制要求潜在投标人或者投标人的法定代表人、企业负责人、技术负责人等特定人员亲自购买资格预审文件、招标文件或者参与开标活动;

(三)通过设置备案、登记、注册、设立分支机构等无法律、行政法规依据的不合理条件,限制潜在投标人或者投标人进入项目所在地进行投标。

第二十二条 招标人应当根据国家有关规定,结合招标项目的具体特点和实际需要,合理确定对投标人主要人员以及其他管理和技术人员的数量和资格要求。投标人拟投入的主要人员应当在投标文件中进行填报,其他管理和技术人员的具体人选由招标人和中标人在合同谈判阶段确定。对于特别复杂的特大桥梁和特长隧道项目主体工程和其他有特殊要求的工程,招标人可以要求投标人在投标文件中填报其他管理和技术人员。

本办法所称主要人员是指设计负责人、总监理工程师、项目经理和项目总工程师等项目管理和技术负责人。

第二十三条 招标人可以自行决定是否编制标底或者设置最高投标限价。招标人不得规定最低投标限价。

接受委托编制标底或者最高投标限价的中介机构不得参加该项目的投标,也不得为该项目的投标人编制投标文件或者提供咨询。

第二十四条 招标人应当严格遵守有关法律、行政法规关于各类保证金收取的规定,在招标文件中载明保证金收取的形式、金额以及返还时间。

招标人不得以任何名义增设或者变相增设保证金或者随意更改招标文件载明的保证金收取形式、金额以及返还时间。招标人不得在资格预审期间收取任何形式的保证金。

第二十五条 招标人在招标文件中要求投标人提交投标保证金的,投标保证金不得超过招标标段估算价的2%。投标保证金有效期应当与投标有效期一致。

依法必须进行招标的公路工程建设项目的投标人,以现金或者支票形式提交投标保证金的,应当从其基本账户转出。投标人提交的投标保证金不符合招标文件要求的,应当否决其投标。

招标人不得挪用投标保证金。

第二十六条 招标人应当按照国家有关法律法规规定,在招标文件中明确允许分包的或者不得分包的工程和服务,分包人应当满足的资格条件以及对分包实施的管理要求。

招标人不得在招标文件中设置对分包的歧视性条款。

招标人有下列行为之一的,属于前款所称的歧视性条款:
(一)以分包的工作量规模作为否决投标的条件;
(二)对投标人符合法律法规以及招标文件规定的分包计划设定扣分条款;
(三)按照分包的工作量规模对投标人进行区别评分;
(四)以其他不合理条件限制投标人进行分包的行为。

第二十七条 招标人应当在招标文件中合理划分双方风险,不得设置将应由招标人承担的风险转嫁给勘察设计、施工、监理等投标人的不合理条款。招标文件应当设置合理的价格调整条款,明确约定合同价款支付期限、利息计付标准和日期,确保双方主体地位平等。

第二十八条 招标人应当根据招标项目的具体特点以及本办法的相关规定,在招标文件中合理设定评标标准和方法。评标标准和方法中不得含有倾向或者排斥潜在投标人的内容,不得妨碍或者限制投标人之间的竞争。禁止采用抽签、摇号等博彩性方式直接确定中标候选人。

第二十九条 以暂估价形式包括在招标项目范围内的工程、货物、服务,属于依法必须进行招标的项目范围且达到国家规定规模标准的,应当依法进行招标。招标项目的合同条款中应当约定负责实施暂估价项目招标的主体以及相应的招标程序。

第三章 投 标

第三十条 投标人是响应招标、参加投标竞争的法人或者其他组织。

投标人应当具备招标文件规定的资格条件,具有承担所投标项目的相应能力。

第三十一条 投标人在投标文件中填报的资质、业绩、主要人员资历和目前在岗情况、信用等级等信息,应当与其在交通运输主管部门公路建设市场信用信息管理系统上填报并发布的相关信息一致。

第三十二条 投标人应当按照招标文件要求装订、密封投标文件,并按照招标文件规定的时间、地点和方式将投标文件送达招标人。

公路工程勘察设计和施工监理招标的投标文件应当以双信封形式密封,第一信封内为商务文件和技术文件,第二信封内为报价文件。

对公路工程施工招标,招标人采用资格预审方式进行招标且评标方法为技术评分最低标价法的,或者采用资格后审方式进行招标的,投标文件应当以双信封形式密封,第一信封内为商务文件和技术文件,第二信封内为报价文件。

第三十三条 投标文件按照要求送达后,在招标文件规定的投标截止时间前,投标人修改或者撤回投标文件的,应当以书面函件形式通知招标人。

修改投标文件的函件是投标文件的组成部分,其编制形式、密封方式、送达时间等,适用对投标文件的规定。

投标人在投标截止时间前撤回投标文件且招标人已收取投标保证金的,招标人应当自收到投标人书面撤回通知之日起5日内退还其投标保证金。

投标截止后投标人撤销投标文件的,招标人可以不退还投标保证金。

第三十四条 投标人根据招标文件有关分包的规定,拟在中标后将中标项目的部分工作进行分包的,应当在投标文件中载明。

投标人在投标文件中未列入分包计划的工程或者服务,中标后不得分包,法律法规或者招标文件另有规定的除外。

第四章 开标、评标和中标

第三十五条 开标应当在招标文件确定的提交投标文件截止时间的同一时间公开进行;开标地点应当为招标文件中预先确定的地点。

投标人少于3个的,不得开标,投标文件应当当场退还给投标人;招标人应当重新招标。

第三十六条 开标由招标人主持,邀请所有投标人参加。开标过程应当记录,并存档备查。投标人对开标有异议的,应当在开标现场提出,招标人应当当场作出答复,并制作记录。未参加开标的投标人,视为对开标过程无异议。

第三十七条 投标文件按照招标文件规定采用双信封形式密封的,开标分两个步骤公开进行:

第一步骤对第一信封内的商务文件和技术文件进行开标,对第二信封不予拆封并由招标人予以封存;

第二步骤宣布通过商务文件和技术文件评审的投标人名单,对其第二信封内的报价文件进行开标,宣读投标报价。未通过商务文件和技术文件评审的,对其第二信封不予拆封,并当场退还给投标人;投标人未参加第二信封开标的,招标人应当在评标结束后及时将第二信封原封退还投标人。

第三十八条 招标人应当按照国家有关规定组建评标委员会负责评标工作。

国家审批或者核准的高速公路、一级公路、独立桥梁和独立隧道项目,评标委员会专家应当由招标人从国家重点公路工程建设项目评标专家库相关专业中随机抽取;其他公路工程建设项目的评标委员会专家可以从省级公路工程建设项目评标专家库相关专业中随机抽取,也可以从国家重点公路工程建设项目评标专家库相关专业中随机抽取。

对于技术复杂、专业性强或者国家有特殊要求,采取随机抽取方式确定的评标专家难以保证胜任评标工作的特殊招标项目,可以由招标人直接确定。

第三十九条 交通运输部负责国家重点公路工程建设项目评标专家库的管理工作。

省级人民政府交通运输主管部门负责本行政区域公路工程建设项目评标专家库的管理工作。

第四十条 评标委员会应当民主推荐一名主任委员,负责组织评标委员会成员开展评标工作。评标委员会主任委员与评标委员会的其他成员享有同等权利与义务。

第四十一条 招标人应当向评标委员会提供评标所必需的信息,但不得明示或者暗示其倾向或者排斥特定投标人。

评标所必需的信息主要包括招标文件、招标文件的澄清或者修改、开标记录、投标文件、资格预审文件。招标人可以协助评标委员会开展下列工作并提供相关信息:

(一)根据招标文件,编制评标使用的相应表格;

(二)对投标报价进行算术性校核;

(三)以评标标准和方法为依据,列出投标文件相对于招标文件的所有偏差,并进行归类汇总;

（四）查询公路建设市场信用信息管理系统，对投标人的资质、业绩、主要人员资历和目前在岗情况、信用等级进行核实。

招标人不得对投标文件作出任何评价，不得故意遗漏或者片面摘录，不得在评标委员会对所有偏差定性之前透露存有偏差的投标人名称。

评标委员会应当根据招标文件规定，全面、独立评审所有投标文件，并对招标人提供的上述相关信息进行核查，发现错误或者遗漏的，应当进行修正。

第四十二条 评标委员会应当按照招标文件确定的评标标准和方法进行评标。招标文件没有规定的评标标准和方法不得作为评标的依据。

第四十三条 公路工程勘察设计和施工监理招标，应当采用综合评估法进行评标，对投标人的商务文件、技术文件和报价文件进行评分，按照综合得分由高到低排序，推荐中标候选人。评标价的评分权重不宜超过10%，评标价得分应当根据评标价与评标基准价的偏离程度进行计算。

第四十四条 公路工程施工招标，评标采用综合评估法或者经评审的最低投标价法。综合评估法包括合理低价法、技术评分最低标价法和综合评分法。

合理低价法，是指对通过初步评审的投标人，不再对其施工组织设计、项目管理机构、技术能力等因素进行评分，仅依据评标基准价对评标价进行评分，按照得分由高到低排序，推荐中标候选人的评标方法。

技术评分最低标价法，是指对通过初步评审的投标人的施工组织设计、项目管理机构、技术能力等因素进行评分，按照得分由高到低排序，对排名在招标文件规定数量以内的投标人的报价文件进行评审，按照评标价由低到高的顺序推荐中标候选人的评标方法。招标人在招标文件中规定的参与报价文件评审的投标人数量不得少于3个。

综合评分法，是指对通过初步评审的投标人的评标价、施工组织设计、项目管理机构、技术能力等因素进行评分，按照综合得分由高到低排序，推荐中标候选人的评标方法。其中评标价的评分权重不得低于50%。

经评审的最低投标价法，是指对通过初步评审的投标人，按照评标价由低到高排序，推荐中标候选人的评标方法。

公路工程施工招标评标，一般采用合理低价法或者技术评分最低标价法。技术特别复杂的特大桥梁和特长隧道项目主体工程，可以采用综合评分法。工程规模较小、技术含量较低的工程，可以采用经评审的最低投标价法。

第四十五条 实行设计施工总承包招标的，招标人应当根据工程地质条件、技术特点和施工难度确定评标办法。

设计施工总承包招标的评标采用综合评分法的，评分因素包括评标价、项目管理机构、技术能力、设计文件的优化建议、设计施工总承包管理方案、施工组织设计等因素，评标价的评分权重不得低于50%。

第四十六条 评标委员会成员应当客观、公正、审慎地履行职责，遵守职业道德。评标委员会成员应当依据评标办法规定的评审顺序和内容逐项完成评标工作，对本人提出的评审意见以及评分的公正性、客观性、准确性负责。

除评标价和履约信誉评分项外，评标委员会成员对投标人商务和技术各项因素的评分一般不得低于招标文件规定该因素满分值的60%;评分低于满分值60%的,评标委员会成员应当在评标报告中作出说明。

招标人应当对评标委员会成员在评标活动中的职责履行情况予以记录,并在招标投标情况的书面报告中载明。

第四十七条 招标人应当根据项目规模、技术复杂程度、投标文件数量和评标方法等因素合理确定评标时间。超过三分之一的评标委员会成员认为评标时间不够的,招标人应当适当延长。

评标过程中,评标委员会成员有回避事由、擅离职守或者因健康等原因不能继续评标的,应当及时更换。被更换的评标委员会成员作出的评审结论无效,由更换后的评标委员会成员重新进行评审。

根据前款规定被更换的评标委员会成员如为评标专家库专家,招标人应当从原评标专家库中按照原方式抽取更换后的评标委员会成员,或者在符合法律规定的前提下相应减少评标委员会中招标人代表数量。

第四十八条 评标委员会应当查询交通运输主管部门的公路建设市场信用信息管理系统,对投标人的资质、业绩、主要人员资历和目前在岗情况、信用等级等信息进行核实。若投标文件载明的信息与公路建设市场信用信息管理系统发布的信息不符,使得投标人的资格条件不符合招标文件规定的,评标委员会应当否决其投标。

第四十九条 评标委员会发现投标人的投标报价明显低于其他投标人报价或者在设有标底时明显低于标底的,应当要求该投标人对相应投标报价作出书面说明,并提供相关证明材料。

投标人不能证明可以按照其报价以及招标文件规定的质量标准和履行期限完成招标项目的,评标委员会应当认定该投标人以低于成本价竞标,并否决其投标。

第五十条 评标委员会应当根据《中华人民共和国招标投标法实施条例》第三十九条、第四十条、第四十一条的有关规定,对在评标过程中发现的投标人与投标人之间、投标人与招标人之间存在的串通投标的情形进行评审和认定。

第五十一条 评标委员会对投标文件进行评审后,因有效投标不足3个使得投标明显缺乏竞争的,可以否决全部投标。未否决全部投标的,评标委员会应当在评标报告中阐明理由并推荐中标候选人。

投标文件按照招标文件规定采用双信封形式密封的,通过第一信封商务文件和技术文件评审的投标人在3个以上的,招标人应当按照本办法第三十七条规定的程序进行第二信封报价文件开标;在对报价文件进行评审后,有效投标不足3个的,评标委员会应当按照本条第一款规定执行。

通过第一信封商务文件和技术文件评审的投标人少于3个的,评标委员会可以否决全部投标;未否决全部投标的,评标委员会应当在评标报告中阐明理由,招标人应当按照本办法第三十七条规定的程序进行第二信封报价文件开标,但评标委员会在进行报价文件评审时仍有权否决全部投标;评标委员会未在报价文件评审时否决全部投标的,应当在评标报告中阐明理由并推荐中标候选人。

第五十二条 评标完成后,评标委员会应当向招标人提交书面评标报告。评标报告中推荐的中标候选人应当不超过 3 个,并标明排序。

评标报告应当载明下列内容:

(一)招标项目基本情况;

(二)评标委员会成员名单;

(三)监督人员名单;

(四)开标记录;

(五)符合要求的投标人名单;

(六)否决的投标人名单以及否决理由;

(七)串通投标情形的评审情况说明;

(八)评分情况;

(九)经评审的投标人排序;

(十)中标候选人名单;

(十一)澄清、说明事项纪要;

(十二)需要说明的其他事项;

(十三)评标附表。

对评标监督人员或者招标人代表干预正常评标活动,以及对招标投标活动的其他不正当言行,评标委员会应当在评标报告第(十二)项内容中如实记录。

除第二款规定的第(一)、(三)、(四)项内容外,评标委员会所有成员应当在评标报告上逐页签字。对评标结果有不同意见的评标委员会成员应当以书面形式说明其不同意见和理由,评标报告应当注明该不同意见。评标委员会成员拒绝在评标报告上签字又不书面说明其不同意见和理由的,视为同意评标结果。

第五十三条 依法必须进行招标的公路工程建设项目,招标人应当自收到评标报告之日起 3 日内,在对该项目具有招标监督职责的交通运输主管部门政府网站或者其指定的其他网站上公示中标候选人,公示期不得少于 3 日,公示内容包括:

(一)中标候选人排序、名称、投标报价;

(二)中标候选人在投标文件中承诺的主要人员姓名、个人业绩、相关证书编号;

(三)中标候选人在投标文件中填报的项目业绩;

(四)被否决投标的投标人名称、否决依据和原因;

(五)招标文件规定公示的其他内容。

投标人或者其他利害关系人对依法必须进行招标的公路工程建设项目的评标结果有异议的,应当在中标候选人公示期间提出。招标人应当自收到异议之日起 3 日内作出答复;作出答复前,应当暂停招标投标活动。

第五十四条 除招标人授权评标委员会直接确定中标人外,招标人应当根据评标委员会提出的书面评标报告和推荐的中标候选人确定中标人。国有资金占控股或者主导地位的依法必须进行招标的公路工程建设项目,招标人应当确定排名第一的中标候选人为中标人。排名第一的中标候选人放弃中标、因不可抗力不能履行合同、不按照招标文件要求提交履约保证金,或者被查实存在影响中标结果的违法行为等情形,不符合中标条件的,招标人可以按照评标委员会提出的中标候选人名单排序依次确定其他中标候选人为中标人,也可以重新招标。

第五十五条 依法必须进行招标的公路工程建设项目,招标人应当自确定中标人之日起15日内,将招标投标情况的书面报告报对该项目具有招标监督职责的交通运输主管部门备案。

前款所称书面报告至少应当包括下列内容:

(一)招标项目基本情况;

(二)招标过程简述;

(三)评标情况说明;

(四)中标候选人公示情况;

(五)中标结果;

(六)附件,包括评标报告、评标委员会成员履职情况说明等。

有资格预审情况说明、异议及投诉处理情况和资格审查报告的,也应当包括在书面报告中。

第五十六条 招标人应当及时向中标人发出中标通知书,同时将中标结果通知所有未中标的投标人。

第五十七条 招标人和中标人应当自中标通知书发出之日起30日内,按照招标文件和中标人的投标文件订立书面合同,合同的标的、价格、质量、安全、履行期限、主要人员等主要条款应当与上述文件的内容一致。招标人和中标人不得再行订立背离合同实质性内容的其他协议。

招标人最迟应当在中标通知书发出后5日内向中标候选人以外的其他投标人退还投标保证金,与中标人签订书面合同后5日内向中标人和其他中标候选人退还投标保证金。以现金或者支票形式提交的投标保证金,招标人应当同时退还投标保证金的银行同期活期存款利息,且退还至投标人的基本账户。

第五十八条 招标文件要求中标人提交履约保证金的,中标人应当按照招标文件的要求提交。履约保证金不得超过中标合同金额的10%。招标人不得指定或者变相指定履约保证金的支付形式,由中标人自主选择银行保函或者现金、支票等支付形式。

第五十九条 招标人应当加强对合同履行的管理,建立对中标人主要人员的到位率考核制度。

省级人民政府交通运输主管部门应当定期组织开展合同履约评价工作的监督检查,将检查情况向社会公示,同时将检查结果记入中标人单位以及主要人员个人的信用档案。

第六十条 依法必须进行招标的公路工程建设项目,有下列情形之一的,招标人在分析招标失败的原因并采取相应措施后,应当依照本办法重新招标:

(一)通过资格预审的申请人少于3个的;

(二)投标人少于3个的;

(三)所有投标均被否决的;

(四)中标候选人均未与招标人订立书面合同的。

重新招标的,资格预审文件、招标文件和招标投标情况的书面报告应当按照本办法的规定重新报交通运输主管部门备案。

重新招标后投标人仍少于3个的,属于按照国家有关规定需要履行项目审批、核准手续的依法必须进行招标的公路工程建设项目,报经项目审批、核准部门批准后可以不再进行招标;其他项目可由招标人自行决定不再进行招标。

依照本条规定不再进行招标的,招标人可以邀请已提交资格预审申请文件的申请人或者已提交投标文件的投标人进行谈判,确定项目承担单位,并将谈判报告报对该项目具有招标监督职责的交通运输主管部门备案。

第五章 监督管理

第六十一条 各级交通运输主管部门应当按照《中华人民共和国招标投标法》《中华人民共和国招标投标法实施条例》等法律法规、规章以及招标投标活动行政监督职责分工,加强对公路工程建设项目招标投标活动的监督管理。

第六十二条 各级交通运输主管部门应当建立健全公路工程建设项目招标投标信用体系,加强信用评价工作的监督管理,维护公平公正的市场竞争秩序。

招标人应当将交通运输主管部门的信用评价结果应用于公路工程建设项目招标。鼓励和支持招标人优先选择信用等级高的从业企业。

招标人对信用等级高的资格预审申请人、投标人或者中标人,可以给予增加参与投标的标段数量、减免投标保证金、减少履约保证金、质量保证金等优惠措施。优惠措施以及信用评价结果的认定条件应当在资格预审文件和招标文件中载明。

资格预审申请人或者投标人的信用评价结果可以作为资格审查或者评标中履约信誉项的评分因素,各信用评价等级的对应得分应当符合省级人民政府交通运输主管部门有关规定,并在资格预审文件或者招标文件中载明。

第六十三条 投标人或者其他利害关系人认为招标投标活动不符合法律、行政法规规定的,可以自知道或者应当知道之日起10日内向交通运输主管部门投诉。

就本办法第十五条、第十九条、第三十六条、第五十三条规定事项投诉的,应当先向招标人提出异议,异议答复期间不计算在前款规定的期限内。

第六十四条 投诉人投诉时,应当提交投诉书。投诉书应当包括下列内容:

(一)投诉人的名称、地址及有效联系方式;

(二)被投诉人的名称、地址及有效联系方式;

(三)投诉事项的基本事实;

(四)异议的提出及招标人答复情况;

(五)相关请求及主张;

(六)有效线索和相关证明材料。

对本办法规定应先提出异议的事项进行投诉的,应当提交已提出异议的证明文件。未按规定提出异议或者未提交已提出异议的证明文件的投诉,交通运输主管部门可以不予受理。

第六十五条 投诉人就同一事项向两个以上交通运输主管部门投诉的,由具体承担该项目招标投标活动监督管理职责的交通运输主管部门负责处理。

交通运输主管部门应当自收到投诉之日起3个工作日内决定是否受理投诉,并自受理投诉之日起30个工作日内作出书面处理决定;需要检验、检测、鉴定、专家评审的,所需时间不计算在内。

投诉人缺乏事实根据或者法律依据进行投诉的,或者有证据表明投诉人捏造事实、伪造材料的,或者投诉人以非法手段取得证明材料进行投诉的,交通运输主管部门应当予以驳回,并对恶意投诉按照有关规定追究投诉人责任。

第六十六条 交通运输主管部门处理投诉,有权查阅、复制有关文件、资料,调查有关情况,相关单位和人员应当予以配合。必要时,交通运输主管部门可以责令暂停招标投标活动。

交通运输主管部门的工作人员对监督检查过程中知悉的国家秘密、商业秘密,应当依法予以保密。

第六十七条 交通运输主管部门对投诉事项作出的处理决定,应当在对该项目具有招标监督职责的交通运输主管部门政府网站上进行公告,包括投诉的事由、调查结果、处理决定、处罚依据以及处罚意见等内容。

第六章 法律责任

第六十八条 招标人有下列情形之一的,由交通运输主管部门责令改正,可以处三万元以下的罚款:

(一)不满足本办法第八条规定的条件而进行招标的;

(二)不按照本办法规定将资格预审文件、招标文件和招标投标情况的书面报告备案的;

(三)邀请招标不依法发出投标邀请书的;

(四)不按照项目审批、核准部门确定的招标范围、招标方式、招标组织形式进行招标的;

(五)不按照本办法规定编制资格预审文件或者招标文件的;

(六)由于招标人原因导致资格审查报告存在重大偏差且影响资格预审结果的;

(七)挪用投标保证金,增设或者变相增设保证金的;

(八)投标人数量不符合法定要求不重新招标的;

(九)向评标委员会提供的评标信息不符合本办法规定的;

(十)不按照本办法规定公示中标候选人的;

(十一)招标文件中规定的履约保证金的金额、支付形式不符合本办法规定的。

第六十九条 投标人在投标过程中存在弄虚作假、与招标人或者其他投标人串通投标、以行贿谋取中标、无正当理由放弃中标以及进行恶意投诉等投标不良行为的,除依照有关法律、法规进行处罚外,省级交通运输主管部门还可以扣减其年度信用评价分数或者降低年度信用评价等级。

第七十条 评标委员会成员未对招标人根据本办法第四十一条第二款(一)至(四)项规定提供的相关信息进行认真核查,导致评标出现疏漏或者错误的,由交通运输主管部门责令改正。

第七十一条 交通运输主管部门应当依法公告对公路工程建设项目招标投标活动中招标人、招标代理机构、投标人以及评标委员会成员等的违法违规或者恶意投诉等行为的行政处理决定,并将其作为招标投标不良行为信息记入相应当事人的信用档案。

第七章 附 则

第七十二条 使用国际组织或者外国政府贷款、援助资金的项目进行招标,贷款方、资金提供方对招标投标的具体条件和程序有不同规定的,可以适用其规定,但违背中华人民共和国的社会公共利益的除外。

第七十三条 采用电子招标投标的,应当按照本办法和国家有关电子招标投标的规定执行。

第七十四条 本办法自 2016 年 2 月 1 日起施行。《公路工程施工招标投标管理办法》(交通部令 2006 年第 7 号)、《公路工程施工监理招标投标管理办法》(交通部令 2006 年第 5 号)、《公路工程勘察设计招标投标管理办法》(交通部令 2001 年第 6 号)和《关于修改〈公路工程勘察设计招标投标管理办法〉的决定》(交通运输部令 2013 年第 3 号)、《关于贯彻国务院办公厅关于进一步规范招投标活动的若干意见的通知》(交公路发〔2004〕688 号)、《关于公路建设项目货物招标严禁指定材料产地的通知》(厅公路字〔2007〕224 号)、《公路工程施工招标资格预审办法》(交公路发〔2006〕57 号)、《关于加强公路工程评标专家管理工作的通知》(交公路发〔2003〕464 号)、《关于进一步加强公路工程施工招标评标管理工作的通知》(交公路发〔2008〕261 号)、《关于进一步加强公路工程施工招标资格审查工作的通知》(交公路发〔2009〕123 号)、《关于改革使用国际金融组织或者外国政府贷款公路建设项目施工招标管理制度的通知》(厅公路字〔2008〕40 号)、《公路工程勘察设计招标评标办法》(交公路发〔2001〕582 号)、《关于认真贯彻执行公路工程勘察设计招标投标管理办法的通知》(交公路发〔2002〕303 号)同时废止。